北京大学城市化与区域发展研究丛书 / 杨开忠 主编

Transformation, Upgrading and the Development
of Regional Service Industry: Theory, Planning and Cases

转型升级与区域服务业发展：
理论、规划与案例

薛领 翁瑾 等著

北京大学出版社
PEKING UNIVERSITY PRESS

图书在版编目(CIP)数据

转型升级与区域服务业发展:理论、规划与案例/薛领,翁瑾等著.——北京:北京大学出版社,2013.2
(北京大学城市化与区域发展研究丛书)
ISBN 978-7-301-22296-6

Ⅰ.①转… Ⅱ.①薛… ②翁… Ⅲ.①长江三角洲-服务业-经济发展-研究 Ⅳ.①F719

中国版本图书馆 CIP 数据核字(2013)第 052159 号

书　　　名:	转型升级与区域服务业发展:理论、规划与案例
著作责任者:	薛领　翁瑾　等著
责 任 编 辑:	倪宇洁
标 准 书 号:	ISBN 978-7-301-22296-6/F·3588
出 版 发 行:	北京大学出版社
地　　　址:	北京市海淀区成府路 205 号　100871
网　　　址:	http://www.pup.cn　新浪官方微博:@北京大学出版社
电 子 信 箱:	ss@pup.pku.edu.cn
电　　　话:	邮购部 62752015　发行部 62750672　编辑部 62753121
	出版部 62754962
印 刷 者:	三河市北燕印装有限公司
经 销 者:	新华书店
	650 毫米×980 毫米　16 开本　39 印张　600 千字
	2013 年 2 月第 1 版　2013 年 2 月第 1 次印刷
定　　　价:	78.00 元

未经许可,不得以任何方式复制或抄袭本书之部分或全部内容。
版权所有,侵权必究
举报电话:010-62752024　电子信箱:fd@pup.pku.edu.cn

前　言

21世纪,是城市化的世纪。依山傍水、沿江沿海的长江三角洲未来的发展更加令人瞩目。山水湖泊作为人类文明的发祥地,依山建郭、傍水筑城是世界城市区域发展的基本规律。长江三角洲的苏南地区,是江苏省接轨上海、接受辐射的前沿地区,正在成为服务经济抢滩登陆的要地,接受国际资本和产业转移的基地。未来一段时期,是苏南地区经济快速发展的关键时期,是推进城市产业结构升级和优化的重要变革时期,也是苏南区域功能调整的重要转型期。

2003年,昆山市率先提出编制服务业发展总体规划,并且邀请北京大学中国区域经济研究中心承担规划编制任务。当时昆山已是全国数一数二的百强县,但昆山人并没有就此停止前进的脚步,在把"昆山制造"打造成最鲜艳夺目的美玉后,他们又把目光瞄准了"昆山服务"这一过去被相对忽视而又充满潜力的璞玉。历经二年,以杨开忠教授为首席的团队完成了可能是中国县域第一个服务业的发展规划。以后,昆山相邻的太仓、常熟以及常州的武进、溧阳、金坛等都邀请我们承担规划课题,探索各地区的服务业发展之路。不久前,张家港、昆山、常熟、太仓等市还邀请我们承担了这些地区"十二五"的服务业发展规划,甚至昆山的周庄、巴城、周市也相继提出编制服务业发展规划的需求。可以说,我们课题团队几乎走遍了苏锡常地区的每一个乡镇,不仅亲历了高速铁路、沿江高速、宁杭高速的通车,见证了苏通大桥的合龙、花桥商务城的崛起、虹桥枢纽的成长,而且深刻体会到了长三角苏南经济的强力脉动和发展活力。我们深切感到,苏南地区各个县市服务业发展总体规划的提出是苏南社会经济发展的必然要求，也是苏南地区科学发展、和谐发展、跨越发展的内在驱动，将对苏南未来经济持续发展和构建"和谐社会"产生重大影响，将对苏南在未来长三角产业格局中的地位产生重要影响，也将关系到江苏省发展目标的实现程度。文开吴会、道启东南。苏南服务经济发展的未来，可以概括为"三个一"，即：经历一次转型、展现一幅画卷、铸造一颗明珠。

经历一次转型。她将以产业结构高度化，区域经济一体化为特征，逐步实现由"强县经济模式"向"都市经济模式"的转变，由"工业型经济"向"服务型经济"的升级，在高附加值制造业、高新技术产业，以及与之相匹配的现代服务业跨越式发展中，走上城市区域产业的融合发展之路，实现新时期苏南地区的"精明成长"。

展现一幅画卷。她将以制造业、服务业的联动和融合为特点，在增长极驱动的产业集聚过程中，打造精彩纷呈的商务服务中心、商贸流通中心、旅游度假中心和文化创意中心等等一系列服务中心地，形成与大都市区域相匹配的服务经济体系，展示一幅"重彩浓抹"的服务经济画卷，与"淡妆素描"的江南水乡联袂登上国际舞台，在湖水、青山、古城的交融中不断超越。

铸造一颗明珠。她将以优先发展服务经济为特色，勾勒苏南湖光、山色、塔影的城市魅力，构成"湖在城中、山在景中、楼在树中、城在园中"的新景观，在推进城市功能重构和产业空间重组的过程中，以人为本，彰显品味、品质、品格三位一体的发展理念，弘扬"创业与创新、生态与休闲、低碳与田园"三种文化，实现人与人、人与自然的宜居和谐，如蚌一般精心含养一颗江南明珠。

本书在规划实践的探索研究中，重视以空间经济的视角审视区域服务业的发展，凝练出一系列理论问题，并借由新经济地理学的分析框架以及现代系统科学的研究方法展开讨论。本书采取问题导向与目标导向相结合的方法，面向长三角地区服务业发展的主要需求热点，从生活性服务业、生产性服务业以及知识与技术创新等三个方面各选择一个话题加以讨论。本书是国家自然科学基金项目"我国区域空间结构演化机理、影响因素及其优化研究"（批准号：41171099）的部分研究成果，并得到复旦大学亚洲研究中心资助。案例部分来源于近十年来课题小组在苏南地区的规划研究。因篇幅所限，我们仅将各县市的服务业发展总体规划作为蓝本来讨论。全书由薛领、翁瑾共同讨论框架,然后由各执笔者承担相应章节的写作。第一章由薛领、吴春萍、马瑜琼执笔,第二章由吴春萍、揭懋汕执笔,第三章由高吉鹏、薛领执笔,第四章由薛领、傅唯佳、王品佳等执笔,第五章由翁瑾执笔,第六章至第十二章由薛领、翁瑾及其所率课题组共同完成,书中部分图表由吴春萍、李洪滨绘制,最后全书由薛领、李洪滨统稿、校阅。实际上,先后有多人参与了本书所涉及的研究工作,除执笔人外,主要有王滔、张晓章、李青淼、罗柏宇、武倩倩、李婷婷、师蕾、邓婷婷、高健岭、马明草等。本书文责自负,仅代表著作者的个人观点。

本书共分为理论探讨和案例分析两大部分,其中部分成果已经公开发表。为完成本项研究工作,研究课题组先后多次奔赴昆山、太仓、常熟、武进、溧阳、金坛等地调研,获得了一大批宝贵的一手资料,有关生产性服务业需求调查问卷为后续的研究奠定了坚实的基础。对给予调查研究的相关机构、企事业单位和个人表示衷心的感谢。本书的研究得到了苏南地区各县市的领导,特别是发展和改革局(委员会)、服务业发展办公室的大力支持,也得到了江苏省发改委服务业处几位领导的肯定和鼓励,深怀感激,在此一并致谢。本书的出版还得到北京大学出版社的大力支持,特别是倪宇洁编辑的倾力奉献,特此致谢。本书尝试以空间经济的视角来解读区域服务业的发展,但限于理论水平与实践经验,难免存在肤浅与不足之处,著作者全员诚恳希望得到广大读者的批评指正。

目 录

第一章 绪 论 / 1
 第一节 苏南经济的转型与抉择 / 2
 第二节 苏南发展服务业迎来的重大机遇 / 9
 第三节 服务业：一个与时俱进的概念 / 14
 第四节 研究内容与安排 / 26

上篇 理论探讨

第二章 服务经济演进：过程、机理、集聚和趋势 / 35
 第一节 产业机构演进的过程和机理 / 35
 第二节 服务经济演进的主要影响因素 / 42
 第三节 服务经济的空间结构与产业集聚 / 51
 第四节 服务经济发展的主要趋势 / 69

第三章 分工与交易效率：生产性服务业演进的模式与路径 / 91
 第一节 问题的提出 / 91
 第二节 相关研究进展与评述 / 93
 第三节 超边际分析方法的引入与建模 / 111
 第四节 关于市场交易效率的进一步探讨 / 124
 第五节 主要研究结论和建议 / 131

第四章 规模经济、差异化与交通：
    旅游休闲产业空间格局的动态演化 / 144
 第一节 问题的提出 / 144

第二节 相关研究进展与评述 / 154

第三节 旅游休闲产业空间结构模型 / 161

第四节 旅游休闲产业空间集聚动态模拟 / 164

第五节 主要研究结论与政策主张 / 170

第五章 市场容量、知识创新和区域一体化：技术扩散与空间集聚机理 / 179

第一节 问题的提出 / 179

第二节 相关理论进展与评述 / 183

第三节 技术扩散与知识创新的空间集聚 / 193

第四节 长三角区域一体化与技术扩散的实证 / 198

第五节 主要研究结论 / 231

下篇 案例分析

第六章 太仓：由经济边缘区到服务中心地 / 239

第一节 太仓经济的演进与绩效 / 239

第二节 发展的问题："边缘效应"制约服务业的发展 / 243

第三节 服务业发展的优势、机遇和挑战 / 244

第四节 发展愿景、思路、战略与布局 / 252

第五节 重点领域与主要任务 / 263

第七章 昆山：探索服务业转型升级的新路径 / 280

第一节 昆山经济的演进与升级 / 280

第二节 昆山的优势、劣势、机遇和挑战 / 289

第三节 发展愿景、目标、战略与空间布局 / 294

第四节 重点领域与主要任务 / 299

第八章 常熟：从传统产业路径依赖到服务经济协同演进 / 335

第一节 常熟经济的历程与服务业的发展 / 335

第二节 发展的问题：传统服务业为主导的服务业结构锁定 / 339

第三节 服务业发展的优势和劣势 / 342

第四节 发展愿景、思路、目标和空间格局 / 346

第五节　重点领域与主要任务 / 359

第九章　周庄：重塑中国第一水乡 / 383

第一节　周庄经济发展的历程与现状 / 383
第二节　核心问题：三大约束条件下的发展路径锁定 / 385
第三节　自身的条件和机遇 / 388
第四节　发展使命、目标、战略与空间布局 / 392
第五节　重点领域与主要任务 / 398

第十章　武进：探索服务业的新苏南模式 / 412

第一节　武进服务业的发展历程与问题 / 413
第二节　核心问题：武进服务业发展的三大制约因素 / 421
第三节　自身发展拥有的六大优势 / 423
第四节　发展愿景、目标、战略与空间布局 / 429
第五节　重点领域与主要任务 / 443

第十一章　溧阳：解锁 M 型发展结构 / 501

第一节　溧阳服务业的历程与问题 / 501
第二节　核心问题：溧阳服务业"短"在何处？/ 509
第三节　自身发展的优势和机遇 / 512
第四节　发展思路、战略、框架与空间布局 / 519
第五节　重点领域与主要任务 / 525

第十二章　金坛：跳出低水平三角陷阱 / 553

第一节　金坛服务业的发展历程与问题 / 553
第二节　核心问题：低水平三角陷阱 / 558
第三节　自身拥有的四大优势 / 562
第四节　发展愿景、战略、目标和空间布局 / 564
第五节　重点领域与发展对策 / 570

第一章

绪 论

作为世界第六大城市群的长三角,凭借它对国际资本与技术的强大吸引力而为举世瞩目,与长三角的发展息息相关的宁杭经济带也正以不断彰显的资本要素的集聚效应崛起在东南沿海。21世纪,是城市化的世纪,依山傍水、沿江沿海的城市区域未来发展更加令人瞩目。长江三角洲的苏南地区,是江苏省接轨上海、接受辐射的前沿地区,正在成为服务经济抢滩登陆的要地,接受国际资本和产业转移的基地。

苏南地区,即江苏省南部,传统意义上仅指苏州、无锡、常州三个市。2000年,江苏省把全省分成苏南、苏中和苏北三大区域,南京、镇江两市被划入了苏南范围,因此苏南地区包括苏州、无锡、常州、南京和镇江五市,面积约2.8万平方公里,拥有3254.87万常住人口。苏南是改革开放以来我国经济增长最快、最具活力的地区之一,并形成了独具地方特色的发展模式——"苏南模式",经济社会发展均取得了巨大的成就。然而,当前苏南地区也逐渐面临着越来越明显的发展制约,转型升级成为了未来一段时期的重要任务,发展现代服务业将成为苏南地区新一轮经济成长的重要引擎和城市升级的主导方向。

第一节 苏南经济的转型与抉择

一、苏南经济:重复"昨天的故事"还是重新做出抉择?

"舟车会百越,襟带控三吴。"苏南的草根工业、市场网络、能工巧匠、务工经商、经世致用等传统与文化,可以说是苏南工业化的初始条件和逻辑起点,成为了我国工业化的先行地区。改革开放以来,以苏锡常为代表的苏南地区成为了我国长三角经济增长最迅速、结构变动最明显的地区之一,它以约各占江苏省17%左右的面积、人口,创造了占江苏省40%的GDP和财政收入。该地区具有坚实的工业、农业、商贸业发展的基础和较高的科技、文化水平,并具有参与经济全球化的地理优势、经济优势和智力优势。苏南地区曾被誉为制造业的"天堂"。苏州的丝绸业、无锡的纺织业、常州的梳篦等历史悠久。制造业特别是轻纺、机械等制造业,在苏南地区的经济发展中扮演着重要的角色,并且成为带动长三角经济社会现代化的先导地区之一。在经济上,目前苏锡常三市的工业总量相当于一个浙江、两个福建、五个安徽、八个江西的规模。苏锡常城市化水平不断提高,除金坛外,其余各市的城市化水平都高于全省44.7%的平均水平,为本地区经济发展提供了坚实的驱动力,经济发展进入报酬递增时代。

苏南经济发展的历程是一个工业化、城市化、市场化、国际化、信息化的过程,正是在这一过程中,苏南发展的模式出现了不断的变革,并实现了从"苏南模式"向"新苏南发展模式"的转变。在改革开放初期,面对社会需求大于社会供给的"短缺经济",苏南各地政府利用农村劳动力过剩的客观条件,大力发展乡镇企业,率先进行了社会主义市场经济的开拓性探索,苏南乡办企业的萌芽突破,逐渐形成了以集体经济为主发展乡镇企业的典型的"苏南模式",奠定了苏南工业化的良好基础。到1980年代末,乡镇企业发展占据了苏南经济总量的2/3,资产占到当地农村集体资产的80%以上,成为地方经济发展的主要支撑力量。进入1990年代后,随着市场经济体制的逐步建立,乡镇企业竞争优势逐步削弱。面对这一形势,苏南各地政府一方面大力改革乡镇企业产权制度,推进企业产权社会化,明确企业市场主体地位。在短短的几年时间中,苏南各市原集体所有制的乡镇企

第一章　绪　论

业改制比例就达80%以上,大大激发了企业的活力。另一方面则抓住了上海浦东开发的重大机遇,依托开发区,大力发展外向型经济。到1990年代末,苏南实际利用外资占到江苏全省的80%以上。开放经济的发展,促进了苏南深入参与国际分工,融入世界经济体系,建立起国际协调型的产业结构。

进入新世纪新阶段之后,苏南地区又率先进入了全面建设小康社会的创新性实践,被概括为"新苏南模式";实现了在体制转轨、技术进步、社会转型方面的巨大改变,外向型经济蓬勃发展。然而,乡镇企业的村村点火、户户冒烟,也导致了城镇规模小且布局极为分散的问题,达不到规模经济要求,起不到产业集聚、人口集中的作用,一度制约了经济的发展。同时,城乡二元分割的壁垒也在一定程度上抑制了服务业的发展,造成了苏南地区城市化滞后于工业化的局面。就近年来的情况看,国际贸易保护、人民币汇率上升以及国际市场资源类产品价格进一步高涨,对于以制造业为主的地区经济十分不利。苏南地区的经济大体上仍然处在单纯靠扩大加工制造规模发展的阶段,处在产业链的低端,一些高度依赖资源与环境的产业和劳动力密集型产业面临生存困境。这种增长方式下,苏南面临的首要问题就是发展空间不断缩小,附加价值越来越有限,各个城市间的引资竞争将不可逆转地愈演愈烈。在劳动力成本、土地成本和商务成本不断上升、土地资源和环境资源不断消耗、低水平产业结构重新调整压力不断增大、外来资本和技术大规模梯级迁移等形势下,过分追求制造业的扩张,依赖廉价供给的低成本劳动力优势发展战略实际上已经受到很大局限,工业用地的日益减少、能源和资源消耗的迅猛增长,供需缺口越来越大,对国外资源的依存度不断攀高,生产要素制约经济发展的迹象已经抬头,对于区域经济可持续发展带来了前所未有的挑战,迫使经济发展探索新的抉择。

苏南经济从初始"苏南模式"到现在的"新苏南模式",经济实现了巨大的增长。在工业化的初始阶段,苏南地区同大多数国家、地区一样,主要利用其独特的区位优势、良好的基础设施和廉价的劳动力,依靠要素、投资不断驱动产业升级。然而,随着产业的进一步发展和升级,苏南面临新的结构升级和转型的巨大压力。苏南地区是继续这样的老路?重复"昨天的故事"?还是通过一系列战略性的创新,解决经济发展面临的各种障碍和矛盾?这关系到该地区能否在新一轮区域经济转型格局中再现辉煌,能否再造经济增长的动力机制,可谓关系重大,意义非凡。

二、苏南地区发展现代服务业意义重大

1. 发展服务业是国家一项重大而长期的战略

长期以来,我国经济的增长模式始终存在着两个主要的约束条件,一是经济增长对投资和出口的过度依赖,二是经济增长对要素高强度投入的过度依赖。我国的经济增长,增量部分主要靠外需拉动,内需在结构方面,投资与消费不协调,消费对增长贡献较低。在供给层面上,产能增加很快,但低附加值的制造业占比过大,自主创新能力没有像产业发展这样迅速跟进,技术创新和人力资本对经济增长贡献相对偏低。不转型、不调整,发展的空间就会越来越小,路子会越来越窄。从外部环境看,危机之后全球经济深度调整,外部需求的扩张短期内难以恢复到危机以前的水平。随着外需的收缩,曾经严重依赖外需拉动的中国经济减速的压力越来越大。同时,目前我国在信息化没有完成的情况下,又面临绿色科技领域的挑战。传统产业领域,在节能减排的技术改造没有完成的情况下,就开始面临发展低碳经济的巨大压力。应对全球气候变化,也增大了我国节能减排的压力。发达国家现在已开始在新的基础上,发展新的产业,这不仅给我国传统产业领域增强竞争力提出了要求,而且在新的产业领域,怎么争取新的市场和发展空间,也提出了新的要求。从内部环境看,产业规模扩张带来的产能过剩矛盾加剧,使我们很难再延续规模扩张性的模式。生产要素成本的上升要求我们逐步减少对低成本比较优势的依赖。而资源环境硬约束强化,人口老龄化的逐渐到来,也对我国由传统劳动密集的优势向新的优势转变提出了新要求。

党的"十八大"报告提出,在当代中国坚持发展是硬道理的本质要求就是坚持科学发展。以科学发展为主题,以加快转变经济发展方式为主线,是关系我国发展全局的战略抉择。报告更加强调要更多依靠现代服务业和战略性新兴产业带动,更多依靠科技进步,不断增强长期发展后劲。实际上,我国于党的"十五大"报告中就提出要大力发展现代服务业,在2000年10月党的十五届五中全会关于"十五"计划建议中也提出"要发展现代服务业,改组和改造传统服务业"。党的"十七大"报告明确指出今后要发展现代服务业,提高服务

业比重和水平,这为今后的经济建设指明了方向。

首先,工业化和服务化都是经济发展的客观趋势,当前,我国经济发展整体上正处于工业化中期阶段,也处于服务业加速发展的转折点。从世界发达市场经济的发展过程,可以看出几点:一是工业化和经济服务化都是经济发展的客观趋势,两者相伴而行、相互作用。二是工业化曲线在其上升期并不排斥服务化曲线的同期上升。实际上,服务业与工业化是否结束没有直接的关系,我们不能因为工业化进程没有结束就否定服务业的发展。服务业不是工业出现之后才出现,服务化也不是工业化完成之后才开始。三是由于服务产品收入需求弹性高,供给生产上资源环境约束小,服务业发展潜力巨大,发展可持续性强。

其次,我国服务业增加值占国内生产总值比重一直徘徊于40%左右,不仅远低于发达国家70%以上的水平,也低于发展中国家45%左右的平均水平。就业比重由当时的不足20%,上升到近年的30%,也明显低于应有水平。尽管有统计原因,但我国服务业发展滞后,比重偏低,并不是工业化中期应有的正常现象,其中既有"发展阶段性"问题,也有"体制性政策性"制约因素。因此,我国服务业发展的突出问题不在于总体水平上一般意义的"落实",而在于产业的供需矛盾、内部结构的扭曲和失衡以及区域分布的不均衡性。

再次,加快发展服务业,特别是现代服务业,是提高制造业产业竞争力、实现新型工业化的重要动力来源。在现代经济中,随着专业化分工的深化和专业服务外置化趋势的发展,产业竞争力越来越依赖于技术研发、设计策划、项目管理、物流营运、品牌营销等商务服务业的支撑,特别是新型工业化要求以信息化、网络化、智能化带动工业化。当前,加快转变经济发展方式、加快转型升级是未来一段时期的中心任务,而且充分利用现代信息传输技术、计算机网络服务、物联网技术所能提供的巨大空间,改造传统的产业组织和生产经营方式,加速产业升级步伐,我们还有很长的路要走。

最后,加快发展服务业是推进新型工业化,实现全面协调可持续发展的重要环节。以人为本、实现全面协调可持续的发展是贯彻科学发展观的基本要求,也是新型工业化的核心要义。在这方面,发展服务业具有非常重要的战略地位。服务业不仅是解决民生问题、提高人民生活水平、促进社会和谐与进步、全面建设小康社会的重要方面,而且在经济增长贡献方面同样有着无可替代的作用。服务业具有需求收入弹性高、发展潜力巨大,资源环境亲和的特点,是经济可持续增长的重要源泉。

2. 发展服务业是获取高附加值,赢得区域竞争优势的重要途径

1992年,施振荣先生为"再造宏碁"提出了有名的"微笑曲线"(Smiling Curve)理论,以作为宏碁的策略方向。以后,施先生将"微笑曲线"加以修正,推出了所谓施氏"产业微笑曲线",以作为各种产业的中长期发展策略之方向(图1-1)。在"微笑曲线"中,沿着产业价值链看,中间为劳动密集型的低端制造业,两边分别为附加值高的研发与设计、品牌与服务。现代服务业中的生产性服务业正是处于产业价值链的两端,对制造业产业结构调整和提升产业竞争力产生了重要的作用。随着分工与专业化水平的提升,服务业不再是过去单一的以消费性服务业为主的格局,交通运输、仓储管理、现代物流、R&D、商务营销、贸易服务、金融保险等新兴的生产性服务业逐渐成为主导性服务产业。再者,生产性服务业在制造业领域的作用变迁过程中,它的功能从辅助管理到管理支持再到最终的战略导向,地位不断提高。实际上,产业的转型升级,就是产业结构高级化,即向更有利于经济、社会发展方向发展。对应于"微笑曲线",就是逐步摆脱低附加值的制造、加工、组装环节,向高附加值环节攀登。在这一过程中,我们主要有两条路径选择:不是向曲线的右边攀爬(获取品牌),就是向左边攀爬(获取技术)。显然,无论我们沿着哪条道路一级一级地攀爬,我们都在发展服务业,也都需要服务业的强力支撑。

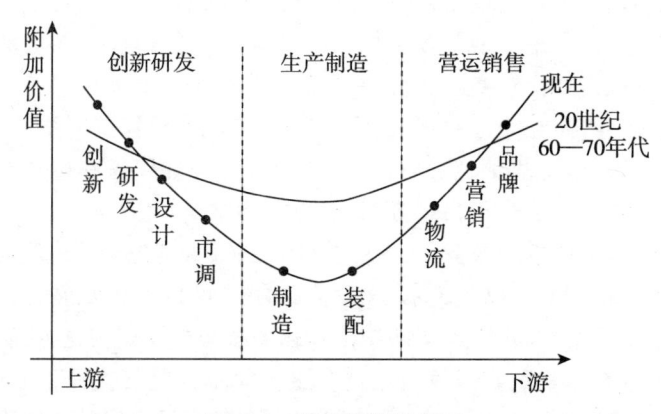

图1-1 微笑曲线示意图

微笑曲线有两个要点：一是可以显示附加价值的分布，二是关于竞争的型态。从区域竞争力的角度来看，一个竞争性地区的发展可以分为低成本驱动、报酬递增和知识驱动三个不同阶段。一是低成本驱动，即以低廉的劳动力成本、土地成本等获取竞争力。二是报酬递增驱动，即以大规模经济驱动获取的竞争力。三是技术与知识驱动，即以高科技、知识驱动赢得的竞争力。实际上，这一理解与美国哈佛大学商学院迈克尔·波特(Michael E. Porter)教授的主要理论有类似之处。他先后出版的"竞争三部曲"——《竞争战略：产业与竞争者分析技巧》、《竞争优势：创造与保持优异业绩》、《国家竞争优势》具有广泛的影响，并发展出了一个严谨而实用、能够理解竞争的理论架构，提出了"五种竞争力量"和"三种竞争战略"的理论观点。这三种思路是：一是总成本领先战略；二是差异化战略；三是专一化战略。改革开放以后，我们基于比较优势，大体上沿用的是低成本竞争战略获取了区域的竞争优势。

然而，我们今天面临劳动力成本、土地成本的上升、未来几十年土地增值收益权丧失、土地资源和环境资源不断消耗、低水平产业结构重新调整的压力、外来资本和技术大规模梯级迁移等等问题和挑战。显然，低成本竞争的老路走不通了，必须采取差异化的竞争战略。那么，为什么我们要走差异化的道路？因为差异化是垄断的基础，而垄断能够带来超额利润——这正是高附加值的源泉。这里需要强调，服务业是实现差异化的重要手段，包括创新、创意、品牌、营销等带来的差异化。

3. 发展服务业是苏南地区转型升级必然道路

苏南地区作为长三角的重要组成部分，肩负着增长方式的转变、城市功能的完善、区域竞争能力的提升等重大使命，服务业将成为苏南地区新一轮经济成长的重要引擎和城市升级的主导方向。因此，如何走内涵式的发展道路，转变经济增长方式，提高自主创新能力，加强区域竞争优势，如何从一维的工业经济向服务经济、城市经济、生态经济、循环经济以及知识经济等五维经济转变，形成以高新技术产业为先导，基础产业和现代制造业为支撑、现代服务业全面发展的产业格局，坚持率先发展、科学发展、和谐发展，率先基本实现现代化，从而实现全面、协调与可持续发展，这些都是未来一个时期苏南发展的关键问题。

首先,它将对苏南地区未来经济持续发展和构建和谐社会产生重大影响。如何确定苏南各个县市在长三角区域经济中承担的功能,选择哪些服务产业作为未来发展的主要方向,建立怎样的服务业发展体系,选择怎样的发展策略,将决定着苏南地区资源利用方向及配置效率的高低,也将影响到苏南地区各个县市未来经济、社会、文化、环境等各个方面的发展状况、发展速度和发展品质。

其次,它将对苏南地区在未来长三角产业格局中的地位产生重要影响。随着长三角都市圈的发展和地区竞争的加剧,主要区域资源的同质化现象日益突出,进而导致长三角各个城市的功能定位和产业选择趋同。苏南地区服务业功能定位的确定和主导产业的选择将决定着苏南各县市在长三角服务功能系统中发挥何种作用,决定着各个县市竞合中的竞争地位及竞争优势,并最终影响到各个县市在长三角特别是苏南地区发展格局中地位的高低及权重的分量。

最后,它关系到江苏省及长三角区域发展目标的实现程度。作为江苏省乃至长三角发展战略的重要组成部分,苏南地区正是地区产业结构调整和升级的重要目标区域之一。苏南地区各个县市发展战略方向的确定及服务业主导产业的选择将直接影响到区域经济步伐和城市环境建设水平,并最终影响到江苏省"两个率先"的区域发展目标实现的速度和程度。

经济发展的过程不仅是总量增长的过程,同时也是结构不断优化的过程。苏南服务业比重小、层次低、发展滞后,已经成为当前和今后一个时期制约苏南工业经济快速发展和产业结构优化升级的重要因素。众所周知,服务业兴旺发达是现代经济的一个重要特征和产业高度化的一个重要标志,这是苏南地区提升经济运行质量,实现经济可持续发展的必由之路,是苏南地区缓解就业压力,实现跨越式发展的有效途径,是苏南地区应对"后危机时代"经济全球化挑战的客观要求,是苏南地区产业结构调整与优化的重要机遇,是苏南地区实现新型工业化的强大支撑,也是苏南地区提高城市竞争力的有效措施,对于苏南地区的可持续发展,实现区域经济的良性循环,意义深远而重大。

第二节　苏南发展服务业迎来的重大机遇

当前,金融危机的进一步缓和,世界正进入"后危机时代"。一方面,金融危机的根源还没有消除,经济复苏尚需时日;另一方面,区域经济发展或将进入产业结构逐步调整的重大阶段,谁能在结构调整上先人一步把握"后危机时代"的机遇,加快产业结构升级,培育发展一批战略性新兴产业,谁就能抢占新一轮发展的制高点。

一、社会发展转型与地区领先需求率先升级

首先,苏南地区工业经济的持续快速发展、产业升级的迫切需求,为产业链上游的设计策划、信息咨询、金融服务和下游的物流、配送、营销等生产性服务业提供了强大的外部需求。同时,苏南新型工业化进程将进一步拉动高技术产业发展,带来产业布局及产业结构的重大调整,进一步带来服务需求结构的战略性升级。同时,随着环境保护的理念深入人心,人们对于产业的环保水平格外关注,越来越多的地区开始注重招商选资,引导环保低能耗的企业来本地投资,抬高重污染企业的进入门槛。同时越来越多的地区大力发展低污染而高产出的服务业,通过其改变经济结构和促进产业升级。这一趋势有利于苏南地区顺应趋势而动,积极推进产业结构调整,推广服务业的发展,保护常熟的自然生态资源,打造苏南的度假产业,以及营造宜居城市氛围,增强对于本地企业的吸引力,进而增强根植性。

其次,我们的生活方式正在发生转变,社会生活进入休闲经济时代。沿海地区较高的居民收入正在推动社会消费结构向"发展型"、"享受型"升级,从而带来服务需求偏好的转变与生活模式的质变。科技的发展引领我们逐渐步入汽车时代,居民汽车拥有率不断上升,汽车大大拓展了人们的出行范围,也便利了人们远足旅游休闲。这有利于苏南发挥本地的自然生态资源,促进度假经济发展。同时,伴随着人们收入的日益增多,人们的需求日益多元化,居民消费需求不断升级,居民更加关注健康、住房、休闲、教育、理财等高端服务业,促进了医疗康体、房地产、休闲娱乐、金融、设计创意等产业蓬勃发展。这也有利于苏南地区发展创意之都,打造宜居城市。

再次，上海及苏南地区经济发展领先全国，服务需求率先升级。苏南等发达地区处在人均GDP由10000美元到20000美元跃升阶段，新的消费群体加速崛起，将推动消费结构优化升级，为消费性服务业发展创造广阔空间。同时，长三角地区产业体系逐步完善，先进制造业和现代农业发展进一步提质提速，与现代服务业相互融合、良性互动，将引致更大的生产性服务需求。响应需求升级，抢抓发展机遇，苏南地区就更要大力发展枢纽经济、后台经济和休闲经济，领先一步满足"领先需求"，推动经济社会率先发展。

最后，社会发展更加追求生态友好，环境保护。随着环境保护的理念深入人心，人们的生产方式也将得到改变，对产业环保水平的关注，会使得一个区域在招商引资方面，更加注重引导环保低能耗的企业来本地投资，抬高重污染企业的进入门槛。这些都有利于苏南地区顺应趋势而动，积极推进产业结构调整，大力提供生态服务，建设国家级生态市，营造优美的山水城市。

二、长三角新一轮沿海化、工业化和城市化

首先，长三角区域一体化深化。《江苏沿海地区发展规划》上升为国家战略，国务院出台《长江三角洲地区区域规划》，推进新一轮"沿海化"及长三角城市群空间布局结构的基础设施体系建设，城市群域的"同城效应"日益显著，全球城市区域（City-Region）的态势逐渐涌现。不久前，《江苏沿海地区发展规划》经国务院常务会议原则通过。规划将把地处我国沿海、沿江和沿陇海兰新线的三大生产力布局主轴线交会区域的江苏沿海地区建设成为中国东部地区重要增长极，把连云港、盐城、南通三市建设为江苏省集中布局临港产业，形成临海产业和城镇带的"桥头堡"，视为重要目标。并将促使江苏省产业布局从"沿江"转向"沿海"，同时也使中国沿海形成从环渤海经济圈、江苏沿海经济区，到长三角、珠三角、北部湾经济区，再到海西经济区的完整连续的沿海整体经济发展格局，拉开了新一轮"沿海化"的序幕。

近年来，《推进天津滨海新区开发开放有关问题的意见》、《广西北部湾经济区发展规划》、《进一步推进长江三角洲地区改革开放和经济社会发展的指导意见》、《珠江三角洲地区改革发展规划纲要》、《关于支持福建省加快建设海峡西岸经济区的若干意见》以及《皖江

城市带承接产业转移示范区规划》相继获国务院常务会议原则通过上升为国家战略。值得指出的是，在这些区域规划中，天津滨海新区、江苏沿海地区、海峡西岸经济区、广西北部湾经济区等，均是改革开放以来沿海地区发展中的薄弱环节，属于新的战略部署，而作为中国经济最活跃的两大沿海板块——长三角和珠三角，则是再次被重新部署，赋予其全新的发展意义。如果说，20世纪八九十年代我国通过开放经济特区、沿海开放城市等政策，以"点"的形式对沿海地区进行布局，其初衷更多是立足国内视角，"激活"国内改革和开放。那么，新一轮沿海地区区域发展规划的战略设计，则凸显出中国新的战略诉求——寻求并确立在未来世界经济发展格局中的战略发展坐标。这是立足全球战略层面的战略部署，标志着沿海地区新的起步，也反映出中央对沿海地区的新功能寄予厚望。

其次，长江三角洲已经成为我国经济实力最强的地区，成为世界第六大都市圈，是发展中的全球城市区域，集聚效应十分明显。为了在新世纪实现长三角地区可持续发展，长三角各城市提出了区域开发的新战略，彼此开始加强合作，积极推进区域一体化进程，消除区域内部的各种壁垒和障碍。这些新的趋势和举措将促进人才、信息、技术、资本等各种要素在长三角区域的自由流动，实现资源优化配置，增强经济外溢效应。

再次，随着沿江发展战略的实施，整个沿江工业的总量和规模将迅速扩张，产业层次将进一步向高技术集约度、加工度制造业推进，在某些高新技术产业领域有望实现跨越发展，这在很大程度上取决于生产性服务业发展的规模和质量。

最后，苏南地区城乡一体化提速，支撑条件更加完善，人口进一步向城镇集中，资源集聚效应更加明显，将为现代服务业实现规模经济、相互分享长三角地区消费、技术、信息、知识等的溢出效应创造一个良好的条件。

三、机制体制改革释放新的发展活力

首先，我国服务业发展滞后和结构不合理，很大程度上是由于不具备有利于服务业发展的体制环境造成的。现在我国市场机制已日渐完善，放松经济规制、实行市场准入制度改革的条件日趋成熟。因此，体制改革与创新日益成为未来促进中国服务业快速有序发展的

重要动力。未来一段时期，国家还将继续推行一系列经济、社会、行政体制方面特别是有关服务业的改革和试点，鼓励和扶持服务业加快发展，有利于苏南地区进一步转变发展观念、理清发展思路、消除发展壁垒、创新发展举措。

其次，受传统计划经济体制影响，工业经济和服务经济在地理空间上呈现出高度集中态势，科层制、等级化是经济活动空间组织的重要形式。随着"省直管县"、"强镇扩权"以及城乡一体化等体制改革的不断深入，交通网路的不断完善，区域一体化的深入推进，长江三角洲地区经济活动的空间组织越来越呈现出网络化、扁平化的趋势。这是市场经济发展的必然结果，是对传统科层制组织模式的重大挑战，也为低行政层级地区的发展带来了重大的机遇。长江三角洲地区的网络化，意味着区域中可能存在多个中心地，既有高等级、综合性的，也有次一级、专业性的。在新的经济空间组织形式下，凭借显著的区位优势，利用优越的港口优势，依托长三角和上海市强大的经济实力，苏南地区有能力、有条件承担起部分重要的区域职能乃至全球职能。这意味着，区域经济的扁平化将使苏南建设长江三角洲全球城市区域的服务中心地和网络成为可能。

最后，与国家战略相对应，江苏省提出以向制造业的两端延伸和中间分离为突破口，拓展生产服务业的发展领域，增加投入，着力加大物流、金融、信息、商务和科技服务等生产性服务业投资，支持做大做强一批服务业知名企业和服务业集聚区，并将加大服务业招商引资力度，加快发展服务外包业务。这对苏南服务业的发展而言是重要的机遇。

四、科技进步和自主创新促进服务经济新增长

全球科技产业变革趋势为我国发挥后发优势、实现技术和产业整体跃升创造了条件。后危机时代由发达国家主导的新一轮科技革命处于孕育突破期，以"智慧城市"引导的应用IT技术、互联网升级、新材料、新服务产业和以低碳为核心的新能源汽车、智能电网等产业将取得重大突破，创造了新时期—科技创新的发展机遇。

首先，随着通信、信息、网络等现代化技术的进步和普及，市场组织和交易方式不断创新，使得传统的市场可以通过业态创新来寻求新的经营空间，进而流通渠道更加丰富，功能更加多元。信息技术和

网络技术在展示、宣传、交易平台上能有效提高市场的知名度,且方便快捷的交易系统为交易双方降低交易成本,为长三角地区各类市场的升级换代、功能提升和市场推广带来宝贵的技术资源,也为传统物流的升级换代提供了技术保障。

其次,智慧城市、物联网、新能源、云计算等先进理念所要求的核心技术,以及软件网络化、服务化已经成为不可逆转的产业发展趋势,也将成为IT、能源等行业的新兴热点领域,无疑将成为"十二五"期间国家在信息服务领域等高科技领域的重点建设的方向。

最后,国家"十二五"提出了制造业信息化战略,以"两化融合"为切入点,带动制造业信息化、走新型工业化之路,实现由"制造大国"到"制造强国"的转变将是"十二五"以及今后中国的长期国策和核心工作内容。

五、产业分工深化和集聚强化

全球经济一体化为以满足大规模需求为目标的大规模生产创造了条件,大规模生产推动产业链条分离向纵深推进,最终促使产业分工不断深化,生产外包规模日益增长。产业链增值环节开始依据区域要素禀赋优势选择新的发展空间,形成新的空间集聚。苏南地区在吸引服务业到本地区集聚上具有明显的优势:首先,苏南地区交通便捷,在两小时都市圈内,综合商务成本明显低于上海。当前,长三角重点围绕打造区域"三小时都市圈",以对外通道、区域内省际通道、城际快速通道等大通道建设为重点,以跨海湾、跨长江通道、大型综合交通枢纽、断头路段建设等关键工程为核心,加快推进区域综合交通一体化建设。铁路方面,客运专线和城际轨道交通建设加速推进,以虹桥交通枢纽为代表的与城际铁路相配套的大型综合性交通枢纽相继规划建成。另外,苏南地区与上海港口码头建设的合作进一步加强,完善长江"黄金水道"、京杭运河等高等级航道通航标准,完善集装箱运输系统、外贸大宗散货海进江中转运输系统、江海物资转运系统等措施正在持续推进。航空枢纽与配套支线机场建设不断加强,空域管理改革不断推进,空域资源进一步科学化。其次,苏南地区制造业产业集聚不断强化,生产性服务业追随制造业基地,可以大大节省的内部交易费用和交通成本;最后,苏南地区依托开发区建设,强调发展总部经济、创新经济,优化产业布局,不断为服务业发展提供良好的平台。因此，在以上海为核心的长三角现代服务业发展格局中，苏南地区各个城市应尽力凸显各自的优势，从而各自形成依托本地、具有竞争力的服务业体系。

第三节　服务业：一个与时俱进的概念

产业由多个企业甚至一两个从事同类产品生产的企业组成。一个企业也不仅是从事某一项单一经济活动，也可以从事多种类型的经济活动，即从事多产业（跨行业）的经营。产业的出现与社会分工的不断深化密切相关，在社会生产力发展的不同阶段，社会分工的主导形式转换和社会分工的不断深层次发展，形成了具有多层次的产业范畴。从需求的角度说，产业是指具有同类或相互密切竞争关系和替代关系的产品或服务。从供应角度来说，产业是指具有类似生产技术、生产过程、生产工艺等特征的物质生产活动或类似经济性质的服务活动。

"服务经济"在现代城市发展中发挥着越来越重要的作用，一国的国民经济价值都是由商品和服务构成。到20世纪90年代，发达国家GDP（国内生产总值）中服务业比重已增长到60%—70%，服务贸易流量也达到全球贸易总额的四分之一。因此，关于服务与服务业的经济学探讨已经引起多方关注，议论不断。在理论上厘清服务与服务业的内涵、本质与特征等，是国民经济发展实践的需要，也是本节讨论的重点。

一、服务溯源

"服务"一词出现的确切时间似乎无所考证，其英文"Service"源于拉丁语"Servus"，本意为"奴隶"，因此服务的起源或许能追溯到奴隶社会时期。虽然奴隶社会中奴隶和奴隶主之间的剥削与被剥削关系决定了二者之间不存在可交换性的活动，但并不意味着奴隶社会不存在服务，那个时期罗马城内的角斗场和歌剧院等娱乐设施已经开始为民众提供服务，因建设的高成本都需要向观众收取一定的费用，不管是表演活动还是招待活动都是一种经济意义上的服务活动。事实上，服务活动自人类文明史发源之时便存在于社会中，原始社会的宗教祭祀活动就已经出现了服务的雏形,而中国古代很早就有世俗的"三姑六婆"活动,服务可谓无处不在。

历史发展至封建社会,社会关系发生了极大变化,服务活动层出不穷,主要可表现为三个方面。一是社会第三次大分工,即商业从手工业中分离出来,使古代工商服务得到发展。物质产品生产的相对剩余使小手工业者自发地、小规模地将产品设肆(摊)出售,随着商品交换规模的扩张,分散的"肆"慢慢集聚成为"市"。二是受到高度重视的文化服务,可分为两种:一种是为科举考试而开展的文化教育活动,出现了教育服务的提供者,即私塾和先生;另一种是"山、医、相、命、卜",即中医养生、看相算命,虽部分带有封建迷信色彩,但也算是一种医疗卫生服务。三是"三姑六婆"的古代妇女服务活动,"三姑者,尼姑、道姑、卦姑也;六婆者,牙婆、媒婆、师婆、虔婆、药婆、稳婆也。"(明陶宗仪《辍耕录》卷十)"三姑"也可算是中国封建时期的神职人员,"六婆"则分别从事婚姻介绍,专门卖药、抓药、煎药以及接生等服务活动。除了上述三种主要表现形式外,还有一些所谓的"另类服务",即不符合道德标准并为世人所不齿的服务领域,如青楼、赌场等。

二、服务的本质和特征

对服务的定义通常有两种:一是从其性质来看,服务是具有某种性质特征的交易品,如非实物性即被认为是服务最为本质的特征;二是用排他性方式或从统计角度出发,不能归类于农业或工业的产业部门即为服务部门。但是第二种定义方法显然过于简单随意,在理论分析上缺乏逻辑严谨性,也难以确定统一的经济性质,因此第一种方法得到了更多的使用。

值得一提的是,由于服务与劳务的英文都是"Service",因此在认识服务的过程中有的人认为二者是等同的,这在中国经济学家中比较普遍,如王慎之等人所著的《劳务经济学》中所述,"劳务,又称服务,也称第三产业,是国民经济中的一个重要组成部分"。但是服务与劳务二者实质不同,通俗地理解,劳务侧重于"出卖劳动力",但服务不仅仅如此。下面关于服务的本质与特征的分析有助于我们对服务的内涵进行正确的理解。

1. 服务的本质

服务劳动是生产劳动。传统的经济学理论认为只有生产有形物质产品的活动才是生产劳动,如农业与工业生产,而服务业是一种非生产部门,服务劳动是一种非生产劳动。但这种观点在理论和实践上都是站不住脚的。从生产的定义来看,生产是"人们运用劳动手段,作用于劳动对象,生产出满足人们需求的劳动成果的过程"。而今随着社会经济的发展,人们的需求日趋多样化,有物质的或精神的,有有形的或无形的,有满足基本生活需求的或奢侈享受的,服务劳动同样是为满足人们需求而采取一定的劳动手段的生产过程,特别的,这种生产活动常常是更加直接地作用于劳动对象。

服务产品是社会产品。社会产品实际上可分为两种:一种是以实物形式存在的劳动成果,即通常所说的实物产品或商品等;另一种是不能以实物形式存在的劳动成果,即服务产品或服务。后者与前者一样被纳入社会产品范畴,其根本原因在于它同样可以满足人的需求,诸如医疗服务、教育服务、娱乐休闲服务等,均在实践中满足了人们多样化的需求,因此服务产品作为社会产品是无可争议的。

服务产品既可以是生产资料又可以是生活资料。从产品使用价值的用途来看,一方面,服务产品包括了为工农业生产需要服务的产品,如农业科技服务、工业信息服务等,也包括为服务业本身生产所需要的服务,如科技部门的电讯服务、清洁服务等,商业部门的咨询服务、保安服务、管理维修服务等;另一方面,服务产品中也包括为人们日常生活所提供的产品,如家政服务、教育服务、(心理等)咨询服务、旅游服务、清洁服务、物业管理服务等等。

2. 服务的特征

区别服务与其他概念的关键在于充分挖掘服务的特征,正是由于服务本身的特殊性,使得不同的人对服务的理解与定义有所差别。总体而言,大多数服务相较于一般的物质商品而言具有如下几个显著的特征。

(1) 无形性。无形性是服务有别于一般商品最主要的特征,除非服务包含在商品中,否则服务就是无形的。确切地说可以从两个方面来理解:一是服务在空间上往往是非固定的,或难以触摸、肉眼难以看见的,如咨询服务;二是有些服务所带来的劳动成果可能在短期内不会马上显现出来,需要一段时间后服务的使用者或享受者才能得到服务带来的收益,如教育服务。

(2) 即时性。一是服务生产与消费同时发生。有形产品从原材料的采购到消费者最终使用往往会经过生产、销售、消费等多个中间环节,生产与消费之间存在一定的时间间隔。而服务提供者为消费者"制造"服务时,也正是消费者进行服务产品消费之时,二者是同时进行的。也正因此,许多情况下消费者可能介入服务生产与服务提供者进行互动,使得服务能够根据消费者的需求而调整。二是服务不可被存储。服务的无形性、生产与消费的同时性,意味着服务不能像有形产品一样被存储起来,如美容美发服务、医疗服务等。服务产品不可被存储使得服务业对需求波动尤为敏感,因为它不能产生足够的存量来应对需求与供给冲击。但这种一次性的、即时的特性也使服务产品有着自身独特的优势,"服务经济"或"体验经济"的热潮正反映了这一点。今天,计算机技术与通信技术的发展推动着新兴信息服务业的兴起,特别是"物化服务"已不鲜见,服务的不可存储的传统特性也正在弱化。

(3) 异质性。与标准化的福特制工业生产模式相反,服务业是一个以"人"为中心的产业,其生产与消费过程的高度异质性表现得尤为明显。服务提供者、服务消费者、时间、地点、环境,任一可能因素的微小变化都可能使服务的质量发生变化,因此很难有一个统一的标准进行服务生产。服务的异质性给了服务质量较大的弹性,利用这一特性,有的部门为消费者提供极具个性化的服务,扩大增值空间;有的部门通过制度设计将服务过程进行细分,并物化为规章制度,尽可能提供一致的高标准服务。

(4) 结合性。现代服务的一个重要特征是将无形服务和实物产品相结合,只提供非实物形态的"纯服务"越来越少。如商场的化妆品专柜除了提供产品销售外,也提供肌肤测试或化妆服务;音乐公司除了为歌手录制唱片外,也会提供现场演出;购买大宗家电除了产品本身外,卖家也会提供安装与售后服务。因此在现代服务中,实物产品的生产与有效服务紧密结合在一起,不仅体现在相辅相成的统一性,也体现在其替代性中。一方面服务可替代商品,如外卖服务可替代消费者自己的炊事活动;另一方面商品也可替代服务,如自动售货机代替了人作为主体发生的销售活动。

(5) 知识性。知识性具体表现为"三高",即高知识、高技术、高附加值。与传统的服务不同,知识性成为现代服务业越来越显著的特征,这与世界经济、特别是发达国家与新兴工业化国家的产业结构转换的历史趋势密不可分,即从物质经济到知识经济的转型。从美国开始实施"信息高速公路(IIS)"战略开始,在发达国家或新兴工业化国家中出现了所谓的"第四产业",即信息产业。它逐渐成为服务业中的主要产业,其最大的特点就是知识密集性。随着服务业部门、项目与规模的不断扩大,许多服务行业从制造业中独立出来,其中技术、信息等知识密集型服务业成为快速发展的领头羊,金融、咨询等服务业凭借先进技术手段的应用与高附加值服务掀起商业浪潮,同时带动贸易、建筑、运输等传统服务业通过新技术应用、更新生产设备大大地提高了劳动生产率。可见,知识性不仅是现代服务业的一大特征,也将在未来的发展中被不断强化,这一点在后文还将进一步体现。

随着时代的发展,服务业的上述特征也并不是一成不变的,对此应该辩证地认识。首先,在科学技术的支持下,这些特征不一定适用于每一个服务行业,如新兴的信息服务业已把即时性打破,传统的生产与消费可能不同时发生。其次,服务与实物商品的区别越来越被弱化,正如结合性中所提到,现代交易市场中为促进销售往往将服务与实物商品捆绑销售。最后,产品生产者方面,传统的仅从事商品生产的企业也开始从事服务的生产,并将科技融入服务产品中,"服务融合"成为现代服务的重要特征。可见,服务的特点具有暂时性、动态性和相对性。

三、服务业的内涵和主要特征

1. 服务业内涵的演化

从上文对服务的溯源可知,服务活动早就存在于人类社会当中,而服务业作为一个专门的概念被提出,以及服务业作为一个独立的产业迅速发展还是在 20 世纪之后的事。对于服务业的内涵、界定及其范围在学界还未有定论。

1935 年,英国经济学家、新西兰奥塔哥大学教授阿伦·费希尔(Fisher,1935)在其著作《安全与进步的冲突》一书中首次提出了"第三产业"的概念,这也被认为是服务业最早的表述方式。在费希尔的定义中,第一产业包括农业与矿产业,第二产业为加工业,即将自然资源以各种方式进行加工生产产品的产业,第三产业则提供各种"服务"活动。在这个界定中,费希尔显然是将物质产品生产完全排除出了第三产业范畴,即交通、商业不能被纳入其中。统计学家科林·克拉克(C. Clark)在1940年首次在统计意义上采用了三次产业的分类标准,进一步深化了费希尔的理论。他在1957年出版的《经济进步的条件》第三版一书中首次用"服务性行业"替代了"第三产业"。克拉克采用了排他的方式对产业进行划分,认为除了第一、第二产业,剩下的经济活动可以描述为"服务产业",并可分为建筑业、商业和金融业、公共行政、交通、专业服务业及个人服务业。

在不同的国家和地区、不同的历史时期,服务业所包括的范围有一些差别。美国经济学家将服务业分为"广义"和"狭义"服务业,其中"广义"服务业是指所有不生产实物产品的经济部门,类似于中国和日本统计概念中的"第三产业"。这使得服务业成为一个除工农业以外无所不包的产业,甚至一些非经济范畴的政治活动也被包括在内,如政府部门、军队、公检法等。若产业政策据此而定,则在实践中将很难操作,并可能带来经济与社会混乱。"狭义"服务业则不包括流通部门,如福克斯(Victor R. Fuchs)所研究的服务业包括商业、金融、保险、房地产、财政部门和传统服务业,排除了交通、通讯和公用事业。

在我国,服务业同样也有"广义"和"狭义"之分。"广义"服务业即"第三产业",与国际上其他国家的概念类似,不过中国的"狭义"服务业则特指传统服务业,仅包括饮食、理发、洗染、照相、修理等生活性服务业。这种理解显然把服务业范围进一步缩小,削弱了服务经济在国民经济中的地位。可见,中西方的研究均把"广义"上的服务业大致认为是"第三产业",但为更好地理解服务业,仍有必要将服务业与第三产业加以区分。服务业是指专门从事生产服务产品的行业和部门,包括所有服务行业和服务部门(李相合,2007),这个范围与西方经济学家所划分的第三产业有极大的重合度。这种理解是直接从产业本身出发,而把第三产业简单解释为除第一、第二产业以外的所有行业与部门反倒使其概念变得模糊,不利于进一步的分析。以自来水、电、煤气等行业为例,有人认为这些是第二产业,也有人把它们划入第三产业,如果从生产与供应两个不同角度分析的话双方都是有道理的。可见,严格说来第三产业和服务业又不能绝对等同(陶永宽,1988)。

1985年，国家统计局正式启用"第三产业"一词。1990年以后，为了与目前国际上通用的提法接轨，中央的主要文件开始使用服务业概念。我国最早的"现代服务业"的概念是在1997年9月党的十五大报告中提出的，在2000年10月党的十五届五中全会关于"十五"计划建议中也提出"要发展现代服务业，改组和改造传统服务业"。但目前"现代服务业"还没有一个明确的概念，国民经济统计体系中也没有与之相对应的具体分类条目。不过，在内涵与外延上，"现代服务业"与"知识密集型服务业"较为接近。当前，一种观点认为现代服务业是现代生产性服务业的同义词（徐国祥等，2004），它是在工业化高度发展阶段产生的、依托电子信息技术和现代管理理念而发展起来的知识密集型的生产性服务业。另一种观点则认为，现代服务业不仅包括现代生产性服务业，还包括经信息技术改造升级后的传统生产服务业和现代消费服务业（顾乃华，2007；刘重，2005；夏杰长，2008），它的关键特征是能够发挥较强的外溢作用，对于现代服务业概念的界定也有一些共识，即现代服务业是在工业化高度发展阶段伴随着科学技术进步特别是信息革命和高新技术对产业的渗透及在产业中的运用而产生。

通过上述相关概念的比较和对现代服务业概念的确定，我们可以看出：与传统服务业相比，现代服务业呈现出"三个高、三个新"的显著特征。其中，"三个高"一般指：高人力资本含量、高技术含量和高附加值，这是现代服务业有别于传统服务业的地方。"三个新"指：新技术，主要指具有时代特征的新技术、网络技术以及在它们基础上形成的现代服务业运作的信息平台；新业态，指由于高新技术作用和市场因素的影响，不断演化出来的新兴服务业业态；新的模式，即新的增长方式和消费方式，这是产业结构升级的产物，也是现代服务业高附加值、低资源消耗、低环境代价的结果。这种新的服务方式是服务提供者在技术创新、制度创新和管理创新的基础上产生的服务自身的一种创新。

从演进的视角看，现代服务业有那么几个特点：一是现代服务业伴随着技术革命与技术创新而成长。二是现代服务业伴随着制造业和城市经济的高度发达而壮大。三是现代服务业伴随着制造业相对优势下降而迈上主导地位。四是现代服务业伴随着市场经济体制完善而发展。关于现代服务业，下文还将进一步探讨。

2. 服务业主要特征的探讨

随着服务业在经济发展中的地位不断上升,服务业与第三产业的相关理论研究也日趋深入与完善。以迈尔斯(Miles,1993)为代表,对服务业的基本特征做了较为全面的概括(见表1-1)。

表1-1 服务业的基本特征

	特征类型	特征描述
服务生产	技术、设备与厂房	固定设备投入少,营业场所投资大
	劳动力	有些服务业需要非常专业的技能,甚至需要善于处理人际关系,有些则对专业技能要求相对较小
	劳动过程的组织	对于专业技能的劳动,需要限制管理员工的工作细节
	生产特征	非持续性,规模经济效应不显著
	产业组织	既包含规模较大的国有的公共服务业,又包括规模较小的私营企业
服务产品	产品特性	无形性,不易储存与运输,服务过程与产品很难分开
	产品特色	针对不同客户生产不同产品
	知识产权	版权与设计权能够受到保护,但是服务创新容易被复制,故品牌建设十分重要
服务消费	产品支付	生产与消费在时空上不易分离,通常需要会面
	顾客作用	强调"客户导向",设计与生产需要顾客的参与
	消费活动的组织管理	通常难于将生产与消费分离
服务市场	对市场的组织管理	有些服务通过行政手段提供,有些服务与产品一起销售
	管制	在一些服务行业中存在政府管制
	营销	需要使用后方知道产品的品质

3. 服务业的几个主要分类

服务业包含的部门数量众多、类型庞杂,对其分类主要出于两个目的:一是为了了解服务业发展历程中的内部结构演变,揭示其演化规律;二是为了了解服务业不同部门的性质、职能与作用,探讨具体服务业各细分部门对整个服务经济的贡献。为此,不同学者采用的分类方法不一样,在理论研究与实践操作中的视角不一样,各方使用的标准也不一样,下面分别介绍几种中西方理论界较有代表性的分类方法和体系。

（1）卡图赞的分类

卡图赞(Katouzian,1970)依据经济学家罗斯托的经济发展理论,从历史角度根据服务业在不同经济发展阶段的特点将服务业分为:新兴服务业、补充性服务业和传统服务业(见表1-2)。

表1-2 卡图赞根据服务业的历史进程进行的分类

	分类标准	类别
服务业的历史进程	新兴服务（new services）	教育、医疗、娱乐、文化和公共服务
	补充性服务（complementary services）	金融、交通、通讯和商业
	传统服务（old services）	家政服务

新兴服务业是指工业产品的大规模消费阶段后出现的加速增长的服务业,需要注意的是,这里的"新兴"并不是"新生",也就是说这些行业在人类发展史的任何阶段都存在,只是一直属于相对"奢侈性"的消费,需求较小,直到工业化后期阶段才成为普遍性的、有大规模消费需求的行业。补充性服务业是相对于制造业而言的,需求来自于工业生产的中间需求,包括制度性与非制度性服务,前者指政府部门中与工业化过程有关的制度性安排,后者包括金融、交通、商业和通讯。传统服务可从两个方面来理解,一是"需求"是传统的,即其需求在工业化前就广泛存在;二是生产方式是"传统"的,即还是遵循"前资本主义生产方式",但随着时代的演进,资本主义生产方式将不断深入发展,传统服务业的重要性将不断降低。

这种方法通过考察不同服务业与经济发展的关系深化了服务理论,并对后来的服务理论研究产生了重要影响。但是,后来的经济增长实践证明,这里的"新兴服务业"并没有得到很大发展;反而是被认为将随工业化"衰弱"而下降的补充性服务业发展最快,其中包括金融业和专业化服务业。实际上,产业内部结构的变化是随需求（中间需求与最终需求)的变化和技术条件的变化而改变的;"新兴"与"传统"的区分不足以反映剧烈变化的结构(黄维兵,2002)。

(2) 辛格曼的分类

辛格曼(Singelmann,1978)在布朗宁(Browning)1975年分类的基础上,以服务的功能对服务业进行了重新分类,提出了服务业的四分法,包括流通服务、生产者服务、社会服务和个人服务(见表1-3)。

表1-3 辛格曼根据服务业的功能进行的分类

类别	主要部门
流通服务 (distributive services)	交通业、仓储业、通讯业、运输业,商业的批发和零售业(不含饮食业)、广告业以及其他销售服务
生产者服务 (producer services)	银行、信托及其他金融保险业、房地产、工程和建筑服务业、会计和出版业、法律服务、其他营业服务
社会服务 (social services)	医疗和保健业、医院、教育福利和宗教服务,非营利机构的服务,政府、邮政,其他专业化服务和其他社会服务
个人服务 (personal services)	家庭服务、旅馆和饮食业、修理服务、洗衣服务、理发与美容、娱乐和休闲以及其他个人服务

这个分类反映了服务内部的结构是由它们的不同性质与功能决定的。流通服务与生产者服务可看作是工业生产线的延伸,属于生产性服务,社会服务与个人服务则直接来源于消费者的需求,属于生活性服务。该分类理论有较好的实用价值,能够直观地反映各个市场主体的作用与功能。当代西方主流服务业分类法(图1-3)主要以辛格曼的四分法为依据,当前我国一些地区的服务业发展规划也大多参照此分类法。

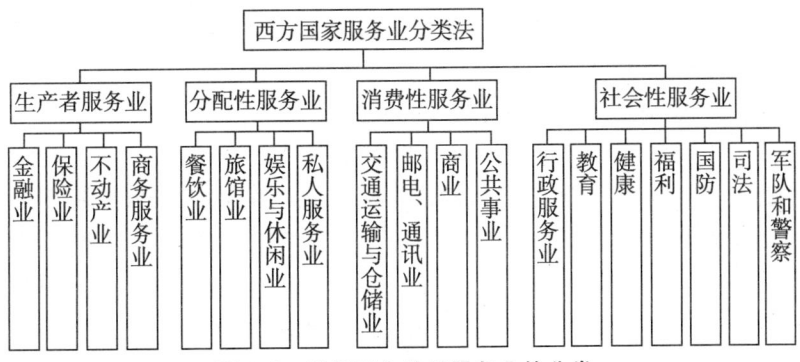

图1-3 当代西方关于服务业的分类

当然,辛格曼的分类对于现代服务业未必完全适用,因为这种划分过于笼统,尚不能很好地反映服务经济部门尤其是新兴部门发展的客观要求。

(3) 李江帆的分类

李江帆(1992)综合中国 20 世纪 60—80 年代服务经济理论研究成果,将第三产业生产的产品分为精神型服务产品和非精神型服务产品两大类(见表 1-4)。这种分类方法构成了李江帆教授开创的"第三产业经济学的理论基石"(黄少军,2000)。

表 1-4　李江帆的服务业分类

劳动成果	按形态划分	按内容划分
社会产品	实物产品	精神型实物产品
		非精神型实物产品="物质产品"
	服务产品	精神型服务产品:教育、科研、技术、文艺等服务
		非精神型服务产品:医疗、交通、旅游业、商业、通讯等服务

(4) 其他中国学者的分类

在中国学界也有许多学者按照服务业产生的时间顺序将其分为传统服务业和新兴(现代)服务业。这种分类方法与卡图赞的方法有异曲同工之妙,对产业变动、不同国民经济发展阶段服务业在其中的地位变化的研究有重大意义,能够使研究者在分类过程中即对服务经济增长过程中的宏观、微观经济环境有较为系统的认识。但是不同的国家和地区中,传统服务业和新兴服务业有着各自的内涵,其产业内容、质量结构、价格结构并不一致,这导致了在实践与理论研究中难以进行国际比较。

(5) 我国服务业分类与联合国标准产业分类的比较

1985 年,我国开始使用国内生产总值进行生产核算,第三产业(服务业)也开始作为重要组成部分被纳入核算中。1985 年 3 月 19 日,国家统计局向国务院提交的《关于建立第三产业统计的报告》中将第三产业划分为两大部分,一是流通部门,二是服务部门。在这种分类方法中,各类型服务业都划入了第三产业,因此自 1985 年起,在中国国民核算中,第三产业一直都是服务业的同义语或代名词(许宪春,2000)。2003年,国家统计局废止了使用了近20年的划分方法,并根据2002年新颁布的《国民经济行业分类》(GB/T 4754-2002)重新规定了服务业(第三产业)划分标准,总共包括15个行业(见表1-5)。

联合国于1958年制定了第一种国际标准产业分类(ISIC),1968年进行了第一次修正,基本框架没有改变,而1990年修正后所发表的第三版《经济活动的标准产业分类》的结构则发生了重大变化,大量增加服务业作为一类产业(Tabulation Category)使一类产业增加到17个,其中服务业11个,反映服务业的发展和在经济活动中重要性的增强。整体分类上仍是以功能为主,并考虑了技术上的一致性。

相比较而言,中国2002年新颁布的《国民经济行业分类》(GB/T 4754-2002)实际上是结合中国情况在联合国标准产业分类(ISIC)第三版基础上进行改编,因此我国服务业的15个类别与联合国所规定的11大类是大体对应的(见表1-5),在具体分类上将联合国的标准进行了一些合并和调整。

表1-5 国际标准分类与中国服务业分类的比较

类别	国际标准产业分类 包含的内容	中国服务业分类 包含的内容
G	批发和零售贸易,机动车辆、摩托车和私人及家用商品的修理	批发和零售业
		居民服务业和其他服务业
H	饭店及旅游业	住宿和餐饮业
		租赁和商务服务业
I	交通、仓储和通讯	交通运输、仓储和邮政业
		信息传输、计算机服务和软件业
J	金融中介	金融业
K	房地产、租赁和经营活动	房地产业
		租赁和商务服务业
		科学研究、技术服务和地质勘探业
L	公共管理和防卫:强制性社会保险	公共管理和社会组织
		水利、环境和公共设施管理业

续表

类别	国际标准产业分类	中国服务业分类
	包含的内容	包含的内容
M	教育	教育业
N	卫生和社会工作	卫生、社会保障和社会福利业
O	社区、社会和私人的其他服务活动	文化、体育和娱乐业
		公共管理和社会组织
		水利、环境和公共设施管理业
		居民服务业和其他服务业
P	家庭雇佣服务	居民服务业和其他服务业
Q	域外组织和机构	国际组织

资料来源：1.联合国《经济活动的国际标准产业分类（ISIC）》（第三版），纽约，1990年。2.国家统计局，《国民经济行业分类》（GB/T 4754—2002），北京：中国统计出版社2002年版。

其他国际组织（如WTO）或有关国家和地区（如北美、日本、港台）在产业标准的划分上也多以联合国的标准为基础，根据各自对服务业不同的认识及国家和地区的特殊情况，在分类上也是有所不同，导致相互之间的服务业难以在统计上进行直接的比较，这里不一一列举。有关服务经济演进、集聚及趋势等，本书将专门安排章节讨论。

第四节 研究内容与安排

本书依据产业经济学、区域经济学的基本原理，在比较全面地掌握国内外服务业相关文献资料的基础上，理论探讨与案例分析相结合，将研究内容集中在我国苏南地区转型升级、服务业的协调发展和系统规划方面，讨论了区域服务业发展过程的影响因素、供给需求、内部结构、空间组织、演进特征、分工机制等重要问题，针对苏南服务经济发展的实践需要和理论需求，重点建立了基于新经济地理学的生活性服务业空间演化模型、基于超边际分析的生产性服务演进机制模型、知识创新与空间集聚的机理模型等，并且结合我国长三角苏南地区的昆山市、太仓市、常熟市、张家港市、常州市武进区、溧阳市、金坛市等地区的具体案例,具体讨论了商贸流通、休闲经济、商务金融、服务外包以及专业市场等热点领域的地区规划构想、实施方略、具体对策和空间布局问题。全书分为理论探讨、规划与案例两个板块,篇章结构的具体安排如下:

第一章 绪论

本章交代全书的研究背景,提出问题和论文研究的主要内容,勾勒出本书的研究框架,着重说明长三角苏南地区正处于一个转型升级的关键期,尽管面临一系列的挑战,但机遇大于挑战,发展服务业意义重大,并对服务业的概念、内涵、特征和分类做了论述。

第二章 服务经济演进:过程、机理、集聚和趋势

本章是全书的理论基石,系统介绍和阐述了产业结构演进的基本过程和规律,并对影响我国区域服务业演进的主要因素做了比较全面的总结。与其他书籍不同的是,本章着重从空间经济学的视角还对服务经济的空间结构和产业集聚展开了探讨。最后,本章论述了服务业发展的主要趋势。

第三章 分工与交易效率:生产性服务业演进的模式与路径

本章讨论的主题是生产性服务业的发展问题。我们在前人研究的基础上,试图通过引入超边际分析方法,以交易效率作为切入点,对于长三角苏南地区生产性服务业和制造业的互动关系展开分析,探讨交易效率对生产性服务业和制造业的影响,并且研究相关的影响因素,推导出生产性服务业的演进模式,进而对于模型中得到的一些结论进行阐释。我们将交易效率分为三种——最终产品制造业产品市场交易效率、中间市场交易效率、劳动力交易效率。比较静态分析的结果表明,三种交易效率之间的比较决定了生产模式究竟是由自给自足转向社会分工外包还是内部化独立发展。随着交易效率的不断提升,自给自足的经济将逐渐向分工经济转换,交易效率的提升最终将带动生产性服务业的发展,进而促进区域经济的繁荣。

第四章 规模经济、差异化与交通:旅游休闲产业空间格局的动态演化

本章讨论的主题是生活性服务业的发展问题,重点是上海周边的苏南县市如何发展休闲产业?我们构建了一个基于垄断竞争、规模经济、空间成本、消费者多样化偏好以及商品和服务差异化的大都

市与周边地区两区域旅游休闲产业空间结构模型。为克服空间经济学演绎模型在比较静态分析和数值模拟方面的不足,本章提出了经济学演绎模型与基于agent的计算实验相结合的研究路径,利用基于agent的建模(agent-based modeling)方法,通过对商家、消费者等大量微观自主体(agent)的相互作用来"动态地"观察和讨论大都市自身与其周边的县市与城镇旅游休闲产业空间结构的影响因素和演化模式,尝试从理论上揭示"大推动"、"差异化"等战略对苏南地区发展旅游休闲产业的重要意义。

第五章　市场容量、知识创新和区域一体化:技术扩散与空间集聚机理

本章将目光聚焦知识扩散与技术创新的空间集聚的机理方面,试图讨论改革开放以来长三角地区的区域一体化进程对跨区的技术扩散产生了何种影响,创新与技术扩散对长三角地区区域分工又产生了何种影响。本章通过垄断竞争的分析框架,对技术扩散与技术创新活动的空间集聚作了分析,模型结果显示如果技术能更多地扩散到周边制造业集中的地区,那么传统技术创新中心的研发机构数量也会得到相应的增加,即技术扩散能够强化技术创新中心的地位。本章还通过对长三角的实证研究也证明了基于市场的区域一体化促使了新技术扩散模式的产生,基于市场交易的技术扩散与内在于企业的技术扩散已经成为最重要的模式。

第六章　太仓:由经济边缘区到服务中心地

在本书看来,当前太仓服务业发展面临的矛盾和问题有仍然存在,但从空间经济的视角看,其核心问题是制约服务业平稳较快增长的结构性问题。虽然"边缘效应"在未来五年乃至更长时期将依然存在,但是太仓服务业的发展机遇正在不断涌现,发展优势正在不断强化,只要利用自身优势,抓住发展机遇,必将突破锁定,打破发展的"边缘效应",开启服务业发展的新局面。针对太仓面的机遇和挑战,我们提出"聚焦枢纽、面向领先"的发展方针,提出发展"枢纽经济、后台经济、休闲经济"三种经济,这也是本章讨论的主要内容。

第七章　昆山:探索服务业转型升级的新路径

从空间经济学的视角看,经济的空间集聚可能源于一次偶然事件。昆山的崛起似乎是一个随机过程。然而,明清以来,从上海到南京一线就已经形成了重要的发展主轴——沪宁线,而昆山恰好位于沪宁线上。这就意味着,昆山在经济成长的过程中,一是毗邻一个超大规模的市场——上海,二是位于长三角沪宁线上,由于极化效应,资本等生产要素自然向既有沪宁线上集聚。可见集聚的正反馈作用和累积因果过程,造就了昆山经济的迅速崛起。因此,如何走"大城市、现代化、可持续"的道路,打造与"昆山制造"相媲美的"昆山服务",再创昆山经济奇迹是本章论述的重点。

第八章 常熟:从传统产业路径依赖到服务经济协同演进

对常熟而言,无论是对外开放程度与服务全球能力的不足,还是高端人才的欠缺,都只是常熟市服务业发展所面临问题的表象,而其背后的深层次原因应当归结于"传统服务业为主导的服务业结构锁定"。常熟经济的这种自我强化机制同时存在于"商贸流通—轻纺工业"和"港口物流—临港工业"这两组重要的地方产业体系中,直接推动了工业与传统服务业之间"协同演进"式增长。传统服务业为主导的服务业结构锁定为常熟服务业的发展带来了"升级小循环,参与大循环"的需求。因此,如何坚持"协同演进",主动"接轨全球",从而实现对原有结构锁定的突破,推动其服务业的整体提升是本章论述的重点。

第九章 周庄:重塑中国第一水乡

昆山的周庄曾经是我国古镇旅游的一张名片。然而,今天周庄的产业结构具有鲜明的特点,即古镇观光一支独大。这种传统的发展结构模式,不利于周庄在长三角这个区域大环境下长远发展。影响周庄产业结构形成并就此锁定的因素有很多,但其背后的核心问题只有一个,即"向旅游倾斜、在观光集中"的产业结构。因此,打破锁定,积极推动旅游发展休闲化,区域产业多元化,是未来一段时期周庄将要面对的问题。本章围绕周庄未来发展使命,即重塑"中国第一水乡"展开探讨。

第十章 武进:探索服务业的新苏南模式

当前,随着长三角地区的产业升级和产业结构调整,服务业尤其是生产性服务业对于工业制造业的推动作用日益明显,现代高端服务业在武进的缺失不利于武进推动现有制造业的可持续发展,从而影响了武进经济社会的发展,进而使得常州"一体两翼"战略中的"金南翼"增长乏力,最终影响常州在苏南地区和长三角地区的发展。本章围绕将武进建设成为"长江三角洲的现代服务高地,常州南翼的商务中心、流通门户、宜居新城"这个主题展开讨论。

第十一章 溧阳：解锁 M 型发展结构

本章重在揭示溧阳 M 型的社会经济结构中存在两种缺失：一是缺乏中小企业群体，二是缺乏中等收入的消费阶层，导致本地有效服务供给的缺失。这是整个社会生活性服务消费低迷、发展缓慢的关键因素。本章围绕围绕"长三角的山水乐园、苏浙皖的财智新城"这个愿景展开溧阳服务经济发展的讨论。

第十二章 金坛：跳出低水平三角陷阱

当前，市场需求的缺乏无法吸引高端服务业产业的进入，导致了金坛服务业产业结构低端化，进而形成了"低品质弱形象"的发展状态。"低品质弱形象"的服务业发展现状反过来又进一步将高端市场阻挡在外，加剧市场需求流失。三大因素共同作用带来的弱反馈效应形成了金坛服务业发展的"低水平三角陷阱"。本章综合分析了金坛经济发展的结构性问题，围绕把金坛建设成为"沪宁杭服务新节点，长三角度假新天堂"这个目标展开金坛服务经济发展的讨论。

参考文献

1. Clack C. 1940. *The Conditions of Economic Progress*[M]. Macmillan London.
2. Fisher A G B. 1936. *The Clash of Progress and Security*[M]. Macmillan.
3. Katouzian M A. 1970. The Development of the Service Sector: A New Approach [M]. Oxford Economic Papers, (22): 362—382.
4. Miles I. 1993. Services in the New Industrial Economy[J]. *Futures*, 25(6): 653—672.
5. Singelmann J. 1978. *From Agriculture to Services: The Transformation of Industrial Employment*[M]. Sage Publications.
6. 黄少军：《服务业与经济增长》，经济科学出版社 2000 年版。
7. 黄维兵：《现代服务经济理论与中国服务业发展》，西南财经大学出版社 2002 年版。
8. 顾乃华：《对现代服务业基本内涵与发展政策的几点思考》，《学习与探索》2007 年第 3 期，第 123—126 页。
9. 李江帆：《第三产业经济学》，广东：广东人民出版社 1992 年版。
10. 李相合：《中国服务经济结构演变及其理论创新》，吉林大学出版社 2007 年版。
11. 刘重：《论现代服务业的理论内涵与发展环境》，《理论与现代化》2005 年第

6期,第47—50页。
12. 陶永宽:《服务经济学》,上海:上海社会科学院出版社1988年版。
13. 夏杰长:《高新技术与现代服务业融合发展研究》,北京:经济管理出版社2008年版。
14. 徐国祥、常宁:《现代服务业统计标准的设计》,《统计研究》2004年第12期,第10—12页。
15. 许宪春:《90年代我国服务业发展相对滞后的原因分析》,《管理世界》2000年第6期,第73—77页。

上篇　理论探讨

第二章

服务经济演进：过程、机理、集聚和趋势

第一节 产业机构演进的过程和机理

经济发展的过程不仅是总量增长的过程，同时也是结构不断优化的过程。当然，服务业兴旺发达已成为现代经济的一个重要特征和产业高度化的一个重要标志。下面就以几个经典的理论来梳理一下产业结构演进的过程和规律，并借此探讨服务业在其中的情形和变化。

一、配第-克拉克定律(Petty-Clark's Law)

从世界各国经济发展的历史来看，各国产业结构的演进一般都经历了由"一、二、三"先过渡到"二、一、三"或"二、三、一"，再发展到"三、二、一"的几个不同发展阶段，这已成为一个普遍的规律性现象。配第-克拉克定律是揭示在经济发展过程中就业人口在三次产业中结构变化的经验性假说。

17世纪的古典经济学家威廉·配第(William Petty)根据1691年英国的实际情况发现，由于存在收入相对差异，劳动力总是流向收入相对较高的产业(商业＞工业＞农业)。因此，随着经济的不断发展，产业中心将从有形商品生产转移到无形的服务性生产中。1940年，英国经济学家科林·克拉克出版了《经济进步的条件》一书，书中通过在时间序列下比较不同收入水平下就业人口在三次产业中的结

构变动进一步验证了配第的早期观点,形成了配第-克拉克定律。该定律认为不同产业间存在收入差异,劳动力趋向于流向收入相对较高的部门,并将持续一定经济时期。国民经济水平的提高将首先使劳动力从第一产业向第二产业移动,当国民经济水平进一步提高时,劳动力将继续向第三产业移动,因此在就业人口数量方面将呈现第一产业就业人数逐渐减少而第二、三产业就业人数不断增加的格局。

配第-克拉克定律易于通过数据进行横向或纵向的实证检验,而在理论依据上,主要可从两个方面来分析:一是收入弹性差异。农业部门的农产品的需求价格弹性本身就处于较低水平,相反,第二次、第三次产业所生产的工业产品或服务产品则有较高的收入弹性,其需求会随着人们收入的增加而增加。所以随着经济不断发展,国民收入与劳动力分布将从第一产业向第二、第三产业转移。二是投资报酬。农业部门的产品生长周期长、受自然环境影响大,一定时间与空间范围内的产出有限,技术进步的可能比工业要困难得多,效果因客观条件限制也不明显,因此常常呈现出规模报酬不变甚至规模报酬递减的情形。工业、服务业的技术进步较农业而言十分迅速,呈现出较为可观的报酬递增的态势。随着投资的增加,产量加大,平均成本下降,进一步推动工业的发展。

二、库兹涅茨法则(The Kuznets Empirical Rule)

在克拉克研究的基础上,被誉为"GNP之父"的美国经济学家西蒙·史密斯·库兹涅茨(Simon Smith Kuznets)进一步搜集和整理了欧美主要国家长期的经济统计数据,从劳动力分布、国民收入等几个方面对经济结构变动与经济发展的关系做出了分析,从而大大推进了产业结构理论的发展。库兹涅茨研究得到的主要三个结论如下:

1. 农业部门国民经济的相对比重和劳动力在全部劳动力中的相对比重都处于不断下降之中,且前者的下降程度超过后者下降程度。农业部门的国民收入在大多数国家均低于工业和服务部门,因此农业部门劳动力相对比重下降的趋势将不会停止。

2. 工业部门国民收入的相对比重呈不断上升趋势,而劳动力的相对比重大致保持不变。从横截面数据来看,工业部门国民收入相对比重的上升趋势是大多数国家的普遍现象。劳动力的相对比重在不同国家间存在着一定差异,但从时间序列来看,许多国家在一定时期内的劳动力相对比重的数据还是变化不大。

3. 服务部门的劳动力相对比重几乎在所有国家中均是上升的,而国民收入的相对比重基本不变或者略有上升,从时间序列分析看,服务部门的相对国民收入一般呈下降趋势,其中,教育、科研与政府部门中的劳动力在总劳动力中的比重上升最快。

针对以上三个结论,库兹涅茨分别从不同部门产品的收入弹性、规模报酬以及技术进步给予了解释,与配第-克拉克定律的区别在于,库兹涅茨更为详细地分析了技术进步的影响:对农业而言,生产率提高使得对劳动力数量的需求减少;对工业的劳动力则同时存在了"挤出"效应和需求扩张。而对于服务业,其部门劳动力相对比重上升是由于服务部门中的许多行业的进入门槛较低,且劳动力水平提升较快;其国民收入相对比重微升的原因是虽然服务部门也具有高收入弹性,但产业内部竞争激烈,其商品价格相对于工业商品来说处于劣势,较难有显著性的增长。

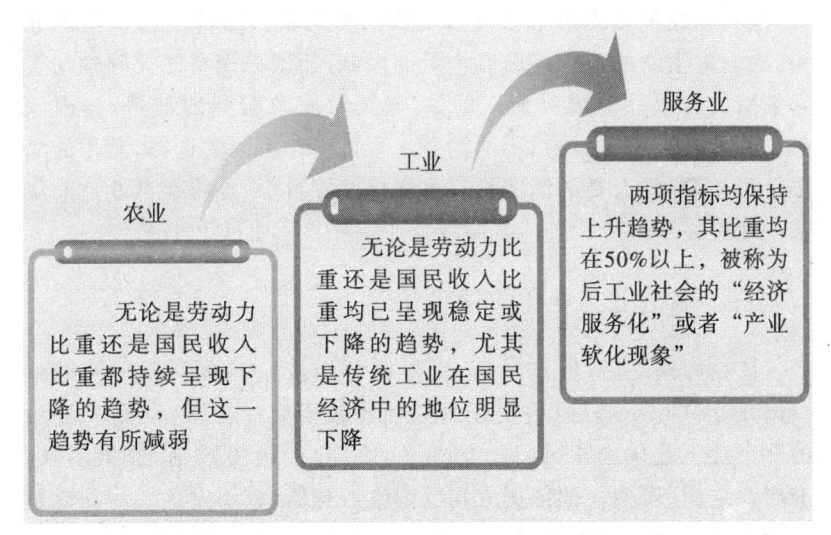

农业
无论是劳动力比重还是国民收入比重都持续呈现下降的趋势,但这一趋势有所减弱

工业
无论是劳动力比重还是国民收入比重均已呈现稳定或下降的趋势,尤其是传统工业在国民经济中的地位明显下降

服务业
两项指标均保持上升趋势,其比重均在50%以上,被称为后工业社会的"经济服务化"或者"产业软化现象"

图 2-1 1960 年代以后的产业结构演进的新特点

基于上述分析,库兹涅茨认为,不发达国家的第一产业和第二产业的相对国民收入的差距要大于发达国家,且不发达国家多为农业国,发达国家多为工业国,因此穷国要变富,必须发展非农业部门。该法则影响了许多发展中国家的发展战略制定,新中国成立以来所走过的道路也在逐渐印证库兹涅茨法则。这里需要指出，以20世纪60年代为界限，将西方发达国家三次产业结构的演变历程划分为两个阶段。对于前一阶段产业结构演变的特点，库兹涅茨作了详尽的研究，可以说，库兹涅茨法则是适用的。但是，后一阶段的特点明显地不同于前一阶段，特别是有关服务业的情形，变化显著（见图2-1）。

从产业结构演进的变化和趋势来看，在近两个世纪的经济发展过程中，农业的比重，不论是产出还是劳动力，都一直处于下降状态。工业和建筑业的比重，在前一阶段一直处于上升状态，但是在后一阶段则处于下降状态。服务业的比重，虽然也一直处于上升的状态，但是在前一阶段增长速度十分缓慢，特别是其产出比重增长尤为缓慢，而在后一阶段则增长十分迅速。实际上，对这一动态的理解并不困难，一个国家和地区工业化早期和中期的工业生产的产品技术和价值的低端性决定了社会对生产性服务业的需求较低。在劳动力的低收入水平阶段，人们收入的增加主要是用于物质生活水平的改善和提高。在一个国家或地区，实物供给短缺，居民的消费水平必然低下，在其家庭消费支出中必然以实物消费为主。随着实物供给的充裕，人们对实物的追求终归有个量的限制，而服务消费的无限性与实物消费的有限性恰成对照。例如，居民对旅游服务的消费，国内旅游、国际旅游、宇航旅游，不同消费水平可以作不同的选择，其量的局限性很小，况且人类的消费具有多样化偏好，这一点将在产业空间集聚一章进一步阐释。

三、钱纳里工业化阶段理论

库兹涅茨之后，经济学家、世界银行经济顾问霍利斯·钱纳里（Hollis B. Chenery）运用实证研究和比较研究的方法，利用二战后的9个准工业化国家（地区）1960—1980年的历史数据，提出了"标准产业结构"模型。他依据人均国内生产总值，将不发达经济到成熟工业经济的整个变化过程划分为三期产业六个阶段（见表2-1）。

表 2-1 钱纳里工业化阶段

三期产业	部门特点	六个阶段	时期特点
初级产业	指经济发展初期对经济起主要作用的制造业部门，如食品、纺织等	不发达经济阶段	以农业为主，没有或极少有工业，生产力水平低
		工业化初期阶段	以工业为主，多为食品、烟草、采掘、建材等初级产品的生产，多为劳动密集型产业
中期产业	指经济发展中期对经济发展起主要作用的制造业部门，如非金属矿产品、橡胶制品、石油、化工、煤炭等	工业化中期阶段	重工业迅速增长，非农业劳动力开始占主体，第三产业开始发展，重化工业成为主要推动力量，多为资本密集型产业
		工业化后期阶段	第一、第二产业协调发展，第三产业高速增长
后期产业	指在经济发展后期起主要作用的制造业部门，如服装、日用品、印刷出版、纸制品、金属制品和机械制造等	后工业化社会	高档耐用消费品普及，技术密集型产业迅速发展
		现代化社会	第三产业内部开始分化，知识密集型产业占主导地位；消费呈现多样化

资料来源：Chenery 等(1968)，Development Patterns: Among Countries and Over Time[J]. *The Review of Economics and Statistics*。

在早期研究阶段，钱纳里用供给和需求因素来解释产业结构变动，并提出了"需求说"、"贸易说"、"技术说"三种假说进行具体分析。而在后期的研究中，钱纳里逐步开始重视中间需求对产业结构变动的影响。他认为，中间需求推动了工业化，反映了技术进步和分工深化，这实际上也是供给因素。因此，钱纳里的结论是：农业比重的下降源于最终需求的下降，工业比重的上升源于中间需求的扩展，而服务业所占份额大体不变。在劳动力转移方面，钱纳里发现：(1)典型就业模式反映出，在结构转变的大部分时期，农业劳动力的转移都存在着滞后现象，与此相应，农业劳动生产率增长的速度也较慢。(2)工业就业的增加远远低于农业就业的减少，因此，劳动转移主要发生在农业和服务业之间。

需要注意的是，钱纳里虽提出了"标准化"的产业模型，但容易被许多学者忽略的是，他对产业结构变化多样性与一致性的重视是同样的。在他的理论中，需求因素使产业结构变化趋于一致性，而供给条件与政策差异将导致不同的发展模式，"不同国家产业结构的变化绝没有一个统一模式，因为产业结构转变要受到一个国家资源禀赋、初始条件及发展政策的影响"。他认为，"多样性"导致了不同国家有不同的最优战略选择，更准确的理解应该是，在何时工业化以及在哪个产业部门工业化有着很大的选择空间和余地。因此，在确定经济转型的程度时，既要了解一般性趋势，也要了解多样化的原因和程度。

四、霍夫曼定理

霍夫曼定理是工业化的经验法则，因此又称霍夫曼经验定理。德国著名经济学家霍夫曼（W. C. Huffman）认为衡量经济发展的标准，不是产值的绝对水平，不是人均的产值，也不是资本存量的关系，而是经济中制造业部门的若干产业与资本品部门之间的净产值的比例。20世纪30年代初，霍夫曼根据工业化早期和中期的经验数据，通过设定霍夫曼比例或霍夫曼系数，对工业化过程中的消费资料工业和资本资料工业的相对地位变换作了统计分析，总结概括出四个工业化阶段（见表2-2）。霍夫曼将这个比例系数将工业化过程分为5、2.5和1以及1以下四个阶段。该定理认为，在工业化进程中消费资料工业的净产值和资本资料工业的净产值之比（霍夫曼比例）是不断下降的，即在工业化初期，轻工业快速发展，占工业的主导地位，而中后期重化工业将占主导地位。

表2-2 霍夫曼工业化进程四个发展阶段

发展阶段	霍夫曼系数	消费资料工业特征	资本资料工业特征
第一阶段	5(±1)	发展迅速，在制造业中占有统治地位	不发达，所占比重较小，净产值平均为资本品工业净产值的5倍
第二阶段	2.5(±1)	速度减缓	发展较快，但规模仍不及消费资料工业
第三阶段	1(±0.5)	二者规模相当	
第四阶段	1以下	净产值被资本资料工业超过	在制造业中的比重超过消费资料工业，并继续上升

但是,霍夫曼定理存在一些明显的缺陷:首先,霍夫曼定理是基于一些先行工业化国家的早期发展阶段的模式进行推导的,机械化代替手工生产、资本投入是工业发展的主要动力。而 20 世纪 50 年代之后,现代经济增长的主要动力并不是资本投入,而是技术进步与生产效率的提高。其次,从霍夫曼定理的整个研究框架是假设国民经济中仅有农业和工业两个产业部门,这与实际是不符的。从工业发展的第一梯队英美、第二梯队德法、第三梯队日本的情况来看,其产业构成中增长得最快的并不是工业或者资本品工业,而是服务业,特别是生产性服务业。最后,霍夫曼的主要研究对象是英、美等发达国家,其工业化发展道路的假设前提是技术条件与资源稀缺程度不变,市场相对宽松,社会能够承受相当程度的污染。而现在看来,按照霍夫曼定理所进行的重工业化实际上走的是粗放型的增长道路,依靠高耗能、高投入来实现产出的提高。在许多前提条件均已不能满足的情况下,霍夫曼定理已不适应以技术集约化、高加工度化的发展趋势,失去了指导工业化发展方向的意义,甚至可能成为"霍夫曼陷阱"(纪玉山等,2005)。

一般来说,在工业化的进程中,霍夫曼比例总是不断下降,也就是资本资料工业规模不断上升。另外,重工业化上升就意味着轻工业的下降,日本纺织工业 1920 年占制造业的 32.8%,1950 年降为 18.1%,1979 年只占 4%。这里需要说明的是,重工业化的过程可以分为以原料工业的发展为重心的阶段和以加工组装工业的发展为重心的阶段。在重工业化发展的同时,在工业化过程中工业结构的演变从原材料工业为重心向以加工、组装工业为重心的结构发展,这就是所谓的"高加工度化"。

根据各国发展的实际情况看,在信息产业出现以前,在工业化后期,发达国家工业主要依靠机械工业的增长来支持。需要指出,在工业化初期,主要以劳动集约型工业为主,劳动力数量在工业中的地位突出,随着工业结构的重工业化,工业资源结构中的资本积累居突出地位,逐渐变为以资本集约型工业为主。随着工业精加工化,技术和劳动力质量将成为工业资源结构中最为重要的因素,进入技术集约型阶段。1980 年代以来工业化高度成熟的国家基本上呈现出"后工业化"的倾向。这部分内容将在本章的第三节有关当代服务业发展的主要趋势中继续阐述。

第二节 服务经济演进的主要影响因素

一、服务业演进的经济影响因素解析

1. 技术进步

技术进步除了指一般意义上的生产领域各生产要素质量的提高及工艺流程、操作技巧等的改进外,还包括微观与宏观层面上的组织管理技术的改进与提高(谷曙明等,2002)是产业结构演进的根本推动力,一般通过对供给和需求两方面的作用来影响服务业演进。从供给来看,技术可直接对其发生影响,如提高劳动力素质、完善机器设备或提高组织管理水平等;从需求来看,技术借助于需求变动来间接影响服务业内部产业结构。在现实中,二者常常结合在一起,共同影响服务业演进。

技术进步直接改变了产业的技术基础和结构,催生了一批新兴服务业的兴起,但也加速了一些传统的、对技术需求低的服务业的衰退。服务业经济不同部门间的生产效率与扩张速度的差异导致了生产要素从低生产率部门向高生产率部门的转移。一般来说,技术进步快的部门生产率上升较高,成本降低,产出增大,效益提高,在国民经济中所占比重上升,成为服务业中较有活力的部门,反之则可能陷入衰退的困境。具体可从两个方面来理解:一方面新技术、新材料、新工艺、新产品的出现将会直接带来产业结构的调整与升级,新兴产业部门也会随之兴起。技术进步的产出不仅仅是一种供给,更意味着需求。新的产出满足了生产与生活领域内的诸多潜在的或更高层次的需求,生产上是对生产效率提高的需求,生活上是人们对消费日益多样化、个性化的需求。需求具有联动效应,它反馈到供给上则要求更新的技术进步。新兴服务业的收入弹性较高,产品价格上升,吸引更多资源流入该产业,推动产业的扩张与演进。另一方面,传统服务业面对技术进步却是不同的命运,因其生产率上升率较小,相对缩小的需求难以阻止资源的流出。同时传统服务业下降的活力使其对价格变化并不太敏感,弹性缩小,技术进步虽扩大了产出,但却相对地缩小了成本与价格间的差额,部门收益下降,引起行业规模减小。

从上述一张一缩的演化路径来看,新业态的高附加值为其发展

带来了巨大的竞争力,产业的升级成为不可阻挡的趋势,而这类产业多是新兴知识密集型服务业,它打破了传统的服务业结构,加快了服务业演进速度,为服务业在国民经济中的重要地位确立奠定了坚实的物质与技术基础。

2. 需求与收入水平

由于服务经济结构最直接的表现即为生产或生活产品不同的产业之间的产值结构,因此需求的变化及其结构性分布就成为决定服务经济结构的重要因素(李相合,2007)。需求主要有两个层次,一个是以个人为主体的最终消费,一个是以企业为主体的生产消费,即投资等。个人消费结构对服务经济结构影响最大,因为个人消费需求不仅直接影响到最终产品的生产规模与生产结构,也通过影响中间需求来影响中间产品的规模与结构。随着收入水平的提高,社会需求量增大,需求结构也需要相应升级。这主要表现在产品种类的多样化与个性化上,在档次上也趋于高度化,最终将整个产业向上一梯度提升。

个人消费结构极大地影响着服务业结构演进,而决定个人消费结构演变的最主要因素是收入水平。马斯洛(A. H. Maslow)认为,人的需要可分为五个层次,由低到高分别是:生理需求、安全需求、社交需求、尊重需求、自我需求。在与收入水平发展阶段的对应上,生理与安全需求属于温饱阶段,社交与尊重需求属于小康阶段,而自我需求则以属于富裕阶段。每一层次都包含了对同一个需求层次的不同商品的需求,当收入增加,购买力提升,人们出于对更高需求的实现的渴望,能够满足更高需求的商品也将被消费。本书有关江苏溧阳的案例是一个典型,当地的社会经济结构决定了溧阳服务业的有效供需不足。溧阳贫富差距比较悬殊,中等收入阶层缺失的 M 型社会结构,一方面使得溧阳缺乏引领消费、引领时尚的消费群体,另一方面也致使外来消费体现出低水平均衡——在以天目湖为代表的旅游消费呈现显著的"4 低"特征,即以"低"品质观光产品满足"低"端市场的需求,导致相对较"低"的经济效益和目的地形象的"低"评价和预期。

由此可见,消费需求结构随着收入水平的增加而不断向更高层次演进,同时由于需求有引导着生产的作用,需求结构的改变也将引致服务业结构的改变。邬义钧等人(1992)的研究表明,在人均产值

300美元以下的低收入、恩格尔系数阶段,人们首先需要解决温饱问题,因此以满足衣食住行等基本生活的产品需求占主导地位,加上储蓄规模小,对资本品的支付能力有限,这一阶段以农业、轻工业产业为重点;当人均产值达到300美元以上时,温饱问题得到解决,需要层次上移,人们对非必需品的需求增大,产业结构向以耐用消费品制造为中心的基础工业和重加工业转变;在人均收入超过1000美元的低恩格尔系数、高水平消费阶段时,社会物质产品丰富,人们对精神状态、生活环境等要求越来越高,文化娱乐、教育、医疗、保健、养生等服务需求走高,强大的社会消费力推动服务业在国民经济中发挥着越来越重要的作用。

李江帆(2005)认为,从具体行业变动情况来看,需求收入弹性较大的行业的增长速度快,导致其产值增长快,在国民经济中比重也随之增大,相反,需求收入弹性较小的服务行业因需求增长缓慢,在国民经济中的份额减少。郭克莎(2000)按人均GDP(美元)的排列分别计算了部分具有代表性的发展中国家和发达国家在1970—1996年期间的服务业增加值结构变动数据,发现了如下趋势:从产出结构变动看(当年价),在发展中国家中,当人均GDP上升到600—1000美元时,商业、旅馆和饭店业在服务业中的比重由上升变为下降,而运输、仓储和邮电业以及金融保险、不动产和工商服务业的比重较大幅地上升;当人均GDP达到2000美元以上时,运输、仓储和邮电业的比重稳中有降,金融保险、不动产和工商服务业的比重持续上升。该研究进一步论证了收入水平的变化通过影响消费结构而影响服务业内部结构。

3. 分工与专业化水平

社会分工与专业化水平的提升是服务业不断演进的前提条件,服务业作为一个独立的产业从工业中分离出来是社会分工深化的必然结果,而专业化水平的提高加速了服务业发展进程。如商业与运输业从工业中分离出来正是得益于工业分工的细化,由此出现了专门从事商品交换和商品运输的行业;过去会计部门是企业内部的一个组成部分,如今会计专业化水平大大提高,出现了许多会计师事务所与财务公司,一些会计工作外包给这些公司,使得小型企业内部不需要专门设立会计部门;又如过去企业往往自行制定企业发展战略、策划运营方案、进行市场调研、预测经济发展形势等,而今一些咨询公司可以为企业提供更加专业化的相关服务，企业可以委托他们来量身制定发展规划。正是出于降低交易成本、提升组织管理质量的目的，从企业原来的生产和生活中分离出来自我服务的部分转化成独立而专业化的社会服务，使得服务业发展具有极大的升值潜力。

从国际经验来看，市场发育状况也深刻地影响着一个国家服务业的生长。越高的分工与专业化水平意味着越高程度的市场发育状况，服务业数量扩张与质量也就提高得越快。市场经济在其形成与发展过程中产生了大批从事服务业的独立劳动者和新的服务产品生产领域，同时淘汰一些过时的传统行业。一个完整的市场体系是多种多样的专业性市场的有机组成，除了传统的商品交换，社会分工使资金、信息和技术等生产要素独立出来并被价格化，随着市场的逐步扩大，其比重不断加大，形成了资本市场、信息市场与技术市场等新兴行业。

4. 城市化与工业化

在许多情况下，服务业的发展有赖于"规模效应"，也就是只有当人口达到一定的规模，服务业才能盈利、创造供给，并作为一个产业部类来经营。服务业的发展与城市化水平密切相关，因为生产力发展水平、收入增长情况、社会消费需求规模、购买力提升水平等都在深刻影响服务业的发展活力。城市化是服务业发展的重要基础，服务业内部的高附加值产业、为生产性服务的新兴产业的发展常常是和所在城市规模与经济发展水平相联系。从服务业的地区发展情况来看，发达国家的服务业占国民收入比重要高于发展中国家，发达地区的服务业发展速度高于欠发达地区，城市也明显高于农村。可从两个方面来理解这个现象：生活性服务行业需要人口达到一定集聚规模的地区才有发展的空间，人口的集中也意味着服务需求与购买力的集中。城市最大的特点就是能够吸引人口的集中，人均可支配收入水平也明显高于农村，而农村人口分散、规模小，人均购买力较低，大部分服务性需求可通过"自我服务"被消化，难以维持服务业成规模发展。生产性服务行业的发展离不开工业的发展，特别是各类制造业、加工业的发展。只有足够发达的工业发展水平才能够为由其派生出来的生产性服务业创造出大量需求。从历史来看，世界各国的城市化与工业化建设大多是同步的，二者的共生关系推动着城市服务业的兴起。城市化建设对相应配套产业有极强的带动作用，如基础设施、建材业、商业、市政公共服务设施、工业、金融信息服务业等行业,为创造大量就业机会、提高城市人口收入水平、奠定服务业发展的物质基础做出了巨大贡献。因此,在一定的地域范围内相对密集的、收入水平较高的人口或者相对密集的企业群,均是现代服务业发展的基本条件,这些也是农村地区所不具备的。

5. 国际与区际贸易

国际贸易是在国与国之间进行劳动、资本、资源、技术等产品或要素的交换,一般通过出口本国产品刺激国内需求增长以及进口外国产品补充国内供给影响国内产业结构。因此国际市场对一国具有比较优势产品的需求变动往往会影响国内资金、技术、劳务等要素的重新配置。国内技术进步与创新对产品竞争力的提升力在国际市场上能够产生乘数效用,而进口国外新产品或者新技术对拓宽本国市场、为本国发展同类产业也有十分积极的作用,特别在产业结构上能够推动国内产业高度化发展。

国际贸易对服务业演进所发挥的作用不仅仅来源于广阔的国际市场,还有赖于一国的国际贸易政策。一国政府积极参与国际经济事务以及国际规则制定,受益的不仅仅是本国公民与企业,对于提升国家的国际影响力与综合实力都有重大意义。若一国固守国内市场,采取消极手段筑起不必要的贸易壁垒,其经济不可能会有更大的发展空间。

对于服务业内部结构来说,各国的生产要素禀赋的最大差异来自于人力资源的差异,而一个开放的国际贸易环境有利于引入新的服务种类、服务技术与服务人才,弥补国内市场空白。服务业出口不仅对国内服务业与 GDP 有拉动作用,其结构变动也将对服务业内部结构变动有较大的影响。从一些国家 1981—1997 年服务出口的数据看,无论是发展中国家还是发达国家,服务出口的增长都明显快于 GDP 的增长和服务业本身的增加值的增长,说明服务出口对 GDP、服务业的增长有提升作用;在服务业出口结构变动中,运输业比重普遍是下降的,通信、信息、保险和金融服务则处于上升趋势,这与各国国内服务业的结构中传统产业地位下降、新兴产业地位上升的变动是差不多一致的(李江帆,2005)。需要指出,区域贸易实际上与国际贸易有着类似的情形。

当然,产业结构演进的动因还涉及供给结构,指资源(包括劳动力、资本、自然资源)的拥有量及其相对价格结构,以及生产技术的水平和状况等,比如要素禀赋的差异和变动,生产率差异受技术进步率的决定等。

二、服务业演进的制度影响因素

诺斯(1999)对制度的定义是:为约束在谋求财富或者本人效用最大化的个人行为而制定的一组规章、依循程序和伦理道德行为准则。实际上,不仅仅是个人行为需要约束,组织行为更需要制度安排来维系组织运作。钱纳里(1996)谈到一国经济在非均衡增长模式下增长的制约因素时认为,一国经济能否持续增长的原因之一即是否存在一种制度安排使该国产业结构随经济增长而相应发生转变。换句话说,即一定的制度安排能促使产业结构的自动转换。制度种类繁多,大致可分为正式制度和非正式制度,非正式制度在一定的条件下会上升为正式制度。

1. 正式制度的影响

(1) 体制因素

体制因素对服务业发展的影响甚大,这一点在中国尤为显著。在过去单一的公有制经济体制下,服务业很难通过合作经济、个体经济、私营经济等得到发展。财政上,统收统支的财政管理体制也不利于金融、保险业的发展。实际上,我国很多地区服务业发展存在的差距和供需结构的扭曲往往在于体制和政策的约束以及观念和认识的欠缺、意识形态的限制,使得本应市场化、产业化、社会化、标准化、网络化发展的领域没有得到应有的发展和充分的发展。许多领域至今仍存在高度的垄断和管制情形,市场在服务业的资源配置中难以发挥基础性的作用。2008年以前,我国商业银行还无法进入到县级市里开展业务,而早年一位台商准备投资昆山开办一家500个床位的医院,这一意向也被上级部门给否定了。近年来,无论是所谓正式的制度还是非正式的制度,已经取得了相当的进步,但总的来看仍然任重道远。

具体来讲,一是政府管制过度,这在很大程度上影响着服务业的扩张、演进与升级。服务业中许多行业有自然垄断的属性,如铁路运输、电信业、水电供应等。然而,由于政府本身职能界定模糊,有时既是产业政策的制定者,又是具体业务的执行者,产生了行政性垄断。当大权停留在体制内时,一些地方政府不仅利用制度优势不断强化垄断地位,所提供的服务产品还有生产效率水平低、价格偏高、质量无法保证等劣势,如中国电信业与铁路运输行业。二是政企不分也在大大阻碍着现代服务业发展,影响服务业的升级。虽然20世纪90年代开始了国企的现代企业制改革,但是长期以来的计划经济体制给中国留下了不少积弊,政企不分、政事不分的问题非一朝一夕能够解决。在这种封闭的市场环境中,政府虽取得了利税收入,但与现代服务业对公平、公开的制度环境要求不符。一国在经济全球化中所能获得的利益取决于其产业竞争力,在根本上这是关于产业组织的问题,即一个有效的竞争市场结构和产业组织结构是增强产业组织竞争力的决定性条件。而产业组织的体制和政策确立的根本问题是,能否形成一个有利于企业自由竞争并尽可能达到个人与社会福利最大化的市场结构。因此中国政府在服务业发展中最主要是要先创造一个公平有效的竞争与合作的制度环境。三是准公共品行业基本采取非市场化经营方式,如科教文卫行业长期依靠财政,在市场经济的冲击下,大量"铁饭碗"消失,同时工资相对来说缺乏吸引力,许多从业人员流失,造成这些行业占服务业的就业比重不断下降。因此,竞争力下降、人员流失使这些行业难以发展。四是户籍制度与社会保障体系不完善制约了服务业的演进。户籍制度限制了人口向城镇流动,使中国相对于其他国家来说城市化发展水平偏低,抑制了部分服务业,特别是生活性服务业的发展。中国进入新世纪后对社会保障领域加大了投入力度,但是整个体系尚不完善,特别是农村社会保障缺口仍然很大。这种境况影响了居民对未来的预期,使人们偏向于为未来储蓄,而不是在当期消费,所导致的消费水平低下严重制约着服务业的发展与高级化。

(2) 政策与规划因素

经济政策是服务业结构变动的外在动因,一国的经济政策往往决定了国家经济发展中的主导产业、支柱产业及夕阳产业,产业政策决定了国家和地方人力、资金的投入,对产业结构的形成有很大的影响。科学地选择一个合适的产业并重点培育,配套以相应的扶植政策,不仅可加速服务业向高级化演进,最终受益的也是整个国民经济。主要可从以下几点理解:一是行业进入门槛高低。有的政策对服务业的某些部门设置过高的进入门槛,会阻碍民间的社会资本进入,抑制了服务业的发展。二是行业竞争环境。有的行业需要极严格与繁复的审批程序,甚至直接被半官方机构垄断,不仅使民间投资难以进行公平的市场竞争,也使服务业内部经营主体过于单一,不利于创新的多样化发展。三是政策的倾向性。政策倾向不一也会影响服务业发展。有的政策偏向于外国投资商而忽略本国民营中小企业,有的政策强调优先发展重工业而忽略对基础服务业的投入。四是政策的连续性。政策能否不因其制定者的改变而改变,一个保持连续性的政策可以为投资者创造稳定的预期,也维持了行业发展的稳定性。

这里举一个例子,进入新世纪之初,江苏的昆山仍然偏重工业的发展,促进服务业发展的政策相对较少,服务业实际上一直处在不平等的内部和外部发展环境之中,而且部分政策从一定程度上抑制了服务业的发展。同时,对服务业发展的重要性存在认识不足,服务业又分属不同部门管理,政府在规划、政策引导和操作层面缺乏整体引导的经验。从服务业的发展规划来讲,当时只有旅游业、商业等一些行业的专项规划,各行业间产业的关联性较差,缺乏系统的整体规划指导。由于缺乏总体规划和综合协调、指导,三产总体布局不合理、功能不配套、品位不高,而且往往造成恶性竞争和资源浪费。当然,这也是昆山率中国之先,第一个在县级市编制服务业总体规划的最初驱动力,要从"昆山制造"迈向"昆山服务",从而实现区域功能的转型升级。另外,我国长三角多个地区尚处于工业化中期,制造业发展的需求强劲。在地方政府优先发展制造业的驱使下,社会资源特别是政府主导的资源过多地通过政策、项目和资金等配置给了制造业,用于改善服务业的基础设施、创造新的服务业领域的资源则相对要少。当然,在发展本地服务业的过程中,一些地区比较热衷于大型的有展示力的旅游度假设施和工程,而对一些软性的制度完善等看不见、摸不着的东西兴趣不大,也在很大程度上影响了本地区服务经济的可持续性。

(3) 法制因素

法律是政策的依据,良好的法制环境是加快服务业健康发展的重要条件。这主要表现在两个方面:一是法律的数量。就中国的服务业而言,目前已有《保险法》、《商业银行法》、《证券法》、《外资金融机构管理条例》等法律法规,但仍然缺少一个针对整个服务业的专门法;二是法律的质量。刘新民(2004)认为,一些国家对地方性保护行为与市场封锁情况的处罚不严或根本不执法,纵容和默许了这些行为的结果就是限制了全国统一大市场的形成,也不利于创造服务业的公平环境。因此,法制空白与不作为可能成为制约服务业向高级化演进的法制瓶颈。

2. 非正式制度的影响

(1) 意识形态因素

制度经济学认为在非正式制度中,意识形态对经济活动包括产业结构发挥着核心的影响,这在东西方之间有着显著的差异。中国绝大多数封建王朝都奉行"重农抑商"的政策,认为农业为国之根本。"士、农、工、商",商人为"四民之下",社会地位非常低。长期的历史传统使这一现象被社会所接受,影响后人观念。到20世纪的"文革"时期,由于激进思想的渗透,人们认为个体商业、文化娱乐业以及某些服务业等同于享乐的资本主义,要"割资本主义尾巴",把它们清除。此外,中华民族一向崇尚节俭,鼓励储蓄,要求世人"勤俭持家"。刘新民(2004)认为,这些均一定程度上抑制了社会消费性需求,特别是精神产品及劳务性消费需求,这就在需求方面抑制了服务业的发展。而西方发达国家受古典自由主义思想影响,认为"人生而平等自由",以个人为中心,注重人的感受与体验。他们的价值取向与消费观念更加开放化、个性化与多样化。这些思想观念深刻地影响着人们的行为方式,并极大地激发了消费需求,特别是较高层次的发展需求及自我满足需求,同时也推动服务经济产业结构向高级化演进。另外,一些地方政府在发展服务业中仍然存在这样的认识和疑惑:我们的经济发展水平较低,服务需求较弱,是否要发展服务业?实际上,服务业与工业化是否结束没有直接的关系,不能因为工业化进程没有结束就否定服务业的发展。从大的区域尺度上看,一个国家的各个不同地区之间都会存在经济发展水平的差异,发达与欠发达是相对的,不可能等到各地区发展水平一致了才来发展服务业。我们可以在发展方向、发展重点、发展内容以及发展层次上区别对待,但并不是说不要发展服务业。

(2) 文化与风俗习惯等因素

它是人们在长期社会道德生活中逐步形成和积累起来的,是一种稳定的行为倾向和方式,是非正式制度中的重要方面。广义上风俗习惯包括传统文化、民族习惯和地方习俗。传统文化是历史积淀下的精神财富,能够从心理层面影响人对事物的认知,一些特色的地方文化已经成为一种经济资源,特别是旅游资源,如云南丽江的纳西族文化;民族习惯包括各民族的喜好、禁忌、节事、饮食等诸多方面,尊重和保护民族习惯能够成为发展经济的资本,为经济水平较为落后的民族地区开拓精细化的服务行业。同时,不同的地方习俗也意味着需要配套各自特色的服务产品。风俗习惯的差异化不仅仅影响服务业内部结构,更多的影响着服务业的产品内容。这里仍然列举新世纪之初的江苏昆山,当时昆山现代服务业的发展,还受到传统观念的约束。这种传统观念不仅来自上级政府,也来自投资者、现代服务业消费者等各个方面。由于观念上的"路径依赖",人们对于昆山等地区现代服务业发展的预期较低,影响了城市功能的转型,并且针对现代服务业发展的技术创新和体制创新很不活跃,在昆山现代服务业的发展过程中形成了一系列的隐性的制度瓶颈。

第三节 服务经济的空间结构与产业集聚

一、传统区位理论对产业空间结构的理解和认识

1. 杜能环、中心地和CBD

最早对产业空间结构进行系统的区位分析的是德国经济学家杜能,他在1826年出版的《孤立国同农业与国民经济的关系》一书中阐述的农业区位论构成了古典区位理论的核心之一,原因在于他开创了在均质空间和完全竞争的市场结构中,分析收益和市场距离(时间和运输成本)之间的关系,从而确定产业空间结构的分析框架。在杜能提出的假设条件下,由于不同农产品的利润水平和对运输时间的要求具有差异,同时距离市中心的远近直接影响到农产品的运输成本,因此为了使每块空间上种植作物的利润最大化,农作物种植结构的选择就必须权衡农产品属性和市场距离的关系。最终的结果是在农业生产集约程度和土地利用类型上形成了随着距离增加呈现带状空间分异的规律,即在城市周围形成以不同农作物为主的依次排列的同心圆结构——杜能环。杜能的农业区位论的重要贡献在于对农

业地域空间分异现象进行了理论性、系统性的总结，并且首次引入数学方法进行了严密的经济学分析，其理论观点和分析方法成为了区位理论的研究的出发点，韦伯、克里斯泰勒等后来的学者都从中得到了很大的影响和启发，而到了20世纪60年代，阿朗索将杜能的区位理论发展到最高水平。

阿朗索在《区位和土地利用》一书中把杜能的孤立国周围的农业土地利用的分析扩展到城市内部，在劳动力与资本可以与土地相互替代的假设下，他用经常在城市与农村来回穿梭的通勤者代替农民，用中心商务区(CBD)替代城市，重点分析与中心商务区距离的远近和竞租曲线、土地利用类型的关系，建立了一个"单中心城市模型"，得出了土地利用上与杜能环相似的同心圆结构，即城市内部由中心向外城市活动和地租的带状空间分异规律，如图2-2所示。"单中心城市模型"进一步扩展了古典区位理论的应用范围，至今仍是大量理论和实证文献的基础。阿朗索的这种分析对于从局部上理解产业特别是服务业的空间集聚、城市内部乃至区域的空间结构具有重要意义，成为完全竞争条件下区位分析的又一个经典范例。

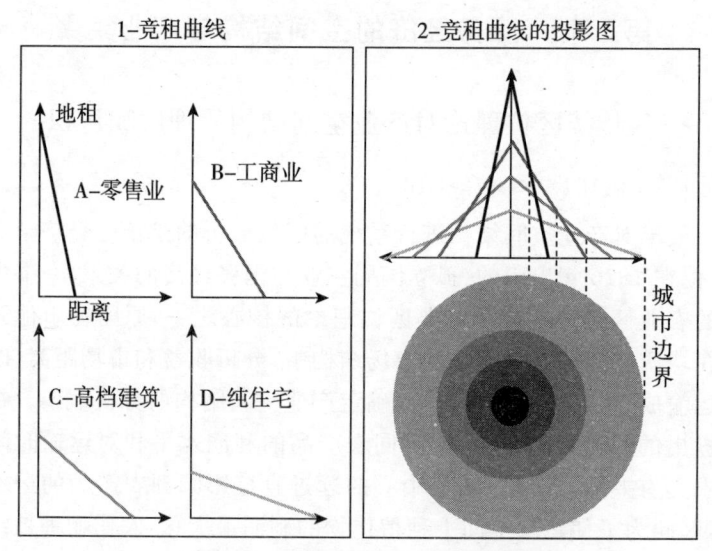

图 2-2 阿隆索单中心城市模型

随着城市对工业、商业、贸易和服务业的集聚作用越来越强，许多经济学家开始关注城市的市场形态、空间分布和规模等级等问题，而以克里斯泰勒的中心地理论(Central Place Theory)为代表理论。

克里斯泰勒(W. Christaller)是第一位对零散的中心地研究成果进行系统化和理论化的学者。克氏在其1933年出版的重要著作《德国南部的中心地原理》中,首次系统地提出了对地理学尤其是城市地理学具有重大影响的中心地理论。此后,经济学家廖什(A. Lösch)于1940年通过经济学演绎的分析方法推导出了相应的结论,认为经济活动的最佳区位应为收入和费用之差最大的点,由于价格、需求和区位之间的相互作用,在区位空间达到均衡时,形成正六边形的市场区域结构。自中心地理论流行于世界后,唤起世界各国数量众多的学者去实践、应用、发展与修正,目前仍然是城市和区域系统研究中的一个重要的领域。中心地理论被公认为上个世纪对人文地理学最重要的贡献之一。

中心地是指能够向周围区域的消费者提供商品和服务的地点,它是一定范围内商品和服务的供给地。供给范围越大,提供商品和服务的水平越高;中心地的等级越高,城市职能越丰富。城市等级和城市职能是相匹配的,更高级别的中心地不仅拥有自身的城市职能,同时也具有低级别中心地的城市职能,最高级别的城市具备所有等级中心地的职能——这是克里斯泰勒中心地理论的最大特征之一。例如,北京是我国首都,也是全国政治、文化中心,其服务范围覆盖全国各地;而各省市的服务范围则主要在本省市内部,城市的职能也相对较少。

在中心地的空间分布形态上,克氏认为市场、交通和行政等是主要的影响因素,其中又以市场为最重要的影响因素。理论假设:第一,中心地分布的区域为自然条件和资源状况相同、且均质分布的平原,并且人口也是均匀地分布,居民的收入和需求,以及消费方式都相同;第二,具有相同的交通条件,且运费与距离成正比;第三,消费者都利用离自己最近的中心地,即最近购买;第四,相同的商品和服务在任何一个中心地价格都一致,消费者购买商品和享受服务的实际价格等于销售价格加上交通费。基于这些假设,克氏采用演绎推理的研究方法,得出市场区域呈六边形的空间组织结构,形成了中心地空间系统模型。首先,中心地均匀地分布在平原上,同一等级的中心地以一定的间隔布局,每个中心地的市场区域都为半径相等的圆形区域,而为多个相等的圆形区域所夹的空白区域中又会自发形成一个次级中心地以满足市场需求。如此类推,中心地的空间形态就呈现出不同等级的市场区域层叠嵌套的体系。然后，由于圆形的市场区域导致每两个市场之间都存在相互重合的区域，重合区域内的消费者将选择接近自己的中心地以节约运费，因此导致中心地的市场区域由圆形变成六边形，而每个中心地就变成了高一级别中心地的一个顶点。在所有中心地达到空间均衡时，基于市场原则形成的中心地空间结构就形成了，这是不同等级中心地有规律递减的多级六边形空间，如图2-3所示。最后，克氏又结合交通和行政因素的影响对市场原则下形成模型做了修正，进一步丰富了中心地模型的现实意涵，并指出市场、行政、交通因素分别对低级、中级和高级中心地的影响最为显著(李小建等，2008)。

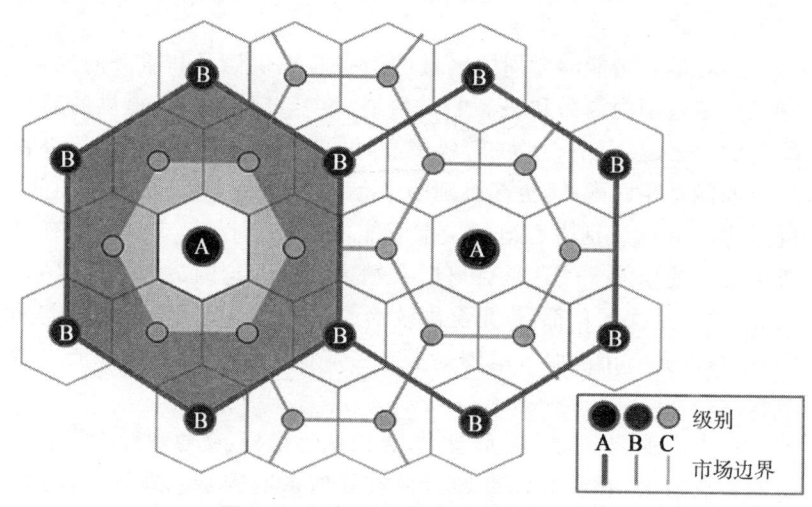

图 2-3　不同层级的中心地市场大小

中心地理论是研究市场中心区位的重要理论，对分析商业和服务业的区位决策具有重要指导意义。第一，成为中心地，就拥有了区域内的市场腹地，能够大力拉动城市相关行业的发展，因此要尽力抢占区域中心地；第二，高等级的中心地有赖于更丰富和高级的服务职能为支撑，因此中心地应持续提升城市职能，提供更高级的商品和服务，促进城市的升级；第三，交通要素等中心地的兴衰也至关重要，打造区域交通枢纽，形成商品和服务的集散地，将有利于城市的兴旺繁荣。

从服务业发展的一般规律来看，中心地的核心即可以理解为中心商务区(CBD)，就是在区域性经济中心的城市中级别最高的中心地,它与区域一体化直接关联,是区域经济活动最为活跃的中心。有学者认为,CBD只可能存在于对世界具有影响、支配和控制能力的全球城市(Gloabel City)里,但我们认为 CBD 同样可以存在于那些经济实力较强、经济活动非常活跃的中小城市中,而且往往由中央商业区演进升级到中央商务区。一般来说,CBD 在城市中通常占地不大,但是经济活动高度集聚,即使是下曼哈顿的用地面积也仅有 2.1 平方公里。但是 CBD 却是城市的核心地区,是一个城市现代化的象征与标志,是城市经济、科技、文化的密集区,集中了大量的金融、商贸、文化、服务以及大量的商务办公和酒店、公寓等设施,是城市的功能核心。这些功能主要包括:

(1) 办公设施。办公设施是开发的核心内容,包括纯办公设施和办公综合体(写字楼、酒店、公寓一体化以及配套的零售、娱乐等设施)两种类型。国外办公性项目的面积比重一般较高,多数在 60% 以上。

(2) 贸易文化展示与国际会议。贸易展示与国际会议对开发起到重要的促进作用,加强中心区吸引力、有助于在较短时间内创造中心区形象,同时更重要的是在未来 CBD 的运作中,这些设施将促进深化、扩展国际商务活动的领域,商务活动量、物流量,提高 CBD 的文化性和商务中心性。这类设施占地大、交通量大、不但需要大规模场馆设施,而且还需要大面积的停车场。部分国外数据表明,会展设施用地比重约为 30%,而建筑比重则为 5% 左右。例如东京 Teleport Town 的会展用地比重为 24%,会展建筑面积比重为 6.2%,会展/办公建筑面积比为 1:7。

(3) 公寓和住宅。建设 CBD 需要保持一定数量的公寓和住宅。伴随着规模的日益扩大,CBD 逐渐独立成区,高档公寓已经成为重要的组成部分。一方面金融等生产者服务业的全时性要求配备一定的公寓,另一方面 CBD 特别是核心区由于居住功能的丧失,昼夜人口反差过大,失去人情味,环境恶化,甚至出现其他社会问题,在这方面休斯敦的纯办公 CBD 是个教训。因此,增加居住功能能够促进用地性质的平衡,减缓交通压力,减少城市设施资源的浪费,同时也可以提高区域的"人气"和生活性。尤其对于发展中国家,由于生活水平差异较大,在 CBD 的高级职员往往是国际性管理及专业人士,其生活标准很难由一般性居住区来满足,CBD 及其附近建设一定规模的公寓或高档住宅区显得非常重要。

（4）商业和金融服务。当商务区与商业区相比邻时，可能出现大型商业扩张，服务对象也势必超出CBD。一方面，CBD与商业中心在发展上有较强的傍依性，但CBD与商业过分混杂将削弱其高效性和专业性；另一方面，商业也可以借助CBD的区位优势。因此，我国的CBD应采用适当区隔的方式，使商业和商务两者能够相互融通，又能相对独立发展。

（5）酒店。酒店比较特殊，综合性强，一般兼有综合服务和居住双重功能，也具有办公性职能。它不同于一般旅游酒店，主要是为从事高级商务活动的流动人口提供暂时住所，同时在办公面积不足时，亦作临时性办公地点。

（6）公共性设施和空间。商业建筑和公共活动互相依存，商业成功很大程度上得益于城市大众化、繁忙而有活力的街道和广场公共活动，因此，引入公共活动是购物中心的商业需求。购物中心已经不是一种简单的零售商业建筑，而是一个商店群体，它不仅依赖于城市公共空间，而且拥有自己的公共空间，它通过提高公共空间的开放性来增加自身的吸引力，努力将城市的公共活动引入内部，达到聚集购物人流，获取更好的商业利益的目的。中国CBD的发展应不断增加公共性设施和空间，如室内广场、室外广场、主题公园以及博物馆等，以创造生活化环境、高品质环境和文化氛围，避免办公设施建设对环境的消极影响。

CBD分为不同的层级，级别越高，其经济活动越集中，服务范围越广。20世纪70年代以后，随着城市产业信息化、商贸化和金融地位的持续提高，要求城市提供更多环境良好的商务空间，这时中心商务区的功能也发生了实质性的改变，即从单一的商务职能向多中心、多功能组合的方向发展。当然，CBD的提出说明经济学家已经开始注意到城市中心与边缘差异和中心集聚趋势的存在，开始了由基于外生给定的市场结构，并且忽略规模报酬递增的分析框架向现代分析框架的转变，为新经济地理学理论的诞生奠定了基础，使得产业空间集聚问题得到了深入的分析和阐释，而完成这一飞跃的关键在于规模报酬递增理论的提出和逐渐完善。

2. 赫克歇尔-俄林要素禀赋理论

赫克歇尔-俄林要素禀赋理论是新古典贸易理论的核心，是用于解释国家(地区)之间分工与贸易的重要理论(Ohlin,1933)。赫克歇尔-俄林理论揭示了要素禀赋结构的空间差异决定了不同地区间比较优势的差异,而比较优势是决定区域分工的利益机制之一。该理论认为一个国家(地区)应根据本国的要素禀赋结构进行产业选择,即集中生产并出口那些能够充分利用本国充裕要素的产品,以换取那些需要密集使用其稀缺要素的产品。根据要素禀赋理论的观点,生产要素的空间结构决定了经济活动的空间结构。在这一理论基础上,又有观点进一步认为,除了生产要素禀赋差异,不同地区的文化、地理位置等"自然优势"的区别都可能造成经济活动的空间差异。此后,又有观点对要素禀赋理论进行补充,认为在生产要素之外,文化、地理位置等"自然优势"也是造成产业空间差异的要素。但是这些要素禀赋理论仍旧没有跳出一般均衡分析的框架,既没有考虑到不完全竞争的市场结构,也忽略了规模报酬的存在,因此它无法解释产业空间集聚。此外,从当今的视角来看,一方面不断加深的全球化进程使得各地区之间的生产要素、文化等方面逐渐趋同;另一方面,通讯技术和交通技术不断进步,空间距离的影响也在相对弱化。因此,要素禀赋对全球化时代服务经济空间差异的影响也在逐渐减弱。

要素禀赋理论在解释异质区域间的产业分工上有很强的解释力,但不足之处也显而易见。事实上,在报酬不变的世界里只可能产生区域分工现象,而诸如城市、经济中心等经济活动的空间集聚现象是不可能发生的,因为规模报酬递增是这种集聚发生的关键。

二、新经济地理学对产业空间集聚的诠释

1. 产业集聚的现象和实证

今天,产业集聚现象随处可见,构成了当今最为显著的经济特征之一。在美国,波士顿—纽约—费城—华盛顿城市带、硅谷和五大湖区都是著名的产业集聚区。在欧洲,从伦敦到米兰横亘着一条巨型产业带(也被称为"hot banana"或者"blue banana"),并且随着欧洲经济的一体化,一些新的产业带也在形成,例如,从米兰到巴伦西亚的阳光地带(sunbelt)产业群和从巴黎到华沙的黄色香蕉(yellow banana)产业群(Hospers,2003)。在中国,长三角、珠三角和环渤海

地区是我国最活跃的产业集群区,而中关村的高新技术产业集群、浙江义乌的小商品产业集群、山东寿光的蔬菜种植集群等则形成了特定产业的集聚。可见,产业集群主要分为两种类型:第一,专业化(或地方化)集群,即生产同类产品的相关产业在特定的地理空间上集聚并进行专业化生产,例如硅谷和中关村的高新技术产业集群、义乌的小商品产业集群;第二,多样化(或城市化)集群,即不同生产部门的企业集聚在某些地区形成多样化的产业集群,例如"hot banana"产业带和长三角产业区。

国内外对于产业集聚现象做了大量的研究,从实证角度印证了产业集群现象的普遍存在。本书重点介绍国内外学者对于服务业集聚现象所做的研究。从以往的研究看,多数文献以区位商为判断地区产业集聚的指标,如 Illers 和 Sholt(1995)中计算北欧一些城市的区位商,发现 1991 年北欧各国 70% 以上的生产性服务业集中在各国首都。Keeble et al.(1991)则计算了伦敦一些城市的区位商,得出伦敦和一些区域的中心诸如曼彻斯特和伯明翰等城市的中心高度集聚,且约有 62% 的服务业集中在东南地区。O'Donoghu 和 Gleave(2004)分别采用了标准化的区位商指数和调整后的区位商指数对英国服务业空间分布情况进行了研究,也得出了相似的结论。Grimes 等(2007)利用郡级层面的数据对美国在 1990—1997 年间的计算机服务业的集聚状况进行研究并发现,在控制了当地的计算机服务业需求的条件后,合适的劳动力供给、产业之间的联系、同主要港口的接近以及空间过程对于计算机服务业集聚具有重要的解释力,而成本因素则与计算机服务业集聚无关。由于区位商指标的局限性,例如只能反映一个产业的相对规模而不能反映绝对规模,因此除了区位商之外,许多学者还提出了其他的指标,对产业集聚进行有意义的研究。Howells 和 Green(1986)研究指出在 1971—1984 年期间,英国一共有 744000 就业人口向服务业转移,其中,伦敦一些主要都市和省份的中心城市的集聚度最高,这些地方的就业人数占了生产性服务业总就业人数的 53%。基于此,文章进一步指出这种服务业的空间分布情况:一是经济核心区,主要位于英国南部和一些中小规模的城镇,另一个是已经形成的服务业中心,集中在主要的都市和地区中心,如利物浦、曼彻斯特和伦敦等。相关的研究成果也证明了这种空间集聚分布格局,Bryson et al.(1993)表明英国 43% 的服务业就业人数集中在伦敦和东南地区,而诸如市场调研和管理咨询等行业集聚度更高,前者80%的就业人数集中在伦敦,而后者93%的人数集中在伦敦和东南地区。

国内学者除了应用区位商和就业人口为判定指标进行研究外,还运用了其他的分析指标进行实证研究。例如,程大中(2005)基于 LQ 指数、RCA 指数和 K-spec 指数分析了中国服务业及其分部门的区位分布与地区专业化,并指出这种专业化差异的根源不仅是服务本身的非贸易性,还在于各服务部门专业化与分工倾向的差异性,但该文并未建立起计量模型进行解释,而仅限于现象性的描述;胡霞(2008)以熵指数为指标描述了服务业在中国城市的集聚状况,并解释了其内在原因,不过没有建立完整的理论分析框架。值得一提的是,在关于医疗服务业是否存在产业集聚的问题上,学界存在较大的分歧。一些学者认为,医疗服务业不存在集聚经济效应。通过研究,他们发现在拥有更多的医疗单位的城市并没有更高的生产率,在同一地区拥有越来越多的医院反而导致生产率的下降,原因在于过多的医疗单位带来的医疗设备竞赛(Robinson et al.,1985),这主要是医院在设备升级更新上进行了不必要的投资,这些非价格竞争导致了生产率的降低。Huallaehai & Satterthwaite(1992)对美国都市区1977—1984年的医疗服务业的就业增长情况进行研究,也发现城市化经济能解释医疗服务业的发展而地方化经济则难以解释这一现象。然而,另一些学者则认为,产业集聚同样适用于医疗服务行业,并进行了实证研究。例如,Bates & Santerre(2005)对美国医疗服务业集聚进行了研究,证明了美国都市区存在静态和动态的地方化经济,这与 Uallaehain 和 Satterthwaite 的观点相左,但文章认为医疗服务业集聚的原因是传统的劳动池的效率、创新的动力以及共享投入和知识等。

2. 产业空间集聚的过程与机理

(1) 多样化偏好和垄断竞争的市场结构

众所周知,现实生活中完全竞争市场比较罕见,更多的是不完全竞争市场,它又分为垄断、寡头垄断、垄断竞争这三种市场结构,其中寡头垄断在现实中更为普遍,但是勾结和战略行为存在的可能性使得对寡头垄断的分析变成一个棘手的问题,目前还没有一个被普遍接受的关于寡头行为的模型。因而,目前对空间结构的讨论主要是在垄断竞争框架下进行的。

　　首先从消费者的角度看，消费者具有多样化的偏好，即消费的产品种类越多，其效用水平也就越高。其次，从单个生产者的角度分析，一方面，由于规模经济效应，产品种类越少，越有利于减低生产成本，获得更大的经济效益，同时，有限的资源、技术等要素也要求进行专业化生产；另一方面，只有生产出差异化的产品才能满足消费者的多样偏好。此外，在垄断竞争的市场条件下，即使仅具有细微差别并且相互之间具有很强替代性的同类产品，本质上也是不同的产品，而不同的产品在市场竞争中拥有一定的垄断地位，从而赋予产品生产商更强的市场力量，使得厂商能以高于边际成本的价格定价，这一点也是促使生产商进行差异化生产的动力。

　　可见，生产商在产品种类数量选择上面临一个两难的冲突，既要满足消费者的多样性偏好，又要扩大规模经济。为了同时满足这两个条件，在垄断竞争的市场条件下，生产商自发地在空间位置上集中起来，形成了产业集聚。需要强调的是，在产业集聚过程中，运输成本发挥着关键作用：当运输成本很高时，由于需求在地理空间上的分散，产业集聚的机会成本很大；而当运输成本低至几乎为零时，区位变得无关紧要，产业布局取决于其他因素。因此，只有当运输成本较低时，厂商才会集聚在市场需求规模较大的地方，既维持了单一生产商产品的专一化，又通过其他生产商的集聚实现了产品的多样化，同时还可以通过贸易满足其他地区的市场需求，从而达到市场均衡。

　　由于传统区位理论是在完全竞争的市场结构下进行分析，因此无法很好地解释产业集聚问题。直到20世纪70年代末，狄克希特—斯蒂格利茨模型（以下简称D-S模型）提出后，使得对产业集聚问题的研究有了更为强大的技术手段，并在此基础上发展出新贸易、新增长和新经济地理学，才使得人们对于产业集聚发生的内在机制有了清晰的认识。

　　D-S模型将规模经济、产品种类数、消费者的多样化偏好、垄断竞争纳入了一个空间均衡框架，建立了规模经济和多样化消费之间的两难选择如何达成均衡的框架。新经济地理学的模型主体框架完全采用了D-S模型，差别只在于新经济地理学将运输成本融入了D-S模型，使得D-S模型具有了空间的含义。多样性偏好、报酬递增和运输成本是新经济地理学用以解释产业集聚机制的核心要素，其中,CES效用函数能够体现出消费者的多样性偏好,垄断竞争的市场结构可以分析报酬递增,而运输成本则采用了萨缪尔森的"冰山运输"原理进行分析。基于这一模型,新经济地理学建立起了对产业空间集聚的分析框架。

(2) 报酬递增和规模经济外部性

报酬递增是产业集聚形成的内在动力,正是集聚所带来的报酬增加才吸引了生产商在空间上的集聚。报酬递增思想的起源可以追溯到亚当·斯密的《国富论》里的论述,他提出了专业化分工能够提高劳动生产率,从而获得更大的收益。之后,马歇尔又提出经济外部性的概念来解释报酬递增的产生原理。经济外部性主要包括劳动力市场的共享、中间投入品和厂商间的技术外溢三类,这三类又可以归纳为金钱外部性和技术外部性两方面,前两者属于金钱外部性,而技术外溢属于技术外部性。随着知识在经济活动中重要性的日益提升以及经济学家对经济外部性分析的深入,更多地学者开始关注知识外溢,以强调在产业集聚中知识传播的作用。因此,劳动力市场共享、中间投入品和技术外溢与知识外溢构成了规模经济外部性的主要内容。

一是劳动力市场共享。在正常的市场条件下,劳动力总是趋向于往就业机会和发展机会较多或劳动报酬更高的空间流动,同样,厂商也总是趋于在拥有丰富的劳动力资源和较高专业化素养的劳动力的地方进行生产。正如马歇尔所说:"雇主们往往会向他们能够找到具有优良的专业技能的工人的地理区域集中,同时,寻找职业的具有专业技能的工人也会向有许多雇主的地理区域集中"(马歇尔,1966,284)。这一现象产生的原因:是伴随着产业集聚而来的是劳动力的集聚,并且劳动力之间存在差异和相互竞争,这节约了企业对于劳动力的搜寻成本、培训时间以及实际使用成本,有利于厂商以更低的工资水平雇佣到匹配自身需求的劳动者,而劳动者也因为共享的劳动力市场而减少了失业的风险。因此劳动力市场共享对劳动力的供需双方都具有正向的外部性,是产业集聚带来的规模经济外部性的重要表现,同时又反过来进一步推动产业集聚的发展。

服务业是劳动力相对密集的行业,对于专业性人才的需求远胜过一般的传统产业,因此,专业劳动力市场的充分共享对服务业集群形成和发展的意义尤为重要。劳动力市场共享的效应在研究中也得到了理论和数据的支持。克鲁格曼(Krugman,2000b)通过研究得出：劳动力数量相对于厂商数量越少，预期工资率就越高，劳动力数量相对于厂商数量越多，厂商的预期利润越高；并指出在收益递增和不确定性的相互作用下，劳动力的市场共享的益处才得以充分显现。赫尔斯利等(Helsley et al.,1990)的开创性研究表明异质劳动力的供需匹配可以导致产业集聚，并且在这一模型呈现了由于供需不匹配造成的培训成本由工人承担的情况。

二是中间投入品和服务的可得性。中间投入品和服务的可得性是指较大规模的产业集群不仅支撑了各种中间投入品和服务的供给，而且降低了下游产业的生产成本。这是因为产业集群的形成是有赖于完整的经济系统的支撑，需要相配套的交通、餐饮、娱乐等服务业的全面发展，也有赖于相关专业产品的可得性。因此，一个成熟的产业中心不仅可以提供该产业专用的多种类、低成本的非贸易投入品，使得厂商的生产成本降低；也可以推动周边服务业的发展，从而进一步强化产业集聚。

Gemba & Kodama(2001)的研究显示：从1970年到1990年，美国、日本和德国的生产者服务业的工人每年扩张4.77%、4.29%和2.55%，远远快于总从业人员的增长，这反映了产业集聚对服务业发展的外部性作用。Abdel-Rahman & Fujita(1990)研究了由完全竞争的最终产品部门和垄断竞争的中间服务部门组成的城市，结论表明整个城市的总生产函数体现出对劳动力的规模报酬递增性质。这说明服务部门的厂商数量随着城市劳动力数量的增加而增加，从而能够提供更多的中间服务产品，有利于最终产品部门生产效率的提高，进一步强化了产业的地方化。Overman & Puga(2009)的研究也得出了多种投入品的可得性是产业集聚动力的结论。

三是技术外溢和知识溢出。技术进步为现代经济增长的核心力量，掌握最先进的核心技术在现代市场竞争中显得至关重要，因而产业集聚过程中存在的技术外溢的现象也越来越受到人们的重视。技术外溢产生原因在于企业在地理位置上相互临近，为相互间信息传播和技术交流带来了便利，使得一家企业率先进行的技术创新比较容易为其他企业所获知并学习。可见技术外溢又进一步吸引更多的企业加入，是产业集聚的又一动力。

由于面对面接触交流在技术开发以及解决问题过程中非常重

要,因此这种外部性在硅谷体现得尤为显著。在硅谷,非正式交流是随处可见的。酒吧、娱乐场所都是交流场所,同学、同事、相识关系都可以成为相互联系交流的纽带。这种交流与高度一体化组织的内部交流有本质上的不同。它带来了最新的市场信息、管理经验、技术诀窍,同时也激发了创新的灵感。尽管近些年来在硅谷设厂的成本一直在升高,但仍有许多公司在硅谷设立机构,以能够及时了解本行业技术发展的新动态,以免与新技术失之交臂。此外,硅谷的企业选择合作伙伴首先考虑本地企业。硅谷的计算机制造商一般都愿意使用本地供应的产品,特别是技术复杂的或定制的零配件。

与技术外溢相似,在产业集聚过程中,也存在知识的外溢,即地方化的产业集群有利于知识和信息的快速传播,从而促进新思想的产生和新技术的应用。知识外溢是指隐性知识的扩散。知识可以划分为可以编码的显性知识和不可编码的缄默知识,后者是指那些不容易明确表达、存储和转移的知识,其传播有赖于是面对面的交流和空间上的集中,并且具有明显的地理衰减效应,即随着距离的增加,溢出效应逐渐减弱。因此集聚有利于这些隐性知识的溢出。知识外溢的产生来源于知识的非竞争性与非排他性(Romer,1986)。知识的非竞争性是指某人对知识的使用并不影响其他人对知识的使用,即增加一个知识消费者的边际成本为零;知识的部分非排他性是指虽然企业可以通过法律获取知识产权,以维护自己的利益,但是不排除其他人无偿使用该知识的可能性(Stiglitz,1999)。知识的公共产品性质是知识外溢产生的根本原因。知识外溢具有正外部性特征,是报酬递增的重要来源之一。这种外部性表现为厂商或者产业不仅从自己的知识投入中受益,而且从其他厂商或产业的研发投入中获得回报,并且这种好处会随着厂商数量的增加而增加。

(3) 循环累积因果效应

需求区位决定生产区位,同时生产区位决定需求区位,两者相互作用,导致一个循环累积因果,其中起关键作用的是价格指数效应(price-index effect)和本地市场效应(home-market effect)。价格指数效应是指制造业就业的大小对一个地区价格指数的效应,具体而言是指在有较大制造业部门的区域,制成品价格指数较低,因为该区域的制成品消费只有较少部分需要承担运输成本。如果假定经济中只有两个区域,则在其他条件相同的情况下,制造业向一个区域的流动将导致该区域价格指数下降,由低的采购成本生出的前向联系(forward links)将使得该区域对制造业及制造业工人来说更具有吸引力。本地市场效应是指一个地区本地需求(或收入)的相对大小又对制造业的区位选择施加的影响,即假定制造业的劳动力供给具有完全弹性,本地市场对制成品需求的增加将导致本地区制造业就业和生产的增加。这意味着,在其他条件相同的情况下,具有更大的本地市场的区位将具有更大的制造业部门,并因此成为制成品的出口地。在价格指数效应(有较大制造业部门的区域有较低的制成品价格指数)和本地市场效应(具有更大的本地市场的区位具有更大的制造业部门)的共同作用下,市场的供需力量不断扩张,促使市场规模的进一步扩大和劳动力数量的增加,这就形成了一种循环累积因果,从而促使产业的空间集聚的形成和增强。

实际上,循环累积因果论是由瑞典经济学家冈纳·缪尔达尔(Myrdal)首次提出并加以丰富和发展,其核心内涵是社会系统的某个变量改变的结果将不是抵消掉这个改变,而是强化这个改变,使系统在改变的方向上走得更远(Myrdal,1957)。在他看来,社会经济制度的变迁演进不单单是经济因素作用的结果,还包括技术进步、社会、政治和文化等因素所形成的合力的作用,而这一合力的结果不是使系统达到均衡或趋于均衡,而是处于不断的循环往复之中,并最终导致经济增长呈累积增长或下降的趋势(张敦富,1999)。缪尔达尔用"回波效应"(backwash effects)和"扩散效应"(spread effects)来解释国际贸易和资本流动的双向力量。回波效应是指落后地区的劳动、资本、技术、资源等因受发达地区较高的要素收益率的吸引而向发达地区流动的现象。而扩散效应则是指当发达地区发展到一定程度后,由于人口稠密、交通拥挤、污染严重、资本过剩、自然资源相对不足等原因,生产成本上升,规模经济的益处已经穷尽,这时,发达地区将主动向落后地区扩展,资本、技术、劳动力等也随之向这些地区扩散(周国富,2000)。"回波效应"来自于规模经济、知识积累等外部经济和内部经济,它们能够提高农业生产率、使制造者更为经济地使用原材料、鼓励企业开发某些稀有产品的替代产品等等;"扩散效应"来源于外国投资者对欠发达地区本地投入品的购买、技术的扩散和落后地区对先进管理方式的运用。通常来说,回流效应居主导地位,因而缪尔达尔断言:市场的力量通常倾向于增加而不是减小区域之间的差异(Meardon,2001)。这一结论与美国经济学家赫尔希曼(Hirschman,1988)提出的"极化效应"和"涓滴效应"是一致的。

缪尔达尔以循环累积因果理论解释国家之间的发展差异:如果任由市场力的作用,一个在生产力和收入上都占优的国家将变得更好,而处于较低水平的国家则可能维持在现有的水平上或者恶化(Myrdal,1970)。因此,他不同意赫克歇尔和俄林发展的新古典贸易理论,该理论基于"稳定均衡"的假设,认为在自由贸易的情况下,国家间的不平等可以减弱,甚至在一定条件下可以消除。这在缪尔达尔看来不仅是不现实的,而且恰恰是与事实相反的。循环累积因果在现实中最为明显的一个表现就是增长极的形成和持续发展。

增长极的概念最初是由法国经济学家佩鲁提出来的,是指在给定的主体单元的里,能够促使其他单元增长的这样一个单元,是产业高度集聚的中心地。佩鲁强调金钱的外部性,这种外部性是由主导单元的活动产生的。增长极形成的机制在于:由于作用单元的非对称效应,在同一空间范围内经济增长在不同部门、行业或地区,按不同速度不平衡地增长,其中某些"推进型产业"(主导产业)或有创新能力的企业在一些地区和城市集聚或优先发展,形成恰似"磁场极"的多功能的经济活动中心,它不仅促进自身发展,并且以其吸引和扩散作用进一步推动其他地区的发展,从而形成以这一"磁场极"为中心的经济区域和经济网络。一旦增长极形成,将会对周边的要素和经济活动形成巨大的吸引力,根据循环累积因果效应,它将持续地增长发展,极化效应也将不断增强,产业在空间上的集聚也更为强化。增长极理论是区域经济学和中观经济学研究的一个突破,许多国家把这一理论运用于区域经济政策和经济发展战略(颜鹏飞等,2001)。

(4)路径依赖和其他因素

现实经济活动中,一旦产业集聚形成,就很难被打破,同时在集聚中心附近也难以形成与之相抗衡的经济中心。这一方面是由于上述的循环累积因果所导致的产业集聚持续的正向反馈,即一旦某地区获得了先发优势,产业就会在多样性偏好、规模经济和运输成本等的相互作用下自发地向这里集聚;另一方面是在没有外部干扰的情况下,产业集聚会自我持续下去,形成"路径依赖",产业分布的地理格局也因此被"锁定"。

路径依赖在传统经济学中研究的较少，布莱恩·阿瑟是对其进行系统研究的代表人物。他以独特的视角关注到规模报酬递增和路径依赖等空白领域，开创了与传统经济理论完全不同的框架下进行经济学研究的广阔空间。阿瑟将规模报酬递增和路径依赖相结合，提出了在最初的市场结构中，由于经济、文化、资源等方面的偶然或特殊因素，导致某一空间取得了发展的优势，那么在规模报酬递增和循环累积因果的作用下，这一优势将不断扩大，进一步形成产业集聚中心和增长极，并且因为路径依赖而牢牢占据发展中心地位。这就是典型的偶然因素、报酬递增、路径依赖和锁定促成产业集聚的情况。比如某一区域对生产活动实行暂时性补贴政策，则有助于促使经济系统从这种稳定均衡状态转入另一种稳定均衡状态，但当这种暂时冲击消除以后，经济系统不会恢复到冲击前的稳定状态，被这种冲击后的新的路径紧紧黏住了。

需要强调的是，新经济地理学虽然注重从经济系统的内生力量寻找产业集聚的形成机制，但也承认，如历史传统、偶然因素、自我实现预期、宏观政策等对产业空间布局的影响。实际上，内生的集聚区位恰恰是历史和累积循环力量共同作用的结果（Fujita et al., 2005）。

3. 新经济地理学的主要理论模型

(1) 核心—边缘模型

核心—边缘模型算是经典模型，主要讨论一个匀质空间是如何内生地变成一个具有核心（工业化中心）和边缘（农业区）结构的异质空间的问题。模型构成要素有：两个地区 1 和 2；两个生产部门——具有规模报酬不变性质的农业生产部门和具有规模报酬递增性质的工业品制造业部门；两种劳动力——不可自由流动的农业劳动力和可以自由流动的工人。其中，农业部门是模型的参照系，农产品市场结构为自由竞争，并且运输无成本；制造业产品的市场结构为垄断竞争，在区域间的运输成本为正，如图 2-4 所示。

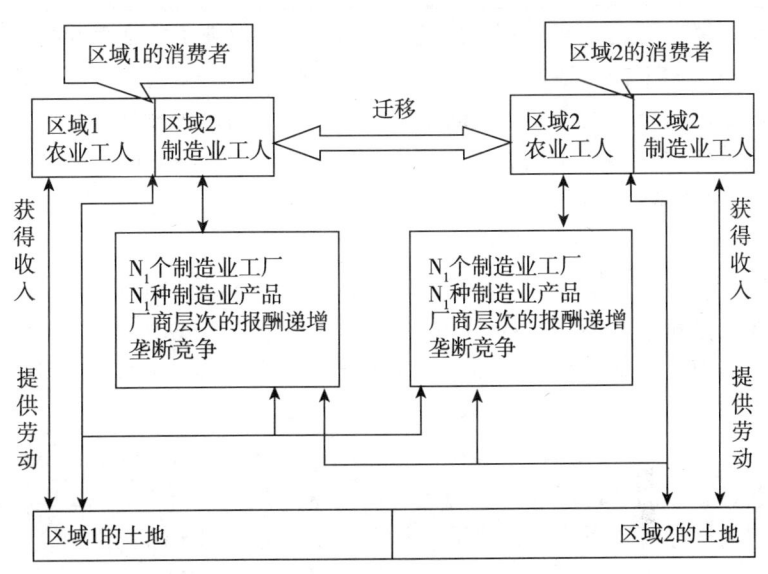

图 2-4　核心—边缘模型结构图

模型中，消费者的多样性偏好和规模经济是产业集聚的向心力，不可自由流动的农业劳动力和运输成本则是离心力。为了满足消费者的多样性偏好，厂商倾向于进行差异化生产，又因为生产是报酬递增的，所以厂商倾向于进行大规模专业化生产，因而集聚在一个地区。但是，为了满足农业工人的消费需求并且降低运输成本，厂商倾向于在两个地区都进行生产。这一模型就构建了对这一两难冲突进行分析的函数框架，揭示了向心力战胜离心力，最终形成产业集聚的过程。为了实现规模经济并最小化运输成本，制造业厂商倾向于在市场规模较大的地区建立工厂，这正是"本国市场效应"；但市场的区位本身又依赖于制造业的分布。然而，市场规模本身又取决于制造业的分布，根据"价格指数效应"，工人多的地区，真实工资高，因而更多的工人会被吸引过来，产生更大的市场需求。因此，这种前后向联系就构成了一种厂商和工人集聚的累积循环力量。但同时，越来越多的工人和厂商会导致本地竞争日益激烈，从而减弱本地的吸引力，阻止更多的进入，从而达到市场均衡。

模型最终显示，核心—边缘形式的空间结构的形成有赖于运输成本、规模经济和制造业在收入中的份额。如果制造业在收入中的份额越大，运输成本越低，规模经济越重要，则核心—边缘结构越容易持续。并且，一旦某个地区获得先发优势，产业就会在累积循环力量的作用下向该地区集聚。但是，由于多重均衡的存在，重要参数值的变动会极大地改变产业的空间结构。这说明由于经济系统中反馈机制等非线性作用的存在，系统结构表现出对初始条件的高度依赖性，并会被锁定在某一路径上。

(2) 存在纵向关联的区位模型

维纳布尔斯(Venables，1996)纵向关联的区位模型，用以分析市场规模相同、劳动力不可流动时，产业集聚形成的原因，并得出生产环节中下游部门与上游部门之间的纵向联系也是产业集聚原因的重要结论。

在模型里，他假定区域将劳动力不可流动，且两区域市场规模相同；同时，两个部门都在报酬递增的技术下生产差异化产品，每个部门的产品既可以作为最终消费品也可以作为中间产品。这一模型与核心—边缘模型的建模策略相似。不同的是，作者假设两个地区市场规模相同，劳动力不可自由流动，并且两个生产部门间是纵向联系的。纵向关联包括两类：成本联系（后向联系）——上游部门厂商的数量越多，下游部门厂商的生产成本越低；需求联系（前向联系）——下游部门厂商数量越多，对上游部门产出的需求越大。这两种联系促使上、下游部门集聚在一个地区，进而推动产业集聚的形成。然而，运输成本和劳动力的不可流动性构成了产业集聚的离心力。因此，产业空间结构出现三种情况：当运输成本很高时，为了接近市场，每个部门都会均匀分布在两个区域；当运输成本很低时（厂商无所谓在哪个地区生产），生产部门较少的地区的低工资吸引着更多厂商的进入，因此产业的分散是均衡的；当运输成本处于中间水平时，随着运输成本的降低，在市场接近效应、成本联系和需求联系的推动下，产业的集聚就是均衡的市场结果。可见，存在纵向关联的区位模型里，集聚与分散仍然取决于运输成本与规模经济之间的力量对比，这与克鲁格曼(Krugman，1991)的核心—边缘模型并无二致。但这个模型的前提假设与核心—边缘模型不同，而且劳动力空间不可流动的假设在现实中更为普遍，对于地区间尤其是国家间的产业集聚更具有解释力。因此，核心—边缘模型和存在纵向关联的模型是在两种不同的市场结构和劳动力状况下对产业集聚的分析框架，两者相互补充。

第四节 服务经济发展的主要趋势

一、结构变动与服务业的主导化

1. 产出比重持续上升

近年来,无论在中国还是在世界范围内,产业结构都在发生转变,农业、工业、服务业三次产业在国民生产总值中的比重发生了巨大变化。农业比重大幅下降,工业比重有所减少,最突出的表现为服务业比重超过了工业,甚至超过了工农业比重之和。从世界平均水平来看,20世纪80年代服务业就已占据产业结构半壁江山,至1995年左右,服务业产出比重已经达到六成,并且其比重仍处于上升的趋势当中。由于中国服务业开始得较晚,发展速度也较缓慢,至2004年,产业结构呈现出工业、服务业并驾齐驱的格局。不过,中国服务业产值比重增长趋势没有停止,并且与世界的差距在逐步减小。

根据世界主要国家的个别年份的产业结构统计数据来看,2000年服务业的世界平均水平达到66.7%,除了墨西哥为发展中国家,其余高于世界平均水平的国家(或地区)均属于人均GDP较高的国家(或地区)。特别是我国香港地区,几乎没有农业,只有少量工业,服务业比重高达85.7%,在1990至2000年的10年间,服务业结构比重扩大超过10%。大部分国家的服务业在产业中的构成比重从1990到2003年大致为上升趋势,而除了南非、智利、泰国、马来西亚外,其余国家的农业比重均不同程度地减少。

从经济合作与开发组织(OECD)国家的数据来看,从1970年到2002年,大部分OECD国家服务业占总增加值比重约70%。这些国家其中大致可分为三组,第一组在20世纪70年代就已经达到一个较高水平,到2002年均已超过70%,如丹麦、美国、法国、荷兰、英国等;第二组到2000年,其服务业所占比重占总增加值的65%—70%之间,这些国家包括澳大利亚、德国、意大利和西班牙等;第三组国家的服务业占比是相对较低的水平,但也过半,达到55%—60%,如爱尔兰、加拿大、挪威等(Wölfl,2005)。

从中国的数据来看,三次产业增加值在1992年—2010年间发生了较为显著的变化(见图2-5)。第一产业增加值占GDP比重从

1992年的超过20%下降到2010年的10%;第二产业相对较稳定,一直在40%—50%的区间内波动;第三产业起伏较大,1992年—1996年间略有下降,此后迅速上升,直至2002年,进入持续到2006年的平稳期,其增加值占GDP比重维持在40%略高。由此可见,服务业在经济结构中的地位逐渐增强。

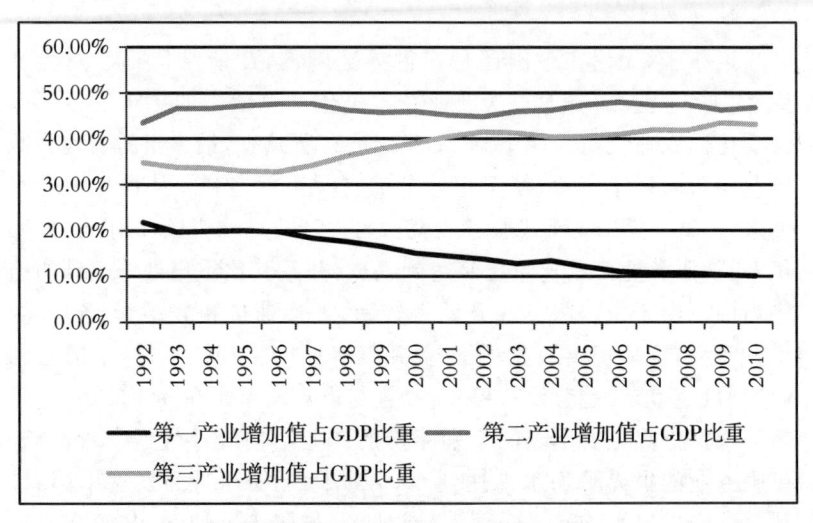

数据来源:中国统计年鉴(历年),北京:中国统计出版社。

图2-5 我国三次产业增加值占GDP比重变化情况(1992年—2010年)

由上述分析可见,不论是中国还是世界,服务业占国民经济产出比重或者服务业占产业结构比重均在上升。服务业在一国经济结构中的比重与服务业内部层次的高低,已经成为体现国家核心竞争力与综合实力的重要标志。虽然中国服务业发展的整体水平与世界仍有一定差距,不过服务业在产业结构中的主导化趋势不会改变。

2. 产业作用日益增强

进入20世纪90年代后,服务业已经成为发达国家与发展中国家经济增长的主要力量。随着"后工业社会"的来临,有的学者担心以服务业为主导的经济结构会导致"产业空心化"现象。然而,这种以服务经济为主要产业的结构及服务业在国家发展中战略地位形成的趋势无法阻挡,服务业作为一个厚积薄发的产业,其产业作用日益增强。从1992年—2011年的数据中可看出,第三产业的产业拉动率与产业贡献率在近20年里呈波动上升趋势(图2-6)。特别是进

第二章　服务经济演进：过程、机理、集聚和趋势

入新世纪以来,第三产业的产业拉动率与贡献率上升幅度最大,将近提高10%,虽然在随后三年增长幅度迅速下降,但到2008年金融危机前仍稳步上升。危机过后一度陷入低谷,不过2010年开始,第三产业在经济结构中又重新焕发活力。

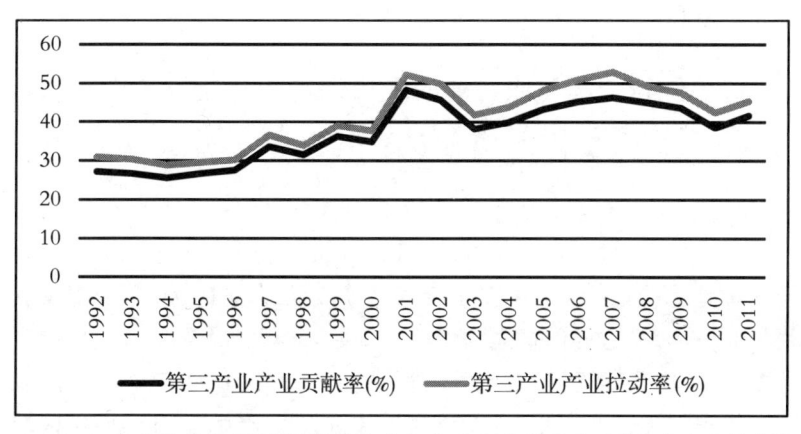

注:1.产业拉动率指GDP增长速度与各产业贡献率之乘积,产业贡献率指各产业增加值增量与GDP增量之比。2.国家统计局对国内生产总值2004年及历史数据进行了重新核算和系统的修订。3.本图数据按不变价格计算。

数据来源:中经网统计数据库。

图2-6　第三产业拉动率与贡献率变化情况(1992年—2011年)

3. 服务业内部结构出现重大调整

当前,知识化、专业化趋势正在不断加强,服务业结构出现重大变化。一是金融服务业、专业服务业、信息服务业、研发及科技服务业等技术、知识密集型服务业迅速崛起为服务业的支柱产业。二是很多传统业态也不断运用新技术进行改造,技术含量和专业化程度趋于提高,服务模式和经营模式不断创新。三是以知识创新为动力的知识经济正在取代传统的工业经济,其服务业的内部结构也越来越多地体现知识经济的特征,突出地表现为知识信息密集的新型服务业成为发达国家经济的主要支柱。

4. 服务贸易和外包进入高速发展期

20世纪80年代以来,一些发达国家逐渐把产业链中劳动密集型、技术含量低、附加值低的部分转移到发展中国家和地区,外包日渐成为全球产业转移浪潮中的主要模式,而且随着国际分工的演进,

代工的范围已经从传统的劳动密集型产品扩大到技术密集型产品，从最终产品发展到中间产品，催生新的服务部门和贸易形式不断涌现，越来越多的劳动者从实物生产转移到服务生产，服务贸易的比重将逐步赶上甚至超过货物贸易的比重，服务贸易将成为国际贸易的主要对象和内容。

二、知识密集与服务业的现代化

1. 知识密集型服务业迅猛发展

自从1996年经济合作与开发组织（OECD）发表了著名的知识经济报告（The Knowledge-based Economy）以来，我们对现代社会及未来趋势的描绘，便以"直接建立在知识与信息的生产、分配及利用的经济体系"这样的概念为中心。同时，知识被认为是最重要的生产要素之一，甚至逐渐取代了土地、资本、劳动力这些传统的生产要素。知识的创造及累积，逐渐成为了经济发展努力的方向，而以区域为地域单位衍生出的"区域创新系统"概念也和知识经济紧密联系在一起。到今天，甚至进一步衍生出来区域协同创新系统的概念。其中，知识密集型服务业（Knowledge Intensive Services, KIS）具有十分重要的地位。一方面，它是国家或区域创新系统里的主要动力，无论是公共的研究机构、政府相关部门还是私营机构及企业，都由于业务和市场的需要而不断通过创新提高绩效，经济的发展也从追求数量逐渐发展到追求效率；另一方面，知识密集型服务业还扮演着协助或带动其他产业（包括制造业和传统服务业）进行创新的角色，其提供服务的质量与数量，往往是其他产业能否突破传统生产窠臼的关键。因此，知识密集型服务业和知识密集服务活动（Knowledge Intensive Service Activities, KISAs）逐渐成为区域经济发展、国家竞争力和产业升级前景的关键产业。根据经济合作与开发组织（OECD）的定义，知识服务业是指那些技术与人力资本投入密度相对较高的产业，其中包括运输仓储及通讯服务、金融保险服务、工商服务、社会及个人服务业等。经济合作与开发组织（OECD）将知识密集型服务业分为7类，包括信息服务业、研发服务业、法律服务业、金融服务业、技术服务业、工程性服务业、管理咨询业。知识密集型企业主要的增值活动是由积累、创新和知识的分散传播组成的，目的是为了发展一个个性化的服务或产品的解决方案以满足客户的需要（Bettencourt et al, 2005）。本书认为，知识服务业是一种提供以知识为本的中间产品/服务（intermediate products or services）的企业或组织，而其营运依赖于高度专业知识与技能，可以大体上归纳为知识生产业、知识转播业和知识应用业三大类。

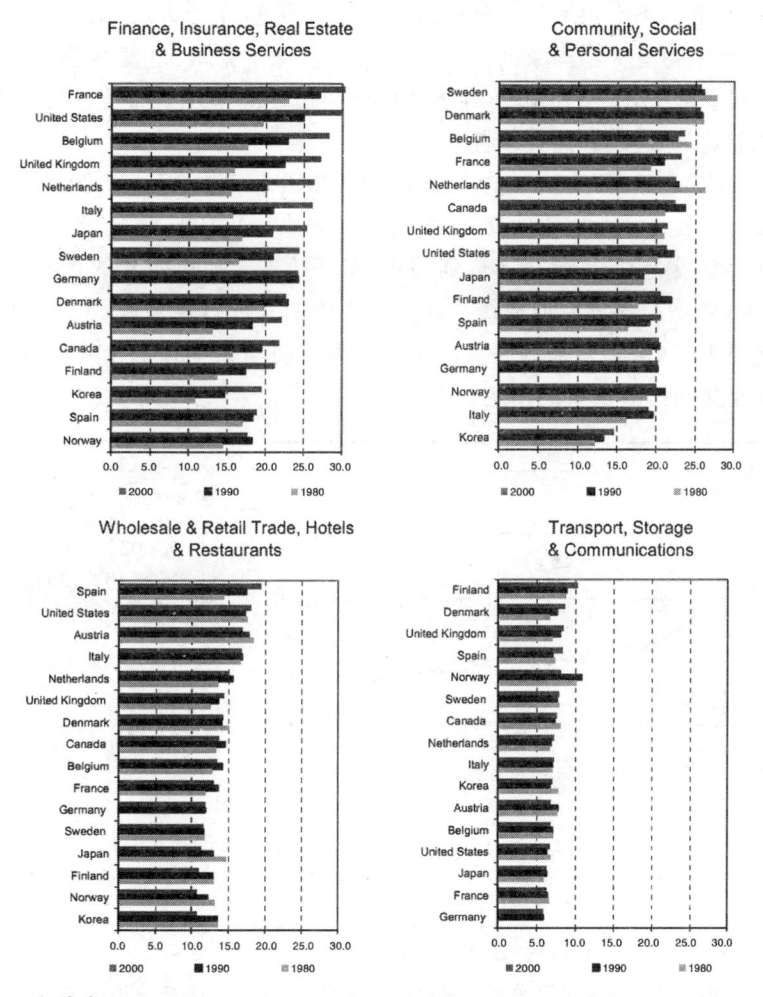

资料来源：Wölfl（2005），《The Service Economy in OECD Countries. STI Working》第3页。

图 2-7 部分部门增加值占服务业比重变化（1992年—2000年）

目前看来，在 OECD 国家中产出增加最多就是知识密集型服务业,而这类服务部门多集中在其服务业分类中的第三类里,即金融、保险、房地产和商务服务。图 2-7 显示的是 1980、1990、2000 三年服务业除第四类外的各部门占服务业增加值比重变化情况。第一类"批发、零售、餐饮和旅馆"、第二类"运输、仓储和通讯"以及第五类"教育、卫生、社会服务及其他"的比重在时间序列上变化得不是很明显,而第三类金融、房地产和商务服务增长幅度最大,并且到 2000 年,表中将近一半国家的比重达到 25%。除了德国、丹麦和挪威,其他国家从 1980 年到 1990 年及 1990 年到 2000 年几乎都是大幅发展其金融、房地产和商务服务。

从"中经网"中给出的中国 1992—2010 年部分第三产业部门增加值占第三产业比重的变化情况来看(图 2-8),1997 年亚洲金融危机后金融业占比持续下降,到 2005 年开始进入加速回升的进程,到 2008 年增长速度有所放缓。相对于图中的其他行业来说,金融业发展势头旺盛,在未来的服务业成长过程中将与其他知识密集型服务行业共同扮演重要的角色。

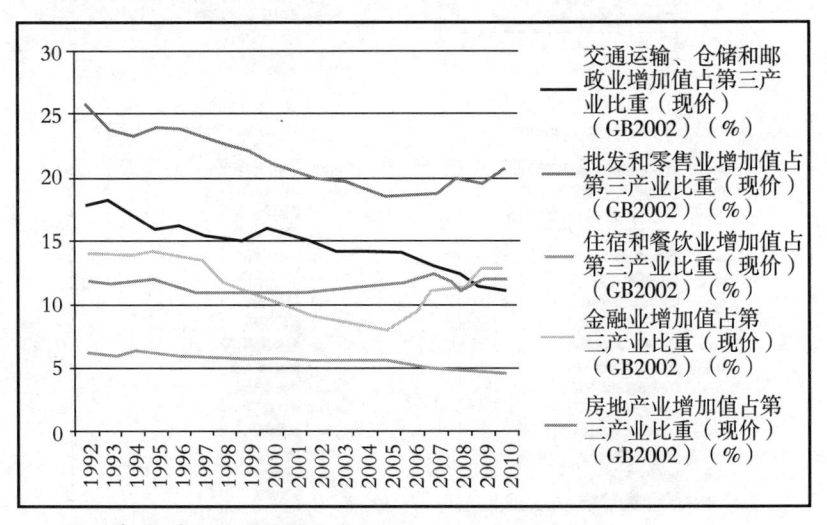

数据来源:中经网统计数据库整理。

图 2-8　部分部门增加值占第三产业比重变化(1992 年—2010 年)

2. 服务创新与服务业的现代化

服务业的现代化离不开服务创新,而服务创新包括技术创新、组织创新和制度创新等。这三个创新可理解为三个不同主体的创新:

技术创新主要依赖于从业者或从业团队；组织创新来自于服务业内部大大小小的组织团体，包括企业、社会组织等，主要是组织管理创新；制度创新则到达一个更深的层次，主要来自政策制定者，包括组织外部的与组织内部的。

服务业是新技术最主要的使用者，服务部门所产生的新的需求引导着技术变革与创新的方向，反之，将技术创新运用于服务业能够开拓新的服务业版图或者改进原有行业的服务质量。服务业的发展越来越需要研究与开发的支持，特别是一些从事技术服务和支持的服务业，如果没有与时俱进的技术改进，则难以适应变化风起云涌的现代服务业环境。数据显示，20世纪80年代以来，OECD国家对服务业的R&D投入连年迅速增长，这也反映出技术创新对服务创新的重要性。

在服务业各部门中，金融、房地产和商务服务与教育、卫生、社会服务这两个行业的增长较快，而这两类服务主要是知识密集型与劳动密集型的部门，固可称为人力资本密集型的部门。因此服务创新的一个重要组成部分即组织创新，只有良好的组织经营管理模式、和谐的组织环境、高效的组织运作体系才能支撑起服务业的长远发展。特别是像服务业这样一个与"人"接触最多的产业部门，更需要创新型组织作为一个沟通平台，实时反馈组织内外信息，推动服务业的创新发展。以企业的组织经营管理模式的创新为例，它主要有三种方式：企业内部价值链各个环节的创新、围绕供应链进行的纵向创新和围绕重塑企业间关系进行的横向创新（曾宪伟，2001）。

同样，没有制度创新也完成不了服务创新，任何产业发展、产业创新都需要关注政策、制度、体制的创新可能性。包括金融、保险、房地产、通讯等多种服务部门在生存运营的整个阶段都必须要考虑制度因素在其中的作用。这里涉及服务业作为一个产业的发展环境，国家与政府的制度支持或干预程度，也涉及行业内部的规约，部门运作章法等等。制度创新可能会为服务业解决长期以来的发展"瓶颈"，为其创造更加公平、高效的发展环境。

3. 信息化与我国的新型工业化

我国"十六大"报告就指出：坚持以信息化带动工业化，以工业化促进信息化，走出一条科技含量高、经济效益好、资源消耗低、环境污染少、人力资源优势得到充分发挥的新型工业化道路（New type industrialization)。中国目前的工业化道路已进入成熟工业化阶段,表现为第三产业保持高份额增长,工业增长质量提高,技术进步的贡献度加强,服务业日趋发达,农业份额缩小。但是我国工业化面临产业结构与就业结构的严重不协调的问题,解决工业化比例失调的根本途径是大力发展服务业。作为服务业主要部门的信息产业正在成为发达国家的主导产业以及发展中国家的新兴产业,如美国于1992年提出将"信息高速公路"作为振兴美国经济的重要举措,各主要国家也以高于经济增长数倍的速度在发展信息产业。没有工业化的积累就难以支撑起信息化的发展,而没有信息化的发展也不能推进现代化的脚步。工业化、信息化、现代化是一脉相承的,是一国发展进程的不同阶段(黄维兵,2002)。与信息化相结合的新型工业化不仅体现了世界经济发展的时代特点,也符合我国国情,将是我国未来工业化道路的必经之路。

三、制造业的服务化与产业融合

1. 制造业的服务化

随着信息通讯技术的应用与发展,传统意义上的制造业与服务业的边界将越来越模糊,制造业逐渐服务化,这里可以理解为两个方面:一是制造业投入服务化,从工业独立或延伸出来的如市场调研、研究与开发、采购、产品检测、市场营销、物流仓储和售后服务等活动本身也是生产过程的一部分,而生产性服务业提供的就是这些高程度专业化、知识密集的中间服务(王玉玲,2007)。二是制造业服务化经营,如企业按照客户的需求通过独立的研发部门来提供产品的研发设计服务;除了为客户提供产品,更能吸引客户的是针对客户特定问题的一体化解决方案。这些都使制造业与服务业边界越来越模糊,制造业变得越来越像服务业了,这种现象即是制造业服务化(Servitization)。制造业的服务化可以使组织集中力量强化自身的核心竞争力,并缩减组织成本,通过更专业化的服务来提高生产效率。此外,生产的社会化与专业化在强化企业在经营中的纵向与横向联系,加深相互信赖程度。

陈宪、黄建锋(2004)认为,制造业服务化实际上是服务业与制造业的跨产业的外部融合,它的主要表现为:一是制造业的产品是为了提供某种服务而生产,如通讯产品和家电等。二是与产品一起出售的有知识和技术服务等,最明显的就是计算机与信息服务紧密相连。三是服务引导制造业部门的技术变革和产品创新,服务的需求与供给影响着制造业的技术进步和产品开发方向。现在,制造业对服务极其重视,一些汽车、家电、计算机等制造商同服务型企业一样注重服务管理,他们已经从全球多样化竞争中认识到提供优质的配套服务的重要性。如通用电气、IBM、联想等制造商纷纷加入对服务提供的投入,包括延期付款、租赁、培训、服务合同、咨询服务等,寻找企业新的盈利点。事实上在日本,大部分移动设备制造商并不直接靠设备的销售来获利,而是依靠与用户签署长期的网络、通信等服务协议来获益。因此,你会免费得到一个高端的智能手机,但需要花费相对较高的费用购买指定的电信或网络服务提供商的长期服务。

2. 服务业的内部与外部融合

产业融合成为现代服务业越来越重要的发展趋势,它是指由于技术进步和放松管制,发生在产业边界和交叉处的技术融合,改变了原有产业产品的特征和市场需求,使得各产业的企业之间竞争合作关系发生改变,从而导致产业界限的模糊化甚至重划产业界限(马健,2002)。

服务业的融合主要包括内部融合与外部融合。服务业内部融合表现为服务业内部行业间相互介入与渗透,如互联网电视的出现。刘徐方(2010)认为,互联网电视是G(信息传输、计算机服务和软件业)与R(文化体育和娱乐业)融合发展的结果,具体来说就是互联网与电视融合的结果。这种融合并没有导致原有产业的消亡,而是产生了一个新的产业,即互联网电视。从本质上来说,这是一种技术创新。但这种改变实际上并不是自发的,家电企业面临来自海内外其他电视机竞争者的压力以及计算机、手机互联网技术的挤压,电视用户在不断流失,因此亟须一个新的模式来将其带出发展困境。传统电视与互联网利用技术融合发展,双方的竞争关系转变为合作关系,共同抓住新的发展机会、创造出新的盈利模式。

服务业外部融合主要是指服务业与其他产业(农业、制造业)间的融合发展,如出现了边界模糊化的新形态——"农业服务化"、"制造业服务化"、"信息—知识—技术"平台得到广泛应用。刘徐方认为,在这一平台上,不同产业、不同厂家的不同产品或某一职能可能由同一家企业提供,并通过"服务业"为核心将分工环节的各个价值链串联起来,从"以生产为中心"向"以服务为中心"转型。服务业外部融合更多是一种需求引致的结果。20世纪90年代以来,消费者的消费不再只满足于单纯的产品,还希望能够提供一揽子的解决方案。先进技术的扩散与应用打破了原有的工艺流程与生产技术障碍,产品与产品间、产品与服务间及服务与服务间开始形式多样的融合。如工业方面,服务业向工业的前期研究与开发或融资、中期生产及设计、后期信息反馈与物流仓储等过程全面渗透,电子网络应用于物流业、商业,电子商务兴起;农业方面,电子网络技术在养殖业、种植业、畜牧业中得到广泛应用,形成新型的生态农业。"都市农业"、"精准农业"的出现需要与城市经济体系融为一体,灵活的服务业配套为其提供了良好的物质基础。关于产业融合,本书将在第三章进一步讨论。

3. 现代服务业融合的动因

现代经济与制度框架的复杂性提高了公私部门的大量组织对各种中间服务的投入,计算机化、信息技术发展和电子通信促进了这种工作的组织方式的改变,生产性服务的全面增长体现了这种工作组织方式方面的变革,这是服务经济的本质。至于现代服务业融合的动因,一是基于"分工与专业化":随着制造业企业规模扩大和市场竞争加剧,企业内部过程不断分离出来,促进了研发、设计、物流、营销、咨询、商务服务、信息等现代服务业的崛起。二是基于企业和组织的"竞争优势":面对竞争和发展的不确定性,企业会通过外购或者分包方式分散风险,将资源集中在最有竞争优势的环节,从而增强企业的灵活性和效率,提高企业核心竞争力。至于究竟是如何促进了服务业的融合,则可以从技术创新和扩散、管制放松和企业趋利与竞争等几个方面来理解。

(1) 技术创新与扩散是物质技术基础

如前文所述,产业融合是一种产业创新,现代服务业作为"三个新"、"三个高"的服务业,要实现现代服务业的融合更是离不开科学技术的创新与扩散。Gaines(1998)的研究表明,发生产业融合的产业,相互之间具有一定程度的产业关联性或技术与产品的替代性;周振华(2003)认为信息技术融合是产业融合的主导因素;日本学者植草益(2001)认为技术进步是产业融合的内在原因,放松管制为产融合提供了外部条件。大体来说,学界一致认为技术进步降低了产业壁垒,并通过共同的技术基础使产业间相互渗透与融合成为可能。因此,技术创新与扩散是产业融合的内在驱动力,是现代服务业融合的物质技术基础。

现代信息技术改变了许多服务的固定性与不可存储性,催生了服务的个性化、可交易性与即时性。技术打破了时间与空间对服务活动的限制,使现代服务业成为一种由不同经济活动构成的多样化群组,出现"虚拟化服务"、"非中介服务"等新特征(刘徐方,2010)。但是,技术本身的孤立存在并不能产生多大的效用,其正的"溢出效应"必须通过技术扩散与应用才能发挥出真正的影响力。因此现代服务业的融合首先是通过技术创新与扩散引起的,没有技术创新与扩散,很难出现技术融合,而没有技术融合,现代服务业的融合也很难发生。

技术创新的基本影响路径是:技术创新与扩散——技术融合——现代服务业融合。具体来说,技术创新对现代服务业的融合主要有这几类:第一类是由于技术进步而从高新技术产业分离出来形成的新的服务业形态,如软件产业、数字出版等;第二类是制造类产业由于市场分工更加专业化而衍生、分化出新的依托科技进步的生产性服务业形态,如技术交易、工业设计、系统集成等;第三类是科技、经济和文化融合而成的文化创意产业,如动漫、网络游戏等;第四类是其他服务行业通过高新技术产业提升能力、质量和效率而形成的相对独立的服务业态,如创业投资、电子商务、远程医疗教育等(夏杰长,2008)。当然,仅仅通过技术的简单相加并不能实现真正的产业融合,技术创新只是影响现代服务业融合的一个因素,制度环境、企业战略、市场环境等因素都可能成为现代服务业融合的关键因素。现代服务业融合需要经过技术融合、业务融合与市场融合,最后完成现代服务业融合的整个过程。

(2) 放松规制是制度保障

产业融合的管制问题也是学界所关注的重点。Mitchell(2000)指出产业融合中实施管制的两条重要原则:一是融合要求使现行的管制领域收缩,因为融合加大了管制失效的可能性;二是融合过程中的不确定性要求管制政策保持高度的灵活性。Tardiff(2000)进行了更加具体的研究,他主要关注通信与计算机的融合中电信管制政策的变迁,如定价制度、市场准入、保护竞争等。总体来看,"放松管制是产业融合的动因之一"已经是学界的基本共识。需要明确的是,放松规制并不意味着完全撤销对被规制产业的价格、进入、服务、投资等限制,使企业与整个市场环境处于完全自由的竞争状态。而是要减少一些不必要的、对产业发展不利的规制,有时还需要增加一些必要的激励规制,以促进公平竞争。因此,确切地说,放松规制是使规制更加合理化,是对资源的优化配置,是对规制的完善。

在服务业的扩张中,政府的管制政策的变化对行业发展有重大的影响,它直接决定了企业进入市场的机会以及市场结构。20世纪80年代起,一些发达国家纷纷调整管制政策,完善市场竞争环境,增加投资活动,允许混业经营、业务交叉等,给予企业更大的发展空间和行动自由度,吸引更多企业进入,大大推动了服务业的发展。对于如水、电、气等自然垄断性行业,市场逐渐出现了一些替代性产品,行业竞争性增强,因此针对自然垄断行业的规制也应该适应时代的变化有所调整。20世纪后半期以来,发达国家适时推出一系列激励性的放松规制措施,如私有化、分业经营等。这些改革举措顺应了市场结构转换的需要,也取得了明显的效果。当然,像对环境污染、生产安全和产品质量等实行的社会性规制不能放松,反而需要进一步增强。一般来说,不管是放松规制还是强化规制,以及何时出台调整的规制政策、采取何种形式出台等,都应根据具体的社会、经济、政治、技术发展状况而定。二者常常是交替出现或者同时配套出现,不一而足。

(3) 企业对利益最大化的追求是其根本动力

现代服务业融合是一种经济现象,表面上看是技术创新在推动着服务业的融合,但是技术在人类经济活动中只是一个工具或者催化剂,最根本的动因来自于企业、行业对自身利益最大化的追求。企业是实施现代服务业融合的主体,现代服务业的发展也是企业经营能力提升和市场中商务模式创新的问题。20世纪80年代以来,经济全球化、产业融合等催生了一种新的竞争与合作模式,即合作竞争。它有别于合作与竞争对立冲突的博弈关系,合作的目的是竞争,竞争以合作为主要方式,二者在互补的基础上通过契约等形式进行资源配置。现代服务业是对产业链各个环节的优化,以及实现整个产业中不同企业间的协作。企业为客户提供问题的一体化解决方案,除了需要自身已有的技术储备外,还要向其他行业相关领域的企业或研究机构购买产品或服务。根据胡金星(2008)的研究,在封闭产业系统中,企业面临的外部环境相对较稳定,企业间主要采取竞争战略,通过差异化、低成本与集中化,竞争是企业的主要经营理念。相反,他认为在开放产业系统中,随着企业经营环境变得更加动荡与复杂,越来越多的企业转身专业化或模块化经营,使企业的异质性大大增强,不同企业具有不同的专业知识,这在很大程度上降低了企业间的竞争程度,促进了企业间的合作程度。这种企业经营理念的变革也增强了产业间的互动与融合。而企业间竞争而合作关系的改变正是对利益追求的一种适应性变革。现代服务业的融合也改变了市场竞争合作态势,技术进步与放松管制使原有的产业内部竞争扩散到产业间的竞争,加剧的竞争使市场出现企业倒闭、并购、重组等现象,市场主体开始寻找新的出路来创造利益增长点。

四、服务外包与服务业的专业化

1. 服务贸易风起云涌

随着国际分工的演进,相对于制造业外包,"服务外包"日渐成为当今新一轮世界性产业大转移的主要内容,新的服务部门和贸易形式不断涌现,越来越多的劳动者从实物生产转移到服务生产。联合国在2004年就提出当前世界投资的主要趋势是转向服务业,称"它开辟了新的服务生产国际分工的前景",预计21世纪30年代起,服务贸易的比重将赶上甚至超过货物贸易的比重,服务贸易将成为国际贸易的主要内容。

近40年来,服务贸易以惊人的速度迅速发展。根据世界贸易组织官方统计网站的数据,全球服务贸易出口额从1970年的710亿美元增长到2010年的36950亿美元,增长51倍,40年间平均每年增长10.3%。世界服务业贸易范围也呈现扩大化、多元化的趋势。过去主要作为国际商品贸易附属物而出现的服务贸易行业如海洋运输、国际银行结算等领域,逐渐发展为独立于商品贸易的服务行业,如旅游、金融、管理咨询等专业服务。近年兴起的航空航天技术、卫星通讯、国际计算机网络等新兴服务也占据了一定的市场份额,并且由于其高度的知识与技术密集特征,受到了各国财政与国际贸易政策的大力支持。因此激烈的竞争在未来世界服务贸易领域将不可避免,但其无论是技术还是应用方面都有十分广阔的前景。

不过,正因服务贸易的大范围扩大,国际市场风起云涌,服务贸易在发展过程中面对世界经济的诸多不确定性的几率也增强了,特别是一些供给与需求冲击,将使服务贸易的抗风险能力面临挑战。如表2-3所示,世界主要国家与地区的服务贸易在2005年到2007年有较快的增长速度。特别是2007年,全世界服务贸易出口金额平均增长水平达到20%,进口金额为19%。2008年遭遇金融危机,当年服务贸易进出口增长速度明显放缓。第二年危机效应完全显现出来,服务贸易在全世界范围内都陷入负增长。其中以独联体、欧洲地区、亚洲的情况最为严重,服务贸易出口金额分别减少18%,14%,13%,独联体的进口金额减少超过20%。

表2-3 服务贸易分地区统计(2005年—2009年)(单位:十亿美元)

国家和地区	出口金额	年增长率(%)				进口金额	年增长率(%)			
年份	2009	2005—2009	2007	2008	2009	2009	2005—2009	2007	2008	2009
世界	3310	7	20	12	-13	3115	7	19	13	-12
北美洲	542	6	15	9	-10	430	4	9	7	-10
美国	470	7	16	10	-9	331	4	8	8	-9
中南美洲	100	9	18	16	-8	111	12	22	21	-8
巴西	26	15	26	27	-9	44	18	28	28	-1
欧洲	1675	7	21	12	-14	1428	6	19	11	-13
欧盟27国	1513	7	21	11	-14	1329	6	19	11	-13
英国	240	4	20	2	-16	160	0	15	1	-19
德国	215	8	18	11	-11	255	5	16	11	-10
法国	140	4	16	10	-14	124	4	16	10	-12
西班牙	122	7	20	12	-14	87	7	23	9	-17
意大利	101	3	13	5	-15	114	6	21	8	-11
独联体	69	13	27	28	-18	91	11	27	26	-21
俄罗斯	42	14	27	30	-17	60	12	32	29	-19

续表

国家和地区	出口金额	年增长率(%)				进口金额	年增长率(%)			
乌克兰	13	10	26	27	-23	11	11	29	43	-32
非洲	78	9	19	19	-11	117	14	28	27	-11
埃及	21	10	24	25	-15	14	9	27	25	-17
摩洛哥	12	13	24	12	-5	6	20	27	24	13
南非	11	0	13	-8	-9	14	4	16	3	-16
中东	96	11	16	20	-12	162	14	32	18	-13
以色列	22	6	10	14	-9	17	6	20	13	-12
亚洲	751	9	22	14	-13	776	8	18	14	-11
中国 a	129	15	33	20	-12	158	17	29	22	0
日本	124	5	10	15	-15	146	4	11	10	-11
香港	86	8	16	9	-6	44	7	15	11	-6
印度	86	—	25	18		74	—	21	26	
新加坡	74	8	26	3	-11	74	8	16	5	-6
韩国	56	6	28	20	-25	74	6	21	12	-19
中国台湾	31	5	7	11	-10	29	-2	8	0	-15

a 估计数字。

注:占世界服务贸易总额2/3以上的50个国家的全年数据于次年3月初就可获得,其他大多数国家的全年数据是在前三个季度数据的基础上估计得出的。按《2009年中国国际收支平衡表》,剔除政府服务,2009年中国服务贸易进出口额2868亿美元,比上年下降5.8%,出口额1286亿美元,下降12.2%;进口额1582亿美元,增长0.1%;逆差额296亿美元,增长1.6倍,出口和进口分别位居世界第5位和第4位。

资料来源:1.世界贸易组织,《新闻简报》,2010年3月26日。2.中国国家外汇管理局,《2009年中国国际收支平衡表》,2009。

2. 全球服务外包的态势与格局

近年来,全球范围内服务外包快速发展,其市场规模以每年20%至30%的速度扩张。而我国开展国际服务外包从无到有,规模不断扩大,领域逐步拓宽,业务范围主要涉及软件业、信息服务、金融、会计等生产性服务业以及文化创意产业,服务对象涉及日本、韩国、欧盟、美国、印度等。

从定义来看,服务外包(Service Outsourcing)是指企业将其非核心的业务外包给外部优秀的专业团队来处理,从而使其专注于核心业务,以达到降低成本、提高效率、增强企业核心竞争力和对环境应变能力而实施的一种管理运营模式。这实质上是利用外部的专业化资源进行的重新资源整合的过程。按业务领域划分,服务外包主要有三种类型:信息技术外包(Information Technology Outsourcing,ITO)、业务流程外包(Business Prosess Outsourcing,BPO)和知识处理外包(Knowledge Process Outsourcing,KPO),其中 ITO 和 BPO 占据了几乎全部市场,KPO 由于刚刚起步市场份额还比较弱。具体包括:业务改造外包、业务流程服务外包、商业应用程序外包、基础技术外包(计算机技术、软件开发设计、技术研发、基础技术平台整合和管理整合)和动漫制作外包等。从承接外包的境内外地域看,主要有境内服务外包和离岸服务外包。近年来,离岸服务外包已成为服务外包的主要形式。目前,美国、日本和西欧是最主要的服务外包发包方。其中,美国占 2/3 份额,日本和西欧占 1/3 份额;而澳大利亚、加拿大、爱尔兰、印度、菲律宾等国家则是发展最为成熟的 ITO 和 BPO 业务承接方(见图 2-9)。

图 2-9 全球信息服务外包分布格局

2005 年,弗里德曼(Thomas L. Friedman)用"世界是平的"来比喻全球化现象,并将全球化分为三个阶段:全球化 1.0 版是"国家"的全球化;全球化 2.0 版是"企业"的全球化;全球化 3.0 版是"个人"的全球化。我们现在所处的全球化3.0时代孕育了巨大的外包市场，企业创造出了全新的商业运营模式，把供应链从原来的纵向的流程转变为横向的合作。技术创新与扩散为服务外包创造了可能性，越来越多的企业开始参与进来。

从发展格局来看，目前全球服务外包的发包方和接包方分别主要是发达国家和发展中国家，这样的"南北合作"的格局会继续持续一段时期。发达国家看中发展中国家廉价的劳动力价格与工业生产成本以及较高的劳动力素质，而发展中国家可以在完成服务外包的过程学习发达国家先进的技术与管理方式。虽然二者目前分别处于"微笑曲线"的两头与中间，但是随着全球化进程的推移，微笑曲线也将日益扁平化，对世界服务业的高度化演进有积极影响。

3. 服务外包的模式与发展路径

根据江静、刘志彪(2007)的研究，目前全球发展服务外包主要有下述三种模式。

(1) 生产性服务外包模式(Production Service Outsourcing Mode)。产业融合使为制造业生产而服务或为其他生产者用作中间投入的生产性服务外包应运而生。生产性服务外包依托制造业与服务制造业，是二者提升和高端化的必要补充。世界上许多制造业发达国家都凭借自身制造业实力，采用生产性服务外包模式，以加速核心产业发展。

(2) 服务外包集聚区模式(Service Outsourcing Cluster Mode)。服务外包集聚区主要是指按照现代理念统一规划设计，依托交通枢纽和信息网络，以集聚区为载体、将相关的专业服务和生活服务配套设施合理有效地集中，在一定区域内形成形态新颖、内外连通、生态协调、资源节约、充分体现以人为本的、具有较强服务外包集聚能力的区域(何骏，2008)。它最大的特点即其产业集聚是依靠区域的资源禀赋、区位条件、政治、经济条件等因素，构成了独有的特色与功能，与周边区域形成了差异化竞争的格局。在区域内可实现资源与网络共享，有助于品牌的集体确立，产业关联效应与社会网络效应将不断强化服务外包的这种集聚效应，促进良好的产业市场环境的形成。集聚区内企业的合作与竞争机制亦可提高外包产品的供给水平，拓宽其发展空间。

(3) 外资拉动模式(FDI Pull Mode)。全球直接投资在21世纪后越来越多地开始进入服务业。2004年,联合国贸发会议公布的《2004年世界投资报告》直接以"转向服务业"为题,明确指出FDI的结构已转身服务业。因此,外资拉动服务外包的效应将不断增强。而企业若能主动抓住时代机遇,注重规模性、集聚性以及功能稀缺性等优势的积累,主动承接来自国际的离岸外包,积极引进高质量的跨国服务机构,学习其人才、管理与制度创新模式,为服务外包建立合理的发展体系。

我们考虑服务外包整体的发展路径需要挖掘服务外包更深的内涵,Kedia & Lahiri(2007)把服务外包分为三种类型:策略性外包(Tactical Outsourcing)、战略性外包(Strategic Outsourcing)、变革性外包(Transformational Outsourcing)。策略性外包主要是基于市场公平交易的短期服务外包,目的主要是减少成本、降低投资,对承包方要求不高,这是跨国公司进入发展中国家的第一步。而战略性和变革性外包要求发包主与承接方是稳定且长期的关系。战略性外包是企业出于专注自身优势领域、提升竞争力的需要,要求承包方有较强的学习能力。因此随着发展中国家整体技能的提升与经验的积累,服务外包开始向战略性外包转化。变革性外包要求发包方与承接方双方共担风险,进行密切的合作与分享,从而使企业能够灵活地应对市场的变换,要求承包方有较多的创新型人才储备与一流的交货能力,这是国际服务外包的最高形态。对于一个国家而言,每一个发包国与承包国都只是一定时期内的角色,随着本国经济结构、发展水平与贸易战略的转变,主要承包国也可能转型为重要的发包国。因此,我们不能把服务外包的发展路径简单当成是一个先后顺序的过程,它是一个随着全球化的演进而不断深化的过程,也是服务业高级化演进的过程。

参考文献

1. Abdel-Rahman H,Fujita M. 1990. Product Variety, Marshallian Externalities and City Sizes [J]. *Journal of Regional Science*, 30(2):165—183.
2. Bates L J, Santerre R E. 2005. Do Agglomeration Economics Exist in the Hospital Services Industry? [J]. *Eastern Economics Journal*, 31(4):617—628.

3. Bettencourt L, Ostrom A, Brown S, et al. 2005. Client Co-production in Knowledge-intensive Business Services [J]. Operations Management: A Strategic Approach, 44(4):273.
4. Bryson J, Wood P, Keeble D. 1993. Business Networks, Small Firm Flexibility and Regional Development in UK Business Services[J]. *Entrepreneurship & Regional Development*, 5(3):265—278.
5. Fujita M, Mori T. 2005. Frontiers of the New Economic Geography [J]. *Papers in RegionalScience*, 84(3):377—405.
6. Gaines B R. 1998. The Learning Curves Underlying Convergence [J]. *Technological Forecasting and Social Change*, 57(1):7—34.
7. Gemba K, Kodama F. 2001. Diversification Dynamics of the Japanese Industry[J]. *Research Policy*, 30:1165—1184.
8. Grimes D, Prime P B, Walker M B. 2007. Change in the Concentration of Employment in Computer Service: Spatial Estimation at the US Metro Country Level[J]. *Growth and Change*, 38(1):39—55.
9. Helsley R W, Strange W C. 1990. Matching and Agglomeration Economies in a System of Cities[J]. *Regional Science and Urban Economics*, 20(2):189—212.
10. Hirschman A O. 1988. *The Strategy of Economic Development* [M]. Westview Press.
11. Hospers G J. 2003. Beyond the Blue Banana? Structural Change in Europe's Geo-economy [J]. *Intereconomics*, 38(2):76—85.
12. Howells J, Green A E. 1986. Location, Technology and Industrial Organization in UK Services[J]. *Progress in Planning*, 26:83—183.
13. Huallaehai B O, Satterthwaite M A. 1992. Sectoral Growth Patterns at the Metropolitan Level: An Evaluation of Economic Development in Centives [J]. Journal of Urban Economics, 31(1):25—58.
14. Illeris S, Sholt P. 1995. The Nordic Countries: High Quality Service in a Low Density Environment [J]. *Progress in Planning*, 43(3):205—221.
15. Kedia B L, Lahiri S. 2007. International Outsourcing of Services: A Partnership Model [J]. *Journal of International Management*, 13(1):22—37.
16. Keeble D, Bryson J, Wood P. 1991. Small Firms, Business Service Growth and Regional Development in the UK: Some Empirical Findings [J]. *Regional Studies*, 25(5):439—457.
17. Krugman, P. R. 1991. Increasing Returns and Economic Geography. JPE 99:483—499.

18. Meardon S J. 2001. Modeling Agglomeration and Dispersion in City and Country Gunnar Myrdal, François Perroux, and the New Economic Geography[J]. *American Journal of Economics & Sociology*,60(1):30.
19. Mitchell T. 2000. Mainland Ties Bind Pioneer Publisher[J]. *South China Morning Post*,(7):12.
20. Myrdal G. 1957. *Rich Lands and Poor*[M]. New York: Harper & Brothers.
21. Myrdal G. 1970. *The Challenge of World Poverty: a World Anti-poverty Program in Outline*[M]. New York: Vintage Books.
22. Ohlin B. 1933. *International and International Trade:Rev. ed*[M]. Cambridge, MA: Harvard University Press.
23. Overman H G, Puga D. 2009. *Labour Pooling As a Source of Agglomeration: An Empirical Investigation*[C]. CEPR Discussion Papers 7174.
24. Overman H G, Puga D. 2009. *Labour Pooling As a Source of Agglomeration: An Empirical Investigation*[J]. DP 7174.
25. O'Donoghue D, Gleave B. A Note on Methods for Measuring Industrial Agglomeration[J]. *Regional Studies*,2004,38(4):419—427.
26. Robinson J C, Luft H S. 1985. The Impact of Hospital Market Structure on Patient Volume, Average Length of Stay, and the Cost of Care[J]. *Journal of Health Economics*,4(4):333—356.
27. Romer P M. 1986. Increasing Returns and Long-run Growth[J]. *The Journal of Political Economy*,94(5):1002—1037.
28. Stiglitz J E. 1999. *Knowledge as a Global Public Good*[M]//Kaul et al, eds. Global Public Goods: International Cooperation in the 21st Century, New York: Oxford University Press.
29. Tardiff T J. 2000. New Technologies and Convergence of Markets: Implications for Telecommunications Regulation[J]. *Competition and Regulation in Network Industries*,1(4):447.
30. Venables A J. 1996. Equilibrium Locations of Vertically Linked Industries[J]. *International Economic Review*,37(2):341—359.
31. Wölfl A. 2005. *Enhancing the Performance of the Service Sector: the Service Economy in OECD Countries*[C]. OECD Science, Technology and Industry Working Papers series:3.
32. 〔英〕马歇尔:《经济学原理》,北京:商务印书馆,1966年中译本(上卷)。
33. 保罗·克鲁格曼:2000a,《发展、地理学和经济理论》,北京:北京大学出版社、中国人民大学出版社。
34. 保罗·克鲁格曼:2000b,《地理与贸易》,北京:北京大学出版社、中国人民大学出版社.

35. 保罗·克鲁格曼、矛瑞斯·奥伯斯法尔德:《国际经济学:第五版》,北京:中国人民大学出版社 2000 年版.
36. 陈宪、黄建锋:《分工、互动与融合:服务业与制造业关系演进的实证研究》,《中国软科学》2004 年第 10 期,第 65—71 页.
37. 程大中、陈福炯:《中国服务业相对密集度及对其劳动生产率的影响》,《管理世界》2005 年第 2 期,第 77—84 页.
38. 道格拉斯·C.诺斯:《经济史上结构与变迁》,北京:商务印书馆 1999 年版.
39. 谷曙明、史安娜:《浅析我国产业结构调整的影响因素》,《市场周刊》,《财经论坛》2002 年第 12 期,第 32 页.
40. 郭克莎:《第三产业的结构优化与高效发展》,《财贸经济》2000 年第 10 期,第 51—56 页.
41. 何骏:《全球发展服务外包的多重模式及其对我国的启示》,《湖北经济学院学报》2008 年第 4 期:第 64—69 页.
42. 胡金星:《浅析产业融合产生的前提条件》,《中国科技产业》2008 年第 4 期,第 81—82 页.
43. 胡霞:《中国城市服务业空间集聚变动趋势研究》,《财贸经济》2008 年第 6 期,第 103—107 页.
44. 黄维兵:《现代服务经济理论与中国服务业发展》,成都:西南财经大学出版社 2002 年版.
45. 霍利斯·钱纳里等:《工业化和经济增长的比较研究》,上海:上海三联书店 1996 年版.
46. 纪玉山、王朔峰、张洋:《谨防"霍夫曼陷阱"走重化工业"轻型化"道路》,《学习与探索》2005 年第 5 期,第 200—203 页.
47. 江静、刘志彪:《服务业外包:深度开放中的产业新选择》,《学海》2007 年第 5 期,第 119—124 页.
48. 李江帆:《中国第三产业发展研究》,北京:人民出版社 2005 年版.
49. 李相合:《中国服务经济:结构演进及其理论创新》,长春:吉林大学出版社 2007 年版.
50. 李小建等:《经济地理学》,北京:高等教育出版社 2008 年版,第 95 页.
51. 刘新民:《我国服务业发展滞后的原因和政策建议》,《经济研究参考》2004 年第 39 期,第 4—8 页.
52. 刘徐方:《现代服务业融合研究》,北京:首都经济贸易大学出版社 2010 年版.
53. 马健:《产业融合理论研究评述》,《经济学动态》2002 年第 5 期,第 78—

81页。
54. 王玉玲:《服务业与制造业关系研究》,《中国特色社会主义研究》2007年第3期,第81—85页。
55. 邬义钧、邱钧:《产业经济学》,北京:中国统计出版社1992年版。
56. 西蒙·史密斯·库兹涅茨:《现代经济增长》,北京:北京经济学院出版社1989年版。
57. 夏杰长:《高新技术与现代服务业融合发展研究》,北京:经济管理出版社2008年版。
58. 颜鹏飞、邵秋芳:《经济增长极理论研究》,《财经理论与实践》2001年第3期,第2—6页。
59. 曾宪伟:《经营模式创新的灵活感与路径》,《企业改革与管理》2001年第3期,第20页。
60. 张敦富:《区域经济学原理》,北京:中国轻工业出版社1999年版。
61. 植草益:《信息通讯业的产业融合》,《中国工业经济》2001年第2期,第24—27页。
62. 周国富:《中国经济发展中的地区差距问题研究》,大连:东北财经大学出版社2001年版。
63. 周振华:《产业融合拓展化:主导因素及基础条件分析(上)》,《社会科学》2003年第3期,第5—14页。

第三章

分工与交易效率：生产性服务业演进的模式与路径*

第一节 问题的提出

长江三角洲地区经济体是中国目前最大、最发达的经济体,其拥有 10 万平方米的广阔平原、发达的太湖水系和径流量为世界第三的长江,自古就以"鱼米之乡"而闻名。据第六次全国人口普查数据显示,长江三角洲地区人口已超过 1.5 亿,拥有以上海为中心,由 16 个地级市、59 个县级市组成的核心城市群,同时也拥有中国最大的港口群。自改革开放以来,长江三角洲地区积极进行改革,大力发展乡镇企业和民营企业以及以轻工业为主的制造业,出现了闻名全国的"苏南模式"和"浙北模式"。在这个过程中,相关制造业产品生产集聚区逐渐形成,稳固支撑和推进了长三角地区的经济发展,这也使得长三角地区在发展经济时形成了对于制造业的路径依赖。2005 年,长三角地区制造业增加值占当年新增 GDP 比重达 50% 左右,长三角地区成为中国名副其实的制造业基地。

然而,一个有趣的现象是,作为制造业基地的长三角,目前开始呈现发展生产性服务业的热潮。上海和苏州最先发展,而后周边地区陆续跟进,各地政府积极出面制定相关规划和政策,促进本地区生

---

* 本章的主要内容已发表于《中国区域经济》2009 年第 1 期。

产性服务业发展。对于这种现象可从客观和主观两个方面的来进行分析。客观方面来看,首先,随着制造业的不断发展,快速工业化的弊端逐渐显现,突出表现在:土地日益稀缺,环境不断恶化,电力能源等资源紧张,原材料和劳动力成本不断上升,高生产成本时代已经到来。而长三角地区的制造业多是技术成熟、供大于求型,价格上涨的空间不大。低成本、低技术、低价格、低利润、低端市场是大部分企业面临的现状,对高成本的消化能力极其有限。这导致了本地区制造业增长速度减缓,长三角地区以制造业为支撑的发展格局受到冲击。为了实现本地区可持续发展,产业结构调整和产业升级势在必行。其次,针对前面的情况,国家三令五申进行宏观调控,从土地、税收、财政、环保等方面严格限制相关制造业的发展,积极推动产业结构调整和升级,对地方政府发展制造业形成了较大的压力。而主观方面,首先由于长三角地区制造业发展较早,土地资源日益紧缺,没有足够空间满足日益旺盛的制造业发展需求,而生产性服务业是智力和资本密集型产业,对于土地资源需求量较小,同时又具备环保、节能等特征,适宜在本地区发展。其次本地区制造业企业税收多为国税,地方税收有限。而生产性服务业的税收属于地税,因此地方发展生产性服务业能够有力地扩展税基,增加财政收入,为地方政府发展生产性服务业提供动力。再次,生产性服务业能够推动制造业发展,从而有利于巩固本地区经济发展的支柱。另外,生产性服务业的大力发展还能提供大量工作机会,特别是吸引具有较高文化水平的人才到本地工作,提升本地的人口素质和消费能力。

  在客观的外在压力和主观动力结合下,长三角各地方政府积极制定相关生产性服务业发展规划,采取多种措施和政策促进本地区生产性服务业快速发展。然而,尽管目前长三角地区许多地方诸如太仓、昆山、常熟、张家港以及武进、溧阳、金坛等地已经制定了发展生产性服务业的相关规划,各项配套措施不断出台和完善,发展生产性服务业纷纷进入执行层面,但是对于发展生产性服务业,学术界存在诸多争议,长三角地区在实际政策操作也有很多问题,其突出表现在:

  一是在理论和实践两个层面上,对于生产性服务业和制造业的关系及发展模式问题仍然存在很多争论,没有统一的认识,生产性服务业同制造业的关系是仍然莫衷一是,对于影响生产性服务业发展的因素还存在诸多争议,没有公认的范式。尽管目前地方政府为了发展相关服务业制定了多个规划,然而由于本地区发展的初始路径是依靠制造业,本地区各级政府对于促进乡镇工业企业发展或是引进外资工业企业的模式和方法驾轻就熟,因此制定的相关规划多具有发展制造业的特征。但是生产性服务业不同于制造业,制造业发展规划不能简单地直接用于生产性服务业,这使得地方政府在发展服务业时面临诸多困惑,路径的依赖致使转型升级非常困难。然而,无论是学术层面还是实践层面都没有公认的生产性服务业发展模式,使得制定和采取的政策和措施往往无法真正把握住发展规律,导致产业转型升级的实际效果并不显著。

二是在发展生产性服务业方面,作为微观的企业个体应当如何选择,企业是应当自行发展相关生产性服务业还是交给第三方外包?这也就是分工与外包的两难问题。我们看到,一方面长三角苏南地区在积极地推动制造型企业的非核心业务剥离,另一方面又在着力推进服务外包领域的发展,似乎这是两张皮,各行其道,互不干扰。那么,本地区内生的业务剥离和外生的境外服务外包又是什么关系?

本章是前一章的理论延续,试图以长三角地区为研究背景,通过梳理目前生产性服务业相关的文献,引入新兴古典经济学中的超边际分析法,对于生产性服务业和制造业进行分析,采用交易效率作为切入点,从交易效率对生产性服务业和制造业的影响予以分析,探讨相关制约影响因素,进而对于模型中得到的一些结论进行阐释,提出相应的政策性建议。

第二节 相关研究进展与评述

一、关于生产性服务业的界定

生产性服务业这一概念由 Machlup 在 1962 年首次明确提出,他指出生产服务业必须是知识产出产业(李江帆、毕斗斗,2004)。此后,学术界开始从不同角度对生产性服务业的定义予以界定。

一般认为,生产服务业是企业、非营利组织和政府主要向生产者提供的服务和产品,而不是最终消费者提供服务产品和劳动。Browning & Singelman(1975)提出,生产服务业包括金融、保险、法律、商务和经纪等知识密集型专业服务。Marshall et al.(1987)认为,生产服务业包括与信息处理相关的服务业(如流程处理、研发、广告、市场研究、摄影、传媒等),与实物商品相关的服务业(如商品销售和储存,废物处理,设备安装、维护和修理等),与个人支持相关的服务业(如福利服务、保洁等)。Martinelli(1991)认为,生产服务业包括与资源分配和流通相关的活动(如银行业、金融业、工程、猎头、培训等),产品和流程设计及与创新相关的活动(如研发、设计、工程等),与生产组织和管理本身相关的活动(如信息咨询、信息处理、财务、法律服务等),与生产本身相关的活动(如质量控制、维持和后勤等),以及与产品推广和配销相关的活动(如运输、市场营销、广告等)。吴智刚、段杰和阎小培(2003)则认为生产性服务业是为生产、商务活动和政府管理提供而非直接向个体使用者提供的最终消费性服务,其发展与社会生产力的发展及科技进步密不可分。它不直接参与生产或者物质转化,但又是任何工业生产环节中不可缺少的活动上述时期中的文献认为:生产性服务业是提供生产服务的行业,主要包括银行和金融、不包括强制性社会保险的保险业、商务服务、房地产等行业。

进入新世纪,随着信息技术。计算机网络等新技术的应用,生产性服务业逐渐出现新的分化。目前很多学者开始将生产性服务业分为传统型生产性服务业和现代新兴生产性服务业(李江帆、毕斗斗,2004)。依据美国的分类法,传统的生产服务业主要指金融业、保险业、房地产业和商务服务业,简称FIRE(指financing, insurance, real estate and business services)。一般而言,这种生产性服务业的企业从事比较常规的业务,主要以资本要素投入生产过程,充当"资本经纪人"的角色。而现代新兴生产服务业主要包括广告、市场调查、会计师事务所、律师事务所和管理咨询等服务业,简称APS(advanced producer services)。现代新兴生产服务业的企业规模相对较小,大多从事商业活动抽象分析业务,定制化程度高,以知识要素投入生产过程,充当"知识经纪人"的角色。随着学者对于生产性服务业定义的不断修正,生产性服务业在生产系统中的角色和地位也在相应发生变化,下表展示了生产性服务业在不同时期作用的变迁。

表 3-1　生产性服务业在先进生产系统中角色的演变

20世纪50年代—70年代 管理功能("润滑"效果)	20世纪70年代—90年代 促进功能("生产力"效果)	20世纪90年代至今 战略功能("推进器"效果)
• 财务 • 总量控制 • 存货管理 • 证券交易	• 管理咨询 • 市场营销咨询 • 工程咨询 • 商业银行 • 房地产	• 信息和信息科技 • 创新和设计 • 科技合作 • 全球金融中介 • 国际性大项目融资服务

资料来源:李江帆、毕斗斗:《国外生产服务业研究述评》,《外国经济与管理》2004年第11期,第16—19,25页。

对前文不同时期学者的研究进行总结,可以生产性服务业做如下定义:生产者服务业是指在商品或其他服务产品生产过程中发挥作用的、企业为企业提供的中间服务,是为进一步生产或最终消费提供服务的中间投入。生产者服务业一般包括:金融保险服务、现代物流服务、信息服务、研发服务、产品设计、工程技术服务、工业装备服务、法律服务、会计服务、广告服务、管理咨询服务、仓储运输服务、营销服务、市场调查、人力资源配置、会展、工业房地产、教育培训服务等门类(刘志彪,2006)。

二、生产性服务业国内外研究进展

由于生产性服务业率先发端于欧美国家,因此早期研究生产性服务业的都是国外欧美学者。国外学者大规模研究生产性服务业始于20世纪80年代初,目前研究主要集中在一下几个方面:生产性服务业的增长分析、同其制造业关系、生产性服务业区位问题等。由于国内经济发展水平和市场成熟程度的制约,国内对于生产性服务业的研究起步较晚,1990年代末对于生产性服务业的研究才零星出现,因此较之于国外的研究成果而言,尚处于理论发展初期,对于地区的研究多是侧重于长三角地区和珠三角地区。

1. 生产性服务业成长及其影响因素研究

对于生产性服务业的成长问题,诸多学者进行了研究。Clark(1940)、Fuchs(1968)、Riddle(1986)、Francois(1990)、Shugan(1994)等人分别撰文,对生产性服务业发展原因进行探讨,多数学者将影响增长的因素归为人均国民收入水平、城市化水平、妇女参工率、政府规制、技术进步水平、人口密度、服务业劳动生产率增长相对滞后和服务外包(outsourcing)的兴起等。Coffey & Bailly(1991)探讨了生产性服务业的增长和区位间的关系以及弹性生产方式的兴起。他们认为,在货物生产和服务业部门生产中弹性生产方式的兴起已经促进了生产性服务业活动的增长。他们还对生产性服务业的外部化进行了分析,将其原因概括为:(1)内部的技术限制;(2)公司特征;(3)外部经济优势;(4)非标准化与不可预见之需求;(5)组织战略;(6)避免风险和固定成本。Goe(1990)认为影响生产性服务业增长的几大要素有:(1)产品和服务的转型;(2)大多数产品周期被削短了;(3)短期的顾客货物的生产正在取代大批量生产经营方式,同时,研究与发展、设计与广告、产品与服务在市场和分配方面变得越加重要。他认为,生产性服务业销售的最大部分是其他服务业而不是制造业;对大多数生产性服务业而言,市场主要面向最终(消费者)需求。

还有一些学者则是从微观层面予以分析,认为生产性服务业的增长同公司活动地理范围变动和公司重构结构有关。Beyers & Lindahl(1996)则通过调查研究分析发达国家对于生产性服务业需求增长的原因,认为成本下降不是生产性服务业需求增长的决定性原因,专业技术和成本因素的结合才是真正原因。Coffey & Drolet(1996)分析得到类似于前面的结论,认为对促进于生产性服务业外部化发展的因素而言,成本因素不是主要的,企业内部技术限制和对服务的非常规需要可能比成本起着更大的作用。

国内学者也从不同的角度对生产性服务业形成和发展的影响因素进行了研究。李红梅(2002)通过对生产性服务业的特征和影响因素的梳理,提出了政府为生产性服务业提供良好的外部环境能够有效地促进地区生产性服务业的发展。刘优剑和任曙明(2006)认为,企业生产边界理论可以解释生产性服务业产生的原因,正是由于企业内部高度分工化和产业细化,使得使用生产性服务业实际成本较低,生产性服务业容易从原有的生产企业的生产服务部门中内生分化。江小涓和李辉(2004)指出人均GDP的增长和生产性服务业增加值之间尽管存在正相关关系,但是更多地表现出了二者相关性的阶段性,生产性服务业并不随着人均GDP的增长而发展。庄树坤、刘辉煌和张冲(2009)根据1978—2007年数据进行协整检验和因果关系检验,分析得到,金融发展以及政策因素对生产性服务业的促进作用较强;而目前经济发展水平和分工水平较低,所以正向作用较小;城市化水平较低,对生产性服务业发展为负效应。刘淑华(2011)探讨了欠发达地区的生产性服务业,通过比较归纳得到区域产业发展水平、体制机制因素、专业分工程度、城市化水平、技术创新和人才因素是影响欠发达地区生产性服务业发展的关键因素,并借助线性回归进行检验,从后发优势的角度探索欠发达地区生产性服务业的发展路径。

在生产性服务业的成长过程中,专业化分工一直是一个重要的话题。刘优剑和任曙明认为专业化分工的深化有助于促进企业内部服务业专业化程度,降低服务业外源化的成本;生产性服务业职能在生产企业中一直存在,只是在不同的经济发展阶段呈现不同的复杂性、重要性和多样性;另外,产业间和企业间的专业化分工也促进了生产性服务业的产生,分工重组推进了生产性服务业的发展。江小涓和李辉(2004)指出,专业化对于生产性服务业的发展具有根本推动作用。韩德超和张建华(2008)通过省际面板数据分析得,专业化程度加深、效率提高、非国有产权比重的增加与各地区生产性服务业发展显著正相关,而高新技术产业发展对现阶段生产性服务业发展有抑制作用,工业化进程的推进对各地区生产性服务业发展影响微弱;分工深化对东部地区生产性服务业发展的影响最大,而产权结构改变对中部地区影响最大,分工深化和非国有经济比重提高对西部地区生产性服务业发展均有强有力的促进作用。

2. 生产性服务业同制造业的关系

生产性服务业同其他产业的关系是国外学者研究的热点之一,尤其是生产性服务业和制造业的关系最为引人注目。生产性服务作为中间产品,是制造业发展的重要投入品,其源于制造业,反过来又对制造业的发展起到推动作用,两者的相互关系目前看来主要分为以下几种(见图3-1)。

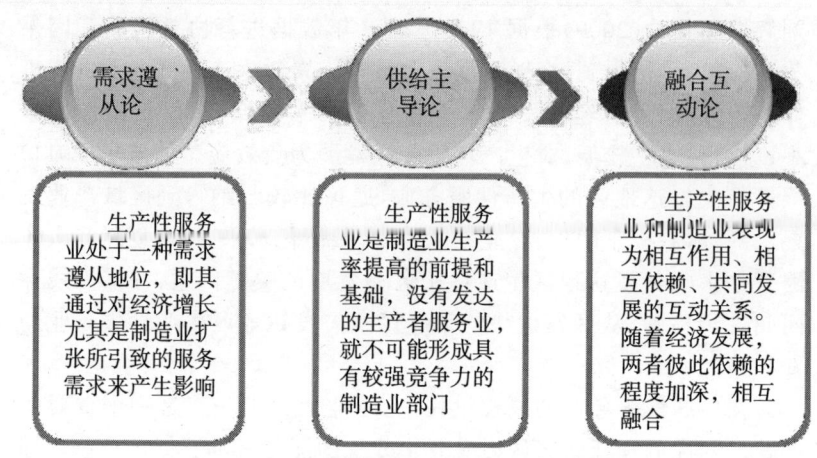

图 3-1 生产性服务业与制造业的相互关系

需求遵从论：生产性服务业处于一种需求遵从地位，即其通过对经济增长尤其是制造业扩张所引致的服务需求来产生影响。

供给主导论：生产性服务业是制造业生产率提高的前提和基础，没有发达的生产者服务业，就不可能形成具有较强竞争力的制造业部门。

融合互动论：生产性服务业和制造业表现为相互作用、相互依赖、共同发展的互动关系。随着经济发展，两者彼此依赖的程度加深，相互融合。

针对二者关系更为深入研究的观点却是大相径庭，主要分为三类：

一是制造业是服务业发展的前提和基础，服务业是制造业的补充。以 Cohen & Zysman(1987)、Rowthorn & Ramaswamy(1999)、Klodt(2000)、Guerrieri & Melician(2003) 为代表的这些学者持上述观点。其中 Cohen 和 Zysman 特别强调，许多服务业部门的发展必须依靠制造业的发展，因为制造业是服务业产出的重要需求部门，没有制造业，社会就几乎没有对这些服务的需求。

二是服务业尤其是生产者服务业是制造业生产率得以提高的前提和基础。以 Eswaran & Kotwal(2001)，Pappas & Sheehan(1998) 为首的学者认为没有发达的生产者服务业，就不可能形成具有较强竞争力的制造业部门。其中 Eswaran & Kotwal 明确指出，服务业部门的扩张有两条途径可以使制造业部门收益：一是能够引起进一步的专业化和劳动分工；二是降低了投入到制造业部门的中间服务的成本。而专业化水平的不断提高，正是促进劳动生产率提高的驱动力。而第二种路径则得到了杨小凯等人的支持，杨小凯等人(2000)用新兴古典经济学框架指出了中间贸易流通产业对于制造业发展的重要作用。江静、刘志彪和于明超(2007)指出，生产性服务业是高级生产要素，它的发展是制造业生产效率提高的重要源泉。生产性服务业的发展将在提升自身效率的同时降低制造业单位产品的生产成本，从而最终提升制造业的竞争力。冯泰文(2009)通过运用中国制造业28个细分行业1999—2006年的面板数据,引入交易成本和生产制造成本作为中介变量,研究因生产性服务业的发展而提升制造业效率的内部机理,揭示出生产性服务业的发展整体上会促进制造业效率的提高。但是在各个行业中的分布有所不同,其中,金融业的影响作用最为明显。

三是生产性服务业和制造业部门体现出互动融合的关系。以Park & Chan(1989)、Shugan(1994)、Bathla(2003)为首的学者认为,生产性服务业和制造业是相互作用、相互依赖、共同发展的互补性关系。随着经济规模特别是制造业部门的扩大,对服务业的需求,如贸易、宾馆、金融、交通、社会服务,以及教育、医疗服务等,会迅速增加,同时也提高了制造业部门的生产率;反之,服务业部门的增长依靠制造业部门中间投入的增加。而且,随着经济发展程度的提高,服务业与制造业之间彼此依赖的程度加深。徐学军(2008)以广东和东北制造业与生产性服务业的关系为研究对象进行实证分析,指出目前我国生产性服务业与制造业的互动关系处于低度共生状态,主要是制造业对生产性服务业的需求萎缩,不仅需求种类少,而且以低端生产性服务为主,缺乏应有的合作紧密度,主要原因是缺乏沟通信任机制、市场环境和制度环境不健全。唐强荣和徐学军(2008)通过阐述分工、交易效率、新型工业化之间的关系,认为生产性服务业与制造业之间互动升级取决于交易效率,而交易效率的决定因素有制度、基础设施和教育。张沛东(2010)通过对2006年我国大陆29个省级行政区域制造业和生产性服务业的耦合协调度的计算,揭示出我国目前"制造业—生产性服务业系统"总体上耦合协调程度不高,从全国各省份情况来看,"制造业—生产性服务业系统"的耦合呈现出生产性服务业之后于制造业发展的状况,而从空间分布来看,"制造业—生产性服务业系统"的耦合协调度呈现出由东至西梯度递减的趋势。孔婷、孙林岩和冯泰文(2010)认为,生产性服务业作为一种高知识高技术型中间投入,其快速发展会对制造业效率的提升产生一定的推动作用。他们运用1996—2007年的数据对生产性服务业与制造业效率之间的关系进行实证研究,结果表明,生产性服务业的发展未直接有效显著提高制造业的效率水平。其中,交通运输邮政仓储业的发展水平对制造业效率的提升作用更为明显,而其他的生产性服务业效应则不显著。孙久民、李爱民等(2010)通过的定量研究分析了长三角地区生产性服务业与制造业的相关数据,指出两者之间存在共生关系,是互相推动的。但是生产性服务业对制造业的帮助作用要大于制造业对生产性服务业的推动作用。苏卉(2012)则采用投入产出分析方法,基于河南省2007年投入产出表,研究了河南生产性服务业与制造业的互动发展状况,指出生产性服务业与制造业之间存在着互动发展的关系,进一步的分析揭示出,优化生产性服务业结构的过程,有利于提高制造业的辐射带动作用。高觉民和李晓慧(2011)认为尽管存在生产性服务业的主导性互动,但我国制造业增长对生产性服务业增长的拉动力度显著大于生产性服务业发展对制造业发展的促进作用,进一步分析表明,其积极互动的条件是:在服务市场化条件下,生产性服务业与制造业之间及各自内部的要素存在较高效率的配置。

20世纪末,随着生产性服务业自身的不断发展、创新,学界关于制造业和生产性服务业的关系的理解进一步加深,认为两者正处于一种融合的趋势。一些学者认为,随着信息通讯技术的发展和广泛应用,传统意义上的服务业与制造业之间的边界越来越模糊,两者出现了融合趋势。Lundvall & Borras(1998)、植草益(2001)等学者强调,快速发展的信息通讯技术将促使原有的制造业和生产性服务业边界日益模糊,互相结合,互相推进并且形成新的生产模式。刘纯彬和杨仁发(2011)认为产业融合有利于改造提升传统产业,提升产业竞争力。生产性服务业的产业融合过程实质是产业价值链分解和重构整合过程,产业融合可以通过提升产业竞争力、降低企业生产成本以及交易成本来促进生产性服务业发展。而目前我国生产性服务业发展总体水平较低,内部结构不合理,传统生产性服务业所占比重过大,生产性服务业产业融合水平偏低。目前,对于这种生产性服务业和制造业融合趋势主要有三种方式:

一是互补型融合发展模式。服务业和制造业之间相互渗透及延伸,通过技术、资源、业务或管理和市场等的互补,最终提供给消费者的融合型产品是具互补性的产品—服务包。Hockerts(2008)所指的"产品导向服务"以及Marceau & Martinez(2002)的产品—服务包和产品—服务捆绑都属于这种互补型融合产品。在这一模式下,消费者购买产品或设备等有形产品的同时可以获得能保证其有效运营的系列服务,从而大大增加了产品或设备的使用价值或效力;而从供给方看,制造业可以利用其在实物产品生产过程中长期积累的产品整个生产周期所要求的相关服务知识以及专业技术和设备,很方便地进入与实物产品相关的服务业领域,通过重构价值链来推进相关技术、资源以及业务或管理组织的融合,扩展或改造其价值链上的价值创造环节,从而在向消费者提供"一站式购买"(one-stop-shopping)解决方案的同时,保持与顾客的多点接触,使双方的价值最大化。

二是替代型融合发展模式。这种发展模式主要是指服务业向制造业的渗透扩散,从而使制造业改变传统上只生产实物产品的特性,转而在生产实物产品的同时还提供服务,兼具两大产业特性,从而导致对传统相关制造业和服务业的替代。Hockerts所指的"用户导向服务"便是这类融合型产品。由于顾客购买产品不只是为了拥有产品,而是为了获得使用产品能带来的功能,因此通过提供这种融合型产品可以直接满足顾客购买产品希望满足的最终需求,而且这种最终需求的满足是在更经济、快速、方便的条件下实现的,因而能使顾客价值需求最大化。

三是结合型融合发展模式。服务业完全渗透融入制造业,从而使得融合后的产品更多地体现为原服务业的功能,因而与原服务业存在部分替代关系,与原有的制造业则存在部分互补关系。但是,这种替代和互补关系有可能会随着技术和市场条件的变化而相互转化。Marceau & Martinez所界定的"产品—服务整合"、Hockerts所界定的"需求导向服务"就是此类融合模式下的融合型产品。但这种融合发展模式更加关注消费者的需求,因而能有效地提高消费者的满意度。此外,供给方通过提高顾客满意度来提高客户或品牌忠诚度,从而提高其市场渗透力,并构筑自己的竞争优势。

此外,现代服务业融合方面的研究,主要集中在现代服务业与制造业、高科技产业等的融合,认为产业融合是现代服务业发展的重要途径。宋立瑛(2006)认为现代服务业与新型工业是融合发展的关系,中国经济发展的全局要遵从新型工业与现代服务业的融合发展规律,积极促进二者的融合发展。刘晖和张信(2005)研究发现高新技术产业和服务业出现了融合发展的新趋势,尤其是高新技术的带动使得这两个产业的表现形态发生了新的变化,主要表现在高新技术产业服务化、服务业高技术化和新型现代服务业态的出现。张树义(2007)以上海市为例分析了先进制造业和现代服务业融合的必然趋势,讨论了二者在企业内部、价值链和企业集群三个层面的融合,以寻求现代服务业与现代制造业在业务外包、信息技术运用、人才集聚和制度建设等四个方面融合的可能途径。

3. 生产性服务业的集聚机理与空间效应

生产性服务业集聚指在一个小的地理范围里集中大量的生产性服务业(Keeble,Nacham,2002)。众多既合作又竞争的生产性服务业企业与大学、政府、中介机构等相关支撑性机构在一定地域集聚,形成了分工与互补、竞争与协作的生产和创新网络,对地区的创新能力、竞争力和环境协调发展都有深刻的影响(李志平等,2008)。近年来,生产性服务业集聚区选择、集聚机制和集聚效应受到学者的广泛关注并取得了一系列的研究成果。

(1) 生产性服务业集聚形成机制

产业集聚历来受到学者的普遍关注,发展出了交易费用理论(Coase,1937)、外部经济理论(Marshall,1920)、产业区位理论(Weber,1929)、新经济地理学派相关理论等一系列相对成熟的理论对产业集聚进行解释和研究。这些理论在生产性服务业集聚过程中的适用性被诸多学者论证并进一步发展。区位因素对于生产性服务业的重要性为诸多研究所认识。O'Farrella et al.(1999)、Andrew Leyshon(1998)、王朝阳和何德旭(2008)等人通过研究发现生产性服务业有在大城市集聚的倾向,且生产性服务业在空间的集聚程度比消费性服务业高(Daniels,1985)。而生产性服务业的集聚原因主要有以下一些观点:

一是享受知识外溢,促进创新活动。生产性服务业由于其知识密集型产业的特性,相对一般制造业,从集聚中获得创新学习和环境的需求更加强烈(Keeble,Nacham,2002),之所以在大都市或经济发达地区形成生产性服务业集聚甚至集群,重要原因之一正是通过企业之间竞合关系、网络组织等形式促进知识的创造、吸收和应用。获取相对本地化和难以流动的隐形知识是企业集聚的最重要动力之一(Moullaert,Gallouj,1993)。虽然随着信息技术的发展,面对面联系的重要性有所减弱,极大地减少了距离的阻碍(Cairncross,2001),但Leamer & Storpper(2001)认为由于经济活动越来越依赖于复杂的、不容易编码的信息交流,这些交流以信任和理解为基础,就近的地理分布正是促进非正式交流的重要条件。知识密集型的生产性服务业更符合这一特征,高等决策人员要求面对面的接触,保持区位的中心化倾向。

二是接近市场密集区,获得客户资源。服务业有生产和消费同时进行的特点,生产性服务业尤其是知识密集型的生产性服务,更加重视客户的互动。形成完整产业链,既便于获得上游客户资源,同时形成企业间服务的互补,提升收益。将企业设立在集聚区更有利于深度接触政府机关,吸引更多顾客,和关联企业建立更机密的关系(Alexander,1970)。其中金融公司倾向于设立在顾客公司的总部附近(Zhao Simon X. B, 2004),而金融公司的集聚又进一步促进了公司总部的集聚。此外,顾客特性也影响着知识型服务业集聚,如周宇(Zhou Y,1998)在研究洛杉矶华人知识性服务业区位时,发现会计师工作室集聚在华人中心商务区,主要原因是受华人顾客导向型网络的明显影响。

三是通过产业集聚,降低产业成本,获得重要的生产要素。人力资源在是生产性服务业中占据重要的地位,也是促进集聚发生的重要原因。集聚有助于企业获得专业化的劳动力资源(Pandit,Cook,2001),享受人力资源的蓄水池(Illteris,1989)。Scott(1996)认为在集聚区中更容易获取全球化客户和知识,获取知识型人才。另一方面,随着劳动分工的逐渐细化,单一类型的服务业企业无法独立完成最终的服务目的。企业之间进行合作,互补共生,将大大提升产出效益,降低产业链成本(丹尼尔·贝尔,1984)。黄解宇和杨再斌(2006)认为金融本身的高流动性加速了集聚,而金融主体的空间邻近也有助于促使金融集聚的形成。Kolko(1999)认为以往的关于服务业集聚都集中在单个产业上并且都或多或少以制造业集聚为参照,但传统的用于解释制造业集聚的诸如知识外溢、自然资源投入和劳动力市场等因素不能解释服务业集聚,其从多个服务业共同集聚的角度进行解释,认为促使服务业形成共同集聚的动力除了知识外溢,还有产业之间的直接贸易关系。

四是企业形象、产业上下游等其他一些单独或综合的影响因素。丹尼尔指出,传统、威望等人为因素,劳动力等经济因素在信息社会依旧促进生产性服务业向大城市发展。Sassen(1994)认为定位在国际化大都市的生产性服务业更有利于开发国际化市场,提升企业影响力。曾国宁(2006)认为生产性服务业集群和制造业集群的形成机理既有共性也有差异,形成生产性服务业集群的基本因素主要有生产要素、需求条件、相关和支持性产业以及制度和环境。代文(2007)运用生态学的原理深入研究现代服务业集群形成机制、成长路径和发展模式,认为现代服务业集聚内生机制主要表现在:学习效应、知识溢出和创新欲望,而外生机制主要表现在:规模经济、市场机制和吸聚效应。同时,他认为现代服务业集群可以通过自发形成、引导培育形成和强制培育形成三种方式形成。陈国亮(2010)认为,生产性服务业与制造业形成双重集聚的内在原因是生产性服务业与制造业之间的上下游产业关系,而非共享的劳动力市场和知识外溢。

国内也有部分学者使用实证分析的方法,通过探索生产性服务业集聚区域的相关数据来比较研究生产性服务业集聚的成因与发展趋势。如陈建军、陈国亮、黄洁(2009)探究了全国222个地级市以上城市的截面数据,揭示出知识集聚度,信息技术水平、城市和政府规模对生产性服务业集聚有显著的影响,并表现出一定的区域差异性,中国东部与中西部地区存在截然相反的集聚路径,东部地区城市长期将存在集聚,而中西部地区在城市规模达到一定程度之后集聚效应可能会开始递减。贺天龙、伍检古(2010)通过赫芬达尔指数和区位商对珠三角九市的生产性服务业集聚程度进行了实证研究,发现虽然珠三角整体集聚水平高,但是区域分布呈现明显的不均衡状态。

(2) 生产性服务业集聚效应

生产性服务业集聚效应的相关研究文献中的观点主要可以归为以下三类:

一是生产性服务业集聚已经成为提升区域竞争力,促进经济增长的重要方式。Park & Nahm(1998)认为生产性服务业的空间和部门重组改变了汉城的城市结构,Moyart(2005)则进一步发表观点,认为生产性服务业发展良好的城市能创造更多的就业机会,有着较为健全的城市结构。在城市化进程中,在制造业引领的人口城市化之后,生产性服务业的集聚将有效地促进城市功能的城市化(洪银兴,2003)。张亚斌、刘靓君(2008)通过对国内东、中、西部三大地区生产性服务业聚集的实证研究,认为生产性服务业通过促进技术进步、提升产业生产率、改善投资环境,加强产业集群等方式推动了地区经济发展。宋志刚、韩峰和赵玉奇(2012)以2000—2009年286个地级及以上城市为样本,从马歇尔、雅各布斯外部性及新经济地理的综合视角,采用基于面板 VAR 模型的动态计量经济方法探讨了生产性服务业集聚对城市经济增长的影响,结果表明生产性服务业规模、专业化集聚和多样化集聚与城市经济增长之间具有长期的均衡关系,且存在生产性服务业集聚对经济增长的单向因果关系;生产性服务业多样性而非专业化集聚促进了城市经济增长。由于城市生产性服务业整体规模偏小,其对经济增长的规模效应尚不显著。生产性服务业集聚后生产性服务业自身之间,以及生产性服务业与集群内其他企业之间形成集聚企业网络,通过相互产业关联,带动制造业和服务业本身产业升级,就业增长及其区域经济发展。

二是不同程度的服务业集聚造成了劳动生产率的差异。Ciccone(2002)将服务业和制造业就业人数合并通过构建模型研究了产业集聚对法国、德国、意大利、西班牙和英国的劳动生产率的影响,实证结果表明这些欧洲国家的劳动生产率对就业密度的弹性系数为 4.5%,这种集聚效应稍弱于美国的 5%。范剑勇(2006)则借鉴了 Ciccone 和 Hall(1996)的模型同样将服务业和制造业就业人数合并利用中国 2004 年地级市和副省级城市的数据研究了产业集聚对中国劳动生产率差异的影响,他认为中国大陆地区非农产业劳动生产率对非农就业密度的弹性为 8.8%,高于现阶段的欧美国家的水平,而且他认为这一集聚效应在省与省之间有存在差异和没有差异两种情况,在非农产业分布极不平衡的情况下,扩大了劳动生产率在各省之间的趋异,将地区差异维持在较高的水平上。胡霞(2009)同样借助该模型研究了纯粹的服务业集聚对劳动生产率的影响,将 2005 年、2000 年和 1996 年的分析结果进行对比后发现,相比较资本劳动比率对服务业生产率的弹性系数一直在上升,服务业集聚度对服务业生产率的作用在逐步减弱。程大中和陈福炯(2005)在构造产业相对密集度指标及其与产业劳动生产率之间的关系的基础上,讨论了中国服务业及其分部门相对密集度的地区与部门差异性,他们发现,除房地产外,中国服务业及其分部门的相对密集度对其劳动生产率均产生显著的正面影响,同时,他们基于中国服务业的经验分析而得出的结论正好与"凡尔登定律"所揭示的增长与生产率之间的"程式化关系"相符合。宣烨(2012)利用 2003—2009 年 247 个城市样本数据,实证检验了我国城市生产性服务业空间集聚对制造业效率的空间外溢效应。结果表明,生产性服务业空间集聚不仅能够提升本地区制造业效率,且能够通过空间外溢效应提升周边地区制造业效率,空间外溢系数达到了 0.864。生产性服务业空间集聚会通过竞争效应、专业化效应以及外部性等途径降低制造业交易成本,进而提高制造业效率。

三是生产性服务业集聚与制造业的协同。Martin(2004)分析了瑞典生产者服务业和制造业的区位选择。他指出,生产者服务业和制造业的区位选择是互相影响的。高运胜(2008)指出,我国服务业集聚程度和制造业集聚程度有较高的同步性,这说明生产性服务业集聚的发展主要是为了满足制造业集聚发展的需要;同时,制造业集聚也会滋生对生产性服务业的需求,有利于生产性服务业集聚的产生与发展。陈建军和陈菁菁(2011)以产业协同定位问题为主要研究对象,根据彼此间的垂直关联,构建了基于空间维度的分析框架和理论模型,并以浙江省 69 个城市和地区的产业分布为例,验证了生产性服务业与制造业之间的协同定位关系,结论是:生产性服务业区位对制造业集聚的影响,以及后者对前者逆影响的大小在不同规模城市中存在差异,由此决定了产业发展顺序的差异,大城市要推进制造业的转型升级,应首先关注生产性服务业的发展与集聚,而中小城市则首先要推动制造业的集群,才能吸引生产性服务业集聚。进一步的研究还表明,交易成本也对协同定位效应产生重要作用,降低该成本,将促进城市和地区的产业协调发展和升级。顾乃华(2011)利用城市样本数据和多层线性模型,实证检验了我国城市生产性服务业集聚对工业的外溢效应及其区域边界。研究发现,我国城市生产性服务业集聚能显著提高本地工业的全要素生产率;生产性服务业集聚对工业的外溢效应存在区域边界,省层面的生产性服务业集聚与所辖市工业的全要素生产率无显著的相关关系。

三、关于交易效率的研究进展

1. 交易效率的定义和产生发展

交易效率是交易成本的对应面,交易效率是随着交易成本概念的发展而逐渐产生的。现代新制度经济学在总结了区域经济学和新古典经济学的相应观点后提出,空间之间相互作用成本不仅包括运输成本,还包含了制度成本、信息成本和文化差异所导致的成本。为此以阿罗、科斯、威廉姆森等新制度经济学家提出了交易成本的概念。

(Coase,1937)首先将交易成本引入了经济学视野,他指出:交易成本就是"通过价格机制组织生产的最明显的成本,就是所有发现相对价格的成本","市场上发生的每一笔交易的谈判和签约的费用"以及运用价格机制存在的其他方面的成本。后来,(Coase,1960)将这一思想具体化:"为了完成一项交易,必须弄清楚谁是某人与之交易者,必须通告人们,某人愿意出售某物,以及愿意在何种条件下进行导致协议的谈判、签订合同并实施为保证合同条款得到遵守所必要的检查,如此等等"。科斯进而用这一理论指出市场失败是由交易成本的存在而造成的。而后阿罗、威廉姆森和张五常等人都在交易成本领域做出了突出贡献,不断完善这一理论,这些新制度经济学家用交易成本理论解释一切市场与非市场组织产生的原因。然而,随着经济理论的发展,人们注意到关于交易成本的研究文献存在诸多弊端,对于具体交易成本难以量化和模型化,因此这一概念多停留在定性描述性分析,无法度量具体成本,也无法定量分析。为此杨小凯等人提出交易效率,避开了正面研究的困境,从反面入手开辟了新的研究领域。

交易效率最先由杨小凯在新兴古典经济学的分析框架中提出,其概念可基本定义为完成一笔交易所需要的时间或单位时间内完成交易的次数。杨小凯(1998)对交易效率(k)的技术处理同样采用了萨缪尔森的"冰山"形式,表示每购买一个单位产品,买者只能收到k,而$1-k$则在交易过程中损失掉了($0 \leqslant k \leqslant 1$)。因此,这$1-k$部分便可称之为交易成本,而$k$部分可称为该笔交易的交易效率,交易成本与交易效率成反向变化。在新兴古典经济学分析框架中,每一个人既是生产者,又是消费者,分工专业化可以提高生产率,减少稀缺性,但却会增加交易费用,所以利用专业化效率和增加交易费用存在两难冲突。当交易效率低下时,分工的好处要被交易费用所抵消,因层级增加以及进一步的横向和纵向分工所得到的收益不够补偿交易费用时,则经济体中不存在市场交易,每个人只好选择自给自足的生产方式。当分工的好处逐渐超过其引起的交易费用时,均衡分工水平就会上升,需求和供给同时增加,当分工的边际收益等于边际交易费用时,分工水平达到最优。当交易效率改进时,最优分工水平就会进一步上升。

杨小凯认为,交易效率的反面——交易成本可划分为外生交易成本与内生交易成本。外生交易成本是指那些在交易过程中直接或间接导致的费用。在商品的交易过程中所用的资源是直接的外生交易成本,生产在交易过程中所使用的交通、通讯和交易设备(计算机、汽车、塑料的银行卡)所耗费的资源则是间接的外生交易成本。内生交易成本包括广义和狭义两类。广义内生交易成本被定义为在决策的交互作用发生以后才能看到的交易成本。狭义内生交易成本被定义为均衡偏离帕累托最优而产生的交易成本。内生交易成本对均衡的分工网络规模和经济发展的意义比外生交易成本更为重要,因为内生交易成本是由个人的决策以及他们对体制和合约安排的选择决定的。

随后,国内学者开始关注交易效率概念,提出了相对应的分解方式。国内学者赵红军认为交易效率由三个层面组成:第一,政府以及政府治理或相关的制度、法规措施可降低交易成本,毫无疑问是影响交易效率的重要方面;第二,通信科技、电子商务等能大大降低交易成本,提高经济体的总和交易效率;第三,教育水平、文化程度、识字率提高可大大降低交易成本,提高交易效率(何雄浪、李国平,2007)。高帆(2007)则是将交易效率指标化,采取了指标体系将交易效率分为交易制度和交易技术两个方面,并且采用相关无量纲数据进行验证,近似测度世界主要国家的交易效率。

2. 交易效率的研究应用

自交易效率概念提出以后,很多学者采用这一观点对相关问题予以探讨,取得了较多的研究成果,对于传统新古典经济学分析框架进行了修正,解释了很多原有模式下难以解释的问题。杨小凯(1998)本人利用交易效率理论在区域和城市经济发展领域取得了研究突破,认为制造业产品和农产品各自的交易效率的变迁影响了城市化发展进程,大规模的工业化能够显著提升制造业的交易效率,因此会导致大量劳动力向制造业倾斜,从而加速城市化进程。赵红军(2005)在其博士论文中借鉴了杨小凯的模型,运用中国相关数据验证了交易效率改进同中国城市化进程发展的关系,并且提出了改进交易效率的相应政策建议。

第三章　分工与交易效率：生产性服务业演进的模式与路径

近些年来，交易效率较多地用于研究二元经济结构和区域分工结构变迁。张定胜和杨小凯（2003）采用交易效率和交易成本理论，对二元经济现象予以分析，提出了区域间二元经济贸易的九种模式，其中交易效率的改变是各种模式发展演进的决定性力量。李兴江、付平、赵亚明（2007）则是在此基础上研究了中国区域经济发展差距问题，提出了解决我国二元经济问题的方法就是加大制度和环境建设，不断改善区域交易效率。在研究二元经济的同时，贸易理论问题也广泛采用了交易效率理论。杨小凯（2003）等人指出，二元经济的产生很大程度上是贸易出现了问题，贸易结构的不合理以及缺乏改变这种结构的动力等因素限制地区经济的发展。因此，交易效率的提升有助于贸易结构发生改变，特别是在研究区域之间贸易政策和贸易福利的时候，这种理论应用较广。张定胜等应用这种理论分析了区域间和国家间贸易政策问题，分析了在几种情况下，政府采取的不同贸易政策的经济学原因，以及这种政策对于社会福利以及贸易结构的影响。刘赪和王成璋（2007）利用交易效率理论对城市间贸易予以分析，指出贸易环境的改善（即交易效率的提高）对于每个城市而言，将决定能否抢先于对方进入完全专业化生产的阶段，以获得分工中的主动权，提前享受分工所带来的收益，而不是不得不进入半专业化生产的过渡阶段。即使是陷于被动的后者，通过改善贸易环境，也可以尽可能地缩短半专业化的过渡阶段，从而尽快形成完全分工，扭转自身在分工中所处的地位。总的来说。市场交易效率的提高对于提高城市自身在分工格局的深化过程中掌握主动权是至关重要的。

四、文献研究的评价

通过对前人生产性服务业的研究成果进行梳理，可以认识到：首先，国外研究水平领先于国内研究水平，无论是从研究的广度和研究的深度而言，国内研究差距明显。目前总体上尚处于跟随状态，很多学者都是在用西方学者提出的方法在中国验证，还没有提出自己的结论和观点。其次，国外学者多注重从微观企业入手，研究层面多是微观和中观层面，更多关注的对象是企业，体现了西方经济学中对于微观个体的研究传统。我国学者的研究角度则是较为宏观，多从国家角度和大区域角度进行分析，数据选择往往从地方经济总量和产业总量入手。当然这也同国内相关统计数据的缺乏有关。第三,目前区域研究方面,在城市尺度上多集中于一些大型都市,如纽约、东京、伦敦、北京、上海、广州等,而在区域尺度上则是集中于省域范围,缺乏更微观的研究。第四,国外学者对于促进生产性服务业的增长的相关政策研究较少,更多是考虑生产性服务业发展的影响因素以及相关生产性服务业同制造业的产业融合问题,国内学者对于具体的政策层面问题研究也较少。

在交易效率研究方面,可以看到目前研究领域较广,但是对于交易效率的具体内容则是存在很多争论。同时对于制造业和生产性服务业方面研究论述不多,交易效率更多是在贸易理论中发挥作用,在企业生产理论方面影响较小。同时目前对于交易效率问题也是多集中定性方面,缺乏公认的测度方法和测度指标,交易效率较少有文章具体测算地区的交易效率。为此,本章试图将研究尺度落到较为微观的地级市层面,结合相关数据和指标体系,对于一些影响因素试图量化和指标化,以便更好地测度生产性服务业同影响因素的关系。

实际上,生产性服务业的发展同制造业发展存在高度正相关,那么二者之间是如何影响的呢?哪些因素的变化会影响到生产性服务业的演进?这些问题目前在学界仍然存在争论。由前面的文献综述可以看到,许多学者都认为生产性服务业脱胎于制造业,是随着工业化大生产而逐渐分离出来的职能,其本身也是生产过程中的重要中间投入品。在此本章利用新制度经济学以及新兴古典经济学观点猜测交易效率的提升对于生产性服务业的发展起到了重要作用。所谓新兴古典经济学派的研究方法,是以杨小凯、张定胜、黄有光等人开创的超边际分析法为根本的分析框架。这种分析方法的核心是将微观个体视为消费者和生产者合一,因此生产行为和消费行为可以放在一个框架和模型中研究。不同于传统经济学中主流的边际分析法主要求解内点解,超边际分析法将角点解也纳入分析框架。另外,杨小凯等人继承了萨缪尔森等人的"冰山成本",引出了交易效率概念,并且将其数学化、模型化。通过交易效率,杨小凯等人推动了交易成本衡量这一制度经济学研究问题的发展,同时也形成了新兴古典经济学诸多模型和理论的框架。下面一节将采取超边际分析法对于交易效率演进予以分析,将制造业和生产性服务业作为相关变量引入模型。

第三节 超边际分析方法的引入与建模

一、超边际分析模型构建

这里利用杨小凯、黄友光等人的新兴古典经济学迂回生产模型对交易效率演进和生产性服务业发展予以解释,将生产性服务业视为中间产品代入到模型中去。生产性服务业产品不妨分别设为变量 x 和 y,制造业视为最终产品 z。

1. 模型假定

(1) 一个地区只生产一种制造业产品作为最终消费产品。

(2) 生产性服务业产品作为中间投入品投入到制造业产品生产过程中。

(3) 微观个体的最终效用可以用制造业产品数量或产值予以衡量。

(4) 制造业产品生产存在规模报酬,并且对制造业产品投入的劳动比重高于学习费用。

(5) 生产性服务业产品生产也存在规模报酬,规模报酬受专业化程度制约。

(6) 生产性服务业投入的劳动比重不能超过学习费用时,该生产性服务业产品无法生产。

(7) 人口总量不变,都为 M。

(8) 此模型是一个封闭系统下的模型。

建立这样的模型主要结合了长三角苏南地区发达的制造业发展特点。自 1949 年以后,中国在东北地区进行了大规模投资,利用国家力量建立起大量重工业国有企业,使得东北地区在计划经济时代领跑中国,此时的长三角地区除上海、南京、杭州这样的中心城市还拥有一些国有工业以外,大部分基础较差,工业基础薄弱。直到 1979 年改革开放以后,长三角地区通过大力发展乡镇企业、民营企业、外资企业等方式,逐渐建立起自身的工业体系,提升了制造业发展水平。因此,改革开放的历程对于长三角大多数地区而言,正是制造业从无到有,从小到大的发展过程,这一点同东北地区的"空降式"制造业发展模式不同。而这里采用的超边际分析法分析框架正是考虑到了制造业发展的不同阶段,由个体经营逐渐向大规模分工迈进,以及在此过程中出现了相关生产性服务业这样的过程。因此采用超边际分析法中的迂回生产模式和交易效率演进模式分析长三角地区制造业和生产性服务业发展模式是合适的。

2. 消费者——生产者模型

$$u = z + kz^d \tag{3-1}$$

$$z^p = z + z^s = \left[(x+tx^d)^\rho + (y+ty^d)^\rho\right]^{\frac{\beta}{\rho}} (l_z - b)^\alpha \tag{3-2}$$

$$x^p = x + x^s = Max\{(l_x - b)^\alpha, 0\} \tag{3-3}$$

$$y^p = y + y^s = Max\{(l_y - b)^\alpha, 0\} \tag{3-4}$$

$$l_x + l_y + l_z = 1 \quad l_x, l_y, l_z \in [0,1] \tag{3-5}$$

$$p_x x^s + p_y y^s + p_z z^s = p_x x^d + p_y y^d + p_z z^d \tag{3-6}$$

在此人们为了生产最终产品制造业产品 z,可以使用两种服务业产品(中间产品)x 和 y,或者至少其中的一种,再配合以专业化劳动水平 l_z 予以生产。其中 x、y 是自给量,x^s、y^s、z^s 是市场供给量,x^d、y^d、z^d 是市场需求量,x^p、y^p、z^p 是生产量,k 表示最终产品制造业产品的交易系数。为了使方程可处理,便于统一计算,假设服务业产品的交易系数相同,均为 t。ρ 是替代弹性系数,两种服务业产品之间的互补经济程度用 $\frac{1}{\rho}$ 表示,该值越大,表明两种产品的技术分离越困难,同时表明对制造业产品生产的贡献越大,$\frac{1}{1-\rho}$ 则表明投入品之间的替代弹性,$\rho \in (0,1)$,否则,如果 $\rho > 1$ 时,当只有一种服务业产品被使用时,全要素生产率比两种中间产品服务业产品被使用时更高,出现了矛盾。β 表示由 x 和 y 两种中间产品复合而成的中间产品的产出弹性,$\beta \in (0,1)$,否则当 $\beta > 1$ 时,生产最终制造业产品的最优产出水平的内点二阶条件将不成立。l_x、l_y、l_z 表示每个微观个体生产 x、y、z 产品的专业化劳动水平,α 表示专业化劳动程度($\alpha \geq 1$)。需要注意的是,在这一模型中,微观个体无论从事哪一样的产品生产都面临着学习费用,也可以将此视为进入门槛,为了简化计算在这里我们将 x、y、z 三种产品的学习费用统一为 b。p_x、p_y、p_z 表示 x、y、z 三种产品的市场价格。

在这里为了讨论简便,不妨令原有的效用 u 等同于人均收入,进而在数据误差不大的情况下也可以将其视为人均 GDP,从而便于数

第三章 分工与交易效率：生产性服务业演进的模式与路径

据代入。

二、模型的推导与分析

根据角点解①的不同情况以及文定理②的应用，上述模型可以得到三种主要模式，即 A 模式、D 模式和 F 模式，下面分别予以介绍：

1. A 模式

A 模式是自给自足的生产模式。在这一模式下，微观个体自行生产一到两种服务业产品而后用以辅助制造业产品生产。譬如在工业化发展早期，微观个体往往采取自己运输、自行筹措金融资金等方式促进制造业产品生产，这也就是早期的物流服务和金融服务。服务业产品可以有一种也可以有两种，选择几种服务业产品生产，取决于下面的探讨：

（1）A(xyz)模式

此模式下，微观个体先生产性服务业产品 x 和 y，而后服务业产品推动制造业发展生产产品 z，这些产品自行消费，不进行交换。

$$x^d = x^s = y^d = y^s = z^d = z^s = 0 \tag{3-7}$$

$$\underset{z}{Max} U_{A(xyz)} = z \tag{3-8}$$

$$\text{s. t. } z^p = z = \left[x^\rho + y^\rho\right]^{\frac{\beta}{\rho}} (l_z - b)^a \tag{3-9}$$

$$x^p = x = (l_x - b)^a \tag{3-10}$$

$$y^p = y = (l_y - b)^a \tag{3-11}$$

$$l_x + l_y + l_z = 1 \tag{3-12}$$

采用超边际分析法和求极值方法，求解

$$l_x = l_y = \frac{\rho - \rho b + 2b}{2 + 2\rho},\ l_z = \frac{1 - 2b + \rho b}{1 + \rho},\ x^p = y^p = \frac{\rho - 3\rho b}{2 + 2\rho}$$

$$U_{A(xyz)} = z^p = 2^{\frac{\beta}{\rho}} \left(\frac{\beta - 3\beta b}{2 + 2\beta}\right)^{a\beta} \left(\frac{1 - 3b}{1 + \beta}\right) \tag{3-13}$$

---

① 角点解指，预算线在位于坐标轴上的点处达到最高的可获得的无差异曲线时的情形。

② 文钦在1998年证明：在此种超边际模式下，个人不会同时既买又卖同样的产品，也不会同时既生产又买同样的产品，最多卖一种产品，最多买一种产品。我们称这样的结果为文定理。个人的生产、买、卖决策与文定理相一致的我们称之为一个模式。

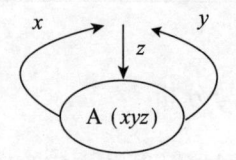

图 3-2 A(xyz)模式下的生产方式示意图

(2) A(xz)模式

$$x = x^s = z^d = y = y^s = l_y = l_z = 0 \tag{3-14}$$

$$\underset{z}{Max} U_{A(xy)} = z \tag{3-15}$$

$$\text{s. t. } z^p = z = \left[x^\rho\right]^{\frac{\beta}{\rho}}(l_z - b)^\alpha \tag{3-16}$$

$$x^p = x = (l_x - b)^\alpha \tag{3-17}$$

$$l_x + l_z = 1 \tag{3-18}$$

求解得

$$l_x = \frac{\beta + b - b\beta}{1+\beta},\ l_y = 0,\ l_z = \frac{\beta + b - b\beta}{1+\beta},\ x^p = \frac{\beta - 2b\beta}{1+\beta},$$

$$U_{A(xz)} = z^p = \left(\frac{\beta - 2b\beta}{1+\beta}\right)^{\alpha\beta}\left(\frac{1-2b}{1+\beta}\right) \tag{3-19}$$

(3) A(yz)模式

A(yz)同(xz)是对称的,值相同。

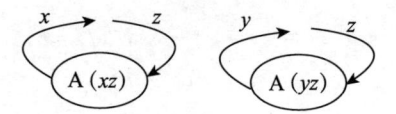

图 3-3 A(xz)模式生产示意图和 A(yz)模式生产示意图

因此若 $U_{A(xyz)} \geqslant U_{A(xz)}$,即有:

$$\frac{1}{\rho} \geqslant \alpha + \frac{\alpha(1+\beta)[\ln(1-3b)]}{\beta\ln 2} \tag{3-20}$$

$$v = \frac{\alpha(1+\beta)[\ln(1-3b)]}{\beta\ln 2} \tag{3-21}$$

$\frac{1}{\rho} \geqslant \alpha + v$ 时,此时微观个体选择生产模式为 $U_{A(xyz)}$,则

$$\frac{\partial v}{\partial b} = \frac{\alpha(\beta+1)}{\beta\ln 2} * \frac{1}{(1-2b)(1-3b)} > 0 \tag{3-22}$$

反之,当 $\frac{1}{\rho} \leqslant \alpha + v$ 时,此时微观个体选择生产模式为 $U_{A(xz)}$。

因此可以看到,当 a 或者 b 下降的时候,A(xyz)模式下的人均收入要高于 A(xz) 和 A(yz) 模式下的人均收入,此时微观个体往往选择 A(xyz) 模式进行生产。即当复合中间产品(复合的生产性服务业)的要素生产率越高,中间产品(生产性服务业)的互补经济程度越强,或者生产者的专业化水平越低,固定学习费用越低,经济主体选择自给自足全部自行生产的模式的可能性越大。

A 模式可以用来模拟长三角地区在改革开放之前和开放初期的情况,特别是同当时苏南地区流行的队办企业、社办企业、乡镇企业相似,也同浙北地区出现的乡镇企业和民营企业发展状况相似。

2. D 模式

D 分工模式是指生产出现了分工,微观个体由自给自足状态转变成为专业化生产某种产品的个体,有的专业化生产最终产品——制造业产品,有的专业化生产中间产品——生产性服务业产品。为了同后面的 F 模式相区别,这里的 D 模式是指市场上出现专业化生产生产性服务业行业或企业,以及专业化生产制造业产品的企业。这些企业之间通过外部中间市场进行交易。D 模式分为以下生产路径:

(1) DA(x/z),DA(y/z),DA(z/xy)模式

在这一模式下,出现三种微观生产个体,两种微观个体生产生产性服务业产品 x 和 y,他们将产品卖给另一种微观生产个体,即生产制造业产品 z 的生产者。通过卖出 x 和 y,换取最终消费产品 z。

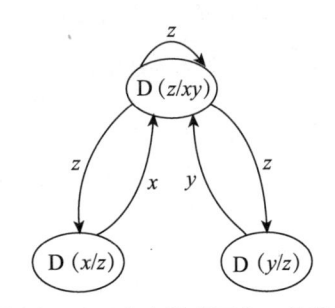

图 3-4　DA 生产模式下分工示意图

对于(x/z),专业化生产性服务业产品 x,出售交换制造业产品 z。

$$z = z^s = x^d = y = y^s = y^d = l_y = l_z = 0 \qquad (3-23)$$

$$MaxU = kz^d \qquad (3-24)$$

$$x^p = x^s = (l_x - b)^a, \ l_x = 1 \qquad (3-25)$$

$$p_x x^s = p_z z^d \qquad (3-26)$$

求解，设 $p_{xz} = \dfrac{p_x}{p_z}$，$p_{zx} = \dfrac{p_z}{p_x}$，$p_{zx} = \dfrac{1}{p_{xz}}$

$$x^s = (1-b)^a, \ z^d = (1-b)^a p_{xz}, \ U_{(x/z)} = k(1-b)^a p_{xz} \qquad (3-27)$$

模式 (y/z) 和 (x/z) 是对称的，因此同理可得：

$$y^s = (1-b)^a, \ z^d = (1-b)^a p_{yz}, \ U_{(y/z)} = k(1-b)^a p_{yz},$$

$$p_{yz} = \dfrac{p_y}{p_z}, \ p_{zy} = \dfrac{p_z}{p_y}, \ p_{zy} = \dfrac{1}{p_{yz}} \qquad (3-28)$$

由效用均等，可知 $U_{(x/z)} = U_{y/z}$，可知 $p_{zx} = p_{yz}$，即 $p_x = p_y$

对于模式 (z/xy)

$$x = x^s = z^d = y = y^s = l_y = l_x = 0 \qquad (3-29)$$

$$MaxU_{(z/xy)} = z \qquad (3-30)$$

$$z^p = z + z^s = \left[(tx^d)^\rho + (ty^d)^\rho\right]^{\frac{\beta}{\rho}} (l_z - b)^a \qquad (3-31)$$

$$l_z = 1 \qquad (3-32)$$

$$p_z z^s = p_x x^d + p_y y^d \qquad (3-33)$$

求解

$$x^d = y^d = \dfrac{p_{zx} z^s}{2}, \ (p_x = p_y)$$

$$z^s = \left[2^{\frac{\beta(1-\rho)}{\rho}} \beta (tp_{zx})^\beta (1-b)^a\right]^{\frac{1}{1-\beta}} \qquad (3-34)$$

$$U_{z/xy} = (1-\beta)\beta^{\frac{\beta}{1-\beta}} \left[2^{\frac{\beta(1-\rho)}{\rho}} \beta (tp_{zx})^\beta (1-b)^a\right]^{\frac{1}{1-\beta}} \qquad (3-35)$$

$$p_{zx} = \left[\dfrac{k(1-b)^a}{1-\beta}\right]^{1-\beta} (t\beta)^{-\beta} 2^{\frac{\beta(1-\rho)}{\rho}} (1-b)^{-a} \qquad (3-36)$$

$$U_{z/xy} = U_{x/z} = U_{y/z} \qquad (3-37)$$

$$U_{DA(xyz)} = 2^{\frac{\beta(1-\rho)}{\rho}} (kt)^\beta (1-b)^{a+a\beta} (1-\beta)^{1-\beta} \qquad (3-38)$$

此时

$$x^d = y^d = \dfrac{p_{zx} z^s}{2} = \dfrac{\beta(1-b)^a}{2(1-\beta)} \qquad (3-39)$$

又已知

$$M_z x^d = M_x x^s, \ M_z y^d = M_y y^s$$

$$\dfrac{M_z}{M_x} = \dfrac{M_z}{M_y} = \dfrac{x^s}{x^d} = \dfrac{2(1-\beta)}{k\beta} \qquad (3-40)$$

假设

$$M_x + M_y + M_z = M \quad (3-41)$$

$$M_x = M_y = \frac{k\beta M}{2(1-\beta)+2k\beta}, \quad M_z = \frac{(1-\beta)M}{1-\beta+k\Phi} \quad (3-42)$$

(2) DB(x/z),DB(z/x)模式

在此模式下,中间产品服务业只有一种,通过生产该服务业产品用以生产制造业产品。也就意味着此时市场上只有一种生产性服务业投入品能够生产。

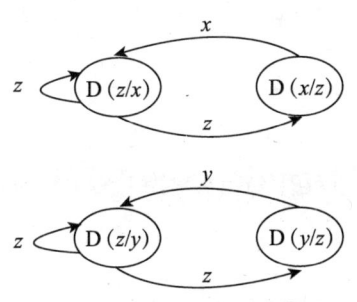

图 3-5　DB 生产模式示意图

DB(x/z)模式同 DA(x/z)一样,结果一致。

$$x^s = (1-b)^a, \quad z^d = (1-b)^a p_{xx}, \quad U_{(x/z)} = k(1-b)^a p_{xx} \quad (3-43)$$

DB(z/x)模式下,

$$MaxU_{(z/xy)} = z \quad (3-44)$$

$$z^p = z + z^s = \left[(tx^d)^\rho\right]^{\frac{\beta}{\rho}} (l_z - b)^a \quad (3-45)$$

$$l_z = 1 \quad (3-46)$$

$$p_z z^s = p_x x^d \quad (3-47)$$

求解,$x^d = \left[\dfrac{p_{xx}}{t^\beta \beta (1-b)^a}\right]^{\frac{1}{\beta-1}}$, $z^s = (tp_{xx})^{\frac{\beta}{1-\beta}} \left[\beta(1-b)^a\right]^{\frac{1}{1-\beta}}$

$$U_{(z/x)} = (1-\beta)(1-b)^{\frac{a}{1-\beta}}(tp_{xx}\beta)^{\frac{\beta}{1-\beta}}$$

利用效用均等条件有 $U_{(x/z)} = U_{(z/x)}$,

$$p_{xx} = \left[\frac{k}{1-\beta}\right]^{1-\beta}(t\beta)^{-\beta}(1-b)^{-a\beta} \quad (3-48)$$

$$U_{DB(xx)} = (kt\beta)^\beta (1-b)^{a+a\beta}(1-\beta)^{1-\beta} \quad (3-49)$$

此时

$$x^d = \frac{\beta k(1-b)^a}{1-\beta} \quad (3-50)$$

由
$$M_x x^s = M_z x^d \tag{3-51}$$

$$\frac{M_z}{M_x} = \frac{x^s}{x^d} = \frac{1-\beta}{k\beta} \tag{3-52}$$

又
$$M_x + M_z = M \tag{3-53}$$

$$M_x = \frac{k\beta M}{1-\beta+k\beta}, \quad M = \frac{(1-\beta)M}{1-\beta+k\beta} \tag{3-54}$$

由 $D(yz)$ 和 $D(xz)$ 是对称的,故此结论一致。

$0<\rho<1$,故 $\frac{\beta(1-\rho)}{\rho}>0$,则 $2^{\frac{\beta(1-\rho)}{\rho}}>1$

所以

$U_{DA(xyz)} = 2^{\frac{\beta(1-\rho)}{\rho}}(kt\beta)^{\beta}(1-b)^{a+a\beta}(1-\beta)^{1-\beta} > U_{DB(xz)} = (kt\beta)^{\beta}(1-b)^{a+a\beta}(1-\beta)^{1-\beta}$

恒成立。

这就意味着一般情况下,若是社会生产体系进入了 D 分工模式,DB 模式是不稳定的,因为 DA 模式下微观个体的人均收入高于 DB 模式下的,微观个体倾向于 DA 生产模式。即使起初进入了 DB 生产模式,由于经济主体的理性和自利性,他们会促使生产模式转向 DA 模式。

D 模式可以近似模拟现今长三角地区诸多中小型民营企业和乡镇企业的发展状态,这种模式的核心就是相关生产性服务业产品制造业企业自身不进行生产,而是交给由社会分工而出现的专业化生产性服务业企业生产,二者在中间产品市场上进行交易,制造业企业获取生产性服务业产品作为中间产品投入,进而为生产制造业产品服务,这样可以有效地节约中小型制造业企业的成本,促进了相应企业的发展。进而形成了生产性服务业和制造业企业共同发展的态势。

3. F 模式

在这一模式下,也是出现了分工生产产品的模式。微观个体选择雇佣劳动进行生产性服务业产品,进而生产制造业产品。D 模式下微观个体通过出售制造业产品用以换取服务业产品,主要通过市场交易完成。而在 F 模式下该交易被内化,可以视为企业做大做强以后进行相关职能内化和多元化,在企业集团内部发展相关服务业专门部门。

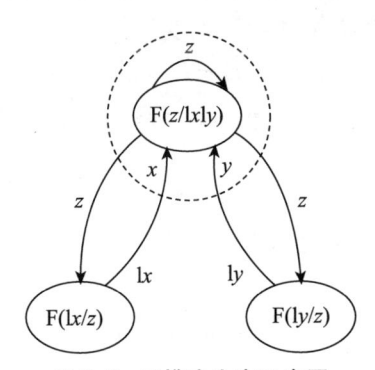

图 3-6　F 模式生产示意图

(1) FA 模式

FA 模式下，生产两种生产性服务业产品，$F(xyz)$ 由 $(z/l_x l_y)$、(l_x/z)、(l_y/z) 三种组态构成。

$(z/l_x l_y)$ 表示企业卖出制造业产品 z 用以雇佣劳动力生产生产性服务业产品 x 和 y

$$Max U = z \tag{3-55}$$

$$\begin{aligned} z^p = z + z^s &= \left[(sM_x)^\rho + (sM_y)^\rho\right]^{\frac{\beta}{\rho}} (l_z - b)^\alpha, \ l_z = 1 \\ x^p = x^s &= (l_x - b)^\alpha, \ l_x = 1 \\ y^p = y^s &= (l_y - b)^\alpha, \ l_y = 1 \\ p_z z^s &= p_w (l_x M_x + l_y M_y) \end{aligned} \tag{3-56}$$

求解，令

$$p_{uz} = \frac{p_w}{p_z}, \ p_{zw} = \frac{p_z}{p_w}, \ p_{zw} = \frac{1}{p_{uz}}$$

$$z^s = \left[\beta (s p_{zw})^\beta 2^{\frac{\beta(1-\rho)}{\rho}} (1-b)^\alpha\right]^{\frac{1}{1-\beta}} \tag{3-57}$$

易知

$$M_x = M_y = \frac{p_{zw}}{2} z^s \tag{3-58}$$

$$U_{(z/l_x l_y)} = (1-\beta)\beta^{\frac{\beta}{1-\beta}} \left[(s p_{zw})^\beta 2^{\frac{\beta(1-\rho)}{\rho}} (1-b)^\alpha\right]^{\frac{1}{1-\beta}} \tag{3-59}$$

对于 (l_x/z) 形式，表示出卖劳动力的微观个体在企业中生产生产性服务业 x 用以交换制造业产品 z。

在此时，选择这一生产模式的微观个体可以被视为由生产最终产品制造业的个体雇佣的生，专门生产中间产品生产性服务业的人。

此时,即出现了企业生产,作为被雇佣者,这些个体没有剩余产品的支配权,因此他们都是雇主决策的变量:

$$MaxU = kz^d \tag{3-60}$$

$$p_z = p_w(l_x - b), \ l_x = 1 \tag{3-61}$$

求解可得

$$U_{(l_x/z)} = kp_{wx}(1-b) \tag{3-62}$$

(l_y/z)同(l_x/z)是对称的,因此同理可得

$$U_{(l_y/z)} = kp_{wy}(1-b) \tag{3-63}$$

因此,在均衡状态下三种方式效用相等

$$U_{(z/l_x l_y)} = U_{(l_x/z)} = U_{(l_y/z)} \tag{3-64}$$

求解得

$$p_{zw} = 2^{\frac{\beta(\rho-1)}{\rho}}(s\beta)^{-\beta}(1-b)^{-\alpha}\left[\frac{k(1-b)}{1-\beta}\right]^{1-\beta} \tag{3-65}$$

因此

$$U_{F(xyz)} = 2^{\frac{\beta(\rho-1)}{\rho}}(sk\beta)^\beta(1-b)^{\alpha+\beta}(1-\beta)^{1-\beta} \tag{3-66}$$

$$z^d = p_{wz}(1-b) = 2^{\frac{\beta(\rho-1)}{\rho}}(s\beta)^\beta(1-b)^{\alpha+\beta}k^{\beta-1}(1-\beta)^{1-\beta} \tag{3-67}$$

又

$$M_z z^s = M_x z^d + M_y z^d \tag{3-68}$$

$$z^s = 2^{\frac{\beta(\rho-1)}{\rho}}\beta^{1+\beta}(1-b)^{\alpha+\beta}(1-\beta)^{-\beta} \tag{3-69}$$

$$\frac{M_z}{M_x} = \frac{M_z}{M_y} = \frac{2z^d}{z^s} = \frac{2(1-\beta)}{k\beta} \tag{3-70}$$

(2) FB 模式

此模式由(z/l_x)和(l_x/z)组成,也就意味企业集团只雇佣劳动力生产一种生产性服务业产品投入制造业生产。

(z/l_x)状态下,表示企业出卖制造业产品 z 雇佣工人生产生产性服务业产品 x

$$MaxU = z$$

$$z^p = z + z^s = \left[(sM_x)^\rho\right]^{\frac{\beta}{\rho}}(l_z-b)^\alpha, \ l_z = 1$$

$$x^p = x^s = (l_x - b)^\alpha, \ l_x = 1 \tag{3-71}$$

求解得

$$z^s = \left[\beta(sp_{zw})^\beta(1-b)^\alpha\right]^{\frac{1}{1-\beta}} \tag{3-72}$$

$$M_x = \left[\beta p_{zw} s^\beta(1-b)^\alpha\right]^{\frac{1}{1-\beta}} \tag{3-73}$$

第三章 分工与交易效率：生产性服务业演进的模式与路径

则

$$U_{(z/l_x)} = (1-\beta)(1-b)^{\frac{\alpha}{1-\beta}}(\beta s p_{zw})^{\frac{\beta}{1-\beta}} \quad (3-74)$$

(l/z) 表示出卖劳动力的微观个体在企业中生产生产性服务业 x 用以交换制造业产品 z。

此时 $FB(l_x/z)$ 同 $FA(l_x/z)$ 结论相同，因此有

$$k \leqslant \left[\frac{G}{m}(1-b)^{\alpha-1}\right]^{\frac{1}{2}} \quad (3-75)$$

在均衡状态下

$$U_{(z/l_x)} = U_{(l_x/z)} \quad (3-76)$$

有

$$p_{zw} = (s\beta)^{-\beta}(1-b)^{-\alpha}(1-\beta)^{\beta-1}[k(1-b)]^{1-\beta} \quad (3-77)$$

$$U_{F(xz)} = (1-b)^{\alpha}(1-\beta)^{1-\beta}[sk\beta(1-b)]^{\beta} \quad (3-78)$$

(3) $F(yz)$ 和 $F(xz)$ 对称，同理可得结论

由于 $2^{\frac{\beta(1-\rho)}{\rho}}$，因此 $U_{F(xyz)} > U_{F(xz)} = U_{F(yz)}$ 恒成立

这就意味着一般情况下，F 模式下，生产性服务业产品越多，人均收入越高，也就是微观个体倾向于选择 FA 模式，而不是 FB 模式。即便是起初生产模式进入 FB 模式，由于微观个体追求利益的理性化行为，生产模式将进入 FA 模式，也就是说，生产性服务业产品越多，人均收入越高。

F 模式可以近似模拟长三角地区大型国企和民营企业集团的发展态势。在此种情况下，大型企业集团没有将相关生产性服务业企业交给其他企业去生产，而是选择建立专门机构或是分公司进行专业化生产，为集团公司专项服务。

4. 阶段总结

从以上推导中的结论可以看到：

$$\frac{U_{F(xyz)}}{U_{D(xzy)}} = \frac{U_{F(xz)}}{U_{Dxz}} = \frac{U_{F(yz)}}{U_{D(yz)}} = \left(\frac{s}{t}\right)^{\beta}(1-b)^{\beta(1-\alpha)} \quad (3-79)$$

当劳动效率不断提升，或是生产性服务业作为中间产品同制造业联系的交易效率降低，或是产业学习费用较低时，或是中间市场交易效率降低时，微观个体倾向于选择 F 生产模式。当中间产品即服务业市场活跃，交易效率提升，或是相关服务业生产劳动效率降低，或是学习费用较高，或是服务业专业化生产程度提升时，微观个体倾

向于选择 D 生产模式。

注意到生产模式在由 A 向 D 和 F 的转化过程：

$$U_{A(xyz)} = 2^{\frac{\beta}{\rho}} \left(\frac{\beta - 3\beta b}{2 + 2\beta}\right)^{\alpha\beta} \left(\frac{1 - 3b}{1 + \beta}\right)^{\alpha} \quad (3-80)$$

$$U_{A(xz)} = \left(\frac{\beta - 2b\beta}{1 + \beta}\right)^{\alpha\beta} \left(\frac{1 - 2b}{1 + \beta}\right)^{\alpha} \quad (3-81)$$

$$U_{DA(xyz)} = 2^{\frac{\beta(1-\rho)}{\rho}} (kt\beta)^{\beta} (1-b)^{\alpha+\alpha\beta} (1-\beta)^{1-\beta} \quad (3-82)$$

$$U_{F(xyz)} = 2^{\frac{\beta(1-\rho)}{\rho}} (sk\beta)^{\beta} (1-b)^{\alpha+\beta} (1-\beta)^{1-\beta} \quad (3-83)$$

通过计算可以得到下表（表 3-2）的关系，可以看到在产业结构演进的过程中，交易效率扮演了重要的角色，从经济史的角度看，生产性服务业是寓于制造业中的，随着社会化大生产而逐渐分离和独立发展。根据制度经济学观点，社会化大生产主要是在交易效率方面得到提升，通过采取更先进的技术和交易制度安排，交易效率得到了有效地提升。通过下表（表 3-2）可以看到，倘若交易效率不能有效地提高，那么生产性服务业就会仍寓于制造业之中无法分离和独立发展；只有当交易效率足够大的时候，社会生产结构才会出现变化，生产性服务业作为中间产品才能实现分离和独立发展。因此，交易效率的提升带动了生产性服务业的发展。而本文将交易效率分为三种——最终产品制造业产品市场交易效率、中间市场交易效率、劳动力交易效率。它们之间的关系决定了生产模式究竟是由自给自足转向社会分工外包还是内部化独立发展。

表 3-2 交易效率影响下的产业演进表

交易效率	$\frac{1}{\rho} \leqslant \alpha + v$			
	$s \leqslant t(1-b)^{(1-\alpha)}$		$s \geqslant t(1-b)^{(1-\alpha)}$	
	$kt \leqslant (1-b)^{1-\alpha}G$	$kt \geqslant (1-b)^{1-\alpha}G$	$ks \leqslant G$	$ks \geqslant G$
均衡模式	A(xz)或是 A(yz)	D(xyz)	A(xz)或是 A(yz)	F(xyz)
	$\frac{1}{\rho} \geqslant \alpha + v$			
	$s \leqslant t(1-b)^{(1-\alpha)}$		$s \geqslant t(1-b)^{(1-\alpha)}$	
	$kt \leqslant (1-b)^{1-\alpha}Q$	$kt \geqslant (1-b)^{1-\alpha}Q$	$ks \leqslant Q$	$ks \geqslant Q$
	A(xyz)	D(xyz)	A(xyz)	F(xyz)

$$G = \frac{2^{\frac{(\rho-1)}{\rho}} \left(\frac{\beta - 2b\beta}{1+\beta}\right)^{\alpha} \left(\frac{1-2b}{1+\beta}\right)^{\frac{\alpha}{\beta}}}{\beta (1-b)^{\frac{\alpha+\beta}{\beta}} (1-\beta)^{\frac{1-\beta}{\beta}}}, \quad Q = \frac{2 \left(\frac{\beta - 3\beta}{2+2\beta}\right)^{\alpha} \left(\frac{1-3b}{1+\beta}\right)^{\frac{\alpha}{\beta}}}{\beta (1-b)^{\frac{\alpha+\beta}{\beta}} (1-\beta)^{\frac{1-\beta}{\beta}}}$$

(3-84)

5．模型分析

通过以上的超边际比较静态分析表明，随着交易效率的不断提升，自给自足的经济将逐渐向分工经济转换。在这一转换过程中，劳动生产率、市场规模、中间产品（生产性服务业）专业生产者人数以及人均真实收入将不断提高，同时最终产品制造业产品的生产者比重将逐渐减少。在这里应注意，模型中的隐含假设是劳动者人数不变，因此随着交易效率改变，会出现制造业工人人数下降，生产性服务业从业人员人数上升。但是现实中总人数是在变化的，很可能出现的是制造业从业人数并未减少，甚至上升的局面，但是总体上制造业从业人数的比重会不断下降。若劳动交易效率高于生产性服务业的交易效率达到一定程度，则大型企业集团在这一分工过程中出现，并且企业集团的规模将不断扩大。企业集团内部不仅生产制造业产品，也将生产生产性服务业，即所谓的"大而全"。反之，若劳动交易效率低于生产性服务业交易效率一定程度后，大量的中小型生产性服务业企业将伴随分工过程而出现，从而出现一个中小型企业生产集聚网络，也就是所谓的"小而精"，数量多。因此在产业演进的过程中，一个区域制造业和服务业产业集群的形成与发展过程主要是以产业内企业数量扩张式发展还是以企业内部规模扩张式发展，取决于生产性服务业交易效率、制造业产品交易效率、劳动交易效率的大小以及三者之间关系的比较。这种关系可由图3-7表示：

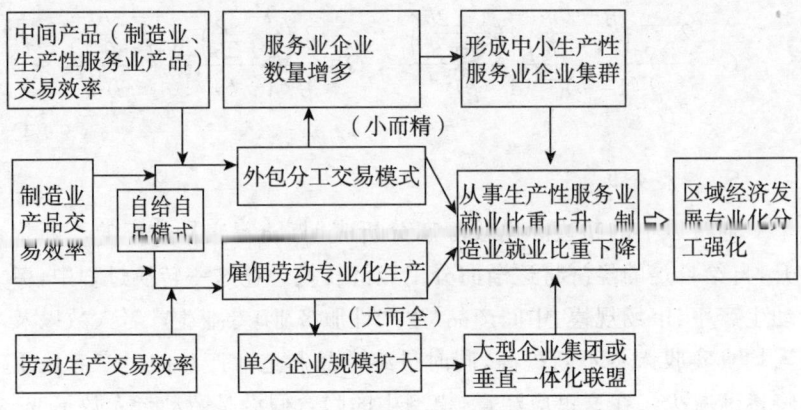

图 3-7 交易效率影响生产性服务业发展图

第四节 关于市场交易效率的进一步探讨

一、模型的进一步简化

下面进一步探讨效率的演进对于分工的影响,为了简化,现将市场交易效率统一设为 k,即 $k=t$,在这里无论是制造业还是服务业的市场交易效率相同。首先对上面的模型予以进一步分析和推导:

不妨令 $s=mt(1-b)^{1-a}$,$m \geq 1$,$m \in R$,

则在 $s \geq t(1-b)^{1-a}$ 条件下,可以对产业分工模式予以进一步研究。譬如,$kmt(1-b)^{1-a} \leq Q$,又因为 $k=t$,那么可以进一步化简为:

$k \leq \left[\dfrac{Q}{m}(1-b)^{a-1}\right]^{\frac{1}{2}}$,同理可以对上面的公式进行进一步探讨。

表 3-3 简化交易效率影响下的产业演进表

交易效率	$\dfrac{1}{\rho} \leq a+v$			
	$s \leq t(1-b)^{1-a}$		$s \geq t(1-b)^{1-a}$	
	$k \leq [(1-b)^{1-a}G]^{\frac{1}{2}}$	$k \geq [(1-b)^{1-a}G]^{\frac{1}{2}}$	$k \leq \left[\dfrac{G}{m}(1-b)^{1-a}\right]^{\frac{1}{2}}$	$k \geq \left[\dfrac{G}{m}(1-b)^{1-a}\right]^{\frac{1}{2}}$
均衡模式	A(xz) 或 A(yz)	D(xyz)	A(xz) 或 A(yz)	F(xyz)

续表

$\frac{1}{\rho} \geq \alpha + v$			
$s \leq t(1-b)^{1-\alpha}$		$s \geq t(1-b)^{1-\alpha}$	
$k \leq [(1-b)^{1-\alpha}Q]^{\frac{1}{2}}$	$k \geq [(1-b)^{1-\alpha}Q]^{\frac{1}{2}}$	$k \leq \left[\frac{Q}{m}(1-b)^{1-\alpha}\right]^{\frac{1}{2}}$	$k \geq \left[\frac{Q}{m}(1-b)^{1-\alpha}\right]^{\frac{1}{2}}$
A(xyz)	D(xyz)	A(xyz)	F(xyz)

可以看到,交易效率成为了产业分工模式的主要影响因素,譬如在模型中的 $k = [(1-b)^{1-\alpha}Q]^{\frac{1}{2}}$,$k = \left[\frac{Q}{m}(1-b)^{1-\alpha}\right]^{\frac{1}{2}}$ 等都是分工模式的临界点,一旦交易效率大于这个临界点,那么产业的生产分工模式将出现变化,由原有的自给自足模式向分工模式转变,至于向外向型市场交易分工模式转变还是向大企业内部交易分工模式转变,则取决于其他因素的制约。

通过计算可以得知,$\frac{\partial k}{\partial b} < 0$,也就意味着,当进入一种行业或是产业时,进入该行业的学习费用越低,交易效率也就越高。$\frac{\partial k}{\partial a} < 0$,这意味着专业化分工越提高,交易效率越低。

二、模型的进一步的讨论

1. 交易效率的发展对于地区制造业和生产性服务业发展的影响

在上述情况下,可以看到,D 和 F 模式下的人均收入高于 A 模式下的人均收入。从经济史的发展历程可知,一般说来我们可以将 A 模式视为制造业发展初期,工业化大发展起步阶段,由于相关基础的薄弱,生产性服务业作为中间产品尚没有相应的市场存在,微观个体往往在发展制造业的时候自我提供生产性服务业。随着制造业的增长,市场的交易效率发生了改变。交易效率的提升推动了生产性服务业由制造业企业内部分离和独立,形成了专业化分工生产,中间产品生产性服务业独立出现,但是地区的生产模式向 D 模式转变还是向 F 模式转变则是要取决于三种交易效率的关系。因此伴随着交易效率的改进,人均收入不断提升,地区生产进入分工模式,生产性服务业出现并快速发展。

2. 制造业在交易效率改进过程中的发展状况

在生产性服务业发展的同时,制造业也得到快速发展。由前面分析易知,D 和 F 模式下的 $z^p>U_{xyz}$,也就是微观个体生产的制造业产值大于人均收入,而 D 和 F 模式下的人均收入高于 A 模式下的人均收入,A 模式下的人均收入等同于 A 模式下的微观个体制造业产值,因此 D 和 F 模式下的制造业产值高于 A 模式下的制造业产值。这说明生产性服务业的发展不仅不会削弱制造业的发展,相反还会推动本地区制造业的发展。尽管就业比重方面生产性服务业将逐渐上升,但由于制造业迁回生产和交易效率的提升,将会提高制造业的生产效率。

3. 制度等因素的影响

值得注意的是,生产性服务业和制造业产品交易效率的大小取决于二者市场发达程度、包含信息流通渠道的基础设施建设完善程度、上下游企业地理集聚程度以及交易双方的信用状况及制度环境等因素,其中制度环境尤其重要。

4. 就业人口比重变化问题

注意到在自给自足 A 模式下,制造业从业人数占总就业人数比重为 1,即全部就业人口都投身于制造业生产。但是进入 D 和 F 模式以后,制造业从业人数占总就业人数比重小于 1。

通过前面的证明可以得出 $\frac{\partial U}{\partial k}>0$,因此,随着交易效率的提升,收入增加。同时可以推出:

$$\frac{\partial\left(\frac{M_z}{M_x}\right)}{\partial k}<0, \quad \frac{\partial\left(\frac{M_z}{M_y}\right)}{\partial k}<0 \qquad (3-85)$$

这说明制造业从业人数同生产性服务业从业人数比重随着交易效率的提升而下降。随着交易效率的不断提升,从事制造业人数同从事服务业人数的比重逐渐下降,也就是说从事服务业的人数占总就业人数的比重在不断提升,从事制造业的人数占总就业人数比重会下降,也就意味着在劳动力总数不变的情况下,生产性服务业从业人数的增加来自于制造业从业人员的转移。促使这种劳动力转移的动力是产品间的相对价格发生变化。

三、生产模式发展趋势问题

迈克尔·波特教授(Porter,1990)也指出,在发展中国家传统工业化时期,政府往往希望通过大型企业集团作为工业化的载体,通过大型企业集团发展多种生产性服务业。而在发达国家,大型企业集团这种功能越来越小,生产性服务业往往通过中小型企业进行提供。

这一问题通过以上的模型分析和表 3-3 的结论也能得到初步解释,即在发展中国家工业化时期,相关资源和市场都不完善,尽管劳动力交易效率和市场交易效率都较低,但是由于制度的不完善性往往导致市场交易效率更低,而劳动力由于一般可以视为自由流动,所以交易效率稍高,因此劳动力交易效率高于市场交易效率,加之生产性服务业发展初期学习费用并没有像今日如此之高,使得大型企业选择 F 模式。

随着经济的发展,生产性服务业日益复杂,学习费用不断高涨,需要投入的专业化资源日益增多;同时随着制度的不断完善,最终产品市场和中间产品市场环境不断改善,形成了健康的外环境;制造业的快速发展又提供了强有力的需求支撑。这些因素结合起来使得微观个体倾向于选择生产性服务业外部化和外包,也就是选择 D 模式,通过专业化的生产企业从外部予以提供。

当然,由于各个生产性服务业的发展水平和程度不同,各个微观企业面临的情况不同,所以一个地区不可能同时都选择 D 模式或是 F 模式,会出现 D 和 F 模式并存的现象。因此对于这种情况不用强行推进发展 D 模式,而应该致力于改善外部环境和加强制度建设,促进本地区生产性服务业和制造业协同发展。当然从长期来看,随着学习费用的提升,相关交易成本的上升和专业化分工的进一步加强,市场交易效率提升等因素的作用,生产模式将向 D 模式转变。当市场交易效率跨过某个临界值以后,分工模式将向 D 模式迈进。

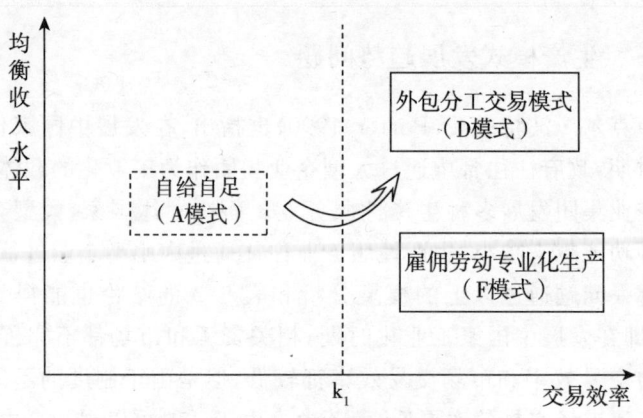

图 3-8 生产性服务业发展示意图

四、交易效率与交通、通信等因素的关系

1. 交易效率给定下交通等因素的影响

在此假定每人居住地是外生固定的,每一对邻居之间的距离是一个常数。因此当一个微观主体进行专业化生产的时候,随着专业化水平上升,他将放弃一些产品的生产,则个体购买的商品种类将增加,因此其贸易伙伴不光有邻居,还会有远地区的非邻居。由于每个人周围的人口密度 N 与考虑区域面积相关。不妨假定周边地区人口均匀分布,由克里斯塔勒的中心地原理可知,一个微观主体周边区域为正六边形,六边形的边长为 R,则人口密度为 $N = \frac{3\sqrt{3}}{2}R^2$,即为正六边形的面积。而在这一区域中每个微观主体与其他人平均距离为 S,其与 R 成正比。因此,每个微观主体同他人的平均距离同 $\sqrt{N}$ 成正比。根据杨小凯等人的定义,设每个微观主体为节省交易费用,尽量与近邻交易,且不同的贸易伙伴种类数大致等于所购买商品种类数,因此假定 $N = n-1$,n 为专业化生产产品的数量,进而假定与贸易伙伴之间平均距离有关的交易费用系数:

$$1 - k = w\sqrt{n-1} \qquad (3-86)$$

其中,w 是与每对邻居间的距离以及运输和通信条件密切相关。当专业化上升的时候,n 增大,$\sqrt{n-1}$ 也随之增大,倘若 w 不变,则 $1-k$ 就会提升,因此交易费用不断上升。这是由于分工会增加每

个人购买的商品种类,因而他们要与远距离的不同专业化生产者交易,提升了交易费用。如果城市化发展降低导致每对邻居之间的距离缩小或是通信手段进步,进而使得交易效率提升,则 w 不断下降,保证方程平衡。

那么在 $s \leqslant t(1-b)^{1-a}$ 的时候,产业演变模式由 A 模式向 D 模式演变。

表 3-4　交易效率同交通、通信指数关系示意图之一

	$\frac{1}{\rho} \leqslant a + v$	
交易效率	$w \geqslant \frac{\sqrt{2}}{2}[1-(1-b)^{\frac{1-a}{2}}G^{\frac{1}{2}}]$	$w \leqslant \frac{\sqrt{2}}{2}[1-(1-b)^{\frac{1-a}{2}}G^{\frac{1}{2}}]$
均衡模式	A(xz)或是 A(yz)	D(xyz)
	$\frac{1}{\rho} \geqslant a + v$	
	$w \geqslant \frac{\sqrt{2}}{2}[1-(1-b)^{\frac{1-a}{2}}Q^{\frac{1}{2}}]$	$w \leqslant \frac{\sqrt{2}}{2}[1-(1-b)^{\frac{1-a}{2}}Q^{\frac{1}{2}}]$
	A(xyz)	D(xyz)

当 $s \geqslant t(1-b)^{1-a}$ 时,产业演变模式由 A 模式向 F 模式转变,为了讨论方便不妨设 $s = t(1-b)^{1-a} = k(1-b)^{1-a}$
$k = t$

表 3-5　交易效率同交通、通信指数关系示意图之二

	$\frac{1}{\rho} \leqslant a + v$	
城市化和通信系数	$w \geqslant \frac{\sqrt{2}}{2}[1-(1-b)^{\frac{a-1}{2}}G^{\frac{1}{2}}]$	$w \leqslant \frac{\sqrt{2}}{2}[1-(1-b)^{\frac{a-1}{2}}G^{\frac{1}{2}}]$
均衡模式	A(xz)或是 A(yz)	F(xyz)
	$\frac{1}{\rho} \geqslant a + v$	
	$w \geqslant \frac{\sqrt{2}}{2}[1-(1-b)^{\frac{a-1}{2}}Q^{\frac{1}{2}}]$	$w \leqslant \frac{\sqrt{2}}{2}[1-(1-b)^{\frac{a-1}{2}}Q^{\frac{1}{2}}]$
	A(xyz)	F(xyz)

w 越小意味着每个微观个体之间距离越小,也就是出现了微观个体集聚,即城市化率越高。同时通信技术越发达,交易手段越进

步,w 也会随之减小。那么可以看到,在两种演化模式下,有两个关键点:

$$w_1 = \frac{\sqrt{2}}{2}\left[1 - (1-b)^{\frac{a-1}{2}} G^{\frac{1}{2}}\right], \quad w_2 = \frac{\sqrt{2}}{2}\left[1 - (1-b)^{\frac{a-1}{2}} Q^{\frac{1}{2}}\right]$$

(3-87)

当城市化和通信系数大于这两点时,由于交易费用极大,专业化生产(特别是服务业专业化生产)不经济,每个微观个体选择自己生产相关的服务业产品,服务业发展停留在低水平。随着城市化推进、交通通信手段等的进步,系数 w 不断降低,因此交易费用显著下降,专业化生产相关服务业产品变得有利可图,出现了服务业生产的专业化分工。至于是在相关的中间市场进行交换服务业产品还是通过雇佣劳动的方式专业化生产性服务业则取决于劳动力生产交易系数、中间市场交易系数、相关服务业产品学习费用以及生产的专业化程度这几个变量之间的关系。

2. 交易产品给定下交易费用同交通、通信等因素的关系

依据上文的分析方式,不妨将专业化生产的产品数量 n 固定,探讨交易费用和交通、通信等因素的关系。由于前面的模型推导可以看到,社会经济的总体趋势是交易效率不断提高,分工趋势不可遏抑,因此代表交易效率的参数 k 应该是不断提高的,因此代表交易费用的 $1-k$ 应该是不断减小,为了保持(3-86)平衡,w 必须减小(因为 n 不变)。

同时,上面的(3-86)式可以进一步改变,由 $k=t$ 可得:

$$1 - t = w\sqrt{n-1}$$

(3-88)

依据前面分析方式,可以看到,随着通信、交通以及城市化的发展,以及微观生产个体距离的不断减小,中间产品(尤其是生产性服务业)的交易费用将不断减少,因此交易效率将不断提升。因此生产性服务业生产个体发生集聚,以及同制造业生产个体靠拢的现象,是同模型相一致的。

诚然,以上分析模式也存在一定的问题。首先,这一分析模式相对静态分析模式,假定一个变量不变,而探讨其他变量关系,往往认识层面较为肤浅。特别是现实中,(3-86)式中的变量往往是动态变化的,往往无法了解哪些因素是原因,哪些因素是引致的结果。其

次,在交通、通讯和城市化等因子 w 的测算方面,由于缺乏相应的数据和资料,往往无法判定交通、通讯、城市化等因素的具体影响比重,因此对于生产性服务业等微观个体空间上集聚的说明效果较差。

第五节 主要研究结论和建议

一、主要研究结论

首先,生产性服务业是脱胎于制造业的新兴产业,随着经济的不断发展,其对于制造业的影响与日俱增。国内外的经验表明,生产性服务业的发展能够促进地区制造业的发展,是推动地区经济发展的新的增长点。目前长三角地区已经进入了新一轮的发展期,产业升级不断推进,促进生产性服务业发展成为了新时期各地政府工作的重点。但是生产性服务业不同于制造业,其发展模式不能简单套用制造业的,为此需要研究其发展模式和影响因素。

其次,目前生产性服务业研究尚没有统一的范式和公认的方法,超边际分析法对于生产性服务业的发展具有一定的解释力,可以用来分析地区的产业演进。本章利用超边际分析法中的中间产品和最终产品模型,对制造业和生产性服务业的演进关系进行了说明,得到的结论是:交易效率是产业演进和生产性服务业发展的关键因素。

第三,由于交易效率对于生产性服务业发展有促进作用,为此有效的提升交易效率和降低交易费用是地方政府在发展生产性服务业应当重点考虑的因素。因此,相关的政策包括建议通过降低学习费用、积极推进政府制度创新、加强软环境建设、大力完善中间市场、加大对外开放力度和加大基础设施建设等六项措施,希望可以有效地促进长三角地区生产性服务业快速发展。

二、相关政策建议

交易效率对于地方生产性服务业乃至地方的产业演进有着重要的作用。交易效率的提升或是交易费用的下降可以通过斯密定理[①],推动市场扩展,进而促进地方分工演进,促进以生产性服务业

---

① 即分工水平取决于市场扩展,而市场扩展取决于交易费用或交易效率。

为代表的新的中间产业发展,形成生产网络,带动整个经济的发展。本章提出的政策目标的核心就是要推动制造业和生产性服务业协同发展,实现长三角地区经济社会稳步发展,增强地区经济实力,改善人民生活水平。为了实现这一目标则是需要大力发展生产性服务业,根据本章的相关结论可以看出,应该积极改进地区交易效率,促进生产性服务业发展。为此,地方政府可以通过从交易技术和交易制度两个方面入手,改进交易效率,进而结合本文模型演绎的结论,实现生产性服务业快速分离和独立发展,从而实现生产性服务业和制造业相互促进,协同发展。

1. 加快交易制度改革,营造良好外部环境

(1) 加快转变政府职能,消除制约生产性服务业发展的体制障碍

由于体制性和政策的原因,生产性服务业的市场准入门槛普遍高于制造业,管制较多、市场化程度较低,同时一些行业对于非国有经济和外资没有开放,较高的门槛和狭窄的市场准入范围导致服务业资源流入不足,供给有限。同时长三角地区长期依靠制造业发展,对于制造业有一定的政策惯性,而对于生产性服务业的重视程度相对不够,存在一定政策性歧视。

第一,提升本地区自身政府办事效率。地方政府应该适时转变思路,推进职能转型,构建服务型政府。大力深化行政审批制度改革,学习昆山等地经验,设立专门的公共服务行政中心,集中相关主管部门集中办公,快速受理和处理本地区制造业企业和是生产性服务业企业相关事宜,加快企业注册、报批等诸多事宜的办事效率,打造地方行政软环境建设。可以积极学习新加坡政府对于相关企业的服务理念和服务方式,切实树立政府服务意识,创新政府服务方式,提高行政服务效率。

第二,加快地方诚信体系和信用体系构建。企业要发展,除了劳动力等要素市场,以及政府的宏观经济和产业政策的影响外,最重要的是资金市场的发展,使得企业在投融资方面能有便捷的渠道。然而地区企业数量繁多,企业发展状况良莠不齐,金融机构往往顾虑风险而惜贷。特别是生产性服务业企业多是中小企业,没有什么可以抵押的固定资产,风险相对更大,难以短时期评估。为此政府应该要应该加强诚信建设,培育良好的信用环境和市场经济秩序。同时协调银行和相关金融机构,在相互协商的基础上推动建设本地区信用

体系制度,便利相关企业融资和发展,减少企业的搜寻成本和信息不对称问题,为生产性服务业企业发展提供高效的信用平台和融资渠道。

第三,政企分开,明确地方企业产权,促进顺利流转。长三角地区由于特殊的历史原因导致很多民营企业和乡镇企业产权较为模糊,同本地区乡镇政府以及市政府有着千丝万缕的联系,这些关系在改革开放初期对于本地区企业在政策夹缝中生存起到了重要保护作用。但是随着市场经济制度的确立和逐渐完善,这种模糊的产权关系不利于长三角地区中小企业产权的流转,也不利于企业筹融资。为此地方政府应该积极推进政企分开,减少对于企业发展的行政性干预,积极为本地企业构建宽松的环境,放松对于生产性服务业的过多管制。合理引导民间资本和外资参与国有企业改组改造,推进非基本服务行业的资源配置由政府为主向市场为主转变。对于政府参股的地方企业,应该积极推进产权改革,明晰产权,政府由主管方转向控股方或参股方,完善地方产权交易市场。建立起政府的进入和退出机制,转变职能,着力于地区制度宏观环境建设。

同时,伴随产业升级过程而发生的企业的并购重组也需要有一个产权交易的市场,使得这种产权的配置通过市场化的操作,达到最优配置。如此一来,也有助于推进产业升级的过程。苏南地区较之于浙北地区而言,产权问题较为复杂,政府在一些地区企业的股权比重不低,一些集体所有制企业以及相关股份制企业在所有制结构上并不十分清晰,对于本地区乃至外来企业并购重组造成了诸多困扰,不利于相关产业做大做强,人为地增大了交易成本,降低交易效率,进而阻碍了生产性服务业的发展。

第四,放宽行业准入政策。积极针对本地区的经济发展水平、制造业发展程度、基础设施条件和企业具体情况等,有选择性地鼓励和支持发展相关生产性服务业,制定相应规划,出台促进生产性服务业发展的地区性政策,如税收、规制、环保政策等。除国家法律、法规禁止进入的领域,其他投资领域各类资本均可进入。对于有利于制造业升级、解决就业、符合条件的企业可以通过税收优惠、放宽审贷条件、项目融资、设立产业投资基金的方式,充分调动民间资本进入服务业。建立公开透明、高效规范的市场监管体制,加强对产业发展的总体规划和统筹管理,全面清理涉及服务业的行政事业性收费。积极推进产业标准化工作,提高服务质量,规范服务行为,健全完善行业自律机制,减少和避免无序竞争造成的资源浪费。

第五,推进地方户籍制度改革。劳动力交易效率是影响生产性服务业演进发展模式的重要指标,提升劳动力交易效率对于本地区的产业演进至关重要。为此地方政府要大力促进劳动力的顺利流转,鼓励外来人才安心落户本地,特别是目前城乡二元制结构下,户籍制度成为限制人才流转的瓶颈。长三角地区拥有大量外来人口,这些"新长三角人"往往由于户籍等因素制约无法享受到社保、医疗、教育等福利和保障。地方政府可以在现有条件下,积极探索制度突破,通过相关制度改革,放宽劳动力流转限制,为外来务工人员子女上学、看病就医以及社保等提供相应的渠道,逐渐消除差距,促进劳动力顺利流动。

第六,鼓励民间力量发展,建设相关协会。发达国家和地区的服务业的发展历程表明,行业自律组织和协会在行业发展环境的营造中发挥着重要的作用:它能为企业向政府争取有利的产业政策,并促进相关法律法规建设;协调和指导行业内的企业行为,规范行业竞争秩序,并在跨国发展中扮演重要角色;顺畅行业内的信息沟通与交流,发挥外部效应;还可以通过搭建信息发布平台,组建行业信用评价体系等,树立良好的诚信行风等等。为此地方政府可以借鉴发达国家和地区的经验,组织成立相应的行业协会,提供市场信息,促进互相沟通,积极协调同政府的关系,加强同客户的联系,并且规范行业发展,维护行业发展秩序,避免恶性竞争。浙江商人目前已经建立了相关商业协会,促进了浙商的交流和发展。

(2)加强区域协调,减少制度层面的交易费用

地方政府应当加强区域协调,构建职能划分合理、比较优势突出的层级区域分工格局。学习苏州五县市发改委定期协商机制,促进长三角16城市有步骤地构建合作和协商机制,诸如建设对话论坛或是高峰会议等形式,定期就区域热点和相关利益问题进行协商,对区域协调中可能发生的地方利益流失尝试引入补偿机制,减少区域之间恶性竞争和地方贸易壁垒。制定并实施区域规划和区域政策,并纳入国家宏观调控体系。健全市场机制,进一步发挥市场机制在区域协调发展中的重要作用。依据资源享赋和比较优势,明确不同城市的功能定位。长三角地区各城市应当找准定位,上海、南京、杭州、

苏州、宁波等地应该发挥地区核心和副中心的作用,突出在金融、物流、商务服务、信息服务、教育培训等行业上集聚要素和向外辐射的核心能级。其他城市应作为积极结合自身定位,承担和对接超大和特大城市辐射效应和发展机遇,利用产业垂直分工和产业链的延伸性,形成城市间融合配套、错位分工、优势互补的发展格局。

(3) 加大对外开放力度

改革开放三十年的经验表明:对外开放能够有效地推动市场化改革,打破垄断,促进竞争,同时也能够为行业带来规范的管理体制和经验。而吸引服务业外商直接投资能够带来的利益主要表现在:一方面通过外国的职业人士提供专业化的服务,国内服务企业可以近距离地学习国外先进的服务技术、定制化技术和管理经验,促进隐性知识在产业间的扩散和转移;另一方面,外国供应商能够高效率地为国内企业提供更高端的中间服务,并通过服务业与制造业的密切联系,促进知识和技术在整个经济中的扩散和渗透,提升本地区制造业的核心竞争力。

为此地方政府可以通过向国际全方位开放,来促进行业管理体制、组织形式以及服务品种等的创新。树立竞争意识,减少地方保护主义,鼓励企业积极竞争,扶植有竞争力的企业做强做大。引进先进的服务技术和行业标准,规范行业竞争行为,促进行业健康有序发展;同时通过引入竞争主体、导入市场竞争机制,促进竞争,通过公平竞争来促进行业加快发展,从而有助于本地区交易效率的提升,进而促进长三角新型工业化的快速发展。

2. 继续加强交易技术方面建设,为生产性服务业发展提供坚实物质基础

(1) 坚持新型工业化发展路线

由前面的分析可以看到,产业结构由 A 模式向 D 和 F 分工模式演进时,制造业是发展的基础。通过制造业的不断发展,相关的交易效率得到了提高,进而产业结构演进,出现生产性服务业,并且对制造业的发展起到了促进作用。因此制造业是产业演进的基础,没有制造业的发展,就谈不上生产性服务业的发展和交易效率的提升。

为此,地方政府在长三角新一轮的产业升级过程中应注意,只有像上海等少数大都市才能够拥有较高的生产性服务业总部集聚,生产性服务业比重可以远超制造业比重。但是对于其他长三角城市而

言,应当坚持制造业同生产性服务业协同发展之路,也就是新型工业化道路。不能一味地"退二进三",应当结合本地情况,探索符合本地情况的产业发展道路。积极创建各种有利外部环境,鼓励生产性服务业快速发展,同时坚持大力发展制造业,以防产业空心化。

(2) 缩短生产性服务业的空间距离

首先,构建相关园区,促进生产性服务业集聚发展。积极推进土地流转制度创新,通过土地置换等方式引导制造业向城市周边集中布局,依托制造业集聚扩大生产性服务业的有效需求,形成支撑产业发展的规模经济和范围经济效应。按照集聚发展、强化辐射的要求,考虑城市建设、交通、居住环境以及社会经济发展趋势等因素,科学合理地划分生产性服务业不同的功能区域,以功能区、集聚区建设为载体,实现园区化管理、专业化服务和社会化、市场化运作新机制。通过规划布局、政策引导和必要的财政支持等形式,支持生产性服务业实现区域性集聚。尽快消除针对服务业的政策性歧视,对生产性服务业在用水、用电和用地上实行与制造业同等政策,对生产性服务业集聚区应给予与工业开发区相同的政策扶持。

其次,加强基础设施建设,大力推动信息化。交通、通讯、信息等基础设施是衡量一个地区交易效率的重要指标,良好的交通、信息等基础设施对于发展生产性服务业有着重要的推动作用。要加快和完善交通、通讯、信息和教育基础设施的建设。一方面,通过改善地区硬件基础设施建设,积极承接国际服务业转移和服务外包,吸引生产性服务企业的投资;另一方面,通过基础设施的完善,促进生产性服务企业的地理集聚,进而通过发挥生产性服务业的作用,促进本地产业集群发展。另外,要积极推进本地信息化,加强网络信息化建设,促进政府和企事业单位入网,发展电子政府,建设地区性公共信息平台,推动无纸化办公,从而提升办公效率以及管理水平,真正实现以信息化带动工业化。

(3) 重视人力资本培养,降低学习费用

前面的模型分析可以看到,交易效率同进入该产业的学习成本负相关。这意味着,一旦能够显著降低产业的学习成本和费用,那么就会促进交易效率提升,进而促进生产性服务业的发展,推动地方经济发展。而降低学习费用的重要方法就是重视人力资本的培养。因为生产性服务业的发展需要获得高技能、高知识的专业技术人才的支持,这些人才能够有效地降低本地区发展生产性服务业的"技术门槛",从而降低学习费用,提升交易效率。但是由于人力资本形成的时间较长,所以对于一个地区来说,一方面要加大对人力资本的投入,加大对教育和培训的投入力度,另一方面则要加强对关键性人才的引进力度,积极培养、引进高技能、高知识的专业化人才,支持生产性服务业的发展。

首先,大力发展职业教育和培训产业,提高相关从业人员的素养。人才对于地方产业发展和经济发展的重要性不言而喻,生产性服务业作为知识和技术含量高的产业,不同于普通的劳动密集型产业,仅凭熟练劳动力就能够从事,必须具备相当的素质和资格才能够从事,比如金融业、物流业、咨询业对于员工的操作素养有着较高的要求。这就要求地方政府应在本地区大力发展相关职业教育和职业培训,政府层面加大对于相关职业教育学校的投入,鼓励相关社会力量兴办职业培训机构,提升本地区的人力资本素质,为生产性服务业发展提供充足的合格劳动力。

其次,大力发展吸引"外脑"政策。现代生产性服务业多是知识密集型产业,对于高级人才需求十分迫切,长三角城市除上海以外大都面临着高级人才短缺的问题,一方面要加大国内吸引人才的力度,大力改革本地相关政策,推进制度创新,制定相关政策和措施,为外来人才提供相应的"人才公寓"等,鼓励外地人才到本地区创业、投资和落户,借助外来人才为本地区带来先进的理念和管理方式,实现"外溢效应",从而降低学习费用。现在上海推出的工作证制度,就是为了积极吸引外部人才,规避户口制度的难题,促进人才在上海安心工作。另一方面可以考虑利用经济国际化的机遇,建立人才引进、开发和共享合作的国际通道与机制,以缓解当前关键人才紧缺的燃眉之急。

参考文献

1. Alexander, L. 1970. *Location and Public Policy*[M]. Methuen.
2. Andrew Leyshon. 1998. Geography of Finance:Spatial Dimension of Intermediary Behavior,22(3):433—466.
3. Bathla. 2003. Inter-sectoral Growth Linkages in India:Implications for Poli-

cy and Liberalized Reforms[J]. http:// ieg1nic1in/dis_seema_771pdf.
4. Beyers W B, Lindahl. 1996. Explaining the Demand for Producer Services: is Cost-driven Externalization the Major Factor[J]. *Regional Science*, 75(3):351—374.
5. Browning H C, Singelmann J. 1975. *The Emergence of a Service Society National Technical Information Service*[Z]. Springfield Virginia.
6. Cairncross, F. 2001. *The Death of Distance: How the Communications Revolution is Changing our Lives*[M]. Harvard Business Press.
7. Ciccone A, Hall R E. 1996. *Productivity and the Density of Economic Activity*[R]. National Bureau of Economic Research.
8. Ciccone A. 2002. Agglomeration Effects in Europe[J]. *European Economic Review*, 46(2):213—227.
9. Clark C. 1940. *The Conditions of Economic Progress* [M]. Macmillan London.
10. Coase R H. 1960. The Problem of Social Cost [J]. *Journal of Law and Economics*, 3(1):1—44.
11. Coase, R H. 1937. The Nature of the Firm[J]. *Economica(New Series)*, 4(16):386—405.
12. Coffey W J, Bailly A S. 1999. Producer Services and Flexible Production: an Exploratory Analysis [J]. *Growth & Change*, 22(4):95—117.
13. Coffey W J, Bailly A S. 1991. Producer Services and Flexible Production: An Exploratory Analysis[J]. *Growth and Change*, 22(4):95—117.
14. Coffey W J, Drolet R, Polèse M. 1996. The Intrametropolitan Location of High Order Services: Patterns, Factors and Mobility in Montreal [J]. *Papers in Regional Science*, 75(3):293—323.
15. Cohen S, Zysman J. Manufacturing Matters. 1987. *The Myth of the Postindustrial Economy*[M]. New York: Basic Books.
16. Daniels, Moulaert. 1991. *The Changing Geography of Advanced Producer Services*[M]. London: Belhaven Press.
17. Daniels. 1985. *Service Industries: a Geographical Appraisal* [M]. London: Methuen.
18. Eswaran, Kotwal. 2001. *The Role of the Service Sector in the Process of Industrialization*[M]. Manuscript: University of British Columbia.
19. Francois J. 1990. Producer Services Scale and the Division of Labor [J]. *Oxford Economic Papers*, 42(4):715—729.
20. Fuchs R V. 1968. *The Service Economy*[M]. New York: National Bureau of Economic Research.

21. Goe W R. 1990. *Producer Services, Trade and the Social Division of Labour*[J]. Regional Studies,24(4):327—342.
22. Guerrieri P, Meliciani V. 2003. International Competitiveness in Producer Services. SSNR. http://ssrn.com/abstract = 521445 or http://dx.doi.org/10.2139/ssrn.521445.
23. Hockerts K. 2008. Propertyrights as a Predictor for the Eco-efficiency of Product-service Systems[C]. BsCSR Working Paper No 02—2008, Copenhagen.
24. Illeris S. 1989. Producer Services: the Key Factor to Economic Development [J]. *Entrepreneurship and Regional Development*,1(3):267—274.
25. Keeble D, Nacham L. 2002. Why do Business Service Firms Cluster? Small Consultancies, Clustering and Decentralization in London and Southern[J]. *Tran Sactions of the Institute of British Geographers*,27(1),67—90.
26. Klodt H. 2000. *Change Towards Services: the German Experience*[C]. Birmingham: University of Birmingham. GSD discussion paper.
27. Kolko J. 2007. Can I Get Some Service Here? Information Technology, Service Industries, and the Future of Cities[C]. SSRN Working Paper.
28. Laurence Moyart. 2005. The Role of Producer Services in Regional Development: What Opportunities for Medium-sized Cities in Belgium? [J] *The Service Industries Journal*,25(2):213—228.
29. Leamer E, Storper M. The Economic Geography of the Internet Age[J]. *Journal of International Business Studies*,2001,32(4):641—665.
30. Lundvall B A, Borrs S. 1998. The Globalizinglearning Economy: Implications for Innovation Policy[R]. TSER Program Report, D G XII, Commission of the European Union.
31. Machlup F. 1962. *The Production and Distribution of Knowledge in the United States*[M]. New Lersey: Princeton University Press.
32. Marceau J, Martinez C. 2002. Selling Solutions: Product-service Packages as Links Between New and Old Economies[C]. Paper to be Presented at the DRUID Summer Conference: Industrial Dynamics of the New and Old Economy-who is Embracing Whom? Copenhagen/Elsinore,6—8.
33. Marshall A. 1920. *Principles of Economics*[M], London: Macmillan.
34. Marshall J N, Damesick P, Wood P. 1987. Understanding the Location and Role of Producer Services in the United Kingdom[J]. *Environment and Planning*,(19):575—595.
35. Martin A. 2004. Co-location of Manufacturing & Producer Service-asimul-

taneous Equation Approach[Z][R]. CESIS Electronic Working Paper Series,August:8—12.
36. Martinelli F A. 1991. *Demand-oriented Approach to Understanding Producer Services*[M]// Daniels P W, Moulaert F. The Changing Geography of Advanced Producer Services. London: Belhaven Press.
37. Moulaert F G, Camal. 1993. The Locational Geography Ofadvanced Producer Service Firms: the Limits of Economies of Agglomeration[J]. *The Service Industries Journal*,13(2):91—106.
38. O' Farrella P N, WOOD P A. 1999. Formation of Strategic Alliances in Business Services: Towards a New Client-oriented Conceptual Framework [J]. *The Service Industries Journal*,19(1):133—151.
39. Pandit N. Cook G and Swann, GMP. 2001 The Dynamics of Industrial Clustering in Financial Services. Service Industries Journal, 21:31—61.
40. Pappas N, Sheehan P. 1998. *The New Manufacturing,Linkages Between Production and Service Activities*[M]//Sheehan P, Tegart G. Working for the Future, Melbourne: Victoria University Press.
41. Park S H, Chan K S. 1989. A Cross-country Input-output Analysis of Intersectional Relationships Between Manufacturing and Services and Their Employment Implications [J]. *World Development*,17(2):199—212.
42. Park S O, Nahm K B. 1998. Spatial Structure and Inter-firm Networks of Technical and Information Producer services in Seoul,Korea[J]. *Asia Pacific Viewpoint*,139(2):209—219.
43. Porter M E. *Competitive Advantage of Nations*[M]. Free Press,1998.
44. Riddle D. 1986. *Service-led Growth: the Role of the Service Sector*[M]// World Development. New York: Praeger.
45. Rowthorn R, Ramaswamy R. 1999. Growth, Trade and Deindustrialization [J]. *IMF Staff Papers*,146(1):18—41.
46. Sassen S. 1994. The Urban Complex in a World [J]. *International Social Science Journal*, 46(139):43—62.
47. Scott A J. 1996. Regional Motors of the Global Economy[J]. *Futures*,28 (5):391—411.
48. Shugan S M. Explanations for the Growth of Services Quality:New Directions in Theory and Practice,1994:223—240.
49. Weber A. 1929. *The Theory of the Location of Lndustries*[M]. Chicago: Chicago University Press.
50. Zhao S X. 2003. Spatial Restructuring of Financial Centers in Mainland

China and Hong Kong: a geography of Finance Perspective[J]. *Urban affairs review* 38(4):535—571.

51. Zhou Y. 1998. Beyond Ethnic Enclaves: Location Strategies of Chinese Producer Service Firms in Los Angeles[J]. *Economic Geography*, 74(3): 228—251.
52. 陈国亮:《新经济地理学视角下的生产性服务业集聚研究》,浙江大学出版社 2010 年版。
53. 陈建军、陈国亮、黄洁:《新经济地理学视角下的生产性服务业集聚及其影响因素研究——来自中国 222 个城市的经验证据》,《管理世界》2009 年第 4 期,第 83—95 页。
54. 陈建军、陈菁菁:《生产性服务业与制造业的协同定位研究——以浙江省 69 个城市和地区为例》,《中国工业经济》2011 年第 6 期,第 141—150 页。
55. 程大中、陈福炯:《中国服务业相对密集度及对其劳动生产率的影响》,《管理世界》2005 年第 2 期,第 77—83 页。
56. 代文:《现代服务业集群的形成和发展研究》,武汉理工大学出版社 2007 年版。
57. 丹尼尔·贝尔:《后工业社会的来临》,高铦、王宏周、魏章玲译,北京:商务印书馆 1984 年版。
58. 范剑勇:《产业集聚与地区劳动生产率差异》,《经济研究》2006 年第 11 期,第 72—81 页。
59. 冯泰文:《生产性服务业的发展对制造业效率的影响——以交易成本和制造成本为中介变量》,《数量经济技术经济研究》2009 年第 3 期,第 56—65 页。
60. 高帆:《交易效率的测度及其跨国比较:一个指标体系》,《财贸经济》2007 年第 5 期,第 104—110 页。
61. 高觉民、李晓慧:《生产性服务业与制造业的互动机理:理论与实证》,《中国工业经济》2011 年第 6 期,第 151—160 页。
62. 高运胜:《生产性服务业集聚影响要素分析》,《消费导刊》2008 年第 10 期,第 52—56 页。
63. 顾乃华:《我国城市生产性服务业集聚对工业的外溢效应及其区域边界——基于 HLM 模型的实证研究》,《财贸经济》2011 年第 5 期,第 115—122 页。
64. 韩德超、张建华:《中国生产性服务业发展的影响因素研究》,《管理科学》2008 年第 6 期,第 81—87 页。
65. 何雄浪、李国平:《运输成本、交易成本与交易效率——新古典经济学框架的矫正》,《经济学前沿》2007 年第 4 期,第 82—89 页。

66. 贺天龙、伍检古:《珠三角生产性服务业集聚的实证研究》,《中国市场》2010年第41期,第66—69页。
67. 洪银兴:《城市功能意义的城市化及其产业支持》,《经济学家》2003年第2期,第29—36页。
68. 胡霞:《中国城市服务业发展差异研究》,北京:经济科学出版社2009年版。
69. 黄解宇、杨再斌:《金融中心形成的理论与实践解析》,北京:中国社会科学出版社2006年版。
70. 江静、刘志彪、于明超:《生产者服务业发展与制造业效率提升:基于地区和行业面板数据的经验分析》,《世界经济》2007年第8期,第52—62页。
71. 江小涓、李辉:《服务业与中国经济:相关性和加快增长的潜力》,《经济研究》2004年第1期,第4—15页。
72. 孔婷、孙林岩、冯泰文:《生产性服务业对制造业效率调节效应的实证研究》,《科学学研究》2010年第3期,第357—364页。
73. 李红梅:《论生产服务业发展中的政府角色》,《统计研究》2002年第8期,第63—66页。
74. 李江帆、毕斗斗:《国外生产服务业研究述评》,《外国经济与管理》2004年第11期,第16—19,25页。
75. 李兴江、付平、赵亚明:《中国区域经济发展差距:超边际分析的理论与实证》,《科学经济社会》2007年第1期,第48—53页。
76. 李志平、白庆华:《大都市现代服务业集聚区的形成机理研究》,《现代管理科学》2008年第2期,第13—15页。
77. 刘赪、王成璋:《交易效率与区域内分工格局的变迁》,《科技管理研究》2007年第3期,第71—72页。
78. 刘纯彬、杨仁发:《基于产业融合的我国生产性服务业发展研究》,《经济问题探索》2011年第9期,第69—73页。
79. 刘晖、张信:《大力推进首都高新技术产业分蘖形成新型现代服务业》,《科技潮》2005年第4期。
80. 刘淑华:《欠发达地区生产性服务业影响因素与发展战略研究》,武汉理工大学出版社2011年版。
81. 刘优剑、任曙明:《产业分工重组与生产性服务业的发展》,《科技和产业》2006年第8期,第1—4页。
82. 刘志彪:《基于制造业基础的现代生产者服务业发展》,《江苏行政学院学报》2006年第5期,第41—44页。
83. 宋立瑛:《论新兴工业与现代服务业融合发展在东北地区产业结构中的战略意义》,《东北亚论坛》2006年第15期,第37—41页。

84. 宋志刚、韩峰、赵玉奇:《生产性服务业的集聚效应与经济增长——基于中国地级城市面板 VAR 分析》,《技术与创新管理》2012 年第 1 期,第 57—60 页。
85. 苏卉:《河南生产性服务业与制造业的互动发展研究》,《河南理工大学学报(社会科学版)》2012 年第 1 期,第 60—63 页。
86. 孙久文、李爱民、彭芳梅、赵霄伟:《长三角地区生产性服务业与制造业共生发展研究》,《南京社会科学》2010 年第 8 期,第 1—6 页。
87. 唐强荣、徐学军:《新型工业化生产性服务业与制造业》,《工业技术经济》2008 年第 11 期,第 122—124 页。
88. 王朝阳、何德旭:《英国金融服务业的集群式发展:经验及启示》,《世界经济》2008 年第 3 期,第 89—095 页。
89. 吴智刚、段杰、阎小培:《广东省生产性服务业的发展与空间差异研究》,《华南师范大学学报(自然科学版)》2003 年第 3 期,第 131—139 页。
90. 徐学军:《助推新世纪的经济腾飞:中国生产性服务业巡礼》,北京:科学出版社 2008 年版。
91. 宣烨:《生产性服务业空间集聚与制造业效率提升——基于空间外溢效应的实证研究》,《财贸经济》2012 年第 4 期,第 121—128 页。
92. 杨小凯:《经济学原理》,北京:中国社会科学出版社 1998 年版。
93. 曾国宁:《生产性服务业集群:现象、机理和模式》,《经济学动态》2006 年第 12 期,第 59—61 页。
94. 张定胜、杨小凯:《从交易成本的角度看贸易模式,经济发展和二元经济现象》,《武汉大学学报(人文社会科学版)》2000 年第 3 期,第 314—318 页。
95. 张定胜、杨小凯:《具有内生比较优势的李嘉图模型和贸易政策分析》,《世界经济文汇》2003 年第 1 期,第 1—13 页。
96. 张沛东:《区域制造业与生产性服务业耦合协调度分析——基于中国 29 个省级区域的实证研究》,《开发研究》2010 年第 2 期,第 46—49 页。
97. 张树义:《论上海先进制造业与现代服务业的融合》,《现代商业》2007 年第 23 期,第 192 页。
98. 张亚斌、刘靓君:《生产性服务业对我国经济增长的影响研究——基于东、中、西部面板数据的实证分析》,《世界经济与政治论坛》2008 年第 4 期,第 79—86 页。
99. 赵红军:《交易效率、城市化与经济发展》,复旦大学出版社 2005 年版。
100. 植草益:《信息通讯业的产业融合》,《中国工业经济》2001 年第 2 期,第 24—27 页。
101. 庄树坤、刘辉煌、张冲:《中国生产性服务业发展的影响因素研究》,《技术与创新管理》2009 年第 6 期,第 792—795 页。

第四章

规模经济、差异化与交通：旅游休闲产业空间格局的动态演化

第一节 问题的提出

改革开放三十年间，我国国内生产总值增长了14倍，人均国民收入提升11倍。与此同时，我国城市化水平显著提高，并进入加速发展的中期阶段。随着经济总量和城市化的高速发展，作为都市区核心、具有高度区域凝聚力和辐射性的大都市，在城市规模和经济、社会发展速度方面均显著提升，居民可支配收入不断增加，消费结构升级，由此引发大规模的休闲度假需求。面对极具潜力的休闲市场，大都市周边地区有意愿发展休闲服务业，但如何发展则成为困扰地方政府的重大课题。当前，随着大都市服务业的发展和优势的凸显，其周边地区在工业经济基础上也开始谋求产业转型，试图发展服务业经济。旅游休闲产业作为现代服务业的重要组成，具有低能耗、低污染、广就业、高附加值等特点，成为大都市周边地区发展服务业的重要领域。那么，随着大都市居民旅游休闲需求的扩大，消费能力的增强，消费水准的提高，其周边地区发展旅游休闲与休闲产业需要具备哪些基本要素？对于已经形成规模的以观光旅游为主的都市周边地区，如何实现产业休闲化的转型升级？对于尚未形成有效供给的都市周边地区能否发展休闲产业，是否有模式和规律可循？实际上，国外旅游休闲产业已经经历了百余年的发展历程，无论是景区、休闲

第四章　规模经济、差异化与交通：旅游休闲产业空间格局的动态演化

产品和服务的开发,还是休闲经济和休闲教育的发展程度,均已进入成熟阶段,引领休闲产业发展的方向与潮流。相对于我国休闲旅游起步晚、层次低的发展现状,国外旅游休闲产业的成功案例无疑给予大都市周边地区发展相关产业以重要借鉴和启示。这里我们首先介绍 20 世纪七八十年代的"大推动"战略实现基于"3S"旅游休闲模式,进而讨论差异化成功转型升级的北海道旅游模式,并借此试图探求以上海为核心的大都市周边地区与发展休闲产业的模式和路径。

一、从"3S"开发看大推动战略

20 世纪七八十年代以来,美、日、德、英、法等主要发达国家的人均 GDP 接近或突破 1 万美元,人们对旅游休闲的需求迅速扩大。以此为契机,澳大利亚黄金海岸、墨西哥坎昆、印度尼西亚巴厘岛、马尔代夫群岛等一批拥有阳光(sun)、沙滩(sand)、大海(sea)资源的"3S"旅游度假胜地迅速成长和崛起。比如,澳大利亚的黄金海岸,1959 年成立黄金海岸市,1981 年机场建成,已经成为澳大利亚著名的家庭度假地。20 世纪 80 年代,日本投资大量涌入,使黄金海岸的天际轮廓线迅速隆起(the skyline soar),梦幻世界、海洋世界等主题公园的兴建,使黄金海岸几乎是一夜之间成为了著名的国际旅游度假地。这些地区为何能够在短期内迅速发展,其中的模式值得探究。有意思的是,这些地区的成长与日本的经济崛起不无联系。那么,当时的日本究竟发生了什么?

1985 年,在"广场协议"影响下,日元汇率在三个月内从 1∶240 升至 1∶200,并在此后继续大幅上扬,进入了长达十年的升值周期。为抵消日元升值对本国出口贸易造成的负面影响,日本政府从 1987 年 2 月至 1989 年 5 月,一直实行 2.5% 的超低利率。在超低利率刺激下,日本本地股票、土地等资产价格迅速提升(图 4-1)。

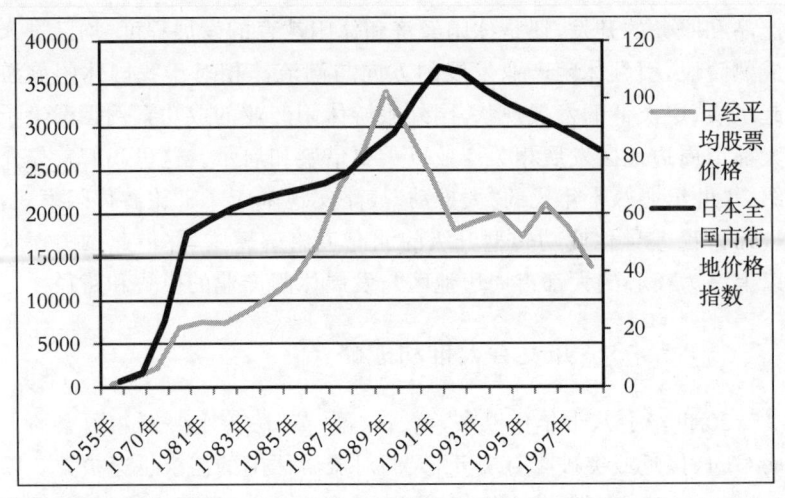

资料来源：据孙执中《日本泡沫经济新论》（北京：人民出版社 2001 年版）数据绘制而成。

图 4-1　1955 年—1998 年日本股价与地价的变动趋势

资本要素的流动性泛滥，日本企业和投资家纷纷收购海外资产，对北美洲、大洋洲、欧洲等地的不动产投资比重居高不下（表 4-1）。夏威夷几乎整个地被日本人用重金买下，仅 1986、1987 年两年日本在夏威夷的房投资就达 65 亿美元以上。日本买下了珍珠港海滩区 23 家豪华酒家、大批楼房、大餐厅、旅游休闲中心、高尔夫球场、畜牧场和种植园。每年到夏威夷的数以百万计的旅客中，日本人占 51%。檀香山市市长疾呼：檀香山市快变成东京的一个区了。夏威夷俨然成了供日本人休假疗养的"乐园"，宛若一个"新殖民地"。

表 4-1　日本海外不动产投资的变化（百万日元）

年份		美国	大洋洲	欧洲	亚洲	其他	合计
1986	总额	558916	84072	162113	55778	1000	864879
	比重(%)	64.8	9.8	18.8	6.5	0.1	100
1987	总额	374542	295112	163445	36807	3965	873871
	比重(%)	42.9	33.8	18.7	4.2	0.5	100
1988	总额	399673	202925	181458	72867	5227	862150
	比重(%)	46.4	23.5	21.0	8.5	0.6	100

第四章 规模经济、差异化与交通：旅游休闲产业空间格局的动态演化

续表

年份		美国	大洋洲	欧洲	亚洲	其他	合计
1989	总额	566726	127547	371821	96476	39040	1201610
	比重(%)	47.2	10.6	30.9	8.0	3.2	100
1990	总额	475200	136300	266800	65500	12000	955880
	比重(%)	49.7	14.3	27.9	6.9	1.3	100

资料来源：日本大藏省统计资料整理。

与此同时，日本政府提出的"千万计划"（Ten Million Program）[①]推动居民出境旅游大规模增长，依托"3S"旅游资源的夏威夷、澳大利亚黄金海岸、坎昆等地在此时迅速发展。在庞大都市休闲需求和高的货币升值预期下引发出大规模旅游休闲市场，随着"3S"旅游休闲资源的开发，对该产业的规模经济预期不断增大，此时国内外资本介入，大推动战略（Big Push）逐渐强化，基于"3S"资源的旅游度假模式由此形成。实际上，墨西哥的坎昆、印度尼西亚的巴厘岛等都有着类似的条件和经历：一是基于"3S"旅游度假产品；二是大规模市场与充足的要素供给；三是以此为基础的大推动战略的实施。

从"3S"模式回到中国，我们拥有着类似的条件和环境。当前，人民币升值预期、流动性泛滥、农村劳动力在服务业领域仍然相对充足的供给以及旅游休闲市场规模的不断增长。应该强调的是，我国的大都市正在发生着类似的故事。大都市庞大且领先的休闲需求已经成为其周边地区发展相关产业的前提基础，而2005年以来不断强化的人民币升值预期，促使大量国内外资本介入，为休闲产业发展提供丰厚的资金支持。同时，相对充足的劳动力供给、相对低廉的人力资源成本和高度的要素流动性，促使旅游休闲市场规模在未来一段还将继续扩大。

二、从北海道转型看产品差异化战略

1. 从大规模工业化到休闲旅游业的转型

作为日本四岛中最北的岛屿，北海道在2006年的GDP高达

[①] 1987年，日本政府为降低过高的国际贸易顺差，提出"千万计划"，该计划带来日本居民出境旅游的大规模增长。

2327亿美元,产业结构比例为3.7∶17.5∶82.2,而第三产业中旅游业及其相关产业的就业人数占比达到21.84%[1]。北海道以摒弃大规模工业化,全力推行服务业尤其是旅游产业的发展道路,凭借全方位、独特性、高品质的休闲产品开发以及良好的基础设施建设,成为日本旅游的标志性品牌和世界性旅游胜地。

以北海道产业转型最为成功的西南部港市小樽为例,1873年札幌内发现煤炭后,小樽作为札幌外港成为煤炭输出港,大力扩充港湾及铁路设施。1914年,小樽运河开凿,其沿岸兴建起大量厂房、仓库,使小樽成为了日本重要的移民和物资集散地。然而,随着大型货船的普及,全长1.3公里的小樽运河逐渐停运。面对工业化发展逐渐式微的局面,在第五期综合开发规划[2]的指导下,小樽开始进入产业升级和转移阶段,以旅游业作为其重点发展产业。小樽利用运河沿岸的工业遗产,将已有仓库群改造为特产店及餐厅,并在原有玻璃制造业基础上开发形成超过千种的玻璃制品,包括风铃、手机链等等。小樽经典的老城区挂满风铃,尤其清新浪漫。同时,小樽利用八音盒机芯技术的革新开发中高端手工八音盒产品,使八音盒几乎成为游客必购产品。对工业遗产的合理保护和利用,对旅游休闲产品的挖掘和创新,使得小樽成功从工业城市转型为旅游休闲产业发达的浪漫之城,也成为日本旅游时尚消费水平最高的地区。

2. 差异化的产品路径选择

北海道之所以能够成功转型,源于其在大推动战略下的差异化产品路径选择。自第四期综合开发后,北海道的开发秉承着合理利用资源和可持续发展的原则,坚持特色化经营和合理集聚,同时使生态化旅游产业与自然景观和农业观光业充分融合,在每年的各个时段为旅游休闲者提供各具特色的观光休闲产品和服务,并根据游客需求实行全方位的产品营销。

(1) 空间布局上个性化的区域营销

在空间布局上,北海道道厅将北海道分为北北海道(道北)、东北

---

[1] 2009北海道产业经济统计数据,札幌商工会议所,http://www.sapporo-cci.or.jp。

[2] 1988年出台《第五期北海道综合开发规划》,其奋斗目标是"使北海道经济在国内外具有更强的竞争力",提出的一大主要任务是形成以札幌为中心的北方信息据点,大力发展旅游产业。

海道(道东)、大雪十胜、北海道中央(道央)、南北海道(道南)五个观光旅游区,充分利用各地特色的自然和人文资源,开展差异化的旅游营销。

在道北,游客可以从日本最北端的宗谷岬眺望对岸俄罗斯的库页岛,可以在礼文岛这座被称为"鲜花浮岛"的岛屿上观赏多达三百多种的外形艳丽夺目的高山植物,可以在唯有严寒地区才有的驯鹿观光牧场体验驯鹿拉雪橇之乐。在道东,游客可以通过游览诸如流冰与流冰天使所在的鄂霍茨克、从陆上无法进入而又足迹未到的茂密的原始森林的知床半岛、丹顶鹤栖息的日本最大湿原、森林与破火山口构成的阿寒国立公园等地领略这一自然景观依旧保留原始风貌的地区的观光魅力。在大雪、十胜,人们既可以选择在7、8月间置身由七彩的薰衣草田拼接而成宛如油画般的田园风景中,亦可以选择欣赏被爱奴人誉为"众神之庭园"的大雪山连峰的雄伟景观。在道央,你不仅可以漫步札幌,感受北海道最大都市及行政、文化、经济与交通中心的开拓精神,或是悠游小樽,体味怀旧风情和异国风情的融合,还可以在定山溪、登别及洞爷湖享受温泉的滋养,或是在留寿都登高,眺望富士山景。而在道南,无论是世界三大夜景之一的函馆山夜景,还是松前町的8000棵樱木和杜鹃花开的惠山町,无论是拥有悠久众多古迹的江差町,还是能够体验高尔夫球和滑雪等室外体育活动的大沼公园,它们都在从不同侧面彰显着道南地区兼具优美自然风貌和历史文化底蕴的区域性格。

(2) 时间维度上丰富的节庆活动

在时间维度上,一年四季几不间断的节庆活动,则将旅游产品在时间上进行着丰富的差异化供给,配合着空间布局,丰富并深化着休闲者的旅游体验,从而推动着休闲产业的发展。

表4-2 日本北海道四季旅游休闲节庆活动

时间	节庆活动	地点	相关活动
5月上旬至中旬	松前樱花祭	松前町	将举办松前公园赏樱、寺院保护物展览、乡土艺能大会、免费招待松前千人锅等活动

续表

时间	节庆活动	地点	相关活动
6月上旬	Yosakoi Soran 祭	札幌市	Yosakoi Soran 是一种将高知县的 Yosakoi 舞蹈与北海道的民谣、Soran 调相结合而形成的自由且具特殊节奏感的舞蹈，节庆期间每年有超过三万人在市内各处表演
7月上旬	枝幸螃蟹节	枝幸市	枝幸是日本毛蟹渔获量第一的城市，螃蟹节期间另有美食大赛等活动
8月上旬	函馆港之祭	函馆市	以登别温泉地狱谷的鬼怪为主的祭典，期间有彩车游行、化装舞会、舞台表演、烟火大会等活动
9月中旬	石狩鲑鱼节		期间会举办捕鲑大赛，还可品尝鲑鱼火锅和石狩锅
9月中旬	故乡百饼祭	岩见泽市	用世界上最大的臼槌制饼以祈求五谷丰登
11月中旬至1月初	札幌白色彩灯节	札幌市	于大通公园举办，将白雪与灯光交织成璀璨的夜景
12月下旬	麋鹿白色嘉年华	幌延町	在麋鹿观光牧场举办圣诞庆典，有麋鹿雪橇、雪上摩托车行驶等活动
2月上旬至中旬	札幌雪祭	札幌市	大通公园将在此时展示雪雕冰雕，并会举办国际雪雕大赛
2月上旬至中旬	小樽点灯雪道	小樽市	小樽运河外围和主要商店街会展开梦幻的点灯活动，小樽运河会漂浮蜡烛，并搭配上烛光小径、雪之隧道、汤气之市，十分浪漫。

资料来源：根据文献和相关资料整理。

(3) 时间空间维度的相互融合

北海道的旅游开发，不仅在空间维度上以各旅游区的自然和人文资源为依托开展差异化的旅游营销，在时间维度上举办各类节庆活动,同时,其将时间空间维度相融合,在不同年份,面向不同的主题需求,在不同的重点旅行区域向游客展现出了多样的观光魅力。

表 4-3 日本北海道营销策略

时间	需求主题	重点旅行区域	主要观光魅力	行销主导者
1995.6—1996.9	冬天以外的北海道欧洲区块	道东	大自然(富良野、美瑛、大雪山系、阿寒湖)及海藻球	日本观光协会台湾事务所
1996.4—1996.6	赏花系列(樱桃、熏衣草)	北海道及东北地方		日本亚细亚航空
1997.4—1997.6	赏花系列(苹果花、熏衣草)	北海道及东北地方		日本亚细亚航空
1997.9—1998.3	大自然的体验	二世谷	户外运动的体验(橡皮筏漂流、骑马、热气球)	北海道观光联盟
1998.3—1998.6	赏花系列(紫丁花、铃兰、熏衣草)	北海道及东北地方		日本亚细亚航空
1998.10—1999.3	冬天的北海道	札幌以外	札幌雪祭以外的雪景及祭典	日本观光协会台湾事务所 北海道观光联盟
1999.4—1999.6	春天的北海道	富良野、二世谷、泷川、洞爷湖、小樽、留萌	熏衣草、金合欢树花、铃兰、苹果花	日本观光协会台湾事务所 北海道观光联盟
1999.1—1999.3	冬季系列(雪、灯笼、冰窟)	北海道及东北地方		日本亚细亚航空

资料来源:刘玫芬:《北海道面对台湾市场之观光行销策略》,财团法人交流协会,2003。

3. 北海道开发模式的借鉴意义

从札幌雪祭到富良野熏衣草花海，从函馆的海鲜早市、旧建筑群到知床的原始森林、瀑布，北海道在提供多种旅游产品选择的同时充分满足了旅游休闲者的多样化偏好，大大降低其旅游休闲产业的替代弹性。北海道的发展模式证明，并非所有地区都需要在GDP增长的利益驱动下大规模发展制造业，临近巨大的消费市场且具有空间距离优势的都市周边地区，是可以摒弃大规模重化工业，全力扶持服务业尤其是旅游休闲产业发展的。

基于国外旅游休闲发展模式的启示，如果大都市周边要发展休闲产业，则其需要在大推动的战略下，实现产品和服务的差异化。然而，传统"3S"旅游模式的替代性愈加显著，限制了大都市周边地区产业的可持续发展。相比之下，进入新世纪以来，新的"3N"模式，即Nature（自然）、Nostalgia（怀乡）、Nirvana（涅槃），注重以人为本，强调个人内在的休闲，让都市居民在大自然（Nature）的洗涤下，沉浸在人与自然、人与人的完美和谐的怀恋（Nostalgia）中，使身心得到放松和净化，涅槃重生（Nirvana）。"3N"模式讲求旅游产品和服务的差异性，具有更大的可塑性，能够充分满足大都市居民的领先需求，因而被西方旅游界确定为21世纪旅游发展的新趋势，将逐渐取代"3S"旅游模式。因此，对于大都市周边地区而言，依托"3N"休闲模式，并融入具有更强差异性的文化创意，则是实现大休闲产业规模经营的重要路径。

三、上海周边的苏南县市如何发展休闲产业？

改革开放以来，我国城市化、工业化进程不断加快，主要都市圈迅速成长。以上海为例，20世纪90年代中后期，上海在中心城区推行"退二进三"的产业结构调整和布局优化，其周边的苏南地区则承接上海的制造业转移，大力推动工业化进程，并且因地制宜逐步形成了"苏南模式"。随着上海服务业的发展，苏南地区在经济崛起基础上也开始谋求产业的转型升级，试图发展服务业经济。休闲旅游产业作为现代服务业的重要组成，成为苏南各市县着重发展的目标。当前，上海市人均GDP突破一万美元，预计在"十二五"期间将迈上两万美元，上海居民消费结构进一步升级，其服务业的需求收入弹性

第四章 规模经济、差异化与交通：旅游休闲产业空间格局的动态演化

和文娱消费支出占比逐年提升,在闲暇时间相对充足的前提下,形成超大规模且领先需求的消费市场,为其周边地区发展休闲产业提供最大的前提条件。但反观周边县市和城镇,休闲产业的有效供给则相对不足。其一,利用自然资源优势,发展以观光为主的传统旅游业,吸引力不足且被锁定在低水平发展路径上;其二,部分地方政府认为在缺乏自然旅游资源前提下无从发展休闲产业,相关产业发展零散且不成规模;其三,在"GDP决定论"和同一的政绩考核指标下,出于地区经济发展惯性,仍然选择继续大规模工业化进程,而已经形成一定基础的旅游业甚至还有"再工业化"的倾向。大都市周边地区休闲旅游产业究竟能否发展,如何转型,是否有模式可循？这是我们面临的重要课题。

面对领先需求与有效供给相对不足的矛盾,在上海周边地区如何合理推动休闲产业集聚,加快产业结构升级值得我们深入探讨。纵观上海周边县市和城镇,崇明岛具有一定军事战略意义,且为生态涵养区,土地利用受到严格管制;南汇的重工业化发展使其环境质量失去保障;松江和青浦地处内陆,不具备临近长江的区位优势。综合而言,昆山"上海后花园"的距离和资源优势和太仓"通江达海"的区位优势,成为上海周边地区较为适宜发展休闲产业的地区。但是,区域竞争愈加强烈、旅游休闲产品雷同、低水平发展等问题限制了两地休闲产业的发展,它们或需要通过细分市场进一步增强差异化程度,或需要实现规模经济。如何在产业集聚基础上实现休闲产业的差异化,本章将在借鉴国外旅游休闲产业发展模式的基础上,对昆山和太仓等地区的路径选择做以具体阐释。

对于经济活动的空间结构的理论分析,新经济地理学的分析框架无疑是最有利的工具。然而,经典的新经济地理学模型以迪克西特-斯蒂格利茨垄断竞争模型为基础,该模型具有对称性特点,即消费者对每种产品的消费量都是相同的。这种对称的新经济地理学模型无法讨论都市旅游休闲空间结构问题。作者曾利用 Sato 的两层 CES 效用函数构建了一个具有弱不对称性特点的旅游空间结构模型,为地区间旅游增长的差异提供了微观基础。本章借鉴了该模型建模技术,将旅游休闲企业的规模经济、空间交易成本、消费者的多样性偏好、产品及服务的差异化等因素纳入到一个统一的分析框架中,以讨论都市旅游休闲空间结构的变化。本章的另一个探索是对

传统经济学的静态和比较静态分析的超越——利用基于 agent 的建模(agent-based modeling)方法,通过企业、消费者等大量微观自主体(agent)的相互作用来"动态地"观察和讨论大都市城区、周边县市和城镇的产品替代弹性、旅游休闲设施的固定成本投入、空间交易成本的变化对大都市周边旅游休闲空间格局的影响。这样,我们不仅能够了解不同情景的演化结果,而且我们能够清晰地看到不同状态与均衡的动态过程。在我们展开具体的模型构建和模拟分析以前,下一节对目前的相关研究简要梳理一下。

第二节 相关研究进展与评述

自 20 世纪 60 年代以来,国内外学者对休闲旅游展开大量研究,并且从经济学、管理学、地理学、哲学、心理学等不同视角提出诸多理论。休闲理论的鼻祖凡勃伦(1899)在《有闲阶级论》中,从经济学视角具体分析了闲暇时间消费的各种形态和消费行为方式,致力于对休闲概念的研究。而休闲经济学理论以人的休闲消费、休闲心理、休闲行为、休闲需求为考察对象,以满足人的多样性发展为目的,研究人类休闲行为和经济现象之间的互动规律。

国外关于休闲产业的研究始于 1964 年,Stransfield 从城市开发的角度,阐述休闲游憩与城乡区域的差异性关联,并指明城市发展休闲产业的优势。随后,学者从休闲本身入手,将休闲与旅游结合在一起,开始了对休闲产业各个方面的研究(许峰,2000)。我国对休闲产业的研究在 20 世纪 90 年代才逐渐开展起来,可分为休闲产业理论探讨、发展选择评价以及城市区域实证等领域,分析以非经济学的地理空间模型和方法为主,如区位论、中心地理论、增长极等理论模型,应用到的经济学模型如成本—市场、生产函数、弹性、偏离—份额分析等。从地理学角度研究休闲,则有吴必虎(2001)为代表的环城游憩带(ReBAM)理论,该理论将发生于大城市郊区、主要为城市居民光顾的游憩设施、场所和公共空间一并称为环大都市游憩活动频发地带,即"环城游憩带(Re-BAM)"。从管理学视角,旅游管理学理论从旅游资源、旅游者、旅游业三个基本要素出发,着重研究旅游政策、法规的制定原则、产品质量管理、企业经营管理、人力资源管理等众多方面,拓宽了旅游休闲的研究领域。此外,更多学者将关注焦点集中在国外休闲产业发展经验的介绍和借鉴、休闲经济迅速发展的原因和重要地位、休闲产业的概念和范围界定、产业发展问题及对策研究等方面。以下以我国的相关研究为重点做一个简要梳理。

一、关于旅游休闲产业的概念

关于休闲产业目前并没有明确界定。李再永(1999)认为,所谓休闲产业是指当人们的收入达到一定水平后,随着生活质量的提高和休闲时间的增加而兴起的产业,它主要为人们的精神享受提供服务,以满足人们的"美、感、游、创"等心理需求,主要包括旅游业、美容业、文化娱乐业、居民服务业、体育产业、教育产业等。于光远(2002)认为,休闲产业是指为满足人们的休闲需要而组织起来的产业,它是休闲得以实现的条件。马惠娣(2001)对休闲产业的定义被较为广泛地引用:休闲产业指与服务于人的休闲生活、休闲行为、休闲消费、休闲需求(物质的、精神的)密切相关的产业领域,形成以旅游业、餐饮业、娱乐业、服务业、文化产业、体育产业等为龙头的经济形态和产业系统。

由以上定义可知,休闲产业具有很高的综合性。许峰(2000)指出,休闲产业的构成主要包括盈利性组织、非盈利性组织和公益事业三类部门体系。张顺、祁丽(2006)按照服务设施和经营机制的共同特征将休闲产业划分为五个基本行业,分别为旅游度假、酒水美食、文化娱乐、体育活动、个性愉悦。弓志刚、原梅生(2009)将休闲产业分为休闲农业、休闲工业和休闲服务业。一般来说,休闲产业包括的旅游业、文化传播业、体育健身业和娱乐业四个主要方面。休闲旅游目前也还没有确切定义,不同研究中对其定义的共性表现为,休闲旅游是以休闲为目的,具有重复性、日常生活性和短程性等明显的特点,即人们把休闲旅游作为一种经常行为,这种行为经常发生在短程范围之内。国内的休闲产业发展不平衡的一个突出的表现是,旅游业发展迅猛,而文化、体育、娱乐等其他休闲产业相对滞后。显然,休闲和旅游二者的关系是交织的,旅游内容的绝大多数为休闲所囊括,但是休闲产业并非单纯的旅游产业,它融合了双向服务于休闲旅游行者与城市居民的产业部门,以满足人类闲暇时的物质与精神需求为目标(许峰,2000)。

二、关于旅游休闲产业的理论研究

张丽君(2006)对区域和城市休闲产业结构进行了多层次分析，认为区域休闲产业结构会受到经济发展、休闲需求、休闲供给、科学技术等因素的制约，而目前存在的主要问题包括：休闲旅游业发展过快，绿色休闲产业发展缓慢；休闲产业联动不足，缺乏整合；休闲产业供给量仍然不足；休闲产业结构中存在供需错位与缺位现象；"大众"、"文化"、"时尚"、"个性化"等因素在休闲产业中体现不足；休闲产业结构的空间偏斜。陈世斌(2006)认为应通过与国民经济协调状况、内部结构协调状况和产业可持续发展状况三个标准对休闲产业的合理规模和结构进行测量，相应地设计了"总量适合度"、"内部协调度"和"高度化程度"三个评价数学模型。

在空间布局影响因素和原则方面，许峰(2000)认为影响城市休闲产业布局的因素包括自然资源赋存、社会经济基础、客源市场条件和企业生产性质、整体城市规划；合理化布局的基本原则包括空间均衡、分工与协作并举、正确处理集中与分散的关系等。张丽君(2006)认为区域和城市休闲产业布局应遵循经济效益优先、休闲公平原则、城乡分工与统筹、发挥区域和城市比较优势、实现可持续发展等基本原则，区域和城市休闲产业布局会受到自然环境、经济、社会、地理、政策等因素的影响。吴丽云、董锁成(2011)基于对大都市边缘区及旅游区位的界定，构建了旅游区位的五个因子，分别为旅游资源、旅游客源、交通、旅游竞合、经济发展。赵娇(2009)认为休闲产业的初始布局模式为基于集聚的"分散式"，集聚的产生是因为资源条件的垄断和基础设施的结构，而分散是因为市场和竞争使得产业之间要保持一定的距离。产业布局的不断演变则是由于城市休闲需求的持续变化，对多元化休闲产业的需求。吴必虎(2001)则提出圈层结构的环城游憩带理论(Re-BAM)。在发展条件上，刘卫东、李家虎(1999)总结了城郊旅游业的景观资源优势和非景观资源优势，赵玉宗、张玉香(2005)提出市场力、吸引力和支持力的旅游开发动力机制。在旅游功能上，金世胜、汪宇明(2008)得出大都市的客源地功能明显增强和都市旅游功能面临转型的结论。

张维(2007)曾对休闲产业集群归类，从地域范围上可分为大城市、中小城市和县(区)的休闲产业集群，从动力机制上可分为外生构建型、内生自发型和二者的结合,从集群的生成机制上可分为原生型、衍生型和嵌入型。休闲产业集群提升区域竞争力是在"两大主体+三大体系"的机理下进行的,两大主体指政府和企业,三大体系分别指要素构建体系、综合服务体系和区域创新体系,基于此,构建休闲产业集群提升区域竞争力的模型,并对模型的机理进行阐述。王晔(2006)对休闲产业集群的理论探讨主要包括四个方面,一是休闲产业集群的组织模式有三种,分别为基于价值链裂变的城市休闲产业集群,基于供应链整合的城市休闲产业集群和基于虚拟链集聚的城市休闲产业集群;二是休闲产业集群的合理规模,从系统的观点出发,应用了"总量适合度"、"内部协调度"、"高度化程度"三个指标;三是产业集群的绩效评价,指标体系包括集聚关联程度,合作程度,创新程度,开放程度,规模经济效益,单位经济效应,总体效率等;四是从信息化、环境管理和网络管理博弈三个方面讨论了休闲产业管理创新。杨琛丽、弓志刚(2010)利用分工与产业链形成的基础理论分析了休闲产业的分工演进及休闲产业链的形成动因,主要包括分工深化及交易费用的节约、发挥比较优势、获取外部规模经济、价值实现和增值;休闲产业链的根本特征是产业链本身是一个共生系统、产业关联有多面性、作用发挥的协同性、层次性、市场导向性,而休闲产业链的形成是一个动态演变的过程;最后提出了构建休闲产业链要以核心行业的龙头企业为主导、以休闲产品生产的关键环节为核心、以市场为导向、以产业链配套为重点。

至于休闲产业系统,许峰(2000)提出该系统在社会系统支持下分为需求、交通、资源、供给、相关产业支持五个子系统。王国新(2001)提出休闲产业发展的社会支持系统包括政策系统、政府管理系统、产业系统、教育与科研系统。肖亮(2010)则认为城市休闲系统是一个由多要素组成的开放系统,具有多输入、多输出、多控制变量的特点,包括需求子系统、引力子系统、运行子系统、支持子系统,分别起到了推动、拉动、保障和能动的作用;运用系统论与系统动力学原理,关注城市休闲系统的组成要素、系统结构、系统功能、系统运行机制、系统因果关系模型、主要反馈回路等问题,并构建了城市休闲系统的系统仿真模型;城市休闲系统发展6大关键性影响因子为经济发展水平、休闲设施、基础设施、人居环境、区位、时尚程度。在动力机制方面,来璐、李世峰、谭建欣等(2010)认为大城市边缘区农业观光休闲产业发展的动力机制包括初级动力、二级动力、调节与刺激动力。城市居民去城市边缘区旅游观光的意愿、农民和城市下岗职工的从业意愿,由此而产生的经济效益促进了劳动力、资金、技术等生产要素向农业观光休闲产业流动,是产业发展的初级动力;比较效益驱动、消费者消费水平的提高和消费理念的改变是产业发展的二级动力;政策也是导致农业观光休闲产业在大城市边缘区集聚的重要因素,是该产业发展的调节与刺激动力。

在休闲产业的发展选择与评价方面,赵小芳、耿建忠、宋金平(2010)和成升魁等(2005)学者普遍认为都市周边的旅游产品以休闲性为主,注重旅游项目的参与性和娱乐性。何建民(2008)基于对国外经济发展阶段与休闲产业结构和需求的分析,提出我国未来休闲产业重点发展方向主要是健身护理产业、教育产业与娱乐产业;通过对国内外旅游产品的需求分析,休闲产品谱系主要包括:各种娱乐活动系列,美食餐馆系列,舒适旅馆系列,个性化服务系列,有吸引力的景区(点)系列,节事活动系列,旅游休闲主题街区系列,与名人见面活动系列,观光活动系列。覃业银(2009)认为近郊休闲旅游应该重点开发6类产品:乡村休闲类产品、亲水休闲类产品、郊野运动休闲类产品、消遣娱乐类产品、野趣游乐类产品、郊野公园类产品。此外,榆林沙漠、夜间旅游、"庄园"新业态等休闲旅游产品和开发模式也在不同研究中纷纷被提出(张元春,2009;宋雪茜,2005;邹统钎,2012)。至于评价模型,张丽君(2006)构建了一套休闲产业指标体系,包括总量指标、政府投入指标、发展水平指标、经济效益指标、市场化程度指标、对国民经济贡献指标等六部分指标。王晔(2006)则认为城市休闲发展评估系统由城市休闲发展实力系统、动力系统、能力系统、魅力系统四个要素构成。不过,这套体系在量化分析上比较困难。

三、关于旅游休闲产业发展的实践研究

大都市周边休闲产业的实证研究主要集中在对京津及其周边、珠三角和长三角等区域的讨论。对长三角地区,吴必虎、方芳、殷文娣(1997)通过问卷调查搜集数据对上海市民近程出游力与目的地选择评价研究,结论之一是,在未来旅游计划中邻近省份的旅游点更易激发起市民兴趣。赵娇(2009)指出,上海已和它周围的长江三角洲城市群构成城市连绵带,围绕着上海城市建成区,沿着与上海城中心相连接的放射状路径,出现了大量旅游开发项目,基本上形成了以上

海为客源中心地,为上海提供"后花园"式的游憩功能发展模式。对京津及其周边地区,王亭亭(2009)针对河北省环京津旅游休闲产业带开发进程中面临的五大障碍,建议各旅游中心城市紧紧围绕打造环京津七大旅游产业集聚区,整合资源,丰富旅游休闲产品结构体系,不断完善省际、区域旅游休闲产业发展政策体系,通过产业带开发与区域一体化建设加快河北省环京津旅游休闲产业市场转型和结构升级。高海生、陈胜(2009)通过分析环京津休闲产业带建设面临的主要问题,从政府主导、管理体制、产业集群、城市建设和融资等方面提出政策建议。杨绣坤(2010)运用波特的"钻石"模型构建休闲旅游竞争力评价指标体系,对环京津七个地市进行评价分析,基于核心—边缘、点轴、增长极等空间结构理论分析其空间结构模式。沈红霞(2012)针对廊坊市地处京津之间、"首都经济圈"内的优势区位,讨论其在发展休闲产业上的优势和不足,提出廊坊应依托本地实际,有效衔接大都市休闲产业需求。对珠三角地区,刘少和、张伟强、乔纪纲(2007)基于大珠三角与其周边地区的地理梯度特征分析大珠三角在广东地理、经济、文化中的核心—边缘结构特征,指出大珠三角地区实际上形成了一个相对稳定的旅游系统,核心地区主要成为旅游客源地,而边缘区主要成为旅游接待地。大珠三角城际在空间上的逐步融合,构成了广东"环大珠三角城市群游憩带"和"点—轴树状游憩网"以及"南部濒海游憩廊"的旅游休闲产业空间布局模式。胡幸福、方建平(2012)提出构建一个"广州都市旅游圈"的地域模式,由城市旅游带、近郊休闲旅游带、远郊度假旅游带、环穗综合旅游带组成,重点解决旅游产品同质化、产业链作用有限、人们对休闲和体验产品理解不足、区域旅游经济辐射效应欠缺等问题。此外,韩百娟(2002)提出环城市带开发休闲旅游的条件包括时空距离短、旅游资源禀赋、依托中心城市的客源和交通,并对重庆市巴南区的旅游开发实例进行分析,指出开发应注意产品文化特色、针对散客的市场服务、产品档次、开发时序及充分调动农民的积极性。贺刚(2009)讨论了旅游资源匮乏又被大都市遮蔽的裙落区怎样实现旅游业的跨越发展,以成都市温江区为例,提出了发展旅游业四个突破点,分别为:一、二、三产互动;区域联动发展,以点线旅游转向板块旅游;房地产与旅游相互促进;发展外部机遇良好的北部生态区;加大政府主导力度及完善保障机制。

另外,近年来中小城市的休闲产业发展研究可以分为两个方面:

一方面，我国学者基于所构建的休闲产业理论，在中小城市休闲产业的结构、布局和产业集群等方面进行了相应的实证探讨。许峰（2000）以泰安为例，在产业结构上，运用了偏离—份额分析法，对于泰安市的国内旅游而言，休闲产业的各个部门的结构效益普遍落后于国内平均水平，泰山作为具有垄断性旅游资源具有较强的休闲服务能力；国际旅游的部门结构效益相对较优，但处在低速发展的徘徊时期，泰安市的开发明显落后与对泰山的开发。针对产业结构的研究，提出要完善产业内部、理性向外扩张以及充实文化娱乐业的对策。在产业布局上，文章对旅游饭店业和文化娱乐业分别作了研究，在对现状布局进行评价的基础上，通过对规模的预测和提出相关政策，对产业空间布局优化。张维（2007）浙江省具有代表性的杭州、义乌和横店三个地区休闲产业集群为实证研究对象，总结出杭州的层级推进、义乌的圈层扩散和横店的锥形渗透三种模式，分析得到路径选择多元化、综合发展和政府支持是休闲产业集群发展的重要特点，从加强民营企业自身制度建设和集约发展、推动创新以及政府职能转型是重要的对策；等等。另一方面，当前的中小城市休闲产业发展研究中，仍多以论述为主，研究思路基本为分析本地发展休闲产业可行性、资源条件、制约因素或存在问题，从而提出相应的产业发展对策，是一类典型的"现状—问题—对策"范式的研究。比如，中小城市发展休闲产业的制约因素主要包括资源条件、基础设施、特色旅游休闲业、休闲旅游产品等方面的不足，以及市场规模小、管理和治理水平较低等几个方面，继而提出的发展对策也主要针对这些方面，具体研究的案例地包括九江市、吉安市、芜湖市以及作为省会城市但是休闲产业发展还比较滞后的福州市等（阮北平，2010；刘清玉，2008；蔡飞、樊春梅、刘叶飙，2009；蒋梅鑫、钟业喜、黄强，2002；黄剑锋、陆林，2008）。其中，黄剑锋、陆林在研究中指出，中等旅游城市客源市场空间分布相对集中对省内及近程市场依赖性较强中远程市场份额很小，现状客源的出游目的单一、消费层次偏低。

然而，从整体上来看，我国学者对区域性的旅游休闲产业研究，长期以来停留在描述、测度和分类上面，并且缺乏对大都市周边县市以及中小城镇方面的探讨。研究方法也多以静态比较为主，尽管一些学者开始尝试借助集聚经济、产业集群等理论来讨论旅游休闲区位以及城市休闲圈的问题，但也仅以定性讨论为主，尚缺乏严密的逻辑性，更谈不上动态的演化研究。

第三节 旅游休闲产业空间结构模型

假定存在一个大都市城区及其周边的县市与城镇,两者在城市建设、旅游休闲业服务、产品特点和区位条件等方面存在差异。设定旅游休闲业消费的空间成本系数 t_a、t_b 和 t_{ab},具有单调递增特点。变量 t_a 表示大都市城区居民在大都市城区内部消费的交通系数,t_b 表示周边县市和城镇居民在周边县市和城镇内部消费的交通系数,t_{ab} 表示周边县市和城镇居民到大都市城区消费或大都市城区居民到周边县市和城镇消费的交通系数。这里假定跨区域消费需要支付更高的空间交易成本,即 $t_{ab}>t_a$ 且 $t_{ab}>t_b$。另外,大都市城区、周边县市和城镇人口数量为 P_a 和 P_b,两地区人口的消费水平为 Y_a 和 Y_b。

假定市场结构为垄断竞争,因此市场中存在着较多数目的旅游休闲商家,彼此之间存在着较为激烈的竞争。由于旅游休闲产品和服务都有一定的独特性,比如地理位置、服务态度、消费环境、品牌形象等,因此能形成一定程度的垄断。但是,不同的旅游休闲产品和服务之间又存在着替代关系,当替代品足够多的情况下,其利润为零。

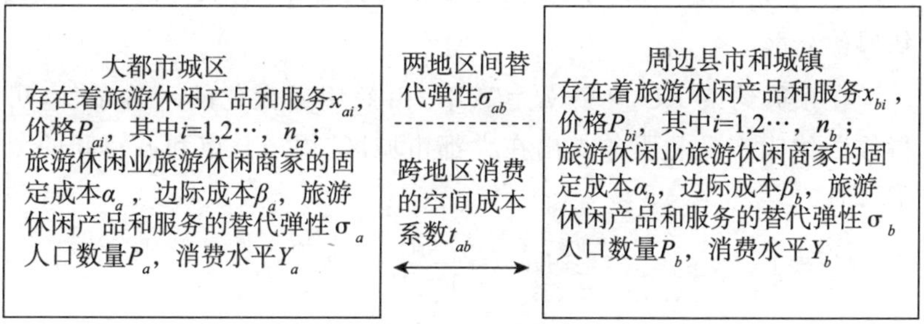

| 大都市城区
存在着旅游休闲产品和服务 x_{ai},价格 P_{ai},其中 $i=1,2\cdots,n_a$;旅游休闲业旅游休闲商家的固定成本 α_a,边际成本 β_a,旅游休闲产品和服务的替代弹性 σ_a,人口数量 P_a,消费水平 Y_a | 两地区间替代弹性 σ_{ab}

跨地区消费的空间成本系数 t_{ab} | 周边县市和城镇
存在着旅游休闲产品和服务 x_{bi},价格 P_{bi},其中 $i=1,2\cdots,n_b$;旅游休闲业旅游休闲商家的固定成本 α_b,边际成本 β_b,旅游休闲产品和服务的替代弹性 σ_b,人口数量 P_b,消费水平 Y_b |

图 4-2 大都市空间格局与旅游休闲业结构

一、休闲消费者行为

1. 由两层 CES 函数构成的效用函数

在经典的新经济地理学模型中,每一种产品都对称地进入效用函数,其消费量也相同。这是一种被高度简化的情况。但是在大都市及其周边旅游休闲产业空间结构研究中,休闲产品具有特定的空间属性,消费者的多样性偏好和旅游休闲产品和服务的差异化是重要的分散力量,因此必须放松经典新经济地理学模型中的对称性假设,并引入参数控制大都市城区、周边县市和城镇不对称性程度,即控制分散力量的大小。设定一个由两层 CES 函数构成的效用函数,具体形式为:

$$U = (U_a^{\frac{\sigma-1}{\sigma}} + U_b^{\frac{\sigma-1}{\sigma}})^{\frac{\sigma}{\sigma-1}} \tag{4-1}$$

$$U_a = (\sum_{i=1}^{n_a} x_{ai}^{\frac{\sigma_a-1}{\sigma_a}})^{\frac{\sigma_a}{\sigma_a-1}} \tag{4-2}$$

$$U_b = (\sum_{i=1}^{n_b} x_{bi}^{\frac{\sigma_b-1}{\sigma_b}})^{\frac{\sigma_b}{\sigma_b-1}} \tag{4-3}$$

U_a 为大都市城区所有旅游休闲产品和服务的数量指数(可理解为大都市城区的旅游休闲业复合产品),U_b 为周边县市和城镇所有旅游休闲产品和服务的数量指数。设旅游休闲业复合产品 U_a 和 U_b 之间的替代弹性为 σ,大都市城区内部旅游休闲产品和服务 x_{ai} 和 x_{aj} 的替代弹性为 σ_a,周边县市和城镇内部旅游休闲产品和服务 x_{bi} 和 x_{bj} 的替代弹性为 σ_b,大都市城区 x_{ai} 与周边县市和城镇 x_{bi} 间的替代弹性为 σ_{ab}。由于区域内产品的替代性强于区域间产品的替代性,因此有 $\sigma_a > \sigma$,$\sigma_b > \sigma$,$\sigma_a > \sigma_{ab}$,$\sigma_b > \sigma_{ab}$。

2. 旅游休闲产品和服务消费支出在大都市城区、周边县市和城镇间的分配

在预算约束 $I_a U_a + I_b U_b = Y$ 下,由效用最大化的一阶条件,可得旅游休闲产品和服务支出在大都市城区、周边县市和城镇间的分配,即:

$$I_a U_a = \frac{Y}{1 + I^{\sigma-1}} \tag{4-4}$$

$$I_b U_b = \frac{Y}{1 + I^{1-\sigma}} \tag{4-5}$$

其中,$I = \frac{I_a}{I_b}$,为大都市城区旅游休闲产品和服务的价格指数与周边县市和城镇旅游休闲产品和服务价格指数之比。I_a 和 I_b 表示价格指数,推导可得:

$$I_a = t_a (\sum_{i=1}^{n_a} p_{ai}^{1-\sigma_a})^{\frac{1}{1-\sigma_a}} \tag{4-6}$$

$$I_b = t_b (\sum_{i=1}^{n_b} p_{bi}^{1-\sigma_b})^{\frac{1}{1-\sigma_b}} \tag{4-7}$$

3. 休闲消费需求函数

$$MaxU_a \quad s.t \quad \sum_{i=1}^{n_a} t_a p_{ai} x_{ai} = \frac{Y}{1+I^{\sigma-1}} \quad (4-8)$$

$$MaxU_b \quad s.t \quad \sum_{i=1}^{n_b} t_b p_{bi} x_{bi} = \frac{Y}{1+I^{1-\sigma}} \quad (4-9)$$

根据最大化的一阶条件可得每个消费者在大都市城区、周边县市和城镇不同旅游休闲产品和服务的需求函数：

$$x_{ai} = \frac{p_{ai}^{-\sigma_a}}{t_a \sum_{i=1}^{n_a} p_{ai}^{1-\sigma_a}} \frac{Y}{(1+I^{\sigma-1})} = \frac{p_{ai}^{-\sigma_a} Y}{t_a^{\sigma_a} I_a^{1-\sigma_a}(1+I^{\sigma-1})} \quad (4-10)$$

$$x_{bi} = \frac{p_{bi}^{-\sigma_b}}{t_b \sum_{i=1}^{n_b} p_{bi}^{1-\sigma_b}} \frac{Y}{(1+I^{\sigma-1})} = \frac{p_{bi}^{-\sigma_b} Y}{t_b^{\sigma_b} I_b^{1-\sigma_b}(1+I^{1-\sigma})} \quad (4-11)$$

二、旅游休闲业商家行为

旅游休闲业具有规模经济特点，同时假设旅游休闲业产出中仅用一种生产要素——资本，且两个区域的利率 r 都由外生给定并且相同。大都市城区、周边县市和城镇的成本函数分别为：

$$k_{ai} = \alpha_a + \beta_a x_{ai}, \quad k_{bi} = \alpha_b + \beta_b x_{bi} \quad (4-12)$$

α_a 和 α_b 分别表示固定成本，β_a 和 β_b 分别表示边际成本，利润函数为：

$$\pi_{ai} = p_{ai} x_{ai} - r(\alpha_a + \beta_a x_{ai}), \pi_{bi} = p_{bi} x_{bi} - r(\alpha_b + \beta_b x_{bi}) \quad (4-13)$$

利润最大化条件下可得每一种旅游休闲产品和服务的价格：

$$p_{ai} = \frac{r\beta_a}{\rho_a}, \quad p_{bi} = \frac{r\beta_b}{\rho_b} \quad (4-14)$$

其中 $\rho_a = 1 - \frac{1}{\sigma_a}, \rho_b = 1 - \frac{1}{\sigma_b}$。从式中可以发现，大都市城区、周边县市和城镇内部所有旅游休闲产品和服务的价格相同，这体现为区域内的对称性特点，但大都市城区旅游休闲产品和服务的价格与周边县市和城镇旅游休闲产品和服务的价格因两者替代弹性及边际成本的不同而不同，这又体现出了城区间的不对称性。将(4-14)式的结果代入需求函数，可得到效用最大化与利润最大化条件下每一种旅游休闲产品和服务的供给数量：

$$x_{ai} = \frac{\rho_a Y}{n_a r \beta_a t_a (1 + n_a^{\frac{\sigma-1}{1-\sigma_a}} n_b^{\frac{1-\sigma}{1-\sigma_b}} t_a^{\sigma-1} t_b^{1-\sigma} \beta_a^{\sigma-1} \beta_b^{1-\sigma} \rho_b^{\sigma-1} \rho_a^{1-\sigma})}$$

(4-15)

$$x_{bi} = \frac{\rho_b Y}{n_b r \beta_b t_b (1 + n_b^{\frac{\sigma-1}{1-\sigma_b}} n_a^{\frac{1-\sigma}{1-\sigma_a}} t_a^{\sigma-1} t_b^{1-\sigma} \beta_a^{1-\sigma} \beta_b^{\sigma-1} \rho_b^{1-\sigma} \rho_a^{\sigma-1})}$$

(4-16)

第四节 旅游休闲产业空间集聚动态模拟

近年来,基于 agent 的建模(Agent-based Modeling,ABM)在社会科学研究中逐渐受到重视,基于 agent 的计算经济学(Agent-based Computational Economics,ACE)、人工社会(Artificial Society)等方面的理论与应用研究方兴未艾。ABM 是一种"自下而上"的建模策略,关注的是大量微观个体间的交互行为,我们需要为居民、企业等个体的决策者建立微观行为模型和学习算法,并且通过观察这些数量众多的微观自主体的相互作用来研究宏观上整个区域的空间结构和过程。根据前面通过演绎推导出可得大都市城区、周边县市和城镇居民在效用最大化条件下的旅游休闲产品和服务消费数量和旅游休闲商家在利润最大化条件下的旅游休闲产品和服务供给数量,这样一个内生的基于 agent 的两区域旅游休闲产业模型便近在眼前,并且旅游休闲商家 agent 的生产函数是规模报酬递增的。这里利用人工生命(Artificial Life)的提出者 Longdon 倡导研制的 Swarm 软件类库进行二次开发。这个标准的 GNU 软件模拟平台包括多个可重用的类以支持计算机模拟实验的进程控制、参数调整、数据分析以及图形显示。本节在 Swarm 平台上构建了一个模拟城市空间演化的模拟系统 Urban Swarm,其中 Urban Observer 和 UrbanModel 是系统的核心部分。Urban Observer 可以向 Urban Model 输入数据和设置模拟参数同时可以从 Urban Model 中读取和显示各类 agent 行为的各种统计数据,包括旅游休闲产业数量、规模及价格指数等等。Urban Observer 的时间进程在于不断驱动系统读取数据,并且不断刷新和绘制各种输出的二维图形图表。

在模拟系统中,旅游休闲商家 agent 分为大都市城区旅游休闲商家和周边县市和城镇旅游休闲商家,居民 agent 分为大都市城区居民和周边县市和城镇居民,两者的规模和消费水平在两城区的分布可以人为设定,以观察其对旅游休闲产业空间结构的影响。需要说明的是,由于旅游休闲商家可自由进入与退出市场,因此每个旅游休闲商家的长期利润为零。如果周边县市和城镇或大都市城区仍有利润可图,就有新的旅游休闲商家进入,但如果新进入的旅游休闲商家导致利润为负,则有旅游休闲商家退出市场,这时系统达到动态均衡。

一、现实情形下的大都市及其周边休闲产业空间结构

从当前我国大都市的旅游休闲产业发展情况看,周边县市和城镇旅游休闲产业开发往往要承担更大的固定成本,因为改变消费者的旅游休闲行为需要付出更大的努力,比如在改善空间可达性(如修建大规模的停车场)和旅游休闲产业基础设施上进行更多的投入,支付更高的营销费用,甚至需要建设新的旅游休闲产业场所等等。大都市城区旅游休闲产业可享受到旅游休闲产业区成熟市场的溢出效应,营销投入相对低,也容易租赁到营业场所,固定成本投入相对较低。另外,大都市城区集中了更多的人口,而周边县市和城镇人口相对较少。以下是一般情形下两城区旅游休闲产业发展的情景设定(见下页表4-4)。需要指出,参数和变量初值的设定是对现实认识的抽象,只是符合一定的比例关系,因此计算实验结果的绝对大小并没有现实意义,而各指标的相对大小以及变化趋势才是我们关注和讨论的重点。

这里设大都市城区、周边县市和城镇间旅游休闲的交通系数 t_{ab} 为 2.5,区域间替代弹性 σ_{ab} 为 3.5,两区域居民收入 Y_a 和 Y_b 相同。我们可以通过观察不同区域的旅游休闲商家数量、单个旅游休闲商家的旅游休闲产品和服务销售量以及不同区域的旅游休闲产业规模(旅游休闲商家数量×单个旅游休闲商家的旅游休闲产品和服务销售量)来分析不同情景下大都市城区、周边县市和城镇旅游休闲产业空间集聚程度的动态变化(见下页图4-3)。

表 4-4 一般情形下大都市城区、周边县市和城镇参数和变量设定

大都市城区		周边县市和城镇	
参数或变量名称	参数设置	参数或变量名称	参数设置
人口数量 P_a	500	人口数量 P_b	150
消费预算 Y_a	50	消费预算 Y_b	50
初始旅游休闲商家数量 n_a	50	初始旅游休闲商家数量 n_b	30
旅游休闲商家固定成本 α_a	5.0	旅游休闲商家固定成本 α_b	20.0
旅游休闲商家边际成本 β_a	1.1	旅游休闲商家边际成本 β_b	1.1
大都市城区内旅游休闲产品和服务替代弹性 σ_a	3.5	周边县市和城镇内旅游休闲产品和服务替代弹性 σ_b	3.5
大都市城区内部休闲交通系数 t_a	1.5	周边县市和城镇内部休闲交通系数 t_b	1.1

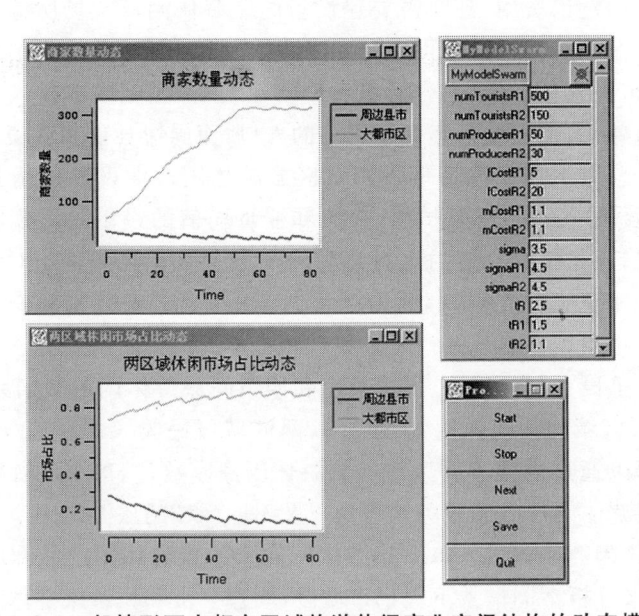

图 4-3 一般情形下大都市区域旅游休闲产业空间结构的动态模拟

图 4-3 表明，大都市城区的旅游休闲商家数量较周边县市和城镇多，但每个旅游休闲商家的销售量却比较少，而周边县市和城镇旅游休闲商家数量虽然较少，但单个旅游休闲商家的销售量却比较大（由于需要的固定投入高，只有庞大的消费者，才能实现盈利）。整体

上看,大都市城区占有超过80%的市场份额,而周边县市和城镇仅有不到20%。模拟结果和当前我国大都市旅游休闲产业发展的现实情况比较吻合。我们将以此为对照(图4-3),进一步模拟分析大都市城区、周边县市和城镇之间和内部在旅游休闲产业固定成本、区域间旅游休闲产业差异性以及旅游休闲交通成本等参数对大都市旅游休闲产业空间结构的影响。

二、不同参数变动对旅游休闲产业空间结构的影响分析

1. 旅游休闲产业固定成本对旅游休闲产业空间结构的影响

如果大都市城区、周边县市和城镇在旅游休闲产业基础设施、知名度上差距缩小(所需的固定成本投入差距缩小,规模经济在两个地区相差不多),那么旅游休闲产业空间结构又将如何呢? 这里将大都市城区、周边县市和城镇的旅游休闲产业固定成本 α_a 和 α_b 都设置为5.0,模拟结果如图(见图4-4)。

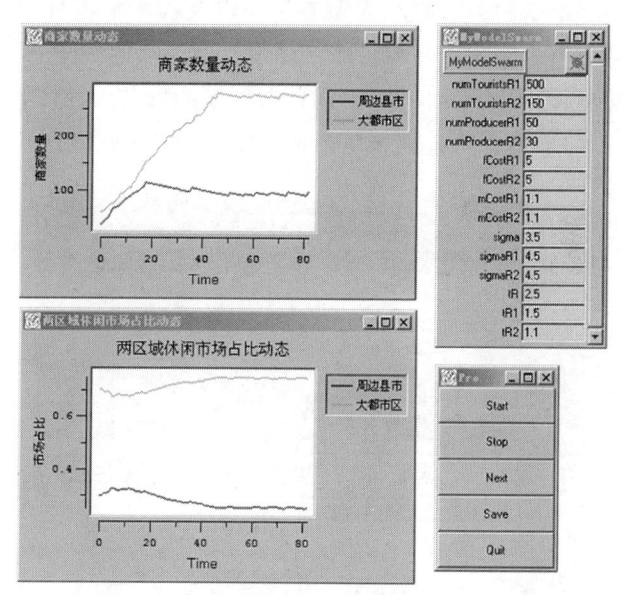

图 4-4 周边县市旅游休闲产业固定成本降低对旅游休闲产业空间结构的影响模拟

图4-4表明,由于旅游休闲产业开发的固定成本减少,周边县市和城镇的旅游休闲商家数量有了大幅增加,而且大都市城区、周边县市和城镇的单个旅游休闲商家销售额也趋于相同。由于两城区人

口规模不同,导致旅游休闲产业规模的差异,但从市场份额来看,周边县市和城镇有了大幅提高。对照初始情景模拟(见图 4-3)可以看出,如果大都市城区、周边县市和城镇在旅游休闲产业基础设施、知名度上差距越大(所需的固定成本投入差距越大,规模经济在两个地区的重要性程度也相差越大),那么旅游休闲产业空间分布将越不均衡,旅游休闲产业主要集聚在固定成本投入相对较少的城区。因此,对于周边县市和城镇政府而言,大力推进旅游休闲产业基础设施的建设,扩大地区营销的投入,能够大大降低旅游休闲商家的固定成本,改善旅游休闲产业的发展环境。

2. 城区间旅游休闲产品和服务差异性对旅游休闲产业空间结构的影响

大都市城区、周边县市和城镇的旅游休闲商家都有使旅游休闲产品和服务差异化的倾向,比如周边县市和城镇倾向于引入新的业态,比如主题旅游休闲商业、大型游乐园以及嘉年华项目、小型奢侈酒店群落等等。在大都市城区旅游休闲产业成熟的条件下周边县市和城镇更倾向于引入新的业态,因此两区域间的替代弹性 σ_{ab} 成为研究的重点,如果我们将 σ_{ab} 从 3.0 降低至 1.5,模拟结果如图 4-5 所示。

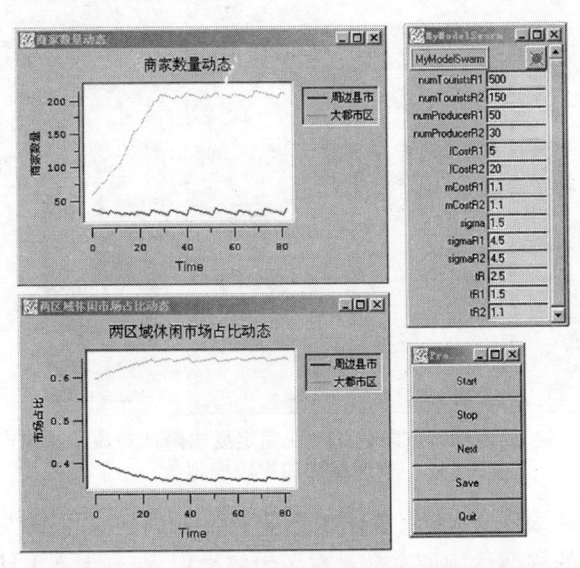

图 4-5 区域间旅游休闲产品和服务差异化对都市旅游休闲产业空间结构的影响模拟

第四章 规模经济、差异化与交通：旅游休闲产业空间格局的动态演化

城区间的旅游休闲产业替代弹性下降，说明区域间旅游休闲产品和服务的差异性增强。图4-5表明，区域间旅游休闲产品和服务的差异性增强并未改变大都市城区、周边县市和城镇单个旅游休闲产业的销售数量，但大都市城区的旅游休闲商家数量大大降低，从而改变了两地区的旅游休闲产业规模，说明周边县市和城镇的旅游休闲产业具有了更大的吸引力，并在旅游休闲产业竞争中扩大了市场份额。相反，如果两地区间旅游休闲产业不存在差异性，只要大都市城区在固定成本投入或交通成本上得到足够大的优势，那么旅游休闲产业将完全集聚在大都市城区，形成"核心—边缘"结构。因此，对于周边县市和城镇旅游休闲商家而言，实施差异化的旅游休闲产业策略，积极推进业态和服务创新，大力发展别具特色的旅游休闲产业文化和产品，是赢得旅游休闲产业竞争优势，打破"核心—边缘"结构的关键。当然，周边县市和城镇政府的地方营销也是不容忽视的发展策略。

3. 旅游休闲交通成本对旅游休闲产业空间结构的影响

如果将大都市城区、周边县市和城镇之间旅游休闲的交通系数 t_{ab} 从一般情景下（见图4-3）的2.5降到1.5，则模拟的情况如图4-6所示。

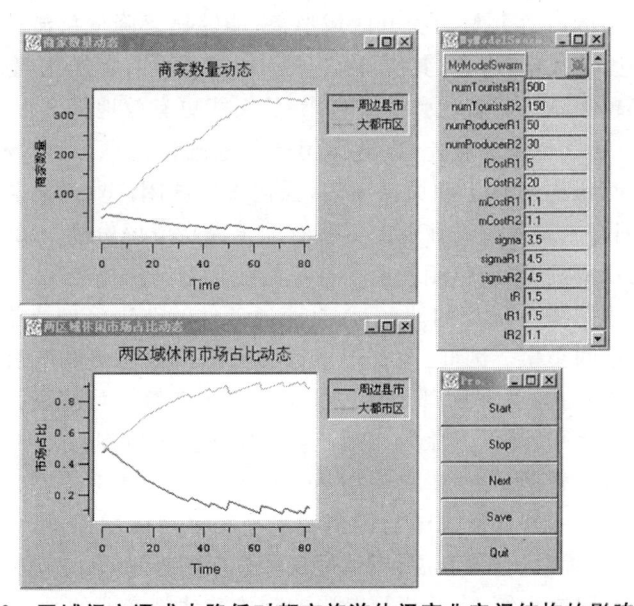

图4-6　区域间交通成本降低对都市旅游休闲产业空间结构的影响模拟

上图表明，如果大都市城区具有较大的人口规模和较低的旅游休闲产业固定成本，则大都市城区、周边县市和城镇间交通状况的改善将更加有利于大都市城区的旅游休闲产业规模扩张，市场份额的扩大，而且空间集聚的速度更快，加速了"核心—边缘"结构的形成。也就是说，旅游休闲产业往往集聚在具有区位优势的地区。对于周边县市和城镇而言，在交通通达性大幅提高的情况下，只有提高周边县市和城镇人口规模，降低旅游休闲产业开发的固定成本，才能更快地抢占到更大的市场份额。

第五节　主要研究结论与政策主张

通过本章的研究表明，旅游休闲产业的固定成本和边际成本、人口空间分布和收入水平、不同地区之间以及内部商业的差异性以及区域间的交通成本是支配和影响大都市旅游休闲产业空间结构的重要因素。从动态模拟的结果来看：首先，如果大都市城区、周边县市和城镇在旅游休闲产业的固定成本投入差距越大，则规模经济在两个地区的重要性程度也相差越大，那么旅游休闲产业空间分布将越不均衡。政府主导下全面推进大都市周边县市和城镇旅游休闲产业基础设施的改善并努力提升区域形象，能够显著降低旅游休闲产业开发的固定成本投入。其次，由于人们的消费具有多样化偏好，多样性偏好越强意味着替代弹性就越小，从而能更有效地提升市场份额。因此，对于区位条件较差、旅游休闲产业基础设施不足、市场知名度低的大都市周边县市和城镇而言，强化旅游休闲产业产品和服务的特色、创新旅游休闲产业业态等将有助于提高市场份额。第三，交通是一把双刃剑，旅游休闲产业往往集聚在具有区位优势、人口规模优势以及固定成本优势的地区，而且交通条件的改善将加快旅游休闲产业的空间集聚。因此，大都市城区已有的集聚态势和既有的商业地位很难动摇，除非大都市周边县市和城镇能够大幅提高其人口规模和收入水平，降低其旅游休闲产业开发的固定成本。

如果再延伸一点，影响旅游休闲产业发展的要素主要有以下六个方面：第一，外部需求随居民消费水平的提高而增强，可分为旅游观光、休闲度假、会议会展、康体健身等方面的需求，需求品质又可以分为多个层次。第二，要素禀赋影响到旅游休闲产业的固定成本，包

第四章 规模经济、差异化与交通：旅游休闲产业空间格局的动态演化

括初级要素禀赋，即自然观光资源、地缘条件等，以及高级要素禀赋，如制度、文化、专业化旅游休闲业知识和技能等。第三，产业集聚一方面源于旅游基础设施和接待设施投入、目的地营销、旅游资源保护等形成的规模经济，另一方面旅游产品的差异化程度越高，旅游目的地游客的接待量就越多，产业更易形成集聚。第四，通过调整交通系数 t_{ab}，动态模拟得出交通运输成本和信息通讯成本所构成的旅行成本是支配和影响区域旅游休闲空间结构发展的重要因素，旅行成本的降低将有利于旅游规模扩张并加快产业的空间集聚。第五，政府政策和机制在推动产业集聚、改善交通等基础设施以及促进供应者差异化经营等方面起到不可替代的作用，而宏观环境、区域一体化进程、国家政策、交通通达性、社会转型等外部机遇又影响到休闲需求和空间距离等要素。

对于大都市周边地区而言，其紧邻庞大休闲消费市场本身为其解决了旅行成本问题，因而其发展旅游休闲产业的关键要素即在于利用并完善要素禀赋，推动旅游休闲产业形成集聚。其一，作为规模报酬递增产业，休闲旅游业需要强大的外部推动力，即通过大推动战略，促使产业形成规模。产业密度的提升将直接减少发展的固定成本，形成正反馈机制，不断扩大都市旅游休闲需求。旅游休闲产业的发展作为六大要素共同作用的结果，旅游观光资源的匮乏并不能限制都市周边休闲产业的发展。作为市场导向型产业，旅游休闲业在缺乏 First Nature（第一资源）的情况下，依然可以通过大规模集聚，实现都市周边相关产业的繁荣，迪斯尼乐园、拉斯维加斯、欢乐谷等一系列国内外实例均证明了这一点。其二，差异化供给。针对理性消费者的多样化偏好和大都市居民的挑剔型消费，休闲产业的供给方则需要在产业链各个环节不断差异化经营产品和服务，迎合都市居民的消费结构，并利用与文化创意、体育运动、农工业发展等其他产业的融合创新，强化旅游产品的地方特色，以先人一步的"时间差"形成休闲旅游产业的领先优势，极大地提升旅游产品的不可替代性。

基于以上的理论分析和国外旅游休闲发展模式的启示，大都市周边县市要发展旅游休闲产业则需要在大推动战略下，实现产品和服务的差异化。然而，传统"3S"旅游模式的替代性愈加显著，限制了大都市周边地区产业的可持续发展；相比之下，"3N"模式，即 Nature（自然）、Nostalgia（怀乡）、Nirvana（涅槃），注重个人内在的休

闲,讲求旅游产品和服务的差异性,具有更大可塑性,能够充分满足大都市的领先需求。因此对于大都市周边地区而言,依托"3N"静态休闲旅游模式,并融入具有更强差异性的文化创意,则是实现大休闲产业规模经营的基本路径。

将"3N"模式推及到上海,能够承接其领先休闲需求的主要为长三角的苏南地区。长三角作为世界第六大都市圈,是中国经济最为活跃的区域,而苏南地区在自身雄厚的经济基础之上,能够进一步分享长三角一体化带来的外部性,推动产业结构的优化和转型。近年来苏南地区在交通基础设施方面有巨大提升。虹桥综合交通枢纽的建成引发了长三角地区城市发展新格局,沪宁城际铁路、宁杭高铁等轨道交通的修建和通车使得长三角地区"同城效应"日益显著。上海周边便捷的空间可达性进一步刺激了上海居民的领先需求,带动相关消费市场的繁荣。遗憾的是,当我们到与上海紧邻的江苏太仓市的时候,当地的意识仍然认为太仓缺乏旅游资源,难以发展旅游产业。果然是这样吗?我们认为,太仓有必要发展旅游休闲产业:一是需要从战略高度看待休闲产业的发展,休闲产业是现代服务业的重要组成部分之一;二是旅游休闲产业自身是重要的增长点,其发展也将衍生出其他重要的产业,如创意产业、外包服务、房地产业、会议奖励旅游等;三是太仓也有可能实现一条从"劳动密集型"到"环境密集型"到"环境—智力密集型"的产业发展路径,推动太仓产业结构的升级;四是针对上海等地游山玩水已"审美疲劳"的游客和消费者,针对需要亲山、亲水、亲绿、亲阳光的上海居民,针对需要从钢筋水泥和工作的中释放压力的上海白领,上海周边旅游休闲的市场十分巨大。从供给面看,太仓、昆山、常熟等地完全具有发展休闲产业的经济基础、文化基础、区位基础、环境基础和产业基础,有条件大力发展旅游休闲产业。以下以江苏的太仓和昆山为案例做个简要地说明,相关内容还可以通过本书的地区案例的几个章节进一步了解,这个方面也是本书讨论的重点内容。

一、太仓:"大推动"下的浏河战略

大太仓距离上海仅54公里,位于上海一小时都市圈内。其自身通江达海型的独特区位和上海虹桥交通枢纽对空间格局的重大改变,为太仓吸引上海旅游休闲市场、发展相关产业提供了重要条件。

但一直以来,太仓的旅游休闲业一方面限于地方政府在认识上的问题,即由于缺乏丰富的自然资源而无从发展休闲产业,另一方面仍处于低水平且零散供给阶段,导致休闲产业长期得不到有效发展,尚无法满足上海居民的领先需求。

综合考量太仓的基础条件,通江达海型的区位优势使得与长江相接、具有良好生态价值的浏河成为太仓发展休闲产业的重要空间载体。因此,在充分满足大都市周边休闲产业发展两大要素基础上,大力推行"浏河战略",提升整个浏河沿岸生态环境质量,沿浏河布局旅游休闲产品,成为太仓休闲旅游业的基本发展路径。首先,应当利用浏河口宜人的自然环境和充裕的投资资金开发旅游度假区,并针对上海居民消费特点,将度假会议市场、家庭亲子市场和三高人群(高消费、高学历、高品位)市场作为聚焦目标。其次,利用浏河河宽水深、通江达海的优势,充分顺应消费结构向"发展型"、"享受型"升级的趋势,发展中高端游艇休闲和油轮旅游。同时,结合近年来有重大发展的观光农业,提供多样化的乡村旅游路线和产品,并进行产品间的多样化组合,降低太仓旅游休闲的替代弹性,更好地满足消费者多样化的休闲需求。再次,为扩大本地影响,太仓市应充分利用本地有就的娄东文化、郑和航海文化、丝竹文化等,积极策划特色活动,打造太仓休闲产业品牌。与此同时,为实现太仓休闲产业的整体发展,则需要在空间布局上强化以下三方面:首先,扮靓客厅,以浏河、陆渡作为休闲娱乐、创意研发产业群发展的集中区,推动休闲经济、夜晚经济、假日经济三位一体,重点发展兼具海洋文化和江南水乡风韵的休闲娱乐、旅游、商贸和餐饮业,营造区域魅力,带动太仓区域形象和休闲产业的全面转型;其次,做强中庭,以太仓中东部物流产业的崛起带动服务业尤其是休闲产业的升级,扩大产业的辐射力和影响力;再次,盘活后院,深入挖掘和整体开发中部服务区,以适宜的生态容量约束为前提,主动盘活休闲旅游资源,提升沙溪镇古镇旅游品质,开发双凤镇的宗教文化和良渚文化特色,全力强化太仓休闲产品和服务的差异化程度。

二、昆山:重塑中国第一水乡

作为多年来百强县的首位,昆山具有雄厚的经济实力。同时在丰富的旅游资源条件下,以"中国第一水乡"周庄和阳澄湖闸蟹为龙头,昆山的旅游业已具备一定发展基础。但是,一方面昆山的旅游业存在严重的路径依赖问题。另一方面,由于 GDP 的政绩导向,面对 GDP 排名昆山乡镇倒数第一的压力,周庄甚至在考虑要"再工业化"。当然,古镇观光既是昆山产业结构的重要特点,也是其转型升级的重大限制。由于产业结构的锁定,土地等要素资源不断向低水平供给的观光型旅游业倾斜,导致中高端、具有高附加值的休闲产业匮乏;同时内外交通网的完善和区域一体化的深入又进一步强化了依据要素禀赋进行的旅游产业分工,强化了旅游集中在古镇观光的发展格局,使得休闲经济缺乏发展后劲。

昆山要跳出这种路径锁定,实现从观光型向休闲型产业发展的转型升级,则需要依托"3N"模式,从以下几方面整体提升。首先,在现有周庄水乡基础上拓展休闲产业发展空间,积极开发锦溪、千灯等镇的休闲产品,同时深化水乡休闲内涵,围绕"水、渔、米、耕、戏"等特色,重塑中国第一水乡,向品质化和高端化方向发展。其次,通过调整产业空间布局,捆绑开发周庄、锦溪、千灯三大古镇,实现周庄、锦溪、千灯三大文化旅游组团和阳澄湖、淀山湖、双洋湖三大休闲度假旅游组团的协同发展和转型升级,积极营销昆山"江南片玉"的旅游休闲品牌,设计并开发亲近自然、回归生态的体验式休闲服务,通过产业辐射、产品互动和线路联通,以水乡和阳澄湖休闲为龙头,针对不同层次的旅游人群,提供有创意、有趣味、有差异的休闲服务,将昆山整体从传统的观光旅游转变为休闲度假胜地。再次,深入挖掘昆山水乡文化、昆曲文化、饮食文化等传统文化资源,将昆山悠久厚重的文化底蕴与水乡古镇的旅游休闲紧密融合,同时融合文化创意产业,设计和开发特色化文化休闲产品,推动文化与旅游的呼应、互通、互进,整体提升文化旅游休闲产业的服务功能。最后,在上海世博会所强化的区域一体化基础上,进一步加强昆山与长三角周边地区在休闲产业及相关产业发展方面的协同合作,在良性竞争下实现互利共赢。

而在具体的旅游产品的开发上,昆山则应借鉴旅游休闲产业发达国家地区的相关经验,面向不同的消费群体,提供差异化的休闲产品与服务。

空间布局上,昆山应结合各地休闲旅游资源的禀赋差异,着力分区打造文化旅游产品系列、城市旅游产品系列、度假休闲旅游产品系列和专项特种旅游产品系列。

第四章 规模经济、差异化与交通：旅游休闲产业空间格局的动态演化

其中，文化旅游产品系列包括以周庄为依托，以欣赏小桥流水风光、观看和参与周庄传统生活场景的再现和手工艺表演、体验历史岁月中江南水乡人活生生的生活为内容的江南水乡观光游；以锦溪为依托，以游览陈妃水冢、文昌阁、莲池禅院、十眼长桥等名胜古迹，参观江南民间收藏展示一条街，亲手制作，体验民间藏品的独特韵味，了解吴文化的历史和民风民俗为内容的民俗文化体验游；以千灯为依托，以漫步石板街、昆曲寻源、在河边茶楼酒肆休憩、品茗听曲、拜访顾炎武故居为内容的历史名人寻踪游；和以赵陵、绰墩、少卿山等良渚文化遗址为依托，以了解良渚文化起源演变为内容的良渚文化考察游。

城市旅游产品系列包括以"双环"水上城市观光带、形象广场等为依托的水上城市观光游；以"双环"水上城市观光带、形象广场、亭林公园等为依托的"梦幻昆山"大型水上演出活动；以亭林公园为依托，以欣赏山水花草、了解人文历史，举办登高、观灯、花会等节日活动为内容的文化名园欣赏游；和以购物街、美食街、酒吧街、外贸街、水市为依托，以观光购物、文化娱乐为内容的都市休闲购物游。

度假休闲旅游产品系列包括以阳澄湖、淀山湖、双洋湖为依托，以欣赏名湖碧水，品尝湖鲜美食，参与娱乐活动为内容的水乡湖滨度假游；以净水乐园、度假区内的其他水上运动设施为依托，以参与丰富刺激的水上竞技和游乐运动为内容的高科技水上运动休闲游；以大闸蟹、湖鲜水产、特色小吃为依托，以在蟹舫苑品尝大闸蟹和湖鲜产品，游美食街，品尝万三家宴、奥灶面等地方特色饮食为内容的大闸蟹湖鲜美食游；和以正仪镇的乡村环境为依托，以让游客置身于旧时江南风光，在配有水车、水牛、农舍、禽舍、菜园、乡间小道的环境中亲自下田耕种，下湖打鱼捕蟹，当一天水乡渔夫，体验返璞归真的农家生活为内容的渔家乐度假休闲游。

而专向特种旅游产品系列则包括以汽车零配件工业园、上海国际汽车城和经济开发区为依托，以观看赛车，参观汽车生产基地，了解汽车构造及相关知识，参与赛车、试车等活动为内容的汽车工业游以及以经济开发区为依托的国际知名企业游；以丹桂园、国家现代农业综合示范园为依托，以欣赏各类花卉植物，学习栽培知识，参与插花表演，了解最新农业生产高新科技，参观种植业、养殖业等特色农业的生产过程，现场品尝和购买新鲜农产品为内容的生态农业游以

及以湖底世界博物馆、淀山湖渔业生产基地、螃蟹博物馆为依托,以观赏湖底生物,参观水产品养殖基地,学习养殖捕捞知识,品尝湖鲜美食为内容的生态渔业游;以大上海、光明、旭宝等高尔夫球球场为依托,以高尔夫球练习、培训、比赛为内容的高尔夫旅游;以捷安特自行车,昆山通畅便捷的公路为依托的自行车旅游;以周庄舫、科博馆、亲水离宫为依托,以会议、谈判等专项活动为内容的会议休闲游;和以顾炎武故居、昆曲纪念馆、良渚文化遗址、国家现代农业科技示范园、湖底世界博物馆、螃蟹博物馆为依托,以参观名人故居,培养爱国主义精神,了解昆曲起源与文化,参观古文化遗址,参加青少年科普活动,学习有关花卉植物、高科技农业、湖底生物特别是螃蟹家族的知识为内容的修学教育游。

时间布局上,昆山应通过旅游节事活动,丰富游客的旅游休闲体验。其中,应主要发展四大旅游节事活动:以文学书画摄影大赛为内容的周庄国际文化节;以传统水上活动(摇快船、风帆船、撑篷船、灯船,观看评弹丝竹表演、鱼鹰捕鱼等)、民间手工艺品展示与制作大赛、民间收藏交易会为内容的锦溪江南民俗民风节;以追寻昆曲的发展历程、介绍昆曲的著名曲目、邀请著名昆曲艺术家登台演出、举行"昆山人唱昆曲"大赛为内容的昆曲游园会;和以蟹文化展示、吃螃蟹比赛、捕捞湖鲜、品尝昆山特色小吃为内容的阳澄湖大闸蟹湖鲜美食节。

参考文献

1. 蔡飞、樊春梅、刘叶飙:《中等城市休闲产业发展障碍分析及对策研究——以九江市为例》,《城市发展研究》2009年第11期,第107—111页。
2. 陈世斌:《城市休闲产业合理规模评价研究》,《生产力研究》2006年第7期,第206—208,292页。
3. 成升魁、徐增让、李琛等:《休闲农业研究进展及其若干理论问题》,《旅游学刊》2005年第5期,第26—30页。
4. 凡勃伦:《有闲阶级论:关于制度的经济研究》,蔡受百译,北京:商务印书馆1899年版。
5. 高海生、陈胜:《环京津休闲旅游产业带建设的主要问题及对策》,《河北学刊》2009年第6期,第235—240页。
6. 弓志刚、原梅生:《休闲农业产业化发展的组织创新研究》,《财贸经济》2009年第1期,第114—117页。

7. 韩百娟:《环城市带休闲旅游产品开发研究——以重庆市巴南区为例》,《重庆三峡学院学报》2002年第2期,第80—84页。
8. 何建民:《城市休闲产业与产品的发展导向研究——基于休闲需求结构与行为的分析》,《旅游学刊》2008年第7期,第13—17页。
9. 贺刚:《大都市周边城市旅游业跨越发展的突破点研究——以成都市温江区为例》,《经济研究导刊》2009年第10期,第166—167页。
10. 胡幸福、方建平:《从"都市旅游"到"都市旅游圈"——广州旅游可持续发展的必由之路》,《广州大学学报:社会科学版》2012年第2期,第39—43页。
11. 黄剑锋、陆林:《休闲产业与中等旅游城市可持续发展研究——以安徽芜湖为例》,《资源开发与市场》2008年第6期,第545—548页。
12. 蒋梅鑫、钟业喜、黄强:《中小城市旅游资源开发与休闲旅游发展研究——以江西吉安市为例》,《江西社会科学》2002年第11期,第195—197页。
13. 金世胜、汪宇明:《大都市旅游功能及其规模影响的测度》,《旅游学刊》2008年第4期,第72—76页。
14. 来璐、李世峰、谭建欣、程昊:《基于经济地理学的大城市边缘区农业观光休闲产业的动力机制探讨》,《农业现代化研究》2010年第1期,第55—59页。
15. 李再永:《增加就业的新途径——休闲产业》,《山西财经大学学报》1999年第1期。
16. 刘清玉:《福州市休闲产业的发展条件分析与对策研究》,《福建教育学院学报》2008年第10期,第105—109页。
17. 刘少和、张伟强、乔纪纲:《广东旅游休闲产业空间布局模式的构建》,《热带地理》2007年第2期,第164—169页。
18. 刘卫东、李家虎:《大城市郊区土地旅游开发问题研究》,《上海城市规划》1999年第3期,第23—27页。
19. 马惠娣:《21世纪与休闲经济、休闲产业、休闲文化》,《自然辩证法研究》2001年第1期,第48—52页。
20. 阮北平:《关于我国中小城市发展休闲产业的思考》,《商业时代》2010年第10期,第119—120页。
21. 沈红霞:《大都市周边中小城市休闲产业发展路径研究——以廊坊市为例》,《生产力研究》2012年第2期,第180—182页。
22. 宋雪茜、赵陈:《夜间旅游:城市休闲旅游发展之路》,《天府新论》2005年第6期,第188—189页。
23. 覃业银:《浅谈城市休闲旅游创新》,《中国商界(下半月)》2009年第1期,第139—140页。
24. 王国新:《我国休闲产业与社会条件支持系统》,《自然辩证法研究》2001年第 12 期,第 59—61 页。
25. 王亭亭:《河北省环京津旅游休闲产业带发展宏观战略思路与对策研究》,《河北学刊》2009 年第 6 期,第 235—240 页。
26. 王晔:《城市休闲产业集群化发展理论与创新研究》,天津大学出版社 2006 版。
27. 吴必虎:《大城市环城游憩带(ReBAM)研究——以上海市为例》,《地理科学》2001 年第 4 期,第 345—359 页。
28. 吴必虎、方芳、殷文娣等:《上海市民近程出游力与目的地选择评价研究》,《人文地理》1997 年第 1 期,第 17—23 页。
29. 吴丽云、董锁成:《大都市边缘区的旅游区位及发展战略》,《社会科学家》2011 年第 3 期,第 90—92,104 页。
30. 肖亮:《城市休闲系统研究》,天津大学出版社 2010 年版。
31. 许峰:《城市休闲产业结构与布局研究——以泰安市为例》,山东师范大学出版社 2000 年版。
32. 杨琛丽、弓志刚:《休闲产业链及其构建分析》,《全国商情(理论研究)》2010 年第 3 期,第 20—22 页。
33. 杨绣坤:《河北省环京津休闲旅游产业带优化研究》,燕山大学出版社 2010 年版。
34. 于光远:《休闲、休闲产业人的全面发展》,《中国新闻出版报》2002 年第 12 期。
35. 张丽君:《区域休闲产业布局与结构研究》,南京航空航天大学出版社 2006 年版。
36. 张顺、祁丽:《城市休闲产业组成体系研究》,《吉林师范大学学报(自然科学版)》2006 年第 1 期,第 29—31 页。
37. 张维:《休闲产业集群与区域竞争力提升:理论与实证研究》,浙江工商大学出版社 2007 年版。
38. 张元春:《榆林沙漠休闲旅游开发初探》,《安徽农学通报》2009 年第 11 期,第 42—43 页。
39. 赵娇:《城市休闲经济的理论基础分析》,《全国经济地理研究会第十三届学术年会暨金融危机背景下的中国区域经济发展研讨会论文集》,2009 年。
40. 赵小芳、耿建忠、宋金平:《大城市边缘旅游资源非优区旅游发展模式——以河北省三河市为例》,《城市问题》2010 年第 5 期,第 50—55 页。
41. 赵玉宗、张玉香:《城郊旅游开发研究》,《内蒙古师范大学学报(哲学社会科学版)》2005 年第 2 期,第 115—118 页。
42. 邹统钎、齐昕:《大都市交区休闲"庄园"发展模式研究》,《江西科技师范学院学报》2012 第 5 期,第 104—109 页。

第五章

市场容量、知识创新和区域一体化：技术扩散与空间集聚机理*

第一节 问题的提出

一、全球化与全球城市—区域

自20世纪70年代以来,生产和消费体系开始向全球范围扩张,并超越了任何一个主权国家的地理范围。一个明显的例子就是资本的全球高速流动、市场的全球扩张。这表明,当今世界正在由强调主权国家及其相互关系的国际化阶段向强调单一世界经济体系的全球化时代过渡。而同时,依赖于国内生产要素和国内市场的传统生产方式遇到了前所未有的挑战。在这一环境下,国家的一些权力、功能逐渐向上递交到了一些超国家的组织,如欧盟、WTO等;向下则放权到了地方(Peck,2000)。因此,在这个单一世界经济体系中,区域越来越成为全球经济竞争的主体;或者说,全球化时代,全球竞争的主体已经成为区域经济体系,而非国家经济体系。一个很典型的例子就是,印度落后的国家经济发展水平并没有妨碍班加罗尔成为世界信息产业的中心之一。事实上,信息产业的竞争主要是硅谷、班加罗尔等区域间的竞争,而非美国、印度等国家间的竞争。

---

* 本章的主要内容已发表于《中国区域经济》2009年第1期。

实际上，真正能够参与全球竞争的区域都是所谓的"全球城市—区域"(Global City-region)。斯科特(Scott,2001)把全球城市—区域定义为：在全球化高度发展的前提下，以经济联系为基础，由全球城市及其腹地内经济实力较为雄厚的二级大中城市扩展联合而形成的一种独特的空间现象。全球城市区域的提出代表了一种观点的转变，即全球经济的空间结点是区域(城市区域)而非原先认为的城市。既然全球城市区域是全球化时代的竞争主体，那么一个必然的推论是：一个有竞争力的区域必然是一个一体化的，内部资源进行有效整合的，能够快速应对市场变化的区域。或者说，整个区域共同承担了价值增值活动，且不同的价值增值环节都有机地分配在区域的不同空间中。这为我国区域发展提出了要求，即：第一，真正融入全球经济体系，并参与全球竞争的是长三角、珠三角和首都圈(包括北京、天津与河北)等城市—区域；第二，必须强调区域的一体化以提升其竞争力。

二、长三角地区的困惑与反思

1. 上海价值增值方式的转变与长三角地区的一体化

改革开放以来，中国在经济发展战略上借鉴了韩国等东亚新兴工业化国家的经验。这些国家在20世纪60年代到80年代普遍实施了"增长极"战略(Park & Lee,1999)。在这一战略的指导下，政府积极利用低廉的要素价格，如土地、劳动力、基础设施等，来吸引或培育一些出口导向型的大企业，由此建立起能够带动区域或国家经济增长的产业增长极或区域增长极。显然，这一战略具有浓厚的凯恩斯主义色彩(Chisholm,1990)。

上海及周边的长三角地区也不同程度地实施了这一战略。政府致力于改善地区的基础设施，提供优惠的税收政策，并利用低廉的劳动力价格吸引跨国公司入驻产业园区。这些政策对地区经济的促进作用是显而易见的，但它也在逐渐地改变长三角地区原有的区域结构。其中最为典型的问题是，上海作为长三角地区经济中心的地位有逐步削弱的趋势。形成这一局面的主要原因在于，尽管从全国看，上海在研发能力、人力资源等方面处于领先地位；但就全球而言，上海和国内其他地区一样，其优势仍体现在低廉的劳动力价格上。因

第五章　市场容量、知识创新和区域一体化：技术扩散与空间集聚机理

此,在全球化时代,上海与其周边地区一样只能承接劳动力密集的制造环节。由此,对上海经济的发展造成了多方面的负面影响。首先,较苏州、无锡等地而言,上海在劳动力和土地等方面处于价格上的劣势,因此在制造业上上海不断丧失优势。一个很好的例证就是,上海在与苏州等地竞争国外大项目上已尽现疲态,2002年苏州利用外资已超过上海。其次,上海在全国的传统优势无法得到有效的利用。这些传统优势主要体现在金融、信息、人力资源、知识积累等方面。上海传统优势得不到很好利用将极大地阻碍上海的产业升级以及与长三角其他地区的合理分工。

总之,基于增长极的发展战略使长三角地区各城市间基于互补性的合作不足,而恶性竞争有余。因此,上海必须转变现有发展模式,将价值增值活动由制造环节逐步转向价值链的其他环节,特别是研发活动。这既是上海经济持续增长的需要,也是有效整合长三角资源,提升区域竞争力的需要。

2. 技术进步与苏浙地区经济的持续增长

经济增长来源于两个方面。一方面是要素投入的增长:包括就业的增加,工人教育水平的提高,物质资本存量(机器、厂房、道路等)的增加等。另一方面则是生产要素使用效率的提高,即经济学中所指的技术进步。由于报酬递减的作用,靠投入驱动的增长必然是不可持续的,而技术进步却可以带来全要素生产率的持续增长,因此技术进步是实现经济长期、持续增长的唯一源泉。1957年,索洛在他的著名论文《Technical Change and the Aggregate Production Function》中指出,根据他的经验研究,在美国长期人均收入的增长中,技术进步起到了80%的作用,投资增加只解释了余下的20%。当然,经济学中的技术进步含义丰富,包括了新技术的开发和应用、规模经济、制度创新、管理技术的提升等多方面因素。但从长期看,最主要的因素则是新技术的开发和应用(Krugman,1994),也就是一般意义上的技术进步。

实际上,一般意义上的技术进步包含两个过程,即技术创新和技术扩散。对于一些技术创新能力相对不足的地区而言,接受先进地区的技术扩散是提升其技术创新能力的重要手段。一个很好的例子是,在改革开放初期,穿梭于上海与苏浙地区间的"上海师傅"或"星期天工程师"很好地将当时上海国有企业的技术扩散到了苏浙的乡

镇企业。这种技术扩散对以后大型乡镇企业或产业群的崛起到了决定性的作用。但是,由于上海产业结构的转型,以及地区间技术势差的缩小,传统的依赖于"星期天工程师"而实现的技术扩散已不合时宜。而另一方面,由于人力资本及知识积累的不足,从乡镇企业成长而来的苏浙民营企业的自主创新能力也明显不足。技术瓶颈已经成为一大批产值在一亿元左右的"小巨人"企业进一步成长的主要障碍。因此,如何克服技术瓶颈、实现技术进步,从而推动经济的长期、持续增长已经成为苏浙地区的一个重要问题。此外,全球城市—区域"一荣俱荣,一损俱损"的特点决定了苏浙民营企业的技术瓶颈也必将对上海的发展产生负面影响。也就是说,帮助苏浙民营企业克服技术瓶颈,使其成长为扎根于本土而枝叶伸向全球的跨国公司,应当成为上海重要的政策目标。

2005年,台州(上海)科技开发园项目正式启动。在政府的引导下,台州市130多家民企将集体把"脑库"迁往上海。台州(上海)科技开发园的运行模式是:在上海建立研发总部,然后利用研发的技术成果返回台州生产,以此推动台州的产业升级和提高科技转化率。台州(上海)科技开发园的建立既为上海实现价值增长模式的转变,又为苏浙民营企业突破技术瓶颈提出了一个可行的解决方案。台州(上海)科技开发园本质上就是一种有效的技术扩散途径,在位于不同空间上的知识生产和知识需求间架起了桥梁,从而突破了地理空间对两者间的阻隔。技术可以被视为一种中间产品,而且其生产具有规模报酬递增的特点。因此,有效的技术扩散途径的建立,扩大了这一中间产品的市场规模,从而进一步推动了知识生产在空间上的集聚。另一方面,这种知识和技术的扩散也推动了苏浙地区的技术进步,为其经济的持续增长提供了条件。可见,有效的知识和技术扩散途径就如同高速公路,将极大地推动长三角地区经济一体化进程及内部的纵向分工。

三、知识扩散与技术创新的空间集聚

从理论上来说,要素禀赋结构的差异是造成价值增值活动空间分异的最初动力。之后,由于知识的生产具有报酬递增的特点,因此创新活动会在具有比较优势的地区进一步集中。同时,由于在生产中,技术被视为一种中间投入品,因此对技术需求规模的扩大可以促进技术创新的进一步集聚。显然,技术扩散就相当于对技术这一中间产品需求的增加。因此技术扩散与技术创新活动的空间集聚存在着密切的关系。

应该说,空间集聚具有组织的特点,但在上述的过程中,政策可以加强技术扩散的程度。这表明,政府合适的政策能够促进区域间的有效分工与一体化程度的深入,而这又可以促进整个区域的福利水平。显然,"苗圃工程"应该就是这样一种合适的政策。因此,本章试图讨论的问题是:改革开放以来,(1)长三角地区的区域一体化进程对跨区的技术扩散产生了何种影响,(2)创新与技术扩散对长三角地区区域分工又产生了何种影响。

第二节 相关理论进展与评述①

一、选择和模仿:熊彼得的二分法

对技术扩散的研究基于下述几个特征事实:第一,新技术并不会被市场中所有的潜在使用者在同一时间内采用,不同主体间在引进新技术上存在着明显的时差;第二,技术扩散的速度表现为"先慢后快再慢"的特点,即在时间上遵循"S"型路径。第三,不同技术或同一技术在不同市场上的扩散速度存在差异。长期以来,理论研究就是试图对上述特征事实做出解释。

早在20世纪30年代,熊彼得就明确地指出,技术扩散可以被区分为两种由不同力量驱动,但又相互补充的过程。其一为模仿(Imitation),意指企业放弃传统的技术而引入新的技术创新。其二为选择(Selection),意指引入新技术的企业与采用传统技术的企业间的竞争。显然,选择的过程也是采用传统技术企业丧失市场份额的过程。与模仿相比,选择的过程显得更为抽象,而且对技术扩散中选择过程的研究必然与市场结构和不完全竞争相联系,这使问题变得相对复杂。因此,长期以来,经济学对技术扩散的研究主要集中于对模仿过程的研究。沿着第一个方向,根据出发前提的不同可以将理论研究分为两类,第一类理论从企业对创新技术的信息不完全出发进

---

① 本节内容已发表于《科技进步与对策》,北京:科学出版社2008年版。

行解释,第二类则从企业的动机出发对特征事实进行解释。

二、基于信息的解释

1. 传染病模型

最早对技术扩散进行比较系统研究的是社会学家。社会学的研究假定,新技术总是优于老技术,因此为了获得最大收益,企业总会尽可能早地采用新技术。然而正如对特征事实的描述,对新技术的利用,总有很多企业是滞后的。社会学对此的解释是,这些企业没有获得足够的信息以了解新技术的优点。因此,技术扩散的本质就是关于新技术信息的扩散。

新技术的信息通过人与人面对面的交流进行传播。这样,在新技术的潜在采用者规模一定的情况下,已经采用新技术的企业数量越多,潜在采用者获得新技术信息的概率也就越大,但同时未利用新技术的企业也越来越少。这是两股相反的力量,前者有利于技术更快地扩散,而后者正好相反。这类似于病毒的传播过程,因此引入了生物学中的逻辑斯蒂曲线(Logistic Curve)对技术扩散的过程进行拟合成为了传染病模型的核心。

传染病模型关注的是社会关系网络在信息传递上的效率。其强调的是,一个有利于信息传播的网络结构更有利于技术扩散。传染病模型的背后反映的正是社会学的结构功能主义思想。这也决定了,就方法论而言,传染病模型很难为经济学所接受。因为传染病模型里技术扩散的效率取决于社会关系网络的结构,而与市场主体追求效用(利润)最大化行为无关。

2. 贝叶斯学习模型

如果将企业引进新技术滞后的原因归结于信息的不完全,那么引入"贝叶斯学习模型"是解决信息完整性和真实性问题的一个方案,Gollier(2002)、Jensen(1982)和 McCardle(1985)遵循这一思路对技术扩散的机制作出了新的解释。他们认为,新技术的收益水平存在着不确定性,采用新技术可能为企业带来收益,也可能造成亏损。企业的管理者根据既得的信息,做出对新技术风险的先验概率判断。然后根据外部机构进行技术测试所得到的结果来调整概率判断,形成后验概率。通过不断调整,后验概率就会趋近真实的客观概率。如果企业预期的收益水平高于采用新技术的成本,那么企业就引进新的技术,反之则等待新的测试结果或直接放弃新技术。Jensen 和 McCardle 的结论是,一开始就对新技术持有乐观态度的企业会率先采用新技术,并形成一条"S"型的技术扩散曲线。当然,与传染病模型不同的是,因为存在外部信息源①,因此这必然是一条正偏的扩散曲线(Lekvall、Wahlbin,1972)。

Jensen(1988)提出了一个新的技术扩散的贝叶斯学习模型。在新模型里,对新技术的测试由每个企业自己进行,并承担相关成本,测试结果对其他企业保密。新模型的结论与之前的完全不同,对新技术有更好预期的企业并不见得会更早地采用新技术。这意味着,不存在一个有序的技术扩散形式,也无法得到"S"型的扩散曲线。

当然,贝叶斯学习模型要求企业管理者是完全理性的,且有很强的计算、推理能力,要求其能够在概率空间中利用复杂的法则计算出最优决策,这是现实人所无法做到的。

3. 信息外部性

Kapur(1995)、Choi(1997)和 Vettas(1998)建立的模型与贝叶斯学习模型有极大的相似之处,这些模型同样强调新技术收益率的不确定性,但是企业关于新技术信息的来源并非来自于外部主体或企业自身的测试,而是其他企业的选择行为。一个企业的技术引进行为将提高其他企业对新技术收益率的预期。这意味着,企业对新技术的引进存在着外部性。但是,在信息外部性模型里,企业间博弈行为将导致囚徒困境。显然,每个企业都会等待其他企业去采用新技术,以获得关于新技术价值的信息。

三、基于企业动机的解释

1. 两阶段的计量模型

经济学较为系统地研究技术扩散问题开端于 Griliches(1957)对美国杂交玉米技术的扩散研究,以及 Mansfield 对美国制造业 12 项创新技术的扩散研究。两者都是对过程创新扩散的研究。与社会学

---

① 关于新技术的测试信息来源于新技术的开发者或独立的测试结构,而非传染病模型中面对面的信息传播。后者被认为是内部信息源。

研究不同的是,他们把关注的重点转向了市场主体的决策行为①,并引入了决定技术扩散效率的影响因素,即采用新技术的收益率。Griliches 和 Mansfield 的研究暗示了,只要新技术能带来足够高的收益率,那么传统技术就很快会被新技术所取代。这样,技术扩散的效率是市场主体在追求利润最大化过程中内生决定的。

Griliches 和 Mansfield 都采用了一个两阶段的计量模型来研究技术扩散。首先他们对 m 项技术或一项技术在 m 个市场的扩散行为用逻辑斯蒂函数进行拟合,并得到逻辑斯蒂函数的 β 参数值。参数 β 代表的就是采用新技术后的收益率,与扩散速度直接相关。第二步工作就是建立回归模型:

$$\beta = f(x_1, x_2, \cdots)$$

Griliches 采用两个变量来代表样本间收益率的变化,其一为每英亩土地采用杂交玉米种子后的增产数量,其二为以土地面积衡量的农场的平均规模。Mansfield 使用了两个更加直接的变量:第一个是通过调查而获得的企业采用新技术后的收益率,第二个是采用新技术所需要的成本支出与总资产规模的占比。

对 Griliches 和 Mansfield 研究工作的继续主要体现在两个方面。第一,寻找新的正偏扩散曲线对扩散路径进行拟合。Lekvall 和 Wahlbin(1972)指出,传染病模型存在着一个很强的假设,即以面对面的方式从已经使用新技术的市场主体中获得关于新技术的信息是唯一的信息来源,然而显而易见的是信息的扩散存在着多种途径。放松这一假设后,Lekvall 和 Wahlbin 证明,当存在外部信息源时,扩散路径就具有正偏的特性。一些实证研究也表明,部分正偏的扩散曲线具有更好的拟合性,包括 Dixon(1980)、Dinar 和 Marom(1991)所提出的龚帕兹函数(Gompertz),Lekvall 和 Wahlbin 提出的修正指数函数,以及 Davies(1979)提出的累积对数正态分布函数。第二,增添新的变量以解释技术扩散的速度。增加反映市场结构的变量是最重要的发展,如厂商数量、企业规模等。这些研究表明,市场的竞争程度越高,技术扩散的速度就越快(Globerman,1975;Romeo,1977)。

两阶段的计量模型把采用新技术以后的收益率的变化作为解释

---

① Griliches 和 Mansfield 的研究被视为经济学进入技术扩散研究的标志。

技术扩散速度的核心因素,这为经济学开拓了广阔的研究空间。但是两阶段的计量模型在本质上是"SCP"方法(结构—行为—绩效)在技术扩散上的应用,因此缺乏微观经济基础是这一技术路线的不足之处。

2. 门槛模型(Threshold Model)

门槛模型是经济学关于技术扩散的第一个理论模型。门槛模型表明,大企业会更早地接受新技术的扩散,而小企业只有在门槛规模下降或自身规模扩张的情况下,才会采用新的技术。门槛模型强调的是,潜在的新技术使用者未利用新技术的原因并非是关于新技术的信息不完全,而是新的技术并不能超越现有技术为利用者带来更大的利润。

在门槛模型里,企业通过购买包含新技术的资本品来引进新的创新。每一个企业都有一个特定的"门槛",当企业规模超过"门槛规模"后,企业就有能力购入新的资本品,即引进新的技术。假定企业规模和门槛规模呈正态分布①,且每一个企业的规模相对于门槛规模保持固定的增长速率,那么就可以在理论上获得一条"S"型的技术扩散路径。图 5-1 所示为一个最简单的例子,即门槛规模为一确定值,且以固定速率下降,企业在规模上呈对数正态分布。其中,$f(s)$为企业在规模上的概率分布,S^*为门槛规模。由此可以得到一条"S"型的技术扩散曲线,即拟恩格尔曲线(Quasi-Engel Curve)(Davies,1979)。

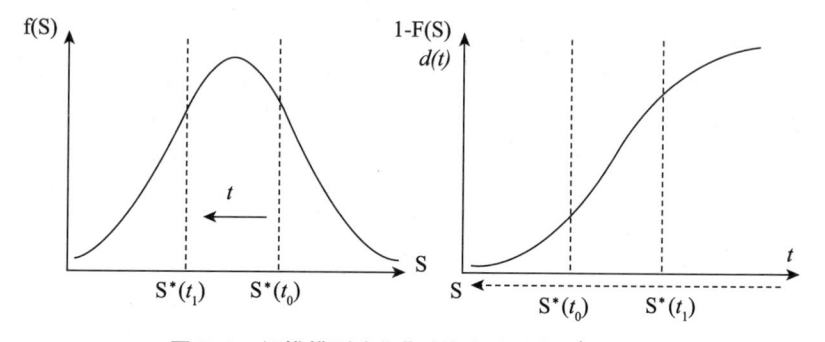

图 5-1 门槛模型中"S"型技术扩散曲线的生成

---

① 经验研究表明,企业规模的分布呈"钟"型,可以很好地用对数正态函数拟合。

在门槛模型里，企业的异质性是影响技术扩散效率的原因。这种异质性主要体现在生产规模上：大企业会更早地接受新技术的扩散，其原因与规模经济相关。技术引进的投入可以视为固定成本，显然产量越大平均成本就越低。规模经济也使技术扩散与市场结构建立了联系。从门槛模型可以得到，企业间在规模上越接近，技术扩散的速度就越快。这意味着，在一个完全竞争的市场上，技术扩散的效率会更高。资本品的价格是影响技术扩散效率的另一个原因。资本品的价格越低，由技术引进而发生的固定成本投入也越低，因此企业实现盈亏平衡所需的"门槛"产量就相应地下降。可见，资本品的价格通过门槛规模进而影响技术扩散的效率。总而言之，门槛模型在本质上讲述的是规模经济与技术扩散的关系。

3. "干中学"与技术扩散的内生化

对门槛模型的进一步研究使技术扩散与技术创新间建立起了联系。Stoneman & Ireland(1983)把技术创新假定为一个阿罗式的"干中学"的过程，由于持续不断的技术创新和扩散，生产新技术的边际成本不断下降，并传导到资本品的价格。另一方面，创新者经验的积累提高了创新的质量，促使技术引进者生产效率的提高。由此导致门槛规模下降，进而又推动技术的扩散（见图5-2）。这意味着技术扩散也具有正反馈的特点。

在这样一个自我强化的过程中，资本品供给面的市场结构和创新者的学习能力是影响技术扩散速度的主要因素。如果资本品的供给者具有强大的市场力量，那么出于追求垄断利润的目标，创新成本的节约并不会传导到资本品的价格。而创新者学习能力的不足将直接制约边际成本的下降及创新质量的提高。因此两者最终将通过门槛价格间接地影响技术扩散的效率。内生的技术扩散意味着，政府对技术引进进行补贴有助于推动技术扩散和创新；在企业战略层面，技术创新者在新的资本品投入市场之初采用低价格战略能够推动企业的"干中学"。

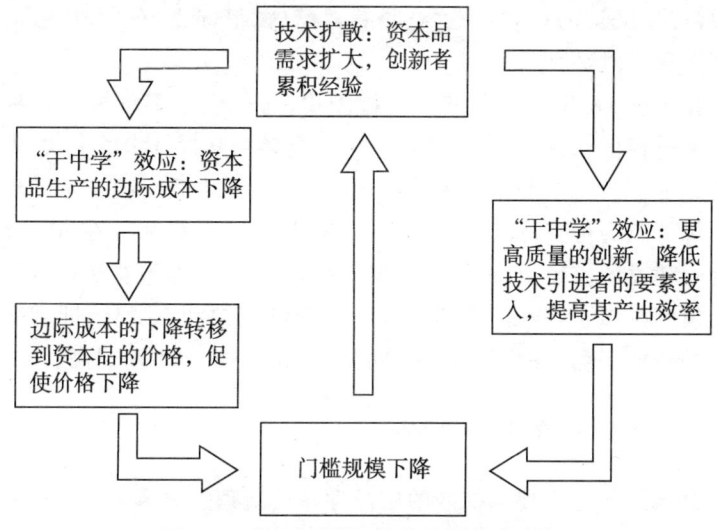

第五章　市场容量、知识创新和区域一体化：技术扩散与空间集聚机理

图 5-2　"干中学"与技术扩散的内生化

在上述分析框架中，预期也是影响技术扩散的因素。潜在的技术引进者如果预期未来资本品的价格将下降，或者未来会出现更好的技术，那么潜在的新技术利用者就会推迟引进的速度，从而打破内生技术扩散的良性循环。这意味着在商业竞争领域，一个重要的技术竞争策略是，宣布将要推出更好的新技术，这一行为将推迟竞争者的技术扩散速度。

四、对基于选择过程的技术扩散的解释

更早引进新技术的企业通过提供比竞争者更好的产品以获取超额利润，这些利润被用于研发、人力资本投入等以增强企业的能力，从而导致产品价格的下降，以及企业生产规模与市场份额的持续增长。这可以被视为一个通过选择实现技术扩散的过程。但是，将利润向企业能力建设转移的过程并非一蹴而就。这意味着，其他企业总有足够的时间进行模仿。总之，选择过程过于缓慢以至于无法阻止模仿过程的发生。

上述观点的前提是，创新仅仅体现为机器、材料等物质形式，而不包含文化、组织等非物质形态。如果把后者也视为技术一部分，那么技术引进就不是一个简单的、离散的、通过购买一种新的资本品就能完成的过程，而是一个连续的、难以模仿的企业文化与组织的变迁

过程(Henderson,1993)。这意味着,"模仿"很难成为技术扩散的全部,"选择"必然发生。

在 Soete & Turner(1984)的模型中,每个企业都掌握着一种技术。通过模仿和自主研发,企业不断提高自身掌握技术的层次,但是只要企业间技术进步的速率存在差异,那么其中某一项技术已经存在的优势就会得到持续的强化,并不断扩大市场份额。在 Metcalfe(1989)建立的模型中,假设没有模仿存在,扩散完全取决于市场的选择。模型模拟了技术扩散的过程与市场结构的动态变化,即掌握新技术的企业市场份额不断扩大,同时市场集中度也不断提高。

五、技术扩散的空间分析

跨区或跨国间技术扩散的广泛存在使地理空间成为了一个不可忽略的因素,对技术扩散的空间分析,特别是将技术扩散和区位论建立联系一直是区域经济学和经济地理学努力的方向。目前这方面的工作主要由地理学家所完成。

就技术扩散而言,地理学家试图回答的问题是,为什么有些地区的企业在接受新技术上总是迟于其他地区的企业。Pred(1966)把技术扩散的空间过程归纳为三个阶段:首先,新技术往往先扩散到主要的中心城市;其次,次中心城市和中心城市的周边地区也逐渐开始吸收这一新的技术;最后,轮到次中心的周边地区(见图 5-3)。在这个有序的空间过程中,可以清晰地发现两个信息流动的方向。其一,由中心到次中心;其二,由中心到边缘。这一扩散的通道决定于道路和通讯等基础设施。

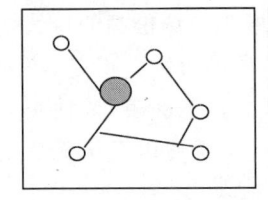

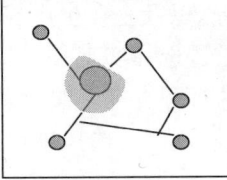

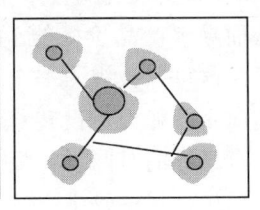

图 5-3 技术扩散空间过程的三个阶段

地理学家总结得到技术扩散的空间模式非常类似于传染病模型。内部信息源是两者的第一个共同点。在地理模型中,边缘地区的信息来自于中心,而次中心的信息则来自于更高一级的中心,显然

第五章　市场容量、知识创新和区域一体化：技术扩散与空间集聚机理

这与传染病模型中的面对面的信息传播方式是一致的。除了最初的信息来源是外生给定的，其后所有关于新技术的信息都来源于系统内部的其他主体。在地理模型中也同样强调网络效率对技术扩散的重要性，只不过传染病模型中的社会关系网络被空间网络所替代了。就本质而言，由不同的地理空间和通道构成的空间网络完全可以被视为是社会关系网络的空间表达形式。由此不难发现，地理学对技术扩散空间过程的三个阶段描述就是传染病模型的空间版本。

地理学的另一个解释则与门槛模型有相似之处。以电气自动化技术在英国金属加工业的推广为例，Gibbs & Edwards(1985)的研究认为，与企业的规模、研发支出的大小一样，一个地区中厂商等级的高低也是决定这一地区技术引进效率的重要因素。他们把企业分为全国总部、地区总部、大公司的分厂和单个工厂四个等级，其中单个工厂在引进新技术方面迟于大公司的分厂，而总部机构往往最先引入新的技术。Gibbs & Edwards 进一步指出，在英国大部分经济较为萧条的地区都以大公司的分厂和单个工厂为主，这些地区对新的技术敏感度较低，最终也导致了经济发展的相对滞后。

Gibbs & Edwards 的理论与门槛模型所讲述的故事是一致的，两者都强调大企业会更早地接受新技术的扩散。显然，落实到空间上就是，新技术往往由大企业集中的地区向其他地区扩散，这一点和 Pred 的地理空间模型是一致的。事实上，可以把 Gibbs & Edwards 的理论视为是对技术扩散的三阶段空间扩散模式的进一步阐释。

基于选择的技术扩散过程同样可以落实到空间层面。由于创新技术的引进会提升企业的竞争力，因此在新技术应用上的后来者往往会被市场所淘汰。如果这些后来者在空间上并非随机分布，而是集中在一些特定区域，那么这些地区将会在整个经济体中被逐渐边缘化。与此同时，具有较强竞争力的地区在经济上表现得越来越活跃，经济活动也越来越集中到这些地区。显然选择的过程让经济活动倾向于空间集聚。

另一方面集聚又进一步推动技术扩散。在集聚与技术扩散间建立桥梁的是马歇尔的外部经济概念。马歇尔利用这一概念来解释当时英国普遍存在的产业集中现象。外部经济导致在一定空间范围内企业生产成本随着产业产出规模的扩大而下降，因此企业偏向于在经济活动集聚或产业集中的地区选址。马歇尔在他的名著《经济学

原理》中系统地分析了外部经济产生的三个原因:第一,产业集中形成了一个共享的劳动力市场;第二,一个产业中心可以提供该产业专用的多种类、低成本的非贸易投入品;第三,地理集中的产业中心可以产生所谓的技术外溢。可见,因集聚而推动的技术扩散是马歇尔所强调的外部经济的重要来源之一。首先在经济活动高度集聚的空间中,企业间的外包行为极为活跃,特别是在一些"柔性专业"的新产业区。企业间的外包行为意味着,中间产品在企业间传递的时候,关于技术创新的信息也在企业间快速地扩散。这样,存在外包关系的企业集群中,即使是最小的作坊式企业也能够分享到整个集群中的创新技术。同时,为了能够在这个分包体系中占有一席之地,每个企业都必须尽快引入新的技术,从而保证整个分包体系的生产效率(Morris,1998)。其次,集聚也意味着地理空间的接近,以及发达的社会关系网络。显然,这有助于企业之间、创新者之间面对面地非正式交流,而非正式交流被认为是技术扩散的主渠道,特别对于不可编撰的知识而言(王缉慈,2001)。

六、小结

对技术扩散的研究基本可分为两类:第一类关注技术扩散的过程,其主要目的是明确决定技术扩散效率的影响因素。传染病模型、贝叶斯学习模型、门槛模型是这类研究的主要理论框架。通过这些理论研究可以发现,信息传播所依赖的社会关系网络、技术引进者关于新技术信息的完整性以及企业规模的大小是最主要的影响因素。可见技术扩散快慢既受限于扩散的通道,也受限技术引进者的能力。

第二类研究关注的则是技术扩散对经济增长、市场结构以及经济活动空间结构的影响。本章没有就技术扩散对经济增长的影响进行回顾,相关的研究可参阅格罗斯曼和赫尔普曼(1991),以及 Barro & Martin(1995)研究。如巴罗和萨拉伊马丁建立了领导者—跟随者模型来分析后进经济如何通过模仿来分享技术进步所得到的利益。在他们的模型中因为模仿的成本低于创新,因此在技术扩散的作用下将出现与新古典模型相同的结果,即出现条件收敛的形式。

技术扩散与市场结构的关系非常值得探讨。正如本章在对门槛模型的论述中所提到的,规模经济影响技术扩散的效率,同时也为技术扩散与不完全竞争的市场结构搭起了桥梁。"干中学"与技术扩散

第五章　市场容量、知识创新和区域一体化：技术扩散与空间集聚机理

内生化作用机制清晰地表明了技术扩散的过程往往伴随着市场集中度的提高。这也是 Metcalfe 通过模拟得到的结果。

如果说门槛模型暗示了技术扩散与不完全竞争的关系，那么后者同样也暗示了技术扩散与空间集聚的关系。经济活动的空间集聚本身就是不完全竞争的市场结构的反映。但是，从已有的研究看，地理学更关心技术扩散的空间过程，如 Pred 提出的三阶段过程。在对硅谷、第三意大利等新产业区的研究中，地理学试图运用纯外部经济、社会资本等概念来描述知识的溢出效应对区域发展的作用。但这些理论框架具有局限性，它仅仅关注于一个较小的地理空间内部的技术溢出效应，而无法解释价值链在空间上的纵向分离。而所谓"头脑部门"的管理和研发环节与所谓"手脚部门"的制造环节在不同地理空间上的集聚是普遍存在的现象，因此需要寻找一个新的理论框架来解释技术扩散与空间集聚的关系。

第三节　技术扩散与知识创新的空间集聚

技术可以被视为一种中间投入品，对一个技术扩散的源头地区而言，跨区技术扩散的增强意味着本地区 R&D 部门的市场在地理空间上的拓展，从而增加对这种中间投入品的需求。因此，技术扩散与技术创新的空间集聚存在着必然的联系。

一、模型假设

1. 空间结构

假设一种已经存在的、封闭的"中心—边缘"的结构，即由两个地区组成，中心地区只有一个从事于技术创新活动的部门（R 部门），边缘地区则有一个从事制造活动的生产部门（M 部门）和从事传统农业活动的生产部门（T 部门）。中心地区和边缘地区间存在着技术扩散，用技术扩散系数 τ 来控制这个跨区技术扩散的强度。对这种空间结构的假设源于对长三角地区的高度抽象。90 年代初以来，基于市场的一体化初期，长三角地区内部的跨区技术扩散基本符合这一状况。

2. 市场结构

假设制造业部门为完全竞争的市场,而技术创新部门则是一个垄断竞争的市场。对垄断竞争的处理,本文采用迪克西特和斯蒂格利茨(Dixit and Stiglitz,1977)提出的分析框架,即对称的垄断竞争模型(D-S 模型)。

D-S 模型是对张伯伦垄断竞争模型的数学表述。张伯伦的垄断竞争模型有下述特点:第一,对称性。张伯伦在具体的技术手段上定义了一个重要的概念——"组"(Group),根据张伯伦的定义,组内产品间具有较强的替代性,同时其成本结构也较为相似。这样,消费者的决策行为就可以分为两部分,首先是决定各个组的消费量(如衣服和食品的消费量),然后再决定组内产品的消费量(如各种式样的衣服的消费量)。对于第一个问题,新古典经济学中的消费者理论已经给出了解决的方法。而第二个问题则是张伯伦模型的重心。对于组内的产品,张伯伦给了很强的假定,即组内产品间的替代弹性是相同的。这意味着产品都对称地进入效用函数。所以,有学者将张伯伦的垄断竞争模型以及继承了张伯伦传统的 Dixit-Stiglitz 垄断竞争模型统称为对称的垄断竞争模型。第二,在市场均衡条件上,除了利润最大化条件之外,张伯伦还给出了一个重要的条件,即零利润条件。在张伯伦的模型里,每个企业只生产一种独一无二的产品,每个企业都是自己品牌的垄断者,具有一定程度的市场力量。但在厂商可自由进入的情况下,只要市场上还存在着超额利润,总会有新的厂商(即新的产品)进入。

Dixit 和 Stiglitz 在 1977 年提出的模型里用了一个特殊的效用函数,即一个具有凸性无差异曲面的、可分的效用函数:

$$U = u[x_0, V(x_1, x_2, x_3 \cdots)]$$

$x_1, x_2, x_3 \cdots$ 正是一组具有不同品牌的同一类产品,就是张伯伦所谓的"组"。子函数 $V(\cdot)$ 具有对称性,也就是说组内所有产品产生的效用都是一样的。在具体的分析中,Dixit 和 Stiglitz 用了一个不变替代弹性函数(CES)来表示 $V(\cdot)$,即:

$$U = u[x_0, (\sum_{i=1}^{n} x_i^\rho)^{\frac{1}{\rho}}]$$

参数 ρ(为确保函数的凸性及组内产品相互间的替代性,$0 < \rho < 1$)反映了代表性消费者多样性偏好的强弱,当 ρ 越趋近于 1,则组内

品牌间的替代性越强,即多样性偏好越弱。在张伯伦垄断竞争均衡下,差异化产品的种数 n,也就是生产差异化产品的厂商个数是模型内生决定的。

3. 生产函数

在地区 B 的传统农业部门的生产函数为:
$$T = \varepsilon L_T \tag{5-1}$$

在地区 B 的制造业部门服从柯布道格拉斯型生产函数,
$$M = L_M^{1-\mu} R^\mu \tag{5-2}$$

假定只使用两种生产要素,劳动力和一种复合产品 R。R 由多种包含了技术的资本品 q_i 复合而成,具体形式为
$$R = \left[\sum_{i=1}^{n} (\tau q_i)^{\frac{\sigma-1}{\sigma}} \right]^{\frac{\sigma}{\sigma-1}} \tag{5-3}$$

其中 q_i 代表研发部门为下游制造业部门提供的包含了技术的资本品,σ 为替代弹性,n 指资本品的种类数,也是专门从事技术创新活动的研发机构的数量,由模型内生决定。τ 是一个与技术扩散相关的参数,对 τ 将在后文中作具体分析。

在地区 A 的技术创新活动服从规模报酬递增的生产技术,
$$H = \alpha + \beta q \tag{5-4}$$

其中 α 代表固定成本,β 代表边际成本。技术创新活动需要大规模的固定成本投入,这是模型中报酬递增的来源。罗默曾给出过一个技术创新的生产函数,即 $\dot{A} = \delta L_A^\lambda A^\varphi$。这个形式的生产函数涉及知识积累的动态,而本文仅作静态分析,因此采用公式(5-4)这种比较简单但同样能说明问题的描述方式。

4. 效用函数

假设效用函数为 $U = T^{1-\gamma} M^\gamma$,通过效用最大化可以得到:
$$p_M M = \gamma Y \tag{5-5}$$
$$p_T T = (1-\gamma) Y \tag{5-6}$$

二、模型设计

1. 传统农业部门

因为生产函数 $T = \varepsilon L_T$,所以传统农业部门的利润函数为:
$$\pi_T = p_T T - \omega_T L_T \tag{5-7}$$

根据利润最大化的一阶条件,并结合效用最大化条件可以得到:

$$\omega_T = \varepsilon p_T \tag{5-8}$$

$$\omega_T L_T = \varepsilon p_T \tag{5-9}$$

$$\omega_T L_T = (1-\gamma)Y \tag{5-10}$$

2. 制造业部门

制造业部门的利润函数为:

$$\pi_M = p_M M - \omega L - \sum_i^n (p_{Ri}\tau)q_i \tag{5-11}$$

通过利润最大化的一阶条件和零利润条件,结合 D-S 模型的对称性特点,可以得到制造业部门对技术创新部门的需求函数:

$$q = \mu p_M M (p_R \tau)^{-\sigma} I^{\sigma-1} \tag{5-12}$$

$$I = \left[n(\tau P_R)^{1-\sigma} \right]^{\frac{1}{1-\sigma}} \tag{5-13}$$

其中,I 为复合产品 R 的价格指数。根据利润最大化的一阶条件,并结合效用最大化条件还可以得到:

$$\omega_M L_M = (1-\mu)\gamma Y \tag{5-14}$$

3. 技术创新部门

因为假设研发部门的生产技术具有规模报酬递增的特点,其成本被表述为 $H = \alpha + \beta q$ 形式。这样,研发部门的利润函数为:

$$\pi_R = p_R q - \omega_H H \tag{5-15}$$

将(5-12)式代入(5-15)式后,求利润最大化的一阶条件,可得:

$$p_R = \frac{\omega_H \beta}{\rho} \tag{5-16}$$

其中 $\rho = \frac{\sigma-1}{\sigma}$。从上式可以发现,技术创新部门产品的价格 p_R 都是相同的,这体现了 D-S 模型的对称性特点,即所有技术创新部门的产品都对称地进入复合产品 R。因此,从一开始就利用对称性特点以简化模型是可行的。

将 $p_R = \frac{\omega_H \beta}{\rho}$ 代入式(5-12),可得:

$$q = \mu\rho (\omega_H \beta \tau)^{-1} p_M M n \tag{5-17}$$

根据张伯伦垄断竞争的零利润条件,并结合效用最大化条件,可以得到一个局部均衡的结果:

$$n = \left(\frac{\alpha \omega_H}{\mu(1-\rho)\gamma Y} \right)\tau \tag{5-18}$$

因为有：
$$Y = \omega_T L_T + \omega_M L_M + \omega_H H \qquad (5-19)$$

结合式(5-4)、(5-10)、(5-14)、(5-18)，可以得到技术创新机构的数量：

$$n = \left(\frac{1-\rho}{\mu\alpha}\right)\tau \qquad (5-20)$$

三、几个讨论

1. 技术扩散系数 τ

在所有的空间经济分析中，都设计到一个运输费率问题。运输是有成本的，如果设定一个运输价格，那么意味着在分析中需要增加一个运输部门。为了规避这一问题，萨谬尔森提出了一个处理的办法，就是"冰山交易技术"。其含义是，产品在运输的过程中有一部分会像冰山一样被慢慢地融化掉。这与技术扩散的过程非常相似，在地理空间的摩擦作用下，源头的创新有很大一部分在扩散的过程中被"融化"掉了。Fujita(2002)在研究区域增长的动态问题中，就运用了"冰山交易技术"来描述知识的空间扩散过程。

在本文中，τ 与技术扩散系数相关，通过转换可以获得一个更直观的表述①。

因为有 $\kappa E = IR$，κE 代表了制造业部门在要素 R 上的投入份额，根据价格指数 I 和复合产品 R 的含义(见式 5-2 和式 5-6)，可以得到，

$$IR \equiv \left[\sum_{i=1}^{n} q_i{}^\rho\right]^{\frac{1}{\rho}} \left[\sum_{i=1}^{n} (\tau p_i)^{\frac{\rho}{\rho-1}}\right]^{\frac{\rho-1}{\rho}} \equiv \tau \left[\sum_{i=1}^{n} q_i{}^\rho\right]^{\frac{1}{\rho}} \left[\sum_{i=1}^{n} (p_i)^{\frac{\rho}{\rho-1}}\right]^{\frac{\rho-1}{\rho}}$$
$$(5-21)$$

在式(5-3)，τ 为复合产品前的一个系数，其意义就更加直观了。技术创新部门的产品只有一部分能进入到了制造业部门，其余部分 $1-\tau$，在扩散的过程中消失了。

因此 τ 可以被认为是技术扩散系数，τ 越大代表 B 地区的制造业能更多地获得 A 地区的技术，即 τ 越大技术扩散强度越大。

---

① 将 τ 与 p_{Ri} 相乘的目的是为了推导方便。

2. 技术扩散与技术创新机构规模的增长

对式(5-20)求导可以得到：

$$\frac{\partial n}{\partial \tau} = \frac{1-\rho}{\mu a} \tag{5-22}$$

因为有 $0<\rho<1$，所以 $\frac{\partial n}{\partial \tau}>0$。由此可以得到我们关心的结论，如果A地区的技术能够更多地扩散到B地区，则A地区技术创新机构的数量也会相应地增加，即有更多技术创新机构在A地区集中。

本节利用垄断竞争的分析框架，对技术扩散与技术创新活动的空间集聚作了分析，模型的结果显示：如果技术能更多地扩散到周边制造业集中的地区，那么传统技术创新中心的研发机构的数量也会得到相应地增加，即技术扩散能够强化技术创新中心的地位。

第四节 长三角区域一体化与技术扩散的实证

1978年以后，"改革开放"是中国经济生活的主旋律。"改革"就是经济体制的转轨，"开放"就是中国经济完全融入全球体系。因此，市场化和国际化是探讨1978年以来中国经济的两条主要线索[①]。中国经济的市场化和国际化也深刻地影响着长三角地区的一体化进程以及跨区的技术扩散，分析其中的逻辑就是本章的任务。通俗地说，本章要回答中央的"鼓励横向经济联合"、苏浙的"接轨浦东(上海)"、上海的"服务长三角"等政治性口号背后的经济逻辑，以及"联合"、"接轨"和"服务"对跨区技术扩散的影响。

本节从三个阶段考察长三角地区的区域一体化问题。第一个阶段是计划经济时代，即建国以后到1978年。之后，以1989年上海经济区规划办公室的撤销和1990年浦东的开发开放为标志，将长三角地区的一体化进程划分为两个阶段，即行政主导下的区域一体化阶

---

① 与"国际化"相比，"全球化"是一个更加时髦的概念。全球化强调全球经济是一个统一的整体，而国际化则强调国家间的经济联系。中国开放的目的是要加强与其他国家或地区的经济联系，包括引入他国的资本和促进对其他国家的贸易，而非整合全球经济。因此，在本研究中，"国际化"的这一术语比"全球化"更加合适。

第五章 市场容量、知识创新和区域一体化：技术扩散与空间集聚机理

段和基于市场的区域一体化阶段。

一、长三角地区的地域范围

自然地理意义上的长三角即长江河口平原，一般认为其范围仅限于江苏镇江以东，通扬运河以南，浙江杭州湾以北，是长江中下游平原的一部分，面积5万平方公里。显然自然地理意义上的长三角与经济区划上所指的长三角是两个不同的概念。1992年，在长三角及长江沿江地区经济规划座谈会上正式将长三角经济区范围划定为上海、无锡、宁波、舟山、苏州、扬州、杭州、绍兴、南京、南通、常州、湖州、嘉兴、镇江等14个城市。1996年地级市泰州的设立，使长三角经济区变为15个城市。2003年，由上述15个城市组织成立的长三角城市经济协调会接纳了浙江台州市作为第十六个会员城市。由此，目前一般意义上的长三角是指包含16个城市的长三角经济区，而非自然地理意义上的长三角。

区域一体化的进程体现在两个方向。第一，一体化进程的深入，其本质就是空间交易成本的下降。第二，一体化范围的扩大，地区间的经济联系是个动态变化的过程，随着经济规模与生产效率的提高，区域一体化的空间范围也会发生变化。毫无疑问，十年以后的长三角所包含的空间范围必然超过目前的16个城市。事实上，正在编制的《长江三角洲城镇群规划》已经将温州、盐城、连云港、芜湖、马鞍山、合肥、铜陵7市纳入其中。因此，在理论探讨上，限定长三角的地理范围是不明智的，但是在具体的操作层面，对地理范围的明确又是必需的。

本节所指的长三角地区就是指由16个城市所组成的经济区域。其国土面积达11.95万平方公里，常住人口超过8200万，到2010年，长三角16市全年共实现出口总额5926亿美元[①]，并在2011年实现GDP首次突破8万亿元[②]。就经济规模而言，长三角地区已超越亚洲四小龙的新加坡、香港，和台湾基本持平，并在快速接近韩国。

---

① 新华网，有关"2010年长三角16市出口总额同比增长32.8%"的报道，http://news.xinhuanet.com/2011-02/11/c_13727935.htm。

② 中央政府门户网站，有关"2011年长三角16城市GDP总量首次突破8万亿元"的报道，http://www.gov.cn/jrzg/2012-02/29/content_2079287.htm。

二、计划经济体制下的区域联系

从1953年开始,随着社会主义改造的基本完成,我国逐渐形成以公有制为基础,高度集权的计划经济体制。计划经济将整个国民经济变成了一个大工厂,政府是全社会资源配置的核心,为保证国民经济的正常运转,客观上要求全国资源配置权力高度统一(胡书东,2001)。

对此,在金融上,实现了以中国人民银行为中心的金融体系和银行业的基本国有化。中国人民银行成为全国现金、结算和信贷中心,总揽了全部金融业务,并在银行内部实行了"统收统支"的信贷资金管理体制(林毅夫等,1994)。在物资管理上,中央建立了主要商品的统购统销制度。这一制度将各种物资被分为统配物资、部管物资和三类物资进行管理。在整个计划经济体制的很长一段时间里,尽管期间经历了几次收权与放权交替,但是统配物资和部管物资一直占有相当大的规模(见表5-1)。在1957年统配物资和部管物资占工业总产值的比重达到60%(汪海波,1994)。

表5-1 部分年份统配物资和部管物资的种数

类别	1953年	1957年	1966年	1972年
统配物资	112	231	326	49
部管物资	115	301	253	168

资料来源:根据汪海波主编的《新中国工业经济史(1949.10—1957)》,北京:经济管理出版社(1994)和赵德馨主编的《中华人民共和国经济史(1967—1984)》,河南:河南人民出版社(1989)的相关数据整理而成。

上述措施可以充分保证中央意志的实现,即集中资源实施重工业优先的赶超战略[1],实现"有计划地在全国范围内均衡配置生产力"这一社会主义生产力布局原则[2]。地区间的资源配置由中央政府直接控制,这意味着地区间基于统一市场的要素流动和商品贸易完全终止,跨地区的经济联系完全取消,地区间只能通过中央计划部

---

[1] 关于赶超战略,可参见林毅夫等《中国的奇迹:发展战略与经济改革》,上海:上海人民出版社1994年版。

[2] 关于我国建国之初的社会主义生产布局原则,可参见杨开忠《中国区域发展研究》,北京:海洋出版社1989年版。

第五章 市场容量、知识创新和区域一体化：技术扩散与空间集聚机理

门进行间接联系。此外，严格的户籍制度，使得以追求高工资的跨区人口迁徙也基本停滞。因此，在高度计划经济的时代，市场经济体系已完全不复存在，区域一体化也根本无从谈起。而长三角地区这个近代历史上曾经得到有机整合的统一地域经济单元，也毫不例外地被"肢解"了。

显然，在计划经济的制度框架下，无论是技术市场的交易，还是基于社会网络的非正式的交流，这些最主要的技术扩散途径都不存在了。另一方面，计划经济在微观经营机制上的一个重要特点是：企业产权国有化，经营的自主权被全面剥夺。即生产资料由国家计划供应，产品由国家包销和调拨，财务上统收统支。企业用工和工资分配完全由国家计划安排。显然，一个脱离市场、丧失追求利润最大化动机的企业自然不会有动力去积极致力于技术引进。既然市场也已经不存在了，又何必去提升"市场"竞争力？总而言之，从微观主体的动机和技术扩散的通道两个方面看，在计划经济体制下技术扩散是不可能发生的。

三、行政主导下的区域一体化与技术扩散[①]

中国经济体制改革的实质就是逐步放松管制，而"分权"在很大程度上是放松管制的手段(杨开忠、陶然和刘明兴，2004)。这种分权至少表现在两个方面：第一，中央对地方的"放权让利"；第二，政府在企业经营上的放权。前者直接导致了以地方市场分割为特征的"行政区经济"[②]，对此中央试图通过行政力量主导的区域一体化来解决出现的问题。而后者则成为了体制外的"增量"——新兴工业化部门，主要是乡镇企业，迅速扩张的外部条件(Che and Qian，1998)。乡镇企业的兴起带来了技术需求，而行政力量主导的区域一体化在市场发育不完全、地方市场分割严重的情况下，推动了国有企业向乡镇企业的跨地区的技术扩散，包括基于社会网络的技术扩散和基于分包网络的技术扩散。

---

① 本节内容已发表于《转型中的亚洲文化与社会》(《亚洲研究集刊》，第4辑)，上海：复旦大学出版社2008年版。

② 关于行政区经济，可参见舒庆、刘君德：《从封闭走向开放——中国行政区经济透视》，上海：华东师范大学出版社2003年版。

1. 地方市场分割与行政主导下的区域一体化

长期以来我国的地方市场分割问题一直比较突出(银温泉、才婉茹,2001)。地方市场分割指,在一国范围内各地方政府为了本地的利益,通过行政管制手段,限制外地资源进入本地市场或限制本地资源流向外地的行为。地方市场分割是与区域一体化相对应的概念。Young(2000)通过1978—1997年间,我国地区产业结构趋同现象证明我国存在资源配置扭曲,从而说明我国统一的市场还未形成。郑毓盛、李崇高(2003)研究发现1978—2000年间由地方保护和市场分割导致的产出配置结构非最优和要素配置结构非最优所造成的损失总体呈现上升的态势。国务院发展研究中心组织的一项全国性调查也表明,地方市场分割虽然有所改善,但仍然比较严重(李善同等,2004)。

这种地方市场分割问题的产生有其必然的逻辑。1980年,中国实行了"分灶吃饭"的财政体制,即"划分收支、分级包干"。尽管有研究表明,当时实施的财政分权对中国的经济增长起到了显著的作用(林毅夫、刘志强,2000),但也导致了严重的地方市场分割问题。在增加财政收入动机的驱使下,各级政府必然倾向于多办隶属于本地的企业,特别是税收高、预期产品价高利厚的项目。企业的属地化必然导致地方保护主义行为的出现。地方政府为了确保自身利益,往往不顾规模经济与比较优势,大搞低水平的重复建设,并对本地生产的优质原料向其他地区实行销售封锁,对本地企业生产的质次价高产品强行在本地安排销售,阻止其他地区的优质产品进入本地市场,形成地区封锁。此外,在金融体制上,银行的"属地化"为地方政府获取资金创造了条件。而中国司法机构的"属地化"也为分割市场提供了法律环境(刘君德,2004)。在这种特殊的制度安排下,行政区划界线如同一堵"看不见的墙"对区域经济横向联系产生了刚性约束,使生产要素的跨区流动受到地方政府的强烈阻滞。由此导致统一的市场难以形成,地区间产业同构化现象明显。

处于同一制度框架下的长三角地区一样存在地方市场分割问题,并阻碍了长三角地区的协调发展(徐现祥、李郇,2005)。观察地区间产业结构是否趋同是衡量区域一体化程度的主要手段。通过对

第五章 市场容量、知识创新和区域一体化：技术扩散与空间集聚机理

长三角地区两省一市各工业部门的区位熵的比较可以发现①，在苏浙沪三个地区专业化程度高的产业门类较为相似。区位熵（LSE）反映的是某一产业部门在一个地区的专业化程度，是衡量区域一体化状况的重要指标。从表5-2可以发现，在被统计的34个工业部门中，区位熵在三地都大于1的工业部门有9个，在其中两个地区大于1的有4个，而区位熵仅在一个地区大于1的工业部门仅为9个，其中上海6个，浙江2个，江苏1个。这意味着，仅有26%的工业部门在一个地区形成专业化优势，只有上海具备专业化的工业部门占18%，浙江和江苏则分别为6%和3%。可见，苏浙沪两省一市在产业结构上存在极大的相似性。

表5-2　2002年苏浙沪两省一市制造业的区位熵

行业	上海	江苏	浙江
煤炭采选业	0.1	0.26	0.04
石油天然气	0.07	0.07	0.00
非金属矿采选业	0.00	0.85	0.51
食品加工业	0.28	0.79	0.56
食品制造业	1.00	0.23	0.57
饮料制造业	0.49	0.64	0.99
烟草加工业	0.81	0.34	0.49
纺织业	0.55	1.95	2.31
服装制品业	1.20	1.61	2.36
皮革、羽绒制品	0.44	0.74	2.65
木材及藤、草制品	1.32	1.14	1.23
家具制造业	1.02	0.67	1.26
造纸及纸制品业	0.51	1.00	1.39
印刷业、记录媒介	1.37	0.57	0.96

---

① 区位熵（LSE）用以衡量某一产业在某一地区的相对集中程度，其分子为第i类产业在j区中的产值与j区各行业总产值的比值，分母为i产业的全国总产业与全国各行业总产值的比值。一般而言，某一产业的区位熵大于1，则表明该产业为专业化部门。关于区位熵的进一步阐述可见杨吾扬和梁进社的《高等经济地理学》。

续表

行业	上海	江苏	浙江
文教体育用品	1.75	1.30	1.82
石油加工	0.98	0.47	0.61
化学原料制品业	0.92	1.46	0.84
医药制造业	0.84	0.72	1.07
化学纤维制造业	0.60	2.31	2.29
橡胶制造业	0.82	0.93	0.93
塑料制造业	1.04	1.13	1.59
非金属矿物制品	0.53	0.90	0.75
黑色金属	1.48	0.82	0.29
有色金属	0.51	0.85	0.89
金属制品业	1.31	1.28	1.34
普通机械制造业	1.38	1.82	1.70
专用设备制造业	1.01	1.41	1.13
交通运输设备制造业	1.72	0.73	0.73
电气机械及器材制造业	1.11	1.23	1.50
电子及通讯设备制造业	1.36	0.97	0.44
仪器仪表文化办公用机械	1.39	1.19	1.15
电力蒸汽热水生产供应业	0.48	0.64	0.72
煤气的生产和供应业	1.32	0.79	0.68
自来水的生产和供应业	0.67	0.47	0.67

资料来源:《长江三角洲地区工业的区域分工协作现状及产业结构趋同现象浅析》,《苏州大学学报(哲学社会科学版)》,2004年第4期。

出于对前两次的分权的深刻认识,中央在实行新的财政体制时也提出要搞"横向联合",搞区域经济协作,以打破"条块分割"所带来的弊端。在这一背景下,改革开放不久,1982年12月国务院发出通知,决定成立上海经济区,以协调长三角及华东地区的经济发展。

上海经济区成立之初,仅包括上海市,江苏的苏州、无锡、常州和南通,浙江的杭州、嘉兴、湖州、绍兴和宁波等10个城市,后来扩大到江、浙沪两省一市。1984年到1987年,安徽省、江西省和福建省也

第五章 市场容量、知识创新和区域一体化：技术扩散与空间集聚机理

先后参加了进来。

中央成立上海经济区的目的是，为贯彻国务院于 1980 年发布的《关于推行经济联合的规定》提供组织上的保障。但是，上海经济区的常设机构仅仅是一个直属国务院的"上海经济区规划办公室"，其性质是一个研究规划机构。而上海经济区主要运作平台为上海经济区省（市）首脑会议，即二省一市首脑会议和十市市长联席会议。可见，上海经济区的相关机构并无超越各省市行政权以上的行政权力。因此，上海经济区完全不同于原来的"华东军政委员会"或华东局，它没有干预地方行为的行政权力，对地方很难产生直接的影响力。

缺乏实际的行政权力意味着，上海经济区实质上是一个协调地方间利益的区域治理平台。但是，上海经济区范围涵盖了华东五省一市①，完全不等同于以上海为中心、以苏南浙北为两翼的长三角地域生产体系。显然，上海经济区并非是统一市场形成过程中内生而成的，中央试图用一个由行政力量强制设立的机构去解决市场化问题，多多少少是一个不可能完成的任务。因此，上海经济区仅仅是中央的一个美好愿望而已。

最后，在 1989 年，带有浓厚计划经济烙印的上海经济区规划办公室被撤销。上海经济区的失败证明了，行政计划无法推动区域协调发展，无法带来区域一体化。区域的协调发展在根本上还是需要培育一个统一的市场。

2. 乡镇企业的技术需求与技术扩散的空间过程

（1）乡镇企业的技术需求

改革开放初期，长三角与珠三角地区乡镇企业的迅猛发展被认为是体制外的增量改革的结果。游离于传统的计划部门之外，是那个特殊时期乡镇企业最核心的特征，而这一点又决定了乡镇企业的其他特点，具体而言反映在三个方面：

第一，在产权特征上乡镇企业更接近于私有产权。20 世纪 80 年代初期，乡镇企业大致可分为三种类型。第一种类型为江苏模式，其特点为：乡（镇）或村政府牢牢地控制着企业，如参与投资决定，控制工资及不同乡镇企业之间的劳力流动等。这一类型的乡镇企业在

---

① 山东省为上海经济区的观察员。

体制上更接近于传统的国有企业。第二种类型为浙江模式，其特点为：地方政府是企业的重要股东，政府较少干预企业的生产经营。浙江模式下的乡镇企业类似于租赁的企业，不同之处在于它们的管理者可能被地方政府免职。第三种类型为伪装成乡镇企业的真正私人企业，为了获得与集体所有权企业相同的政策待遇，这些私人企业通过向政府付费的方式登记为乡镇企业（Sachs & Woo, 1999）。Sachs & Woo 进一步指出，在江苏类型和浙江类型的乡镇企业里，地方官员有私人激励以最大化企业的利润，因为在县、乡镇和村各级官员的仕途和薪水直接受乡镇企业的效益和发展所影响。洪银兴和袁国良（1997）也指出，尽管乡镇企业也实行公有产权，但乡镇企业存在着一个董事会式的管理者，采用的基本上是市场原则，以利润为目标，不承担稳定物价、安排职工以及企业办社会等义务。90 年代初期，乡镇企业普遍实行了股份合作制改造，从而更好地解决了地方政府监督和激励企业经理人员经营集体资产的问题（林毅夫，1994）。可见，乡镇企业在产权制度安排上不同于国有企业，企业经营者有更大的动力去实现利润最大化的目标。

第二，乡镇企业具有更硬的预算约束。乡镇企业不是国家计划的产物，也始终没有被纳入资源配置计划盘子中去。因此，其能源、原材料的供给主要得从计划分配范围以外取得，其生产的产品也要在计划渠道以外销售。80 年代初伴随着国有企业微观环节放权让利的改革，资源配置和价格的双轨制开始出现，且其中的市场轨日益扩大。这为乡镇企业提供了进入与发展的条件，但同时也使得乡镇企业的竞争压力大于国有企业，企业的预算约束相对硬化（林毅夫，1994）。此外，企业为乡（镇）或村集体所有的性质也决定了它在社区范围内是预算硬约束的。如果某个乡镇企业出现了亏损，决策者又认为扭亏可能性不大，那企业就只能破产，不会像国有企业那样，应该破产时还由于种种原因欲破不能，或者是躺在银行身上过日子（洪银兴、袁国良，1997）。硬预算约束保证了乡镇企业能像基于市场契约的企业那样对自己的行为负责，也就是说乡镇企业不得不去实现利润最大化的目标。

第三，乡镇企业技术水平低下，与国有部门存在着巨大的技术势差。在改革开放之初,作为体制外"增量",除了得到一些优惠政策外[①],乡镇企业很难分享到国有部门长期累积下来的资本、人才和技术等。在1985年《中共中央关于科技体制改革的决定》颁布之前,我国的科技体制有"一大两公"的特点。所谓"一大"意为,我国的科技体系"大而全",横跨所有科技领域、纵贯科技活动全过程。所谓"两公"意为:第一,科技体制建立在公有制基础上,政府是R&D活动的主体,R&D机构多为公有;第二,由于国家直接组织规划、计划的制订和实施,人力、物力和财力由国家统一计划,其科技成果也是公有的(王伟宜,2000)。而在科技战略方面,直到1981年中央明确提出"科学技术必须为经济建设服务"的论调之前[②],我国始终把发展国防建设事业所需的尖端科技作为科技发展的战略重点。这一点在《1956年至1967年科学技术发展远景规划纲要》和《1963至1972年科学技术规划纲要》中都得到了明确的表述,"两弹一星"也是这一战略的直接成果。计划体制和国家科技发展战略决定了新中国成立以来直到改革开放的数十年间,技术创新与积累主要集中于国家的科研院所与国有工业企业,特别是军事工业部门。这种科技投入与成果的体制内循环决定了体制外的乡镇企业与体制内的国有部门之间的巨大技术差距,也意味着乡镇企业对技术的巨大需求。

通过上述分析可以发现,乡镇企业的产权制度安排和预算硬约束使其成为了追求利润最大化的市场主体,但另一方面乡镇企业与国有企业又存在着巨大的技术势差。这就意味着,出于市场竞争的需要,乡镇企业具有引进技术的内在动机。

---

① 优惠政策在很大程度上就是促进市场化和国际化的取消限制的松绑政策(Slyvie Démurger 等,2002)。

② 在1978年召开的第二次全国科学大会上,邓小平重申了"科学技术是生产力"的观点,提出"科技现代化是四个现代化的关键",为科技面向经济建设的发展战略提供了思想基础。1981年,国家科委在《关于我国科学技术发展方针的汇报提纲》中提出科学技术必须为经济建设服务,科学技术与经济、社会协调发展的方针。1982年,十二大报告中特别强调科学技术对促进经济发展的巨大作用,在中国共产党历史上第一次把科学技术列为国家经济发展的战略重点。同年十月,国务院负责人在全国科技奖励大会上强调:"科学技术工作必须面向经济建设,经济建设必须依靠科学技术。这是一个基本战略方针。"这一方针的确立,标志着科技发展战略重心的完全转移(见《50年中国科技大事》,中国科技网 http://www.cnc.ac.cn)。

(2) 技术扩散的空间过程

乡镇企业与国有部门间存在的巨大的技术势差决定了长三角地区内部技术扩散的路径是由国有部门向乡镇企业而流动。由于长三角地区传统的国有大中型企业和科研机构都集中在城市，尤其集中于全国经济中心——上海，因此技术扩散在空间上必然表现为，从城市到乡村，从中心到边缘。这种空间扩散的模式经典与经典的地理学模型完全一致。由于中国存在着严重的二元经济结构，因此从城市到乡村、从中心到边缘的技术扩散可以被理解为是好技术与廉价劳动力的结合。而对于由国有部门向乡镇企业的技术扩散则可视为是好技术与好制度的结合。在这种情况下，就转轨时期长三角内部的技术扩散可以得到两点结论。第一，尽管市场一体化程度很低、市场交易体系不健全等种种障碍限制着技术扩散的发生，但是市场这一看不见的手还是会驱使技术扩散的发生。第二，技术必然由上海的国有部门向苏浙的乡镇企业进行跨区扩散。

(3) 跨区技术扩散的通道

在改革开放初期，苏浙的乡镇企业无法通过在技术市场上的交易获得需要的技术，因为这个市场根本不存在。另一方面，对于国有企业的技术人员而言，放弃国家提供的医疗、住房、养老等福利条件而到集体或私人的乡镇企业工作是不可思议的。而且，在城乡二元结构极为突出的中国，上海等大城市所能提供的公共产品是周边地区的小城市或农村所不能企及的。在这种情况下，通过劳动力市场的契约关系实现的"人才引进"同样不切实际。此外，弱小的乡镇企业也不可能进行跨地区的投资，因此把企业的一部分搬到城市去以获取技术的方法同样不可行。

由此，一个必然的问题是，在市场交易体系缺失、地方市场分割严重的情况下，跨区的技术扩散又是以何种方式发生的？在这个特殊的阶段，因地缘相近、人缘相亲而形成的跨地区的社会网络，以及由政府积极倡导下的横向联合而形成的跨地区的分包网络，成为了长三角地区内部技术扩散的主要通道。

3. 基于社会网络的技术扩散

(1) 长江三角洲的社会网络

依据 Knoke & Kuklinski(1982) 以及 Emirbayer & Goodwin (1994)的定义，社会网络就是一组连接着一群个体（人、团体、事、物）

第五章　市场容量、知识创新和区域一体化：技术扩散与空间集聚机理

的社会关系。在当时的长三角地区，技术扩散所依赖的社会关系包括两类：第一，跨地区、跨城乡的亲缘关系，特别是苏浙人与上海人之间的亲缘关系；第二，苏南的社队企业与上海的国有企业形成业务联系。

亲缘关系的形成主要有两个原因。其一，80年代中西部地区一些希望返回上海工作的上海籍知青由于各种原因没能回到上海，转而进入江苏和浙江。他们成为了沟通苏浙与上海的重要桥梁。其二，新中国成立前的上海作为一个移民城市，苏浙是上海最主要的移民来源地。上海开埠之后，出现了大规模的移民潮，从19世纪80年代到1949年上海解放的六十多年中，上海的本籍人口与客籍人口之间的比例，大体上保持在1∶5至1∶6之间。居民中外省市人口占上海居民总人口的比重，1885年为85％，1910年为82％，1936年为79％，到1948年又上升为85％。以宁波籍人士为例，1927年上海人口激增到264万余人，这一时期也正是宁波人大量移民上海的第一次高潮，当时在上海的宁波人已达四十余万人，约占上海总人口的1/6。到1948年，上海总人口约为498万，其中宁波人约有一百万（《瞭望东方周刊》2006年第15期4月13日出版）。因此，在苏南和浙北地区，很多家庭都能找到一个上海亲戚。

苏南的社队企业是乡镇企业的前身。苏南地区由于人多地少，人均不足一亩耕地，农村劳动力不断增加，从"一五"开始，苏南地区没有兴办大型国有企业，个体私营经济又不让发展，迫使一批头脑灵活的农民和干部拣起了大跃进时开办、后来又下马的社队企业发展农村工业，以满足公社社队内部的需要，包括给农业提供资金，为农民增加收入。在人民公社时期，苏南的社队企业发展水平一直处于全国前列。如1958年底，苏南的社办企业就发展到2万个，职工30多万人，产值近3亿元。1970年，无锡县的社队企业产值已居于全国首位。进入70年代，苏南地区提出了"围绕农业办工业，办好工业促农业"的口号，由公社和生产大队集体兴办了小农机、小五金、小化工、小纺织、小水泥等加工企业，并且发展迅速，成为农村经济中一支重要力量（李成贵，2004）。长期以来，苏南的社队企业与上海的国有企业保持着联系渠道，如与国有企业的技术人员有着一定的联系，有些社队企业还与上海的国有企业有着产品分包协作关系。这些计划经济时代形成的业务联系，也成为乡镇企业联系上海国有企业的

通道。

(2) 基于社会网络的技术扩散

基于社会网络的技术扩散的具体表现形式,以"星期天工程师"为主体的人才柔性流动。这是一种基于非正式制度安排的技术扩散模式。国有企业的技术人员以个人名义,利用节假日为苏浙的乡镇企业提供技术服务,而且这种行为往往是非公开的。当时很多人形象地称之为"悄悄来,突击干,悄悄回"。"非公开"意味着,国有企业的技术人员与乡镇企业间不存在一个受法律保障的契约关系,因此,来自于亲缘关系和长期合作关系的"信任"成为了维系双方合作的主要保障。根据社会资本的理论,这可以被认为是,在经济体制转轨的初期且市场发育不完全的情况下降低技术交易成本的一种方式。

在整个20世纪80年代,以"星期天工程师"为主体的人才柔性流动绝非是个别地区的个别现象,而是广泛地存在于长三角各个地区,且规模巨大。以"星期天(日)工程师"为关键词,在百度和Google上进行搜索可以发现,对"星期天工程师"进行过新闻报道[①]或以当地政府的名义对"星期天工程师"有过积极评价的市(地级市)有数个之多,在地域范围上几乎涵盖了整个长三角地区(见表5-3)。

表5-3 对"星期天工程师"有过新闻报道或积极评价的地级市

	长三角地区内部	长三角地区以外
江苏省	无锡、苏州、常州、镇江、南通、泰州、扬州	盐城
浙江省	宁波、杭州、嘉兴、绍兴、湖州	温州
其他省市		上饶

从一些新闻报道也可以看出"星期天工程师"的庞大规模:

"……当时昆山大街小巷到处可见从上海请来的专家、师傅……"(《昆山开发区建设为何能取得成功》,《商丘日报》,2004年05月25日)

"在80年代,利用休息天偷偷到乡镇企业兼职的上海技术人员最多时有2—3万之众……1988年5月'星工联'

---

① 地方媒体对"星期天工程师"的新闻报道,可以视为当地民众对这些"星期天工程师"贡献的肯定。

成立之时,前来报名的有 2000 多人,后经筛选留下了 1000 名左右具有中级以上职称的技术人员。"(《"星期日工程师"腰板直了》,《文汇报》,1998 年)

"(无锡县)对'星期日工程师'没有专门的统计资料,按 35 个乡镇每镇 10—20 人计,估计超过 500 人。"(《"星期日工程师"的历史作用和启示》,《无锡日报》,2005 年 5 月 1 日)

4. 基于分包网络的技术扩散

基于分包网络的技术扩散的具体表现形式就是,以上海的国有轻工企业为龙头的跨地区的企业联营。在上海经济区成立之前的 1980 年,国务院就发布了《关于推行经济联合的规定》。1981 年,当时的上海缝纫机三厂与江苏省吴江县农机修造厂签订协议,成立上海缝纫机三厂吴江分厂,生产当时的名牌产品——"蜜蜂牌"缝纫机。这是上海第一家跨省市、跨行业、跨所有制的联营企业。1984 年 5 月,国务院批复同意《关于上海经济区自行车行业联合工作意见的报告》,规定名牌自行车的生产计划(含被联合厂)由国家计委下达到龙头厂所在省、直辖市人民政府,然后再由龙头厂下达到被联合厂。1984 年 7 月,在由国务院上海经济区规划办公室和轻工业部联合举办的会议上,上海自行车厂同苏州自行车厂、南通自行车总厂,上海自行车三厂同绍兴自行车总厂正式签订联合协议书。此后不久,国务院批准了上海经济区自行车行业横向经济联合报告,很快上海轻工业的横向经济联合迅速全面发展。到 1989 年,上海轻工系统横向联合企业已迅速发展到 636 家,比 1983 年增长 20 倍以上。1989 年联营总产值达 14.26 亿元,比 1983 年增加 8.5 倍(《上海轻工业志》,上海:上海社会科学院出版社,1996 年 12 月第 1 版)。

利用经济横向联合的契机,苏浙的乡镇企业利用上海经济区的有关组织机构和上海的国有企业挂上钩,为其提供配套部件或进行定牌生产(OEM)。当时上海的知名品牌,如"凤凰牌"自行车,"蝴蝶牌"缝纫机,就委托浙江乡镇企业生产部分零部件。

这种分包或定牌行为,必然导致技术从上海的龙头企业向周边的联营企业扩散。在定牌生产运作程序上,可以清晰地看到这种技术扩散。在双方企业签订定牌生产协议书后,即由上海轻工企业派出工程技术人员和管理人员,按照上海名牌产品的质量标准和管理办法,对外地的联营企业进行全面诊断,制订整改方案,限期达到要求。外地联营企业则选派工程技术人员和管理人员对口到上海龙头厂进行培训。经组织验收合格后开始生产和使用名牌商标。又如,为应对联营企业可能出现的产品质量问题,上海市轻工业局往往亲自会同有关公司进行现场检查,并邀请市技监部门复查。这样,龙头厂也会增派有经验的工程技术人员严格把关,帮助联营厂加强质量管理,又在客观上提升了联营厂家的技术水平[①]。

与基于社会网络的技术扩散模式不同,这是一种正式制度安排下的技术扩散。在宏观上有推进横向经济联合的国家政策,在微观上有双方企业间明确的协议。但相同的是,基于分包网络的技术扩散也不是个别地区的个别现象。在行业上,企业联营几乎涵盖了轻工部门所有门类(见表5-4)。在地域范围上,除了主要集中于长三角地区(包括上海郊区),上海的联营企业在全国大部分省份都有分布。

表5-4　1990年上海轻工系统横向联合的分类情况

行业、单位	户数	联营年份			类型		
		1979—1982	1984—1989	1990	联合经营	定牌生产	拨点联营
合计	719	31	636	52	433	283	3
造纸	22	7	14	1	22		
木材	19	—	19		19		
梅林罐头	29	3	24	2	11	18	
发酵	60	1	46	13	16	44	
冠生园食品	24	1	23	—	6	18	
儿童食品	5	1	4		1	4	
日化	73	2	59	12	51	22	
电池	34	2	25	7	7	27	
自行车	72	2	68	2	37	35	
缝纫机	52	1	48	3	25	27	

①　关于新技术的测试信息来源于新技术的开发者或独立的测试结构,而非传染病模型中面对面的信息传播。后者被认为是内部信息源。

续表

行业、单位	户数	联营年份			类型		
		1979—1982	1984—1989	1990	联合经营	定牌生产	拨点联营
钟表	32	3	29	—	23	9	—
搪瓷不锈钢制品	18	1	17	—	18	—	—
保温瓶	12	2	10	—	11	—	1
玻璃制品	15	1	12	2	15	—	—
电光源	11	—	11	—	5	4	—
制笔	67	—	65	2	39	28	—
包装装潢	76	—	74	2	75	1	—
申贝办公机械	12	—	12	—	9	3	—
轻工装备	13	—	10	3	9	4	—
海鸥照相机	0	—	—	—	—	—	—

资料来源:《上海轻工志》,上海:上海社会科学院出版社,1996年12月。

5. 行政主导下的区域一体化对跨区技术扩散的影响

尽管行政主导下的区域一体化并没有为长三角地区带来一个统一的市场,但其对跨区技术扩散的推动与促进却是意义重大。就技术扩散而言,上海经济区成立的意义就在于,在经济体制转轨的初期且计划轨仍然占主导的情况下,为技术由体制内向体制外的流动,找到了一个政策的依据。

如前文所提到的,"星期天工程师"的出现,促进了好的技术与好的体制、廉价生产要素(劳动力和土地)的结合。但是,"星期天工程师"的行为不符合传统社会主义的主流价值观。国有企业的技术人员为"以落后挤先进、以小挤大"的乡镇企业提供技术上的帮助,是在"以不正之风挖社会主义墙角"。在这种舆论环境下,横向联合的政策及上海经济区的成立与运作,无疑为"星期天工程师"提供了一个保护伞,使"挖墙脚的行为"有了一定的合法性。

企业联营也是一种有效率的、符合市场经济规律的行为。联营有助于龙头企业利用廉价生产要素进一步扩大生产规模,从而获得更大的规模经济。因此,鼓励横向经济联合的政策的推出,上海经济区的成立,可以被视为是一个放松管制的行为,为企业的跨地区经营提供了更为自由的选择。

四、基于市场的区域一体化与技术扩散

20世纪90年代初,中央出了两个重大的决定,一个是浦东开发开放,另一个就是发展社会主义市场经济。这意味着长三角地区的区域一体化进程进入了一个新的阶段。开发开放浦东推进了长三角的国际化进程,上海作为长三角地区联系世界的枢纽地位进一步得到凸现,这在很大程度上增进了上海在长三角地区的中心地位。而市场经济体制的确立也为长三角的区域一体化进程指出了新的方向,即由行政力量主导的区域一体化向基于市场经济原则的区域一体化转型。

1. 国际化引发的区域一体化

（1）区域竞争

区域不同于企业,企业的竞争主要集中在产品市场上,而区域间竞争则完全集中在要素市场上。在全球化时代,区域间的竞争就是在开放的全球市场上争夺全球生产要素的行为,如资本、人才、技术等。相应的,区域竞争力也就是,在开放的市场上把流动着的生产要素"粘"在本地区的能力。生产要素在本地的形成集聚态势,能够使区域成长为报酬递增的区域或创新的区域,也使区域的竞争力获得不断提升（见图5-4）。

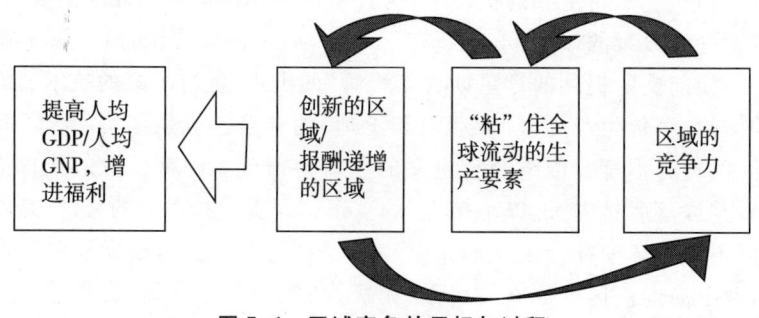

图5-4 区域竞争的目标与过程

（2）国际化引发的竞争

浦东的开发开放对长三角地区的发展具有里程碑的意义。它使

长三角从封闭的国内经济体系彻底地转向了开放全球经济体系,也使全世界关注中国的目光从珠三角转向了上海和长三角,从而使上海和长三角成为中国经济对外开放的最前沿。从表5-5中不难发现,1992年起,上海摆脱了政治事件带来的不利影响,引进外资规模迅速扩大,同时也带动了外商对长三角地区投资的热潮。

表5-5 1990—2010年苏浙沪实际利用额(亿美元)

年份	上海	江苏	浙江
1988	13.22	2.65	1.88
1989	11.90	3.83	2.69
1990	7.80	4.39	1.62
1991	8.66	4.75	1.72
1992	22.38	17.22	4.10
1993	31.75	32.87	12.20
1994	39.89	44.68	13.71
1995	52.98	52.87	15.40
1996	75.10	55.03	23.83
1997	63.45	67.85	30.66
1998	48.16	69.57	24.17
1999	59.99	66.40	25.25
2000	53.91	65.95	24.89
2001	74.10	73.52	45.19
2002	—	108.25	46.95
2003	—	171.42	75.78
2004	—	—	97.46
2005	—	—	139.38
2006	—	—	145.06
2007	—	—	143.20
2008	—	—	124.50
2009	—	—	108.77
2010	—	—	132.26

数据来源:《新中国五十年统计资料汇编》,北京:中国统计出版社(1999)及两省一市历年统计年鉴。

国际化也使苏浙与上海的联系，由共享上海的技术积累转向通过分享上海的国际化平台来争夺外国资本。苏浙一个基本的做法是，充分利用上海的机场、港口等基础设施以及会计、法律、金融等服务业的溢出效应，以低要素成本的策略吸引外资。

原来与国有企业间的联系成为了苏浙企业了获取外商信息、引进外商投资的管道。如昆山市政府专门成立了上海办事处，选派大批业务员常住上海，这些业务员专门负责收集和了解外商与上海企业谈判进展情况，待双方没有谈成或外商处于犹豫不决的关键时刻，及时跟进，向外商发出邀请，组织外商到昆山实地考察，宣传昆山投资的优势，转而邀请外商到昆山投资。

(3) 竞争强化区域一体化动机

随着区域间竞争的加剧，长三角的区域一体化在动机和形式上都发生了彻底的改变。

对苏浙而言，区域一体化的动力已经由分享上海国有企业的技术优势转向了共享上海的国际化资源，包括国际机场、港口、服务业等，因此"接轨上海"、"接轨浦东"已不仅仅是口号，而是提升本地竞争力的重要途径。对苏浙而言，缩短与上海的物理距离是降低交易成本、推动一体化最基本的手段。1992年沪宁高速公路开工建设并于1996建成通车，沪杭甬高速公路的部分路段也在1994年开始通车，至1998年底全线建成，沿江高速（江苏）在2001年全面开工并于2005年投入运营，申苏浙皖高速于2008年全线通车，申嘉湖高速于2009年底全线通车。1994年，杭州湾大桥的预可行性研究也开始启动，并于2008年试运营通车，2003年苏通大桥开工建设并于2008年建成通车，2009年崇启大桥全面开工并于2011年正式通车。上海长江隧道在1981年提出，并在2009年正式通车。2008年沪宁高铁开工建设并于2010年正式运营，沪杭高铁在2009年开工并在2010年运营通车，此时标志着长三角一小时都市圈的形成。此外，在靠近上海的周边地区设立开发区也是一个有效的方法。竞争的结果是，江苏引资规模快速上升，并在90年代后期超越上海（见表5-5）。

对上海而言，强化其对国际机场、港口、服务业等战略性资源的垄断，是维持其竞争力的需要。但是，对战略资源的垄断受到了苏浙地区强烈的挑战，如浙江通过宁波港与舟山港的联合，争夺长三角的物流中心地位，苏州曾一度计划拥有自己的国际机场。对此，上海提

第五章　市场容量、知识创新和区域一体化：技术扩散与空间集聚机理

出了建设国际经济、金融、贸易、航运中心的发展目标，启动了浦东国际机场和洋山深水港的建设，制定了发展现代服务业的行动计划。与此同时，要控制这些战略性资源的根本还是在于扩大市场腹地，获得更显著的规模经济。正因为如此，"服务长三角"也绝不仅仅是上海的政治宣传口号，而已经成为上海提升其竞争力的重要途径。

由此而得到的一个基本逻辑是，浦东的开发开放推动了长三角的国际化，国际化推动了地区间的竞争，竞争又进一步促进了区域一体化。简而言之，区域一体化已成为强化地区竞争力的手段，因此地方政府都有足够强的动机去推动区域一体化。由此可见，与20世纪80年代的一体化不同，90年代后的长三角区域一体化并非是外部（中央）强加的，而是一个内生的结果。同时，区域一体化的模式也发生了彻底的改变，已经由单纯地共享内部资源，转变为通过分享内部资源来争夺外部资源。苏浙与上海的关系由合作关系转变为竞合关系。

2. 以市场化为手段的区域一体化

国际化为长三角带来了一体化的强烈动机，在经济体制越来越向市场轨靠拢的条件下，建立区域治理机制、放松管制、建设市场交易平台成为了长三角建立统一市场，实现区域一体化的主要手段。

以市场化为手段的区域一体化为上海经济区时代的市长联席会议这一区域协商平台带来新生。1992年，上海、无锡、宁波、舟山、苏州、扬州、杭州、绍兴、南京、南通、湖州、嘉兴、镇江14个市的经协委（办）发起成立长江三角洲14城市经协委（办）主任联席会，每年召开一次。1997年上述14市政府通过平等协商，自愿组成新的协调组织——长江三角洲城市经济协调会，并接纳了泰州市为经协会新成员①。

20世纪80年代市长联席会议的主要任务是在中央的干预下协调跨地区的企业联营问题，显然这是一个政府替企业决策的会议②。而90年的经协会则已经将工作任务的重心转向了统一市场的建设，经协会在成立之初就提出了"要把长三角建设成为具有高度竞争力

---

① 浙江台州于2003年8月正式成为长三角经协会的第16个成员。
② 从这个意义上说，80年代的市长联席会议可以被认为是计划经济体制下的区域治理机制，因此1989年撤销上海经济区规划办公室是市场化改革的必然结果。

的经济共同体"(徐现祥、李郇,2005)。经协会的成立符合市场化改革的潮流,也为长三角地区提供了一个基于市场经济原则的区域治理机制,因此从诞生之初就具有强大的生命力。

放松管制是长三角统一市场建设的关键,具体包括两个方面:第一,放开市场限制,推进要素的流动;第二,放松对资源的垄断,推动资源的共享。长三角地区各地政府在放开市场限制方面的措施包括:

(1) 2003年8月苏浙沪三地政府人事部门就专业技术职务任职资格互认、异地人才服务、博士后工作合作、高层次人才智力共享等六个制度层面的合作协议达成一致,并举行了协议签约仪式。这标志着长三角人才开发一体化的全面推进。

(2) 2003年8月江苏、浙江、上海质监部门共同签署了"长三角质量技术监督合作互认宣言",在市场准入、联合打假等10个方面达成了互认协议。

(3) 2003年9月苏浙沪中小企业合作与发展论坛上,三地签署并发表了"浙苏沪中小企业合作与发展协议书",苏浙沪三省市的中小企业在三地辖区内任何地方创业,均可享受和当地企业同等的待遇。

(4) 2003年9月苏浙沪三地消协签署三地旅游消费维权框架合作协议,三地旅游投诉可通过维权直通车快捷处理。

(5) 2003年10月苏浙沪签署"长三角道路运输合作和一体化协议",以此保证区域内的物流更加畅通。

(6) 2003年11月苏浙沪质量技术监督局在沪签署协议,宣布实行三地食用农产品标准化的互认、互通和互监。

(7) 2003年11月长江三角洲16个城市的省、市级标准化机构签订"长三角标准化服务合作宣言"。

(8) 2004年3月苏浙沪三省市工商局签订了"长三角地区消费者权益保护合作协议",携手打造全国首个跨省市消费者权益保护网。消费者在长三角地区16个城市遇到消费纠纷后,可直接在本地维权。

(9) 2005年6月长三角地区道路货运发展研讨会上,江浙沪三省共同发布了《长三角地区道路货运一体化发展共同宣言》。

(10) 2005年8月江、浙、沪三地民间组织登记管理机关在上海首次建立"长三角民间组织交流论坛联席会议"制度,此举旨在推动民间组织真正成为除政府和企业之外的"第三种力量",推动长三角一体化进程。

(11) 2005年8月苏浙沪的市政工程行业协会正探索制订三地认可的统一行业规范和产品标准,未来长三角的市政工程企业无论在哪个城市作业,除能得到当地市政工程协会全力帮助之外,还需遵守统一的行业规范和标准。此外,长三角行业协会共同发出交流倡议书,今后将建立联席会议制度,加强长三角项目合作和行业信息联动。

(12) 2005年10月在长三角城市经济协调会上,来自上海、宁波、南京、南通等城市的市长谋求建立合作机制、促进港口联动发展,以克服因重复建设而凸显的港口间恶性竞争以及诸多管理难题。

(13) 2005年11月安徽省受邀作为正式代表,参加了在上海举行的相关会议,成功入围长三角城镇群规划编制工作,将其长三角城镇群规划主要参与者的范围由"两省一市"扩展到了"三省一市"。

(14) 2005年11月长三角地区上海、南京、杭州、宁波四海关在锡召开了"区域通关改革试点工作协调会",会上各关区间达成系列协议,宣告"长三角"通关一体化改革正式启动。

(15) 2005年11月由上海牵头,江苏、浙江两省参与制订的《长三角地区间综合交通规划方案》将在年底前完成,长三角区域间将形成快捷方便的"大交通走廊"。

(16) 2006年9月长三角人才发展规划的编制工作已初步完成。该规划明确了长三角区域整体定位、发展目标,对制约长三角人才发展的主要瓶颈和存在的问题进行了研究,并提出了相应的政策措施。今后,16个城市的人才资格证书可以通行长三角。

(17) 2006年11月苏浙沪三地已决定共同推出长三角地区主要旅游景点道路交通指引标志设置标准。这将是长三角第一个以地方法规形式制定的区域统一标准,标志着长三角区域标准体系建设迈出了第一步。

(18) 2006年12月长三角地区的19个城市缔结会展联盟,联盟的总体工作目标是"协调长三角会展业,服务上海世博会"。

(19) 2007年2月"长三角旅游营销传媒联盟"在浙江横店宣布成立。

(20) 2007年12月苏浙沪工商部门率先拆除行政藩篱,联合签署了《苏浙沪工商行政管理联席会议备忘录》,并首次发布三省市统一编号的文件——"长三角工商一号、二号文件"。

(21) 2007年12月上海、浙江和江苏两省一市的签订了"长三角现代服务业合作与发展协议"。

(22) 2009年11月来自长三角地区的12个旅游城市咨询中心,在杭州发表《长江三角洲城市旅游咨询联席会议杭州宣言》,将"长三角旅游咨询一体化"作为各地合作的远景目标。

(23) 2010年11月"长三角园区共建联盟"在安徽合肥成立。

(24) 2010年12月长三角地区电子认证服务工作会议暨交叉互认启动仪式在安徽举行。苏、浙、皖、沪四地信息安全主管部门积极探索建立数字证书的跨区域互认机制,推动长三角地区4家电子认证服务机构成立"长三角电子认证服务联盟",联合开展"数字证书互认试点工作"。

(25) 2011年11月浙江、江苏、上海、安徽四地的旅游局、质监部门负责人在杭州萧山签署了《沪苏浙皖旅游品质保障议定书》,宣布今后沪苏浙皖四省市的旅游质监部门将会搭建统一的旅游投诉平台,强化质监执法检查合作。

长三角各地政府在放松资源垄断方面的措施包括:

(1) 2004年5月长三角16城市气象部门将着手建设长三角气候生态环境监测网,在上海区域气象中心建立统一的共享数据库,接收各个城市气象局发送的气象数据,实现16个城市气候资料共享。

(2) 2004年6月苏浙沪三地教科院签订了"长三角教育科学研究合作协议",以打造国内实力最强的教育科研联盟。

(3) 2004年6月苏浙沪两省一市的科技部门共同签署了"长三角科技中介战略联盟"、"长三角技术与资本对接服务平台"、"推进长三角技术经纪人合作平台"、"长三角技术信息服务平台"等4个相关协议。这些协议的签订,标志着在长三角区域搭建起了一批科技中介公共服务平台。

(4) 2004年6月苏浙沪三地人事部门在南京签署了"三地引进国外智力资源共享的协议"。

(5) 2004年7月,苏浙沪两省一市领导共同签署了"江苏省、浙江省、上海市信用体系建设合作备忘录",标志着长三角地区信用体系建设和信用信息共享合作将逐步有序地展开。

(6) 2004年8月苏浙沪两省一市的农科院负责人坐在一起,就立足长江三角洲合作攻关粮食安全生产项目进行分工,着手创建食用菌工程中心、生物农药研发中心和草食动物研发中心,并通过扩大经营和服务区域构筑长三角种子、种苗技术服务平台。

(6) 2004年11月苏浙沪通过了《苏浙沪旅游市场促进会(上海)宣言》,确定了苏浙沪地区旅游发展的目标是成为世界级的旅游经济圈,打造中国旅游的金三角。

(7) 2005年9月首次在江苏举行的长三角旅游城市高峰论坛上,上海、南京、杭州、苏州、常州、无锡、宁波等23个城市人民政府代表签署发表了《无锡倡议》,要在国内外旅游市场上共同打造"中国长江三角洲旅游城市圈"品牌。

(8) 2005年9月,由上海市人事局、江苏省人事厅、浙江省人事厅及苏、浙所属19个市人事局共同主办的"2005年长三角人才开发一体化工作会议"在杭州举行,通过了"2005—2006年长三角人才开发一体化工作要点"。

(9) 2005年11月,由浙、沪、苏三地图书馆学会和浙江图书馆联合举办的"第二届长江三角洲城市图书馆发展论坛"在杭州举行。来自三省市的100多家图书馆打破自我封闭,联合签署了《长江三角洲城市图书馆合作章程》。

(10) 2006年11月在长三角旅游城市高峰论坛金华峰会上,长三角旅游城市合作组织25个成员城市代表签署了"十一五"合作与发展的《金华纲要》,并将挖掘各自经济和文化底蕴,在2010年上海世博会期间联合推出独具长三角特色的世博旅游专线。

(11) 2007年10月《长江三角洲地区科协合作联盟协议》生效正式成立。

(12) 2007年12月在江苏常州召开的长三角城市经济协调会第8次会议发布,由上海社会科学院承担、由该院图书馆承办的"长三角资料信息中心",今年11月26日已获得有关专家组的验收。

(13) 2008年12月上海世博局和南京、常州、泰州、镇江、南通签订了"接轨上海,服务世博"全面合作框架协议,至此,长三角15个城市的签约工作全部完成。

(14) 2009年12月长三角知识产权服务合作2009年会发表了

《长三角地区知识产权服务合作共同宣言》。

(15) 2011年4月首届"中国(上海)会议与旅游产业发展论坛"提出上海将构筑长三角会展旅游业联动发展的大平台,加速上海会展旅游产业集群的扩张,实现长三角城市会展旅游产业的资源共享和功能互补。

(16) 2011年5月在上海举行的长三角地区旅游合作联席会议上,苏浙皖沪三省一市签订了合作框架协议,以建设具有苏浙皖沪地域特色和人文特色的世界著名旅游城市群为合作目标,在交通同城化、信息网络化、服务规范化的基础上,着力解决一些重大的跨行政区域的实际问题,逐步实现区域旅游一体化。

(17) 2012年2月为促进长三角高校间交流与合作,长三角高校学分互认工作正式启动。

(18) 2012年5月"长三角知识产权维权联盟"成立。

跨地区的市场交易平台的建设是建设长三角统一市场的物质基础,除了全国性的证券市场、期货市场、产权市场、黄金市场以及遍布苏浙的专业性市场之外,下列市场的建设对促进长三角地区的要素和商品的流动起到了积极作用。

(1) 1993年12月上海技术交易所正式开业运行,致力于促进跨地域、跨行业、跨组织规模间的技术贸易和高新技术产品交易,为加速科技成果产业化和商品化提供服务。

(2) 1996年上海产权交易所成立。2003年年底上海产权交易所与上海技术产权交易所合并成立上海联合产权交易所。2003年,长江流域产权交易共同市场"联合网站"在上海开通。

(3) 1998年5月上海旅游集散中心成立,成为上海地区唯一具有旅游超市功能的散客集散点。

(4) 2002年10月中国浙江网上技术市场投入正式运行,其成立的目的是"浙江的钱全国用,全国的智力浙江用"。

(5) 2004年6月苏浙沪三地人事部门在南京签署了"定期举办网上人才交流大会的合作协议"。

(6) 2005年9月长三角地区专利交易合作网宣告开通,上海、江苏、浙江三个省市的知识产权局局长及长三角各市的代表出席了开通仪式。

(7) 2006年2月我国第一个区域性科研设备共享平台在长三角

地区基本建成,长三角大型科学仪器设备协作共用网即将开通,江浙沪两省一市丰富的大型科学仪器设备资源将实现"联网协奏",在区域内为各种产业研发提供检测、测试、加工等专业技术服务。

(8) 2008年10月江、浙、沪700多家物流、工商企业和相关行业协会、教育科研机构在无锡会盟——成立了长三角地区现代物流合作联盟。

(9) 2011年5月在长三角地区现代物流联动发展大会上正式确定从2011起,将每年的5月6日定为"长三角物流日"。

(10) 2012年4月长三角城市协调会已成为国内第一个独立办公的区域合作组织。

经过十几年的建设,一个包括要素市场和商品市场的跨地区的市场体系已经基本形成。统一市场的建设直接促进了长三角地区要素的流动。吴光伟的研究表明,2003年苏浙两地流入上海的资金总计在5000亿元左右(赵波①)。而浙江省驻上海办事处的调查显示,目前在沪经商办企业的浙商超过8.4万人,企业约6万家,总注册资金超过900亿元,投资总额约1700亿元。其中,从浙江本地输出上海的资金总额约405亿元,而实际运作的资本则超过了3000亿元(《领导决策信息》2005年第27期)。

3. 基于市场交易的技术扩散

早在1981年4月,国家科委在《关于我国科学技术发展方针的汇报提纲》中就提出,对科技成果应实行有偿转让。9月,财政部、国家科委发布了《关于有偿转让技术财务处理问题的规定》,自此由无偿转让逐步走上有偿转让的道路(50年中国科技大事)。1985年1月,国务院发布了《关于技术转让的暂行规定》,上海市政府也于1986年4月颁发了《上海市科技咨询管理办法(试行)》和《上海市技术转让实施办法》。这些国家与地方性法规为科技成果实行有偿转让以及技术市场的发展奠定了法律基础。但是,由于技术交易的市场体系尚未完全建立,在整个20世纪80年代,技术交易主要依赖于

---

① 赵波:《中国,繁荣背后的隐忧——2003经济回顾》,博锐管理在线,2005年5月27日,http://www.boraid.com/article/html/34/34358.asp。

各种交易会①,而没有常设的交易市场,技术交易的规模也比较小。1984—1989 年,上海各类技术合同成交总金额为 25.56 亿元,相当于 1996 年一年的规模(见表 5-6)。

表 5-6　1984—2010 年上海市技术转让的金额(亿元)

年份	各类技术合同成交金额	上海技术交易市场成交金额
2010	525.45	—
2009	489.86	—
2008	485.75	—
2007	432.64	—
2006	344.43	—
2005	231.73	—
2004	171.70	125.29(1—11 月份)
2003	142.78	125
2002	120.22	—
2001	106.16	86.34
2000	73.90	48.31
1999	36.63	15.3
1998	31.41	9.1
1997	28.76	10
1996	25.65	25.6(1994—1996 三年总计)
1995	23.04	
1994	22.09	
1993	20.32	—
1992	15.25	
1991	9.33	

① 80 年代跨地区的技术交易展示会主要为下述三次:1985 年 5 月,国务院上海经济区规划办公室在上海展览中心举办由上海、江苏、浙江、安徽、江西等省市参展的"上海经济区电子技术产品交易展览会";1986 年 10,上海经济区各省市参加了在上海市举办的第三届节能产品技术交易会开幕;1987 年 3、4 月间,20 个省市在上海参加了我国首次专利技术交易会达成成交或意向性协议的总金额约 500 万元(见《上海科学技术志》,上海:上海社会科学院出版社 1996 年版)。

第五章　市场容量、知识创新和区域一体化：技术扩散与空间集聚机理

续表

年份	各类技术合同成交金额	上海技术交易市场成交金额
1990	5.15	—
1989	6.06	—
1988	6.3	—
1987	3.7	—
1986	1.9	—
1985	5.8	—
1984	1.8	—

资料来源：《上海统计年鉴》，中国统计出版社；《上海科学技术志》，上海社科院出版社；历年《上海科技报》、《文汇报》、《解放日报》资料整理。

进入90年代，随着技术交易市场体系的日渐完善，上海技术交易的规模开始稳步增长，并在1999年后得到了得到了爆发式增长。90年代中期开始，通过技术市场进行技术转让开始成为长三角内部技术扩散的重要形式之一。1996年有5503项技术合同流向外省市，约占全部技术合同数量的27%，其中主要流向江苏、浙江等省市（《上海科学技术志》，上海社会科学院出版社1996年版）。从表5-7也不难发现，在华东六省中，江苏和浙江是除上海本地外，接受上海技术转让最多的地区。2002年10月到2003年9月的一年间，浙江企业在"中国浙江网上技术市场"发布了15077项技术难题招标项目，其中十分之一由上海的科研机构签约承担（《网上技术市场一年成交三百余项科研成果——"上海研发"从"网路"走俏浙江》，《文汇报》2003年1月24日）。

表5-7　从上海流向华东地区的各类技术合同的数量（项）

地区	2003	2004	2005	2006	2007	2008	2009	2010
江苏	1612	1414	1479	1403	1368	1531	1452	1506
浙江	1038	1056	1260	1134	1197	1327	1199	1277
安徽	174	131	195	196	212	189	216	188
福建	182	189	178	166	164	192	161	134
江西	62	98	86	83	88	76	53	78
山东	328	295	274	255	241	297	288	297

资料来源：《上海科技统计年鉴》，上海科学普及出版社（2004年—2011年）。

此外，企业委托研究机构开发项目或与研究机构联合开发新技术，也可以被视为是基于市场交易的技术扩散的形式之一。

4. 内在于企业的技术扩散

为了靠近市场或充分利用各个地区在要素禀赋上的优势，企业往往会把价值链的不同环节布局于不同地区。把研发部门放在上海，是苏浙企业实现多区域布局的重要形式。这种多区域布局有利于苏浙企业利用其他研究机构的溢出效应，提高企业技术创新的效率。企业的多区位布局使内在于企业的技术扩散成为可能。这种技术扩散模式可从两个方面进行理解：

第一，这是一种外部市场（技术市场）内部化的行为，即将技术市场上的交易转化为企业内部的交易。技术交易的内部化有利于研发人员更了解市场的需求，因为研发人员有更多的机会接触市场销售人员，了解市场需求。同时，技术交易的内部化也有利于企业的技术创新能更快地应对市场需求的变化。这也是企业柔性化生产的需要。

第二，这也是一种用人才市场的交易代替技术市场交易的行为。多区域的布局能够降低企业在人才市场上的交易成本。显然，对苏浙的民营企业而言，在上海聘用到一个优秀的研发人员比在宁波或无锡要容易得多。

可见，只有当企业能够在多个市场中进行选择时，内在于企业的技术扩散才能够发生。这也表明只有当市场化和区域一体化程度比较高时，企业才会选择这种技术扩散的模式。

目前，在长三角已有大量的苏浙企业将研发中心布局在上海，如海正药业、正泰集团、新华医药、吉利汽车、浪莎袜业等企业。由此可见，内在于企业的技术扩散已经成为长三角地区技术扩散的一种重要模式之一。

五、技术扩散与生产活动空间结构的变化

从 20 世纪 80 年代的基于社会网络和分包网络的技术扩散，到 90 年代以来的基于市场交易的技术扩散与内在于企业的技术扩散，随着改革开放与区域一体化进程的深入，长三角地区跨区的技术扩散模式发生了极大的变化。但是，技术扩散自始至终都在发生，而且

对长三角地区生产活动的空间结构产生了深刻的影响。

在过去的近三十年里,可以清晰地看到长三角地区生产活动空间结构的变化,主要表现在两方面:第一,制造业、特别是轻工业,从上海向苏浙转移;第二,研发活动向上海集中。对比不同时期的技术扩散模式可以发现,基于社会网络的技术扩散和基于分包网络的技术扩散推动了制造业向苏浙的转移,而基于市场交易的技术扩散与内在于企业的技术扩散则推动研发活动向上海的集中。

1. 制造业向苏浙的转移

在20世纪的80年代,通过基于社会网络和分包网络的技术扩散,直接促进了苏浙地区制造业的兴起。如前文所提到的,这是好的技术与灵活的体制、廉价生产要素相结合的必然结果。在1980年,苏浙两省工业增加值的总和为225亿元,与上海基本持平。而到了1990年,苏浙两省工业增加值的总和已经达到1000亿元,是上海的两倍多,2004年则扩大到3.8倍(两省一市历年统计年鉴)。从图5-5也可发现,苏浙两省在制造业上增长的速度远远高于上海。

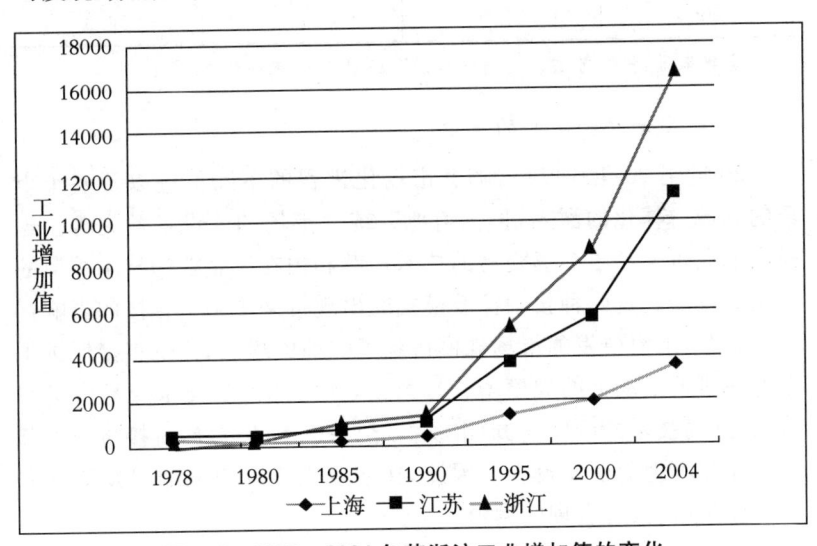

图5-5 1978—2004年苏浙沪工业增加值的变化

这种增长速度的差距直接导致了苏浙沪两省一市中,上海工业占比的下降。从表5-8中可以得到如下两个结论:

一是自1978年以来,上海的制造业明显呈现出向苏浙转移的态势。二是1978—1990年是转移速度最快的一段时间。1978—1990

年上海在苏浙沪两省一市中工业增加值的比例下降了25个百分点，而1990年至2000年为8.5个百分点。而1978—1990年正是行政主导下的区域一体化时期，也是通过"星期天工程师"和"企业联营"，从上海国有企业向苏浙乡镇企业实现技术扩散的鼎盛时期。由此得到的一个基本结论是，在1978—1990年的产业转移中，基于社会网络和分包网络的技术扩散起到了直接的推动作用。

表5-8　1978—2004苏浙沪两省一市工业增加值占比的变化(%)

年份	上海	江苏	浙江
1978	55.8	31.5	12.6
1980	50.7	33.2	16.2
1985	39	38.6	22.4
1990	30.9	43.9	25.2
1995	24.1	45.7	30.2
2000	22.5	44.2	33.3
2004	21	46.7	32.3

资料来源：根据苏浙沪两省一市历年统计年鉴资料整理。

2. 研发活动向上海的集中

20世纪90年代以后，随着市场化进程的不断推进以及基于市场的区域一体化的深入，长三角地区统一市场的建设日益完善。这极大地促进了基于市场交易的技术扩散和内在于企业的技术扩散的产生与发展。这两种技术扩散模式的出现带来了两个直接的影响：

第一，上海研发的市场规模得到了空前的增长，这也直接促进了上海在研发活动上的规模增长。第二，在跨地区的技术交易市场与劳动力（高技术的研发人员）市场上，交易成本的下降，直接挤压了苏浙企业在本地的研发投入。因此，在宏观上表现出来的研发活动向上海的集中，具有合理的逻辑。

直接观察苏浙沪两省一市R&D投入的数据可以发现，苏浙两省在研发投入上已经超过上海，且江苏省在"九五"、"十五"和"十一五"期间R&D的增量也大于上海（见表5-9和表5-10）。这似乎与"研发活动向上海的集中"相矛盾。但是，观察"R&D增量与GDP增量的比值"可以发现（见表5-10）：在"九五"和"十五"期间，上海的

"R&D增量与GDP增量的比值"都大于江苏和浙江。这意味着,在过去十年里,上海每增加1元钱的GDP带动的R&D的增加要大于江苏和浙江。

表5-9 1995—2010苏浙沪两省一市的R&D投入规模(亿元)

年份	上海	江苏	浙江
1995	32.6	18.4	9.14
2000	76.73	50.83	36.59
2005	213.77	270.30	163.29
2010	480.18	857.95	494.23

资料来源:上海市历年统计年鉴、江苏省和浙江省历年统计公布。

表5-10 1995—2001苏浙沪两省一市R&D增量与GDP增量的比值(亿元)

省市	R&D增量(亿元)			GDP增量(亿元)			R&D增量/GDP增量		
	1995—2000	2001—2005	2006—2010	1995—2000	2001—2005	2006—2010	1995—2000	2001—2005	2006—2010
上海	44.13	137.04	266.41	2308.6	4383.01	8011.8	0.0191	0.0313	0.0333
江苏	32.43	219.47	587.65	3398.44	10045	22826.79	0.0095	0.0218	0.0257
浙江	27.45	126.7	330.94	2583.48	7276.67	14304.61	0.0106	0.0174	0.0231

资料来源:根据上海市历年统计年鉴及江苏省和浙江省历年统计公布中的相关数据整理得到。

六、研究小结

改革开放以来,以1989年上海经济区规划办公室的撤销和1990年浦东的开发开放为标志,长三角地区的一体化进程大致可划分为前后两个阶段:

第一个阶段是中央主导下的一体化。这个阶段区域一体化的动力源于最高层的中央和最底层的乡镇企业[①],中央积极协调跨地区的企业联营,而乡镇企业通过种种关系主动获取国有部门的资源,包括技术、品牌等。而地方政府(省市一级政府)则在这场一体化的热潮中处于被动状态。尽管行政主导下的一体化无法为长三角带来一

---

① 乡镇企业代表了县、乡一级政府的利益。

个统一的市场,但在客观上却极大地促进了体制内向体制外的技术扩散。这场技术扩散具体表现为从上海国有企业向苏浙乡镇企业的扩散。在计划轨仍然占据主导的80年代,在市场发育尚不完全的情况下,以亲缘关系为主的社会网络以及在企业联营中形成的分包网络成为技术扩散的主要渠道。因此可以把80年代的技术扩散称之为基于社会网络的技术扩散和基于分包网络的技术扩散。这场技术扩散直接促进了苏浙地区制造业的兴起,与此相伴随的是上海制造业在整个长三角地区份额的显著下降,显然这是好的技术与灵活的体制、廉价生产要素相结合的必然结果。

第二个阶段则是基于市场的一体化。促进新一轮区域一体化的直接导火索来自于浦东的开发开放。浦东的开发开放使长三角从封闭的国内经济体系彻底地转向了开放的全球经济体系。经济的国际化使苏浙与上海联系的主旋律,由共享上海的技术积累转向了通过分享上海的国际化平台来争夺国外的资本。这种竞争促使苏浙"接轨上海"、"接轨浦东",以更好地利用机场、港口、服务业等资源。而上海为了强化对这些战略性资源的控制就必须扩大市场腹地,获得更显著的规模经济,这也是上海"服务长三角"背后的逻辑。因此可以认为,浦东的开发开放推动了长三角的国际化,国际化推动了地区间的竞争,竞争又进一步促进了区域一体化。

与80年代的一体化相比,这轮一体化有其显著特点:第一,地方政府从被动者转变为积极的倡导者与实施者。第二,在经济体制越来越向市场轨靠拢的情况下,建立区域治理机制、放松管制、建设市场交易平台成为主要手段。可见,新一轮一体化正在为长三角带来一个统一的市场。

基于市场的区域一体化促使新的技术扩散模式的产生,基于市场交易的技术扩散与内在于企业的技术扩散已成为最重要的模式。由此带来的影响是:第一,上海研发的市场规模得到空前增长,并直接促进了上海研发活动的规模增长。第二,在跨地区的技术交易市场与劳动力(高技术的研发人员)市场上,交易成本的下降直接挤压了苏浙企业在本地的研发投入。其宏观表现就是,研发活动向上海的集中。

第五节 主要研究结论

当今世界正在由强调主权国家及其相互关系的国际化阶段向强调单一世界经济体系的全球化时代过渡。全球化时代,全球竞争的主体已经成为区域经济体系,而非国家经济体系。真正能够参与全球竞争的区域都是所谓的"全球城市—区域"。这是一种观点的转变,即全球经济的空间结点是区域(城市—区域)而非原先认为的城市,一个有竞争力的区域必然是一个一体化的,内部资源进行有效整合的,能够快速应对市场变化的区域。改革开放以来,中国在经济发展战略上借鉴了韩国等东亚新兴工业化国家的经验。这些国家在20世纪60年代到80年代普遍实施了"增长极"战略使长三角地区各城市间基于互补性的合作不足,而恶性竞争有余。因此,本章通过对相关理论的梳理,研究了改革开放以来,长三角地区的区域一体化进程对跨区的技术扩散产生的影响,创新与技术扩散对长三角区域分工所产生的影响。

对技术扩散的研究中,一方面关注技术扩散的过程,其主要目的是明确决定技术扩散效率的影响因素。传染病模型、贝叶斯学习模型、门槛模型是这类研究的主要理论框架。通过这些理论研究可以发现,信息传播所依赖的社会关系网络、技术引进者关于新技术信息的完整性以及企业规模的大小是最主要的影响因素。可见技术扩散快慢既受限于扩散的通道,也受限技术引进者的能力。另一方面的研究关注技术扩散对经济增长、市场结构以及经济活动空间结构的影响。

通过垄断竞争的分析框架,本章对技术扩散与技术创新活动的空间集聚作了分析,模型结果显示如果技术能更多地扩散到周边制造业集中的地区,那么传统技术创新中心的研发机构数量也会得到相应的增加,即技术扩散能够强化技术创新中心的地位。在相关理论基础上,本章通过对长三角的实证研究证明了基于市场的区域一体化促使了新技术扩散模式的产生,基于市场交易的技术扩散与内在于企业的技术扩散已经成为最重要的模式。基于市场交易的技术扩散一方面使得上海研发的市场规模空前增长,并直接促进了上海研发活动的规模增长;另一方面,在跨地区的技术交易市场与劳动力

(高技术的研发人员)市场上,交易成本的下降直接挤压了苏浙企业在本地的研发投入,使得研发活动向上海集中。

参考文献

1. Barro R, Martin S X. 1995. Economic Growth[J]. *McGraw Hilljnc*.
2. Che, Jiahua, and Yingyi, Qian. 1998. Institutional Environment, Community Government, and Corporate Governance: Understanding China's Township-Village Enterprises, Journal of Law, Economics, and Organization, 14(1), April:1—23.
3. Chisholm, M. 1990. Regions in Recession & Resurgence. London: Unwin Hyman.
4. Choi J P. 1997. Herd Behavior, the "Penguin Effect" and the Suppression of in Formational Diffusion: an Analysis of Informational Externalities and Payoff Interdependency[J]. *The Rand Journal of Economics*:407—425.
5. Davies, S. 1979. The Diffusion of Process Innovations, Cambridge University Press, Cambridge.
6. Dinar, A. and D. Marom. 1991. Rate and Patterns of Computer Adoption and Use in Agricultural Extensions, Technological Forecasting and Social Change, (39):309—318.
7. Dixit, Avinash K. and Joseph E. Stiglitz(1977), "Monopolistic Competition and Optimum Product Diveraity", American Economic Review, 67, 297—308.
8. Dixon, R. 1980. Hybrid Corn Revisitied, Econometrica, 48(6):1451—1461.
9. D'emurger S, Sachs J D, Woo W T, et al. 2002. Geography, Economic Policy, and Regional Development in China[J]. *Asian Economic Papers*,1(1): 146—197.
10. Emirbayer M, Goodwin J, 1994. Network Analysis, Culture, and the Problem of Agency[J]. *American Journal of Sociology*: 1411—1454.
11. Gibbs, D. C. and A. Edwards. 1985. The Diffusion of New Production Innovations in British Industry, in Thwaites, A. T. and Oakey, R. P. (eds), The Regional Economic Impact of Technological Change, Frances Printer, London.
12. Globerman, S. 1975. Technological Diffusion in the Canadian Tool and Die Industry, Review of Economics and Statistics, (57):428—434.

13. Gollier C. 2002. Optimal Prevention of un Known Risks: A Dynamic Approach With Learning[J]. *IDEI Working Paper*, 139.
14. Griliches, Z. 1957. Research Costs and Social Returns: Hybrid Corn and Related Innovations, Journal of Political Economy, October. Republished in Rosenberg, (1971).
15. Henderson, R. 1993. Underinvestment and Incompetence as Responses to Radical Innovation: Evidence from the Photolithographic Alignment Equipment Industry, Rand Journal of Economics, (24): 249—270.
16. Jensen, R. 1982. Adoption and Diffusion of an Innovation of Uncertain Profitability, Journal of Economic Theory(27): 182—193.
17. Jensen, R. 1988. Information Cost and Innovation Adoption Policies, Management Science, (34): 230—239.
18. Kapur S. 1995. Technological Diffusion With Social Learning[J]. *Journal of Lndustrial E Conomics*, 43(2): 173—195.
19. Knoke D, Kuklinski J H. 1982. *Network Analysis*[M]. Sage Publications, Incorporated.
20. Krugman, P. R. 1994. The Myth of Asian Miracle. Foreign Affairs, 73(6): 62—78.
21. Lekvall, P. and C, Wahlbin. 1972. A Study of some Assumptions Underlying Innovation Diffusion, Functions, Swedish Journal of Economics, (1972): 362—377.
22. McCardle, K. 1985. Information Acquisition and the Adoption of New Technology, Management Science, (21): 1372—1389.
23. Metcalfe, J. S. 1989. Evolution and Economic Change, in Silberston, A. Technology and Economic Progress, Macmillan, London.
24. Morris, A. 1998. Geography and Development. Lomdon: UCL Press.
25. Park. S. Y. Lee W. 1999. Regional Innovation System Built by Local Agencies: An Alternative Model of Regional Development, RAPI Congress Paper, http://www. lpe. nt. gov. au/PlanBuild/Planning/rapi/papers/abstracts/park & lee. htm.
26. Peck, J. 2000. Doing Regulation, in The Oxford Handbook of Economic Geography, Gordon, L. C. M. P. Feldman and M. S. Gertler, Oxford University Press, New York.
27. Pred. A. 1966. The Spatial Dynamics of US Urban-Industrial Growth: 1800—1914, Cambridge University Press, Cambridge.
28. Romeo, A. A. 1977. The Rate of Imitation of a Capital-Embodied Process

Innovation, Economica, (44):63—69.
29. Sachs, J. and W. T. Woo. 1999. Understanding China's Economic Performance, Journal of Policy Reforms, Forthcoming.
30. Scott, A. 2001. Global City-regions. in Global City-Regions Trends, Theory, Policy, Oxford University Press, New York.
31. Soete, L. and R. Turner. 1984. Technology Diffusion and The Rate of Technological Change, Economic Journal, 94:612—623.
32. Stoneman, P. and N. J. Ireland, 1983. The Role of Supply Factors in the Diffusion of New Process Technology, Economic Journal, Conference Supplement:66—78.
33. Vettas N. 1998. Demand and Supply in New Markets: Diffusion With Bilateral Learning[J]. *The RAND Journal of Economics*:215—233.
34. Young A. 2000. The Razor's Edge: Distortions and Incremental Reformin the People's Republic of china[J]. *The Quarterly Journal of Economics*, 115(4): 1091—1135.
35. 格罗斯曼和 E. 赫尔普曼(1991):《全球经济中创新与增长》(中文版),北京:中国人民大学出版社2002年版。
36. 洪银兴、袁国良:《管理世界》1997年第4期,第98—106页。
37. 胡书东:《积极财政政策的建立和影响》,《内部文稿》2001年,24:第8—10页。
38. 李成贵:《国家、利益集团与"三农"困境》,《经济社会体制比较》2004年第5期,第57—66页。
39. 李善同、侯永志、刘云中、陈波:《中国国内地方保护问题的调查与分析》,《经济研究》2004年第11期,第78—84页。
40. 林毅夫、蔡昉、李周:《中国的奇迹:发展战略与经济改革》,上海:上海三联书店、上海人民出版社1994年版。
41. 林毅夫、刘志强:《中国的财政分权与经济增长》,《北京大学学报(哲学社会科学版)》2000年第4期,第5—17页。
42. 刘君德:《转型期行政区经济透视》,《解放日报》,2004年10月31日。
43. 汪海波:《新中国工业经济史(1949.10—1957)》,北京:经济管理出版社1994年版。
44. 王缉慈:《创新的空间——企业集群与区域发展》,北京:北京大学出版社2001年版。
45. 王伟宜:《新中国五十年科技政策的发展》,《科学管理研究》2000年第12期,第49—53页。
46. 徐现祥、李郇:《市场一体化与区域协调发展》,《经济研究》2005年第12

期,第57—67页。
47. 杨开忠:《中国区域发展研究》,北京:海洋出版社1989年版。
48. 杨开忠、陶然、刘明兴:《解除管制、分权与中国经济转轨》,《中国社会科学院》2003年。
49. 银温泉、才婉茹:《中国地区建市场分割成因和治理》,《经济研究》2001年第6期,第3—12页。
50. 赵德馨主编:《中华人民共和国经济史(1967—1984)》,河南:河南人民出版社1989年版。
51. 郑毓盛、李崇高:《中国地方分割的效率损失》,《中国社会科学》2003年第64期,第2页。

下篇　案例分析

第六章

太仓：由经济边缘区到服务中心地

第一节 太仓经济的演进与绩效

太仓市位于江苏省东南部、长江口南岸，东濒长江，南临上海，西连昆山，北接常熟，是长江三角洲地区一座重要的新兴港口城市。太仓文化底蕴丰厚，工业发展迅速，是苏州地区最后一个踏上高速发展快车道的县级行政区，经济增速位居苏州市域第一位，也是中国经济最为发达的县市之一。2010年全市常住人口为71.21万，陆域总面积620平方公里，下辖6个镇和1个街道办事处①。

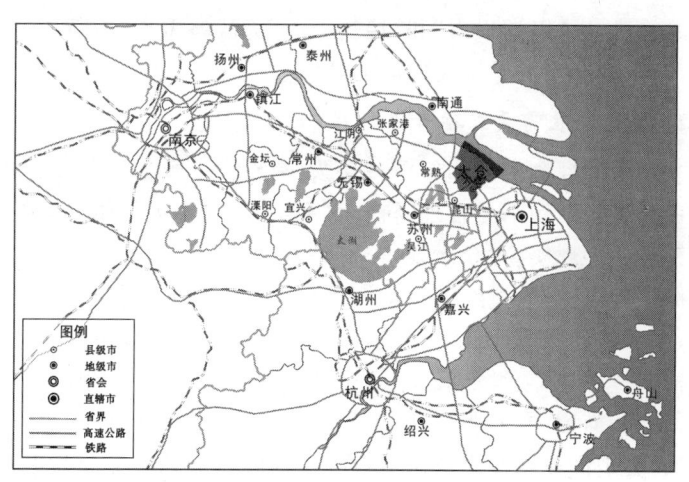

图6-1 太仓在长江三角洲的区位示意图

---

① 资料来源：太仓市人民政府网，http://www.taicng.gov.cn/col/col9001/index.html。

一、服务经济：太仓发展战略决胜的关键

1. 太仓经济正在加速成长

改革开放以前，太仓是一个较为富裕的农业县，工业基础相对薄弱。1978 年太仓的地区生产总值（GDP）仅为 2.31 亿元，人均 GDP 不足千元。改革开放三十年以来，太仓重视发挥自身优势，积极抢抓机遇，加速结构调整，加快经济发展，到 2010 年，太仓市实现地区生产总值 730.32 亿元，其总量相当于 1978 年改革开放之初的 317 倍，被誉为"苏南六虎"之一。2010 年太仓实现人均国民生产总值 105340 元，比 2009 年的 90134 元增长了 12.2%，是上海的 1.16 倍，北京的 1.25 倍。同时，2010 年太仓列全国百强县第四位。

从发展的阶段上看，20 世纪 80 年代，太仓依托区位、劳动力和资源三大优势，大力发展乡镇企业和个体经济，经济开始起飞，实现了"农转非"的历史性转型。这是第一阶段。20 世纪 90 年代，浦东的开发开放标志着长江三角洲已经成为我国改革开放的中心区，这为太仓充分发挥其潜在的基础设施优势和独特的港口优势创造了条件。太仓通过扩大招商引资，发展轻工业和物流业，实现了经济的快速增长。这是第二阶段。步入 21 世纪，随着城市化进程的不断加快、产业结构的不断调整和提升，太仓积极顺应长三角区域经济加快发展的趋势，以"以港强市"和"接轨上海"为战略重点，不断加大工作力度，经济社会步入了快速发展的新阶段。

2. 太仓发展需要继往开来

太仓市的综合实力和经济社会发展水平处于全国县市前列，但也存在着经济结构不尽合理、科技水平不高、自主创新能力不强等问题。针对这一现实，太仓市要进一步把经济工作的着力点放在经济结构优化升级上，通过经济结构调整促进经济较快增长和质量提高。过去，太仓市的服务业比重偏低，制约了经济社会的健康发展。在经济结构调整中，必须继往开来，大力发展现代服务业，特别是把发展物流、休闲、商贸、专业服务业以及外包服务等生产性服务业作为重点，努力实现产业结构由以制造业为主向制造业和服务业并重转变。目前太仓及沿沪区域制造业已经积累了较好的基础，实现制造业与服务业的有效对接和融合，是实现产业升级的有效途径。数据显示，

2004年太仓服务业增长率超过14％,2005年以来太仓服务业增长率一直高于15％,这个新特点表明,太仓经济增长处于一个重要的拐点,经济结构正在逐步发生转变。

经济发展的过程不仅是总量增长的过程,同时也是结构不断优化的过程。服务业兴旺发达已成为现代经济的一个重要特征和产业高度化的一个重要标志。未来一段时期能否加快经济结构调整步伐,进一步改善发展环境,积极推动现代服务业,将决定太仓区域竞争力的高低。以大规模数量扩张为特征的低成本要素驱动时代已经不能适应发展的需要,太仓应该进入以经济结构提升和经济质量提高为主的稳定增长的新阶段,依靠规模报酬递增驱动经济成长。因此,全面发展与太仓未来发展相匹配的服务经济,"让太仓笑得更灿烂"(Brighten Taicang's SMILE),是战略决胜的关键,是太仓未来一个时期发展的主旋律。

专栏6-1 "让太仓笑得更灿烂"(Brighten Taicang's SMILE)

服务经济是城市经济,服务业的发展与城市的发展相辅相成。未来太仓市服务业发达水平的高低,将决定本地区综合竞争力的高低。

发展服务业,"让太仓笑得更灿烂"(Brighten Taicang's SMILE)五大含义:

- Service:发展服务业,满足挑剔的消费和生产需求;
- Market:以市场观念注入服务业;
- Inno-value:以创新提高服务业附加价值;
- Life:以服务增进生活品质和地区品质,促进服务业成为提高人民生活质量的平台;
- Employment:以服务业创造就业机会,促进经济和社会协调发展。

二、太仓服务业发展成效显著

太仓市坚持以科学发展观统领全局,以发展为第一要务,以富民强市为根本出发点,积极应对更加开放的外部环境变化带来的风险,按照"扩大总量,优化结构,拓展领域,提高水平"的要求,重点发展生产性服务业,大力培育新兴服务业,全面提升传统服务业,抢抓机遇,规避风险,努力解决前进中遇到的新问题、新矛盾,全市服务业保持快速发展,总量不断上升,结构不断优化,对全市经济的拉动作用日益明显。总体上看,太仓市服务业发展领域不断扩展,新兴服务业不断涌现,特别是现代服务业的发展有了长足的进步,服务业的影响力和对经济发展的拉动作用不断强化。

(1) 服务业平稳快速增长,经济拉动作用不断增强

服务业增长态势良好。近年来太仓市服务业增加值年均增长率达到22%,增幅超过20%,超过了常熟、张家港等发达地区。一是服务业固定资产投资规模不断扩大。2005年以来,太仓市服务业固定资产投资年均增幅达到18%,2010年,全社会固定资产投资335.45亿元,比上年增长18.0%。二是服务业利用外资水平不断提高。投资领域由商贸、餐饮、宾馆等传统服务业扩大到金融保险、物流、信息咨询、软件和研发等现代服务业,服务外包发展迅速。三是服务业对全市经济的拉动作用不断增强。2010年,服务业对全市经济增长的贡献率达到了15.9%,对全市GDP增长的拉动作用不断增强。

(2) 现代服务业迅猛崛起,推动经济结构转型升级

现代物流业加快发展。2009年太仓市第一个国家级功能载体保税物流中心正式封关运作,为下一步争取出口加工区、申报对台自由贸易港区和保税港区打下坚实基础。2010年末,太仓港基本完成集装箱三期工程,全面投运武港、阳鸿等码头,拥有远洋航线1条,外贸航线10条、内贸航线21条,至台湾航线2条。"区港联动、虚拟口岸"快速通关模式联动区域拓展至南京、无锡、常州、南通等地。2010年完成集装箱吞吐量221万标箱、货物吞吐量8058万吨,分别增长46.1%和56.1%。同时,耐克体育中国物流中心、依厂物流等著名企业成功落户太仓市。

(3) 传统服务提升发展,民生服务扎实推进

商业服务体系日趋完善,社会消费品零售总额增速加快。以市区商业中心和镇级商业网点为基础的二级商业体系已经形成,南洋广场、之江国际、大润发等新的地标性商业服务中心,以及农副产品交易中心、昊华华东国际塑化城、通胜钢材市场等大型专业市场正在崛起。2010年,太仓市实现社会消费品零售总额141.43亿元,比上年增长18.6%。其中批发和零售业消费品零售额120.17亿元,增长17.3%;住宿和餐饮业消费品零售额21.26亿元,增长26.5%。城乡消费市场有效激活,城市消费品零售额达到92.50亿元,农村消费品零售额达到48.93亿元,分别增长18.5%和18.7%。

(4) 模式创新推动市场腹地扩展,接轨上海推进"沪太同城"效应

一是模式创新强化太仓港服务苏南的战略地位。近年来,"区港联动、虚拟口岸"快速通关模式成功实现在苏州地区的覆盖,"一次报关、一次查验、一次放行"的创新模式对太仓港扩大货源供给,突破发展瓶颈,具有重大意义。二是接轨上海深入推进。近年来陆续引进、承接上海服务业项目共229项。陆渡镇与嘉定工业园区合作成立了上海嘉定工业区陆渡拓展区;璜泾镇与浦东新区高行镇缔结为友好镇,合力打造"上海产业转移基地";LOFT工业设计园与上海创意产业中心合作项目正在推进。对接上海轨道交通11号线的沪太快线成功开通,"沪太同城"效应逐渐加强,为太仓接轨上海轨道交通创造新模式。

(5) "两带一圈"空间格局初步形成,服务业集聚态势不断强化

由沿江产业带、沿沪产业带和中部经济圈组成的"两带一圈"服务业发展大格局已经形成,服务业在三大地带的集聚态势不断强化,港区、太仓新区、科教新城等服务业发展的重要空间承载初具形态。2008年,沿江、沿沪、中部经济圈服务业增加值占全市比重分别为18.9%、67.1%、14%,凸显沿沪产业带的龙头作用。

第二节 发展的问题:"边缘效应"制约服务业的发展

当前太仓服务业发展面临的矛盾和问题仍然存在,但从空间经济的视角看,其核心问题是制约服务业平稳较快增长的结构性问题。

首先,太仓处于上海大都市的非核心地区。太仓虽然位于中国经济最发达的长江三角洲地区,但地处上海大都市的边缘地带,处于上海这一全球城市的光影效应之下。当前,上海正在努力朝着国际经济中心、国际金融中心、国际贸易中心和国际航运中心的目标迈进,尚处于强力集聚优势资源的发展阶段。以服务业为重要发展方向的"大浦东"、"大虹桥"等地区的"争资源、争市场"行为对地处外围的太仓构成了巨大的竞争。

其次,太仓处于长江三角洲"之"字形交通轴的外围。在以交通为导向的发展模式下,交通与经济相互促进、相互锁定。改革开放初期,以沪宁、沪杭、萧甬铁路以及沪宁、沪杭甬高速公路为依托,长江三角洲"之"字形城市带率先崛起,这条轴恰恰是一个既已存在的集

聚轴,资本、劳动力、技术等生产要素都向这条集聚轴汇聚。然而,太仓处于这条集聚轴的外围。虽然沿江高速的建设为长江三角洲地区导入了新的发展轴,但是新一轮的沪宁、沪杭高速铁路的建设则进一步强化了"之"字形集聚轴的发展优势,太仓仍然处于长江三角洲主要经济发展轴的外围。

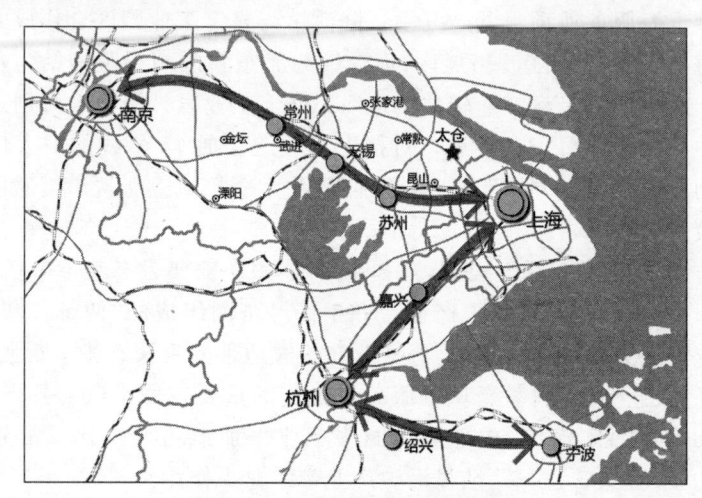

图 6-2 太仓区位的"边缘效应"

最后,在长江三角洲内部,生产要素不断向上海大都市的核心地区集中,向"之"字形交通轴沿线地区集中,经济要素的集中进一步带来新的交通需求。昆山花桥商务区、陆家嘴金融贸易区和虹桥商务区都是这一模式的产物。这些服务业集聚区对优势经济要素具有巨大的吸附作用,它们的存在与发展对太仓服务业的增长、现代服务业水平的提高,高端人才的集聚带来了巨大的障碍。具体表现为:服务业增加值的GDP占比低于苏州全市水平、服务业内部结构仍偏传统、高层次服务业人才集聚度不够和服务业本地需求不足。

第三节 服务业发展的优势、机遇和挑战

尽管"边缘效应"在未来五年乃至更长时期将依然存在,但是太仓服务业的发展机遇也在不断涌现,发展优势在不断强化。只要利用自身优势,抓住发展机遇,必将突破锁定,打破发展的"边缘效应",开启服务业发展的新局面。

第六章 太仓：由经济边缘区到服务中心地

一、自身条件："六大优势"奠定服务业发展基础

1. 东临长江的港口优势

自古以来，江河湖海就是人类城市发展的重要依托。长江是中国社会和经济发展主动脉，是推动中国社会和经济发展的"黄金水道"。随着中国经济的高速发展，长江的重要作用日益凸显。近年来，长江干线货运量已在总量上超过了欧洲的莱茵河和美国的密西西比河，跃居世界第一位。

太仓正东临这条"黄金水道"，处于江海交汇处，是从东海进入长江的第一个港口，拥有长江岸线38.8公里。以太仓港作为华东地区集装箱枢纽的主体，上海国际航运中心长江口内核心为组成部分，国际集装箱干线港、长江流域石油、化工、液化气等为中转贮运港，地方经济发展为配套港，是江苏重点建设的长江港区。相比之下，周边的城市则没有这种优势，昆山市区虽然到达上海市区只有40分钟的车程，但并不沿江，没有自己的港口，而苏南地区有港口的常熟和张家港到上海的车程则分别为80分钟和90分钟，时间成本超过太仓。浙江的宁波虽然有深水海港，但无法像"通江达海"的太仓港一样发展江海联运。

优越的区位条件，强大的经济腹地，江苏省的大力支持，太仓市的努力建设，为太仓港战略地位的建立奠定了重要基础。近期，国务院批准的《长江三角洲地区区域规划》已明确将太仓港的定位由"近洋干线港、内贸枢纽港、江海中转港、洋山喂给港"提升为"集装箱干线港、江海联运中转枢纽港"。在未来五年，江苏省将继续不遗余力把太仓港建成上海国际航运中心北翼集装箱干线港和江苏第一外贸大港，这都给太仓港的枢纽地位进一步得到强化提供了条件。太仓港枢纽地位的不断强化，也为太仓深入服务苏南奠定了坚实基础。"海峡两岸商贸合作区"前景灿烂，为太仓港口物流业创造出无限机遇；"苏太联动"的顺利推进，凸显出太仓港凭借"区港联动、虚拟口岸"模式服务苏南经济的强大潜力，凭借太仓港作为江苏省重要对外贸易口岸，其服务苏南经济的重要职能将不断增强。

2. 南面上海的沿沪优势

长三角是我国最发达的地区，也是正在崛起的世界第六大都市

圈。上海是长三角的龙头城市,是我国最大的经济中心城市和内外贸易港口,经济发达,消费市场规模巨大。太仓紧邻上海市,距上海虹桥枢纽约40公里(这一点尤为重要),离浦东开发区、上海市区和上海港均为50公里,位于上海市大都市圈"1小时交通圈"的范围内,特别是1小时车程范围内的人口总量大,消费潜力高。太仓与上海零距离接触,其一区三镇和上海接壤,如此大面积的接壤是周边的昆山、吴江所不具备的。随着交通基础设施的不断完善,区域一体化政策的不断推进,接轨上海的区位优势不断加强,"沪太同城"效应日益显现。这对太仓全面融入上海,积极参与全球分工,主动承接上海产业转移,推动太仓成为上海全球城市区域的服务中心地,意义重大。

长期以来,两地人缘相亲,地域相连,经济相融,文化相通,最易发挥"邻里效应":一是特殊的区位使太仓易于接受上海的产业转移,生产的产业前向、后向联系和消费联系强,可有效进入的区域市场巨大;二是可便捷地获取多样化的专业化产品和服务,产业发展综合配套条件优越;三是各种专业化劳动力市场发达,可便捷地获取多样化的专业化劳动力资源;四是信息、知识密集,创新强,可充分分享中心城市知识外溢效应。可以说,太仓是接受上海辐射和带动的唯一具备沿江、沿沪双重优势的重要区域。

3. 持续发展的后发优势

改革开放以来,苏南地区经济社会发展取得了长足的进步,实现了经济腾飞,取得了令人瞩目的成就。但是,近年来也面临着很多严峻的问题和挑战,比如隔壁昆山的发展,突出表现为"四大压力"。一是人口压力,过量的外来人口给城市基础设施和公共服务带来巨大压力;二是环境压力,目前一些地区水环境、大气环境已经处于临界状态,给经济发展和环境保护带来巨大压力;三是资源压力,当前的计划用地越来越少,发展空间捉襟见肘,加上水、电、气等能源供应日趋紧张,给经济可持续发展带来巨大压力;四是社会压力,外来人口剧增,影响治安的消极因素大量存在,给社会治安和社会发展带来巨大压力。

相比之下,太仓的"四大压力"要轻一些,并且尚有较多宝贵的土地资源、自然环境资源、乡村生态资源,很多方面并未完全受到大规模工业化的影响,这为发展别具特色的现代服务业创造了条件。同时,本地区人均国内生产总值、人均财政收入等均大大高于全省平均水平,现有工业优势、农业优势,也有利于三次产业融合发展,使得太仓在长三角发展升级的新一轮竞争中拥有后发优势,实现经济全面、协调可持续发展。

与上海及昆山相比,太仓经济发展略显滞后,但经济的"后发"为太仓下一步的持续发展提供了更多的可供开发的土地资源、更加宜人的生态环境,有利于环境密集型现代服务业的发展。上海和昆山的发展经验也为太仓的跨越式发展指明了方向,有利于太仓充分发挥港口优势,规避传统发展模式的劣势与锁定,导入新兴产业,引进先进的技术、管理经验和发展模式,推动太仓服务业实现跨越式发展。

4. 滨河亲水的环境优势

太仓地处江南水乡,自古风水上佳,平和优雅,体现以卓越生态为本底的高品位自然景观。"吴文化"的人文底蕴和相对原始质朴的人居环境,特别是滨河亲水的良好生态环境是本地区最不易转移、最不易模仿的资源优势,这将对区域未来发展起到根本性的影响,这也是许多德国企业集聚太仓并形成规模的一个重要原因。除此之外,太仓还拥有一系列的垄断性资源,拥有少有的"通江达海"型河流。良好的生态环境和邻近大都市的地理位置,是发达国家发展相关旅游休闲业和房地产业的重要资源。

当前,合力打造中国现代人居环境、构建和谐文明社会是 21 世纪中国以人为本、民族复兴的伟大战略。太仓人文环境和自然环境优势具有两个潜在的功能导向:一是宜居,二是休闲和旅游。太仓周边地区尽管也有很多城市发展旅游休闲业,但是各有千秋。昆山地区依靠淀山湖、阳澄湖,松江依靠的是山,崇明依靠的是面对东海,而太仓毗邻上海的浏河一带,特别是江河海地区,既有河,又有长江,还有东海,是理想的旅游休闲地区。

5. 开放包容的人文优势

太仓文化底蕴深厚、人文资源丰富,风情民俗独特,是一个有美感更有内涵、有和静更有灵性、有激情更有理性、有个性更有包容的江南名城,其深厚的传统积淀与丰富的历史资源,为其自身提供了无与伦比的人文优势。

伟大航海家郑和从太仓浏河港出发,七下西洋,充分展示了中华民族的高超智慧和非凡勇气,体现了开放的思想、探索的勇气、民族的精神。郑和精神所蕴涵的多元性不仅是国际视野中的一个独特文化品牌,而且已经成为太仓市经济发展重要的张力,为太仓积淀了敢为人先、开拓进取的精神财富。地处江海之交的太仓,历经了多次大规模的大陆文化与海洋文化的冲撞,因此早在明代中叶,已形成了亦耕亦渔、亦工亦商多元化的经济格局,商品经济较为发达,社会出现了空前的繁荣,同时也孕育了经世致用、义利兼顾、革新务实的人文精神。

6. 腹地广阔的潜在优势

太仓位于长三角核心圈层,直接接受上海的经济辐射,是大上海的经济腹地。同时太仓沿江沿沪,交通体系发达,公路和铁路与长三角周边地区相连,因此它的潜在腹地是长三角区域。随着长三角一体化的推进,长三角经济发展轴线正逐步从单一的"沪宁发展轴"向多轴转化,出现了"沿江发展轴线",沿长江城市联动发展的趋势日益明显,预计沿线的太仓、常熟、江阴等地区将加速发展壮大,进一步接轨上海,组成继沪宁沿线之后又一条放大上海能量的节点式城镇发展带,这也将进一步突显太仓的枢纽地位,扩大太仓的潜在腹地。另外,根据太仓市经济发展及太仓港在上海国际航运中心中的地位,考虑临近港口的功能及其发展,太仓港的间接腹地应该包括苏锡常地区,并逐步延伸到长江三角洲和中下游沿江的部分地区。这些便利的条件为太仓发展服务业奠定了坚实的基础,具备了地区发展"集聚经济"的基本条件。同时,太仓特色制造业地方集聚不断巩固,引致本地服务业需求潜力日益增强,而且成为中国德资企业最集中的地区。太仓已具备一批特色制造业集群,化纤加弹产业集聚持续增强、临港工业基地初具规模,中德企业合作基地规模不断扩大。随着制造业的增长,亟须发展研发设计、商务服务、现代物流等生产性服务业,为太仓发展各类服务经济创造了需求条件。

二、外部机遇:"三大机遇"解锁边缘效应

1. 长江三角洲地区经济的空间组织趋向扁平化

受传统计划经济体制影响,工业经济和服务经济在地理空间上

呈现出高度集中态势,科层制、等级化是经济活动空间组织的重要形式。随着体制改革的不断深入,交通网络的不断完善,区域一体化的深入推进,长江三角洲地区经济活动的空间组织越来越呈现出网络化、扁平化的趋势。这是市场经济发展的必然结果,是对传统科层制组织模式的重大挑战,也为低行政层级地区的发展带来了重大的机遇。

长江三角洲地区的网络化,意味着区域中可能存在多个中心地,既有高等级、综合性的,也有次一级、专业性的。在新的经济空间组织形式下,凭借显著的区位优势,利用优越的港口优势,依托苏南地区和上海市强大的经济实力,太仓有能力、有条件承担起部分重要的区域职能乃至全球职能。这意味着,区域经济的扁平化将使太仓建设长江三角洲全球城市区域的服务中心地成为可能。

2. 上海及苏南地区领先需求率先升级

上海及苏南地区经济发展领先全国,信息网络覆盖面广,私家车拥有量高,居民消费结构正向"发展型"、"享受型"升级,经济发展对商品流通、商务服务、教育培训和休闲旅游等服务的需求日益增加。响应需求升级,抢抓发展机遇,太仓必须大力发展枢纽经济、后台经济和休闲经济,领先一步满足"领先需求",推动经济社会率先发展。

3. 产业分工不断深化

全球经济一体化为以满足大规模需求为目标的大规模生产创造了条件,大规模生产推动产业链条的纵向分离,最终促使产业分工不断深化,生产外包规模日益增长。产业链增值环节开始依据区域要素禀赋优势选择新的发展空间,形成新的空间集聚。太仓发展优势显著,新一轮的产业分工将为太仓以枢纽经济、后台经济、休闲经济为特色的现代服务业体系的确立创造良好的外部条件。

三、面临的挑战:光影效应、转型升级与区域竞争

1. 光影效应影响

首先,苏南一带的苏州、无锡、杭州和上海的直线距离约为110公里、150公里和170公里,都位于上海大都市区的辐射圈以内,现代服务业的发展处在上海的光影下,不可避免地要受到首位城市强烈的磁吸作用,特别是针对一些大客户的现代服务部门的发展受到

很大的限制。从历史发展上看,太仓一直被包容于上海之内,深受上海的影响,甚至浏河等一些镇的服务长期以来就直接来源于上海。

表 6-1　上海与太仓第二、三产业 GDP 比重变化比较(%)

	第二产业 GDP 比重	第三产业 GDP 比重	第三产业 GDP 比重年均增幅(百分点)
1993 年上海	59.4	38.1	—
1994 年上海	57.7	39.9	
1995 年上海	56.8	40.8	
1996 年上海	54	43.7	
1997 年上海	51.6	46.3	
1998 年上海	49.3	48.8	2.14(相对于 1993)
2009 年上海	47.4	40.5	—
2010 年上海	46.8	43.2	2.5(相对于 2009)
2009 年太仓	59	37.8	—
2010 年太仓	57.4	38.9	—
2012 年太仓目标		42	0.7(相对于 2009)
2015 年太仓目标		45	1.2(相对于 2009)
2020 年太仓目标		48	1.7(相对于 2009)

数据来源:《上海统计年鉴》,上海:上海统计局(历年);太仓国民经济与社会发展统计公报 2010 年版,中国统计信息网,http://www.tjcn.org/。

由于现代服务业的聚集性和规模特性,上海等高等级服务中心城市占据了资金、人才、信息等方面的优势,在很大程度上占有了周边地区的现代服务市场,造成了需求流失,致使苏州、太仓、昆山、常熟等地区的产业升级空间受到一定限制,大多滞后于城市的总体发展水平。

2. 经济升级压力

总的来说,太仓面临来自国内外的挑战和竞争。太仓市的竞争性服务行业集中度较低,垄断性服务行业发展活力不旺,知识型服务业的开发利用不足,体现现代化卫星城服务功能、具有外向辐射功能的行业发展缓慢,外向型服务能力不强。太仓市在经济综合开发建设中缺乏统筹规划,开放型经济相对落后,资源环境容量有限,产业同构比较突出,受到来自国内外的多方威胁。

同时,太仓也同样面临着环境压力、资源(要素)压力以及成本的压力,要求企业要高度集约化,高加工度,而太仓地区的企业多是劳动密集型企业,技术水平低,能耗高,势必要被淘汰。为了经济的可持续发展,太仓必须进行产业升级。那么,太仓如果走昆山的老路,一方面昆山早已有了先发优势,工业化水平遥遥领先,太仓作为跟随者再沿用先工业化再发展服务业这种模式的话,不但不可能超越昆山,反倒可能差距越拉越大;另一方面昆山模式过于依赖外资经济和IT产业,这种模式存在很大风险,一旦外资"候鸟式迁移",则当地经济就会衰落,这种模式是不可持续发展的。

同时,市场需求不断变化,产业边界日益模糊,经营环境快速变迁,面临这一系列的问题,太仓如何选择产业发展模式和升级路径?这是关系到太仓未来发展的一个重要课题。

3. 区域竞争增强

长三角区域城市之间服务结构相似、服务腹地重叠,竞争日趋激烈,苏南地区苏、锡、常三地各县市的竞争更是激烈。在国家提出"大力发展现代服务业"的战略后,这些城市更是纷纷推出服务业规划和设想。太仓市未来的竞争环境主要是沿江、沿沪的各个周边城市对高级生产和生活性服务功能的争夺。虽然在竞争中也有合作,但竞争的威胁不可小视,这种竞争将来自招商引资、人才争夺、消费分流、政策优势、资源争夺等各个方面,并主要体现在服务业领域。

目前长三角发达地区的经济发展路径具有一定的相似性,这与城市之间资源同质化程度高有关,并且产业选择过于笼统,细分定位意识不足,未能充分发挥各地的比较优势和协同作用,而且对新兴产业的重视不够。太仓市服务业实际上大多都面临着比较直接的多方竞争。

表6-2 太仓与周边地区服务业的竞争态势

竞争产业	竞争地区
旅游业	昆山(周庄等)、吴江(同里)、青浦(古镇朱家角)、南京(郑和资源)、松江(松江古城、佘山国家公园度假区)
休闲业	昆山(阳澄湖)、松江(佘山、欢乐谷主题公园、影视城)、无锡(太湖)、常熟(乡村游)

续表

竞争产业	竞争地区
会展业	上海（全国会展业中心）、南京（江苏会展业中心）、苏州、昆山等
房地产	昆山（阳澄湖一线）、青浦（赵庄别墅区）、崇明岛（别墅区）等
商贸业	青浦（奥特莱斯国际工厂折扣店）、松江（多个专业化交易市场）、无锡（多个亿元市场）等
物流业	苏州、昆山、常熟、张家港、无锡、嘉定、上海其他地区等

针对以上竞争领域，太仓市应该深入分析现有的区域比较优势和劣势，找准适应自身特点的服务业发展之路，在同区域解决好竞合关系后差异化崛起。

第四节　发展愿景、思路、战略与布局

一、发展愿景

把太仓建成以上海为中心的长江三角洲全球城市区域的服务中心地、宜商宜居的品质之城，是太仓突破锁定、打破发展的"边缘效应"的必然选择。伴随着全球一体化进程的加深，以经济联系为基础，由全球城市（Global City）及其腹地内经济实力较为雄厚的二级大中城市扩展联合而形成的全球城市区域（Global City Region）正在成长为全球经济竞争的主角。

长江三角洲地区是中国经济实力最强的全球城市区域之一。上海是这一区域高等级的中心地城市，承担着重要的综合性区域职能和全国职能，并在努力向承担全球职能发展。上海目前的发展对各种优势资源具有强大的磁吸作用，对周边地区的经济发展也具有一定的溢出效应，既是区域经济发展的引擎，又在一定程度上限制了周边地区的发展。

随着区域网络化趋势的深入推进，长江三角洲全球城市区域中可能涌现出多个中心地，既有高等级的，也有次一级的；既有综合性的，也有专业性的。长江三角洲全球城市区域的不断完善，为太仓背靠苏南，依托上海，放眼世界，努力承担部分重要的区域职能乃至全球职能，努力成为长江三角洲区域经济体系中的"单项冠军"，带来重

大机遇。

当前,太仓服务业所谓"长江三角洲全球城市区域的服务中心地"这一定位不仅是对太仓服务业总体规划中"国际一流的卫星新城"和太仓城市总体规划中"宜商宜居的上海滨江卫星城市"这两个定位的继承,而且是站在全球的高度对已有定位的提升。这一定位是站在全球竞争的高度,从太仓紧邻上海、背靠苏南、港口优势显著的条件出发,以太仓承担区域职能甚至全球职能为目标,而做出的战略性定位。

太仓要成为长江三角洲全球城市区域的服务中心地,必须坚持"聚焦枢纽、面向领先"的发展方针,肩负起三大重要职能:枢纽港职能、承接后台服务职能和都市休闲职能,努力成为长江三角洲区域经济体系中的"单项冠军"。

"打造宜商宜居的品质之城"这一定位是实现服务业"谋福利、促效率、推动太仓现代化"这一根本目标的集中体现。太仓应紧紧围绕这个发展定位,坚持以人为本,全面协调可持续的科学发展观,充分发挥港口优势、区位优势、环境优势,着力构建以创新和品质为基础的服务业竞争优势,推动社会经济平稳较好发展。

构建长江三角洲全球城市区域的服务中心地,打造宜商宜居的品质之城,太仓必须把上海和苏南地区作为大力培育和发展现代服务业的首要目标市场,主动满足上海的领先消费需求,满足上海的后台服务需求,满足苏南地区的港口物流需求,积极延伸市场服务半径,拓宽服务业领域,增强服务业功能,优化服务业结构。

二、发展目标、原则与方针

1. 主要发展目标

(1) 保持服务业平稳快速发展

(2) 积极发展"三种经济"

枢纽经济。以港区为依托,高度聚焦港口物流,充分发挥太仓港的枢纽作用,主动服务苏南地区日益增长的物流需求,不断巩固太仓港的省级战略地位,加快带动太仓现代物流产业体系的构建。

后台经济。以新区和南部新城为依托,充分利用云计算、物联网等重大技术创新,超常规发展以服务外包为主要形式的后台经济,精心培育以创新创意为基础的外包经济竞争优势。主动承接上海及国际服务外包业务,把握业务流程向二线城市转移的机遇,努力构建以大型机构的后台服务支持为代表的"后台经济"模式,打造服务外包新增长点。

休闲经济。以浏河和金仓湖为依托,全面推进休闲旅游大开发,满足上海及苏南地区日益增长的休闲需求,塑造城市品质,营销城市形象,为太仓创造良好的投资和生活环境。

(3) 优化行业内部结构

未来一段时期将着力建设以港口物流、后台经济、休闲旅游为主导的现代服务业体系,做强金融保险业,积极发展研发、创意等产业,促进服务业内部结构优化升级。

2. 发展原则与方针

太仓要将发展服务业作为加快推进"产业结构调整、转变经济增长方式、提高国民经济整体素质、实现全面协调可持续发展"的重要途径,充分利用以港口和区位为基础的比较优势,精心培育以创新和品质为基础的竞争优势,围绕"一个定位",坚持"三大发展方针",发展"三种经济",突出"四大区域",着力推动形成"2+2"的服务业发展空间格局,着力构建以"谋福利、促效率,推动太仓现代化"为根本目标的现代服务业体系,努力把太仓建设成为以上海为中心的长江三角洲全球城市区域(Global City Region)的服务中心地,宜商宜居的品质之城。

(1) 聚焦枢纽

高度聚焦太仓港和虹桥枢纽,充分利用和发挥交通枢纽的集散功能,促进物资、人才和信息的流动,为太仓市服务业发展注入新活力、创造新机遇。

聚焦太仓港。充分利用太仓港的新定位,依托港口、沿江高速公路与内河航运网络,重点建设以太仓港为核心枢纽的多式联运网络体系,加强与沿江港口和周边地区交通枢纽的连接与合作,加快物流网络节点建设,完善港口集疏运体系,促进江海陆联运、水水联运等运输形式发展,推动以太仓港为核心的多式联运向纵深发展,强化太仓港的战略地位。

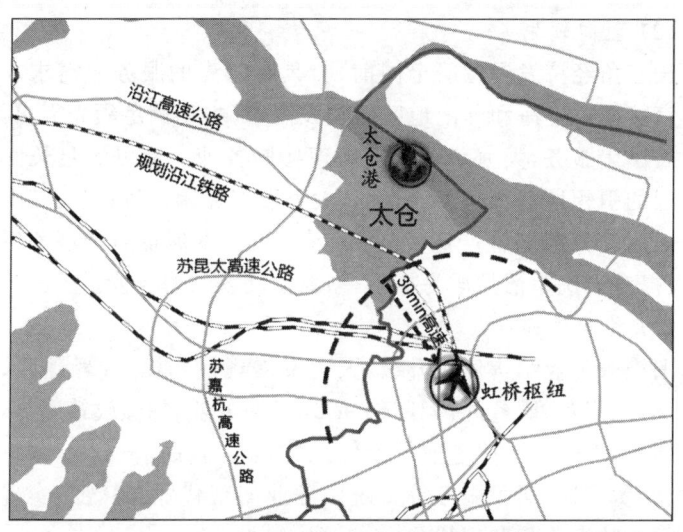

第六章　太仓：由经济边缘区到服务中心地

图 6-3　太仓港与虹桥枢纽区位示意图

聚焦虹桥枢纽。充分发挥临近上海虹桥枢纽的区位优势，积极融入上海，响应上海"大虹桥"战略，大力发展以商务服务、后台经济和会议会展为主要形式的临空经济，带动服务业突破结构锁定，实现转型升级。

专栏 6-2　虹桥枢纽对太仓服务业发展意义重大

　　从虹桥机场到浦东机场再到虹桥枢纽，显示出上海主动融入长江三角洲地区的意愿和决心。凭借紧邻上海的区位优势，虹桥枢纽将成为推动太仓服务业发展的新引擎。

　　虹桥枢纽推动太仓与上海的无缝连接。新建的虹桥枢纽距离太仓40公里，全程高速，30—40分钟可抵达太仓。以虹桥枢纽为中心，从时间距离而言，太仓的区位条件甚至优于上海徐家汇。虹桥枢纽集中了航空、高铁、地铁、磁悬浮等多种交通手段，是上海重要的对外交通门户，也是重要的内部交通网络节点，必将成为服务长三角地区的核心枢纽。快速抵达虹桥枢纽意味着快速抵达上海全境，充分利用虹桥枢纽意味着辐射整个长江三角洲。

　　太仓港以模式创新联系苏南经济，虹桥枢纽以高速公路系统无缝联系太仓。两大枢纽直接改变了长江三角洲地区的空间格局，太仓将由外围走向核心。聚焦太仓港，聚焦虹桥枢纽，太仓要着重发展以太仓港为核心枢纽的多式联运网络体系，要注重发展依托虹桥枢纽的后台经济和商务服务，从而突破边缘结构锁定，实现太仓建设长江三角洲全球城市区域服务中心地的奋斗目标。

(2) 面向领先

长三角经济发展位居全国前列，具有领先的服务业需求。太仓市应直接面对上海和苏南地区的领先需求，主动满足领先需求，高标准发展民生服务，大力培育和发展现代服务业。应以满足长江三角洲地区的引领性消费需求为目标，大力发展休闲经济；以支持上海和苏南地区新兴战略性产业发展为己任，大力发展枢纽经济和后台经济；以提升人民生活品质为抓手，创新发展公共服务业。

(3) 优化结构

围绕服务业结构优化升级，大力发展现代物流、金融保险、文化旅游、信息服务、服务外包等新兴的现代服务业，加强政策引导，改善发展环境，促进新兴服务业规模化，尽快形成新的增长点。推进交通运输、商贸流通、居民服务等传统服务业向现代业态转变，实现传统服务行业的高质化和现代化。

(4) 集聚成长

强化服务业社会资本的高度集中和自然资源的有效节约，努力推进服务业内涵式集约发展。按照区域服务功能定位，加快主体功能突出、产业特色鲜明的服务业集聚区以及重点功能区建设，促进服务业集聚成长。

三、总体发展战略

1. "大推动"战略

规模经济决定了服务业的各项软硬投资有一定的临界性，成则一本万利，败则颗粒无收，因此太仓服务业的发展必须实施"大推动"战略。太仓实施大推动战略就是实现"五大"和"五化"，即"大投入、大开放、大集中、大提升、大品牌"和"网络化、精品化、区域化、多样化、标准化"。大推动战略意味着，太仓应创造一切条件，对具有战略性地位的休闲产业群和物流产业群的各个相关部门全面地、大规模地投入资本、土地等生产要素，迅速在产业链条的上下游实现规模经济，促使各服务部门的生产向更有效的大规模集聚经济转化，从而推动产业群在整体上跨过门槛规模，形成强大的区域竞争优势。

2. 区域营销战略

地方营销战略就是将太仓视为一市场导向的企业，将服务业的未来发展视为有市场潜力的产品,利用一切有利条件,克服规避不利因素,内联外引,通过高层次、大事件、大活动、多渠道,主动地营销地区特色,最大限度地提升太仓服务业的竞争力和市场地位,充分发挥服务业对地区经济和社会发展的带动作用。

在营销组合中,太仓应特别重视区域产品、区域形象、重大促销项目和营销主体。太仓应当向目标市场积极营销服务业发展所必需的基础设施、环境、公共服务、地理区位等区域产品或区域特色。太仓还要积极设计、传播区域形象,使"国际一流的卫星新城,世界级的服务价值"这一区域发展的未来愿景深入人心。太仓应当积极策划、举办各类活动,以促销"生产服务"、"研发创意"、"流通太仓"、"精品服务"、"休闲太仓",如举办"起航节"、"开渔节"等活动吸引注意力。太仓也应当提升各级政府的营销意识,培育政府的企业家精神,同时动员投资者、居民、媒体等各种力量,通过官、产、学、民、媒互动实现全方位营销。

3. "一体化"战略

太仓服务业发展必须对接区域需求,整合区域资源,实施区域一体化战略。太仓本地的人口和经济规模决定了其服务业,无论是生产性服务业还是生活性服务业都不能仅仅服务于本地市场,而应当主动面向长江三角洲区域市场,如休闲等生活性服务业应积极面向上海市场,物流等生产性服务业应积极面向苏南市场。然而,太仓本地的资源,无论是资本、人才还是技术积累都不足于完全支撑太仓向更大的区域提供服务,因此太仓必须善于主动利用区外资源。如通过优化公共服务和生态环境来吸引上海的各类人才,通过相对宽松的土地政策吸引各类的资本。

太仓实施区域一体化战略必须努力挖掘本地资源,凸显地方个性,这是太仓参与区域分工,实现区域一体化的基础所在。太仓应充分发挥港口优势,面向苏南制造业的海运需求,开拓国际航线,积极打造物流产业群,实现与上海洋山港的分工协调。太仓也要充分发挥沿浏河地区的环境优势、区位优势和物产优势(海鲜、江鲜、河鲜),面向上海的休闲度假市场,积极将沿浏河地区打造为上海一小时交通圈内最重要的休闲度假地之一。太仓实施区域一体化战略必须努力实现基础设施的一体化。太仓应积极争取上海轨道交通向本地的延伸,应积极争取苏昆太高速公路与上海A13的连接并在浏河预留出口,并且积极争取将上海与太仓间的过境收费卡口北移。

太仓实施区域一体化战略必须以问题为导向,以互惠互利为原则,努力推动跨区域的、多层次、多形式的治理机制的形成。太仓的地理位置及其承担的区域功能决定了太仓必然是江苏省"接轨上海"、上海"服务长三角"的前沿阵地,太仓服务业发展必然需要跨行政区的协调与合作。目前,太仓与周边地区已经形成了一些跨区域的治理机制,如五区发改委主任的联谊会等。未来,在跨区域的协作机制上,太仓应着力的方向包括:一是积极推动多层次治理机制的建立与完善,如推动建立五区市长区长联席会、五区旅游局长联席会等;二是积极推动多形式的治理机制的建立与完善,不仅可以建立政府与政府间的协作平台,还可以充分利用市场化的途径与手段,如与嘉定区联合成立"浏河度假区开发公司",将区域治理内化为公司治理。

太仓要充分利用各种区域协调机制解决自身难以解决的问题,如争取将浏河的休闲旅游开发上升到江苏省与上海市合作的层面,由省(市)委、省(市)政府协调相关问题。

四、空间布局导向

1. 空间发展思路

从太仓市域层面看,太仓市将形成一个哑铃状的城镇空间结构,即以城区和沿江地区为两头,苏昆太高速公路、浏太公路和新浏河为城镇发展轴线的空间格局。沿江地区是哑铃状城镇空间的沿江发展空间。应坚持把沿浏河一线、沿长江一线的开发建设作为太仓市对外开放的重中之重,明确开发重点,突出功能开发,增强集聚辐射功能,使其成为太仓市经济发展的核心。外部空间发展思路:太仓市的外部空间战略近期采取沿江、沿沪空间战略,中期可以考虑沿边(昆山等地)战略。内部空间发展思路:集聚发展、点轴贯通,滨水为本、文化为源。

(1) 扮靓客厅——以浏河和南部综合服务功能区带动太仓产业转型

以中心城区、浏河、陆渡作为商务服务、创意研发、休闲娱乐产业发展的功能区,是整个太仓市的"客厅",笑迎八方游客,广泛吸引海内外的投资者和创业者,一方面凸现创意经济、商务服务以及专业发展,带动太仓市区域形象和生产性服务业的全面提升;另一方面休闲经济、夜晚经济、假日经济三位一体,推出休闲精品,营造区域魅力。

(2) 做强中庭——以中东部临港综合服务功能区带动太仓服务业整体发展

以港城为核心,浮桥镇区为基础,包括部分璜泾镇区,以物流产业为龙头带动商贸业、商务服务、高科技以及都市工农业各产业综合发展,核心机构与总部企业云集,是促进产业结构平衡转型的砝码,承接南北,是解决太仓经济不平衡的关键着力点。

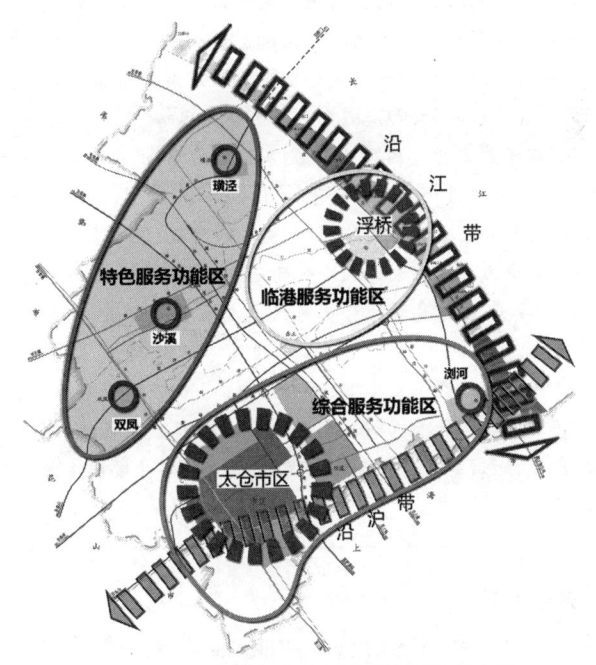

图 6-4 太仓服务业空间发展思路示意图

(3) 盘活后院——以西北部特色服务功能区带动太仓服务专业化发展

双凤、沙溪、璜泾部分镇区组成的"后院",其资源深入挖掘与整体开发不仅受南部休闲经济一体化进程的影响,也取决于太仓中部服务区的崛起。该区域要以适宜的生态容量约束为前提,主动盘活各种服务资源,积极发展专业物流、商贸业、旅游业以及都市工农业服务业等,全面优化三次产业,形成特色服务经济圈。

2. 产业布局导向

近期,太仓要按照"产业集聚、布局集中、资源集约"的原则,以太仓市城市架构为依托,结合自身资源禀赋、产业特征以及城市功能定位,首先加快构建以中心城区、港区为核心,沙溪、浏河两镇为两翼,璜泾、双凤两镇为重要增长极的"两核引领、两翼支撑、两极拓展"的"2+2+2"的服务业空间布局。

专栏6-3 "2+2"空间格局是对原有沿江、沿沪空间战略的延续与落实

"整体城市、组团发展",打造"两带一圈"(沿江产业带、沿沪产业带、中部经济圈)是太仓空间发展的主要方向。为此,《太仓市服务业发展总体规划(2006—2020)》(以下简称《总规》)提出,太仓市服务业发展应遵循"扮靓客厅(沿沪)、做强中庭(沿江和主城)、盘活后院(中部)"的空间战略。

"十二五"期间着力打造的"2+2"服务业空间格局是对上述空间战略的继承,是服务业发展总体格局建设的阶段性目标。

"2+2"格局的4大区域都是"两带一圈"与《总规》空间布局的重要节点。在"十二五"期间集中力量对4大区域进行开发建设,以点带轴,联动发展,是对《总规》战略的具体落实,也是集聚优势资源优先发展重点区域、从而带动全市整体发展的必然要求。

将4大区区分为两个主中心、两个副中心,分别赋予不同的城市功能,是基于"十一五"发展成果和"十二五"发展前景对原有思路的继承与提升,有利于各区域发挥自身特色,加强分工合作,有利于太仓市各主要服务业的集聚发展和形成规模优势。

(1) 两核引领

不断完善市区和港区的核心功能,推动服务产业的空间集聚提升,形成以新区、陆渡、城厢镇与科教新城为主的商务核心区和以港区为主的物流集聚区,引领全市服务业的跨越发展。

太仓中央行政商务区。以"新产业、新城区、建设宜商宜居城市"为发展方向,统筹新区、城厢和科教新城板块,突出行政、商业、商务、科教文化、休闲娱乐和生活功能,积极发展传统与现代服务业,集聚资源加快发展商务核心区。提升发展老城区,完善商业网点布局,大力发展民生服务业,满足居民生活需求。提档改造西门地区,依托现有五洋商城、之江国际等生活资料市场,加快西门市场带建设,改造新浏河两岸,积极打造城市西部商圈。对金仓湖地区应继续强化生态建设,丰富金仓湖周边体育、生态功能,积极发展以亲水休闲、休闲体育、教育旅游、节事节庆为主体的休闲旅游服务。新区一期和陆渡镇浏太路以南区域应继续推进"退二进三"工作,开辟城市服务产业发展的新空间。加快新区中央商务区建设,吸引国内外知名跨国企业集团和高端地产置业集团投资入驻,营造顶级商务办公区和城市高品质生活空间。顺势推进特色街区建设,彰显地方商业文化特色,全力打造太仓城市"第二商圈"。有序建设大体量楼宇,大力发展总部经济。强化陆渡镇与新区规划的一体化,适当保留城市建设的发展空间。科教新城要加快环湖商务文化区、海运堤文化区建设,加速建设服务产业发展载体,大力发展服务外包、文化创意、信息服务等高附加值产业,打造城市产业。

港口物流专业服务核心区。充分利用独特的区位优势和港口优势,努力扩大以港口物流业为重点的服务业总量,提升服务业集聚发展水平。加快港口集疏运体系建设,重点推进码头、公路、铁路建设和河道整治,初步形成公铁水综合交通运输体系。深入推进"区港联动"模式,加大航线开辟力度,形成内外贸并举、干支线齐开、近远洋互动的格局。加快保税港区的申报,完善港口的综合功能。强化政策引导,推动加工贸易向服务贸易升级,重点发展国际采购、国际分拨配送和大宗物资采购,开拓发展金融保险、海事服务、口岸服务、船代、货代、租赁、评估等航运服务业,积极发展港口休闲产业,建设长三角国际采购分拨配送基地、华东台湾商品物流基地、大宗物资集散地,建设集运输、仓储、加工、分拨、信息、金融为一体的综合物流中心,打造以物流交易为主的第四代港口。按照新港城的定位,加快各项基础设施建设,尽快构筑城市形态框架,建立与港口及临江产业相配套的服务业综合体系结构,初步建立以港区为龙头,以临港产业为支撑,以港区服务业为保障,布局合理、功能完备的现代化国际新港城。

(2) 积极拓展两个副中心

形成以南部新城为主的科教文化商务区与以浏河镇为主江海河特色产业集聚区两大服务业副中心。发挥沿浏河产业特色优势,与主中心形成功能互补,努力打造新的太仓城市名片和服务业增长点。

南部新城科教商务区。充分发挥滨水生态优势、一体化开发优势,形成以科教文卫和休闲娱乐为主体功能的科教文化商务区。通过强化基础设施建设和大型城市功能单体的建设,完善城市功能,积极发展以后台经济和后期制作为主体的服务外包;积极发展以会议会展、总部经济为主体的商务服务;积极发展以亲水休闲、休闲体育、教育旅游、节事节庆为主体的休闲旅游服务;积极利用科教主题与环境优势吸引国际学校、专业培训机构,通过联合办学模式引入德国著名职业培训机构入驻太仓;以导入高端需求为目标积极发展面向上海市场的房地产业。

浏河镇江海河特色产业区。以水产特色和江海文化为核心,以水产品交易中心、餐饮和休闲旅游集聚区为功能定位,带动批发市场、物流、信息、专业服务和旅游业的联动发展。依托浏河国家一级渔港,积极扩大江海河水产品交易中心规模,同时加强冷链物流、渔需物资供应、信息服务等配套产业发展,努力打造华东地区重要的水产品交易、配送和定价中心;以江海文化和海鲜美食为主题,积极发展休闲娱乐、旅游商贸和餐饮业,建设高档饭店和会所,并以郑和主题公园为基础,努力打造郑和休闲旅游度假区。

(3) 打造多点网络和全市专业服务体系

"2+2"格局的4大片区以外的各镇应结合各镇区自身特色,培育密集的专业服务集聚点,打造多点网络,形成主次分明的全市专业服务体系。应注重区域联动发展,充分利用沿江、沿沪、沿路、沿浏河等区位优势,加大本地服务业辐射力度,加强多点交流和互动,推动服务业在全市范围内的协同发展。

沙溪镇:利用古镇资源,突出古镇保护和现代化、生态型城镇建设,积极开发沙溪古镇,发展旅游和商贸业,同时努力打造医药外包园和面向太仓西部的沙溪物流中心。

璜泾镇:发挥沿江沿沪、沪通铁路和轻工化纤产业集聚优势,积极发展包括化纤研发和化工物流的生产性服务业,发展化纤产业总部经济,加快建设北部物流集散中心和扩大化纤专业市场规模。

双凤镇:以双凤羊肉、龙狮文化和垂钓基地建设为基础,完善羊肉美食街、龙狮文化园和垂钓公园功能,积极发展休闲旅游产业。

总体上,太仓内部空间联系尚比较薄弱,属于松散的点轴型空间结构,应转变为多核紧密的网络型空间结构。"网络型"是由城市功能与产业集聚区、轴带、圈层、廊道所构成的空间网络,既承接核心功能区的辐射扩散效应，又承担功能与产业在空间上的相对集聚效应以及区域网络的互动关联作用，以实现服务区域上的相对均衡发展。

第五节 重点领域与主要任务

正如前文所提到，"边缘效应"是当前太仓经济发展面临的核心问题，唯有"聚焦枢纽、面向领先"才能使这一经济发展边缘地区中心化。因此，发展枢纽经济、后台经济、休闲经济，是太仓突破锁定，摆脱边缘效应，走向中心的必经之路。

一、枢纽经济

1．聚焦枢纽

围绕"长江三角洲全球城市区域的服务中心地，宜商宜居的品质之城"这一定位，太仓需要聚焦太仓港和虹桥枢纽，利用和发挥交通枢纽的集散功能，促进物资、人才和信息的流动，从而为太仓服务业发展注入活力、创造机遇。

一是聚焦太仓港。需要把握生产要素向服务业集聚的机遇，利用江苏省对太仓港的重视，建设以太仓港为核心枢纽的多式联运网络体系。可以依托港口、沿江高速公路与内河航运网络，深入推进"昆太联动"模式，加强与沿江港口和周边地区交通枢纽的连接与合作，建设物流网络节点，完善港口集疏运体系，促进江海陆联运、水水联运等运输形式发展，推动以太仓港为核心的多式联运向纵深发展，最终强化太仓港的战略地位，带动太仓服务业发展。

二是聚焦虹桥枢纽。太仓可以发挥临近上海的区位优势，积极融入上海，发展以商务服务、后台经济和会议会展为主要形式的临空经济，带动太仓服务业突破结构锁定，实现转型升级。虹桥枢纽推动了太仓与上海的无缝连接。新建的虹桥枢纽距离太仓40公里，全程高速，30分钟可抵达太仓。以虹桥枢纽为中心，从时间距离而言，太仓的区位条件已经优于上海徐家汇。虹桥枢纽集中了航空、高铁、地铁、磁悬浮等多种交通手段，是上海重要的对外交通门户，也是重要的内部交通网络节点，必将成为服务长三角地区的核心枢纽。快速抵达虹桥枢纽意味着快速抵达上海全境，充分利用虹桥枢纽意味着辐射整个长江三角洲。

太仓港以模式创新联系苏南经济，虹桥枢纽以高速公路系统无缝联系太仓。这两大枢纽直接改变了长江三角洲地区的空间格局，使太仓得以由外围走向核心。聚焦太仓港，聚焦虹桥枢纽，太仓要着重发展以太仓港为核心枢纽的多式联运网络体系，同时注重发展依托虹桥枢纽的后台经济和商务服务，从而突破边缘结构锁定，实现太仓建设长江三角洲全球城市区域服务中心地的奋斗目标。

2. 港口物流

一是要加强以太仓港为核心枢纽的多式联运网络体系建设。重点推进沪通铁路太仓港支线的建设，推进集装箱三期、四期、华能、万方、美锦汇风等码头建设，以及双浮一级公路、太仓港疏港高速公路、通港高速公路、苏昆太高速公路延伸段等建设，落实盐铁塘市区南段改道工程、南北石头塘航道建设工程和杨林塘疏港航道建设工程，完善全市内河航道交通网络。依托港口、沿江高速公路与内河航运网络，加强与周边地区交通枢纽的连接与合作，完善港口集疏运体系，促进江海陆联运、水水联运等运输形式发展，推动以太仓港为核心的多式联运向纵深发展，减少中间环节，提高运输质量。

二是要拓展集装箱航线，开发港口物流市场。扩大招商引资，进一步吸引一批具备先进现代物流理念的品牌货代和船务企业，培育具有创新精神的中小型货代公司，形成相关公司在太仓的集聚。加强与中远、中海和中外运等大型企业合作，拓展集装箱航线，鼓励停靠太仓港，提高航线班次密度，发挥背靠苏南经济的腹地优势，在确保日韩和东南亚等近洋航线进一步发展的基础上，重点扶持北美、欧洲等远洋航线。重点围绕苏南经济需求，完善港口功能，优化服务，加强宣传，提升太仓港知名度，进一步确立太仓港作为集装箱干线港和江海联运中转枢纽港地位。

专栏 6-4　多式联运及其发展意义

多式联运指将两种或两种以上的运输方式组合成复合型的一体化运输。由于具有一次托运、一单到底，多种方式、连续运输，全程负责、一次收费，统一费率、统一理赔等特点，并且由单一的多式联运经营人对货物运输全程负责，因而多式联运有利于优化线路与合理运输，通常在方便货主的同时还能提高运输的质量与效率，减少运输成本。而集装箱是目前多式联运的主要对象。

首先,港口在多式联运中具有核心枢纽地位。由于在贸易中有大部分集装箱货物都要经由水运完成运输,因此多式联运在港口物流中愈显重要,其需求与经济效益也在不断增加。上海大小洋山港以江海水水联运为主要方式,拓展长江流域航运市场,而宁波港则以海铁联运为主要方式,拓展沿浙赣线市场。以宁波港为例,其于2009年1月设立"海铁联运通道",开设宁波—义乌集装箱班列,并将业务延伸至鹰潭、上饶、南昌、株洲等地,2010年初又开设了甬温海铁集装箱班列,使1—4月通过宁波口岸的海铁联运集装箱达到3736标箱,同比增长12.8倍。与此同时,宁波港也着力于优化联运服务和基础设施,利用海铁联运的快速通关模式使通关效率提升超过50%,"转码头监控系统"的应用则使每票货物在港平均滞留时间减少5个小时,码头利用率提高约5%。其次,物流园区是多式联运的核心节点。目前,以物流园区为中转节点,多式联运为运输手段,已经成为当今物流产业的主要形式。

发展以太仓港为核心枢纽的多式联运网络对降低苏南地区物流成本具有重要意义。太仓背靠苏锡常地区,其多式联运除经由空港外,大多需取道上海港,对运输成本与时间的耗费巨大,而由于更近的区位优势,太仓港多式联运的发展将充分导入这些需求。此外,沪通铁路太仓港支线的建设、沿江公路网的完善和江海水水联运需求的不断增长也将为太仓港的多式联运提供重要保障。

综上所述,可以认为:港口间竞争的本质是以港口为枢纽的多式联运网络间的竞争。沪通铁路太仓港支线的建设对于推动太仓港多式联运的发展,扩张市场腹地,与上海大小洋山港形成差异化竞争优势,具有重要战略意义。太仓港应当充分利用苏南需求和交通优势,完善配套政策与服务,着力打造长江三角洲地区继上海港、宁波港之后的第三个多式联运的核心枢纽港。

三是要力争设立太仓保税港区。继续推动太仓港物流园区建设,推进太仓保税物流中心的优化升级,争取在太仓港设立保税港区。以昆太联动和海峡两岸商贸区的发展为契机,加快形成海峡两岸自由贸易区,推动太仓成为两岸"三通"的主要通道。

专栏6-5 设立太仓保税港区意义重大

"保税区"与"保税港区",虽一字之差,但内涵相去甚远。保税港区是我国保税经济区域的高级形态,其功能包括仓储物流,对外贸易,国际采购、分销和配送,国际中转,检测和售后服务维修,商品展示,研发、加工、制造,港口作业等9项。保税港区叠加了港口、保税区、出口加工区、保税物流园区等多种外向型功能区的所有功能和税收、监管等多种优惠政策,以最齐全的功能、最优惠的政策、最大的开放度,成为我国继保税区之后,最为特殊的外向型经济区域,是实质意义上的"境内关外"。

太仓扼江海要道，紧邻上海国际航运中心，背靠中国最具活力的苏南经济体，区位优势明显。目前太仓港区已拥有保税物流中心，依托港口发展，设立保税港区的条件日趋成熟。在"十二五"期间力争设立太仓保税港区，将进一步提升太仓港的港口能级，有利于充分发挥其国际物流、国际贸易、出口加工和商品展示等功能，对促进国际贸易，吸引企业集聚，强化其作为苏南地区重要国际门户的地位具有极大的发展意义和发展前景。

保税港区的设立，对太仓市进一步调整产业结构、深化改革开放、坚持"以港强市"的发展战略将产生重大影响，同时也将为海峡两岸自由贸易区的建立奠定重要基础。

四是要推广"区港联动，虚拟口岸"快速通关模式。充分总结与昆山开发区、吴中出口加工区等地的合作经验，突破苏州市的行政范围，依托江苏省对太仓港的发展定位，力争获得江苏省支持，将"区港联动，虚拟口岸"模式向整个苏南地区推广。有效发挥物流的产业促进作用，充分发挥物流业对临港工业发展的协同配套作用。

专栏6-6 "区港联动，虚拟口岸"是一种重大的模式创新

"区港联动、虚拟口岸"的实质是将太仓港的港口功能延伸至苏州辖区内各直通监管点、特殊监管区域，使之成为具有集疏、储运、包装、理货、分送等综合功能的海运始发地和目的地，形成内陆腹地和太仓港口物流深度融合与无缝对接，把口岸功能引入内陆监管场所和区域，对进出口货物实行"一次报关、一次查验、一次放行"的便利化通关流程。

在港口竞争日趋激烈的环境下，太仓港作为后发港口，在与上海港与宁波港等先发港口的竞争中，出现了航线缺乏班次不足导致吞吐量受限的劣势，极大地制约了太仓港的市场发展。由于经济发展的锁定作用，这一不足很难被简单克服，成为后发港口发展的严重瓶颈。克服这一瓶颈的关键，一是对新航线的开辟实行财政补贴，由政府承担短期战略性亏损，打破锁定，进而在长期获利；而第二个重要突破口则在于拓展货源，开辟港区的市场辐地，通过拓展新需求提升港口规模和影响力，从而提高竞争优势。

"区港联动，虚拟口岸"的发展模式在一定程度上利用了行政资源，同时充分考虑市场需求，很好地克服了上述劣势瓶颈，是太仓港拓展市场腹地的重要模式，也是其直接服务于苏南经济的重要途径。该模式具有巨大的生命力，对于太仓港突破当前发展瓶颈和下一步发展具有重要意义。

在该模式取得显著成效的同时也应当看到，苏锡常地区对虚拟港口有着类

第六章 太仓：由经济边缘区到服务中心地

似需求的工业园区密布,为太仓港模式的发展提供了重要而更为广阔的市场基础。未来一段时期应突破苏州市的行政范围,依托江苏省对太仓港的发展定位,力争获得省一级支持,将该模式向整个苏南地区推广,充分发挥其对太仓以及整个苏南经济发展的重要作用。

综上所述,太仓市必须将"区港联动,虚拟口岸"模式作为一项具有重要战略意义的策略努力加以贯彻与推动。

3. 冷链物流

太仓应建设浏河镇江海河特色产业区。太仓可以以水产特色和江海文化为核心,以水产品交易中心、餐饮和休闲旅游集聚区为功能定位,带动批发市场、物流、信息、专业服务和旅游业的联动发展。依托浏河国家一级渔港,积极扩大江海河水产品交易中心规模,同时加强冷链物流、渔需物资供应、信息服务等配套产业发展,努力打造华东地区重要的水产品交易、配送和定价中心。

专栏6-7　太仓冷链物流发展面临着重要的市场机遇

当前,冷链物流的市场需求处于快速增长阶段。随着物质生活水平的提高和人民对食品安全问题的日益关注,市场对食品运输环节更趋于重视,这为大规模发展冷链物流提供了市场基础。

冷链物流产业规模也处于高速增长期。随着产业规模的不断发展,物流的专业化水平正得到不断提升,太仓沙溪以危险品运输为主要业务的依厂物流就是一个重要例证。以生鲜产品运输为核心的冷链物流技术要求和资本门槛较高,产业发展正处于上升期,在未来一段时期以核心大企业为主导的组织形态必将形成。

与此同时,国家对冷链物流的发展也高度重视。国务院2009年发布的《物流业调整和振兴规划》将农产品冷链物流列为重点发展领域,并于2010年进一步发布了《农产品冷链物流发展规划》,对冷链物流的发展提出了具体目标和主要任务。

在上述背景下,太仓应依托浏河一级渔港及水产品交易市场,积极引进冷链物流领先企业,大力发展冷链物流产业,使之成为全市物流产业体系的重要组成部分。

4. 载体建设

一是要拓展物流新业态,发展第三方、第四方物流。对于太仓的现代物流业发展来说，新业态的发展既是机遇，也带来挑战。一方面，太仓具有雄厚的现代物流业基础和专业积累，是第四方物流发展的良好环境；但另一方面，由于可以离岸操作，又具有明显的知识特征，第四方物流服务有可能向上海、苏州等大都市地区集中。作为应对措施，太仓应当充分利用低商务成本和与上海的区域一体化特点，依托太仓港，扩大第三方物流规模，完善物流企业在物流方案提供、多式联运集成、货物集运、选择承运人和货代人、海关代理、信息管理咨询、等领域的综合功能。依托品牌企业及特殊的本地需求，发展危险化学品专业物流和冷链物流。推动第四方物流发展，加强人才培养和品牌企业的引进，联合著名物流教育机构和物流公司，成立"长江三角洲物流学院"，为太仓物流业的进一步提升发展奠定坚实基础。

二是要引入物流品牌企业，培育地方中小物流企业。加大招商力度，引进一批市场化、实力强、管理先进的大型综合性物流企业，鼓励依厂、新洋等全国知名的本地专业物流企业建设区域性物流中心。扶持本地中小物流企业的发展，提升企业竞争力，形成地方化物流产业集聚群。

三是要继续完善物流公共信息平台建设。以建设太仓港电子信息平台为先导，以信息化带动工业化，推动企业物流管理信息化，实现物流管理的集成化和智能化。依托行业内的龙头企业，支持建设集车辆信息、货源信息、网上报价、网上下单、网上交易、网上招标、合同管理、金融服务等多功能于一体的信息公共服务平台，实现信息资源共享。

专栏6-8 "第四方物流"——物流新业态带来的机遇与挑战

在"第三方物流"越来越成为国内物流产业主要业态的同时，"第四方物流"作为物流新业态也在不断兴起。第四方物流概念由埃森哲咨询公司于1998年率先提出。第四方并不实际承担具体的物流运作活动，是专门为第一方、第二方和第三方提供物流规划、咨询、物流信息系统、供应链管理等活动的解决方案的服务提供商。第四方物流产业的兴起代表了现代物流产业未来的发展趋势：走向知识密集和知识服务。

二、后台经济

充分利用上海和苏南地区产业发展优势、江苏省首批服务外包基地城市地位和苏州市作为中国服务外包示范城市的品牌,努力突显服务外包的战略性地位。合理引导,加快培育,确立"人才培训+省级基地城市+楼宇(园区)经济+重点企业"发展模式,强化太仓在软件研发、生物制药研发测试和文化创意等领域的发展优势,积极拓展云计算数据中心、呼叫中心、金融后台、低碳咨询、教育实训和影视产品后期制作等新领域,积极发展"后台经济"与"后期经济",把太仓建成中国服务外包的重要城市之一和国际服务外包的重要承接地。

1. 立足优势拓宽服务外包产业领域

一是要大力发展软件、云计算数据中心等信息技术外包。充分利用国家大力发展新一代信息技术产业的重大机遇,依托紧邻上海的区位优势和低成本优势,重点发展以软件、信息系统开发与维护、数据中心运作、信息安全管理和信息技术培训为代表的信息技术外包产业。积极把握云计算产业大规模崛起的重要机遇,以国际服务外包园为载体,大力发展云计算数据中心,积极延伸产业链,将国际服务外包园建设成为上海大都市区最重要的云计算产业基地。充分利用创思维力、安软科技、标航等一批现有知名企业的品牌影响力,努力承接国内外大额订单。加大网络设备和数据中心等关键基础设施的投入,利用园区经济实现产业集聚,形成规模优势。充分利用知识外溢,培育一批专业新兴信息技术服务提供商和技术培训机构,全面带动全市信息技术外包产业快速发展。

专栏 6-9　云计算——发展太仓后台经济的重大机遇

云计算允许终端用户在任何地点通过网络获取远程服务器上的计算能力,形象而言,云端就是电脑(终端)的"那一头"。如同家电的"那一头"是电厂而非自家电机,水龙头的"那一头"是水厂而非自家水井一样,一旦电脑的"那一头"成为集约化的公共设施从而取代自家电脑的复杂处理单元,整个计算机网络中的处理效率将大大提高,而终端用户只需一条宽带网络和一组简易设备就能享受"那一头"的全部功能与服务。

云计算具有两大特征,其一是集中化的高效处理能力和灵活性,其二是整体IT处理环节及其成本的外部化。因此,云计算的本质是信息服务在纵向产业链上的分工，即在IT整体外包的基础上实现产业分工，由云端进行计算能力和软件服务的集约化管理，是一种典型的后台经济。

云计算的快速发展为太仓的后台经济提供了重大契机。中国云计算产业刚刚起步，长江三角洲地区是其发展最快、需求量最大的区域。随着物联网的兴起，对以云计算为手段的大规模计算需求将产生几何级增长。目前，上海云计算发展战略已正式发布，将在未来三年内为上海新增1000亿元的服务业收入，推动百家软件和信息服务业企业转型，培育10家年收入超过亿元的龙头企业和10个云计算示范平台，并有望带动一大批新型技术和业态的发展，从而推动信息服务业的升级转型，导致周边地区IT领域后台经济的进一步集中。对太仓信息技术外包与后台经济而言，云计算的日益发展意味着极为重要的产业机遇。

二是要积极发展研发测试、创意设计等知识流程外包。强化发展工业设计、生物医药和软件开发外包，努力引导服务外包产业向知识流程端转移，实现服务外包的高附加值。以冠科、和夏等领先企业为龙头，加强研发和测试能力，着力培育一批先进技术测试平台和公共研发平台，重点建设制药和生物技术研发测试平台和软件研发平台，满足国际化研发测试的发包需求。大力发展创意设计产业，以太仓LOFT工业设计园为重点载体，加速优化创意环境，建设设计品转化平台，吸引国内外知名设计机构和人才入驻园区，整体提升工业设计产业规模和水平。

三是要着力培育业务流程外包，积极发展后台经济。立足上海周边城市的地位，抓住业务流程向二线城市转移的机遇，实施"大公司"战略，努力构建以大型机构的后台服务支持为代表的"后台经济"模式，接轨上海建设金融后台服务中心和呼叫中心，依托信息、研发和设计等专业优势和科教新城开发发展教育实训中心和低碳咨询服务。依托国内外文化传媒产业发展，建立健全以影视作品后期制作服务为代表的"后台经济"，重点发展动漫制作产业，设立后期制作产业园，打造服务外包新增长点。

专栏6-10　太仓服务外包发展：有条件、有必要、超常规

服务外包是具有重大战略性意义的区域经济部门。在经济结构转型升级加速的条件下，坚持"有条件、有必要、超常规"的思路，大力发展服务外包产业，将成为太仓市服务业持续高速增长的重要动力。

- 重新理解服务外包——外包无处不在

服务外包的实质是价值链的重构，几乎所有产业的非核心价值链环节都能实现外包。服务外包一方面帮助发包企业专注核心业务、缩减管理成本，另一方面外包服务机构的专门服务也有利于其发挥专业化优势，提升交付业务能力和水平。由于服务外包涉及诸多行业以及价值链多数环节，因而其需求量巨大，有着极其广阔的发展前景。

- 太仓发展服务外包优势明显（有条件）

太仓一方面地处苏南，接壤上海，拥有巨大的区位优势和外包服务市场。另一方面，作为江苏省首批服务外包基地城市，太仓已经初步形成了以软件研发、生物制药研发测试和文化创意为特色的外包产业集群，为今后的发展打下了良好的基础。相比大都市，太仓的服务外包业还具有低商务、人力和土地成本优势，对吸引价值链环节的转入具有重要作用。

- 太仓发展服务外包意义重大（有必要）

首先，作为苏锡常地区的后发经济体，太仓的传统产业面临着需求不足的锁定结果，而发展服务外包有利于充分服务外部市场，从而有效突破需求瓶颈。其次，外包产业的发展有利于合理节约土地成本，提高地均产出，从而有效突破资源瓶颈。再次，服务外包是现代服务业的重要组成部分，其发展对促进太仓全市的服务业发展和产业结构转型升级产生着重要作用。基于上述积极影响，服务外包的发展对太仓的整体发展具有战略性意义。

- 应当全方位突破性发展太仓服务外包产业（超常规）

服务外包必须成为"十二五"期间太仓的战略性支柱产业，而加速在规模和业务领域的双向扩张，迅速提升知名度，则是太仓服务外包产业发展的关键。因此应当充分利用太仓在软件研发、生物制药研发测试和文化创意等领域的现有优势，并针对外包无所不包的特征积极拓展外包新领域、发展后台、后期"两后经济"，形成产业集聚，实现服务外包突破性发展。

2. 加大人才引进和培养力度

一是要利用优惠政策努力吸引服务外包高端人才。通过户籍随调随迁政策、住房和生活补贴等措施重点吸引拥有高学历、具有专业资质或资深行业经验的高端人才，对紧缺、急需型人才加大引进优惠力度。加快完善配套设施建设，建设人才公寓，完善相关商业、娱乐、生活和教育配套设施，着力提升生活与从业环境，吸引人才长期定居。

二是要加大投入和完善专业人才培训机制。通过专业培训提高外包从业人员数量与层级。联合上海、昆山的相关高校和大型企业，实施针对本地服务外包企业和从业人员的专业培训计划。依托太仓健雄服务外包人才培训基地和创思维力等领先企业的人才培训机构，加快太仓市国际外包服务人才培训中心的建设与完善。重点开展外包专业技能培训和相关外语培训，构建多功能、多层次的本地外包人才培训体系，有效输送国际化专业外包人才。

3. 增强服务外包市场开拓力度

一是要以离岸外包为主，主动承接离岸业务。加强对世界前100大服务外包接发包商的研究，开展对世界500强企业外包需求的研究。利用国际外包业务向中国市场的转移，主动承接以后台支持、研发测试和创意设计为主的外包业务。

二是要充分发挥太仓中德企业合作优势，积极承接德方外包。发展与德国政府和企业的战略合作伙伴关系，促成对德国企业发包的定向承接，积极争取一批德国企业的服务外包项目落户太仓。

三是要注重内外结合，有效开拓国内市场。充分认识中国外包服务市场中国内市场占据多数份额的现状，积极发展华语外包。加强与中国前500强大型企业、尤其是上海与苏南地区大型企业的合作，努力争取承接服务项目。

四是要引导企业专业服务外部化，充分利用本地市场。依托本地制造业发展优势，通过财税政策鼓励本地工业企业的研发、人力、财会、客户关系、运营和培训等内部专业服务的外部化，由外包服务机构积极接包，以专业优势促进产业联动，降低成本、提高效率。

4. 加快推进外包服务空间载体建设

一是要加速推动产业集聚。以"向新区集聚，向园区集聚，向楼宇集聚"为原则，大力发展园区经济和楼宇经济，推动外包企业向专业化服务外包集聚区集中。

二是要努力建设、提升一批服务外包产业园区。推动太仓LOFT工业设计园（二期）、中科软件园、太仓科技创业园暨留学人员创业园（健雄二期）、太仓市服务外包园及其数据中心、港区物流外包产业园、沙溪医药外包园等园区的建设。完善相关商务和生活配套设施，加快建设服务外包公共信息平台，引进新院校，加强产业内外部交流，推动规模发展，逐步形成一批产业高度集聚、生活环境优美、配套设施完善的新型服务外包产业空间载体。

5. 加大服务外包招商力度

一是要大力引进国内外优秀服务外包企业。加大财政支持力度和税收优惠，充分利用靠近上海的区位优势、低商务、人力和土地成本优势，以及服务外包产业政策优势，吸引上海企业落户。努力引进国际知名外包企业的分支机构和国内大型外包企业的区域总部，积极争取并承接好一批具有重要影响力的大型服务外包项目。

二是要努力引进大型企业共享服务中心。利用外包产业集聚优势，积极吸引跨国公司离岸共享服务中心落户太仓，打造共享服务基地，争取形成离岸共享服务中心群。

专栏 6-11　共享服务中心

共享服务中心（Shared Services Center, SSC）最先被跨国公司或巨型地域公司所采用，它把公司内各业务群或业务部门中的共有功能分离，由共享服务中心集中处理。典型的SSC应用案例包括财务与会计、人力资源、文档、法律事务等共享服务。共享服务中心不同于服务集中化，也不完全等同于通常的"外包"，多数情况下，可以被认为是"内包"（insourcing），即共享服务中心仍作为公司的一个分支机构，但是单独核算。当为公司其他分支机构提供服务时，则如同两个独立公司进行关联交易。

共享服务中心虽然不等同于外包，却起着与服务外包企业类似的作用，需要类似专业知识和劳动力供给，因此发展共享服务中心可以看做是服务外包发展的另一种形式。另一方面，由于国内的主要SSC应用大都来自大型跨国企业，因此引入共享服务中心项目所带来的外部性对于本地产业的发展、成熟和知名度的提升都有着积极重要的作用。

三是要积极培育本地外包服务提供商。利用产业集聚、知识外溢和政策支持，为本地外包企业创造良好的发展环境。加强专业培训和学习，通过与成熟企业的合作互动提升本地外包提供商的专业化水平和服务质量。通过加大宣传力度积极拓展市场，努力打造知名的本地服务外包自主品牌。

6. 加大政策扶持和力度

一是要加大宣传力度。积极开展与其他地区的产业交流，加强地区间、产业间的互利合作。利用会展和节事活动大力营销太仓服务外包产业。努力争取外来企业入驻和大型项目承接。

二是要加大引导资金投入。通过税收政策和财政补贴引导服务外包产业健康蓬勃发展,扩充专项资金,建立"服务外包发展专项风险基金",坚持内外并举,扩展现有鼓励国际服务外包产业发展政策的支持范围和支持力度,重点支持人才培养、创新创业,资助外包企业进行国际认证,努力提升产业活力和国际化水平。

三是要完善服务外包法规和行业体系。完善专门针对服务外包企业的法律法规,规范业务承接、国际合作等相关领域的运作,确保产业有序发展。加强知识产权保护,维护相关企业的利益和创新积极性。积极引导建立本地服务外包行业协会,依托内部资源协调产业运行,并为未来发展献计献策。

7. 大力建设服务外包公共平台

一是要加快建设国际服务外包资质认证平台。支持并资助服务外包企业申请 CMM/CMMI、ISO27001、SAS70、PCMM 等国际资质认证,为相关申请流程提供信息和服务平台。积极引进外包资质认证机构,推进一站式服务,进一步提高企业承接离岸服务外包交付能力的成熟度、管理流程的标准化和服务质量的可靠性。

二是要建立健全知识产权保护平台。完善知识产权认证机构建设,引入权威认证体系,提高认证水平,简化申请流程。要通过培训、文件下发等手段提高宣传力度,加强企业的知识产权保护意识。同时健全法规,从司法和行政两条线加强监督和审查,杜绝冒充专利行为,提高处理相关纠纷和侵权案件的能力和效率。

三、休闲经济

太仓发展休闲产业的核心任务就是"打造一个集群,发展八大领域",所谓的"一个集群"就是休闲产业群,所谓"八大领域"就是"会议度假、游艇休闲、主题公园、乡村休闲、邮轮旅游、景观地产、休闲商业、特色餐饮"。而"打造一个集群,发展八大领域"的途径则是"市场聚焦化、产品多样化、空间集中化、营销品牌化、区域联动化"。

1. 市场聚焦化

规模和对价格的敏感度是反映细分市场价值的重要的维度,显然具有庞大规模或对价格敏感度低的市场是太仓应当争取的有价值的市场。从"规模—价格敏感度矩阵"中可以发现,度假会议市场、家庭休闲市场和大都市3H市场是太仓休闲产业应重点聚焦的三类目标市场。

度假会议市场。一般而言，会议可分为商务性会议和度假式会议。前者如产品发布会、商务洽谈会、高管论坛会等，举办地主要为城市的商务中心、会议中心；后者如总结表彰会、亲情沟通会、拓展培训会等，举办地主要为环境优美的度假中心，由各类企事业单位组织，是上海当前最重要的休闲度假市场之一，其对价格敏感度相对较低，需要各种类型的会议场所与会议服务。

家庭休闲市场。这是一个对价格敏感度相对较高，但规模与增长潜力都相当庞大的市场。随着收入与闲暇时间的增加、自驾车的普及，上海居民的休闲活动正在不断向郊区扩展，其休闲活动主要以健康、亲子等为目标。

大都市3H市场。3H市场就是高消费、高学历、高感度（High consumption，High education，High sensibility）人群。其中，高感度市场往往是一些对新产品、新的生活方式高度敏感的人群，他们往往是新产品的最先尝试者，也是高品质生活的追求者和创造者。3H市场一般集中于大都市，这一市场以追求时尚、注重品牌、讲究高品质生活为主要特点，这部分市场规模相对较小，但价格敏感度小，是消费的引领者，具有高度的市场价值。

2. 产品多样化

针对特定的目标市场，为更好满足其需求，太仓应着力提供多样化的休闲产品。多样化产品的开发应通过两种途径，包括多领域休闲产品的开发以及相关产品的组合。

（1）多领域的休闲产品

会议度假：会议度假是一项比较成熟的产品，上海以及苏南地区对会议度假具有庞大的市场需求，发展会议度假可以为太仓带来较大规模的休闲度假人流，从而带动对其他休闲产品的需求。针对度假会议市场，应建设一批具备大型会议接待功能的度假中心，确保太仓有能力承接上海MICE产业的转移。

游艇休闲：游艇被认为是"享受生活"的代名词，也是活力、休闲、冒险、惬意、优雅、气派的象征，游艇休闲也是一种集商务、休闲、健康于一体的生活模式。在我国，游艇休闲作为一项正在迅速发展中高端的休闲项目，已经崭露出了广阔的市场前景。发展游艇休闲不仅可以为太仓带来大量最高端的消费者,同时也能带来游艇培训、游艇维修、水上运动器材销售、游艇展览等一系列价值增值活动,对地方经济发展具有强大的推动作用。

太仓具有发展游艇休闲的独特条件。第一,浏河通江达海,乘坐游艇可方便到达东海、长江、黄浦江和阳澄湖,方便开展水上运动、垂钓、观光、商务谈判等多种活动。第二,浏河河面宽阔,通航等级高,适宜于多种类型游艇的停靠与航行。第三,浏河地处上海 1 小时交通圈,区位条件极其优越。对此,太仓应通过发展游艇俱乐部以及建设配备游艇码头的别墅等方式发展游艇休闲项目,在条件成熟的情况下可积极策划举办游艇展览会。

主题公园:主题公园被认为是与探险、海上娱乐、文化旅游等相提并论的 21 世纪最具市场前景的旅游产品之一;一个成功的主题公园可以极大地带来旅游流,进而吸引消费,打造产业链。

太仓建设主题公园需要高度重视产品创新,要像硬件投入一样对主题创意与项目策划进行大规模的投入。从已有的基础看,公园的主题有四个可供选择的领域:一是以马文化为主题,以赛马等娱乐项目为核心,建设"跑马场主题公园";二是以郑和航海为主题,通过相同主题的互联网游戏的开发,建设虚实结合的"郑和航海主题公园";三是以自行车文化为主题,以自行车运动为主要形式的"自行车主题公园";四是以"绿色、健康"为主题,以自驾车营地、风筝、足球、网球、皮划艇等大众化的、多样化的游憩活动为主要形式,建设"运动乐园"。

太仓建设主题公园也需要高度重视商业模式的拓展,如主题公园与房地产的结合,主题公园与网络游戏产业的结合,出让面对游客的盈利机会(商铺出租),出让游客的注意力(商业赞助),设计出售具备知识产权特点的纪念品等。

乡村休闲:随着城市化、工业化进程的不断推进,上海 1 小时交通圈范围内,纯粹的乡村景观已经成为一种稀缺资源。与此相反,城市居民回归自然、回归田园的休闲需求正在不断增长。因此,太仓应充分利用尚保留完好乡村景观,开发乡村休闲项目。

一般而言,发展乡村休闲项目有两种模式:第一种为集农业观光与休闲旅游为一体的"农庄式"休闲旅游;第二种为基于社区的乡村休闲旅游。所谓基于社区的乡村旅游就是以农村社区独特的生态环境和地方文化为基础,由社区农民广泛参与并主导的,以农民的能力建设和当地社区的可持续发展为目标的乡村旅游发展模式。在社会主义新农村建设的大背景下，规划认为太仓应着重发展第二种模式。这一模式能够为城市反哺乡村、工业反哺农业提供一种市场化的途径。发展基于社区的乡村旅游应特别重视社区资源的开发，包括：自然景观，如浏河镇东海村的长江风光；传统建筑，如传统的依河而建的江南民居；民俗，如双凤的舞狮；餐饮文化，如浏河江河海三鲜、陆渡的全羊宴等；传统手工艺，如璜泾红木雕刻等。对社区资源的利用不仅能够确保休闲旅游者获得真实的乡村生活体验，也能够使社区居民的利益实现最大化。太仓发展乡村休闲，可考虑在浏河镇、璜泾镇、双凤镇的部分自然村以及沙溪古镇发展基于社区的乡村旅游或古镇旅游。

邮轮旅游：太仓具有发展邮轮旅游的条件。太仓拥有深水良港，可停泊大型邮轮，且"港城之星"预留了码头，并配备了酒店、会议中心等接待设施。同时，苏州、无锡等广大腹地既为太仓提供了世界级的观光景点，也提供了庞大的潜在邮轮旅游者。太仓可借"郑和下西洋"之主题，开辟中国至东南亚的邮轮航线，并力争使太仓成为这条特色邮轮航线的母港。

景观地产：太仓应通过发展景观地产，吸引上海居民在太仓购置房产。这有助于将上海居民的消费（特别是节假日消费）由上海转移至太仓，也可以为太仓发展创意产业、外包服务等提供必要的人才。太仓应以景观为卖点，重点发展三种类型的地产，包括：一是高端别墅，特别是与游艇休闲相结合的物业形式，如游艇俱乐部别墅或配备私家游艇码头的别墅。二是第二居所。上海庞大的中高收入阶层具有在郊区购置第二居所，以作假日休闲之用的动机，太仓可集中开发环境优美、容积率较低、形式多样的第二居所，如联排别墅、叠加别墅、小户型公寓以及分时度假酒店公寓等。

银色公寓：上海已经进入人口老龄化阶段，规划期内老年人口的比例将持续增长。开发老年公寓吸引银发人群的入住有利于吸引老年人子女在节假日到太仓进行休闲活动。开发景观地产需要太仓营造"宜居"环境，这需要太仓既拥有良好的生态环境、优美的自然景观，也需要太仓具有完善的医疗、教育、交通等公共服务。

休闲商业：太仓可以依托浏河休闲娱乐产业带，三大商业组团联动成为太仓商业服务业的沿沪前沿，在原有商业中心的基础上，发展生态商业集群。太仓的休闲商业,重点是面向三大消费市场:一是面向原有居民、高端社区居民,满足其生活需求的消费市场;二是面向来自上海和周边地区的休闲度假者,满足其生活及休闲购物需求的消费市场;三是面向商务活动,满足商务会展等活动需求的消费市场。

特色餐饮:特色餐饮往往是一个地区吸引休闲旅游者到访的重要原因之一。太仓浏河港为国家一级渔港,拥有丰富的江河海渔业资源。对此,太仓应打响"江河海三鲜"品牌,开发系列特色餐饮,建设美食一条街营造人气,以吸引上海旅游者。如新华路休闲餐饮街,浏河郑和大街水产特色餐饮街等。

(2) 多样化的产品组合

太仓还可以通过多种休闲产品的组合实现休闲产品的多样化,以更好地满足细分市场的特定需求。

一些重要的产品组合见下表。

表 6-3　产品组合的目标市场

	度假会议市场	家庭休闲市场	大都市 3H 市场
度假 + 会议	★		
度假 + 户外运动		★	★
度假 + 特色餐饮		★	
游艇 + 地产			★
乡村休闲 + 特色餐饮		★	
主题公园 + 特色餐饮		★	
户外运动 + 特色餐饮		★	

3. 空间集中化

太仓休闲产业群的空间布局应坚持集中布局与分区规划相结合的原则。具体而言就是:会议度假、游艇休闲、主题公园、景观地产、休闲商业、特色餐饮等集中布局于沿浏河地区,同时利用现有城镇布局,实现沿浏河地区"中间宜静、两端宜动"的格局,即:第一,会议度假、休闲商业等项目集中布局于陆渡镇以西、沿江高速公路以东的沿浏河地区,这有利于充分利用城市已有的基础设施,并吸引本地的消费者。第二,主题公园、特色餐饮等项目集中布局于浏河镇以东的沿浏河地区,使之成为大众休闲集中的地区。第三,游艇休闲、景观地产等项目集中布局于陆渡镇以东、浏河镇以西的沿浏河地区,使之成为私密性相对高的地区。

4. 营销品牌化

长期以来,太仓被认为是一个港口城市、工业城市,这一形象极大地制约了太仓休闲产业的发展,对此太仓必须努力贯彻地方营销战略,实施品牌战略,打造"休闲浏河、金色太仓"的目的地形象。

太仓应针对会议度假市场、家庭休闲市场、大都市3H市场,有针对性地利用相关渠道,传播目的地形象,开发目标市场。如通过旅行社、楼宇广告等渠道开发企事业单位的会议度假市场,通过邮寄广告、电视广告等渠道开发家庭休闲市场,通过网络、俱乐部等方式开发大都市3H市场。在规划期内,要重点突出太仓的优美环境,努力勾画未来发展愿景,从而改变目标市场心目中"工业太仓"的认识。此外,太仓也要积极策划各种节事活动,以达到营销地方,扩大影响的目的。

5. 区域联动化

浏河为太仓与上海嘉定所共有,沿浏河地区的开发必须要实现省市(江苏省与上海市)层面和区市(嘉定区与太仓市)层面的联动。在思想认识上,太仓要把沿浏河地区休闲度假地的建设视为太仓接轨上海的重要着力点,要努力使其上升到苏沪区域协作的高度以引起苏沪两省(市)的高度重视。

太仓也要积极推动跨区域治理机制的形成。可供选择的区域治理机制包括:第一,成立由江苏省、上海市、苏州市、嘉定区、太仓市的相关部门参加的浏河开发委员会,全面协调沿浏河地区的开发。第二,由太仓市和嘉定区共同入股组建浏河旅游开发公司,全权负责沿浏河地区的开发,从而使区域治理转化为公司治理。

第七章

昆山：探索服务业转型升级的新路径

第一节 昆山经济的演进与升级

昆山地处江苏省东南部、上海与苏州之间，北至东北与常熟、太仓两市相连，东南与上海嘉定、青浦两区接壤，西与吴江、苏州交界，总面积927.68平方公里，其中水域面积占23.1%，辖10个镇和一个国家级经济技术开发区，2010年全市常住人口为164.7万人，目前是江苏省3个试点的省直管县（市）之一。昆山是"百戏之祖"昆曲的发源地，是中国大陆经济实力最强的县级市，连续多年被国家统计局评为全国百强县之首。连续七年位列中国中小城市科学发展百强榜首[1]。

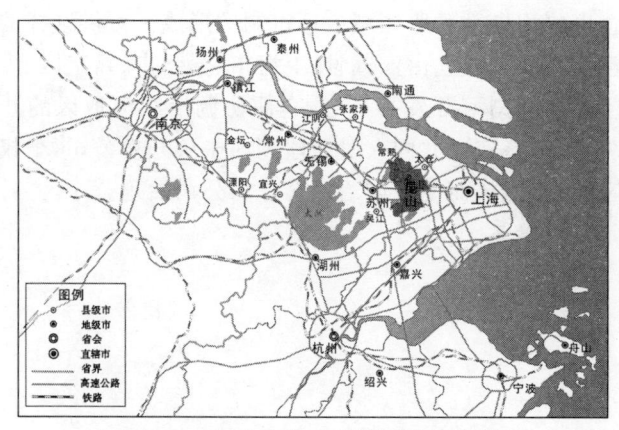

图7-1 昆山在长三角的区位示意图

---

[1] 资料来源：昆山市人民政府网，http://www.ks.gov.cn/928.ksgl.html & ID：920。

第七章　昆山：探索服务业转型升级的新路径

改革开放以来，昆山市经历了两次大的经济转型，经济社会发展取得了长足的进步。1978—2010年昆山市国内生产总值年均增长22.6%，成功地走出了一条以发展外向型经济为主要特色的"昆山之路"。未来一段时期是昆山市经济快速发展的关键时期，是推进昆山区域统筹协调发展的重要变革时期，也是昆山全面贯彻落实科学发展观、建设和谐社会的重要时期。随着产业结构的调整和提升、城市的扩大和发展、人口的增长、社会的进步，昆山的发展正面临着新的关键性的转型，即将迎接服务经济时代的到来。

一、昆山经济发展脉络探析

从空间经济学的视角看，经济的空间集聚可能源于一次偶然事件。1980年代以前，昆山被称为"小六子"。言外之意，昆山在当时的苏州一带，经济最弱，不及太仓、常熟、张家港、吴江和苏州本地。1980年代后期，台资登陆大陆，一个方向是珠三角，另一个方向则是长三角。在长三角，台商率先造访的不是昆山，而是太仓。当昆山政府听到外资来后，主动驱车沿浏河到太仓，盛情延请台商考察昆山，加上当时的苏州市府也有意将台资引入经济相对落后的昆山。最终，台资选择落户昆山。今天，昆山60%的资本来自台湾，全球笔记本电脑中每两部就有一部来自中国的昆山（或者东莞）。产业不仅有规模经济，而且高度集聚，在高尔夫球场这么大的地方就可以完成整个产业链的上下游对接，完成一部笔记本电脑的整机装配。初闻这个过程，原以为昆山的故事源于一个偶然。然而，昆山的崛起却是一个历史的路径依赖，而非一个简单的随机过程。如果将空间尺度放到长三角苏南地区，我们可以看到，明清以降，从上海到南京一线就已经形成了重要的发展主轴——沪宁线，而昆山恰好位于沪宁线上。这就意味着，昆山在经济成长的过程中，一是毗邻一个超大规模的市场——上海，二是位于长三角沪宁线上，由于极化效应，资本等生产要素自然向既有沪宁线上集聚。可见集聚的正反馈作用和累积因果过程，造就了昆山经济的迅速崛起。

1. 通过两次重大经济转型实现腾飞，步入经济加速成长阶段

改革开放以前，昆山只是一个温饱型的农业县，工业基础薄弱。1978年昆山的国内生产总值仅为24188万元，人均GDP仅为466

元。改革开放以来,昆山重视发挥优势,积极抢抓机遇,加速结构调整,加快经济发展,并且推动了两次大的经济转型。

20世纪80年代,昆山充分发挥区位优势,东靠上海,西托三线,大力开展横向经济联合,积极发展乡镇工业,实现了"农转工"的第一次转型。20世纪90年代,昆山又抓住浦东开发开放和长江三角洲发展的机遇,发挥昆山经济技术开发区的基础设施优势,扩大招商引资,大力发展外向型经济,实现了"内转外"的第二次转型。

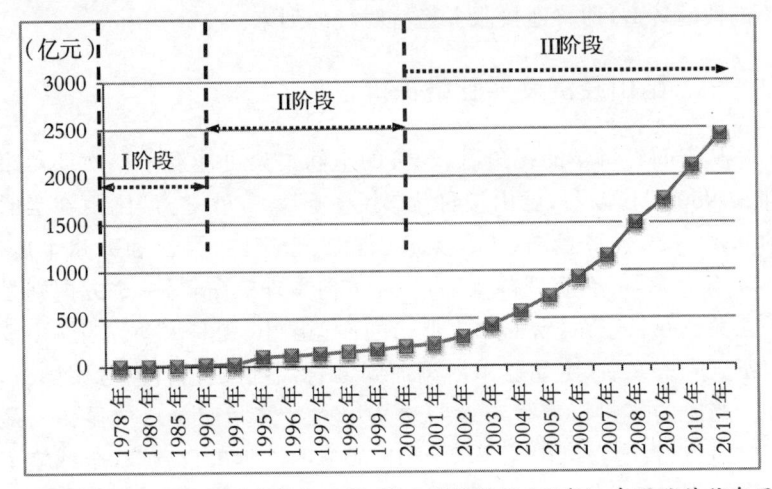

资料来源:《昆山统计年鉴》,江苏:昆山市统计局(历年);中国统计信息网:http://www.tjcn.org/。

图7-2 昆山GDP阶段性变动时间序列

目前,昆山经济总量继续在高位基础上保持高速增长。2010年,全市实现国内生产总值2100.28亿元,按可比价格计算,比上年增长14.2%,人均国内生产总值达14.45万元(按现行汇率折2.18万美元)。昆山未来的发展即将步入人均GDP为2万美元的稳定增长阶段,雄厚的经济实力为服务业发展奠定了坚实的基础。

2. 工业发展战略空间缩小,服务业对经济贡献得到提升

昆山目前是沪宁经济走廊中开放度较高的新兴工业城市,也是我国县级城市利用外资的杰出代表。然而,目前昆山的经济发展单纯靠扩大加工规模的空间不断缩小,附加价值越来越有限,只在制造环节下工夫,依赖无限供给的低成本劳动力优势,走为外资公司"代工"的路子,发展战略上将受到很大局限,况且制造业通常需要较多

的土地、自然资源等低级要素的投入,长此以往当这些资源被使用殆尽时,制造业的成长将会受到较大影响。

近年来,昆山工业增加值的增长速度显著下降,而服务业增速稳步提升,增加值年均增长率达到27.3%。一是服务业增长态势良好,2010年全年完成服务业增加值735亿元,按常住人口计算的人均服务业增加值达到5.07万元。二是服务业固定资产投资规模不断扩大,2010年完成投资308亿元。三是服务业利用外资水平不断提高,2010年昆山新增服务业注册外资达到11.1亿美元,实际到账外资4.44亿美元,投资领域由商贸、餐饮、宾馆等传统服务业扩大到金融保险、物流、信息咨询、软件和研发等现代服务业,2010年离岸服务外包执行总额6923.12万美元。四是服务业对全市经济的拉动作用不断增强,2010年对全市经济增长的贡献率达到了40%,拉动全市GDP增长8个百分点。随着经济总量的不断增长和服务业的大规模兴起,昆山产业结构不断优化,二、三产业共同推动经济增长的格局进一步巩固。

3. 昆山社会经济发展进入关键的转型时期

2010年,昆山市常住人口达到164万人,其中户籍人口71.13万人,外来人口92.87万人。到2015年,昆山总人口大约在235万,而且中心城市人口接近200万。在欧美,若有中心城10万人口以上,则连同其周边有社会经济关联之地区合称为都会区(metropolis)。在我国,城市规划部门按城市人口规模(包括市中心区及近郊区内的非农业人口)划分城市等级与规模,市中心区及近郊区非农业人口100万以上称为特大城市。目前昆山市市域总人口达168.74万,已是现代工贸城市的人口规模。作为一个正在崛起的现代工贸城市,昆山需要改变观念,以全新的视角重新审视自身的发展,向服务经济转型和发展。

昆山的工业呈现高加工度化和技术集约化的态势,并且规模庞大。根据发达国家和地区的生产性服务业发展规律,为厂商服务的生产性服务业增加值占到GDP比重不足20%时,将会有一个快速增长的过程。因此,昆山的生产性服务业发展已经到了一个需求膨胀的扩张时期,近期更多地反映在数量的扩张和质量的提高上,到中远期将会从占GDP的比重上显著地反映出来。预计2020年昆山总体经济规模超过4000亿,超过北京、广州等特大城市当前的经济规模,当中服务经济发展潜力巨大。

昆山的城市功能逐步向现代工贸城市转变,服务需求正在发生重大的变化。"新昆山人"的不断涌入以及社会的转型,正在促使昆山未来经济的高速发展将更多地借助于生活性和生产性服务消费的推动。随着居民收入不断提高,社会消费的结构升级,昆山经济将逐渐由投资主导型向消费推动型转变。无论是发展经济学理论的启示还是昆山当前产业发展的现实都预示着一个服务经济的时代即将到来。因此,全面发展服务业,大力提升信息产业,积极发展人力资源,继续改善生态环境将是昆山下一个时期发展的主旋律。

昆山是正在崛起的现代工贸城市,城区规模不断扩张。昆山现状建设用地规模为299.42平方公里,城市规划确定2020年城区建设用地398平方公里,具备了现代工贸城市的建设骨架。为了有潜力和实力成长为服务于长三角地区的现代工贸城市,昆山需要建立与其相匹配的昆山服务体系,实现经济、社会与环境的协调与快速发展。

二、昆山市服务业发展的主要成绩

1. 生产性服务业形成四强鼎力的新局面

一是现代物流业加快发展。近年来,昆山交通设施不断完善,综合运输能力不断提升,物流市场日益壮大和繁荣。昆山是全国高等级公路最密集的地区,汽车灵活便捷的特性,使昆山服务腹地进一步扩大,其直接吸引范围成为南北半径40公里、东西半径20公里的椭圆区域,面积达到2800平方公里[1],直接服务人口达到250万。昆山市发改委等部门通过对促进现代物流企业发展的若干政策操作办法进行细化,加快物流产业转型升级,调动了人才引进、业务开拓、管理进阶的积极性,也整体推动昆山物流业向现代化的高平台发展。新宁现代物流于2009年10月于深交所创业板正式上市,成为江苏省首家创业板上市公司。飞力物流、安博(昆山)保税物流仓储、建伟物流等中国最具竞争力的50强物流企业在昆山落户,构建了昆山现代化物流作业平台,形成了"零距离"的采购圈。与此同时,昆山区域

---

[1] 根据与昆山服务业竞争城市人口规模及高速路1小时车程换算得到。

物流百花齐放,极大地助推了区镇经济的发展。截止至2010年,全市AAAA级物流企业达到5家,占省的15%。

二是金融业服务功能进一步强化。近五年来,昆山进一步加强金融机构与民营企业的沟通联系,改善中小企业融资环境,三管齐下降低企业融资成本,积极发挥工商职能,创新服务内容,拓宽融资渠道。至2010年6月末,昆山全市金融机构人民币存款余额1721.65亿元,比上年同期增长251.0%。其中企业存款保持较快增长,资金面总体宽松,支付能力较强。至2010年6月末,企业存款达到7641.59亿元,增长251.1%。全市金融机构人民币贷款余额12671.60亿元,比年初增加1611.48亿元,比上年同期增长291.7%。其中个人消费贷款4651.47亿元,增长581.0%,比年初增加731.17亿元,占全部增量的451.3%。

三是科技服务取得新成果。近年来,昆山以企业为主体、市场为导向、产学研结合的创新体系取得实质性进展,自主创新能力进一步增强,科技综合实力进一步提升,科技引领和可持续发展进一步显现,创新型城市建设进程进一步加快。昆山在做好知识产权宣传培训的同时,积极引导企业将知识产权的创造、运用、管理和保护纳入企业技术创新和经营管理全过程。2010年,昆山被评为国家知识产权示范创建城市、江苏省首批创新型试点城市;培育认定国家火炬计划重点高新技术企业6家、省高新技术企业67家、国家重点新产品8只、省高新技术产品381只,R&D经费占GDP的比重达21.2%;新增省级工程技术研究中心15家,省外资研发机构11家。

四是服务外包蓬勃兴起。近年来,昆山坚持将服务外包产业作为重要的战略产业,充分发挥区位、产业、载体建设、人力资源和政策环境等优势,服务外包产业呈现出强劲攀升势头。同时,各区镇加快载体建设,打造各具特色的服务外包集聚区。花桥国际商务城作为省级服务外包示范区,2009年新引进服务外包项目26个,注册资本21.65亿元;昆山高新区把商贸物流园、清华科技园和现代产业服务园同时作为发展服务外包的载体,以吸引符合各自园区发展的服务外包产业;昆山软件园已形成以七大载体为重点的园区开发建设格局,将重点发展软件外包、动漫创意产业和互联网数据中心等,项目区内已聚集了中创软件、吉立富等多家软件、动漫企业,将成为中国知名的ITO软件服务外包集聚区。至2009年底,全市共有各类服务外包企业302家，4家企业通过CMMI3级认证，11家通过ISO7001信息安全管理认证。2009年全市实现服务外包接包合同额16000万美元，离岸服务外包执行额6504万美元。2010年昆山获批国家级服务外包人才培训中心，并主要在商务城开展培训工作。这将为商务城集聚服务外包产业人才，推进服务外包产业发展提供契机，架起一座服务外包人才培育的"彩虹桥"。

2. 民生与公共服务体系日趋完善

一是旅游业规模和层次不断提升。2011年全年共接待国内外游客1710.46万人次，实现旅游收入184.98亿元，分别比上年增长12.4%和15.1%。全市旅游行业紧抓"后世博效应"，不断提升旅游形象，优化旅游环境。周庄、锦溪、千灯三大古镇同时获评"江苏最美的地方"，锦溪、千灯入选全国特色景观旅游名镇，周庄被评为江苏省自驾游基地。此外，成功举办的2011杭州世界休闲博览会昆山主题日及昆山"友谊日"活动，使昆山成为杭州休博会的分会场，以"江南片玉，灵秀昆山"为主题的昆山馆成为休博会城市馆中最热门的场馆之一，荣获"最佳展示奖、最具科技魅力奖、最佳展品展示奖、最受媒体关注奖"四项大奖。

二是商业服务体系日趋完善，社会消费品零售总额增速加快，居民购买力显著提升。以市区商业中心和镇级商业网点为基础的二级商业体系已经形成。2010年，昆山社会消费品零售总额达354.26亿元，比上年增长18.9%；其中批发零售业实现零售额290.3亿元，增长18.1%；住宿餐饮业实现零售额63.96亿元，增长22.4%。同时，消费升级步伐继续加快。全市汽车类限额以上企业实现零售额55.99亿元，比上年增长52.3%；金银珠宝类增长39.4%；电子出版物和音像制品类增长48.6%。

三是文化事业加快发展。以市级大型公共文化设施建设为骨干，以镇（街道）和村（社区）基层文化设施建设为基础，市、镇、村三级文化服务网络全面铺展，三级文化设施建设全面推进，共计完成公共文化设施建设面积达36万平方米。"2131"工程继续贯彻实施，结合"三下乡"活动，繁荣农村文化，丰富农村群众的精神文化生活。昆山市向种类齐全、布局合理、发展均衡、服务优良、覆盖城乡的全省一流、全国领先、具有昆山特色的公共文化服务体系建设迈出了重要一步。2010年昆山被国家版权局批准创建"全国版权示范城市"，成为全国县级市首例。

四是教育现代化稳步推进,各类教育协调发展。2010年昆山市基本建成优质、均衡、开放的现代国民教育体系和终身教育体系。近年来全市学前教育体系进一步完善,义务教育实现免费,普高教育水平朝着优质化、精品化、国际化目标迈进,高等教育基本普及,职业教育办学规模不断拓展,办学层次不断提升。学习型城市建设初显成效,全民学习、终身学习的新理念在全市范围内广为传播,深入人心。

五是医疗、卫生、社保福利不断提高。全市公共卫生服务能力和医疗卫生服务水平不断提高。市一院迁建工程稳步进行之中。中医医院病房楼扩建工程积极推进。新区社区服务中心易地建造工程进入装修阶段。全市共有各级各类医疗机构400余所,卫生服务体系健全率达到100%。

3. 服务创新促进产业结构优化升级

一是服务创新进一步促进产业联动。昆山通过以昆山花桥商务区、昆山开发区、昆山高新区等集聚园区为载体,建设资金、技术、劳动力等统一的要素市场;通过"招商选资"加强企业之间基于产业链的垂直联系和基于联合技术攻关、市场开拓等共同目标的水平合作;通过促进各行业组织制订共同的产业标准、行业规范等行为,加强与上海、台湾产业的联系和融合,进一步推进昆山区域内外的产业联动,实现昆山区域内外产业的优势互补和协同发展,从而达到优化产业结构、提升产业能级、增强区域产业竞争力的目的。

二是服务创新进一步促进产业融合。昆山通过加强生产性服务功能,在各大园区建立国际品牌展示、连锁、加盟、物流配送和金融、法律等现代服务链,并推进技术、信息、资金的编码化互联互通,计算机、通讯和媒体的三网融合,促进互联网与传统制造业的不断结合。这一方面推进了商业规划和商业市场建设、农产品安全流通体系建设、国际采购批发等方面的信息沟通、经验交流和分工合作,另一方面促进了传统制造业与高新产业的融合、传统制造业与网络产业融合、传统制造业与文化产业融合,拓展了新的产品和市场,促进传统企业实现经营方式多样化,提高昆山区域内企业的经济效益和制度绩效,形成开放性的产业融合体系。

三是服务创新进一步促进非核心业务的剥离。一方面,昆山市物流产业链进一步完善,为大型工业企业进一步减少企业库存,降低生产、销售成本提供服务，进一步形成从设计、研发、采购供应、加工制造到产品展示、售后服务的完整产业配套。另一方面，昆山金融服务外包产业也随众多知名企业非核心业务的剥离而蓄势待发，花桥国际商务城已吸引了各大标杆企业，形成以知识和技术密集型为代表的金融服务外包产业基地。目前，昆山市建立在制造业基础上的服务业形态不断丰富，"二产的三产化"探索在昆山取得明显成效，有力地提高了产业发展的质量。

4. 现代服务业产业集聚效应日益显著

一是花桥国际商务城成为引领昆山服务业集聚的重要基地。近年来，围绕"建设国际大都市的卫星商务城"的目标，充分发挥"上海的区位优势，江苏的政策优势，昆山的成本优势"，围绕"建设现代服务业集聚区"的目标定位，花桥商务城与法国凯捷、上海信源张江、江苏远洋数据等5个国内外服务外包企业签订合作协议，引进了NSK中国研发中心、建滔集团、中城集团等20多个企业总部项目和商务办公项目，以及宝湾物流、美国普洛斯集团、迪卡侬配送中心等11个规模型物流项目。花桥国际商务城内的服务外包业实现了突破性进展，企业总部形成群体性集聚优势，现代物流产业形成一定规模，综合商务功能进一步完善。至2010年末，已经吸引了60多个具有一定规模的现代服务业项目进驻，总投资额近300亿元，初步形成了现代服务业的综合功能。

二是昆山高新区的"一区多园"实现现代产业服务的区内融合。商贸物流园和现代产业服务园作为昆山高新区内六大特色园区中的生产性服务园，通过近几年的发展，已经形成了根植于高新区内精密机械及模具、电子资讯、机电一体化、民生用品等四大产业的特色生产性服务集聚系统，培育了自身独特的竞争力，促进了区内民营科技工业的发展。

三是昆山开发区逐步提升科技创新和服务业的贡献力量。目前，昆山开发区内已拥有留学人员创业园、出口加工区、企业科技园、现代服务业基地、光电产业园、物流保税园等载体，各具特色的昆山开发区众多功能性园区成为昆山又一个现代服务业集聚中心。出口加工区内90余家企业的经营范围也通过生产性服务业的支持扩展到研发、生产、仓储、分拨、配送、展览展示和贸易等多功能领域，实现了自身的转型升级。

第二节 昆山的优势、劣势、机遇和挑战

一、昆山服务业发展优势

1. 需求优势

昆山的需求优势突出表现为外部毗邻上海这一超大规模的领先需求市场。首先,上海乃至长三角作为我国沿海经济最为发达的都市区,人口及产业的密度都远高于其他地区,必然带来规模巨大的生活性服务需求。其次,上海发展高端的生产性服务业,包括金融创新、技术研发等领域,在服务经济分工中,昆山凭借邻近的区位及经济基础必然能从中分得一杯羹。最后,对生活性服务业而言,按常住人口计算,2011年上海人均GDP为12784美元,长三角地区发达城市地区也都处在人均GDP由10000美元到20000美元跃升阶段,新的消费群体加速崛起,将推动消费结构优化升级,为消费性服务业发展创造广阔空间。

同时,昆山自身也有着对服务业的巨大需求。第一,昆山有着发达的制造业,1750亿元的强大经济实力,以及15年来年均23%的高速增长势头,蕴含了巨大的市场潜力,能够有效地刺激服务需求,尤其是对投融资、管理咨询、物流、教育科研等现代服务业的需要。第二,昆山170万的人口规模所带来的需求乘数效应进一步促进了消费性服务业的完善,昆山聚集了众多的外商投资者和制造业的高级管理者,以及70万的本地居民和超过98万的流动人口,要求其从高到低、全面的生活配套服务体系。第三,昆山旅游业十分活跃,2010年游客人次已达到1521.46万,实现旅游收入160.75亿元,分别比上年增长34.6%和39.4%,给昆山带来了可观的旅游服务需求。

2. 集聚优势

一是昆山高新技术制造业集聚推动服务业发展。目前,昆山的产业集聚度不断增强,已经形成了1个千亿级产业集群和9个百亿级产业集群,其中千亿级集群IT产业(通信设备、计算机及其他电子设备)实现产值4061.38亿元,占规模以上工业的比重为61.8%。高新技术产业占比提高,全市实现高新技术产业产值2487.13亿元,

占规模以上工业的比重为 37.8%。新兴产业发展势头强劲,物联网、新能源、新材料、新医药、新型平板显示、高端装备制造等战略性新兴产业全年完成产值 1540.34 亿元,占规模以上工业的比重为 23.4%。服务于先进制造业的需求,一大批软件开发、金融结算、企业管理咨询,以及法律、会计、仓储、物流等现代服务业出现了较快发展。

二是以开发区为有力载体,昆山已经形成现代物流、科技服务、服务外包等集聚发展的新局面。昆山的园区经济起步较早,目前昆山已有国家级经济技术开发区、出口加工区、省级花桥经济开发区、昆山高新区、旅游度假区,以及国家有关部门和省批准的巴城软件园、周庄传感器产业园、沿沪产业园、农业高科技示范园等开发区。这些开发区经过多年的发展,在制造业的基础上,以良好的物质环境和政策条件,陆续吸引了包括软件开发、数据处理、仓储物流、会展服务等多个领域的国内外现代服务业项目落户,形成了专业性强的服务业集聚区,而服务业集聚有利于促进自身的发展,从而加快产业的转型升级。

3. 人文优势

享誉全国的"昆山精神",其核心是率先发展、率先开放、率先改革——这是昆山率先崛起中最重要的人文基础。1985 年,抓住改革开放的机遇,昆山以 50 万元启动资金自费创办了开发区。经过十多年的艰苦奋斗,昆山从落后的农业县崛起成为全国百强县之首,在这个过程中,不畏艰难、勇于创新的品格无疑是昆山人得以不断前进的重大精神支柱。今天,昆山人已经取得了全国瞩目的成就,但他们并没有就此止步,不断优化产业结构,持续推进技术创新,由"昆山制造"向"昆山创造"转变,是昆山人为之不懈努力的又一个发展目标。此外,昆山有着崇文尚文的人文景观,以人为本的人文关怀,精致服务的人文精神赋予了昆山"营造最佳的人居和创业环境"的能力,"重商、亲商"是服务业招商引资、吸引人才的重要依托。

4. 品牌优势

昆山是当今中国最有魅力、最令人敬佩的县级城市之一,秀美的江南水乡、多彩的历史文化与奔腾的现代经济共同塑造了这一片神奇的土地。昆山具有一系列享誉国内外的独特品牌,这些都为昆山服务业升级、招商引资、吸引人才等带来良好的基础。

一是经济上,在国家统计局公布的全国百强县(市)排名中,昆山多年蝉联第一名。

二是文化上,被联合国教科文组织列为"人类口述和非物质遗产代表作"的"百戏之祖——昆曲",被列入世界历史文化遗产预备清单的"中国第一水乡——古镇周庄"以及家喻户晓的阳澄湖大闸蟹是昆山享誉国内外的"昆山三宝"。

三是产业上,昆山拥有国家级的经济技术开发区、出口加工区、留学生创业园、高科技产业园、农业综合开发现代化示范区、省级高新技术园区、昆山高科技工业园、省级昆山旅游度假区等。

四是投资环境上,昆山被台湾电子电机同业公会评为"大陆投资环境最值得推荐城市"之一,在中国改革开放18个典型地区中总分名列第二。2010年在台湾电电公会公布的大陆地区投资环境评估中,昆山再次名列榜首。在《福布斯》发布的第二届中国大陆最佳县级市排名中,昆山蝉联第一。

五是人文上,昆山是全国生态示范区、国家卫生城市、国家环保模范城市、国家园林城市、创建全国文明城市工作先进城市、中国优秀旅游城市、全国文化先进市。

5. 要素优势

一是资金方面,昆山外资雄厚。至2007年末全市累计批准服务业外资企业770多家,合同利用外资超过25亿美元。外商主要介入包括金融保险业、现代物流业,以及旅游、房地产、法律、审计、评估等在内的社会服务业。此外,民间资本的"厚积"等待着"薄发"的机遇,2009年末城乡居民人均储蓄余额突破7万元,在长三角地区居于前列。

二是成本比较。相比于上海,昆山的劳动力和土地成本仍旧较低,而高速公路和高铁等交通网络为昆山与周边大城市的连接构建了非常便捷的联系,是吸引服务业投资到昆山的显著优势。

三是环境要素。昆山拥有玉峰山、淀山湖、周庄古镇等一系列独特的自然和人文风景,有丰富的资源条件去建设服务业发展所需的优质物质环境,为服务业人才提供良好的生活品质,以及发展高端生态商务办公区等等。

二、昆山服务业发展劣势

1. 行政等级制约

昆山市是县级市,但是其经济实力已远远超出一些地级市甚至某些西部省份。随着社会经济不断壮大,昆山需要完整的服务配套体系。

表7-1　昆山及其他省、市2009年GDP比较(亿元)

地区	昆山	海南	宁夏	青海	西藏	厦门市	临沧市
GDP	1750	1598	1335	1081	438	1623	177

对比我国地级市设市标准,昆山除三产比重一项与指标基本持平外,其余指标均远远超出标准。行政级别偏低为昆山发展服务业带来一系列的制度障碍,使得一些本应落户昆山的服务项目被迫截流,阻碍了服务产业链的延伸与规模的扩大,突出表现在:一是项目审批手续繁缛,效率低下。二是配套设施标准无法满足昆山实际需求,如医院床位数,消防人员、公安人员的配置、商检、海关等。

2. 服务人才短缺

虽说伴随着城市"农转工"、"内转外"的两次转型,昆山不断加强人才引进、人才市场的建设,但是相对比昆山年均23%的经济发展速度,人才供给仍远远达不到发展需要,尤其在相对落后的服务业上更是捉襟见肘。一是服务业高级人才欠缺。目前,最紧缺人才主要集中在具有本科及以上学历的研发型、复合型技术人才和管理人才。二是服务业从业人员服务意识尚未达到国际标准,这是外商和本地企业家反映最为强烈的问题。

3. 城市职能限制

昆山已经成为闻名全国的高新技术产品加工基地之一。一方面,大规模的加工制造业对服务业,尤其是生产者服务业有很大需求。另一方面,也应看到专业化的城市职能对服务业发展的抑制。

一是加工基地的观念深入人心。制造业远高于服务业的投资回报率,使得长期以来,地方政府(乡镇)对服务业发展的重要性认识不足,偏重第二产业发展,缺乏对服务业发展的促进政策,欠缺相应产业规划,造成近期服务业发展滞后。

二是缺乏具备研发及增值服务功能的总部经济。目前昆山加工基地的生产环节基本停留在低附加值生产上,造成配套服务业档次偏低的局面,不利于服务业的升级。

三是现代服务业发展创新不够。多年以来,人们对于昆山现代服务业发展的预期较低,影响了城市功能的转型,并且针对现代服务业发展的技术创新和体制创新很不活跃,这在昆山现代服务业的发展过程中形成了一系列的制度障碍。

四是个人服务性消费仍需提高。昆山作为移民城市,工薪阶层居多,一定程度上影响了个人服务性消费。

四、面临两大挑战

1. 发展方式进入加快转型期

未来一段时期,发展方式将由外延发展为主向内涵发展为主加快转型。昆山未来的发展将在更大程度上转向依靠科技进步和模式创新这个轨道上来,全面提升服务产业,积极融入全球经济,大力发展人力资源,继续改善生态环境。

处于转型期的昆山正面临如下挑战:一是现代交通体系改变了出行、物流、通讯方式,昆山既有的沪宁轴线优势逐渐变弱。二是昆山的制造业仍然占据着主导地位,处于上升阶段,地方经济的组织形态、发展模式并没有根本改变,观念和做法面临新的挑战。三是长三角区域竞争的焦点逐渐集中到现代服务业之上,昆山的台资之路避免了工业化过程中的同构竞争,服务业如何顺应需求、错位发展是紧迫的新挑战。四是现代服务业这种新兴产业在制度、体制、机制方面面临很多制度性障碍,需要勇气探索、突破和创新。

2. 产业结构调整进入攻坚期

昆山服务业发展提速,但服务业增加值占 GDP 比重较低。近年来,昆山实施服务业跨越发展战略,但由于工业基础雄厚,服务业发展层次和水平虽有所提升,却仍然难以在短时间内跟上工业发展的步伐。近年来昆山服务业增加值占 GDP 比重一直徘徊在 30%—35% 之间,且这一指标低于苏州全市水平。昆山需进一步从工业企业中分离服务环节,依托工业企业培育服务业企业,在工业企业的基础上进一步延伸服务功能,重点发展生产性服务业,提高服务业占

GDP比重，完善产业结构。

昆山服务业内部结构不平衡，生产性服务业贡献率偏低。2010年末，昆山服务业主导部门仍然以商业和房地产为主，旅游业、信息咨询、科技服务和金融业等现代服务业所占比重仍然偏低。生产性服务业"四大领域"尽管全面启动，但水平不高、发展不快，必须全面推进，加快升级。

第三节 发展愿景、目标、战略与空间布局

一、发展愿景

把握全球服务经济转移、长三角经济一体化的契机，以"大城市、现代化、可持续"为目标，以提升影响力、扩大辐射力、强化软实力为根本，以转型升级、扩大内需、自主创新为动力，以率先基本实现现代化为出发点和落脚点，打造与"昆山制造"相媲美的"昆山服务"，再创昆山经济奇迹。"昆山服务"包括以下内容：多样性、中心性、国际性、规模性。

多样性：即服务体系门类齐全，满足全时全位的服务需求。

中心性：即服务等级高，辐射面广阔，成为广大区域范围的服务中心。

国际性：即能够参与全国和全球的服务业专业化分工。

规模性：即服务产业规模大，成为第一支柱产业。

昆山要站在长三角全球城市区域的高度，依托苏南，借力上海，放眼世界，围绕"率先基本实现现代化"这个核心，形成具有强大经济实力和活力以及对外辐射、凝聚和服务功能的经济城市；形成立足长三角，面向国际，具有多元文化的开放城市；形成具有悠久历史和丰厚人文底蕴的创意城市；形成适宜生活、度假、休闲的生活城市；形成山清水秀的生态友好城市。

二、发展目标

未来一段时期，充分发挥身处长三角苏南地区的地缘优势，加快构筑融集聚、创新、辐射、引领功能为一体的现代服务平台，发展与昆山成长的规模、等级和职能相匹配的服务业，形成一批优势服务产

业,努力实现昆山经济显著转型、产业结构显著优化、城市品质显著提高、空间布局显著优化、持续发展能力显著增强的服务业新格局。

1. 保持服务经济平稳快速成长

未来一段时期,昆山服务业年均增幅保持在18%左右,预计到2015年,服务业增加值占GDP的比重确保达到40%,努力争取达到42%,现代服务业占服务业的比重达到60%。

2. 积极发展"五种经济"

创新引领型经济。挖掘长三角地区的科技优势资源,将科学精神和人文精神相互结合,加强区域创新体系建设,在长三角产业链分工的"微笑曲线"中继续抢占有利位置。未来一段时期,科技创新投入与产出比例持续优化,产学研联合创新模式不断完善,知识产权保护等体制机制逐步健全。

后台服务型经济。以花桥国际商务城、昆山软件园、昆山高新区等为依托,充分利用云计算、物联网等重大技术创新,大规模发展以服务外包为代表的后台服务型经济,打造服务经济新增长点。

优势集聚型经济。充分发挥昆山开发区、昆山高新区、花桥国际商务城的产业集聚作用,通过增长极的极化和扩散作用充分吸纳长三角、全国乃至全球的资金、人才、技术等生产要素,带动一批产业群的发展,实现增长极驱动的服务业发展新格局。未来一段时期,国际组织和有重大影响力的国际会议的数量和举办显著增加,跨国公司区域总部、知名民营企业总部数量大幅增强,空间进一步集聚。

休闲享乐型经济。集中优势,全面推进休闲旅游大开发,满足上海及苏南地区日益增长的休闲需求,塑造城市品质,营销城市形象,为昆山创造良好的投资和生活环境。未来一段时期,形成以观光旅游为基础、休闲度假为主导、专项旅游为补充的多元化复合型旅游产品体系,成为长三角短途休闲旅游目的地。

绿色导向型经济。围绕建设"水绿相依"、"城林交融"的生态园林城市,更加体现人与自然的协调,突出回归自然、生态建设、环境保护、能源保障、绿色科技和低碳经济。

3. 继续优化产业内部结构

行业结构目标:未来一段时期,知识含量高、关联带动强、符合昆山社会经济发展方向的服务行业快速发展。

就业结构目标：未来一段时期，昆山要以服务增进生活品质和地区品质，在城市与乡村构筑一体化的服务体系，以服务业创造就业机会，促进经济和社会协调、稳定、和谐发展。

三、总体发展战略

1. 由资本驱动向创新驱动转型，实施推动昆山创业与创新型城市建设的"创新驱动"战略

充分发挥花桥国际商务城、昆山经开区、高新区以及软件园的创新引领作用，积极促进产学研用相结合的自主创新体系建设，加强人才聚集，凝聚高端团队，加快促进三网融合，建设"智慧昆山"，强化昆山创新发展的后劲。

2. 由外延向内涵转变，实施提升服务经济业态与总部运筹职能的"总部运筹"战略

加快产业升级和转型，在产业价值链分工的"微笑曲线"中抢占有利位置，实行内资和外资并重的方针，吸引国内民营企业总部、跨国公司职能总部和地区总部落户昆山，逐步形成多层次、多结构的总部经济集聚格局，全面提升地区经济的影响、支配和控制能力。

3. 由注重实体向实体和文化并重发展转变，实施提高昆山文化创意软实力的"文创先导"战略

大力发展艺术展演、旅游体验、时尚休闲、创意设计等文化门类，加强引进来与走出去的结合，加快建设文化昆山，更加注重传播昆山文化，挖掘文化内涵，创新文化产品，提升文化参与，扩大文化影响，彰显文化实力，提升城市文化品质，鼓励融合与交流，倡导体验与参与，营建一个多元、包容、人本的现代都市环境。

4. 由单级发展向多级带动转变，实施促进昆山服务经济空间格局一体化协同发展的"空间一体"战略

围绕实现"大城市、现代化、可持续"战略构想，以三区一圈为布局推动昆山经济技术开发区战略转型，以智慧之城、低碳之城、宜居之城为重点构筑高水平现代商务新城，以重在西区、完善北区、规划南区为步骤建设创新型高新区，实现昆山城市整体功能的最优化和整体效能的最大化，推动昆山服务经济全面、协调、可持续发展。

5. 由补缺型向普惠型转变，实施推进昆山民生服务与社会和谐发展的"普惠民生"战略

积极发展多样性的社会服务产业，全面提升社会公共服务的结构和质量，构建起公平、优质、便利的社会公共服务体系。推动义务教育、公共卫生、社会保障等基本公共服务均等化进程。健全社会福利与社会救助体系，积极拓展社会公共服务，强调公共服务向薄弱地区、向弱势群体倾斜。

四、空间布局导向

按照"产业集聚、布局集中、资源集约"的原则，坚持"有所为，有所不为"的方针，根据宏观环境转变的现状和全市总体发展目标，结合昆山区域资源禀赋条件，通过产业、土地、财政、金融以及投资等相关政策的引动，尽快形成"一带、二团、十区"的空间结构，实现区域整体崛起，促进制造业和服务业双轮驱动的经济格局。

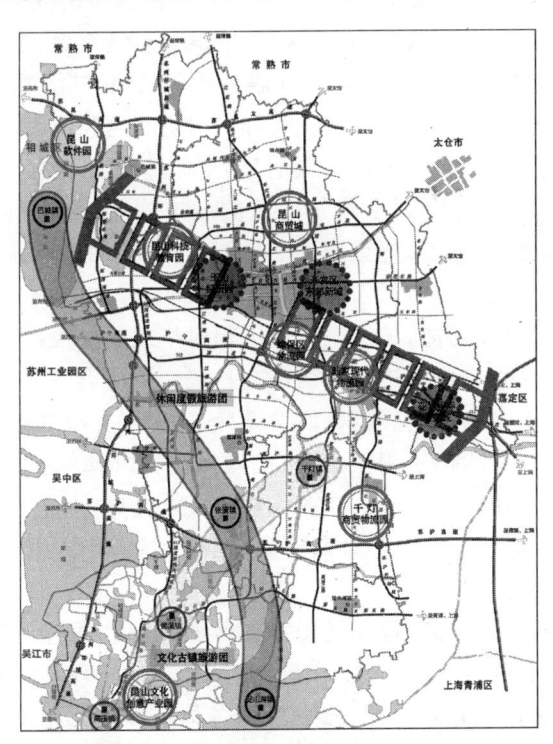

图7-3 昆山市总体空间布局示意图

一带：即东起花桥经济开发区，西至阳澄湖畔，横亘东西，贯穿中心城区的服务业发展带。这是昆山市服务业发展的主轴，其中的重要节点包括花桥经济开发区、昆山开发区、昆山高新区、阳澄湖科技园等。

二团：即两大休闲旅游组团。一是周庄、锦溪、千灯三大文化旅游古镇组团，二是阳澄湖、淀山湖和双洋湖三大休闲旅游度假组团。周庄、锦溪、千灯三大文化旅游古镇组团空间上包括周庄、锦溪和千灯三镇域。以阳澄湖、淀山湖和双洋湖三大休闲旅游度假组团空间上包括阳澄湖旅游度假中心、淀山湖旅游度假中心，张浦镇环双洋湖区域。

十大产业集聚区：即以花桥国际商务城为龙头，形成一批产业特色明显、功能定位清晰、空间布局合理的服务业发展集聚区。

花桥国际商务城：位于苏沪交界处，接轨上海。通过服务外包产业基地、企业总部基地、海峡两岸商贸合作区的建设，发展强大的生产性服务业，推动以金融BPO为主要特色的服务外包产业、以研发销售为主要特色的制造业企业区域总部、以台湾金融、电信、批发（展览、展示）和研发设计四大关键性服务产业、以第三方物流为主要特色的现代物流产业的集聚成长。同时，引进与之相配套的酒店、商业和文化、居住等项目。未来一段时期，要基本形成拥有30万商务和服务人口、1000万平方米建筑面积的城市构架，努力打造"昆山服务"、"昆山办公"品牌，建设成为上海国际大都市的卫星商务城。

昆山综合保税区：位于昆山经济开发区内。以保税物流为基础积极拓展服务业功能，成为服务昆山辐射华东的保税物流基地，连接国际、国内两个市场的进出口商品交易基地。重点发展保税物流、货物贸易、服务贸易、展览展示、研发设计、口岸服务等服务经济。

昆山软件园：位于阳澄湖畔、巴城镇内。以软件研发、孵化与出口为主导，利用已有的软件产业优势和人才优势，重点引进信息技术外包企业，形成一个具有品牌特色和集群效应、产业规模上百亿的软件和服务外包基地。

昆山科技教育园：位于昆山高新区西北部。通过加快科技研发区、技术服务、创业孵化区和教育培训区四大功能区的建设，形成一个具备多层次创新体系、多功能服务体系和多元化投入体系的创新创业示范区。

昆山文化创意产业园：位于周庄镇内。依托艺术博览区、原创艺术区、古镇文化区、生态休闲区四大片区，围绕以美术品为主的艺术品生产交易产业链、以古镇旅游为核心向周边辐射的文化休闲产业链、以《四季周庄》为主的演艺产业链和以旅游纪念品研发为主的创意设计产业链，形成国内知名的文化创意产业园。

昆山商贸城：位于周市镇南部。以家居体验推进家居装饰市场集聚发展，以汽车销售、维修、置换的集聚形成具有汽车文化的商贸业态，以工业品原产料市场集聚形成MRO和现代物流板块，同时加快商业娱乐和商务金融功能区的建设，形成昆山北部产业特色明显、功能设施完善的商贸人居的佳地。

开发区东部新城：位于昆山经济开发区东部。依托开发区产业优势、夏驾河生态景观，建设成为集行政办公、金融服务、科技研发、会议展览、国际商务、文化休闲、购物消费为一体的综合性功能区域，成为昆山东部人居、创业的城市副中心。

陆家现代物流园：位于陆家镇内。以现有的白杨湾物流中心为基础，通过基础设施改造、搭建物流信息平台、拓展物流金融服务，加快整合商流、物流、资金流、信息流等多项资源，形成一个以国内货物运输为主的现代物流园区。

玉山经贸园：位于高新区内。以大型商业区、高档商住区、生产性服务业密集区、生态休闲区的建设，形成一个集商业商贸、国际商务、文化体育、休闲娱乐、宜居生活综合功能的西部城市副中心。

千灯商贸物流园：位于千灯镇内。主要依托虹桥交通枢纽物流外溢效应，通过商贸办公、物流仓储、综合市场等功能区的建设，形成一个以服务华东地区为辐射面的，集贸易、分拨、配送等多项功能的商贸物流园区。

第四节　重点领域与主要任务

一、培育金融集群，着力推进金融服务业

未来一段时期，以昆山花桥国际商务城、昆山经济开发区为布局重点，积极引进金融机构到昆山落户，稳步推进非银行业金融机构发展，全面加快"金融街"和"基金园"建设，构建多层次融资体系，扩大

资本市场融资规模，完善支持中小企业创业的金融服务体系。

1. 以花桥商务城、昆山开发区为重点引进金融机构落户

未来一段时期，积极引进银行、保险、证券及其他金融机构到昆山落户，打造昆山"金融街"，在花桥国际商务城、昆山经济开发区形成金融产业集群，大力支撑昆山工商业高速发展，驱动昆山经济结构调整。

首先，促进昆台金融合作和产业对接。加强与台资银行、保险、证券公司的联系和沟通，加大昆台金融产业对接，重点吸引和鼓励台资金融机构来昆山设立总部和分支机构，促成台资金融合作项目在昆山落户，争取上级政策支持和台资金融合作优先审批，建立健全两岸产业互动发展的长效机制。其次，推动国内外金融机构来昆落户。充分利用昆山毗邻上海的区位优势和昆山产业优势，在承接上海高新技术产业和先进制造业项目转移的同时吸引国内外金融机构入驻，加大对外金融机构的宣介和引进力度，保障昆山金融集聚区的金融服务水平，完善金融服务功能。

专栏 7-1　花桥国际商务城

花桥国际商务城地处苏沪交界处——昆山花桥经济开发区，地域面积 50 平方公里，距离上海市中心不到 25 公里，西邻昆山国家级开发区，东依上海国际汽车城。2005 年 8 月，江苏省委、省政府提出把商务城建成江苏省发展现代服务业的示范区，并列入省"十一五"规划重点服务业发展项目，是江苏省三大商务集聚区之一。2006 年 8 月被批准为省级开发区。2007 年 6 月又被列为江苏省国际服务外包示范基地。

根据功能策划和总定位，花桥国际商务城将充分发挥靠近上海的区位优势，主动融入上海，接受上海辐射，承接上海商务外溢，着力打造服务外包基地和国家级金融服务外包示范区，大力发展四大产业：一是服务外包，包括跨国公司、国内大型企业集团的 IT 服务、客户服务等外移外包。二是金融机构后台处理中心，包括银行、证券、保险等大型金融机构的财务结算中心、信用卡服务和客户呼叫中心等。三是制造业企业的区域性总部，包括运营中心、研发中心、采购中心、营销中心、管理服务中心等。四是物流采购中心，以及与之相配套的酒店、商业、文化和居住等项目，力争通过 5—10 年的努力，基本形成拥有 30 万商务和服务人口、1000 万平方米建筑面积的城市构架，努力打造"昆山服务"、"昆山办公"品牌，将昆山建设成为上海国际大都市的卫星商务城。

作为江苏省唯一以现代服务业为主导产业的省级开发区，花桥国际商务城

在承接上海商务外溢、发展现代服务业方面具有交通、区位、政策成本和综合服务等方面得天独厚的优势。按照"融入上海、面向世界、服务江苏"的总定位,花桥国际商务城采取了国际先进的规划设计理念,精心打造了商务集中、商贸配套、商住齐全、环境优美的生态型商务功能区。

当前,花桥国际商务城正在加大投入力度,加快开发建设步伐,高水平地实施开发建设。一是形成区域内比较完善的交通框架;二是工业基础设施配套不断完善,包括用电和用水等方面;三是建设功能完备的配套设施和生态环境系统,包括中央公园、五星级酒店、医院和高尔夫球场等。

2. 稳步推进保险、担保等非银行业金融机构发展

在巩固发展银行业的同时,更加注重发展保险、证券、信托、融资租赁、典当等其他金融机构的业务。在昆山市已经形成的保险、担保、小额贷款等其他金融机构的业务规模基础上,鼓励本地金融机构发展非银行金融业务,引进外来非银行金融机构,为工商企业提供更为灵活的差异化服务,提高其对金融业增加值的贡献,提升金融业整体发展水平。

首先,加大信用体系建设力度。在信用体系建设条件下,通过出台优惠政策,继续培育和扶持本地信用担保机构,做大信托、典当、小额贷款等其他金融机构的业务规模。出台扶持政策,引进和扩大天使资金、风投创投等先进非银行金融形式在昆山的发展,鼓励金融创新。其次,继续提升担保、保险业在金融业中的比重。在两岸签署MOU的条件下,支持国泰人寿在昆山的发展,加强两岸在保险领域的合作,促进其对保险行业和相关产业的带动作用。出台扶持政策,支持担保机构、保险等金融配套服务行业的发展。积极培育本地保险公司、进一步引进国内外保险公司。积极推动保险产品创新,进一步扩大保险覆盖面,提高保险密度和深度。最后,促进本地法人证券期货机构的发展。扩大证券期货行业的业务规模。大力扶持本地证券公司的兴起,积极引进优质证券公司来昆山落户,促进现有两家证券公司增设营业网点、扩大业务范围。推动昆山本地金融机构和台湾统一证券、海通证券等金融机构进行合作,扩展台资金融机构在昆业务,争取更多的台资金融机构到昆设立或参股金融机构。

3. 加强金融产业与其他产业的融合发展

充分利用昆山产业链优势,大力培育金融外包、总部办公、研发

设计、物流供应链管理、商贸服务等产业集群的契机,抢抓"MOU"、"ECFA"签署后的机遇,积极推动金融服务产业与其他产业的融合,在支持其他产业发展的同时实现昆山金融服务产业的进一步发展。

首先,通过产业融合推动金融业发展。搭建项目融资平台,推动金融部门加强与重点行业、重点企业的沟通和联系,加大金融服务业对其他产业链、产业集群的资金支持力度,创造良好的企业融资环境。建立良好的政、银、企沟通协调机制,建立对高风险企业的风险预警体系。完善小企业贷款风险补偿机制,提高金融机构营销小企业和涉农信贷业务的积极性和主动性。其次,通过金融创新、提升金融服务价值扩大金融业市场规模。推动金融机构积极开发新的业务发展模式。在国家政策允许范围内,促进银行、证券、保险等机构之间的业务合作。积极引进国外通用的金融业务,满足外资企业不断增加的金融服务需求。积极筹措发行金融、企业和地方政府债券,推动建立昆山产业开发基金和创投引导基金建设。充分利用昆山对台优势和现代化支付系统资金清算快捷、方便等特点,争取开展昆台贸易人民币结算试点。进一步提高资金运行的效率,为区域经济、金融发展提供更加安全便捷的服务。最后,推进科技金融、物流金融、商务金融等金融专项工作的进展。大力推进科技产业与金融产业的融合,为科技企业寻求融资提供便利。为促进科技开发、成果转化和高新技术产业发展提供全面的金融工具、金融制度、金融政策与金融服务,构建包含政府、企业、市场、社会中介机构等各种主体的一个全面体系。面向物流业的运营过程,应用和开发各种物流金融产品,有效地组织和调剂物流领域中货币资金的运作。

4. 努力构建多层次融资体系,扩大资本市场融资规模

继续扩大昆山银行业金融机构业务范围,创造条件提升本地商业银行信贷额度,积极鼓励非银行业金融机构的发展,拓展直接融资渠道,建成金融机构齐全、金融产品丰富、金融服务完善的多层次融资体系,扩大直接融资规模。

首先,鼓励昆山本地企业上市,拓展直接融资渠道。打造完备的创业板企业上市储备梯队,加大对企业改制上市的服务和资助力度,鼓励符合产业政策、具有发展潜力的行业龙头企业、高新技术企业上市。积极推动上市公司再融资工作,积极推动上市公司配股、增发、发行可转债和公司债等多方式筹集发展资金,积极推动上市公司并

购重组,做大做强。其次,建设灵活便捷、覆盖全面的间接融资体系。一是建立健全的企业贷款融资机构,鼓励地方民间金融机构的发展;二是建立完善的企业信用补充系统,包括企业信用担保系统和信用保险系统,发挥企业信用担保协会和企业信用保险公库,增加企业的信用价值。企业向金融机构申请的贷款可以通过信用担保协会进行担保,然后由信用保险公库对该笔贷款进行保险。通过对贷款的担保以及再保险,降低对本地企业贷款的风险,增加了中小企业获得贷款的可能性。最后,发展保险、证券、信托、融资租赁、典当等其他金融机构的业务。为农村商业资本融资、本地企业创业、中小企业融资、大型企业融资等一系列金融需求提供金融服务。

5. 完善支持中小企业创业的金融服务体系

提高银行业金融机构和非银行业金融机构对中小企业融资的扶持力度,引进天使基金、风投、创投等创业型公司融资渠道,加大信用体系建立力度,健全和完善支持中小企业创业的金融服务体系,加强风险防范,维护金融安全。

首先,促进银行与政府相关部门构建融资平台。通过平台的桥梁纽带作用连接银行和中小企业。鼓励各商业银行成立中小企业贷款中心,负责对小企业及小额贷款业务审批,简化手续,提高效率。鼓励创新融资方式和贷款产品,引导金融机构加大支持中小企业力度。引进天使基金、风投、创投等融资平台。完善创业公司风险评估和风险管理体系,为创业公司提供灵活便捷的融资平台。其次,充分运用国家支持中小企业发展的专项基金。发挥中小企业在自主创新、吸纳就业等方面的优势,对中小商务服务企业创业科技成果产业化、技术改造项目贴息等进行扶持。鼓励中小企业向专、精、特、新的方向发展,形成与大企业集团分工协作、专业互补的产业集群。同时,鼓励中小企业信用再担保公司为中小商务服务企业提供再担保服务,鼓励各类风险投资机构和信用担保机构对发展前景好、吸纳就业多及运用新技术的企业给予支持。

二、聚焦总部经济,着力发展商务服务业

近几年来,昆山大力建设商务城基础载体,培育和吸引商务服务业企业,加快商务服务体系建设。未来一段时期,昆山从培育市场主

体、强化总部职能、发展高端产业、建设商务载体和改善制度环境等方面进一步发展商务服务业,将成为长三角地区重要的区域性总部基地。

1. 推进载体建设,吸引总部落户,强化总部运筹职能

依托花桥国际商务城、昆山开发区和高新区建设,以上市公司总部为重点,以引进销售总部为突破口,做好载体建设,大力引进和培育综合总部、投资型总部、销售总部等总部机构,发展多种形式的商务集聚区,极大发挥总部经济效应,将昆山建设成为辐射长三角地区的区域性总部基地。

首先,有选择地引进国内外行业龙头企业总部。通过完善相关政策、优化服务、创新招商模式、增强中介服务等措施,主动出击,不断增强对国内外上市公司总部的吸引能力。重点引进跨国公司特别是制造业和服务业跨国公司、国内外上市公司在昆山设立地区总部或职能性总部机构。其次,大力培育一批本地优势产业的企业总部。鼓励有条件的本地企业展开制造业的剥离和升级,重点培育产业优势的企业集团,提高企业市场拓展能力、融资能力和资源配置能力,引导一批符合昆山现代产业体系发展方向、具有品牌优势和规模优势的企业做大做强,在较短时间内提升"走出去"的实力,为企业提供拓展营销渠道、开拓外部市场、争取上市等服务,支持其加快成长为总部企业,作为培育总部经济发展新的空间和载体。最后,着力服务好现有企业总部。以增强现有企业总部的根植性和归属感为主要目标,将服务好昆山花桥商务区的总部企业作为形成昆山总部经济核心竞争力的重点工作。加强政府与总部企业的对话机制,推行对口联系服务制度,切实解决总部企业发展中的实际问题。提供更加人性化和符合总部企业需求的服务内容,提高政府服务效率,促进现有总部企业进一步发展壮大。到2015年,实现培育200家各类总部企业的目标。

2. 依托商务城、开发区和高新区,培育跨区经营的市场主体

利用昆山产业集聚优势,依托昆山现有的花桥国际商务城、昆山经济开发区、昆山高新区等载体,积极引进人才,吸引外资商务服务企业入驻,培育跨地区经营的市场主体,打造昆山成为服务体系完善的商务集聚区,为本地工商企业提供有力支撑。

首先，积极引进外资，扩大商务服务机构规模。引进外资进入法律服务、咨询和调查等商务服务业，满足日益增长的国际业务需求，提升商务服务的国际化水平。为本土企业开展业务提供示范，提高昆山商务服务业的专业化水平，促进商务服务的外资集聚化发展。其次，鼓励和培育本地商务服务企业发展壮大。鼓励本地商务服务企业拓宽业务范围，开展多项商务服务。鼓励外向型商务服务机构发展，通过联合重组、与国外大型商务服务机构合资合作等形式，相互协作和补充，加速与国际惯例和国际市场接轨。促进本地企业商务服务功能的内部剥离，提高服务效率和专业化水平。

3. 加快发展高端产业，强化商务服务的产业支撑

通过引进和培育各领域拥有强大竞争力的服务企业，促进商务服务业向高端化、专业化方向发展。对昆山本地投资企业的融资、研发、培训、物流、销售等活动进行管理和协调，进一步强化商务区内企业的决策、经营、管理、研发等多种集中或分散的功能，为升级昆山产业结构、增强昆山企业的国际竞争力提供有力支撑。

首先，提高从业人员和商务服务机构的水平。一是大力吸引资深商务服务人才和高端服务企业，鼓励员工教育、培训工作和企业培养活动，为总部经济培养适用人才。二是制定商务服务行业的职业道德标准、服务规范标准，实行行业准入制度，促进市场公平有序的竞争，提升昆山商务服务业的整体质量。其次，强化品牌意识，不断提升商务服务品质。一是积极引进国内外知名商务服务企业入驻，带动昆山当地商务服务产业发展。二是鼓励本地企业发展成为具有较强竞争力的大型服务企业集团。三是在企业管理、咨询、广告、会展等重点行业领域，鼓励有竞争优势的企业进行管理创新、服务创新和产品创新，更好的支撑昆山工商企业的发展。

4. 以花桥商务区为载体，构建全球运筹的载体平台

利用花桥国际商务城、昆山开发区和高新区建设的契机，建设具有国际化先进水平的商务服务基础设施和载体平台，极大加速区内产业的电子化、信息化提升进程。

首先，进一步完善商务集聚区硬件设施。建设包含金融中心、高档写字楼、商业中心、文化中心和生活配套等设施集聚的大型商务区。在设备完善的载体中建设一站式商务服务平台。其次，积极推

进商务区电子商务的发展。积极应用现代技术手段,开辟智能化、信息化程度较高的网络平台。进一步加强企业信息的共享、互通,全面实现企业运营各流程的信息化和自动化,适应经济上升时技术、模式、产品和服务的要求,完善专业化服务体系,为商务区内企业提供时差趋零的及时商务服务。

5. 改善商务集聚区总部运筹的政策和制度软环境

对商务集聚区实行商务服务的统一管理,完善商务服务的法律法规建设,制定商务集聚区有利于总部运筹和产业集聚的政策,完善和健全总部商务区管理机制,鼓励行业协会的自治管理。改善政策和制度软环境,创新服务机制,促进商务区内商务服务企业的发展和壮大,进一步促进商务区的产业集聚、总部入驻,营造一流的投资发展环境。

首先,完善商务服务的法律法规建设。在国家有关商务服务法律欠健全的情况下,根据昆山现阶段商务服务的实际状况,通过各种方式确定各类商务服务机构的性质、职能、权利义务、运营宗旨、服务内容等,使商务服务机构的活动有法可依、有章可循,推动商务服务有条不紊地进行。其次,建立行业准入制度和市场竞争机制。各行业管理组织及主管部门在兼顾行业间专业差异的基础上,归类合并相关执业资格和行业管理组织,加强商务服务行业管理。健全商务服务行业市场竞争机制,促进商务区内企业合理竞争,充分满足商务服务市场的需要,降低不必要的社会成本,为总部企业提供支援服务。最后,鼓励商务服务行业成立细分行业协会。行业协会可按照政会分开的原则,在机构、人员和财务等方面与政府部门脱钩,承担适宜于行业协会行使的行业管理职能,发挥协调作用,推进行业技术进步;制定行业标准,实施认证,开展行检行评;利用争端解决机制,维护行业和企业的利益;承担某些行业的管理职能,促进政府职能转变;向企业提供政策信息和咨询服务。

三、完善区域创新体系,融合发展科技服务业

近几年来,昆山以企业为主体、市场为导向、产学研结合的创新体系取得实质性进展,国家级、省级、苏州市级科技计划项目倍增。未来一段时期,以昆山产业集聚区为基础,建设一体化管理的创新平

台,引进和培养创新人才,培育自主创新企业,发展高新技术产业,强化科技的金融支撑作用,使科技服务业成为产业融合发展的结合点和增长点。

1. 建设创新平台,统一管理研发和创新活动

利用昆山现有的科技领先优势,建设覆盖全面的一体化创新平台,对科技研发项目、科技企业生产、科技产业培育等研发创新活动进行统一管理,继续强化科技优先发展地位,大力推进开放条件下的自主创新,以快速提升区域科技创新能力,推动昆山产业由"昆山制造"向"昆山创造"的跨越式转型升级。

首先,统一创新管理主体。以政府机构为主体,牵头管理科技研发项目、科技产业扶持、科技企业培育等活动,协调政府相关部门、企业、高校等方面的资源,对研发和创新平台进行统一管理和支持,减少不必要的资源冲突和成本流失。在科技立项、研究开发、推广应用方面,制定成体系的资金、税收和奖励的优惠,激励创新主体开展创新活动。其次,统一创新体系建设。政府在科技载体建设、科技资源共享、科技配套服务等硬件、软件等方面进行体系化建设和管理,构建布局合理、功能齐全、开放高效、体系完备的物质和信息、资金和法律等保障服务系统,和包括科技产业基地体系、科技融资体系、科技中介服务体系、科技人才引进和培养体系、产学研联盟体系、科技成果转化体系、知识产权保护体系等在内的标准体系。

2. 引进和培养创新人才,构建长三角人才高地

通过提升人才宜居环境水平,拓展人才发展空间,加大人才培养培训力度,引进管理型专业型和创新型人才。在现有的海内外人才招聘工作站的基础上,进一步加大人才招聘和引进的力度,引进与培养带项目、带技术、带资金的高层次人才。依靠科技创新和提高人才素质,培育昆山经济新的增长点。

首先,加大与国内外高校研发机构的合作。在已经建立的2个企业院士工作站基础上,建立美国、欧洲"昆山海外人才工作站",加快"中国昆山外国专家创新创业园"建设,开展留学人员联络和科技人才引进工作。探索"猎头式"招才引智、顶尖人才定向推介等引才方式,加强科技创新创业人才引进的针对性和有效性。其次,以创新创业团队为单位引进科技人才。举办海内外招聘和对接活动,在"亿

元科技创业领军人才计划"基础上建立更多有针对性的专项资金计划,吸引更多国家"千人计划"人才来昆山创业。鼓励和支持昆山人才申请省级、国家级高层次创新创业人才。继续发挥"引进一个'海归',形成一个产业"运作模式的优势,以人才带动项目,促进高科技企业的进一步集聚。再次,拓展人才发展空间,促进创新、创业人才落地生根。提高创新型人才、管理型人才报酬,建设宜居自然环境,建设丰富多彩的文化娱乐和商业设施,完善公共教育环境和社会保障制度。拓展人才发展空间,维护人才的合法权益,完善人才流动配置机制和人才有效激励机制。加大人才培训力度,大力加强企业经营管理人才和专业技术人才培训,开拓国际视野,提升能力水平,为昆山经济社会转型升级提供国际化人才支撑。最后,促进校企、政企联合办学,加大科技人才培养力度。加强与高校院所牵线合作,促进企业与高等院校、科研机构合作培养创新人才队伍,引导企业建立有利于科技人才成长和发展的激励机制和管理模式,共同培养企业所需要的各类创新人才。政府与企业合作,发挥"订单式"培养人才的高效性和针对性,建设产业所急需的技术人才和管理人才培训基地。

3. 鼓励企业自主创新精神,科技创新和技术先进并举

首先,培育创新型企业和技术先进型企业。通过税收、扶持资金等优惠政策,以及完善的科技服务硬件软件支撑,激励企业不断进行研发创新和技术进步。引导和支持企业建立符合市场经济发展规律的企业内部技术创新运行机制,把技术创新活动的着眼点更多地放在自主知识产权的研究和产品生产上,增加科技投入,引进科技人才,高起点、高标准建立和完善企业技术研发机构,尽快形成较强的自主创新能力和市场竞争能力。其次,创造创新和技术进步良好环境。一是建立完善的科技金融体系。加快种子基金、风投基金、担保机构等科技融资统一平台的搭建,建立健全有利于自主创新成果产业化的金融服务体系。二是建设业务全面的中介服务体系。支持管理咨询、创业辅导机构、技术咨询、工程咨询、律师事务所、专利、商标事务所等科技中介服务机构发展。三是进一步完善知识产权保护制度。切实维护企业的创新成果和技术优势,并激励企业进行不断进行创新和技术改进。四是促进产学研结合,为创新企业提供良好的智力支持。最后,打造研发创新型大企业,鼓励中小企业创新意识。推动以大企业为主体组建产业技术联盟,引导大企业充分利用品牌、

技术等优势,开展兼并活动,推动企业的规模化、国际化发展,大力实施品牌带动战略,鼓励和引导企业自创品牌。引导和扶持企业积极参与国际标准、国家标准和行业标准的制定,采用国外先进标准组织生产,加快培育一批具有国际影响力的创新型大企业。积极鼓励中小企业建立创新研发机构,鼓励昆山市企业技术中心向中小企业开放,并提供技术支持服务。鼓励中小企业培育创新的企业文化,以文化推动企业的技术创新。

4. 重点发展高科技新技术产业,打造品牌产业园区

利用昆山计算机、信息产业优势,因地制宜,继续支持和引导电子产品等传统高新技术产业发展。把握生物医药行业在昆山方兴未艾的势头,大力支持和引导关联企业和生物医药基地在昆山的集聚建设。把握物联网、云计算等世界科技前沿概念,制定新兴前沿科技产业优惠政策,建设培育新兴科技产业的全套孵化器,鼓励昆山发展科技前沿产业。

首先,加大昆山科技产业的开放力度。积极鼓励参与区域间重大科技合作项目,参与国际交流合作,吸纳国际上高层次科研人才参与昆山科技创新活动,不断开阔科技眼界,提高科技水平。建立广泛的、多层次的创新合作网络及机制,促进分工协作,建立企业、高校、科研机构之间进行合作研究与开发的协作机制,实现优势互补、利益共享。建立产学研相结合的协作机制、企业创新联盟机制。其次,大力发展新兴高科技新技术产业,鼓励发展新兴文化创意产业。抓住国家推进"三网融合"和物联网、云计算等新技术快速发展的机遇,鼓励高科技新技术产业发展。随着文化产业的地位和重要性不断上升,发展环境不断优化,应积极引进创业团队,加大激励引导,大力发展创意设计、工业设计、动漫游戏、数字视听等新兴服务业。最后,打造品牌集聚产业园区。在花桥国际商务城、昆山开发区和高新区等制造业集聚区中,鼓励园区内同质企业知识溢出,协同创新。在各乡镇的特色产业基地的基础上,鼓励产业基地发挥集群作用。建立园区内部公共实验室。打造多个科技产业集聚区品牌,形成基础设施共享、信息共享、人力资源库共享,使知识溢出的集聚效应和品牌效应更大力度的对相关产业产生吸附作用。

5. 大力创新科技金融,强化科技支撑

首先,对有发展潜力的科技企业提供补偿、补贴等优惠政策。发

挥财政补偿激励杠杆作用,对技术含量高、市场前景广、信用记录好的科技企业,给予一定贷款贴息和中介费补贴,鼓励企业向银行融资。对科技贷款增长显著的银行,安排一定风险补偿和奖励,引导银行增加贷款支持。制定鼓励创投、担保行业发展的优惠政策,扩大创投资金和融资担保对科技企业的支持。其次,加强科技企业信用体系建设,提高信贷审查效率。提高金融机构对科技企业的信用评估与额度核定审批效率。鼓励银行等金融机构引进专业科技人才,加强对科技创新规律的把握,保证对具备成长潜力的科技企业和科技项目的信贷支持。地方政府支持人民银行进一步完善企业信用信息系统,协调相关部门参与信用体系建设,完善充实企业非银行信用信息,健全科技型企业信用档案。再次,成立政府主导的专业化科技担保公司。为科技企业提供担保,便利科技企业融资。发展科技金融专业组织,发展具备创业投资、小额信贷、融资担保等多种服务功能的科技金融服务公司,形成集团化服务优势。吸引民间资本,探索设立科技小额贷款公司,专业服务科技型企业。完善专业化服务机制,创新信贷融资模式,如贷投结合支持模式、动产权利质押融资、知识产权质押融资等,加强银险、银保合作,推动科技担保、再担保公司和保险公司加强与银行的合作。最后,搭建科技金融信息交流平台。政府职能部门和金融系统应加强政策对接,建立信息交流与融资联动机制,及时沟通科技创新政策、货币信贷政策,形成企业、项目、人才等科技信息以及科技金融产品信息库,为科技成果的转化创造融资条件。

6. 积极推动"数字昆山"向"智慧昆山"转变

积极推动智慧昆山建设。充分借助物联网、传感网,加快建设覆盖城乡、超大容量、安全可靠的信息基础网络,积极推动电子信息产业向智能楼宇、智能家居、家庭护理、路网监控、智能医院、城市生命线管理、食品药品管理、个人健康与数字生活等诸多领域渗透,推动昆山政府决策、市政管理、公共服务和社会民生的信息化、网络化和智能化。

进一步加快促进三网融合。积极发展第三代移动通信、高速互联网等新一代信息产业的系统集成和信息增值服务能力,加快发展智慧产业,推进昆山大都市生产方式、生活方式、交换方式和公共服务的巨大变革。

专栏7-2 智慧城市

智慧城市是指充分借助物联网、传感网,涉及智能楼宇、智能家居、路网监控、智能医院、城市生命线管理、食品药品管理、票证管理、家庭护理、个人健康与数字生活等诸多领域,把握新一轮科技创新革命和信息产业浪潮的重大机遇,大力发展信息通信(ICT)产业、RFID相关技术、建设电信业务及信息化基础设施,以及ICT基础设施、认证、安全等平台和示范工程,加快产业关键技术攻关,构建城市发展的智慧环境,形成基于海量信息和智能过滤处理的新的生活、产业发展、社会管理等模式,面向未来构建全新的城市形态。

四、聚焦服务贸易,趁势发展服务外包

近几年来,昆山充分发挥区位、产业、载体建设、人力资源和政策环境等优势,服务外包产业呈现出强劲攀升势头。花桥国际商务城作为省级服务外包示范区,2010年新引进服务外包项目55个,注册资本12.1亿元。未来一段时期,昆山从提升金融外包产业链、优化服务外包硬件设施和制度条件、实施人才倍增计划、引进优质外包企业等方面进一步强化发展服务外包产业,昆山将建成国际服务外包产业的重要承接地。

1. 乘势而上,进一步提升金融外包产业链

抓住国际金融机构加速向我国长三角地区战略布局的机遇,把握昆山金融服务外包品牌效应显著、规模效应初显的关键阶段,充分发挥花桥的区位、成本、环境等优势,依托花桥国际商务城和昆山软件园,进一步提升金融外包产业链,积极向后台结算、营销服务、营运服务、金融产品设计等高端领域扩展。

首先,继续加强对外宣传和沟通力度。继续举办金融外包峰会、金融后台沙龙等活动,进一步扩大昆山金融外包在国内外的影响力,鼓励和推广"以商招商"的宣传模式,进一步促进金融服务外包、软件外包等产业的强大吸附作用。其次,积极参与上海金融业分工与布局。抓住上海建设国际金融中心和"大浦东"、"大虹桥"的机遇,进一步强化花桥与上海的"同城效应",积极参与上海金融业分工与布局,实现错位联动发展,加快形成"金融上海、后台花桥"的发展格局,为上海国际金融中心提供全方位的后援支持,促进国际金融中心和金

融业集群化、规模化发展。再次,进一步吸引国际影响力的项目入驻。从龙头项目入手,加速引进金融 BPO 上下游项目,通过税收的减免、培训费用的补贴吸引外商来昆山投资。从而实现以商引商,滚动发展,形成高中低端互补的金融 BPO 产业链,扩大昆山金融外包产业的国际影响力。吸引全球领先的服务外包企业以合资或战略合作等多种形式将其在全球其他地区开展的外包业务转移至昆山。最后,促进服务外包产业链的完善和提升。鼓励各种类型的外包企业从各自的竞争优势出发,逐步推进,形成低端业务与高端业务相配合的完整产业链,全方位承接服务外包业务。内外并举,推动昆山本土服务外包企业积极发掘上海等国内市场。

2. 优化花桥和巴城服务外包硬件设施,加大政策扶持

加快花桥商务城、昆山软件园的商务功能载体建设,以花桥商务城、昆山软件园为重点,带动其他外包园区发展。整合商务区服务资源,完善一站式、全方位、专业化服务。在各外包园区中发展各具特色的服务外包产业,努力打造具有昆山特色的服务外包产业基地型特色园区。

首先,完善城市服务功能,日益优化昆山发展环境,争取昆山在国家层面成为服务外包示范城。完善城市交通、商务等基础设施建设,不断提升各项生活配套功能。建立国际学校、培训中心等良好教育环境,建设高尔夫球场、网球中心、图书馆、大剧院等良好的生活、休闲环境,满足各类人才和投资者的多方面社会服务功能需求。其次,对服务外包活动提供特殊优惠政策。每年财政安排专项资金,重点支持服务外包企业的发展。对于在区内设立研发机构,或设立地区总部、研发中心的企业,且注册资本在一定数额以上者,给予注册资本一定程度的奖励。对年销售在千万元以上的企业按年销售收入给予奖励。同时,对引进的人才给予住房租金补贴,对国际知名企业的高管子女的入学、家属就业、医疗保险、户籍迁移、出入境管理提供更多的便利和优惠。

3. 完善服务外包标准和制度建设、知识产权保护

首先,完善昆山服务外包相关制度和保障。加强服务外包的知识产权保障。根据昆山金融服务外包产业的特殊需求进一步完善保护知识产权法规体系,制定服务外包数据保密相关规则,建立服务外

包产业知识产权保护综合评价体系。其次,加大知识产权保护力度。一是引入各种行业标准和制度,落实知识产权保护相关法律的监督和实施,保障本地企业知识产权合理权益。二是在对外宣传和对接的同时加大宣传力度,适时宣布法规政策的实施时间表,消除国际上对昆山外包,特别是在知识产权保护以及数据隐私方面的顾虑。再次,建设昆山成为与国际完全接轨的"特区"。应用国际上普遍接受的法律法规,树立昆山在知识产权保护、信息安全良好形象,拓展以政府为龙头的外包产业海外市场,树立品牌形象。要求昆山从事服务外包的企业利用合同规范明确发包方和承包方在关系期间的知识产权归属,建立有效的核心技术和商业秘密使用控制机制。最后,建立外包研究中心、外包标准中心。继续开展产业理论、技术和实践研究,继国内首个"服务外包国际运营标准"以后继续研究其他外包标准。加强区域合作,加快服务外包国际运营标准建设。

4. 实施服务外包人才倍增计划,提供产业人才支撑

首先,拓宽服务外包人才培养渠道。联合高校、学院等机构,发展服务外包培训产业群。加强服务外包人才引进力度。加强资质培训、认证培训等。争创"江苏省国际服务外包人才培训基地"。鼓励私营的商业性软件人才培训机构以及软件企业自身的培训机构的发展。其次,规范化管理服务外包专业人才培训。通过各种培训形式的职业教育来培养服务外包专业人才,对培训机构教学内容以及教学手段进行规范化管理,保证教学质量。同时加强高校、培训机构、企业以及行业协会之间的互动与交流,高校和培训机构按照企业的要求培养人才,企业为高校和培训机构提供必要的支持和帮助,行业协会为三者提供交流的平台。最后,鼓励服务外包行业协会发挥作用。鼓励本地服务外包协会成为金融服务外包和软件外包等产业发展的"催化剂",加强与政府就有关产业政策进行协商、沟通,加强知识产权与数据保护法律的完善、提供咨询服务,完善职能,成为昆山本地外包企业做大做强的组织者、支持者和推动者,以及昆山国际外包企业的有力协调者。

5. 以商务城和软件园为载体,引进优质外企,培育本土企业

首先,引进优质国内外金融外包、软件外包企业。大力引进一批从事软件定制和网络化服务、软件测试、IT基础设施服务的软件信

息服务外包关键项目和旗舰企业,形成一批上规模、竞争力强的ITO 企业群。以对台服务为突破口,大力推进软件和信息服务外包,加快发展软件信息系统集成、软件定制及网络化服务、软件测试服务等外包业务。其次,鼓励本土企业的由小做大,由大做强。一是支持和鼓励本地企业以现代网络技术为基础,以高层次人才为支撑,从小型外包项目开始做起,坚持差异化的服务定位,并逐渐扩充至各个技能领域和行业领域。二是促进本地企业更多地利用网络和信息技术打造"电子出海口",降低交易成本,以技术密集的劳务产品开拓国际市场,增强竞争优势。三是促进本地外包企业与国际外包企业的合作,逐步学习和积累风险管理、金融分析、研发等高技术等高附加值的服务技能。最后,鼓励本土企业走"国内创办,海外拓展"的主动竞争型发展模式。鼓励本土外包团队通过互联网、电话等通信工具与国际客户无障碍沟通,或者出海洽谈、积极争取离岸外包合同。对本土服务外包企业给予税收政策优惠和金融支持。建立面向本土企业的风险投资基金,培养种子企业,发挥示范效应,努力培养本土企业品牌。

五、加强供应链管理,夯实现代物流业

近几年来,昆山交通设施不断完善,综合运输能力不断提升,优质物流企业不断成长,物流平台日益完善,区域物流百花齐放。未来一段时期,昆山将加强物流基础设施的衔接和协调,发展重点供应链体系,促进现代物流敏捷化、智能化和低碳化的发展,拓展物流新业态,加强区域间物流战略合作。推动昆山成为上海国际航运中心的重要分支,成为长三角地区重要的物流基地和枢纽之一。

1. 加强综保区、陆家、千灯等物流基础设施的衔接与协调

发挥昆山制造业集聚优势,依托陆家现代物流园、千灯商贸物流园区建设,建成高标准的物流基础设施平台,完善综合运输网络建设,加强各物流节点之间的衔接与协调。着力提高物流设备的系统性、兼容性,提高资源使用效率和物流运行效率。

首先,建设高标准的物流基础设施平台。按照现代物流基础设施建设适当超前的原则,加快陆家现代物流园、千灯商贸物流园的基础设施建设。加强路网规划建设,抓紧建成花桥国际商务城的专用

通道，使昆山经济技术开发区、综保区等高新技术产业园区与物流产业园区之间形成有效、快捷交通运输网络。其次，加强各物流节点之间的衔接与协调。加强制造业物流中心、商贸物流中心和出口加工物流中心之间的衔接，加强物流供应链上各节点的协调。加强对新建公路、港口转运设施的统一规划和建设，完善"集疏运"网络，防止产生新的分割和不衔接。

2. 大力发展重点领域和特色产业的供应链体系

以全力支撑昆山本地制造业和商贸流通业为重点，有针对性地加强管理，进一步完善综合物流供应链体系，加速物流资源的有效整合，促进全市现代物流产业步入规模化、集约化发展的轨道。

首先，大力建设制造业产品专业物流供应链体系。依托昆山制造业基础，为生产制造企业提供综合性物流服务的专业化物流中心。依托综保区区域，为进出口货物提供保税和监管服务的保税物流中心。着力推动国民经济关键领域和重点产业的物流发展。其次，大力建设商贸流通产品专业物流供应链体系。依托生产和生活资料集中交易场所，为商贸流通提供物流服务的商贸物流中心。优化城乡物流配送网络。发展面向流通企业和消费者的社会化共同配送，提高物流配送效率。完善农资和日用消费品的连锁经营网络，加快推进农产品从产地到销地的直销和配送。最后，加快建设建立应急物流体系。加强同上级政府、加盟应急物流企业、民间组织的多方合作与协调，建立应急信息系统、储备体系和设施设备，提高应对灾害、重大疫情等突发性事件的能力，确保社会稳定和人民群众的生命、财产安全。

3. 创新实现现代物流敏捷化、智能化和低碳化

加快行业物流公共信息平台建设，落实物流信息技术标准，鼓励企业采用先进信息技术，通过提高物流公共信息平台的网络化、专业化水平，实现昆山现代物流敏捷化、智能化和低碳化目的。

首先，提升昆山物流信息平台网络化水平。优先构筑昆山公共物流信息系统和网络，推动政府相关系统及企业信息系统的接入策略。构筑与交通、税务、海关、公安、银行、港口、铁路、站场等部门相互连通的信息平台，以企业需求为导向，以物流信息标准为要求，设计合理的入网运作模式，将相互分割的物流企业和职能部门逐步纳

入统一的网络体系。其次,积极推进物联网基础设施建设。利用昆山临近上海的区位优势和产业基础优势,抢占物联网新概念的应用先机,引领区域商务科技潮流,建设昆山成为长三角乃至全国首屈一指的物联网应用基地。最后,提升昆山物流信息平台专业化水平。建立平衡的法规和技术认证体系,加速物流信息技术提高与发展的进程。加强政府在物流信息技术上的研究及人才培训工作。加快昆山物流信息共享协议的编制工作,尽快与长三角地区的其他信息系统对接。通过示范工程,引进 EDI 系统,再造企业经营流程,提高企业经营绩效,从而促进昆山物流低碳化。

专栏 7-3　物联网

物联网(The Internet of things)的概念是在 1999 年被提出的,指通过射频识别(RFID)、红外感应器、全球定位系统、激光扫描器等信息传感设备,按约定的协议,把任何物品与互联网连接起来,进行信息交换和通讯,以实现智能化识别、定位、跟踪、监控和管理的一种网络。物联网的核心和基础仍然是互联网,是在互联网基础上延伸和扩展的网络;其用户端延伸和扩展到了任何物品与物品之间,进行信息交换和通讯。物联网可以提高经济效益,大大节约成本,是民用科技的最新发展趋势。

4. 积极拓展物流新业态,加快物流产业空间集聚

培育昆山物流行业成为具有国际竞争力的市场主体,促进物流中心的空间集聚,以此提升物流专业化水平,拓展物流新业态,进一步促进物流业务市场化和专业化。

首先,培育扶持有规模的物流骨干企业。鼓励企业通过资产重组等多种方式,发展成为品牌物流企业,并充分发挥其专业化、规模化的优势,带动更多企业从传统形态向现代物流企业转变。鼓励物流企业之间加强联合,支持工商企业与第三方物流企业、第三方物流企业与运输、仓储、货代、联运、集装箱运输等企业结成合作联盟,在空间上形成集聚。其次,促进制造业和商贸流通业物流中心集聚。以综保区、陆家现代物流园、千灯商贸物流园为三个重点,促进物流中心设施的空间集聚,重点辐射昆山经济技术开发区、花桥商务城、海峡两岸(昆山)商贸中心和"大虹桥"国际贸易中心等制造业、商贸流通重要节点,达到规模效应,全力支撑制造业和流通业的发展。根据昆山工业集群发展和产业集聚的需要,未来一段时期要积极推进物流工业超市的发展,从而实现产业与技术的上下游以及旁侧的匹配,进一步强化集聚优势。最后,有效提升物流企业增值服务功能。大力引进和培育具有库存分析、产品分销、供应链管理、技术开发、信息集成等增值服务功能的专业企业。大力发展第三方、第四方物流,积极拓展国际采购、分拨分销、中转配送等增值业务,重点引进集采购、销售、分拨、配送、结算等于一体的综合服务项目,全力打造供应链管理服务中心,形成以供应链服务企业为主的现代物流产业。

专栏7-4　工业超市

工厂或企业往往需要一定的非生产性物料,对其生产和工作设施、设备进行保养、维修,保证其运行,这些物料被统称为MRO工业品,MRO是Maintenance、Repair and Operations三个词的缩写。MRO工业品可能是用于设备保养、维修的备品备件,也可能是保证企业正常运行的相关设备,耗材等物资,如手动工具、电动工具、劳防用品、设备用油品、清洗剂、防静电无尘用品等等。

目前国内企业在MRO工业品的采购上,主要通过当地批发集散市场或企业周边小贸易商两种传统途径进行采购,往往存在价格不稳定,产品品质不能保证,以及难以获得后续技术支持等问题。而MRO工业品供应市场目前比较分散,远未形成规模,存在产品种类少、管理不规范、资金缺乏、渠道不多、不能提供多少增值的服务等问题。

工业超市正是顺应这样的市场供需现状而出现的新业态,主要形式为将品类齐全的MRO产品进行整合,形成一站式购物超市,超市内所有售卖的产品质量有保证,且有对产品品牌、性能、参数熟悉的专业工程师对产品进行选型指导和使用说明,一定可以极大地降低工厂MRO产品采购的综合成本。

5. 加强与长三角其他区域物流战略联盟合作

利用昆山制造业优势和紧邻上海虹桥枢纽优势,向西对接南京,融入苏锡常城市群,向东对接上海,构建与区域内物流产业紧密配套的物流联动保障体系,共同培育统一开放、通畅高效的现代物流市场体系。

首先,充分发挥昆山在制造业的优势。通过地区间的物流联动,满足全国各大城市对制造业产品的需求。大力培育台湾产品的贸易中心、销售中心和采购中心,力争成为全国的台湾商品集散地。其次，加强与江苏省、上海市区域物流战略联盟合作。立足昆山本地制造业企业和商贸企业需求，加强昆山公共物流信息网与长三角地区的衔接。加快现有物流信息平台同外部地区信息平台对接力度。加强与上海国际物流中心战略合作。向东对接上海，大力发展配套物流，吸引上海的国际货物在昆山集散中转。

八、发挥文创优势，积极发展文化创意产业

近几年来，昆山坚持率先发展、科学发展、和谐发展，努力建设"文化昆山"，文化创意产业步伐加快，产业布局雏形初显，文化创意、广播影视、出版传媒、数字动漫、会展广告等领域优势凸显。与此同时公共文化体系日趋健全，文化遗产保护全面加强。未来一段时期，昆山将进一步加强对文化产业公共服务平台的支持力度，重点推动产业集聚规模化、品牌化、特色化、区域化和国际化运作，初步形成文化产业市场化、生态化、规模化、体系化的良性发展格局。

1. 坚持文化创新，树立"创意昆山"品牌

以创新带动昆山文化事业的发展，扶持壮大工业设计、数字动漫、文化创意三大创意设计产业，支持建立一批创新能力强、市场需求旺盛、创意特征鲜明、规模规范运营的创意设计产业集聚区，在全国树立起"创意昆山"的城市品牌。

首先，依托昆山国家级经济技术开发区的载体资源，进一步促进工业设计产业集聚发展。借助先进制造业的设计需求，推动具有一定规模的创意设计产业集聚区建设，大力发展工程设计、工艺设计、文化用品设计、装潢设计、服务设计等产业。其次，依托周庄人文自然资源，加快推进"昆山市文化创意产业园"建设。以周庄"中国第一水乡"的品牌效应，大力推动集画工厂、创意部落、创意工作室、传统工艺美术设计、传统技艺传承、品牌画廊、湿地景观等多种内容和多重功能的画家村建设，整合现有资源，合理布局，进一步强化市场营销。再次，依托巴城昆山软件园产业发展，着力打造有自主创新企业、有自主产品品牌、有完成产业链、有市场运营能力、有技术服务平台的动漫产业集聚区，以创意提升昆山文化产业发展的贡献力。大力发展动漫影视作品、动漫游戏产品、漫画作品及其衍生品的创作、开发和生产，开展动漫真人秀、动漫影视展映等体验式活动。加强贷

款贴息、补助、奖励等方式的扶持,设立动漫原创基金,完善企业出口动漫产品的出口退(免)税政策。最后,搭建信息咨询、人才培训、展示交易、行业交流等平台,完善创意设计产业的公共服务。组织开展创意设计推广活动,举办昆山创意设计大赛、全国创意设计论坛等交流活动。继续扩大重点项目带动效应和政策资金引领作用,推动昆山创意设计产业向市场化、规模化、健康化、体系化的良性发展模式转变。

2. 坚持文化传承,打造文化奇葩高地

充分挖掘和弘扬昆曲文化、水乡文化、"三贤"文化、沈万三商业文化、饮食文化、园艺文化等六大代表性传统文化,加大对传统文化的挖掘力度、对历史文化遗存的保护力度和对非物质文化遗产的保护力度,将昆山打造为中国传统文化奇葩汇集的高地。

首先,打造世界级昆曲研究基地。高度重视昆曲文化的传承保护,大力弘扬普及昆曲文化,进一步推动昆山昆曲团的建设和发展,在市内主要旅游景点开展昆曲"周周演"活动;成立昆山小梅花艺术团,启动传统昆曲剧目创编工作;举办世界昆曲文化节和昆台昆曲研讨会,联合办好"中国昆剧艺术节",使之成为本地文化产业的第一品牌。同时,健全以昆曲为代表的非物质文化遗产名录保护,开展非物质文化遗产普查,建立民间文化生态保护区,加强对昆山民间文学、民俗文化等非物质文化遗产项目的抢救。其次,重塑中国第一水乡文化旗帜。结合旅游业和商业发展,深入挖掘水乡文化内涵,突出周庄"小桥流水人家"、千灯镇"五湖三荡"和锦溪镇"滨水街巷"的空间特色,重塑融入地方民俗的江南田园式水乡文化。同时,注重古镇文物和生态保护,建立文物法规、政策、文物保护知识宣传教育的传媒平台、学术交流的科研平台、文物市场的交易平台。再次,重视以"昆山三贤"为代表的政治教育文化。整理和弘扬"三贤"优秀思想文化遗产,创建国家级爱国主义教育基地,塑造昆山教育文化品牌。发展以昆石、琼花、并蒂莲为代表的园艺文化,以此为基础,与文化创意产业相结合,做大昆山园艺节,举办园艺展览和园艺论坛。最后,推动昆山多元的餐饮商业文化。以阳澄湖闸蟹为龙头,推广集大闸蟹、奥灶面、万三蹄等美食的昆山饮食文化,在昆山蟹文化节、美食节、啤酒节的基础上,举办世界性昆山饮食文化节和厨艺大赛。结合现代商业,深入挖掘以沈万三为代表的商业文化,大力弘扬沈万三"勤劳、智慧、机遇、诚信"的创业精神。

3. 坚持文化融合,推动传统文化现代化

首先,积极促进文化与经济的融合。充分开发了利用传统文化资源,以文化发展引领经济加速发展,坚持社会效益和经济效益相统一、文化事业和文化产业相统一、继承借鉴和改革创新相统一,推动文化品牌产业化、文化资源资本化、文化理念现代化。其次,积极促进传统文化与新兴文化产业的融合。在大力弘扬和保护传统文化的同时,以现代化观念、现代化生活、现代化手段丰富传统文化,并以昆山六大文化为基础,不断增加新鲜文化内容,提高昆山文化的创造力、竞争力和影响力。最后,推动传统文化与现代科技的融合。充分利用昆山高科技发展优势,主动"对接上海",进一步加强数字网络传媒产业发展,重点在花桥国际商务城吸引一批在数字技术和网络传媒领域有一定影响力和知名度的企业。鼓励具有自主知识产权的文化创意产业以及其他网络文化产品的创作和研发,推动昆山文化的数字化建设。

4. 坚持文化惠民,完善公共文化服务体系

建立健全公共文化设施网络,以大型公共文化设施为骨干,以社区和乡镇基层文化设施为基础,统筹规划,合理布局,建立健全公共文化服务设施网络。把公共文化设施建设纳入到国民经济和社会发展规划、土地总体利用规划和城乡规划中,加强对文化设施的管理和保护。

首先,促进城乡一体化发展,繁荣社区和乡镇群众文化建设。树立草根品牌,以深入基层、服务基层为宗旨,继续推行"欢乐文明百村行"活动;鼓励居民参与社区和乡镇各项文化活动,定期举办社区文化艺术节。继续设立公益性基层文化设施建设发展引导资金,充分保障人民群众的文化权益和满足人民群众日益增长的文化需求。其次,提高公共文化机构的服务能力。适应群众多层次、多样化、便捷性的文化服务需求,健全服务组织体制和运行机制,拓宽服务领域,创新服务方式,改善服务条件,提高服务质量。完善公共文化机构功能定位,明确服务目标、任务和责任,建立考核、激励约束机制,提高使用效益。最后,引导和鼓励社会力量兴办公益性文化事业。依法加强民办文化从业人员的资质考核和业务培训。通过民办公助等方

式,鼓励群众自办文化,发展自筹资金、自负盈亏、自我管理、自娱自乐的公益性文化运行模式,充分支持群众文化创作,提高公民文化艺术素养。

5. 坚持文化开放,创建文化交流平台

首先,主动配合海峡两岸商贸合作区建设,充分利用开发区和花桥国际商务城大型会展设施,以昆—台商贸合作会展为契机,加强昆山与台湾的文化交流。成立两岸文化交流协会,建立常态交流机制,促进昆山与台湾文化与经济的融合,推进昆台文化交流向纵深发展。其次,主动开展对外文化合作,提高对外文化交流的水平和质量。健全"政府主导支持、社会广泛参与、多种方式运作"的工作模式,加强与相关部门的协作,发挥地方政府和民间力量的积极性。扩宽民间交流合作领域,联合办好"中国农民艺术节"、"江浙沪业余戏曲邀请赛"等活动,力争树立昆山区域性国际交流发展中心的地位。最后,结合昆山现有文化资源,完善昆山广电传媒平台、昆曲平台、文化竞赛活动平台、社会现实与虚拟网络平台等文化交流平台。利用中国昆剧艺术节、国际文化旅游节、国际啤酒节等重大文化节庆,搭建与"大城市"目标一致的高层次、高水平、高标准的对外文化交流平台,提升昆山传统与现代交融文化的影响力和辐射性。

七、完善商业体系,营建现代城市商业

近几年来,昆山商贸业总体呈高速发展态势,在扩大流通规模、调整商业结构、增强城市服务功能、提升营销能力等方面不断开拓进取,在扩大内需、增加就业、服务民生、拉动经济增长等方面的地位和作用日益突出,保持了持续、高速、健康的发展势头。未来一段时期,昆山将加快提升城市的商贸服务功能,大力发展新型商贸业态,加快建设核心商圈,形成层次分明、布局合理的现代商贸发展格局。整合现有资源,大力发展商贸会展,将昆山建设成为全国有一定区域影响力的会展城市。

1. 培育新型消费热点,营造浓郁的商业氛围

充分发挥商业引导生产、带动消费的先导性作用,把握昆山城市化率不断提高、城市人口结构变化的特点,抓住人均GDP超过一万美元消费结构升级的新机遇,围绕汽车、住房、信息、旅游、家电、婚庆

等新兴消费热点,开展各种形式的主题营销活动,继续巩固商业作为昆山服务业第一支柱的地位,使得商贸业占 GDP 比重逐年增高。

首先,推广电子消费。引导电视购物、网上购物、团购等形式,实现电子商务与生活服务的顺畅衔接;完善无线网络、便利配送站等基础设施建设,搭建网格化、全覆盖的配送服务系统,促进本地商品的便捷流通,便利居民生活。同时,大力推进信息网络技术在商业企业内部管理中的应用,利用信息网络技术降低交易成本、提高商业绩效。其次,拓展信贷消费领域与规模,推动多种形式的信用消费、租赁消费。普及现代支付、结算和交割方式,倡导电子收银系统(POS)、电子订货系统(EOS)、信息管理系统(MIS)、电子数据交换系统(EDI)等在商业领域的应用,推广"刷卡"结算,逐步提高刷卡消费占零售额的比重。最后,倡导绿色消费理念,以"绿色生活,环保选购"为重点,倡导消费者转变传统消费观,开拓创新消费方式,提高服务消费的质量和水平。针对"健康、快乐、环保、可持续"的生活理念,扩大居民旅游和服务消费,促进文化、体育健身消费。

2. 优化业态布局结构,建设现代化都市商业

丰富昆山商业业态,满足消费者多元化、个性化、品牌化的现代消费需求。重点在高新区、开发区和华侨商务区增设综合性经营、一站式服务的大型百货和生活方式购物中心(lifestyle shopping center),促进昆山商贸业向高端发展,转变昆山商厦"一家独大"的百货局面,形成"一超多强"格局。

专栏7-5　生活方式购物中心(Lifestyle Shopping Center)

生活方式购物中心是第四代购物中心,国际购物中心协会将其定义为"位于密度较高的住宅区域,迎合本商圈中消费顾客对零售的需求及对休闲方式的追求,具有露天开放的特征及良好的环境。主要有高端的全国性连锁专卖店,或以时装为主的百货主力店,多业态集合,以休闲为目的,包括餐饮、娱乐、书店、影院等设施,通过环境、建筑及装饰的风格营造出别致的休闲消费场所"。

首先,围绕汽车、母婴、婚庆等消费热点,鼓励发展标准化、敏捷化、差异化的专业店、专卖店。以连锁经营、物流配送、电子商务、无店铺经营等现代流通方式改造传统商业,增加新兴服务业的占比,提

升商品零售业的现代化程度和服务水平。其次,继续优化昆山商业空间格局。一是继续推动城市核心区商贸聚集区繁荣,建设高端、现代、品质、综合的区域性商业中心;二是重点打造以花桥商务区为核心的现代服务集聚带,构建集展览展示、商务办公、配套服务于一体的国际商务区和商业服务功能区;三是以阳澄湖度假区、江南水乡等旅游景区为依托,结合文化、旅游、体育等产业发展,打造休闲商旅服务区;四是加快昆山商贸城建设,提供优惠政策,完善配套服务,打造长三角"体验经济"先行区。最后,坚持规划先行原则,根据修编后的昆山城市总体规划重新完成《昆山市商业网点布局规划》。依法规范、优化配置城市商业空间布局、业态结构,为投资主体提供明确的市场导向,促进商业网点建设均衡发展。同时,建立大型商业设施建设听政制度,规范市场准入机制,依据人口分布状况和居民需求,以政策引导多种业态合理布局、适度发展、提升水准。

3. 依托产业整合资源,推动会展经济繁荣发展

依托海峡两岸(昆山)商贸合作区、国际会展中心、天天国际展览中心、美吉特工业品博览城等会展平台,通过和优势产业、新兴产业、特色产业的融合互动,展示推广新技术、新产品和新工艺,带动相关配套产业的发展。加快会展场馆周边配套设施建设,不断完善餐饮、住宿、商务、通讯、中介等服务功能,推动会展经济的产业链繁衍。积极承接上海溢出效应,同时借鉴国内外发展会展经济的成功经验,统筹规划,合理布局,以先进的理念推动会展经济健康有序发展。

首先,培育专业化会展。依托昆山的主导优势产业,重点培育有基础的电子信息产业、光电产业、装备制造业、生物医药产业等专业化会展,同时培养能源、环保、软件、动漫以及物流、创意设计等新兴产业展览,推动一批专业化展会成为行业发展的风向标、产业最新技术的交流贸易地。要大力培养各类专业会展人才,提高组展过程的专业化水平,促使会展业形成专业化分工协作的格局。其次,提升市场化水平。充分发挥会展市场的供求关系来自动调节会展业发展,加快展馆经营市场化、展会运行市场化的进程,把具体的经营、组织等交还给市场。完善行业规范和制度约束,促进组建行业自律性的会展协会,逐步建立适合会展业发展的管理协调体制及市场化管理制度,营造健康有序的市场竞争环境,形成良性发展的会展经济格局,努力在整合资源、培育主体、提升品牌、改善环境、规范市场等方

面发挥积极的引导作用。再次,推进品牌化进程。通过政策优惠、制度保障等手段大力引进一批国际国内知名品牌展会落户昆山,进一步提升昆山会展业的规模和质量。扶持本土会展企业做大做强,培育拳头品牌会展。同时要采取灵活多样的组织形式,扶持和培育一批有国际竞争力的会展集团,以逐步提高品牌的知晓度及价值含量,合作主办展览、移植品牌展会。还要鼓励各专业园区、专业市场、企业集团和自然人等投资组建有发展前景的会展经营公司和服务公司,共同打造定位清晰、价值创新、规模宏大的国际知名展览会。最后,加强信息化应用。利用昆山智慧城市建设的契机,加大会展产业信息化改造投入,建立网络招商招展平台,利用虚拟展馆,开展网上会展活动。大力推进电子商务与交易平台、大宗商品市场以及专业市场等的建设,大力培育网上进出口商品博览会和国际专业展会。发挥网络媒体的宣传作用,加强对各类品牌会展、会议和重大节事活动的策划和宣传,提高会展业的影响力。

4. 打造全国性商业品牌,塑造高品质文明商圈

在做优做强传统优势品牌基础上,打造一批有品质、有特色、有影响的品牌商业群、品牌商业街、品牌商业企业、品牌商品等,大力实施品牌战略,以品牌提升昆山商业感召力,塑造商业新亮点,打造现代化都市商业新形象。

首先,着力升级百货品牌。以昆山商厦为龙头,树立和升级昆山传统商业品牌。积极引进国际奢侈品品牌,融购入、休闲、娱乐、餐饮、文化、商务等功能于一体,不断丰富和拓展经营范围,提升商品和服务档次,发展区域性连锁百货和主题百货,并结合网络资源,搭建网上商城,树立昆山现代化、综合化、高端化、国际化的品牌百货形象。其次,创新昆山餐饮品牌。继续拓展阳澄湖大闸蟹、奥灶面、万三蹄等传统餐饮业的深度和广度。积极推进餐饮行业标准化、规范化、大众化和特色化经营,努力挖掘江南餐饮文化内涵,坚持对传统餐饮继承和创新。同时,结合阳澄湖、南部水乡片区的旅游和文化,进一步培育新型餐饮品牌,创新服务方式,促进具有鲜明地方特色、又符合其发展规律的快餐行业的发展,弘扬昆山饮食文化。大力推进餐饮服务行业的标准化建设,严格执行餐饮服务行业的市场准入标准、食品卫生与安全标准、服务规范标准。最后,强化旅游商业品牌。以周庄、锦溪、千灯水乡古镇旅游和阳澄湖、淀山湖景区为载体,

面向观光游客、休闲度假者，建设集购物、餐饮、休闲娱乐为一体、与自然融合的大型生态游购广场，发展庭院式商业中心、休闲小品等业态。鼓励发展中小型汽车旅馆、家庭旅馆等，完善景区商业服务设施和功能。结合文化创意产业，大力开发具有地方特色的旅游产品，延长旅游产品和服务产业链，提升产品品质和附加价值。

5. 倡导绿色消费理念，建设长三角低碳商业先行区

推动可持续的绿色增长。实施以"提倡绿色消费，培育绿色市场，开辟绿色通道"为内容的"三绿工程"，构建统一高效、卫生安全的鲜活农产品绿色通道，大力发展放心食品、绿色食品、有机食品和绿色环保产品的销售专区、专柜、专卖店，力争使大多数农副产品批发市场和生鲜超市达到绿色市场标准。力争打造长三角的绿色商业品牌，推动昆山的商业基于"绿色"持续增长。

首先，发展低碳经济，践行低碳理念。以低碳为导向倡导共生型消费生活方式，践行可持续的低碳消费理念。培育全民低碳消费意识，争取引导消费者跨越消费障碍，从生活理念到消费行为、消费模式，力求提升生活质量与能耗消费的性价比。与高校合作，定期邀请相关专家组建低碳消费宣讲团，深入昆山社区、市场、企业、学校等进行低碳消费专题讲座，大力宣传和发展低碳文化，广泛营造低碳消费的文化氛围，将昆山建设为长三角低碳商业先行区。其次，依靠科技进步，实现低碳转型。推动企业主导低碳消费方式，依靠科技进步和技术创新，大力推进商业效益增长方式的转变。积极倡导公众节能、节电、节水、节材，促进生态型、环保型商品和服务的市场份额，规范节能产品流通市场，推广应用高效节能产品。推动"以旧换新"业务，积极建立再生资源回收利用体系，实现资源再利用。最后，出台低碳政策。由政府引导，制定并出台政策法规，鼓励企业、公民实行低碳消费，对于投资低碳生产的企业给予贷款、税收等方面的优惠。同时，政府部门和单位通过早期采用、购买先进技术和产品等方式，带头节能减排，制定节能采购产品目录，抑制消费主体高碳消费方式。

6. 积极推进社区乡镇商业，提升居民生活品质

积极实施以"便利消费进社区、便民服务进家庭"的"双进社区"行动。重点建设一批社区生鲜食品店、菜市场、餐饮店、便利店、洗染店、修理店、照相、誊印、废旧物回收等各类经营服务网点，完善高效、

规范、利民、便民的社区商业服务。完成社区最后100米商业服务配送,鼓励连锁企业、批发企业开展社会化配送服务,推进家庭服务社会化进程,形成集购物、餐饮、娱乐等多种功能于一体的新型社区商业服务体系。

首先,以提高商业网络覆盖率为重点,推动昆山社区商业的层级网络建设,实现全时全位的商业服务。引进中高档连锁便利店,推进其向规范化、规模化方向发展。多层次、灵活性配置社区商业业态,促使社区商业与文化、体育、休闲等产业相统一,以多元化、个性化、合理化的商业服务和配套设施,营造宜居、乐居、安居的社区环境,充分满足居民日常生活需求。其次,大力推进社区电子商务。搭建社区和乡镇商业服务信息平台,集购物服务系统、家政服务系统、代理服务系统为一体,以代理、代办、中介、委托、直营等多种形式,在社区服务中心设点,借助社区配套中心,实现门对门服务,最大限度提供高品质便捷化服务。最后,实现社区分类管理。各乡镇根据产业主导型、交通枢纽型、旅游主导型、现代居住型的不同特点,推动商业经营结构、业态结构和布局结构的整合与发展。改善农村消费环境,建立和完善配送、安装、维修等农村销售服务体系。充分把握城乡一体化机遇,以政府引导、政策扶持、企业主导、市场运作的方式,在"万村千乡市场工程"基础上,进一步推动乡镇连锁业态的推广,继续执行家电下乡和家电以旧换新政策,加快农贸市场向中小型超市转变的进程。

7. 强化商贸开放程度,提升产业国际化水平

降低市场准入资格条件,深入实施开放带动战略,坚持对外开放与对内开放并举,提升商业吸引和利用外资的质量和水平。扩大商业对外开放的行业和领域,注重引进、消化和吸收国际先进的商品流通模式、经营服务方式、经营理念和流通技术改造传统商业,实现流通方式、经营业态和组织形式创新。

首先,融入大上海。以花桥国际商务城为纽带,加强与上海商贸流通业的交流与合作,一方面提供优惠条件,吸引上海国际型商贸企业和跨国商业集团入驻昆山,鼓励和推动外资开发昆山市场,提升商业服务品质和品位;另一方面,结合昆山旅游业、文化创意产业和体育产业的发展,针对上海高学历、高收入、高感官人群提供独具昆山特色、健康生态、综合便捷的商务商业、景区商业和餐饮业服务。其

次,对接台湾岛。进一步吸纳台湾传统商业品牌,结合传统文化保护,将"南后街—中山堂"、"东塘街—亭林路"两条特色街区打造为台湾特色文化商业街。抢抓"MOU"、"ECFA"签署机遇,深化对台交流合作,加快建设海峡两岸(昆山)商贸合作区。大力培育台湾产品的贸易中心、销售中心和采购中心,力争成为全国的台湾商品集散地。最后,走出大商业,形成大格局。一方面,鼓励本地商贸服务业上规模的企业以开设分店、连锁超市、主题百货等形式,走出昆山,拓展长三角、全国乃至世界其他区域的商业市场。另一方面,定期组织商业企业领导和中高层从业人员出国培训,考察新型业态和布局结构,以"走出去"为手段,培养专业化、尖端化商贸业人才,最终推动昆山商贸业向更高层次的发展。

八、重视休闲经济,加快发展旅游休闲业

近几年来,昆山市实现旅游人次和收入的大幅提升,社会效益和环境效益显著;"水乡古镇"旅游区、阳澄湖旅游区、淀山湖旅游区旅游发展状况总体良好,并形成一定的规模效应;重点产品品级优良,建成5A级景区1个,4A级景区3个,3A级景区1个,并拥有省级旅游度假区1个。未来一段时期,昆山将充分发挥周庄和巴城的龙头带动作用,逐步构建城市旅游体系,打造旅游集聚区。重新构建旅游综合体、旅游服务区、休闲社区三大系统,驱动昆山旅游从景区观光迈向休闲服务。形成以观光旅游为基础、休闲度假为主导、专项旅游为补充的多元化复合型旅游产品体系,将昆山打造为长三角短途休闲旅游目的地。

1. 整合资源,整体定位,重塑江南水乡古镇形象

首先,抓住机遇,统筹发展。积极发挥昆山南部古镇水乡休闲片区资源丰富、组合性好、区位条件突出、产业基础雄厚的优势,充分利用上海、苏州等都市休闲需求加速扩张、投资资金充裕的大好机遇,继续推行周庄、锦溪、千灯三大水乡古镇的有效捆绑,整合资源,整体定位,联动发展,重塑江南水乡古镇的形象。其次,二次创业,差异发展。充分利用周庄旅游的带动效应、锦溪的湖荡资源和文化产业、千灯的民俗资源和现代农业,通过品牌整合、产业辐射、产品互动、线路联通,进行特色化、差异化发展,集全市之力全面推进昆山水乡古镇

旅游经济的"二次创业",进一步扩大对三镇整体品牌宣传、产品推介和相关招商活动的支持,构建国家水乡黄金走廊,江南古镇一站式体验基地。再次,道法自然,生态发展。以崇尚自然、返璞归真为理念,以保持"水乡原型,生态绿城"为目标,结合旅游特色村庄,适度保持传统水产养殖和农田耕作模式,营造传统生态景观,保持江南水乡传统村落景观,营造"小桥、流水、人家"的意境。以水、渔、米、耕、戏为特色,设计和开发环保型参与体验性旅游休闲活动项目,从"以人为本"转向"道法自然",将农业、农业文明和自然规律与旅游结合起来,加大人们对于农业的体验,促进水乡观光旅游持续健康发展。最后,文旅互动,协同发展。着力营造大范围、生态化中华江南水乡旅游产业区的基本形态,将昆山悠久厚重的文化底蕴与水乡古镇的旅游休闲紧密融合,推动文化与旅游的呼应、互通、互进,整体提升文化旅游产业的服务功能。加快水乡古镇大规模文化旅游产业集群的空间结构、产业形态、服务方式的科学布局,形成风貌统一、品牌联合、风格各异、服务错位、运营联动的整体集群效应,重塑江南水乡古镇文化旅游品牌。

2. 以周庄、巴城为双龙头,打造三核集聚、五区联动旅游格局

以周庄、巴城为双龙头,以城区为中心,全力打造巴城—城区—千灯—锦溪的江南水乡全景体验轴,以周庄古镇水乡休闲核、巴城湖泊美食度假核、城区综合服务游憩核为"三核",以南部古镇水乡旅游片区、城市商旅综合旅游片区、中部都市田园旅游片区、淀山湖时尚运动旅游片区、阳澄湖美食度假旅游片区为"五区",通过"三核集聚,五区联动"驱动昆山旅游空间的发展。

首先,打造周庄古镇水乡核心区。以周庄为核心,重塑中国第一水乡,以品牌提升品质,推动周庄向国际化方向发展;以三个水乡古镇为基础,结合淀山湖区域,完善立体化交通设施,在继续塑造"四季周庄"品牌的同时,丰富其他独具特色的水乡风情表演,打造富有传统水乡韵味的旅游核心。同时,依靠高投入、大项目、多营销拉动旅游业整体提升,形成泛旅游产业,由旅游观光逐渐向休闲度假升级,带动南部旅游发展。其次,依托北部巴城美食核心区。以巴城为基础,通过精品度假项目带动、整合特色资源,提升旅游服务。突出湖鲜美食特色,通过精品带动、特色整合、服务提升三大策略的实施,实现从大闸蟹美食休闲到国际滨湖康城的转变,构建世界级饮食康体

品牌,带动北部旅游发展。最后,继续发挥中心城区的资源优势。与花桥商务城和周市联动,凸显昆山以昆曲文化为代表的文化特色,搭建昆曲大舞台,定期进行各类曲艺、文艺表演;导入并蒂莲、昆石、传统文化、生态工业文化、创意休闲、现代文明等多种主题公园,增强休闲游憩功能,完善景观设计和配套设施,为昆山市民营造融绿崇文的休闲氛围,构建商旅休闲之都,带动中部城区旅游发展。

3. 依托历史人文资源,打造六大旅游休闲产品

第一,古镇观光产品。依托三大古镇资源,以周庄为龙头,引领锦溪、千灯深入挖掘休闲、观光潜力,创新古镇发展模式,推动产品开发的差异化和多样化,强化区域联动效应。推动周庄休闲度假、锦溪文博旅游和千灯民俗体验三大古镇观光产品的发展和升级。第二,湖泊休闲产品。以阳澄湖美食产品和淀山湖水上运动为核心特色,以需求为导向,以环境为前提,继续推动水上风情园、高尔夫球场、温泉酒店、游艇俱乐部、独家村庄滨湖房产的开发建设。同时,探索新型湖泊休闲产品和方式,提升产品和服务的附加值,减少传统休闲产品的季节性制约。第三,城市休闲产品。整合现有休闲产品,强化城区休闲的软件建设。拓展亭林园城市休闲中心功能,深入挖掘玉峰山旅游资源,完善现代化、时尚化、国际化的公园系统和滨水休闲服务。积极发展昆山夜游系统,拟定集休闲、娱乐、餐饮、购物于一体的夜景步行或单车路线,打造"夜·昆山"休闲娱乐品牌,将昆山建设为长三角地区的商旅休闲之都。第四,乡村旅游产品。依托农业设施基础和水乡生态基底,推动农业和旅游业的"一三互动",在丹桂园、星期九农庄、创意生活农庄、华东生态农庄的基础上,推动昆山休闲农庄向高层次、特色化、产业化、规模化方向发展;依托海峡两岸农业合作试验区发展,建设集农业生产、休闲观光、采摘体验、农业生产知识推广教育等功能于一体的高效农业园,将昆山打造为田园休闲城。第五,商务会展产品。以上海、苏州等都市的商务需求为导向,依托南部水乡片区、阳澄湖和淀山湖等旅游景区优美的自然风光和深厚的人文底蕴,兴建功能齐全、服务便利、特色鲜明的古镇会所和公馆,并完善商务酒店、特色餐饮、购物中心等配套服务,建设服务大上海的商务新城。第六,运动康体产品。以淀山湖旅游度假区为核心,充分利用多家高尔夫球场和水上风情园等资源,组建并提升高尔夫、赛马、卡丁车等运动俱乐部,建设专业化、大品牌的体育用品购物中心,

提升高端运动休闲品质。依托锦溪体育用品的制造和研发产业,发展体育竞赛表演和健身休闲与康复产品。完善昆山专业性体育馆和运动场建设,提升健身器材的覆盖率,定期举办体育赛事,倡导全民健身。

4. 提升旅游服务水平,健全专业人本服务体系

首先,实现旅游酒店业供需平衡。妥善处理好竞争性领域中政府与市场的关系,突出市场对资源配置的基础性作用,在政府的引导下,应主要依托市场力量确立酒店供给的规模。积极鼓励建立多层次的、多样化的旅游酒店接待设施。在昆山全市酒店内,大力推定"低碳经济、绿色酒店"行动,运用先进的绿色酒店经营理念,通过 5R 步骤,即 Research(研究)、Reduce(减少)、Recycle(循环)、Replace(替代)和 Reserve(保持),实现酒店业的可持续发展。其次,建立昆山旅游服务区。结合城镇旅游集散中心、重要景区服务中心建设,在全市打造 8 个集旅游集散、组织、咨询、餐饮、购物、休闲于一体的旅游服务区,以及一系列电子资讯服务中心。充分发挥旅游服务区的窗口和纽带作用,促使旅游项目有效联动,方便游客,有效提升景区接待能力。最后,推进旅行社专业化、网络化、品牌化。鼓励旅行社行业发展,推进昆山大型旅行社规模化,中型旅行社专业化,小型旅行社网络化,形成高效率的旅行社产业组织体系。加强行业管理与从业人员培训,提高昆山旅行社行业的整体服务水平。同时,在古镇景区引进以商务和高端度假为核心业务的旅行社,积极引入高收入、高消费、高感官需求市场。

5. 创新旅游模式,四大体系保障旅游服务

首先,完善旅游信息和体系。完善覆盖全市的旅游信息网,逐步构建有 1 个一级服务中心、3 个二级服务中心、4 个三级服务中心和 N 个终端节点旅游咨询服务体系的四级旅游咨询服务网络体系,使旅游信息及其管理系统高效地服务于全区旅游业的发展。其次,创新旅游发展体制。以昆山旅游发展委员会为核心和主导,综合协调和指导各部门配合联动、社会协同参与旅游发展格局,推行旅游与文物、风景区等一体化的管理模式。搭建投资运营平台,引进外部战略投资,设立旅游产业投资基金,并推动引导主体参与旅行社管理、景区与房产开发运营、酒店管理运营等。再次,培育引进旅游职业人

才。逐步培养和引进具有全球观念的高素质的旅游管理、经营、营销人才,以实现高效率的管理和服务,提升旅游企业的经营管理能力,以及营销活动的专业化和国际化水准。同时,逐步完善旅游教育培训工作的组织体系,拓展教育培训渠道,积极引进较高层次的旅游研究和旅游管理人才,以专业化人才推动昆山旅游产业的有高度、有内涵、有保证的繁荣发展。最后,积极发展旅游购物。一是丰富金融支付手段,全面引入信用卡消费系统,在集散中心、游客中心、旅游购物中心设立自动取款机。二是在旅游纪念品和土特产品的销售方面,设立统一的交易市场和特许经营店,由政府监督和指导,加强对从业人员的监管。

九、普惠民生服务,加速提升公共服务业

近几年来,昆山公共服务业在统筹兼顾中快速发展。免费义务教育全面实施,高中教育和高等教育水平稳步提升,昆山成为全省首批教育现代化建设先进市;新建改建公立医院13家、民办医疗机构90家;体育事业蓬勃发展,产业化进程不断加快;社区服务体系初步建立,并实现城乡公共服务全覆盖。未来一段时期,昆山将坚持民本、民生、民富的发展理念,更加强调以人为本、富民优先,加快发展各项公共服务业。同时坚持城市现代化与城乡一体化的有机统一,加快改善民生、建设"和谐昆山"的进程,实现经济社会的全面协调发展。

1. 构建公平、优质、国际化教育体系

第一,促进公平教育。优先发展基础教育,形成惠及全民的公平教育。进一步扩大幼儿园规模和数量,充分满足普惠和公平的学前教育需求,大力提升昆山的学前教育质量和服务能力;重点加强中小学建设,均衡基础教育布局,满足新建居民区教育服务的需求;缩小市区和各乡镇教育差距,在财政拨款、学校建设、教师配置等方面向农村倾斜;实际缩小校际差距,着力提高师资水平。第二,基地先行,优质导向。推进中小学教育的优质化和精致化,适当在基础教育阶段鼓励建立高水平的私立学校,并积极扶持有条件的公立中小学,创建产三角地区有优质教育资源、有广泛影响力、有全方位人才培养体系的品牌中小学校。同时,积极与国内外一流高校和著名培训机构

联合办学，面向昆山庞大的"金领"、"银领"沟通学习需求，建立集学习、交流、会友等多种功能为一体的昆山高级人才教育基地，大力发展职业教育和终身教育。第三，健全和完善昆山教育体系。构筑从幼教、小学、中学、大学、继续教育、职业教育到远程教育、终身教育的完备的教育体系。整合职业教育资源，面向高端产业，以校区和产业链为依托，大力发展职业教育；加强社区教育网络建设，大力发展非学历继续教育和教育培训服务；建立覆盖昆山全境的终身学习网络和服务平台，促进全民学习。第四，倡导健康体育。积极倡导健康第一、卫生饮食、劳逸结合的理念，强化学校卫生健康教育，健全体育、卫生保健等课程设置，建立学生健康数据库，充分掌握校园健康问题并实施追踪管理。学校与医疗机构建立长期合作关系，对各级教育对象实施健康检察及复检、缺点矫治与疾病医疗、协助紧急伤病处理，办理健康专题教育训练。第五，扩大对外开放。依托登云科技职业学院、清华科技园、昆山软件园、苏州大学应用文理学院等教育培训机构，继续引进若干家国外IT高级技术工人教育与培训机构，打造世界IT职业技术教育培训基地。同时，以美国杜克大学昆山校区为契机，进一步推动中外高等院校和教育机构合作办学，重点促进国际金融、国际贸易、信息传媒、专业服务等培训市场发展。

2. 强化均衡、可及、现代化医疗服务

第一，健全公共卫生体系。按照"做优市级、做强镇级、做大社区"的总体要求，加强三级医疗机构功能建设；完善突发公共卫生事件应急处理机制，提高对突发公共卫生事件的快速反应能力和应急救治能力。加强医疗服务机构、药品、保健品和食品的执法检查和市场监管，维护昆山良好的医疗卫生服务秩序。第二，均衡医疗资源配置。完善昆山卫生事业发展规划，引进优质医疗资源，优化基本医疗资源配置，切实解决群众看病难问题。积极建设昆山各镇的公共卫生管理中心，建立新型农村合作医疗信息化管理系统，实现城乡居民健康水平的整体提高，切实提升医疗卫生服务的均衡化和可及性。在充分发挥市场主导作用的基础上，进一步开放医疗服务市场，鼓励民营资本和外国资本介入医疗服务体系，促进国际化高端民营医疗机构发展。第三，打造国际康体疗养中心。依托昆山优美的人文山水环境和发达的经济服务水平，发展以康复疗养为核心的医疗服务，在长三角地区打造国际化疗养康体中心。积极引进国内外医疗资本入驻昆山,结合旅游业和文化产业发展,在周庄、阳澄湖、锦溪、千灯建立高品质、有内涵、多层次的康复疗养中心,结合中高端体育产业发展,建立康体娱乐保健俱乐部。第四,搭建卫生信息平台。充分借鉴国内外成功经验,搭建融保健咨询系统、远程医疗会诊系统、资源价格问诊服务系统、消费者评价与监督系统的高效、通畅的远程卫生信息平台。拓展医疗服务、妇幼保健、疾病检测报告、医疗协作、慢性病管理、医院管理等多种功能。第五,提升社区医疗水平。加强社区卫生服务中心标准化建设,强化社区基本医疗保险服务功能,加大社区卫生服务投入,完善社区卫生服务配套设施,实现社区卫生服务机构设置的城乡全覆盖。加强社区医疗卫生人才培养,提高社区医疗机构医务人员的技术水平。

3. 提升活力、低碳、产业化体育建设

首先,加强设施建设。一是按照大城市功能需求建设强化服务全市居民的市级体育场馆建设,为体育赛事、体育训练夯实硬件基础;二是坚持服务居民的原则,以提升公共服务为目的,完善功能区级的体育设施建设;三是加强阳澄湖、周庄等旅游休闲集聚区的体育配套设施,积极开发参与体验项目,增强旅游休闲区的活力。其次,促进全民健身。积极培育市民的体育健身意识,普及健身康体知识教育。优化建设环境,促进学校、企业、机关等体育场地向社会开放,丰富群众的体育活动,建立政府主导、社会团体和企业积极组织、群众广泛参与的全民健身服务机制,促进昆山全民健身持续健康的发展,带动市民体育消费的稳定增长。再次,发展体育产业。加强体育事业与产业的结合,大力发展体育竞技表演业,在现有大型赛事承办频次的基础上,继续引进高水平、国际性的体育赛事和体育竞技项目入驻昆山,打造具有昆山特色的品牌型精品赛事。积极推动锦溪创建国家级体育(科技)产业基地,着力打造体育会展、体育传媒、体育动漫网络等产业集群,扩大体育产业规模。合理布局综合性健身场所,大力发展体育健身服务业。把体育与文化、旅游等产业有机结合,完善具有江南水乡特色的体育产业链条,充分挖掘体育发展潜力,促进昆山经济持续发展。最后,打造低碳昆山。与捷安特自行车制造业结合,推动专业化自行车基地的发展,组建非专业型自行车骑行协会,积极承办国际性环阳澄湖自行车体育赛事;同时利用昆山丰富的旅游资源和较为健全的基础设施,发展徒步旅行、野营、划船、垂钓、高尔夫、采摘体验等体育项目,大力发展低碳体育,树立"低碳昆山"品牌,提升体育产业附加值。

4. 发展宜居、安居、乐居的社区服务

首先,坚持体系健全。以满足社区居民生产生活需求为中心,建设组织网络化、制度规范化、队伍专业化、设施配套化的社区服务体系。深化"15分钟社区服务圈"建设,强化社区管理和服务功能,构建集医疗、卫生、就业、养老、法律、文化教育、便民利民、治安管理于一体的社区管理和服务网络。其次,坚持环境优先。一是建设优美的人居环境。推进节能减排与资源再利用的体系建设,以生态环境的协调与融合为导向,绿化社区环境,美化社区空间,打造一批绿色示范社区。二是营造安全健康的乐居环境。倡导"安全、健康、文化"的社区理念,以建立和促进社区群众安全的预防和持续改进为主要内容,积极开展安全社区创建工作,提高居民在安全及健康方面的生活质量。再次,坚持综合服务。继续推行便利消费进社区、便民服务进家庭的"双进行动",合理配置完善社区商业网点,完善老人配套服务、医疗、助残、就业、文化教育等设施建设,形成面向各种服务对象的便民利民、公益福利的社区服务网络。拓宽社区服务内容和领域,进行社区信息化建设,为居民提供"一网式"服务,促进社区管理的现代化。支持民间资本全面进入社区服务业,鼓励和扶持兴办多种所有制的社区服务业,大力发展家庭医疗保健、养老托幼、超市、便民店、标准化菜店、餐饮店、洗衣店、美发店、家政保洁、商品配送等社区服务网点,满足居民基本文娱消费、卫生保健需求。最后,坚持分类指导。针对新建中高档城市社区,在小区建设中合理安排小区规划,建立住宅保障体系和高质量的物业服务,以物业管理为纽带,高起点、高标准的推动社区服务业发展;针对老旧住宅区,按照"有治安防范、有绿化保洁、有维护维修、有停车管理"的"四有"标准,逐步实现无物业管理小区向准物业管理小区过渡,推动城市老旧小区物业管理专业化、市场化;针对阳澄湖、周庄、淀山湖等景区周边的"第二居所"社区,积极引进房地产业和服务业的高端市场,服务高端度假、高端疗养、高端安居、高端和谐的高品质社区,大力完善社区配套功能,实现社区生活精致化。

第八章

常熟：从传统产业路径依赖到服务经济协同演进

第一节 常熟经济的历程与服务业的发展

江苏省常熟市位于长江三角洲腹地,苏州东北部,东邻太仓,距上海100公里;南接昆山、苏州;西连无锡、江阴;北濒长江黄金水道,与南通隔江相望;西北境与张家港接壤;下辖10个镇、1个场、1个中国服装城、2个经济开发区、1个尚湖旅游度假区,总面积1264平方千米。常熟得名于十里虞山,虞山半麓入城,倒映在尚湖、昆承湖之中,相映增辉;琴川河穿城而过,雅园幽巷点缀其间,构成了"山、水、城、园"融为一体的独特风情。常熟素有"锦绣江南鱼米乡"之美誉,同时也是中国综合实力较强的县级市,中国大陆经济最强县级市之一,位于中国县域经济、文化、金融、商贸、会展和航运中心的前列①。

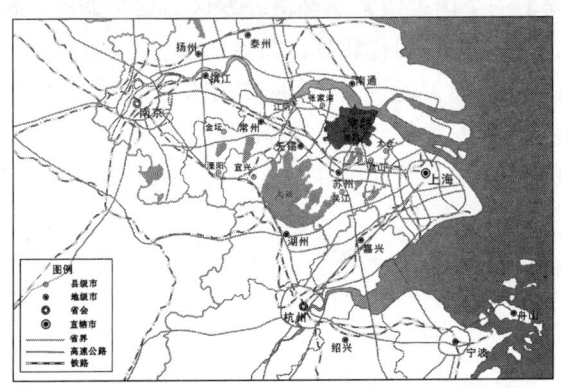

图8-1 常熟在长三角的区位示意图

---

① 资料来源:中国常熟政府网,http://www.changshu.gov.cn/zgcs/zjcs/001001/。

一、总体经济格局以民企、外资"双轮驱动"

常熟市位于中国经济最活跃的区域——上海经济圈中心,具有得天独厚的区位优势。近 20 年经济增长一直保持在 15% 以上,综合实力显著增强。特别是近几年来,外向型经济发展迅猛,投资环境不断改善。

改革开放前,常熟经济一直保持着农业和工贸平分秋色的态势。20 世纪 70 年代中期开始,常熟乡办企业的萌芽突破,并在改革开放后快速发展,形成了以集体经济为主发展乡镇企业的典型"苏南模式"经济发展路径。随着邓小平南行讲话和"十四大"召开,"苏南模式"的资社之争结束,常熟经济在以乡镇企业为主的发展道路上快速前进。同期,常熟市经济开发区成立,外资经济逐步发展。

常熟于 1996—1999 年和 2001 年两次进行了乡镇企业产权制度改革,产权制度的明晰进一步激发了经济增长的动力,推动了民营企业的快速发展。2000 年以后,常熟民营经济为主导的发展格局形成巩固,整体经济进入加速增长阶段。民营企业产值占总产值的比例达到约 64%,民营企业从业人员占全部非农从业人员的比例超过 60%。近年来,常熟民营经济累计注册资本、平均注册资本、工业年销售额、上缴利税、外贸出口、专利总数与几年前相比都实现了"六个倍增"。2010 年,民营经济累计注册资本达到 640 亿元,位居江苏省第一。

为了迎合沿江战略的开发,常熟又克服重重困难,在原常熟港的基础上建成了一个国家级常熟经济开发区。通过调整乡镇区划和产业布局,进一步推进了现代化滨江新城的建设;通过打造一流的基础设施,形成了周边通关速度最快、物流成本最低的区域;通过市级机关、服务部门向开发区的延伸和倾斜,逐步营造出了一个低成本、高效率的商务环境;通过抬高招商门槛,确保了沿江外向型经济良性持续的发展态势。

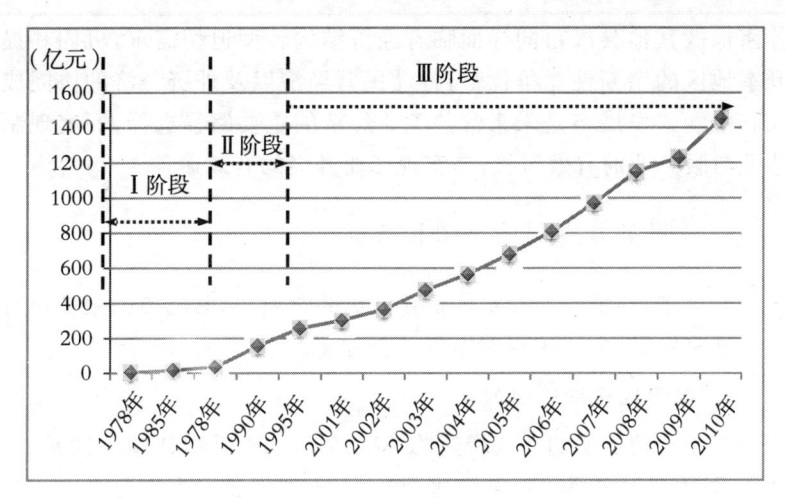

第八章 常熟：从传统产业路径依赖到服务经济协同演进

(亿元)

资料来源：《常熟统计年鉴》，常熟市统计局(历年)；中国统计信息网：http://www.tjcn.org/。

图8-2 常熟GDP增加值变动时间序列

从上图看出，常熟的经济增长大致经历了三个阶段，第一阶段是1978—1990年，第二阶段是1991—2000年，第三阶段是2001年以后，明显进入到一个加速成长的时期。2010年，常熟人均GDP突破20000美元，经济总量由2000年GDP的258亿到2010年GDP突破1400亿，年均增速超过20%，在第十届全国县域经济基本竞争力排名中位居"区域经济强县统筹发展组团"并列第一名，荣获《福布斯》杂志"2010年中国大陆最佳县级城市"第二名，整体经济已经进入规模驱动的发展阶段。

二、加快发展服务业是经济转型的战略选择

常熟工业发展初期遵循典型的"苏南模式"路径，集体经济的乡镇企业发展奠定了整个城市的工业基础，并在此基础上形成了目前所谓的"新苏南模式"——根植性的民营经济为主导的工业发展格局。随着宏观经济的变化和中国进入后WTO时代，常熟的外向型经济也得到了长足发展，经济发展日益多元化，民企和外资"双轮驱动"是常熟经济发展互动协同的突出体现。近年来，常熟服务业增长率趋势稳健，服务业占GDP比重略有上升。

常熟尽管在经济发展上取得了较大的成绩，但是与昆山、太仓等

苏南地区其他县级市同样面临着经济结构转型迫切需求,巩固和提升本地区的垄断性竞争优势,推动民营经济以及外资经济的协同成长和内涵式发展将是未来常熟工业经济的重要路径选择,而实现制造业与服务业的有效对接,是实现产业升级的有效途径。

三、服务业发展的态势和特征

近年来,在推动产业结构优化升级的背景下,常熟市的服务业得到了迅速发展,主要体现在以下几个方面。

1. 总量规模持续增加

服务业增加值的年均增速为17.5%,2010年达到607亿元,占地区GDP的比重为41.8%,比2004年末增加了5个百分点。服务业投入年均增长26.5%,2010年达到198.5亿元。服务业已经成为常熟市扩大内需、拉动经济增长的重要力量。

2. 内部结构不断优化

三次产业结构由2004年末的2∶61∶37变为2010年的1.7∶56.5∶41.8,服务业份额不断提高。从服务业内部看,在改造提升商贸流通、餐饮、交通运输和为农服务等传统服务业的同时,现代物流、金融保险、房地产、旅游和现代流通等新兴服务业开始兴起,形成了服务业新的经济增长点。

3. 贡献份额稳步提高

2009年度服务业实现税收总额37.37亿元,比2004年末净增18.87亿元;实现服务业一般预算收入26.53亿元,占财政一般预算收入的比重为34%,比2004年末净增15.2亿元,占财政一般预算收入的比重比2004年末提高了3.4个百分点。服务业已成为常熟市地方税收的主要来源。

4. 从业人数明显增多

服务业从业人员在近年来年均增长1万人左右,2009年度达到35万人,占全社会从业人数的比重为30%,比2004年末提高8个百分点。服务业一方面解决了大部分社会新增就业人员的就业问题,另一方面也吸纳了从一、二产业中转移出来的富余劳动力。

第二节 发展的问题：传统服务业为主导的服务业结构锁定

近年来，常熟服务业的产业结构不断趋于合理。然而，无论是对外开放程度与服务全球能力的不足，还是高端人才的欠缺，都只是常熟市服务业发展所面临问题的表象，而其背后的深层次原因应当归结于"传统服务业为主导的服务业结构锁定"。

这种传统服务业占据主导的服务业结构体系的形成是在特定的历史条件和区域条件下长期演化的结果，并由于区域经济发展过程中的自我强化机制而形成了路径依赖，导致产业结构锁定。这种结构锁定是造成常熟市传统服务业占据主导地位、现代服务业发展受到制约的关键所在。

一、传统服务业在地区经济的内部循环中自我强化

常熟经济的这种自我强化机制同时存在于"商贸流通—轻纺工业"和"港口物流—临港工业"这两组重要的地方产业体系中，直接推动了工业与传统服务业之间"协同演进"式增长。

1. 以专业市场为核心的商贸流通与轻纺工业在协同演进中持续发展

改革开放初期，利用地方传统纺织工艺基础，以服装生产为代表的轻纺工业率先发展起来。伴随着服装生产规模的逐渐扩大，贸易需求也不断增长，以批发零售为主要功能的专业市场和以仓储运输为主要功能的物流业应运而生。专业市场的建立，不仅为本地中小企业搭建起共享销售渠道，而且为区域内外的消费者搭建起采购平台，物流业的发展则实现了商品的快速流通，从而为产业创造出低成本优势，为本地带来更大的市场需求，促进纺织工业进一步扩容升级，也推动服装贸易流通规模日渐扩大，形成纺织工业与服装贸易流通相互促进、协同发展的演进路径。

轻纺工业与以专业市场为核心的商贸流通在协同演进中的持续强化，也极大地推动了中小企业的发展，这不仅繁荣了地方经济，更使一方百姓变得十分富裕。改革开放三十年来，常熟市居民收入水

平不断提升,物质生活条件有效改善,推动了居民消费需求不断升级。与此相适应的是,常熟市各类零售商业、餐饮业等生活性服务业逐渐发展壮大,消费市场持续繁荣,从而为生产和贸易的进一步扩大创造条件。此外,常熟的家具制造业与红木专业市场也存在着类似的相互促进关系。

2. 港口物流在与临港工业的协同演进中持续发展

20世纪90年代初,常熟提出了"以港兴市"战略,开始了对沿江地区的大规模工业化开发。2001年起,围绕构建"大港口"的目标,常熟加速了临港工业的集聚。伴随着许多世界著名临港工业企业的落户,常熟经济技术开发区逐渐形成了以钢铁、能源、造纸、化工、汽车零配件为主导的沿江产业群体,因而催生出巨大的港口物流需求。

通过服务临港工业的"大生产",常熟港的"大运输"功能得到充分发挥。围绕特色产业集群,常熟港的港口货物吞吐量实现了飞速增长,以2001年突破1000万吨为起点,一路扶摇直上,至2009年达到4460万吨,并逐步形成了钢材、纸浆等特色货种运输体系,成为华东地区钢材、纸浆集散基地,以及长三角区域重要的中转港之一。

随着港口功能的扩张和临港工业的进一步发展,常熟港的货物交易市场逐步出现,自2003年以来,相继形成了常熟港钢材交易、木材仓储、石化产品、有色金属等市场。市场的形成和发展又为港口的可持续发展提供了货源保证。港口物流业务的扩大、交易市场的形成则又促进了沿江城市功能的进一步完善,为下一步吸引临港工业、物流企业、贸易企业创造了条件。

二、现代服务业在新一轮区域中心化的背景下参与全球分工不足

上述协同演进的发展模式造成常熟长期以来始终偏重商贸流通、物流等传统服务业,而现代服务业的发展相对不足的局面。改革开放以来,长江三角洲地区呈现出经济高度集聚的态势,而目前以现代服务业为主导的新一轮产业集聚正在形成,即现代服务业部门向区域的核心功能区集中,由于常熟在现代服务业发展方面落后于周边的昆山、太仓等地区,使得这种不足成为了限制常熟现代服务业崛起的核心制约因素。

现代服务业以人才、现代化的基础设施和生活环境为导向,在区位条件、要素积累、政策推动等多元条件的良性互动中,不断向大都市区的核心功能区集聚。长江三角洲的核心功能区具有优越的区位条件和政策条件,产业发展基础雄厚,经济要素积累充足,因而能够率先参与到全球服务业分工中,推动现代服务业在这些地区得到率先发展。需要指出的是,产业集聚效应又进一步推动现代服务业和相关要素持续向这些核心地区集中。因此,这种产业集聚具有自我强化的特征。常熟周边的现代服务业核心功能区包括:

陆家嘴金融贸易区:上海建设国际金融中心的重要载体;

虹桥商务区:上海建设国际贸易中心的重要载体;

花桥国际商务城:江苏省发展现代服务业的示范区、江苏省发展现代服务业的示范区;

太仓港:集装箱干线港,江苏沿江集装箱运输的内贸转运枢纽、近洋直达集散中心、远洋中转基地。

服务业发展的核心功能区对优势经济要素具有巨大的吸附作用,它们的存在与发展对处于非核心地区的常熟产生了巨大的负面影响,如阻碍了高端人才等高级经济要素向常熟集聚,抢夺外部高端市场等,并最终制约常熟服务外包、商务金融、科技服务、会议会展、休闲度假等现代服务业的发展和提升。

三、"升级小循环,参与大循环"的需求

传统服务业为主导的服务业结构锁定为常熟服务业的发展带来了"升级小循环,参与大循环"的需求。

首先,常熟本地经济的小循环面临着升级需求。随着长三角地区经济的发展和区域竞争的加剧,常熟市产业发展的低成本优势会逐渐消失,这将导致传统服务业的发展基础发生动摇。同时,传统服务业的发展现状已经不能满足本地不断升级的生产和生活需求。因此必须通过转型升级实现新一轮提升发展。

其次,原本属于非核心地区的常熟有着努力实现"中心化"的需要。而常熟参与区域乃至全球经济大循环的条件正在持续改善——长三角地区经济发展正趋于扁平化和网络化,这极大地改善了常熟市现代服务业发展的区位条件和政策条件,意味着常熟市有条件在积极参与全球分工的过程中带动现代服务业实现跨越式发展。

第三节 服务业发展的优势和劣势

一、拥有六大优势

1. 垄断优势之一:长三角独特的"山、水、城"

常熟素有"七溪流水皆通海,十里青山半入城"之美誉。十里虞山峰峦起伏,半麓入城,尚湖、昆承湖面山而卧,相映增辉;琴川河穿城而过,雅园幽巷点缀其间,构成了"山、水、城"融为一体的独特的吴地风情。这种别具一格的城市景观、空间形态和生态环境,是中国城市规划与建设的典范。

常熟山清水秀,景色绮丽。优美的自然生态环境历来是一个城市增强吸引力的重要优势,也是城市人文底蕴得以发展的重要环境。近年来,常熟致力于突出山水、绿色、生态,做到自然资源、人文优势与环境保护并重。虞山呈现竹海林涛、山茶葱郁的美景,尚湖呈现碧波荡漾、鸥鹭齐鸣的奇观。尚湖水质之好居苏州各湖之首,可以说是长三角最为清澈的一汪水域。常熟市被联合国组织评为"国际花园城市",成为全国同类城市中唯一获此殊荣的城市。常熟也是第一批"国家生态城市",目前正在积极争创联合国迪拜国家改善居住环境最佳范例奖。

区域经济的竞争实质是环境的竞争,环境是生产力,也是竞争力。常熟"山、水、城"融合一体、交相辉映,是最不易被转移、最不易被模仿的垄断性优势,不仅有利于常熟大力发展以旅游度假、商务服务为主导的服务产业群,而且也是常熟发展宜居文化,增强经济根植性的关键。

2. 垄断优势之二:强大的经济根植性

常熟目前已经累计建办私营企业12139家,注册资本超过350亿元,并且在纺织、服装等产业上有独特的优势,是中国休闲服装名城和中国纺织产业基地。这些传统优势产业由本土企业聚集发展而来,以民资参与为主,依托于本地优势、人际网络和地方文化,具有很强的经济根植性。这些企业总部、研发中心、销售中心等核心部门都设在常熟,同本地的人文环境密切相连,拥有特定的地脉、文脉和人脉,在本地形成了密切联络的生产网络和社会网络,这是常熟的垄断性优势之一,为发展生产性服务业奠定了雄厚的基础。

伴随着长三角地区的发展和产业升级,常熟市内资与外资产业并举,具有产业类型的"生态多样性"。近年来,常熟在精密机械、汽车零部件、电子信息、建筑新材料等产业方面得到快速集聚,已经成为中国汽车零部件产业基地,机电产品产业基地和中国制造业信息化建设示范市,全球已有50多个国家和地区的1600多家企业投资进驻,其中世界500强企业达到17家。为推动外生型经济与内生型经济发展与融合,常熟可以围绕外资企业,积极开展协作配套,通过大力推进产业集群化进程,逐步形成上、中、下游结构完整、外围健全的产业链和研发、营运等产业服务配套体系,促使外资企业和相应的人才加快"落地生根"。

3. 突出优势之一:深厚的人文底蕴

常熟素被誉为"人文昌盛之邦,文物著于江南",代表了吴文化的精髓和本质特征。闲情逸致的水乡特色,造就了人们感情细腻,偏爱淡雅、玲珑、舒缓和清丽秀美,与常熟山温水软有直接关系;温文尔雅的市民文化,推进了常熟"琴、书、画、刻"的产生和发展,"紫竹调"、"打连湘"以及"白茆山歌"深百姓喜爱;重文重教的文化理念,产生过孔子唯一的南方弟子言偃和两朝帝师、晚清重臣翁同龢,出过8个状元、9名宰相、483位进士,当代常熟籍的中科院、中国工程院院士有18人。一百多处文保遗迹让常熟在江苏县级市中独占鳌头,新建的图书馆、博物馆、美术馆、古琴艺术馆、翁同龢纪念馆等融古典与现代韵味于一体,使千年文脉在现代文明中继续流淌,成了文化艺术爱好者活动的重要场所;博采众长的文化性格,使其兼蓄南北文化精华,广泛吸收多种文化的优点,兼容并包。常熟市人引以为豪的"南人北相"、"吴风燕骨",既有南方人委婉细腻、又有北方人豪放爽直的刚柔并济性格。

文化是一个城市发展的精髓和灵魂,是与经济良性互动的重要元素。常熟历史上经济文化发达,艺术流派纷呈,传统工艺精美,加上丰富的时岁节日和独具特色的地方名产,形成内涵丰富的文化传统,完全可以依托国家历史文化名城深厚的文化底蕴,提升文化"软实力",助推经济"硬实力"。

4. 突出优势之二：多元化、多层次的品牌优势

品牌资源是城市发展的重要名片，也是城市形象的重要依托。常熟拥有一系列城市品牌、商贸品牌、旅游品牌、产业品牌、企业品牌，具有多元化、多层次的品牌优势。

从城市品牌来看，1986年被批准为"国家历史文化名城"；近年来又先后获"国家卫生城市"、"中国优秀旅游城市"、"国家园林城市"、"国家环保模范城市"、"全国社会治安综合治理先进县市"、"全国畅通工程模范管理城市"、"国际花园城市"等称号，成为中国获得该殊荣的第一个县级市，同时还获得"遗产管理"单项竞赛第一名等称号。

从产业和企业品牌来看，常熟已成为"中国纺织产业基地"和"中国休闲服装名城"，拥有省级以上名牌135个、苏州市级名牌241个，名牌总量列全国同类城市前茅，形成"金字塔"型的品牌梯队，其中省级以上名牌产品实现利润已占常熟全市的30%以上。从商贸品牌来看，常熟拥有闻名遐迩的"招商城"，社会消费品零售总额全国县级市排名第一。未来一段时期，常熟还将着力打造山水文化品牌、虞山派古琴艺术品牌以及文博品牌等"十大文化品牌"。

这些丰富的品牌资源一旦得到良好的整合，将对常熟发展服务经济起到巨大的推动作用，增加常熟的城市美誉度，提升人们对常熟的发展预期，使常熟建成辐射面广、聚集力强、美誉度高的"品牌城市"。

5. 突出优势之三：较大的服务经济需求

常熟综合经济实力雄厚，2010年全国百强县排名中名列第二，发展成就显著。其中2010年全市工业总产值3652.16亿元，进出口总额超过173.2亿美元。当年全市规模以上工业企业达1538家，规模以下企业数量更为庞大。随着长三角的产业升级和结构调整，常熟多元化的经济结构，发达的制造业对于运营、管理、金融、信息、物流等服务业的需求将日益迫切，这将为常熟现代生产性服务业的发展提供良好的需求支撑。

常熟2010年总人口达106.69万人，总量上超过周边各县市的人口。突破百万的人口意味着本地消费市场基数大，服务需求多样，能够支撑多种服务产业的发展。同时，常熟在苏南地区拥有大量的民营企业，收入水平较高，2010年常熟人均GDP已达20000美元，

居民富裕殷实,本地生活消费能力较强,消费水平较高,这种巨大的乘数效应推动常熟的生活性服务业快速发展。

常熟拥有以招商城为代表的多个专业性批发市场,辐射范围广,经济影响力强,目前招商城日人流量20余万。同时,常熟拥有著名的虞山、尚湖以及红色旅游景点沙家浜,每年有大量国内外游客到访常熟,2010年境内外游客达到1527万人次,实现旅游总收入185.48亿元,同比增长21.9%和25.2%。

6. 突出优势之四:纵横广阔的腹地优势

根据苏州市的规划,沪宁东西发展轴和苏嘉杭南北发展轴是苏州未来经济集聚成长、快速提升的主轴线和中枢系统,沿江、沿湖和沿沪浙三条产业带是发展基础产业、现代服务业和农业,接轨上海、对接浙江的主要区域。常熟是苏嘉杭南北发展轴北部的重要区域,重点发展优势传统产业和现代物流业,建设成为苏州南北向重要的物流轴线,以及连接沿江基础原材料与腹地制成品加工产业链的通道。同时,常熟又是沿江产业带的主要节点,重点发展基础产业和现代物流业,促进沿江港口、城市建设和产业发展的统筹协调及资源共享,打造临江基础产业集聚带。

从区位上看,常熟位于长三角中部,为上海、苏州、无锡、常州、南通等十多个工商业发达的大中型城市环抱,即将开通的苏通大桥突显了常熟的"横亘东西、贯穿南北"的枢纽地位,扩大了常熟的潜在腹地,在200公里辐射半径内拥有现实而巨大的市场。交通条件有利于常熟招商引资、吸引各种要素集聚,也有利于本地企业向周边地域扩张市场,增强区域控制力和影响力,形成新的腹地。

二、存在两大劣势

1. 缺乏人才配套体系,高端人才不足

现代服务业是一个知识密集和人才密集的产业,需要全方位的人才,不仅需要高端管理人才,同时也需要大量有熟练专业技能和服务业理念的普通服务业从业人员,他们要有常熟发展服务产业所必需的意识、认识、知识和能力。制造业企业的优势取决于其"产品配套体系",服务业则取决于"人才配套体系"。人才的结构短缺是常熟发展现代服务业的劣势之一,常熟不仅缺乏少数高端人才,还缺乏比较大量普通服务业从业人员,亟须尽快建设和完善人才培养体系,打造人才配套体系。

高质量的人力资源及投入可以使城市产业获得资源和产品的竞争优势,而常熟人力资源质量有待提高。目前常熟人才结构中只有高中以下的劳动力人数有优势,高学历人才仍然相对欠缺。对于一个城市而言,低技术劳动力过剩不仅不能促进城市的发展,而且会加大城市发展的成本。而人力资源的短缺,特别是熟练工人、高级人才的欠缺,将限制高附加值产业的扩张和产业结构的不断调整。常熟发展,教育先行。

2. 服务产业链较短、较细,缺乏规模经济

常熟服务产业链较短、较细,产业链也不够完整,缺乏规模经济,服务产品结构相对单一,不但影响了服务业的发展,也制约了工业的发展,影响到企业的竞争力。常熟目前传统性服务业实力雄厚,商贸流通业发展引人注目,但是应该看到,常熟的现代服务业发展较为缓慢,金融、房地产、物流等产业发展水平同周边城市存在差距。

金融保险和房地产产业占服务业比重历来是生产性服务业发展水平的重要指标。2010年,常熟的金融保险与房地产业占服务业的比重约为17.5%,与周边县市存在较大差距,目前常熟现代物流还没有根本引入,道口、港口物流发展偏缓,尚没有知名的国内外物流企业,本地物流企业现代操作技术水平较低。而在城市休闲旅游经济产业方面,常熟也是有待加强,尚不及昆山、吴江的发展水平。

第四节 发展愿景、思路、目标和空间格局

在"升级小循环,参与大循环"的需求背景下,常熟未来应坚持"协同演进",主动"接轨全球",从而实现对原有结构锁定的突破,推动其服务业的整体提升。

一、发展愿景

抓住机遇,发挥优势,将常熟建设成为具有世界级品质的"江南商都、人居天堂"。这是常熟市身处长三角这个发展中世界级城市区域(City-Region)的必然要求,是未来实现科学发展、和谐发展、跨越

发展的总体方向。所谓世界级品质,特别重视宜人性、自然、文化、时尚、运动以及宜居性质,强调地区的综合服务水平和功能与发达国家相似区域"无差异"。

"江南商都"不仅指发达的商贸流通服务和网络体系,而且还要具有良好的现代商务服务功能,促进人文、生态、旅游和商务的良性互动,为具有强大根植性的本地企业和跨国企业提供一流的生产性服务。

"人居天堂"注重挖掘吴地文化渊源,以山水人文为主题,打造"以和为贵"的区域品牌,为度假者、投资者、居民、企业和政府创造以"和"为核心的区域价值和人居理念,实现常熟的人与人、人与自然的宜居和谐。

二、发展思路:协同演进,接轨全球

要实现"升级小循环,参与大循环"的目标,常熟市应当实施"协同演进,接轨全球"的服务业发展总体战略。

所谓协同演进,就是要在常熟长期以来二、三产业协同发展的基础上,推动小循环由"工业—传统服务业"模式向高端升级。主要方式是:一是通过发展总部经济,推动传统业态升级;二是通过发展新金融、商务服务、休闲度假旅游等高端业务,占据服务业高附加值领域,从而实现传统服务业的提档升级。

所谓接轨全球,就是要主动参与到区域以及全球经济的大循环中,带动现代服务业实现跨越式的发展。常熟应以国际标准完善内部生产、生活环境,利用政策和环境优势引进外部优质资源,从而跨越式地推动服务外包、科技服务、休闲度假、会展服务等新兴服务业部门的快速发展。

三、发展目标与路径选择

落实"协同演进,接轨全球"战略的关键在于将常熟打造成为"两个中心、两个基地"的建设,即:商务服务中心、商贸流通中心、服务外包基地、休闲度假基地。

"两个中心、两个基地"要求常熟在未来发展过程中要充分发挥根植性民营经济的活力,善于利用外部资源,持续强化传统商贸流通的领先地位,大力发展商务金融、服务外包等现代服务业,促进制造业与服务业的共同提升,传统服务业与现代服务业的协同发展。

1. 总体发展目标

依据常熟城市性质、功能定位、比较优势和市场需求,具体设定常熟的服务业发展的总体战略目标:面向21世纪,充分发挥毗邻上海、苏州市区的地缘优势,依托良好的港口资源及雄厚的制造业基础,整合优势资源,带动一批服务业产业群进入常熟这个经济增长中心,推动服务业成长为常熟的经济支柱,发展成为面向基于优势产业的商务服务中心、文化创意中心、商贸流通中心和长三角高端旅游度假基地,加快构筑融集聚、创新、辐射、引领功能为一体的现代服务平台,形成与新型工业化和城市化进程相协调的增值率高、辐射面广、开放度高的的综合服务体系,实现都市国际化、经济服务化、区域一体化、产业高值化的新格局。

2. 发展路径选择

"两个中心、两个基地"同时也要求常熟在未来发展过程中要面向本地居民、外部高端人才和旅游者,全力构建高品质的公共服务体系,努力打造生产、生活、生态"三生"环境,围绕"慢经济"大力发展休闲度假旅游,着力打造"中国乐活城",为人民生活谋福利,为企业发展做环境,率先满足长江三角洲地区的领先需求,率先在区域品质和公共服务方面实现与发达国家均等化。

(1)"两个中心、两个基地"是"协同演进,接轨全球"的具体落实

一方面,坚持产业协同演进意味着常熟需要积极培育符合产业升级方向的新兴服务业部门,推动服务业与制造业相互促进,传统服务业与现代服务业协同提升。

常熟应坚持市场对资源配置的基础作用,以区域产业结构的内生演进为方向,以构建完备的产业生态体系为目标,以推进制造业非核心业务的剥离和转移为契机,深入推进产业升级,高度重视新兴服务业部门的培育,大力发展商务金融,持续提升商贸流通,通过打造商务服务中心、商贸流通中心,实现制造业与服务业之间的相互促进,传统服务业与现代服务业的协同提升,推动产业结构不断趋向高级化。另一方面,主动接轨全球要求常熟与全球标准、全球人才和全球分工进行全面接轨。

第八章　常熟：从传统产业路径依赖到服务经济协同演进

第一，接轨先进标准，推进"三生"环境品质化。即以发达国家标准为参照，针对本地居民需求、外部高端人才和领先旅游需求，通过打造高端休闲度假基地，推进公共服务和支持性商务活动设施品质化，推进区域生产、生活、生态环境品质化。

第二，面向全球，导入服务业发展的高端人才。即把引进高端人才作为构建竞争优势，参与全球分工，获取高附加值的重要抓手，充分发挥比较优势，以资本换技术，以资本换人才，靠环境创价值，靠环境留人才。

第三，积极参与全球分工，打造服务业新增长极。即要把握新一轮国际产业转移机遇，积极参与全球分工，通过打造服务外包基地，主动承接知识流程外包和业务流程外包业务。

(2) 服务地方产业升级，打造商务服务中心

常熟未来应当相应本地企业和居民对商务金融服务需求，依托新城中央商务区(CBD)、东南开发区和经济开发区三个大型核心载体，推进支持性商务活动设施的建设，完善商务服务产业链，发展总部经济和会展经济，同时加快促进金融要素的地方集聚，积极拓展新型金融业态。争取用五年左右的时间，初步形成具备总部经济、金融服务、会议会展等功能的商务服务体系。

3. 提升传统服务业，打造商贸流通中心

常熟应增强物流业对生产经营、生活居住的支持功能，以港区物流和商城物流为核心，以企业物流园区为节点，构建多层次的现代物流体系。应以常熟国际物流园区为载体，大力发展港区物流，从而促进国际贸易，推动工业发展；应面向服装城等专业市场，以提高商品交易效率为目标，大力发展商城物流，确保专业市场繁荣发展；应针对企业和居民的物流需求，构建多节点企业物流园区，完善全市物流配送网络，支持企业发展，方便居民生活。

常熟专业市场的发展则应瞄准国际贸易，注重业态升级，实现功能的不断完善。可通过创新外贸通关模式，聚焦中国常熟服装城国际贸易，推动服装城走向世界；通过大力发展电子商务，促进有形市场与无形市场的有效衔接，加速提升市场份额；通过积极向营销、设计等环节延伸，提高品牌影响力，增加产品附加值，推动专业市场业态升级。应促进产业融合发展，通过产业链嫁接，拓展专业市场的旅游、商务、演绎、展示等功能。此外，常熟未来还应立足服务民生，以

古城商圈和琴湖游憩商业区为核心，以主要企业集聚区和生活社区为重要节点，构建便捷、现代的商业网络体系。

4. 主动参与全球分工，打造服务外包基地

常熟参与全球大循环的重要途径是发展服务外包，因此必须充分把握新一轮服务业转移机遇，以满足日益升级的国内外生产性服务需求为目标，加快打造服务外包基地。应加快建设企业公共服务平台，完善人才引进和培养措施，引进龙头型企业和领军型人才，重点发展围绕生物医药、信息技术、汽车和新能源研发等产业的知识流程外包，多元化拓展"后台"产业链，积极发展业务流程外包；同时以高标准打造楼宇经济和总部经济，推动服务外包空间集聚。

5. 营销城市形象，打造休闲度假基地

在现有城市品牌的基础上，常熟应进一步导入地方营销理念，以满足长江三角洲领先需求为方向，通过建设常熟旅游度假区等方式，努力打造"中国乐活城"的旅游目的地形象，从而积极凸显城市品质，大力发展休闲度假旅游和文化产业，以"文旅互动"提升传统观光旅游发展，实现旅游业发展从数量向质量转变，从规模扩张向效益提升转变。

四、常熟市服务业总体布局导向

1. 空间发展思路：围绕"山、水、城、园"，做好区域特色品牌

常熟服务业空间发展必须坚持"服务立市、创新主导、协调发展"的主题，抓住未来的重要发展机遇，按照"产业集聚、布局集中、资源集约"的原则，坚持"有所为，有所不为"的方针，根据宏观环境转变和总体发展目标，结合常熟区域资源禀赋条件，通过产业、土地、财政、金融以及投资等相关政策的引动，围绕"山、水、城、园"，做好特色品牌文章。

"山水城园"，是指"一山一水一城一园"为灵魂，抓住"江南商都、人居天堂"主题，突出常熟服务经济形象，做好区域特色品牌。

一山是指常熟要围绕都市山林景观优势，做好文化、旅游、度假、休闲以及康体健身等文章；

一水是指常熟要注重环境保护，恢复区域水生态，开发湖泊经济，形成山水交融的都市胜地；

一城是指在常熟古城为核心的主要城市建成区积极发展中央商务区、中央商业区、中央游憩区以及招商城，形成宜居、宜商的发展局面，全面提升现代服务业的水平。

一园是指常熟服务经济发展要结合并依托高新产业园区、东南开发区、常熟经济开发区的发展，为产业融合互动创造良好的载体。

2．"151"产业总体布局

"151"就是优化一个钻石格局，建设五大功能区域，发展一个服务网络。

（1）"钻石"空间格局

放眼国际、深耕常熟，突出发展以中央主城区为核心的空间增长极。在常熟城市总体规划基础上，强化突出中央服务核心区，充分发挥"核心"在产业集聚中的关键作用，促使其成为服务本地、走向长三角的城市服务职能中心。围绕中央核心区，形成四位一体的"钻石"空间布局方案。

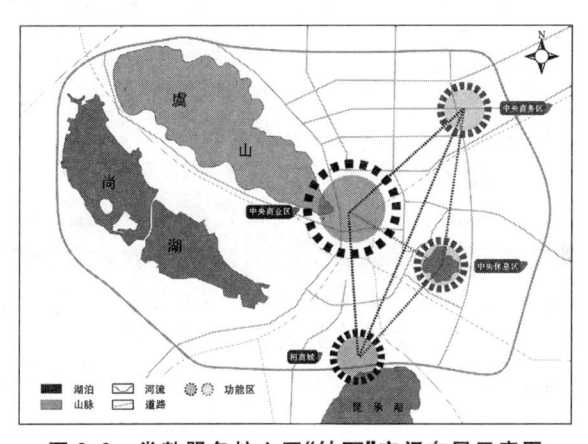

图 8-3　常熟服务核心区"钻石"空间布局示意图

中央商务区（CBD）：位于常熟新城区核心位置，规划面积约 1 平方公里，主要承担全市总部经济功能，包括：标志性写字楼宇、金融区、配套商业区、酒店和配套公寓、花园式公共空间、步行街、娱乐区等，是未来常熟商务活动、营运总部和专业化生产服务的核心区域，以办公、银行、保险、基金、证券、信息服务、会展、专业服务等为重点，安排大项目、打造新磁场、吸引高投资、提升经济总量，引进企业总部的营运中心、销售中心、结算中心、配送中心，形成常熟大都市区的经济、交通、信息、服务、管理、文化等社会活动的交汇区。

中央商业区(CCD):以方塔街和书院街为核心,构筑常熟市的品牌商品集聚地,人流、物流汇聚地,购物目的地,集商贸、餐饮、娱乐、休闲、旅游、服务为一体的具有现代商业气息的城市中央商业区,核心营业点为购物中心、高级时装店、大型游乐场所、各类专业服务店等,构建娱乐、休闲、文化、旅游等若干商业群落,形成商业面貌繁华,文化气息浓郁、生态景观优美,商业服务完善,既引导、满足消费,又创新、扩大消费的国际化商业文化中心。

中央游憩区(CRD):以琴湖为核心,构筑整个常熟市的休闲游憩核心区,其景观定位于历史风貌街区、形象定位于常熟的"什刹海"、产业定位于城市的中央游憩区和文化创意区、生态定位于城市的中央湿地,形成集时尚购物、特色餐饮、休闲娱乐等功能于一体的新型精品商圈,凸现特色餐饮、休闲娱乐、时尚购物氛围,以特色小吃、咖啡店、酒吧、专卖店、精品廊等业态为主体,强调人文内涵和时尚情趣,休闲经济、夜晚经济、假日经济三位一体,借朦胧幽静,显区域魅力。

招商城:以招商城为核心,对该地区实施升级转型计划,形成常熟市的供应链管理中心与综合商贸服务中心。

打造以传统优势产业资源和产品展示与流通为核心,集会展服务、现代物流、价格信息、采购代理等现代流通服务功能为一体的,连接区域内外部资源供应商和采购商的传统优势产业综合商贸服务平台,并且将研发、设计与行销等高附加价值的营运活动引驻招商城,包括产品交易区、商务区、技术研发区、金融服务区、生活服务区等功能区,为本土服装产业触摸世界和走向世界服装舞台的中心架设了一座桥梁。

在传统纺织、服装领域形成专业管理亚洲供应基地,优化全球供应链资源,并且积极打造招商城数字物流港:充分发挥招商城信息密集型物流服务优势,建成全国服装和纺织产品物流信息服务中心。吸引全国和国际物流企业高层管理部门、物流管理咨询企业、物流技术和物流系统开发企业、大型国内和国际货运代理、全国行业物流信息发布中心在此聚集。物流信息服务功能包括三部分:一是全国最大、国际一流的服装和纺织产品电子交易平台;二是全国信息密集型物流增值服务中心;三是联入全球、深入社区的全区电子商务物流配

第八章 常熟：从传统产业路径依赖到服务经济协同演进　353

送管理中心。

专栏 8-1　供应链管理

　　供应链管理是从原材料采购到生产安排、订货处理、存货管理、运输储存、市场营销和售后服务的全过程，从供应链的活动行为主体来看，它包括供应商、制造商、批发商、零售商、物流公司等。供应链又是纵横一体化的集成管理模式，因此从活动的功能来看，它又可以分为物流链、信息链、资金链和服务（技术）链四种。

（2）五大服务功能区域

　　为落实科学发展观，充分发挥常熟各区域在全市服务业总体发展中承载的不同功能，发挥各自的比较优势，避免盲目发展、无序竞争所造成的资源浪费和效能抵消，加强对各区域服务经济发展的分类指导，促进城市总体功能的优化和常熟经济社会的可持续发展，遵循"产业集聚、布局集中、资源集约"的原则，这里将全市从总体上划分为滨江综合服务功能区、虞山、尚湖旅游度假区、常熟高新区服务功能区、东南开发区服务功能区以及沙家浜旅游休闲服务功能区五大功能区域。

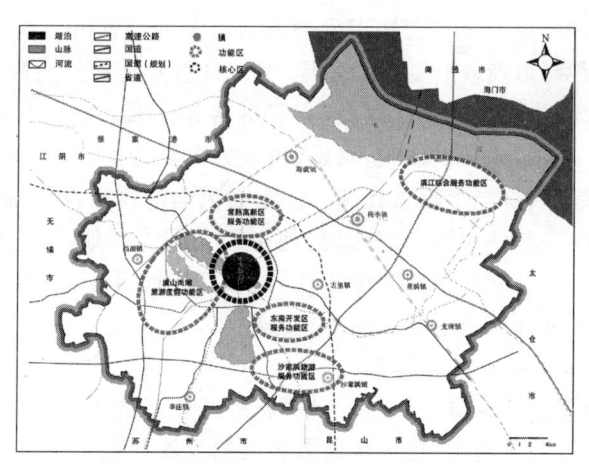

图 8-4　常熟五大服务功能区示意图

　　滨江综合服务功能区：以滨江新城为中心，依托常熟经济开发区，建设常熟沿江地区的临港综合服务体系，重点发展高等级的多样化服务，包括现代物流、金融保险、商务地产、专业服务以及技术研发等高等级的生产性服务,先进商业业态、商务酒店、娱乐设施等中、高端生活性服务,以及高等教育机构、体育中心、文艺中心、医疗机构等上规模和等级的现代公共服务。

虞山、尚湖旅游度假区:打造环境友好型生态办公区,满足长三角高收入商务人士渴望自然、休闲度假、生态办公环境的需求,开发以高端休闲度假、商务服务、软件开发、服务外包等为主要内容的新型服务业集聚区。

常熟高新区服务功能区:重点发展与高新技术产业相匹配的生产性服务业和现代物流业,为大规模信息技术产业提供相应的配套商业服务设施。同时,依托虞山、尚湖,适当发展商务酒店、配套公寓及相应的商业设施,加快建设功能多元化的现代化综合服务区。

东南开发区服务功能区:以现有的国际商务中心为主,集中进行商务开发。同时,联合常熟理工大学,规划建设研发教育区,突出教育产业集聚,以培养操作型、实用型人才为主要目标,吸引各方面优秀人才到常熟从教、办学、投资、创业,逐步形成全市文化、教育、科技和培训中心。配套区重点发展商住、酒店以及休闲娱乐等配套服务业;物流区要与全市总体规划衔接。同时,产业空间利用应改变以自然资源高投入、环境高污染为基础的传统发展模式,实现以知识生产、传播和应用为驱动的知识发展模式。产业空间开发应以科技创新、企业创新以及政府创新为主导,实现社会经济的长期快速增长。

沙家浜旅游服务功能区:该集聚区将作为我市休闲旅游功能区进行集中开发,并且以休闲、娱乐、美食为主要特色,重点发展兼具红色旅游、绿色湿地、金色饮食和江南水乡风韵的休闲娱乐、旅游、商贸和餐饮业:一是沙家浜;二是以湿地主题公园为基础,开发传统特色休闲经济;三是开发参与和体验性的主题乐园;四是以周边乡村社区为基础,探索开展基于社区的乡村旅游业。

(3) 一个服务网络体系

常熟要协同推进一个"多点轴"服务产业网络体系。在五大功能区的空间发展平台上,进一步研究各区的发展基础和外部条件,突出未来常熟空间拓展的重点和趋势,最终构筑"多点轴"的网络关联均衡发展空间体系,形成由城市功能与产业集聚区、轴带、圈层、廊道所构成的空间网络,既承接核心功能区的辐射扩散效应,又承担功能与产业在空间上的相对集聚效应以及区域网络的互动关联作用,以实

现服务区域上的相对均衡发展。根据常熟服务网络发展趋势和城镇体系规划,其中重要的中心节点包括:

海虞镇:进一步促进纺织服装产业的充分集聚,延伸上下游产业链,提高产业附加价值,重点发展服装、红木和化工产业方面的生产性配套服务和相应的商贸流通业,并且积极围绕海虞服装节、特色体育等节庆活动,持之以恒地打造地方名镇的宜居、魅力与活力形象,形成常熟北部综合服务中心地。

沙家浜镇:充分利用芦苇荡风景区、历史文化游览区、昆承湖畔度假区、集镇购物区等资源,积极推动以江南湿地为主题的特色旅游,大力发展生态旅游、红色旅游、金色旅游以及休闲度假产业,开发基于社区的乡村休闲度假产品,打造江南旅游休闲重镇。同时,围绕玻璃模具产业,大力发展相应的特色创意设计以及商贸展览业,打造江南玻璃模具创意名镇。

支塘镇:作为中心城区的服务业纵深发展区和沿江港区的主要腹地和延伸,以常熟食品城为重点,快发展食品商贸流通业,打造华东地区国家级食品中心;以无纺、电子、建材、化纤、毛纺、服装以及机械等工业为基础,积极发展相应的生产性服务经济,形成常熟东部综合服务中心地;以蒋巷村为基地,积极发展新农村特色观光休闲旅游。

常熟服务经济网络一般性的中心节点包括:

梅李镇:依托冶金机械、化纤纺织、电子轻工、装饰玻璃以及服装皮件等特色产业和工业园区,进一步推进相应的生产性服务配套;围绕聚沙园景观品牌,积极开展文化娱乐、体育休闲、观光游览活动,集聚人气;做强本地区的商业经济,探索发展温泉旅游度假、农业生态休闲等新的服务经济增长点,成为毗邻沿江高速,连接港区与主城区的重要流通枢纽。

董浜镇:以董浜互通为核心,积极发展商贸流通服务,打造常熟东部南北贯通的交通枢纽城镇;加强对冶金机械、纺织服装、化工化纤、电子通讯以及红木等特色产业的生产性服务配套;鼓励发展农副产品贸易和流通,一、三产业联动,强化蔬菜基地的传统优势。

古里镇:挖掘白茆山歌的艺术魅力,推进铁琴铜剑楼修复计划,借助红豆山庄的动人故事,建立古董、古玩、古书籍市场,重点开发以书香文化和爱情文化为特色的旅游业,打造江南文化经济名镇;依托周边专业市场和自身的工业园区,建立以羽绒、轻纺、建材、机械等产业为主要服务对象的城市东部服务节点;以波司登集团为核心,做强全国工业旅游示范点,构建常熟二、三产业融合与联动发展的国家级示范基地。

辛庄镇:以生物医药、冶金机械、纺织服装、新型建材、电子设备以及乐器制作为重点,在加强生产性配套服务的同时,以江苏隆力奇集团为重点,积极推进生物医药等领域的技术研发与科技创新,打造常熟南部生产性服务中心地。

尚湖镇:依托南湖荡以及尚湖的资源优势,做好尚湖和虞山服务功能区的配套服务;重点发展模特制作、货架制造等轻工为主的研发和生产性服务;以"绿色文化、生态农业"为宗旨,不断充实一、三产业联动发展的内容,提高绿色食品的品牌效应。

总体上,常熟市域内部空间联系尚比较薄弱,属于松散的点轴型空间结构,应转变为多核紧密的网络型空间结构。"网络型"是由城市功能与产业集聚区、轴带、圈层、廊道所构成的空间网络,既承接核心功能区的辐射扩散效应,又承担功能与产业在空间上的相对集聚效应以及区域网络的互动关联作用,以实现服务区域上的相对均衡发展。

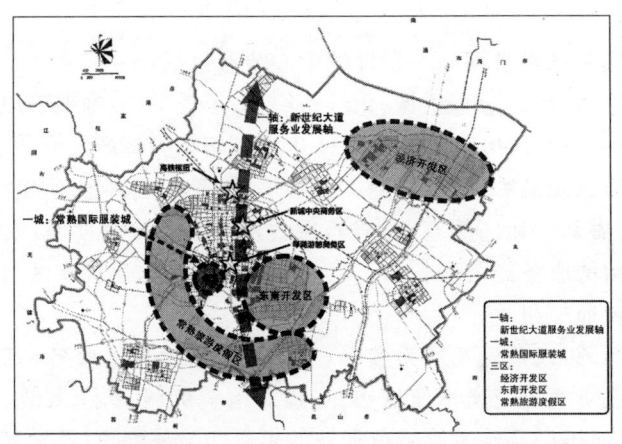

图 8-5 常熟近期"一轴一城三区"的服务业发展布局示意图

3. 近期空间发展重点

在明确了总体空间布局的基础上,未来一段时期常熟要重点围绕"一轴一城三区",通过产业、土地、财政、金融以及投资等相关政策的引动，做好各片区的特色品牌文章。

1. 一轴：新世纪大道服务业发展轴

以"点—轴"模式发展，围绕新城开发，形成以新世纪大道为轴，以新城中央商务区（CBD）、琴湖游憩商务区（RBD）为核心的服务业发展轴，该轴可促进中国常熟服装城、经济开发区、东南开发区、常熟旅游度假区以及未来高铁枢纽间的互动联系，充分发挥"发展轴"在产业集聚中的关键作用，并围绕新城中央商务区（CBD）的建设逐步形成常熟市现代化的商务服务中心。

（1）新城 CBD

新城 CBD 建设的重点是发展总部经济，打造常熟市现代化的商务服务中心。包括标志性写字楼宇建设；商业、酒店、公寓、花园式公共空间、步行街、娱乐区等配套功能载体的建设和完善；以办公、银行、保险、基金、证券、信息服务、会展、专业服务等为重点的大项目，作为新磁场来吸引高投资、提升经济总量；对重点企业总部的营运中心、销售中心、结算中心和配送中心，以及金融机构的进驻和引进，形成常熟商务活动、金融服务、营运总部和专业化生产服务的核心区域。

（2）琴湖 RBD

围绕琴湖，以滨水商业为主题，把琴湖打造成为集观光游憩功能、休闲商业功能、生态商务功能三位一体的常熟高端文化消费中心。

高标准完成户外游憩设施、商业配套设施和商务会展等支持性商务活动设施建设，在功能完善的基础上注重设施的景观化和标志化，注重融入地方文化特色，为乐游宜商的环境塑造奠定基础。

瞄准高端导入先进游憩管理运营模式，引进知名餐饮、购物、娱乐等休闲商业企业，努力推动管理型、营销型、设计型等企业总部向琴湖集聚，促进琴湖 RBD 功能的形成。

导入营销理念，要善于策划品牌型商业商务活动，能够打造丰富多彩的游憩娱乐项目，持续凝聚人气，不断增强活力，推动琴湖 RBD 成为常熟市标志性的游憩商务区。

2. 一城：中国常熟服装城

以服装城为核心，通过业态升级和功能拓展，形成常熟市的综合商贸流通服务中心，主要发展目标为：

引导传统服务业剥离非核心业务,培育本土企业总部;

推动无形市场建设,发展电子商务业务;

创新外贸通关模式,开拓国际贸易市场;

引进研发、设计与营销等高附加价值的商业环节,延伸传统商业产业链,拓展高端商业功能;

加快建设产品交易区、商务区、技术研发区、金融服务区、生活服务区等功能载体,建设以服装贸易为核心,集会展服务、现代物流、价格信息、采购代理等现代流通服务功能为一体的,连接外部资源供应商和采购商的综合商贸服务平台。

3. 三区:经济开发区、东南开发区、常熟旅游度假区

(1) 经济开发区

经济开发区以常熟国际物流园、常熟科创园为载体,依托港口资源,围绕滨江新城开发,服务临港工业等先进制造业生产,服务居民和产业工人生活。在未来5年内应重点发展现代物流、科创中介服务、国际贸易、商业休闲等现代服务业。应把握常熟国际物流园建设的契机,推进公共港区、保税仓储区和货物交易中心等功能载体建设,并整合和发挥港口物流、公共保税、出口加工区保税物流、进出口贸易等方面功能和优势,拓展水陆联运、水水联运、水铁联运等多式联运模式,注重培育钢材及有色金属、纸浆等林木产品和化工品交易市场,构建现代化物流信息平台和管理服务体系。与此同时要积极申报成立常熟保税港区,将常熟经济开发区建成货种特色明显、具有较大影响力的国际物流基地。此外,还应加快建设常熟科创园,围绕科技研发、创业创意,提供相应的科创中介服务。面向科技、创业人才,提供配套商业、居住、休闲服务,打造人才高地和宜居园区。

(2) 东南开发区

东南开发片区以常熟大学科技园为载体,在未来一段时间内可立足本地特色产业,瞄准国际产业转移,重点发展以服务外包、科创中介服务、现代物流等为主体的生产性服务业,重点配套商业、商务服务等办公、生活设施,积极发展总部经济,形成综合性现代服务业园区。应不断整合外部人才高地和内部成洼地的联合优势,深入挖掘本土及离岸市场,并聚焦式地发展服务外包。常熟应充分利用常熟大学科技园和常熟理工学院的人才集聚优势,以丰田、华翼软件等服务外包企业为代表,继续引进龙头型服务外包企业,大力发展围

绕汽车、软件、信息等研发技术的知识流程外包。同时,要以江苏广和有限公司为代表,积极拓展"后台"产业链,大力发展电子商务、呼叫中心、金融后台等业务流程外包。另外,应围绕开发区内的常熟大学科技园,重点发展科创中介服务,打造集科技服务、人才服务、创业服务、公共技术、投融资、信息网络、行政服务和物管服务等八大功能为一体的综合服务基地。针对开发区内企业不断增长的需求,应以丰田物流、梦兰物流为龙头,努力发展第三方物流,不断提高物流信息化水平,持续完善现代物流体系,服务生产经营,促进经济发展。

(3) 常熟旅游休闲度假区

针对目前常熟各景区管理较为分散的状况,可整合虞山尚湖、昆承湖和沙家浜的旅游资源,建设常熟旅游度假区,突破体制约束,深化"旅游活市"战略,打造休闲度假旅游基地,力争成为省级旅游度假区。其中,虞山、尚湖、昆承湖片区重点突出城市休闲、节庆会展等休闲度假旅游功能;沙家浜区重点突出红色旅游、湿地休闲等旅游功能。

第五节 重点领域与主要任务

与常熟"两个中心、两个基地"建设对应的是四大产业领域。在"协同演进,接轨全球"总体战略的指导下,常熟有必要分别对这四个主要领域制定有针对性的发展对策。

一、商务服务领域

1. 聚焦新城CBD建设

新城CBD是未来常熟商务活动、营运总部和专业化生产服务的核心区域。应以打造常熟市高端产业功能区和高品质文化地标为目标,将新城CBD建设成为集商务办公、会展会议、商业购物、高端居住等功能于一体的城市中央商务区。

(1) 大力发展楼宇经济,加速商务设施建设

应配套办公楼宇、商业设施、酒店和中高档公寓,建设中央绿地、广场等综合性公共活动空间,完善交通配套设施。在未来五年内,可通过"四个一"项目建设,初步构建新城CBD的基本框架。①建设一

栋常熟地标性商务楼宇,作为发展楼宇经济的核心载体。②建设一个综合性公共活动空间,如中央绿地,作为企业商业推广活动、城市节事活动的主要场所。③引进一个高档百货公司,建议引进金鹰国际或万达广场,作为提升 CBD 商业及娱乐环境的重要手段。④引进一家全球连锁高档商务型酒店,如四季酒店、希尔顿酒店等,以完善 CBD 的商务综合接待功能。

(2) 打造完善的商务生态系统

建议把商务办公、金融服务、信息服务(媒体)、服务外包、中介服务、会议会展等产业领域作为重点,安排大项目,吸引高投资,提升经济总量,形成常熟的经济、交通、信息、服务、管理、文化等社会活动的交汇区,打造完善的商务生态系统。①面向商务办公,重点聚焦本土企业总部的营运中心、销售中心、研发中心。②面向金融服务,聚焦本地的产业基金、风险投资基金,聚焦基于市场机制、融合风险投资功能的孵化器,聚焦商业银行网点布局。③面向信息服务,聚焦电视台、报社等本地媒体,聚焦电信、广电等网络服务提供商,聚焦广告策划、网络内容服务商。④面向服务外包企业,引进研发机构、软件企业。⑤面向中介服务和会议会展服务,引进律师事务所、会计师事务所、会展公司等。

(3) 建设服务业发展政策高地

可参照服务业集聚区的优惠政策,将新城 CBD 建设成为现代服务业发展的政策高地。可对入驻企业实行税收优惠政策;对入驻企业办公室租金、物业管理费实行全部免除或部分免除的阶段性优惠政策;优先提供入驻企业必需的公共服务,对企业所需水、电、通讯等公共服务,全市统筹安排、优先供应,且价格与收费政策享受与本地工业企业同等待遇;将入驻企业作为服务业引导资金的重点投放对象;对入驻企业给予外贸进出口权,鼓励设立跨国采购中心和物流中心。

2. 着力发展"新金融"

"新金融"有别于银行、证券、保险等传统金融业态,包含新业态、新业务、新领域及新力量。新业态即发展起来的私募股权投资(PE 公司)、风险投资(VC 公司)等金融新业态;新业务,如证券公司从原来的自营业务和经纪业务,拓展到直接投资、资产管理等范围;新领域,就是金融业与其他领域"嫁接",衍生出航运金融、能源金融、科技金融等;新力量,即非金融的央企的金融板块、民企旗下的金融板块。

"新金融"对常熟有重要意义。常熟民间资本极其雄厚而且活跃,如何将松散的民间资本进行整合,并通过杠杆效应进行放大,需要大力发展"新金融"。整合民间资本,同时给成长中的中小企业尤其是民营高新技术企业解决资金瓶颈,使民间资本实现良性循环。

首先,常熟应以多层次投资基金市场为载体,激活常熟民间资本,通过政府对新城CBD入驻企业的优惠政策发展产业基金、风险投资基金、私募股权基金,推动新金融在新城CBD的集聚。其次,可设立常熟政府产业投资基金。通过设立政府产业投资基金引入市场化风险投资基金,改变传统政府基金直接向产业项目投资或补贴等模式,积极与国际风险投资联动合作,以股权投资的形式参与风险市场投资,或者委托专业管理机构操作,直接进行风险投资。基金主要的投放主体为高新技术产业、服务业及符合常熟产业发展方向的产业。通过基金投放,实现以资本换人才、以资本换技术的目的。再次,应当发展并推广母基金产业,激活常熟民间资本。母基金(Fund of Fund,FoF)是一种专门投资于其他证券投资基金的基金。FoF并不直接投资股票或债券,其投资范围仅限于其他基金,通过持有其他证券投资基金而间接持有股票、债券等证券资产,它是结合基金产品创新和销售渠道创新的基金新品种。由政府牵头设立母基金,以母基金投资旗下的各个子基金以及其他基金,通过市场化运作,可吸引常熟分散的民间资本进入母基金,放大母基金投资效应,以母基金的杠杆作用,进一步撬动常熟民间资本。目前,苏州市已有实践母基金产业运作的成功先例。最后,应强化风险基金与孵化器的联合运作。孵化器与风险投资都是创业型企业成长的孵化要素,在新经济下两者的结合,不论对于创业型企业还是孵化器和风险投资,都存在一种"双赢互利"的关系。常熟应在丰富的民间资本基础上,吸纳民间资本成立风险基金,把全市各孵化期内成长性良好、掌握核心关键技术的创业企业列入基金的关注范围,引导民间成立或引进风险投资公司、中小企业融资服务公司,提高社会私募基金融资规模,使民间资本主动开展与产业投资基金、风险投资基金、证券保险业等的同业合作,推动常熟的产业结构升级。

3. 打造上市公司的"常熟板块"

目前常熟已有七家上市公司,而企业的上市对常熟而言有着重要的意义。常熟的本土企业多为家族式企业,是根植于常熟本土经济的企业,其管理模式、治理结构具有家族色彩,多依靠当前企业所有者的个人智慧进行管理,且面临着企业传承接班的问题。公司上市对企业接轨国际,完善公司治理结构,实现规范管理,持续传承打造百年品牌都有重要帮助,对地方经济的长远发展也颇有裨益。因此,立足经济长远发展的角度,常熟应强化对优质成长性企业的筛选和培育,指导完善法人治理机构,培育上市后备资源,努力推动一批有发展潜力的本地企业尽快通过"创业板"上市融资,推进企业创立的规范化、国际化,形成上市公司的常熟板块。

4. 发展总部经济

利用发展总部经济的政策优势,可以促进企业依据比较优势原则,实现跨区域经营,鼓励企业将价值增值核心环节留在本地,从而在客观上推动本地产业结构升级,实现区域经济可持续发展。

(1) 以楼宇经济为主导的总部经济

以新城CBD为核心,以东南开发区和经济开发区为两翼,完善商务配套设施,吸引企业的管理总部、研发总部、销售总部、供应链管理总部入驻,打造"一核两翼"的总部经济发展格局。

(2) 以服务业剥离为手段发展本土企业业务管理总部

目前常熟的本土企业实力强劲,可以波司登等大型企业为试点,顺应现代经济专业化生产的趋势,依据先进制造业发展规律,通过做强产业链条的前端,大力发展研发、设计、采购等环节;通过做大产业链条的末端,大力发展营销、品牌运作等环节,从而鼓励大企业剥离商贸流通、现代物流、供应采购、品牌运作、研发、科技服务、设备检修、后勤服务等业务,形成一大批围绕主业、服务社会的独立核算的销售中心、研发中心、管理中心等法人实体。

(3) 跨国公司区域性销售中心、研发中心、供应链管理中心的引进

以丰田、海尔、诺华等已经入驻或准备入驻常熟的跨国公司为基础,可加大宣传力度,以专场招商形式,积极引进跨国公司的区域性总部、全国性大企业的长江三角洲地区总部的销售、研发、物流中心等。

(4) 领先地区中小企业,管理总部的引进

降低对总部经济认定标准,以常熟新城CBD、东南开发区、经济

开发区三个核心载体的商务配套设施为基础,以低廉房租和优越的物业管理,积极吸引上海、苏州、无锡等区域性中心城市的中小企业管理总部入驻常熟。

5. 构建电子商务市场体系

在信息化商业模式发展不断加快的背景下,常熟应进军电子商务,建设江苏电子商务示范城市。

可利用阿里巴巴现有成熟电子商务平台,与阿里巴巴、中国电信实现三方充分合作,以虚拟平台和网络技术促进商业业态和商业模式的创新,打造集专业电子商务平台、专业电子贸易平台、公共服务平台和网上购物天堂为一体的网上国际服装贸易中心。

在条件成熟的情况下,可冲破现有主要第三方平台,构建常熟自有服装网络交易平台。例如,以大型服装专业市场为依托,建设自有的服装网络交易平台,充分挖掘电子商务潜力,积极发展线上服装批发业务和零售业务,构筑常熟服装城的网上载体。应积极发展电子政务,搭建常熟市政务视频会议系统,建设覆盖乡镇党政机关的电子公文传输平台。加快电子政务内网的延伸,提高农村信息化应用能力。努力在全市范围内实现行政方式的无纸化、虚拟化,以及信息传递的网络化。可发展电子通关,利用现代化的电子技术,改变通关程序,以电子报关和电子审单为基础,将货物的实际流动与海关、检验检疫等口岸监管部门的文件审核加以分割,实现电子通关,从而变"橄榄型"通关模式为"哑铃型"通关模式。

此外,还可利用电信网、计算机网和有线电视网三网融合的契机,将网上购物、物流配送与地面的实体体验服务相融合,将电子商务向家庭延伸,推进电子商务更为广泛的应用。

二、商贸流通领域

1. 构建现代物流体系

(1) 以国际物流园为载体的港区物流

明确港口功能定位,建设国际物流园。明确常熟港作为上海国际航运中心组合港、集装箱支线港、长三角区域重要中转港、临江工业和商品贸易配套港的地位,建设具有现代物流特色和亿吨吞吐能力的综合性国际港口。整合利用常熟港现有公共码头和货主码头,增加码头吞吐能力;结合物流需求增量对仓储用地的需求,重点对兴华港区内部用地进行调整,增加仓储用地;改造扩建物流运营设施,做强做优园区保税仓储、国际中转、流通加工以及市场交易功能,实现物流园区功能的扩容升级。力争到 2015 年,常熟港基本形成钢材、纸浆及制品、木材、石油产品、化工产品、煤炭、铁矿石、集装箱等"八大"运输系统。

进一步完善基础设施建设和码头岸线规划建设。在公共配套区重点布置金融、商务、中介、信息、办公等产业门类,突出相关配套功能,优化物流园区内部的产业功能。在公共码头区,推进增量物流设施建设,包括码头泊位、装卸设施、堆场、仓库等。

发展多式联运,促进国际贸易。利用港口岸线资源,综合建设公共码头,以港口为中心发展多式联运。发挥公铁水航多种运输方式齐全的综合运输网络优势,积极发展公路运输,加快建设常熟经济开发区内的公路主枢纽场站,形成与常熟市综合集疏运网络相适应、与港口物流业发展相配套的公路主枢纽系统,争取成为苏锡常地区的集散中心之一;研究利用正在建设中的沪通铁路,发展铁路集装箱运输;力争形成不同运输方式之间的合理分工和协作,有效拓展常熟国际物流园区的辐射范围。

(2) 面向国际贸易的商城物流

以富通物流园区为载体,推动商城物流建设。推进富通物流园区建设,充分整合传统联托运资源优势,开拓贯穿货物生产线、包装、装卸、仓储、流通加工到配送等各环节,涉及货物跟踪、信息沟通等多功能的一体化综合服务。借鉴义乌运输场站建设经营有限公司和绍兴轻纺城国际物流中心的经验,重点完善联托运服务和仓储服务,进一步丰富服务种类,增加国际集装箱物流,流通加工理货服务等,满足服装城物流需求。进一步拓展物流货运线路,增加富通物流全国网点覆盖率。

(3) 面向企业需求的公路货运枢纽

建设货运枢纽。依托常熟港、苏嘉杭高速、沿江高速和苏通铁路的交通优势,积极建设集货物集散、仓储、市场分销、包装、物资组合、拼配等功能为一体的常熟港口国际物流园区。面向服装城,积极建设集货物集散、仓储、市场分销、包装等功能为一体的常熟招商城综合货运枢纽。面向东南经济开发区,积极建设集物资组合、仓储、拼配等功能为一体的常熟东南综合货运枢纽。面向城东片区,积极建设集货物集散、仓储、市场分销等功能为一体的常熟梦兰物流中心。创新现代物流管理模式,建立物流、商流、资金流和信息流为一体的供应管理体系。积极整合全市中小型物流企业,鼓励物流企业通过参股、合资等形式进行资产重组。

结合道口发展物流总部。依托高速公路道口,以物流园区为载体,发挥沿江高速、苏嘉杭高速、常昆高速三条高速公路及苏通长江大桥的南接线的交汇优势,引进现代物流企业,深度开发沿路资源,增强道口工业园和道口物流园基础设施的配套能力,促进"道口经济"升级换代,从"道口物流"升级成为更有竞争力的"物流总部"。

(4) 第三方物流和冷链物流

扩大第三方物流规模,完善物流企业在物流方案提供、多式联运集成、货物集运、选择承运人和货代人、海关代理、信息管理咨询等领域的综合功能。

发展冷链物流,依托曹家桥农副产品交易中心,建设集加工、配送、信息网络、质量检测、运输、销售为一体的冷链物流中心。

加大品牌物流企业培育和引进力度,引进一批市场化、实力强、管理先进的大型综合性物流企业,创新物流企业管理模式。扶持本地中小物流企业的发展,提升企业竞争力,形成地方化物流产业集群。

2. 推动服装城功能多元化

(1) 进军电子商务

利用阿里巴巴现有成熟电子商务平台,与阿里巴巴、中国电信实现三方充分合作,扩大电子商务市场份额,扩大常熟服装城的市场影响力。在条件成熟的情况下,强化中国服装城电子商务市场的独立品牌建设,通过网上市场实行"走出去"战略。

(2) 发展虚拟通关

创新发展通关模式,简化通关流程。发展常熟海关"虚拟通关"监管模式,打破港口业务现场监管辖区的限制,以服装城富通物流为载体,政府搭建通关平台,引进园区通关条件,使服装城在常熟港进出口货物实现"一次申报、一次查验、一次放行"、"属地申报,口岸验放",简化通关环节,降低企业的通关成本和物流成本,加快通关效率,从而推动服装城外贸发展。

完善通关服务,增加服装城贸易常熟港通关量。通过提供便捷快速的通关条件,以富通物流和常熟保税物流园区为载体,实现服装城进出口货物就近出关,促进服装城国际贸易增长。

(3) 树立全国服装中心"金字招牌"

面向购物旅游,完善服装城旅游功能。发挥服装城作为国家4A级旅游区的有利条件,增加购物旅游定点商铺,推进服装城范围内以零售门店为主的特色街区建设。大力引进国内知名品牌,同时构建常熟本土服装品牌,丰富购物旅游内容,提升服装城市场交易档次。完善旅游信息服务、旅游金融服务、旅游交通服务、旅游标志系统,建立游客中心,把整个服装城变成一个购物旅游区。

面向商务需求,完善服装城商务功能。紧密依托服装产业基础,着眼于完善服装产业价值链,立足于建设功能完好、结构合理、品质优良、层次丰富的国内一流服装产业商务服务中心,全面满足区域商务服务需求,大力提升国际商务服务水平,重点发展物流服务、金融服务、信息服务、外贸中心、咨询服务、技术领导、会展服务等七大重点领域,全力打造服装城商务服务"金字招牌"。

以文化广场为载体,完善服装城的演艺功能。完善文化广场功能建设,打造集新品发布、模特表演、文艺演出等为一体的服装展示平台。承办各类专题活动,如时装周、时尚发布会等,丰富经营业态,完善服装城演艺功能。

3. 打造中国服饰会展名城

首先,以中国时装周为着力点,完善时装博览会,积极开发多种形式的展览会。积极策划各类主题会展活动,包括奢侈品发布会、时装新品发布会、订货会、时尚高峰论坛、青年设计师作品展等。同时积极开发多种形式的展览会,如专门类别展、长期展、短期展、实体展、虚拟性的网上展览等。其次,打造服装会展产业集群和有序环境。培育引进会展市场主体,引入专业会展公司,动员各方资源,从上海、北京、香港等地引入专业时装会展公司,吸引会展专业人才;转变会展运作方式,培育本地展会服务提供商,努力从现行的由政府部门为主的组织会展活动逐步向市场化运作转变,以此培育本地化的展会服务提供商。构建有序的行业环境,组建会展行业协会,积极发挥中介组织作用。通过制定和建立行业规则、会展企业资质认证制度、展会等级认证制度、会展服务评估制度、会展业统计体系等规章制度,培育市场主体,组织交流合作,培养会展人才,提高行业整体素质。此外,可引进专业会展公司,吸引会展产业人才,并设法引导和鼓励国内外会展机构和企业投资设立会展企业或者会展分支机构。最后,利用全市资源,建设一批服饰会展服务设施与服务机构。结合商务型酒店及商务楼宇的建设,以多元化手段配套不同类型的会议和展览设施。充分利用现有体育中心的场馆设施,完善展览功能,进行弹性化利用。在昆承湖、尚湖沿岸建设一批硬件设施,包括会展中心、品牌展示馆、高星级商务酒店、奢侈品酒店等,重点建设三大中心:

(1) 尚湖时尚中心

将尚湖时尚中心建设为一个集商务、会展、时尚发布、休闲度假等功能为一体的综合体。以满足时尚界人士和高端旅游者的高品质需求为目标,建设直升机停机坪、游艇码头,引入世界级奢侈品酒店、高档精品酒店,保证尚湖时尚中心的高定位、高标准。利用尚湖时尚中心硬件设施,积极吸引奢侈品发布会、新品发布会落户服装城。

(2) 昆承湖服饰会展中心

以建设一个符合国际标准的现代化会展中心为目标,于服装城南部、昆承湖北岸修建昆承湖服装会展中心,为举办时装周、大型发布会、商务洽谈等提供必要场所。

(3) 服装城会展服务中心

利用服装城现有场地资源,增加多功能演艺设施,打造集新品发布、模特走秀、文艺演出等一体的展示平台。为会展服务企业、参展企业、专业观众之间搭建畅通的信息桥梁,为会展服务企业提供展会平台,为参展企业提供宣传平台,为专业观众提供便捷的信息交流平台。

4. 完善多层次商业网络体系

(1) 重点聚焦琴湖 RBD

坚持"功能定位、功能分区、实施重点、开发模式、业态高端、动静结合"六大原则,把琴湖打造成为集观光游憩功能、休闲商业功能、生态商务功能等多功能于一体的高尚消费中心、文化创意产业基地。

功能定位:琴湖水面开阔,区位条件优良,琴湖与方塔东街、招商城、未来城市的 CBD 等城市主要功能区都较为临近,要面向本地居民、外来商务旅游者和度假旅游者,将琴湖打造为常熟的中央游憩区。将环琴湖地区的景观定位于历史风貌街区,形象定位于常熟的"什刹海",产业定位于城市的中央游憩区和文化创意区,生态定位于城市的中心湿地,形成时尚购物、特色餐饮、休闲娱乐等功能于一体的新型精品商圈。

琴湖作为一个游憩区,不仅可以为市民服务,也可以满足商务活动对游憩空间的需求。琴湖中央游憩区的建设,可以把一部分市民的游憩活动空间从尚湖引向琴湖,从而将本地的游憩者与外来的度假者在空间上进行分割,有利于对度假者采取歧视化定价,进而最大可能地扩大旅游业对地方经济的正面效应。

功能分区:游憩区和商务区两个功能分区要有一定间隔。

实施重点:应深刻挖掘传统文化,使之成为传统文化与现代时尚文化相互融合的典范,凸现特色餐饮、休闲娱乐、时尚购物氛围,以特色小吃、咖啡店、酒吧、专卖店、精品廊等业态为主体,强调人文内涵和时尚情趣,休闲经济、夜晚经济、假日经济三位一体,借朦胧幽静,显区域魅力。

开发模式:开发模式可以选择委托独立的企业集团整体开发运作,也可以遵循"大构想、高起点、快推进、重实效"模式,把整个营建过程分为四个阶段。起步筹备阶段:展开大手笔、进行大营销,邀请国内外各方对琴湖进行各类大胆的创意和设计;分析策划阶段:形成好的思路和想法后,招标进行项目策划,形成若干策划方案,邀请国内外专家与公众评选;规划编制阶段:在策划的基础上进行比较严格的发展规划。规划中要充分体现环保与可持续理念,注重保护好琴湖的区域环境;协调建设阶段:以规划为"龙头",在规划以后进行空间管制,同时展看项目招商选资、机制体制协调等。

业态高端:琴湖商圈业态定位要高于其他商圈定位,以引导常熟潮流。

动静结合:既要有基础设施建设,又要有品牌活动策划。以品牌活动的导入,增添琴湖活力。

搭建琴湖水上舞台,打造常熟品牌活动中心。未来一段时期应以琴湖城市主题表演中心为重点推进项目,以常熟服装产业优势、沙家浜影视基地优势为助推器,搭建水上表演平台,打造音乐喷泉,引进影视品牌性活动。建议引进"百花奖"、"金鸡奖"等颁奖典礼在琴湖水上舞台举行。修建滨湖特色会展建筑,以水上时装舞台为载体,

第八章 常熟：从传统产业路径依赖到服务经济协同演进

承办国际时尚活动。建议牵头世界服装协会、世界时装周组织，组织跨国时尚集团高管、各大洲设计师等业界名流前来，举办时装发布会或参加时尚峰会论坛活动。

建设滨湖游憩设施，打造常熟高端生活样板。强化湖岸的景观设计，修建环湖自行车道、亲水平台、湖边绿地、琴湖水幕电影等多样化游憩设施，创造生动滨水空间。将景观建设与商业建设结合，注重环湖建筑界面的设计，形成进退有序、错落有致的建筑轮廓线，形成自然与人文交融的滨湖景观风貌。使琴湖商圈成为常熟居民高端生活样板。

引进高端餐饮、购物、娱乐商家，打造常熟"城市客厅"。以高于虞山北路餐饮定位为目标，大力引进精品餐饮商家、品牌购物商家，修建一座标志性购物休闲娱乐中心，建设凝聚前卫时尚理念、大胆空间布局的特色建筑。以娱乐休闲为主，突出时尚个性，集合各种现代流行的体验型游戏娱乐项目，吸纳城市居民消费力，整体提升常熟城市引力，使琴湖成为新的旅游消费热点并成为满足顾客消费需求的一站式"城市客厅"。

汇集常熟文化底蕴，打造滨水商业的文化生态消费新模式。参考杭州西湖和北京后海模式，在琴湖湖岸周围建立现代、时尚、个性的符合现代年轻人品味的酒吧一条街，具有历史文化韵味和江南水乡特色的茶馆、昆曲戏苑、古琴馆等茶馆一条街。将前卫、时尚和古朴、雅致有机结合，使琴湖游憩商业成为全国新型商业开发模式的典范。

构筑常熟琴湖生态商务区，打造常熟商务的最大磁力点。修建多栋沿湖独立多层生态办公楼，区别于传统写字楼的"罐装式"高密度格局，以临水的松散建筑群落为特征，以"水、绿、建筑"完美结合的水绿生态环境为亮点，吸引文化创意等生态导向型企业入驻，同时发展商业服务、商务办公、创意产业及文化展示等多种业态，以亲水、文化、绿色、生态为主题，打造常熟商务的最大磁力点。

（2）拓展古城核心商圈

改造提升以方塔街为轴心的古城核心商圈，以方塔园传统饮食为亮点，进一步发展古城核心商圈产业空间，增加产业空间的承载能力，打造集商贸、娱乐、休闲、餐饮、服务等功能于一体的古城核心商圈，形成多功能多业态的古城核心商业区。

提升百货商店档次,差别化经营中小型商铺。对现有百货店(第一百货、华联商厦、百盛商城、华地百货等)进行主题化、时尚化、高档化、连锁化改造和提升。其他中小型商业店铺强调差别化经营,突出时尚化、精品化、中高档化,实现市场细分,错位发展。

建设一个购物广场,打造市级商业服务功能区。建设现代化的购物中心广场,提供一站式购物,创造便利的停车设施,营造轻松愉悦的购物氛围,并以方塔商业步行街为主干,以泰引线为延伸,以县南街商业街、和平街服饰专卖街、琴川河风味饮食街为支撑,打造集购物、餐饮、休闲、娱乐等多功能于一体的市级商业服务功能区。

(3) 建设特色街区

以现有综合商业街发展的良好态势为基础,结合常熟人文景观,落实虞景文华美食休闲娱乐街区、方塔街综合商业街区、裕坤美食商务街区、尚湖水街、服装城休闲服饰品牌街、沙家浜风景区饮食购物街区、古城南泾堂历史文化特色街区等七个特色街区建设,推进环昆承湖地区昆西风情休闲购物街、红观音寺佛文化与特色素食街、滨湖休闲娱乐餐饮购物街等三个特色街区的建设,为常熟市民、投资者、旅游者提供更好的休闲、娱乐、购物环境。

三、服务外包领域

1. 服务外包发展的重点领域

(1) 基于研发的知识流程外包

知识流程外包(KPO)是一种高端外包服务,包括合同研究组织(CRO)和其他基于知识和技术的服务。KPO 的核心是通过提供业务专业知识而不是流程专业知识来为客户创造价值,将业务从简单的"标准过程"执行演变成要求高级分析和技巧的技术以及准确的判断的过程,正是由于这种知识密集型特点,使得 KPO 能带来比传统BPO(业务流程外包)更高的附加值,其发展必然成为产业结构进一步调整的未来趋势。

对常熟而言,生物医药、汽车、新能源、新材料以及创意设计产的发展带来了大量知识流程外包需求,这是地区产业结构升级的重要机遇。常熟市应围绕重点产业及其核心企业,加快知识流程外包发展速度和提升质量,通过高附加值服务外包产业的发展促进产业

第八章 常熟：从传统产业路径依赖到服务经济协同演进

升级。

常熟可以以大型企业研发部门为核心，以研发设计和测试为重点，发展基于研发的知识流程外包。如，以诺华制药等企业为核心，发展面向生物医药研发与制造的外包产业；以芬欧汇川等企业为核心，做大造纸、新材料、新能源等相关服务外包产业；以日本丰田汽车研发中心入驻常熟为契机，推动汽车研发、设计和测试等服务外包领域快速发展。同时，可依托大学科技城和经济开发区科技创业园，培育以企业为主体的自主研发平台，并建设一批公共研发平台，提高研发设计和测试水平，满足离岸发包商需求，促进服务外包向高端发展。

在此基础上，可进一步发挥龙头企业带动作用，打造特色研发产业集群。利用大企业研发需求，围绕汽车、生物医药、新能源与新材料三大领域，拓展外包服务领域，吸引相关产业链环节的研发企业集聚发展，打造服务外包产业集群，从而构建完善的服务外包生态体系。

(2) "中心"经济

云计算的日益发展意味着极为重要的产业机遇，常熟应加大网络设备和大型计算服务中心等信息产业基础设施投入，促进产业集聚和规模化发展。建设云计算服务中心、网络游戏服务中心等数据中心，并加大与现有大型企业的合作力度，努力承接其客户数据中心、研发数据中心等业务，发展"中心"经济，实现信息产业的高端化发展。

(3) "后台"服务产业链

常熟作为长三角城市群中的一个重要节点，必须主动参与全球分工，其中承接专业化的"后台"服务是一条重要的途径。

常熟有着较强的本地动漫、影视制作的产业基础，可开拓影视产品后台支持与后期制作外包领域。应推进沙家浜江南水乡影视产业基地和尚湖中国电影家协会江南影视基地建设，在常熟大学科技城设立常熟市动漫影视产业基地，提升动漫、影视作品的后期制作能力，加强创意、发行、专业销售代理、版权转让、影视系统有偿播放、衍生品开发等后台支持性服务能力。还应在生产、包装原创作品的基础上积极承接日、美和其他国产动漫影视作品的后台支持和后期制作业务，进一步拓宽动漫与影视产业的服务外包产业链。

在电子商务市场不断壮大的背景下,常熟应延伸电子商务后台产业链条。可利用现有电子商务资源,以广和、交家电等企业较为成熟的呼叫中心和配送中心为切入点,争取与电子商务领域的知名企业合作,建设专业化呼叫中心、配送中心与电子商务平台,努力延伸与拓展电子商务后台的产业链条,打造区域性电子商务服务中心。

在销售环节,常熟还可发展专业的渠道外包业务,以常客隆等连锁销售企业为基础,发挥其在江苏省内的供应链和销售渠道网络优势,发展区域性专业渠道外包服务。

2. 外包服务空间集聚和载体建设

(1) 打造两大服务外包集聚区

外包产业集聚将带来极大的外部性。常熟应打造两大专业化服务外包集聚区,以"向大学城集聚,向科创园集聚"为原则,加快发展园区经济和楼宇经济,实现服务外包企业、基础设施和人才"三大集中"。加大集聚区基础设施投入,架设双回路电网和电信主出口,提高资源使用效率和可靠性,同时建立统一的公共信息平台和人才交流中心,充分发挥信息共通、资源共享、设施共建带来的溢出效应,促进服务外包产业集约化发展。

(2) 建成并提升一批服务外包产业园区

建设和完善常熟经济开发区省级留学人员创业园、高新技术创业园、常熟科创园中关村科技城(创新基地)、常熟科技城(常熟大学科技园)等园区和项目。围绕丰田研发中心等重点企业的研发、销售等机构,建立以相关企业为核心的服务外包园区。完善园区商务、生活、商业娱乐等配套设施和电信、输配电等基础设施。建立信息平台,引进高等院校研究所和相关科研机构,推动区内的技术交流,争取用5年左右的时间,逐步建成一批产业集聚、环境优美、配套完善的新型现代服务外包产业空间载体。

3. 人才引进和培养

人才是常熟服务外包产业发展的先导条件。服务外包的本质是产业链剥离后的分工,因此专业化是其根本属性,而专业化意味着知识密集与技术密集,这使得服务外包产业的发展必须有大量专业人才加以支撑。

随着我国外包产业的迅速发展,人才短缺已经成为主要的制约

第八章 常熟：从传统产业路径依赖到服务经济协同演进

瓶颈之一。其具体表现是：一方面，同时具备专业技术、行业经验和语言能力的外包高端人才十分匮乏，另一方面，地方在投入大量精力培养后却难以留住人才。

上述瓶颈也同样存在于常熟的服务外包产业，为此，常熟市必须从提升人才吸引力和加强培训两方面着手提升外包人才队伍水平。

一方面，应努力完善政策，优化环境，为人才提供良好的发展机遇、低生活成本和高生活质量，从而吸引和留住人才，特别是拥有高学历、具有资深行业经验或专业资质的高端人才。如，加大住房和生活补贴、创新创业和研发补贴力度，对于重点行业人才、紧缺型人才和行业领军人物进一步加大优惠力度；同时集中建设人才公寓，优化配套环境，加快完善周边商业、娱乐、基础服务、医疗和教育配套设施，努力美化环境，提升引进人才生活质量。另一方面，也应建立有效的外包人才培训体系，加强实训和语言培训，为全市服务外包产业不断输送和引进高素质、稳定的外包专业人才。包括：

依托院校和企业建立长效培训机制，培育本地服务外包人才。依托常熟理工学院和在虞大型企业，以常熟理工学院 IBM-ETP 软件外包人才常熟实训基地为先导，通过引进丰田、诺华、芬欧汇川等企业的专业培训机制，建立基于校企合作的专业化服务外包培训与实训机构，打造本地化服务外包人才培训体系和完整的常熟市服务外包人才梯队。同时依托国家和江苏省大力发展服务外包业的大环境，充分利用长江三角洲地区资源，积极开展与上海、苏州、昆山等服务外包先进地区相关高校和企业的合作，实施针对本地服务外包人才的合作培训项目。

开展专项培训并引进专业培训资质认证制度。针对服务外包产业需求领域和国际化发展需要，重点开展软件、汽车设计、生物医药、新材料和新能源等领域的专项培训和以日语、英语为主的外语培训，提升外包人才的专项技能与国际化水平。引进服务外包专业培训机构和培训资质认证体系，鼓励外包人才获取国际资质，促进外包人才标准化与专业化。

4. 创新试点"众包"新型商业模式

"众包"(Crowdsourcing)由 Jeff Howe 于 2006 年提出，指将传统上由内部员工或供应商完成的任务开放式地外包给非特定的大量外部人员或团体完成的行为。传统外包是将组织内的职能交给另外一个组织来完成,而"众包"则是将任务分发给网络中不确定的个体或节点来执行,也就是任何一个有能力的个体都能加入到任务的执行中去。

因此,"众包"作为一种基于网络的新型商业模式,具有两点优势:一方面能直接面向最适合执行任务的个体,另一方面又最大限度地利用了网络资源,充分调动了网络中的各种潜在能力。上述优势使"众包"在目前尤其适合为创意设计等需要广泛知识的产业所采用,而常熟传统的服装产业则正需要大量的创意设计环节提供支持。

常熟可以充分利用"众包"模式的优势,创新发展面向研发设计的众包服务平台,建设"中国常熟众包服务网",尤其应当依托服装产业发展服装设计众包,打造常熟市"众包"信息服务平台,打破"组织—组织"的常规服务外包模式,以充分利用网络和全民知识资源,保持研发设计、流程管理等服务外包领域的持续创新能力。

在此基础上,常熟还可致力于在解决本地服装设计需求的同时吸引全国的研发设计创意通过众包平台向常熟集中,通过众包新型商业模式打造我国研发设计创意中转枢纽。

四、旅游度假领域

1. 整合三大核心旅游发展载体,设立常熟旅游度假区

为打造具有世界美誉度的旅游特色区和长三角重要的高端休闲度假基地标,常熟应整合现有虞山尚湖、沙家浜、昆承湖三大核心旅游载体,设立常熟旅游度假区,推行一区多园的管理模式,改进资源分散、各自为政的现状,统筹协调各景区核心资源,依托各自优势,明确发展重点,实现优势互补、错位竞争、统一营销、捆绑发展。同时可以常熟旅游度假区为依托,积极向上争取省、市乃至中央的资源支持和政策扶持,强化对外宣传与推介,提升常熟旅游在全国的知名度及地位。

(1)虞山尚湖:长江三角洲地区高端旅游度假地

以湖光山色、文化生态为特色。应突出虞山国家森林公园和文化景观的主体地位,保持尚湖生态型田园风光格局,结合南湖荡的自然资源,将其建成以生态调节为主要功能、以自然山水为主要特色的集人文和自然生态为一体的旅游观光胜地,并且逐步开发面向长三

角的高端度假休闲消费市场。

可实施"大企业进入、大项目带动"战略,统筹虞山尚湖以及南湖荡的优势资源,推动南湖荡并入虞山尚湖度假区,实现统一规划,一体化开发。结合常熟资源条件和产业发展现状,加大招商引资力度,引进具有实力的旅游开发公司和世界级的度假酒店管理集团;加快核心区周边地区的开发,完善功能配套,以发展第二居所、户外运动、会议与奖励旅游等形式,使虞山尚湖片区成为常熟旅游、休闲、度假综合发展的高地。

(2) 沙家浜:综合性休闲旅游度假区

以红色旅游、芦荡风光和影视旅游为特色。应形成融生态绿色、休闲度假、体育运动、传统教育、文化娱乐、影视旅游、美食购物于一体并体现水乡特色的综合性休闲旅游度假区,可在传统红色旅游的基础上采取"三个推进"战略,丰富并提升该片区休闲旅游产业的业态。

推进沙家浜旅游与影视产业的融合。可依托横泾老街风貌及深厚的文化资源,借助"老街风貌+芦苇湿地"资源组合优势,新建电影旅游项目,突破影视基地观光旅游的单一格局,打造集观光、美食、休闲、文化娱乐于一体的江南水乡影视基地发展新格局。

推进旅游与动漫产业的结合,打造水乡卡通动漫园。可依托本地动漫卡通产业资源,建立卡通动漫园。结合动漫制作过程,推进影视服务、文化娱乐一体发展。

推进景区的建设,注重沙家浜与昆承湖的一体化开发。可发掘和利用湿地公园"生态"特色和资源优势,以长三角特有的沙家浜滩涂湿地及红石民俗文化村为基础,配合昆承湖水上运动项目建设,推进南北草荡的开发,落实沙家浜温泉度假中心项目建设。同时注重完善旅游标识系统,加快古村镇的建设和改造,做到修旧如旧。

(3) 环昆承湖地区:城市休闲新空间

以水上运动、湖岸游憩、商务会展为特色。应形成同时承担旅游与城市功能的常熟城市休闲新空间。常熟应突出昆承湖旅游开发中对沙家浜与尚湖的衔接功能,开发水上旅游、湖岸游憩等旅游项目,促进区域旅游联动发展,推动形成常熟休闲度假旅游基地。

昆承湖片区的发展应做到统筹旅游发展与城市建设,在开发昆承湖旅游功能的同时,注重城市功能的承载,可进行统一规划,增强昆承湖区块的商业配套、商务会展、休闲娱乐、生活居住等功能,以满足企业经营需求和居民生活需求。

2. 打造"中国乐活城"的城市品牌

新世纪旅游发展的趋势是"3N(自然 Nature、怀乡 Nostalgia、解脱 Nirvana)旅游"逐渐取代以往的"3S(阳光 Sun、大海 Sea、沙滩 Sand)旅游",追求精神生活,崇尚生态自然成为当代的时尚。"乐活"理念(LOHAS,Lifestyles Of Health And Sustainability 的缩写,专门指健康和可持续性的生活方式)倡导的健康和可持续性的生活方式是 Do Good(亲近自然,注重环保)、Feel Good(关爱社会,分享乐活)、Look Good(身心健康,有机生活)。

"乐活"不仅具有鲜明的时代特征,也很好地诠释了常熟的个性,意味着常熟是一座"休闲之城"、"宜居之城"、"格调之城",这正是常熟的品格,也与其发展度假旅游的发展方向相一致。因此,常熟应积极通过申办世界乐活论坛等方式,进行强大的舆论宣传,积极打造这一城市旅游品牌,从食、宿、娱、游、购、行等旅游各要素的角度,多层次、全方位打造品牌内涵、品牌标识、品牌文化和品牌资产,实现"品牌常熟"全过程、全方位、多层次的系统突破,并最终在消费者心目中,使"乐活"与"常熟"间建立自然的联系。

专栏 8-2 乐活族

乐活族又称乐活生活、洛哈思主义、乐活,是一个西方传来的新兴生活形态族群,由音译 LOHAS 而来。LOHAS 是英语 Lifestyles of Health and Sustainability 的缩写,意为以健康及自给自足的形态过生活,强调"健康、可持续的生活方式"。"乐活"是一种环保理念,一种文化内涵,一种时代产物。它是一种贴近生活本源,自然、健康、精致的生活态度。

"乐活族"这群人是乐观、包容的,他们通过消费、透过生活,支持环保、做好事,自我感觉好;他们身心健康,每个人也变得越来越靓丽、有活力。这个过程就是:Do good,Feel good,Look good(做好事,心情好,有活力)。

"乐活族"来源于美国,直译就是"健康、可持续性的生活方式",在美国每四人中就有一人是"乐活族",欧洲约是三分之一。"乐活理念传入中国时间虽不长,但已为很多人所接受,并成为一种生活趋势。"总而言之,"乐活"是一种环保理念,一种文化内涵,一种时代产物。它是一种贴近生活本源,自然、健康、和谐的生活态度。从日常生活中的衣食住行到高科技数码产品……

乐活,正逐步渗透到我们的思想观念及生活的方方面面。

3. 休闲度假为核心的旅游产品体系
(1) 休闲度假产品体系

一是面向度假会议市场,开发商务性会议和度假式会议,包括产品发布会、商务洽谈会、高管论坛会以及总结表彰会、亲情沟通会、拓展培训会等形式的度假会议产品。这是上海当前最重要的休闲度假市场之一,由各类企事业单位组织,其对价格敏感度相对较低,需要各种类型的会议场所与会议服务;二是面向家庭休闲市场,开发休闲、亲子类旅游产品。其规模与增长潜力都相当庞大的市场,随着收入与闲暇时间的增加、自驾车的普及,上海居民的休闲活动正在不断向郊区扩展,其休闲活动主要以健康、亲子等为目标;三是面向长三角3H市场,开发大都市高端度假休闲产品。3H市场指高消费、高学历、高感度(High consumption,High education,High sensibility)人群。这部分市场规模相对较小,但价格敏感度小,以追求时尚、注重品牌、讲究高品质生活为标志,是消费的引领者,具有高度的市场价值。要面向长三角地区的高端消费者,推动景观地产,把虞山尚湖打造成为最具标志性的品牌旅游度假区。

面向大上海及长三角的"第二居所":第二居所是以休闲度假居住为目的,在本地或异地风景区购置的房产,主要形式包括景观公寓、山水别墅、共享产权式酒店等多种形式。第二居所的发展一方面可以提高重游率,锁定相当一批旅游者,高频度地到常熟度假;另一方面可以逐步改变客源结构,提高旅游消费。"第二居所"不仅仅是房地产行业的一个组成部门,更是休闲度假旅游的重要形式之一,具有重要意义。对常熟而言,其发展第二居所的条件已经成熟:首先,价值观的转变以及财富效应所引发的需求迸发使常熟有条件发展第二居所;其次,优美环境与便利生活的绝佳组合所引发的稀缺性使常熟有条件发展第二居所,而区位与交通优势引发的可进入性也使常熟有条件发展第二居所。第二居所是常熟吸引高端旅游者,开发休闲度假旅游最可行的发展路径。常熟可集中开发环境优美、容积率较低、形式多样的第二居所,如联排别墅、叠加别墅、小户型公寓以及分时度假酒店公寓等。此外,第二居所的产品形式不仅仅是传统的公寓或别墅,共享产权式酒店也是第二居所的重要形式。在开发传统第二居所产品的同时,常熟也应积极引入著名酒店管理集团,发展共享产权式酒店。

商务旅游、会议与奖励旅游：常熟是我国民营经济最发达的地区之一，同时也是国内纺织品贸易的中心之一。这决定了常熟具有庞大的商务旅游需求。因此，常熟必须在旅行社、饭店、票务代理等环节为商务旅游者提供相应的服务。会议与奖励旅游是当今世界旅游发展的一大热点。一般而言，有两类地区适宜于发展会议与奖励旅游。第一类为全球城市，如上海、纽约、香港等；第二类则为风景秀丽、设施配套完全的度假地，如瑞士的达沃斯、中国海南的博鳌等。显然，常熟属于后者。常熟建设高端度假地发展目标，也为常熟发展会议与奖励旅游奠定了基础。常熟应以环昆承湖地区建设与度假型酒店一体化经营的会议中心，以满足会议与奖励旅游。常熟在建设长三角最重要的高端休闲度假基地的同时，也要争取在未来成为长三角的"博鳌"，通过承接大型会议使之成为长三角地区的会议中心之一。

积极发展常熟"体育旅游"："户外运动"是体育与旅游的结合，其不仅已经成为休闲度假的重要形式，更成为了"休闲"、"健康"、"时尚"的代名词。从攀岩、穿越、速降、野营、公路自行车等山地运动，到皮划艇、帆板、垂钓等水上运动，户外运动的形式也正在日趋多元化。常熟具有相当面积的丘陵和水面，具有开展户外运动的条件。开展体育旅游的意义在于：一是可以极大地改善现有客源结构，使年轻人成为景区的主体；二是可以极大地改善虞山尚湖和昆承湖地区的形象，使之变得时尚而又活力四射；三是可以极大地提高人均旅游花费。户外运动的开展必然带动相关设备、产品的出售、租赁与维护等服务，这也将为常熟提供新兴的产业门类。

常熟应瞄准高端人群发展户外游憩项目，通过山地运动营、瑜伽馆等项目，开展攀岩、定向运动、野营、山地自行车等项目；此外，也应依托尚湖、昆承湖等水域开展帆板、垂钓、皮划艇等水上运动项目。常熟也应积极承办各类户外运动比赛项目，通过赛事活动提高常熟的知名度，改变目的地形象。此外，还可依托这些运动休闲项目，逐步发展多功能、一体化的自驾游基地。

（2）山水城观光产品体系

虞山尚湖和昆承湖的联动：虞山是全国闻名的常熟胜景，古称乌目山，峰峦回环，林木葱郁，山间山麓遍布自然及人文景观。全区分辛峰、维摩、兴福、剑门、宝岩五个游览区。全区自然景观多崖、洞、泉、林。有剑门奇石、拂水晴岩、拂水双桥、常熟田、老石洞、小石洞、秦波涧、桃源涧、兴福桂栗林、宝岩杨梅林、桂香园桂林等。尚湖北依十里虞山，东邻古城常熟，山光水色交映，景色奇美，旧有"湖甸烟雨"、"湖桥串月"等胜景，已形成以江南山水、田园风光为特色。尚湖观光要结合园内亭、堂、楼观景点，以荷香洲公园、山水文化园和钓鱼渚公园以及拂水堤为观光中心区域，并结合太公问钓、湿地闻莺、画舸晴波、弦歌渔乐、尚湖烟雨、天香竞艳、双亭遗踪、拂水揽月、风荷流香、云崖飞瀑等自然和人文资源，但适当与发展该地区的高端度假休闲功能有所区隔。作为27000亩的昆承湖是常熟市域内最大湖泊，其不可再造的天然水景资源前景看好，价值很高。应发挥昆承湖在常熟旅游中的承接作用，积极挖掘昆承湖的自然景观价值，结合滨水观光、水上运动等，形成常熟观光旅游业新的增长点。

打造一批人文旅游产品：一是依托古城，以吴地文化为底蕴，以琴川河沿线、西泾岸周边古居老宅、园林、故事、节庆等内容为主体，将宋代九层方塔及新建的方塔园、元代建筑言子专祠、明代建筑翁氏衣堂，历代建造的小巧精妙的曾园、赵园、燕园诸园林，以及博物馆、图书馆、名人馆、纪念馆和美术馆等串联整合，形成若干多点轴的旅游文化观光产品。二是以寺、台、亭、墓为主要吸引物，包括兴福寺、宝岩寺、维摩寺、白雀寺、梁昭明太子读书台、南宋辛峰亭以及商末仲雍墓、春秋言子墓、元代大画家黄公望墓、清代文坛宗师钱谦益墓及其妾才女柳如是墓、抗清名臣瞿式耜墓、"画圣"王石谷墓、两朝帝师翁同龢墓、小说家曾朴墓等，以旅游观光、佛教朝圣、修学旅游、文化休闲为主要形式，弘扬常熟历史文化积淀的深厚与辉煌。三是以"琴、书、画、刻"为重点，展开多元化的文艺演出、文物鉴赏活动，定期举办常熟古琴艺术节、常熟书画艺术节、常熟鉴赏艺术节等，并且可通过成立成立"新虞琴社"、古琴艺术馆、古琴演艺中心等，弘扬常熟高雅、和谐、恢弘的人文内涵，勾画"琴乡"、"琴韵"、"琴境"的音乐山水城市。四是以红豆山庄、铁琴铜剑楼以及白茆山歌等为题材，挖掘历史典故、传说故事，探索开发以爱情、藏书、民间艺术等为主题的专题观光产品。

精心编织城市观光旅游：重点围绕古城，结合历史人文，以北门大街和方塔街区为景观主轴，琴川沿线串联名人殿堂、各类场馆、古居老宅、故事园林、节庆活动和特色街区。在常熟大旅游发展中，还可以将常熟十八景串联，并且通过水陆联动，加快城市滨河景观建设，会同有关部门对城市水上观光游进行规划设计，实现常熟"一水串三湖"格局，从阳澄湖起，将昆承湖、琴湖、尚湖通过河系水道串联，一直延伸到长江，形成"尚湖—昆承湖—沙家浜"、"尚湖—望虞河—长江"、"古城—白茆塘—长江"以及滨江沿线等水上路线，开展滨水观光、休闲体验、夜游常熟等旅游项目，重现"碧波千顷涌西门"等沿岸景观，打造江南地区首屈一指的滨水城市，吸引外地游客观光体验。

弘扬常熟美食文化：以王四酒家等为重点，弘扬常熟十大名菜（叫化鸡、百汁西露笋、出骨刀鱼球、幢锅油鸡、清汤脱肺、芙蓉蟹斗、出骨生脱鸭、松树草油、响油鳝糊、起油豆腐汤）和八大名点（冰葫芦、盘香饼、栗子羹、炒血糯、山药糕、扁豆酥、印子糕、炸元宵），以及醇香四溢的桂花酒，形成常熟美食文化的整体品牌，使游客到常熟不仅"有看头"、"有玩头"，还要"有吃头"。

发展"购物旅游"：常熟的成熟的专业市场为发展购物旅游提供的良好的基础。应充分利用中国常熟服装城的品牌优势，积极完善市场服务功能，完善购物旅游软硬件设施，配套美食餐饮、旅游集散等服务功能，大力推进服装城购物旅游的发展。常熟国际服装城是江苏省最大的小商品市场、华东地区最大的鞋业市场、全国单体最大的时装中心、独一无二的全国男装中心，依托大量的知名品牌，赢得了"服装海洋、购物天堂"的美誉，已经进入特色经营、品牌经营，发展国际服装服饰名城的新阶段，具备了发展购物旅游的基本条件。服装城以其人流量大、辐射面广，形成了巨大的旅游资源。以商带游，以游促商，吸引各地游客休闲购物，这是服装城打造世界服装服饰名城的突破口之一。其"购物旅游"需要克服环境混乱、管理不善等突出问题，必须通过整体规划、业态升级、环境整饬、设施配套等各类创建工作逐步推进。同时，依托红木家具的制造优势及专业市场优势，常熟也可进一步推广红木家具购物游，拓展购物旅游新领域。

旅游纪念品开发：常熟的旅游纪念品应走向高品质化、乡土化和系列化。可结合遍及全市的旅游服务中心，发挥文化优势，开发具有较高品位的旅游文化纪念品系列，挖掘以书法、绘画、印石、花边、乐器、木雕为核心的地方特色旅游产品，开发原产地旅游商品系列，并培育专业化的旅游纪念品生产企业。

(3) 红色旅游产品体系

沙家浜风景区是全国爱国主义教育示范基地、全国百家红色旅游经典景区；蒋巷村是著名的全国文明村和示范村镇。常熟可依托沙家浜和蒋巷村，大力发展红色旅游。一方面利用沙家浜景区资源与环境的组合优势，加快旅游资源的整合，通过革命题材京剧《沙家浜》表演、革命题材文物展示、红色革命遗迹等旅游产品开发，同时加快国防教育园建设，进一步激活军事训练等参与性强的旅游产品，发展集参与体验、爱国教育于一体的红色旅游项目；另一方面以蒋巷村为品牌，以社会主义新农村建设为亮点，切合时代背景发展红色乡村旅游。

(4) 乡村旅游产品体系

常熟可在沙家浜等湿地资源丰富的地区开展基于社区的乡村休闲度假产品。乡村休闲可开展多种多样的活动，如让旅游者住农家屋，吃农民自制的特色水产食品，到河流湖泊中划船赏荷，学习农家捞鱼、制作特色食品的手艺。也可开发传统的艺术形式和渔家婚礼等民俗表演活动，使游客在领略优美的水乡风情中体味几千年历史沉积下来的民俗文化。

4. 以营销城市为导向的多样性节事活动

加大推介力度，增强旅游节事活动生命力。整合现有沙家浜旅游节和江南文化节等资源，打造独特、丰富的节事活动内容，提升影响力，并着力培育新一代体现常熟城市特色和精神的大型节事活动：

(1) 中国"乐活"节

凸显"宜居城市"，立足"宜居城市"，利用常熟特色文化，策划全球乐活族山地越野跑、环保科技展等符合"乐活"概念的多样性活动，同时积极申办环保方面的国际大会和活动，大力宣传"中国乐活城"，打造"中国乐活节"，为带动常熟旅游经济发展、丰富市民文化生活、扩大城市对外影响、促进社会和谐的有效载体。

(2) 中国国际服装博览会

依托服装城，以深厚的历史底蕴和发达的现代服装产业为基础，深挖服装和旅游资源优势，借助服装城的全国乃至全球地位，举办国际服装博览会，深化对服装城的宣传。依托服装城，定期举办服装周，积极吸引奢侈品发布会、新品发布会等在服装城举办。结合休闲旅游产业，将博览会打造成为集休闲、观光、购物、博览、友好交往为一体综合性节庆活动。

（3）中国红色旅游节

借"红色福地"品牌，策划举办中国红色旅游节。依托沙家浜，挖掘沙家浜红色文化，全方位、多层次宣传推介常熟，打响常熟沙家浜红色、生态、文化旅游的品牌，提高常熟知名度与美誉度。

5．引入效益型考核机制，实现从规模型发展向效益型发展转变

传统旅游统计指标为规模导向的旅游接待人次及旅游收入，忽视了游客的人均旅游消费支出。就传统旅游统计指标而言，旅游统计口径和旅游统计调查范围存在一定的模糊性，能反映一个地方旅游发展规模，但不能全面反映一个地区旅游产业发展的效益。而以旅游者人均旅游消费支出作为旅游统计指标，强化了旅游者人均旅游消费支出和人均逗留时间，只要一个地区旅游者人均旅游消费支出和人均逗留时间增加了，旅游总收入也会随之增加，更好地反映了一个地区旅游产业的经济和社会效益的变化情况，有利于推动一个地区旅游发展从规模型向效益型转变。所以要弱化旅游收入的统计指标，强化旅游者人均旅游消费支出和人均逗留时间。因此，常熟应以提高人均旅游消费支出、人均逗留时间为目标，引入效益型考核机制，通过绩效考核方式的转变，实现常熟旅游从规模型发展向效益型发展转变，力争在五年内使常熟入境游客的人均旅游消费支出翻一番。

第九章

周庄：重塑中国第一水乡

第一节 周庄经济发展的历程与现状

周庄镇地处苏州昆山市西南，位于昆山市、吴江市、上海青浦县三县市交界之处。周庄是一个拥有900年历史的古镇，四面环水，河流纵横交错。傍水筑屋，依水成街，河、埠、桥、街、店、宅布局适宜，至今仍完整地保存着原有水乡建筑群体独特的格局，被誉为"中国第一水乡"①。

一、周庄经济发展的历程

改革开放之前，周庄仍然是一个以农业为唯一产业、因四面环水而封闭的落后水乡，一度被称为"苦庄"。进入20世纪80年代以后，周庄通过探索和实践，放弃了发展乡镇制造业的道路，利用自身的资源禀赋优势，走出了一条有特色的"旅游兴镇"的发展道路，为周庄旅游业的发展奠定了良好的基础。上世纪90年代开始，周庄通过加强对旅游配套设施的建设与景点的开发和举办大型节事活动，成功将周庄打造成为世界知名的中国江南水乡古镇，旅游收入逐年增加，旅游业成为周庄的支柱性产业。

---

① 资料来源：周庄—中国第一水乡，http://www.zhou zhuang.com/Article/ShowArticle.asp? Article ID=137。

然而,在重视地区 GDP 增长的环境下,单以观光为主的旅游产业无法支撑经济水平的整体提升,因此,发展现代工业,第二、三产业并重发展成为了周庄的选择。1998 年,周庄镇提出了"保护和发展并举"的理念和"以旅游产业和高新技术产业为两翼"的经济发展模式,在继续发展旅游业的同时尝试发展高新技术工业,并通过 10 多年的发展,逐步形成了以"传感器"为特色的现代工业[①]。目前,周庄已拥有一个国家级感知技术产业基地。

近几年来,周庄又开始重视发展文化创意产业,其投入力度逐年加大,并以画家村、画工厂、国际艺术博览中心、展示中心、前庙浜文化创意产业孵化中心等载体为基础逐步形成了"一园两区"的文化产业发展格局,使文化产业成为了周庄经济新的增长点。

二、以服务业为支柱的周庄经济发展现状

改革开放以来,周庄的产业结构从古镇旅游一枝独大逐步发展为目前旅游、传感、文化创意产业三足并起的局面。近几年来,周庄地区生产总值的年均增长率为 16%,2010 年全年实现地区生产总值 26.5 亿元、全口径财政收入 3.1 亿元。周庄的三次产业占国民经济的比重由 2005 年末的 3.5∶30.5∶66 调整为现在的 2.3∶16.7∶81,其中第三产业在周庄的经济发展中起着支柱性作用。

近年来,周庄旅游业规模持续扩张,并成功评定为国家 AAAAA 级景区。2010 年周庄全年实现旅游总收入 1.6 亿元,比 2005 年末增长 82%,旅游业对地方财政收入的贡献为 0.4 亿元。旅游业在周庄产业发展中的支柱地位持续增强。

与此同时,周庄的传感器产业规模也迅速扩大,且其核心企业集聚态势不断强化。近年来,周庄工业总产值的年均增长速度达到 18%,2010 年达到 20.3 亿元,其中传感器产业的工业产值年均增速 46%,2010 年为 10 亿元。感知技术产业基地累计引进投资 15 亿元,新批内外资项目 381 个,其中先进制造业项目 68 个,注册 1000 万以上的项目 24 个。

周庄的文化创意产业在近几年能兴起并迅速发展,期间周庄文

---

① 参见周沛:《乡镇社区发展模式和道路比较研究——以江苏省的三个周庄为例》,《南京大学学报》(哲学·人文科学·社会科学版)2006 年第 2 期。

化创意产业园累计引进文化创意产业项目39个,实现生产销售额1.06亿元,并逐步形成了美术作品、文化休闲、创意设计三大产业链,以及由周庄文化创意产业园、太史淀生态休闲创意产业区、古镇文化旅游创意产业区构成的"一园两区"文化产业发展框架。

目前周庄的产业结构,是以旅游、感知技术、文化创意三大产业为主导的产业结构模式,但是在此产业结构下发展的周庄,依然由以传统观光旅游为核心的服务业占据经济发展的主导地位。

第二节 核心问题:三大约束条件下的发展路径锁定

近年来,周庄已经形成旅游、感知技术、文化创意等三大产业为主导的产业结构模式,但从地区增加值的构成看,以观光旅游为核心的服务业占比高达82.8%。周庄的产业结构具有鲜明的特点,即古镇观光一支独大。这种传统的发展结构模式,不利于周庄在长三角这个区域大环境下长远发展。影响周庄产业结构形成并就此锁定的因素有很多,但其背后的核心问题只有一个,即"向旅游倾斜、在观光集中"的产业结构。

一、"向旅游倾斜,在观光集中"的产业结构

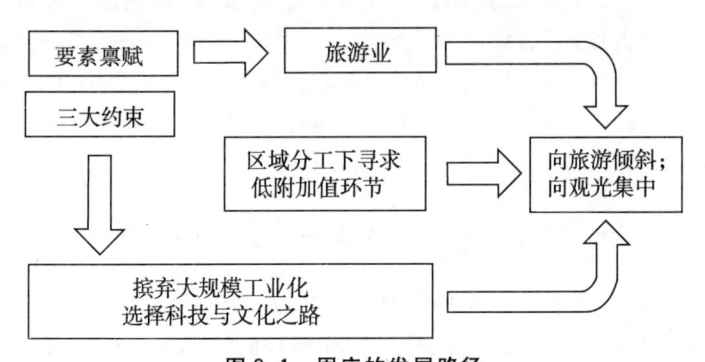

图9-1 周庄的发展路径

上图描述了周庄经济发展的路径。周庄最初由于资源要素禀赋条件优势,是有吸引力的。它拥有独特乡土性和生态性的旅游资源、相对优越的区位条件等,这些优势促使周庄旅游业的不断发展壮大,而其他产业被迫让位于旅游业的发展,从而促使周庄形成"向旅游倾

斜,在观光集中"的产业结构。这种结构是在特定的历史条件和区域条件下长期演化的结果,具体可从三个方面进行认识:

第一,周庄摒弃大规模工业化。在生态约束、空间约束和(资源)安全约束下,周庄从一开始就摒弃了大规模工业化的道路,继而选择了一条以科技和文化为基础的产业发展之路。

第二,周庄不断在强化旅游的支柱性地位。以江南水乡风貌为特征、具有浓郁生态性和乡土性的要素禀赋条件,为周庄发展旅游业奠定了资源基础,著名画家陈逸飞的画作在客观上起到了巨大的宣传推广作用。在此基础上周庄旅游业一跃而起,并成为长江三角洲地区古镇旅游的标志性目的地。从区域形象到发展定位,周庄从名扬天下的那一天起,其产业结构就被锁定在旅游业。政策向旅游倾斜,土地、资本等生产要素向旅游倾斜,即使在工业发展空间不足的条件下,旅游用地却得到极为充足的保证。这进一步强化了旅游业的支柱性地位。

第三,周庄的产业发展被锁定在低端环节。自上海开埠以来,长江三角洲地区的内部分工具有鲜明特征,即高附加值环节在上海集中,低附加值环节向周边扩散。周庄受这一区域分工原则的支配,长期以来在旅游业和感知技术产业领域内,低附加值生产部门占据主导。如:以门票经济为主要形式的观光旅游占据主导;"游在周庄,食、住、购、娱在上海"的旅游分工模式已经形成;传感器企业也呈现出"小、散占比高"的局面。

综合上述三点,形成了周庄"向旅游倾斜,在观光集中"的总体产业结构特征。这种结构锁定对周庄的产业升级具有相当大的限制作用。

二、"向旅游倾斜,在观光集中"的不利影响

第一,不利于旅游业向休闲度假升级。在我国,观光者与度假者在旅游偏好和行为上截然不同,前者相对低端。观光旅游者的集中意味着对休闲度假旅游者的排斥,因此在一个以观光旅游者为绝对主导的地区,面向休闲度假的投资往往不会进入,导致休闲度假配套设施不足。与此同时,由于缺乏必要度假设施,度假旅游者也不会到访该目的地。由此导致一个地区陷入休闲度假旅游"不发展"的低水平陷阱中。

第二,不利于感知技术和文化创意产业的发展。土地是当前周庄经济发展最大的瓶颈环节,"向旅游倾斜,在观光集中"意味着土地很难向其他产业流动。同时单纯的观光旅游导致商务环境不发达、生活配套相对滞后,这对研发创意也是一大制约。

尤其需要指出的是,以"向旅游倾斜,在观光集中"为特征的发展路径具有较强的稳定性。随着外部交通持续改善,这种纵向的区域分工模式将得到强化。

三、以品质化、高端化为导向,突破锁定

因此,打破锁定,积极推动旅游发展休闲化,区域产业多元化,是未来一段时期周庄将要面对的问题。突破发展锁定,就是要向品质化和高端化发展。周庄要在不断提升古镇观光旅游的基础上,发展休闲度假旅游,引进高附加值传感企业,发展文化创意产业,实现转型升级,跨越发展。

专栏9-1　周庄之路

如何理解周庄之路对周庄未来的发展具有重要意义。20世纪80年代,勤劳智慧的周庄人走出了一条"旅游强镇"的道路,古老寂静的周庄一跃成为举世闻名的"中国第一水乡"。以史明鉴,克难奋进,才能展望未来。现阶段,周庄要实现转型升级,必须深刻理解周庄之路,认清当前存在的结构性问题,这样才能更好地谋划未来。

周庄的发展路径与昆山不一样。改革开放以来,昆山人始终坚持"艰苦创业、勇于创新、争先创优",创造了神话般的"昆山之路"。然而,昆山发展至今,各种矛盾也不断凸显出来,面临着人才、环境、资源等制约经济社会发展的约束条件造成的困境。周庄的发展从一开始就面临着生态约束、空间约束和安全约束等问题。同时,在改革开放初期,地处长江三角洲的周庄,在全球产业分工中只能参与到低附加值环节。因此,在生态性、乡土性的资源禀赋条件下,在三大约束条件和低附加值环节的限制下,周庄摒弃了大规模工业化的发展道路,选择了科技和文化发展之路,形成以古镇观光旅游和传感器生产、装配为特色的产业体系。这一选择在当时是符合发展要求的,并且取得了突出的成就。

进入21世纪,周庄经济社会发展对古镇观光旅游产业和低附加值制造业产生了路径依赖,形成了"低端锁定";区域交通网络的完善又进一步强化了"低端锁定"。面对转型升级的要求,周转必须千方百计突破"低端锁定";面对三大约束条件,周庄必须选择环境友好、土地要求低的产业。因此,周庄在不断提升古

镇观光旅游的基础上，必须积极启动休闲度假旅游发展规划，不断引进高端传感器企业，全力开辟文化创意产业新领域。

新时期，这一选择为周庄创造了巨大的先发优势。经过先前的培育和发展，周庄已经率先进入文化创意产业，率先进入传感器产业高端研发环节，意味着周庄已经率先走上高端化、品质化的发展之路。

第三节　自身的条件和机遇

对周庄而言，目前其自身拥有的四大优势和当前外部环境所提供的四个战略机遇为其进一步的产业发展和空间布局提供了有利条件，也为周庄扬长避短，并利用各种资源促进经济结构的优化升级奠定了十分重要的基础。

一、四大自身优势

1. 地处昆山、紧邻上海的区位优势

周庄所在的昆山市是改革开放三十年来县域经济增长中的一个奇迹。昆山市政府以发展挂帅，具有鲜明的企业家精神。争先创优、勇于进取的企业家精神也为周庄所继承。这种文化与制度性因素是周庄成为"中国第一水乡"与传感器产业高地的重要因素，对推动周庄下一步的发展也具有决定性意义。

周庄紧邻上海。上海是我国的经济中心，是一个正在崛起中的全球城市，是我国最重要的交通枢纽和人才、技术高地，也是我国引领性市场需求的集中地。紧邻上海的区位优势有利于周庄充分享受来自上海的需求溢出、技术溢出和公共服务溢出。

2. 旅游、感知、文创三大产业优势

周庄镇已经形成以旅游业、感知技术产业和文化创意产业为主导的产业体系。2009年7月，国家颁布了《文化产业振兴规划》，文化产业被确定为国家战略性产业。2009年12月，旅游业被国家确定为"战略性支柱产业"。2010年9月，物联网等新一代信息技术产业被国家确定为七大战略性新兴产业之一。可见，周庄的三大产业在国家新一轮的产业结构调整中具有重要的战略性意义，机遇重大，前景广阔。

周庄旅游业经历多年的发展,观光旅游发展盛旺,而在2010年与上海世博会的成功合作,更使得周庄旅游业规模继续扩大。周庄传感器产业通过近几年来招商引资,已有尼赛拉、双桥测控等多家核心企业入驻,传感器产业规模逐渐扩大,集聚的态势不断增强。根据2010年周庄传感器产业数据统计,其全年实现工业总产值10亿元,年均增长46%,而近5年来,周庄传感器产业共引进投资15亿元,累计新批项目381个。周庄文化产业从兴起到大步发展,共计引进文化创意产业项目39个,实现生产销售额1.06亿元;周庄国际艺术品博览中心、文化创意产业园孵化中心、画家村等的发展壮大,使周庄文化创意产业初步形成了"一园两区"的发展格局。

而"中国第一水乡"、"国家级传感器产业基地"、"省级文化创意产业园"三大金字招牌则充分凸显了周庄产业的品牌知名度。当前周庄已经走上了产业高端化、品质化的发展道路。朝阳的产业、响亮的品牌、先进的模式、良好的发展势头为周庄将来的发展新局面创造了绝好的产业基础。

3. 镇域经济发展的基础结构日趋完善

由硬件基础设施、软件公共服务和相关的产业政策构成的周庄镇域经济发展基础结构正日趋完善。

首先,周庄基础设施得到有效改善。内部交通网的逐步完善,奠定了周庄未来发展的空间格局。其中,岸线的调整,河网湖泊的活化连通,有力地推进了生态环境的改善,开辟了周庄产业发展的新空间。而五千吨级的第二污水处理厂的建成使用,为周庄统筹生态保护与经济发展提供了保障。

其次,周庄公共服务得到日趋完善。《公共安全突发事件应急预案》和《古镇区人流高峰分流方案》的制订、定期消防检查制度和志愿消防队的建立、喷雾降温设施的建设以及民宿改造计划的推出等一系列安全措施,有效降低了周庄古镇旅游的安全隐患。再有,周庄实事工程稳步推进,行政服务水平不断提升,产业公共服务平台的建设,有力地支持了旅游、感知技术产业和文化创意产业的快速发展,为周庄实现转型升级打下了坚实的基础。

4. 生态性、乡土性的禀赋优势

生态性和乡土性是周庄在区域经济体系中获取竞争优势的基础

所在。在工业化、城市化深入推进的长江三角洲地区，原生态的自然环境和深厚的水乡人文底蕴日益成为稀缺资源，成为吸引创新创意企业进驻的重要驱动因素，这为周庄做大做强传感器产业、休闲旅游产业、文化创意产业，发展集生态办公和"MICE"为一体的商务活动创造了条件。

一、四大战略机遇

1. "大城市、现代化、可持续"成为昆山发展新战略

改革开放的第二个三十年，昆山市响应中央关于转变经济增长方式的战略调整，提出了"大城市、现代化、可持续"的新发展战略。这表明，未来昆山经济社会发展的重点将从经济增长转向全面协调、可持续的发展；未来昆山的发展将更加重视文化多样性、科技先进性、环境可持续性和社会的全面公平；未来昆山的发展将以结构升级和品质提升作为主要目标。"大城市、现代化、可持续"的新发展战略将进一步提升周庄生态服务的价值，为周庄在生态约束、空间约束和资源安全约束下发展感知技术产业、旅游业和文化创意产业带来重大机遇。

2. 需求升级创造了巨大市场

未来一段时期，中央将着力推动增长模式转型，"重投资，重出口"的传统模式将转向"重消费，重内需"的新模式。启动内需不仅仅是经济增长的必然结果，也已经成为国家战略的需要。同时，以上海为核心的长江三角洲地区是国内需求升级的引领者，旅游休闲、文化消费等正是需求升级的重要方向。

周庄紧邻上海，产业结构与需求升级方向一致。需求趋向高端化将为周庄旅游和文创产业的发展带来巨大的市场需求。周庄面向旅游者、创新创意者和创业者，将现代性融入生态性和乡土性，开发户外游憩、会议度假等休闲度假旅游产品，发展美术产业，积极培育集生态办公、休闲娱乐、创意设计、文化消费四位一体的中央游憩商务区等发展战略符合需求高端化的大方向。

"后世博"时代，周庄将继续享受上海的溢出效应，同时上海对周边地区的溢出效应仍将持续存在。2010年上海世博会的成功举办，促进了上海国际知名度和影响力的显著提升，为今后上海向周边地

区溢出效应的持续增强创造了条件。周庄通过与世博会的合作，古镇旅游接待规模比前一年增加了 200 多万人次，这极大提升了周庄的国际影响力和"中国第一水乡"的形象。未来一段时期，上海国际贸易中心和虹桥商务区的加快建设，将为周庄提升商务水平、增加休闲度假需求带来重大契机；上海迪斯尼乐园的建设，也必将使紧邻上海、作为中国水乡旅游首选目的地的周庄，继续享受到上海旅游业发展的溢出效应。

3. 区域经济呈现网络化

受传统计划经济体制影响，工业经济和服务经济在地理空间上呈现出高度集中态势，科层制、等级化是经济活动空间组织的重要形式。随着体制改革的不断深入，交通网络的不断完善，城乡一体化的深入推进，长江三角洲地区经济活动的空间组织越来越呈现出网络化、扁平化的趋势。这是市场经济发展的必然结果，是对传统科层制组织模式的重大挑战，也为低行政层级地区的发展带来了重大的机遇。随着"强镇扩权"改革的深入和高速公路网络的完善，长江三角洲地区经济的网络化将趋向深入，周庄是这一变化的受益者。

在新的空间组织模式下，任何一个地区乃至一个乡镇都有可能承担一项重要的全国职能甚至全球职能。周庄作为大都市周边地区的乡镇，具有自身突出的区位优势、环境优势和产业优势。当前发展的现实表明，周庄完全有可能也有条件在感知技术、文创产业、旅游等领域引进高端研发企业，发展总部经济，树立领先地位。

4. 物联网产业蓬勃兴起

继计算机、互联网之后，以物联网为主导的第三次信息产业浪潮已经兴起。"云计算"技术的日渐成熟更是为物联网产业发展奠定了技术基础。国际电信联盟（ITU）预测物联网的建立将带来 10 亿量级的信息设备、30 亿量级的智能电子设备、5000 亿级的微处理器，万亿以上的传感器需求，是下一个万亿级信息产业引擎，预示着大规模发展物联网及相关产业的时机日趋成熟。在欧美等发达国家将物联网作为未来发展重要领域的同时，我国已经将物联网产业上升到国家战略的高度。2010 年到 2020 年间，我国预计投资 4 万亿元发展物联网，新一代信息技术产业正在蓬勃兴起。

周庄正积极依托国家级传感器基地，抢占传感技术和产业制高点,努力将周庄成为全国一流、国际知名的感知技术高地。物联网产业的大规模兴起将极大推动周庄传感器产业生产规模的增长及结构的升级,有效提升了周庄在昆山工业经济版图上的地位,对下一步周庄在传感产业的招商引资、人才引进等都具有积极意义。

第四节　发展使命、目标、战略与空间布局

发展是经济和社会的协同进步。发展既包括经济总量的增长,也包括公平正义的增强、文明素质的提高、生活质量的上升、人与自然的和谐,是经济和社会品质的全面提升。新时期,就是要统筹经济增长、社会发展、生态安全三者间的关系,推进经济和社会的全面协调可持续发展。

"向旅游倾斜,在观光集中"的产业结构,导致产业低水平发展的局面,对周庄的产业发展具有相当大的限制作用。因而,未来周庄发展的关键是要突破这种结构锁定,促进产业的转型升级。

一、发展使命:重塑"中国第一水乡"

重塑"中国第一水乡"是周庄对科学发展的本地化实践,是对昆山"大城市、现代化、可持续"新战略的落实,是未来一段时期发展的重要使命。重塑"中国第一水乡",就是以发展为导向,坚持生态性、乡土性和现代性相融合,面向本地居民、面向外部旅游者、创新创意者和创业者,以周庄38.9平方公里的空间为依托,以区域服务品质的提升为途径,重塑"中国第一水乡"。

专栏9-2　对"中国第一水乡"的理解

传统上对"中国第一水乡"的认识是小桥流水的景观、观光旅游的产业。所谓的"第一",就是资源禀赋的第一、接待规模的第一、水乡古镇形象的第一。新阶段、新任务,周庄应着力将现代性融入生态性和乡土性,努力打造"品质第一"的"中国第一水乡"。

打造最具品质的"中国第一水乡"。一是必须导入地方营销思想,确立周庄的目标市场。周庄应面向本地居民的福利提升,面向外

部旅游需求和外部高端人才的导入，一切从"两个面向"出发，以发展谋福利，以发展促提升。二是必须坚持生态性、乡土性和现代性的融合发展。在坚持生态性和乡土性的基础上，将现代性注入传统生活方式，完善生活居住服务设施，完善食、住、行、游、购、娱旅游设施，完善支持性商务活动设施，打造最具品质的"生产、生活、生态"环境，真正实现从"资源第一"、"形象第一"、"规模第一"向"品质第一"的升级。

专栏9-3 "三N"促"三生"

在工业化城市化不断推进的前提下，西方学者提出了"3N"（Nature 自然、Nostalgic 怀乡、Nirvana 天堂之乐）的概念，就是从需求者的心理出发设计区域产品，以实现回到自然、回到从前，超脱常态进入心灵天堂的状态。"3N"反映的是人类在工业化城市化背景下的需求变化，也正是长江三角洲地区当前需求升级的重要方向。

对"3N"的追求不仅仅是简单的回归自然与怀旧之旅，而是在坚持自然生态、坚持传统文化的同时，追求现代的生活方式。也就是在坚持生态性和乡土性的同时，强调现代性，以现代性升级自然与传统的生活。因此，"3N"坚持的正是生态性、乡土性与现代性。

周庄因画而名，陈逸飞的著名画作《故乡的回忆》触动的正是人类怀乡的美好情怀，周庄观光旅游的兴起正是旅游者对自然（Nature）和怀乡（Nostalgic）的追求。宗教式的苦修并非是现代人追寻天堂之乐的途径，以现代性融入自然和传统，寻求心灵的自由与惬意，才是现阶段天堂之乐（Nirvana）的真正含义。因此，周庄未来产业的转型就是要在自然和怀乡的基础上，努力寻求生态性、乡土性和现代性的融合，发展休闲度假旅游，发展生态办公，提升"生产、生活、生态"（"三生"）环境，以适应旅游者、创新创意者和创业者对天堂之乐（Nirvana）的追求，真正实现强镇富民的战略目标。

二、发展定位：文化繁荣、科技进步、生态友好的国际著名旅游城镇

未来一段时期，周庄有条件、有能力建设一个"文化繁荣、科技进步、生态友好的国际著名旅游城镇"，以达成重塑"中国第一水乡"的使命。

"国际著名旅游城镇"："旅游城镇"反映了周庄的性质。"国际著

名"意味着旅游目标市场的国际化,区域品质的国际化。

"文化繁荣":反映了以休闲度假而生的多元消费文化与江南水乡文化的交融,反映了周庄文化创意产业的发展基础与发展绩效。

"科技进步":反映了周庄在感知技术领域的特殊地位,着重体现了周庄有别于以农业和旅游业为支柱产业的传统乡村地区的发展模式,是周庄迈向现代化和新型工业化的集中体现。

"生态友好":是对周庄资源本底的刻画,也是对周庄"生产、生活、生态"环境的刻画。

"文化繁荣、科技进步、生态友好的国际著名旅游城镇",意味着周庄将放眼全球,努力追求区域品质,以文化、科技、生态获取差异化竞争优势,以出售文化和生态服务获取回报,以科技推动价值创造。这一定位集中体现了周庄发展模式的先进性。

三、三大发展战略

1. 产业战略:微笑发展、产业融合

坚持微笑发展,就是向价值链两端的高附加值环节延伸。就周庄而言,就是要从低附加值的装配制造向高附加值的研发和总部转型,从"到此一游"式的观光向休闲度假、深度旅游转型,转低成本优势为基于技术创新和文化创意的差异化优势,从而切实推进周庄转型升级。

产业融合,是突破现有产业发展空间,促进产业结构升级的有效途径。通过政府引导和公共服务平台的搭建,推进原创画作产业链、美术工艺品产业链、旅游纪念品设计产业链、文化演艺产业链、工业设计产业链等之间的互相嫁接;推进感知技术产业在农业、旅游业、文化创意产业中的跨领域应用,打造一批"感知农业"、"感知旅游"、"感知设计"等示范项目;推进传统产业文化化,即用文化改造和提升传统农业和制造业,增加其产品的附加值,周庄应大力发展观光农业、创意农业、工业设计,努力将地方文化元素融入传统产业。

2. 空间战略:精明增长,区域一体

坚持精明增长,就是在生态、空间和安全约束条件下,寻求集约化的土地利用模式,努力提升地均GDP的增长水平。建设集生态办公、休闲娱乐、创意设计、文化消费四位一体的中央游憩商务区,延伸文化创意与感知技术产业的新空间；转变产业结构，努力发展2.5产业，寻求"管理、研发两头在内，制造外包"的工业发展模式是实现精明增长的重要途径。

专栏9-4 "2.5产业"

"2.5产业"是指介于第二和第三产业之间的产业，既有服务、贸易、结算等第三产业管理中心的职能，又具备独特的研发中心、公司核心技术产品的生产中心和现代物流运行服务等第二产业运营的职能。

"2.5产业"不仅仅是产业概念和口号，而是整个生产性服务集中性的表现。突出生产性服务，构架生产和服务一体化，突破过去产品传统的生产流通方式，以市场发展需要为支持，以生产性服务为主体，以研发设计、虚拟工厂为表现手法，从而把整个产业价值链联系起来。

区域一体要求周庄依托昆山，融入上海，充分享受上海的人才优势与技术溢出，充分响应上海的需求变化，充分利用交通枢纽等大型基础带来的便利性，引进符合周庄发展方向的企业，导入创新、创意和创业型人才，主动承担重要的区域职能；区域一体要求周庄主动融入苏州的南部水乡，突破行政区划界限，发挥龙头带动作用，共同打造功能完善、文化多元、各具特色、协调共赢的江南水乡文化旅游产业区；区域一体也要求周庄主动融入周边，充分协调与周边地区的利益，拓展传感产业发展的空间。

3. 社会战略：重视民生，统筹城乡

重视民生意味着，周庄要始终把改善民生作为经济发展的出发点、落脚点和持久动力。围绕改善民生谋发展，完善商业网点布局，增加社会就业，促进人民增收。在经济发展的基础上，更加注重社会建设，进一步完善现代教育体系，基本建立覆盖城乡居民的社会保障体系，确保人人享有基本医疗卫生服务，扩大社区公共服务，健全社会管理体系。在满足物质文化生活的基础上，向满足精神文化生活拓展，加强社区文化建设，努力推进"文化民生"。

统筹城乡意味着，周庄要以城乡一体化发展为契机，加强农业基础地位，促进农业科技进步，大力发展现代高效农业；加强农村基础设施建设，导入社区服务设施，优化农村生活环境；加强农业服务体系建设，提高农村"资产、资源、资金"的管理运营能力，激活村级经济;加强农民就业培训,引导支持农民创业,丰富农民文化生活,实现富民强村。

完善行、游、购、娱等旅游设施,完善支持性商务活动设施,打造最具品质的"生产、生活、生态"环境,真正实现从"资源第一"、"形象第一"、"规模第一"向"品质第一"升级。

四、三大发展领域

1. 打造观光和休闲并重的国际著名旅游城镇

在古镇观光提升的基础上,大力发展休闲度假、文化观光、商务会议、康体健身等旅游产品,把周庄打造为观光和休闲并重的国际著名旅游城镇。

第一,提升古镇观光,打造世界级目的地。古镇观光必须以精品化、时尚化为导向,在古镇保护的基础上,着力调整传统业态,着力丰富古镇旅游体验,着力营造水乡生活氛围,持续提升水乡古镇形象,把周庄打造为国际著名的旅游城镇。

其次,跳出古镇,开辟旅游发展新空间。周庄旅游业必须跳出古镇观光,在38.96平方公里的大周庄区域内,全面开发休闲度假、文化观光、商务会议、康体健身等旅游产品,以满足长江三角洲地区日益升级的旅游需求,实现周庄旅游业的转型升级。

通过古镇观光旅游升级和休闲度假、文化观光、商旅康疗等旅游发展,争取实现古镇年均旅游接待规模稳定在300万人次以上,全镇旅游收入在2010年的基础上实现倍增的目标。

2. 打造全国一流、国际知名的感知技术产业高地

以应用和研发为两大驱动力,加快支持性商务活动的配套,努力完善自主创新、产业集群、集成服务、应用示范、总部经济五大功能,通过从传感功能突破向全面感知技术创新转变,从主要提供单个器件产品向全面满足系统集成应用转变,以及从简单产业集聚向技术创新、创业孵化、市场服务和产业化并重转变,实现研发、产品、产业三大升级,力争在未来一段期间以建设传感器产业创新研发和集成应用两大中心为目标,打造全国一流、国际知名的感知技术高地和传感产业采购与分销中心,力争到2015年形成年销售50亿元的产业规模。

3. 打造国家级文化创意产业特色基地

以打造国家级文化创意产业特色基地为目标，以"一园两区"为重要载体，大力实施"创意驱动、产业融合、市场运作"的发展战略，不断丰富和完善现有产业链，逐步形成产业集聚、功能完善、业态丰富、特色鲜明的文化创意产业发展局面，争取到2015年，带动全镇文化产业实现总产值15亿元，初步建成长江三角洲地区创新创意和艺术品生产、流通的中心。

五、五大空间板块的发展格局

立足周庄镇38.96平方公里的镇域范围，按照优化布局、产业集聚、功能清晰、特色突出的布局原则，重点建设东部感知技术高地、西部现代化新城、南部古镇文化旅游区、北部现代高效农业示范区和中部国际创意休闲产业轴，完善"四区一轴"的空间发展格局，促进经济协调稳定增长，社会和谐有序发展。

1. 东部感知技术高地

以打造全国一流、国际知名的感知技术高地为发展方向，在锦周公路以东，商周路以北的四平方公里范围内，以国家级传感器产业基地为载体，重点打造"集成电路、智能芯片和数字化产品"三大特色产业集群，重点完善人才公寓、商务设施、传感器孵化中心等配套设施建设，积极发展"总部经济"，做强做优传感产业。

2. 西部现代化新城

以建设富有江南特色的现代化新城为发展方向，在同周公路以南，大学路以西，淀南路、周商路以南的10平方公里范围内，重点建设白蚬湖居住区、淀南路以南、南白荡周边的现代商业服务区和高档休闲度假区，逐步完善幼儿园、文体中心、医院等文化、教育、卫生、体育设施，不断提高社区公共服务和管理水平，形成人民生活安康、生态环境优美、精神面貌昂扬的和谐社区。

3. 南部古镇文化旅游区

以精品化、休闲化为发展导向，以急水港以南两平方公里的古镇区为载体，坚持古镇保护和文化传承，重点提升商业形态，积极开发休闲项目，努力丰富古镇体验，逐步完善旅游配套设施，不断提升旅游服务水平,形成旅游者融入自然、抒发怀乡情怀、感悟天堂之乐的古镇文化旅游胜地。

4. 北部现代都市农业示范区

以打造现代都市农业示范区为发展方向,以十三平方公里的村落、农田、河网湖泊为载体,不断完善特色村庄和农村新型社区建设,持续增强基本农田粮食生产能力,大力发展以肖甸湖水产养殖基地为核心的新品培育与养殖高效区,重点培育环天花荡周边的现代休闲农业旅游区,形成经济效益、生态效益、社会效益全面提高的现代都市农业基地。

5. 中部国际创意休闲产业轴

以高端化、品质化为发展导向,在锦周路以西,环镇西路、大学路以东,淀南路以北,环镇北路以南的十平方公里范围内,以天花荡、太史淀、急水港为重要节点,通过一体化规划、大项目推动,联系四大板块,积极导入企业研发管理总部,加快休闲度假旅游项目开发,进一步提升文化创意产业发展水平,打造"国家级文化产业示范园区",推动形成集生态办公、休闲娱乐、创意设计、文化消费四位一体的中央游憩商务区,形成周庄镇经济与社会发展的重要轴线。

第五节 重点领域与主要任务

在"文化繁荣、科技进步的中国水乡旅游首选目的地"的定位下,周庄应重点发展旅游业、感知技术产业和文化创意产业三大产业。

一、观光与休闲并重的旅游业

1. 旅游产品的丰富与升级

旅游产业的发展,应顺着市场的变化而进行调整,才能适应市场竞争的需要。周庄旅游业应推行"双轨制"发展战略,即在原有古镇区继续推行观光旅游模式的同时,在坚持生态性和乡土性的前提下,于新规划的板块引入新业态,重点打造休闲度假、商务会议、户外游憩、乡村旅游等附加值高的旅游新模式。

(1) 观光产品高级化

空间扩容,开辟观光产品升级新空间。可围绕周庄古镇核心区外围开拓旅游空间：理顺江南人家板块的产权关系,利用采购、租赁或示范等方式,创新商业模式;通过建设精品酒店、开拓前店后厂式文化产业发展空间等手段,完善江南人家的旅游商业功能。周庄要推动富贵园—画家村区域功能从艺术品创作销售向观光和旅游购物转变,通过建设美术馆群等措施以实现文化与旅游产业融合。同时在大桥路沿线实施退二进三工程,整合土地资源,引进嘉禾影视等项目,进一步激活其消费与娱乐功能。

时间扩容,打造"夜周庄"、"晨韵周庄"。应采用多种方式对《四季周庄》演艺项目进行推广,不断丰富演艺内容、完善演出效果,利用模块化创新方式加大产品的更新力度。还可以导入精品酒店、休闲酒吧等新业态,增加夜周庄的娱乐生活空间。周庄可以做足"夜周庄"的文章,即以水体为依托,配合灯光技术,营造"夜水乡"的温馨场面,增强旅游的体验性。同时还可以进行"周庄晨韵"系列项目开发,利用晨读、晨练、早点、早茶等形式,打造"晨游"氛围。利用多种方式拓展早晚旅游活动的时间、内容与质量,吸引游客在本地过夜。

社区旅游,观光产品生活化。周庄应充分发掘古镇社区资源,开发一批基于社区的旅游产品,全面提升游客参与度,促使观光体验生活化、真实化。同时,可以选择有传统特色或技艺的家庭,打造"周庄人家",引领游客深度参观;或者规划原始古镇街区,保留原住民和古建筑,配备现代化设施立体展示古镇生活形象。还可以开放展示居委会、老年活动中心等社区公共资源,丰富游客体验。应通过协调处理观光体验与社区生活、工作的关系,引导二者和谐共处、共同发展。

（2）休闲度假综合体建设

所谓"休闲度假综合体"包含四方面的内容：

第一,综合性游憩商务区。周庄应当引进大型项目,完善基础设施建设,在太史淀地区建设集休闲度假、生态办公、创意设计、娱乐消费四位一体的综合性游憩商务区。第二,生态办公区域空间。可以太史淀游憩商务区为空间承载,依托信息网络化的机遇和周庄镇临近上海、交通便捷的区位优势,充分利用水乡丰富的自然生态资源,构建多功能生态办公区。在保护生态性和乡土性的前提下,应注重发展总部经济,导入物联网研发企业和文化创意设计企业,吸引新一代信息技术产业和文创产业的创业者落户。此外,还可通过国际会展中心的建设,引进专业化的MICE运作团队,依托上海的巨大客源市场和周庄本身的品牌优势，策划举办一批具有影响力的会展活动，积极发展会议奖励旅游。第三，娱乐消费多元载体。太史淀游憩商务区的娱乐功能应得到强化，可配套建设咖啡厅、酒吧、健身俱乐部等基础休闲消费项目，适度建设美术馆、艺术品展销中心等文化消费项目，规范周庄特色商品专营店等特色消费项目，丰富娱乐消费载体，以消费拉动旅游增长。第四，康体医疗旅游。应当充分利用周庄高质量的友好生态环境以及周边城市日益提升的康体、医疗旅游需求，积极导入康体设施，建设以太史淀为核心的医疗康体度假基地。同时，可开展与周边地区医疗机构、工会、社区、老年协会以及相关企业的定向合作，努力开拓康体医疗旅游市场，打造周庄休闲度假旅游产业的重要增长点。

(3) 农业生态旅游的发展与提升

周庄可以通过发展农田景观、乡村体育、社区旅游和精品酒店等旅游产品来发展并提升农业生态旅游。第一，农田景观观光。配合四季节令种植油菜、花卉等观赏性强的农作物，营造周庄镇公路沿线和出入口处农田景观，营造良好景区形象。结合精品酒店、天花荡景观项目等建设，统一规划种植水稻等本地农作物，打造布局美观、观赏性强的田园景观带。第二，水乡体育公园。以北部现有村落、道路、农田和水域为基础，以农业景观化、设施休闲化为手段，修建田间游步道、自行车道、自行车租赁点、小型自驾车营地、观光平台、露天剧场等体育和休闲娱乐设施，导入户外游憩项目，建设以原生态江南水乡景观为背景、以户外游憩、农业观光等项目为主导的体育公园。第三，农村社区旅游。依托周庄的19个自然村落，以云南村为试点，发展基于社区的旅游。通过对传统生活方式的旅游产品化开发，强化农村社区的旅游接待功能。积极挖掘非物质文化和传统手工业，结合本地制造业，面向旅游需求开发特色工艺品和旅游纪念品，努力实现一村一品、一乡一业。第四，水乡精品酒店。推进天花荡南部高端度假村项目建设，同时以金家荡或澄尚村为试点成立富民合作社，通过宅基地置换实现土地利用性质的转变，积极建设精品酒店群，为观光农业项目提供必要的接待基础。

2. 旅游休闲产业空间布局与载体建设

周庄在充分发挥传统资源优势的基础上，应不断创新以适应市场竞争的需要，整合镇内多点旅游资源，逐步形成南部古镇文化旅游功能区、中部太史淀休闲度假与生态商务发展轴、北部现代农业与生态休闲示范区三大板块，构建新的周庄旅游发展格局。

古镇文化旅游功能区。周庄古镇文化旅游区应保护性开发旅游功能，即在传统古镇旅游的基础上继续推进观光旅游产品的优化升级，打造精品化、休闲化的古镇观光产品。通过盘活存量强化画家村、江南人家等板块的旅游功能，同时在大桥路沿线逐步实现退二进三，引进核心项目以带动消费娱乐功能的完善和景观提升。另外，还应积极改善古镇入岛交通。

太史淀休闲度假与生态商务发展轴。此区域应采取"跨越式"发展、一体化开发的战略，重点建设集休闲度假、生态办公、创意设计、娱乐消费四位一体的太史淀中央游憩商务区，面向全球进行招标，合理规划布局，探索新型开发组织模式，引进高端休闲、商务项目，与东侧2.5产业地块相呼应，形成空间衔接，打造周庄新名片，推动周庄旅游的结构转型。

现代农业与生态休闲示范区。周庄应保留原生态村落和田园风光，打造以水乡体育公园为核心的户外游憩旅游产品和以农业观光为核心的乡村旅游产品。可以北部生态农田为背景建设乡村体育公园，以环天花荡区域为核心导入低密度精品酒店群和高端休闲度假项目，同时依托湖岸景观和乡村资源在澄尚地区打造滨湖休闲度假区。

3. 文旅互动：旅游产业链条的延伸

(1) 画家村功能再定位

可对现有的画家村文化创意产业项目进行功能再定位，利用美术馆的规模化建设，剥离艺术创作功能，强化美术作品展示和交易功能。同时应加强宣传力度和旅游功能配套，将重新定位后的画家村打造成受众广、知名度高的艺术品展示、销售平台，丰富古镇区观光景点内容，营造多元文化体验氛围。

(2) 台湾老街功能升级

在台湾老街原有民俗、民族风情展示的基础上，可不断升级功能应用，搭建拉动旅游消费的台湾特色产品展示、销售平台，并策划一系列台湾特色的旅游节事、展会活动，丰富旅游产品。

(3) 旅游业与文创产业的双向融合

可以利用周庄文化创意产业的基础，加大旅游纪念品及相关配套产品的设计、研发力度，打造不断创新的周庄特色旅游纪念品及旅游用品供应体系。进一步实现艺博会等文创产品的展示销售平台与旅游业的对接，丰富周庄的旅游产品，强化旅游业与文创产业的融合。

二、感知技术产业

周庄应把握物联网发展的重要机遇，以拓展园区空间为基础，完善保障措施为支撑，以应用和研发为两大驱动力，完善支持性商务活动的配套，逐步形成园区自主创新、产业集群、集成服务、应用示范、总部经济的五大功能。对于感知技术产业的未来发展方向，应通过从传感功能突破向全面感知技术创新转变、从主要提供单个器件产品向全面满足系统集成应用转变，以及从简单产业集聚向技术创新、创业孵化、市场服务和产业化并重转变，实现研发、产品、产业三大升级，建设传感器产业创新研发和集成应用两个中心，从而打造全国一流、国际知名的感知技术高地和传感产业采购与分销中心。

1. 感知技术产业应向价值链两头拓展

感知技术产业具有三大重要特征：

第一，技术、应用两力驱动。一方面，各种传感基础技术的进步将直接丰富传感器功能，另一方面，应用力则面向传感器在各行各业的实际需求，对传感产业的整体发展方向有着重要影响。因此技术和应用是传感产业发展的两大驱动力，而技术与应用环节则同时处于传感产业的价值链高端，并产生高附加值。相反，传统的元部件生产则是相对简单与低端的环节。第二，智力、投资两点密集。由于技术研发和集成应用都需要大量知识投入，因而感知技术产业主要在两端形成知识密集。另一方面，资本投入贯穿整条产业链。第三，产业、产品两头分散。由于被测量和传感技术的不同，传感产品种类繁多，而其应用同样涉及各行各业，形成两头分散的局面。在感知技术产业的价值链中，周庄目前所处的位置主要以元部件生产为主，这部分环节附加值低，竞争激烈，且以低成本竞争模式为主，不利于周庄感知技术产业的长期发展。

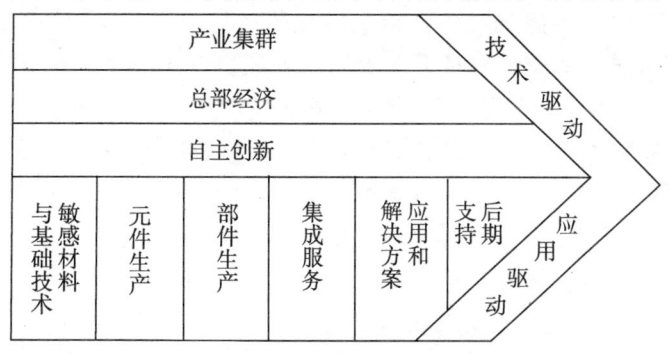

图 9-2 感知技术产业的价值链

而该产业的上述特点决定了周庄传感产业的发展应注重两个方面。其一是向技术和应用两大价值链高端转移，优化产业结构，实现高附加值，同时利用两端知识和资本密集、对土地需求相对不高的特点解决本地区传感产业的空间约束问题。其二是把握物联网这一传感集中应用平台高速发展的机遇，解决传统传感产业两头分散的困境。

2. 发展五大应用领域

传感器的应用渗透广泛，其中能源产业、环保、汽车、生物医疗和电力将成为未来传感器应用的五大产业，占到销售额的50%以上。其他还包括精细农业、航天国防、工业设计、工业流程控制、测试等诸多领域。对此，周庄应当扩大招商引资，充分发挥本地传感产业基础、区位、政策和环境优势，吸引能源、环保、汽车、生物医药和电力等五个未来传感器应用最大产业的国内外主要应用开发商和解决方案提供商落户周庄，导入领先的集成理念和应用需求，拉动研发与生产，以巩固周庄镇传感产业的引领地位。与此同时，周庄还应紧跟国家战略，面向应用市场，积极争取并开展五大领域内关键应用的重点项目合作，如努力争取承接设计能源综合利用、环境监控、灾难管理、智能交通、汽车安全、远程诊疗、人体域网络、智能电网和城市综合管理等具有重大应用发展前景的大型项目。

3. 产品向集成应用升级

当前感知技术产业发展的一大趋势是用户需求正从"传感器功能/成本"导向转向"生产商服务/支持"导向，这意味着集成应用、解决方案和支持服务将成为未来除元件生产外的重要传感产品。在此背景下，周庄的感知技术产业应转变传统导向，促进产品向集成应用、解决方案和支持服务升级。周庄可加快引导本地企业由零配件制造商向集成应用商转变，剥离低附加值产业链环节，促进产品由生产向服务转型。同时重点发展相关领域的传感应用咨询服务，以集成应用和软件植入为导向，以解决方案换简单生产，打造知识密集型中下游产业链，从而实现传感产业高附加值。

4. 把握物联网发展机遇

(1) 融入环境发展重点产业链

周庄应依托良好的传感产业基础，把握国家重点发展物联网产业和江苏省建设"感知中国"中心的市场机遇与政策优势，面向无锡、上海、嘉兴、杭州等国家物联网试点地区的大量需求，主动对接，积极承担区域产业分工，重点发展包括智能化、网络化、集成化、系统化新型传感器件研发和制造环节在内的物联网新型感知技术产业链。

(2) 发挥整合带动作用促进产业综合发展

可利用物联网平台对不同传感应用的整合作用，以及对无线、智能和各种传感技术发展的带动作用，瞄准智能芯片、无线传感节点、电子标签设备、应用系统集成等关键环节，引入和培育领先企业，加强各子行业的互动合作，促进产业综合发展。

(3) 引进和发展一批示范项目

可围绕汽车电子、工业自动化控制、智能安防、智能医疗、智能电网、智能城市化管理等重点领域和应用方向，按照"政府引导、企业主体、市场运作"的原则，有针对性地申报和推进一批物联网产业示范工程建设。同时以"智慧周庄"物联网建设项目为重要契机，打造周庄镇物联网综合应用平台。

(4) 建设物联网产业基地

周庄还可努力向上争取对物联网相关产业、企业和示范项目的政策支持、资金支持和土地支持，拓展发展空间，优化发展环境；积极申报以省级以上项目为主的物联网重点项目；不断参与物联网产业的区域和省际合作。针对物联网产业特点升级产业基地，促进由传感器基地向传感网基地的转型。

5. 发展本地应用示范项目

周庄可以结合本地特色产业，拓展传感器应用项目，重点建设

"感知旅游"、"感知农业"两个示范项目和"感知设计"产品拓展项目。

第一,打造两大传感器示范应用平台。结合周庄镇休闲旅游业,建设"感知旅游"传感网络示范平台,针对景区管理、保护和检测,打造集景区容量报告与控制、灾难预警与应急响应、环境监测与自主应对等多种功能于一身的旅游物联网示范区。结合北部现代农业园区,构建"感知农业"现代农业自动化控制平台,重点试点与开发温室环境监控系统、作物生长指标监控系统、自主灌溉与施肥系统、虫害防治系统、自动化立体农业综合管理系统等传感农业项目,打造技术领先的国家级传感精细农业技术示范区。

第二,依托创意设计产业,促进工业设计品与传感技术相融合。联合本地工业设计企业,以"设计+大规模工业化生产"为主要模式,在工业品中融入传感技术,积极开发与推广面向智能玩具、智能旅游纪念品等最终消费品的传感集成应用,有效拓展和延伸产业链,促进周庄镇旅游、传感、创意设计三大产业有机融合,提升整体地方品牌与形象。

6. 感知技术产业空间布局与载体建设

当前周庄感知技术产业的发展面临着严重的土地约束。对此,周庄一方面应当继续推动产业集聚,一方面也可以通过发展总部经济等措施加强高附加值环节的发展,从而提升地均产出。此外,周庄还应通过发展与旅游相结合的 2.5 产业和积极争取周边土地等方式,争取一切可以利用的空间资源。

(1) 以传感器产业基地为基础,推动传感行业全面集聚

以昆山传感器产业基地为核心,加快基地二期建设,努力争取资源扩大基地规模和承载水平,加快腾笼换鸟,引入知识密集、土地集约型企业,积极导入创新服务、创业孵化和公共信息平台,引进相关高校和科研机构,完善商务和生活配套设施,加强产业内部交流,促进传感产业由传统简单集聚向技术创新、创业孵化、市场服务和产业化全面集聚转变,进一步打造产业密集、环境优美、配套齐全的新型传感产业空间载体。

(2) 以园区和楼宇为载体,重点发展总部经济

可开辟周庄总部经济园,积极导入商务、餐饮、娱乐、购物等相关配套服务,通过园区经济和楼宇经济实现资源共享。升级本地传统传感产业链,推动其高端化和总部化,实现产业升级;同时依托产业

集聚优势、临沪区位优势、低成本优势和环境优势,努力吸引一批传感企业总部——尤其是大型、跨国传感企业的区域性总部入驻园区。打造区域传感业总部集聚地,促进业态升级,提高地均产出。

(3) 向旅游要空间,灵活发展 2.5 产业

可尝试以旅游用地转换总部经济园区,发挥旅游产业基础,利用未来一段时期进一步开发休闲旅游用地的机遇,依托太史淀和急水港相关项目建设,转换部分休闲商务空间扩张传感产业园区,发展总部经济园。

可融合休闲旅游灵活发展 2.5 产业。结合传感产业、总部经济、商务旅游和休闲度假,积极发展工业与服务业相融合的 2.5 产业。通过商务休闲旅游的发展完善配套自然、人文环境和基础设施,共享建设用地,并最大限度合理利用本地丰富的旅游资源和知名的地方品牌。

(4) 向周边要土地,积极扩展传感器产业发展空间

应从战略高度积极导入锦溪等周边地区空间。积极争取江苏省与昆山市支持,进一步扩大昆山传感器产业基地空间规模,并从苏州市和江苏省抢占物联网高地的战略高度出发解决周庄传感器基地的工业用地问题,以上级协调、利益共享为原则,在未来一段时期利用锦溪的发展空间,以合作开发等形式,拓展传感器产业基地。

可以从共建、共享为导向开展与周边地区的土地合作开发利用,利用传感基地辐射作用,以土地共用、利益共享的方式开展与周边地区的土地合作开发,促进生产环节向周边地区转移,开辟解决工业用地问题的新思路、新模式,为传感产业基地的扩张进一步腾出空间。

三、文化创意产业

1. 周庄文化创意产业的模式选择

(1) 文化产业发展的三种典型模式

综合历史经验,文化产业的发展存在三种典型的模式:

工业化生产模式:即标准化、规模化的工业生产模式。目前周庄美术产业正是以该模式为基础进行运作。需要强调是,资本是该模式的核心,企业家能力是成功的关键,利用传统的招商模式是一个地区以工业化生产模式发展文创产业的可行路径。工业化大生产模式

的产业链可简单描述为:"设计——复制——渠道"。设计环节画工厂与画家签约,获得复制原创作品的版权,然后通过流水线作业进行大规模复制生产,最后通过自有渠道完成销售。

深圳大芬是成功利用工业化生产模式发展文化创意产业的实践者。如同工业发展,依靠政府招商,拥有成熟商业模式的画工厂企业在低房租和低劳动力成本的吸引下,进入深圳大芬村,并迅速获得巨大的经济效益,进而吸引更多的企业入驻,逐渐形成画工厂企业集群。随着大芬村知名度的不断上涨和画工厂产业链向原创端和营销端的延伸,大芬油画村也在朝向艺术品全产业链市场推进。周庄在这条链条中,主要承担的职能是复制与少量的销售,这种模式的成功在于把独立的艺术品创作分解成若干环节,从而达到标准化生产、快速化生产的目标。这种模式同样也体现在《四季周庄》上。工业化大生产模式的成功运作,推动周庄美术产业链逐渐发展壮大,因此应当继续完善与推广这一模式,并向产业链两端延伸。

原创高雅艺术的经纪人模式:即由专业经纪人负责原创产品的销售,创作者只进行专业化创作。在该模式里,核心能力体现在艺术的创造力和市场营销能力,因此艺术家和经纪人是关键。导入原创高雅艺术模式的关键在于"招人",而非传统的"招商"。该模式的产业链可简单描述为:"艺术创作——渠道"。该产业链的价值增值是分离的,前者由艺术家完成,后者由经纪人完成。

北京"798艺术区"是原创高雅艺术模式的成功实践者。"798"画廊经济模式的成功之处在于经纪人制度的成功运作。位于北京市中心地段的区位条件决定"798艺术区"必须发展高端艺术品交易市场,必须依靠专业的艺术经纪人获取高附加值。因此,"798艺术区"集聚了国内外众多知名画廊、设计室、艺术展示空间、艺术家工作室、时尚店铺和高档餐饮酒吧等商业形态,而经济实力不强的原创画家就逐渐被排挤出去。于是,迅速发展起来的"798艺术区"在持续的商业炒作和政府规划下,成为了中国首屈一指的现代化文化创意产业集聚区。周庄目前只拥有第一个环节,第二个环节尚缺失。但是经纪人极其重要,艺术品不同于画工厂的标准化产品,经纪人可以通过其运作实现艺术作品的差异化定价,实现价值增值。画家村应当采用这一模式,画家只负责艺术创作,销售由专业的艺术经纪人完成。

前店后场的一体化模式：即前店负责销售，后场负责生产，生产与销售在空间上实现一体化运作。这种模式往往与观光旅游相结合。该模式的产业链由以下几部分组成：设计——加工——销售，诸如乐器、特色手工艺品制作等的生产和销售就是这一模式的典型代表。这条产业链最大的特点就是从设计到销售都是一体化的。不同于画工厂的是，设计为自我设计，加工是少量的手工的加工，销售是直接销售，不通过任何外部渠道。

台湾传统艺术中心是以前店后场模式发展成功发展文化创意产业的实践者。台湾传统艺术中心位于台湾省宜兰县境内，1996年开始筹备，2003年10月正式开幕，旨在加强对台湾传统艺术的保护留存，同时带动民间艺术的再生、发展和创新。

传统艺术中心的中心展示系统分为静态和动态两大类。静态展示包括特色的仿古建筑和庭院设计、馆藏文物开放参观、传统工艺品橱窗展示等。动态展示环节，一是定时举办各种技艺展演活动，展演主题和四季时序、民俗节庆紧密融合，不同时节营造不同氛围；二是邀请具有传统技艺和创意的艺术家、商家进驻，通过"前店后场"的经营模式，现场制作工艺品的同时进行展示销售。

传统艺术中心自开业以来，吸引了大量岛内外游客前去参观，现已成为宜兰县重要旅游景点。传统艺术中心的成功，关键在于充分利用市场运作，将文化创意产业的力量和旅游资源打造相结合，"文化产业化，产业文化化"，让传统艺术品借由新时代的创意焕发新的生命力。

这种模式也是目前画家村运作的模式。但是需要指出的是这种模式仅适合于乐器、特色手工品，并不适合于美术作品的创作。因此对当前画家村的功能再定位、模式再选择是必须的。北京宋庄画家村则是融合了以上三种模式发展的成功案例。宋庄原创艺术产业集群的成长是艺术家与低成本创作与生活空间结合的产物，这是一个自下而上自发形成的文创产业集群，具有强大的根植性。宋庄画家村文化创意产业链条相对完整，可以观察到所有三种模式，而且更重要的是一个艺术地域社区已经形成。

（2）周庄文化创意产业发展模式的选择

参照上诉三种模式及成功地区的发展经验来分析周庄画家村的发展基础，不难发现周庄与宋庄有相似之处。周庄紧邻上海，区位条件优越;同时,周庄地处农村,生活成本相对低廉。但是,与地处北京的宋庄相比,周庄明显缺乏文化向心力和"北漂一族"的艺术家群体。然而,周庄因画而起的历史渊源,具有企业家精神的地方政府对文化产业的重视,文化创意产业的迅速崛起,都是周庄画家村发展所具有的独特优势。

因此,周庄画家村的发展应当在政府的全力支持下,通过全产业链推进,着力以低成本和独特的江南水乡环境吸引艺术家向周庄集聚,着力以优惠的产业政策和"中国第一水乡"的品牌影响力吸引画工厂企业落户,着力以现代化的商务活动设施吸引高端画廊、时尚企业和会展策划机构进驻,逐步形成由原创艺术家生活群落、艺术品生产销售企业集群和会议展览营销策划企业集群组成的功能完善、特色突出、品牌响亮的艺术品集散地。

2. 文化创意产业的发展载体

目前,昆山文化创意产业园已经成为国家级文化产业示范基地。作为该基地的重要组成部分,周庄应在现有文化创意产业"一园两区"的发展框架下,重点进行"画家村"功能的再定位和昆山文化创意产业园的进一步建设。

(1) 画家村

周庄可重新定位原有的画家村,并依托水乡环境对画家的生活群落进行重新选址。

现有画家村地块应积极剥离艺术家创作环节,大力发展画廊经济模式,多渠道引进美术馆群,着力以现代化的商务活动设施吸引高端画廊、知名艺术家工作室、时尚企业和策划机构进驻,重点打造原创高雅艺术产业链中的展示平台和渠道环节,不断完善画家村会议、展览、销售等功能,力争以现有画家村为载体,通过功能置换,使周庄成为长江三角洲地区美术馆集聚地、艺术品的集散地。

借鉴宋庄原创艺术产业集聚模式,着力以低成本居所和独特的江南水乡环境吸引艺术家向周庄集聚,重点培育原创艺术家生活群落,为周庄艺术氛围营造夯实基础,推动文化创意产业繁荣发展。

(2) 昆山市文化创意产业园

在引进新画家村的同时,周庄可积极引导兼有美术创作、品牌画廊、收藏拍卖、画工厂、艺术培训、创意部落、创意工作室、创意建筑、湿地景观等多种内容和多重功能的文化创意企业入驻创意园区。同时结合古镇文化旅游经济的特点,重点发展传统工艺品设计、美术和音乐创作、传统技艺传承和体验、"慢生活"休闲、演艺娱乐等服务业态。在集聚区建设上,可以精心构建古镇荟萃民族民间传统工艺创作设计、艺术品设计、旅游纪念品设计、大师现场制作、佳作定时拍卖、游客参与体验的特色创意街区,加快营造具有延揽游客、延伸服务、拓展消费的特色创意风情街区,以文化创意产业集聚区建设,有力带动古镇周庄的"二次创业"。

3. 文化创意产业的整合发展

(1) 现有文创产业链的完善

第一,可以目前美术产业的发展状况为基础,吸引管理总部和销售部门的入驻,不断完善与加强以画工厂为代表的文创产业工业化生产模式。第二,应面向原创端,在引进知名画家的同时,积极利用市场机制培育有前途的艺术工作者,强化周庄艺术家队伍;面向渠道端,引进专业画廊和艺术经纪人,大力发展画廊经济,完善原创高雅艺术产业链。第三,应全面提升基于前店后场模式的工艺品制造业的设计、加工和销售环节,吸引创意设计店铺入驻周庄,加快形成以旅游纪念品为主的设计研发产业链。

(2) 产业链相互嫁接,发展模式相互融合

应搭建文化产业公共服务平台,促进产业内交流,推动三大产业链之间相互嫁接,发展模式相互融合。第一,可衔接工业化生产模式与原创高雅艺术模式中的设计环节,为美术产业发展提供支持,为原创艺术产业发展提供市场。第二,可衔接工业化生产模式和前店后厂模式的加工环节,针对不同消费者群体,针对不同内涵的旅游纪念品,采用不同的生产加工模式。第三,衔接原创高雅艺术模式与前店后场模式的销售环节,鼓励画家创业经营个人工作室。通过三条文化产业链的整合,将周庄打造成品牌化、多元化、高端化的特色文化创意产业集聚区。

4. 文化创意产业的多元化

(1) 以现有传感器产业为基础的工业设计

周庄可以"感知中国"的物联网发展目标为导向,依托传感器产业基地和周边地区制造业发达的产业基础,依靠苏州大学应用技术学院的专业支持,以前庙浜孵化基地为载体,加快形成以传感器产业

研发设计、新型电子元器件、模具、印刷制版、服装、包装设计等工业设计产业格局。一方面通过创意设计产业促进制造业自主创新能力提升,另一方面借助先进制造业本身的设计需求带动创意产业发展。依托国家级开发区先进制造业发展对工业设计的旺盛需求,为各类先进制造业提供生产型服务产品设计、外观设计、造型设计、包装设计、功能设计等业态,引进国内外知名研发设计机构和设计师工作室,形成高端工业设计群体和机构的规模化集聚,增强工业设计对传感器产业的带动和提升。

(2)创意设计孵化基地建设

周庄可依托昆山国家级经济技术开发区产业基础条件好、先进制造业发达、技术创新能力强、中高级人才高度集聚的综合优势,结合工业设计的发展,加快太史淀的创意设计孵化基地的建设。应重视发挥"昆山市工业设计研究院"的骨干作用,支持一批自主设计创新能力较强、文化创意特征鲜明、市场需求旺盛、品牌效应显著、规模规范运营的创意设计公司入驻园区。同时要以优惠的政策、优质的服务和较低的租金吸引创意群体和设计人才入驻创业,重点吸引国内外产品创意、包装设计、平面设计、装潢设计、外观设计、服务设计、运营设计等机构、人才和业态,建成与开发区整体环境相融、以生产性服务为主要特征的太史淀创意设计孵化基地。

第十章

武进：探索服务业的新苏南模式

武进区位于江苏省南部，长江三角洲太湖平原西北部，沪宁通道中段。东邻江阴、锡山两市，南接宜兴市，西毗金坛、丹阳两市，与扬中、泰兴两市隔江相望。全区总面积1246.6平方千米。区境内平原占总面积的99%，水域占全区总面积的27.4%，地势低平，河网密布。武进区有耕地4.04万公顷，是典型的"江南水乡"，丘陵岗地占总面积的1%，海拔数十米至百余米不等。1993年武进县级机关驻地由常州市区迁至湖塘镇区，在湖塘地区建立武进新县城；武进是吴文化的发源地之一，知名的中国历史文化名城。改革开放以来，武进经济迅猛发展，经济和社会发展水平在全国县级区域经济中始终处于领先地位，在历届"中国农村综合实力百强县（市）"评比中均名列前10位，是"中国明星县（市）"、"中国首批小康县（市）"之一。

1995年武进撤县建市，2002年撤市设区，成为常州市武进区。目前武进区下辖14个镇、1个街道，404个村委和68个居委会，另辖省级武进高新区、省级武进经济开发区和武进太湖湾旅游度假区、西太湖生态休闲区、中国春秋淹城旅游区[①]。

[①] 资料来源：中国武进政府门户网站，http://www.wj.gov.cn/web2010/zjwj/wjgk/wjgk/373708.shtml。

第十章　武进：探索服务业的新苏南模式

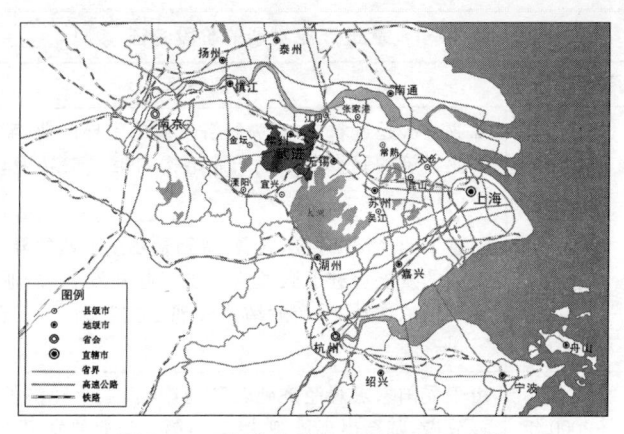

图 10-1　武进在长三角的区位示意图

第一节　武进服务业的发展历程与问题

一、武进发展成就和肩负的使命

武进区作为常州市的重要组成部分，肩负着常武地区增长方式的转变、城市功能的完善、区域竞争能力的提升等重大使命，服务业将成为武进新一轮经济成长的重要引擎和城市升级的主导方向。

1. 武进经济进入报酬递增阶段

武进位居全国百强县排名的前十位，工业发展初期遵循典型的"苏南模式"路径，集体经济的乡镇企业发展奠定了整个城市的工业基础，并在此基础上形成了目前所谓的"新苏南模式"——根植性的民营经济为主导的工业发展格局，成为苏南板块的产业强区，被誉为"纺织之乡"、"灯具王国"、"地板之都"。

改革开放以前，武进的产业结构一直以农业为主，随着工业经济的崛起和快速发展，武进产业结构已经发生了几次转变。1990 年代以来，武进产业发展经历了一个由小到大、由弱到强的发展过程，特别是在国家宏观调控的大背景下，产业结构调整一直在积极主动地进行着，产业结构调整的时期性特征较为明显。步入 21 世纪，随着宏观经济的变化和中国进入后 WTO 时代，武进的外向型经济也得到了较大发展，经济发展日益多元化。

表 10-1　武进产业发展的阶段特征

发展阶段	特征解析
20 世纪 80 年代	工业首次超过农业,成为经济发展的主导产业,武进乡镇工业经济的起步带来了产业结构的第一次转变,产业结构由"一、二、三"转变为"二、一、三"。
1990 年—1993 年	随着工业经济的快速发展,特别是乡镇工业的异军突起,工业的发展促进了服务业逐步兴起和发展,产业结构实现了第二次转变,产业结构实现了由"二、一、三"到"二、三、一"。
1994 年—2000 年	由于受国家宏观经济硬着陆的影响,工业经济的发展明显放慢,甚至出现徘徊状态,但第三产业的发展呈现良好态势,成为这一时期推动经济增长的支柱力量。
2001 年—2008 年	宏观调控政策放松,乡镇企业改制工作全部到位,为工业经济注入了新的活力,工业经济出现了前所未有的良好发展态势,但服务业发展缓慢,比重处于逐年下降态势。
2008 年以后	长三角一体化国家战略的实施,"高铁时代"的到来,使得"武进模式"得到长足的发展,工业经济高开稳走,平稳发展,同时服务业比重与第二产业逐渐缩小,服务外包、现代物流等生产性服务业助推服务业发展。

近五年来,武进区紧紧围绕"决战十一五、加快现代化"的总目标,以"强投入、调结构、促转型"为工作主线,深入实施"产业跃升、园区突破、城乡共建、民生幸福和机关创新"五大行动,制定并实施新兴产业倍增、传统产业提升、服务业提速和培育千亿产业、百亿企业"四大计划",产业结构不断优化,2010 年,实现地区生产总值 1163.9 亿元,比上年增 20.6%。其中第一、第二、第三产业增加值分别为 36.98 亿元、744.36 亿元、382.56 亿元,分别比上年增 8.1%、17.9%、27.8%。武进区获"联合国最佳人居环境特别荣誉奖"、"中国最关爱民生县(市、区)第一名"、"中国最具投资潜力中小城市百强第一名"、"中国中小城市科学发展百强县(市)第五名"等荣誉。2011 年,武进区实现地区生产总值 1376.96 亿元,人均地区生产总值 8.71 万元(按年均常住人口计算),约合 1.38 万美元,整体经济进入加速成长阶段。

2. 武进肩负着从"一维经济"向"五维经济"全面转变的使命

由于武进区相对较早地进入了工业化加快和城市化加速的关键发展阶段，发展中一些深层次矛盾和新的问题在今后一段时期将逐步显露出来，比如存在着区域功能相对单一、高新技术产业比重小、经济结构不尽合理、土地储备不足、商务成本上升、科技水平不高、自主创新能力不强以及生态环境污染等问题，还有不少问题特别是一些战略性的发展问题急需解决。

当前，随着长三角地区的产业升级和产业结构调整，服务业尤其是生产性服务业对于工业制造业的推动作用日益明显，现代高端服务业在武进的缺失不利于武进推动现有制造业的可持续发展，从而影响了武进经济社会的发展，进而使得常州"一体两翼"战略中的"金南翼"增长乏力，最终影响常州在苏南地区和长三角地区的发展。

因此，如何走内涵式的发展道路，转变经济增长方式，提高自主创新能力，加强区域竞争优势？如何从工业经济向服务经济转变，从工业经济向城市经济转变，从工业经济向生态经济转变，从工业经济向循环经济转变，从工业经济向知识经济转变，形成以高新技术产业为先导，基础产业和现代制造业为支撑、现代服务业全面发展的产业格局，坚持率先发展、科学发展、和谐发展，率先基本实现现代化，从而实现全面、协调与可持续发展？这些都是未来一个时期武进乃至常州地区发展的关键命题。

二、服务业的现状与问题

武进服务业存在的问题是发展中的问题，必须靠发展来解决，这也是市场的需求和机遇。只要转变观念，抓住机遇，勇于创新，完全有可能在较短时间内实现服务经济的大改变。

1. 服务业发展与工业形成较大反差

近年来，武进确立了坚持以城市化为动力、工业化为支撑、中心区为主体、二、三产业共同推进、优先发展服务业的指导思想，并重点扶持商贸流通、交通运输、房地产、旅游、金融保险等服务领域，服务业经济总量持续扩张，产业地位有较大提高，日益成为经济发展新的重要支撑。

2008 年，武进服务业投入总量继续突破百亿大关，全区服务业投资项目达44个(不含房地产),项目总规模达250亿元,平均规模5.68亿元,比2003年服务业投资项目平均规模增长15倍。2008年总投资在亿元以上的服务业项目按计划达35个,比2003年增加27个,增长3.4倍,亿元以上的服务业项目投资总规模达237亿元,并且形成了大学城、纺织城等规模大、档次高的服务项目和产业集聚区。截至2011年,第三产业完成投资469亿元,占全社会固定资产投资的34.1%,比上年增长1.3%。

从具体项目来看,武进近年来不断加大有效投入,大学城、乐购、大润发、武进假日酒店、太湖湾金陵大酒店、新天地公园、南洋商贸广场、武进大道、湖滨大道、新城南都、市民广场、淹城遗址公园等一批功能性重点项目相继建设完成并投入使用,大大提升了城市功能和区域形象。

然而,由于第二产业的发展实力强、势头猛,目前武进服务业无论是增量、增速以及占GDP比重方面在苏南都处于劣势,尤其是2000—2007年间,呈逐年下降趋势,对整个国民经济的拉动力仍比较弱,与地区经济的发展阶段不相匹配,二、三产业动态变化的喇叭口不断扩张,2007年至今,二三产业比重的差距才逐渐出现缩小的趋势。

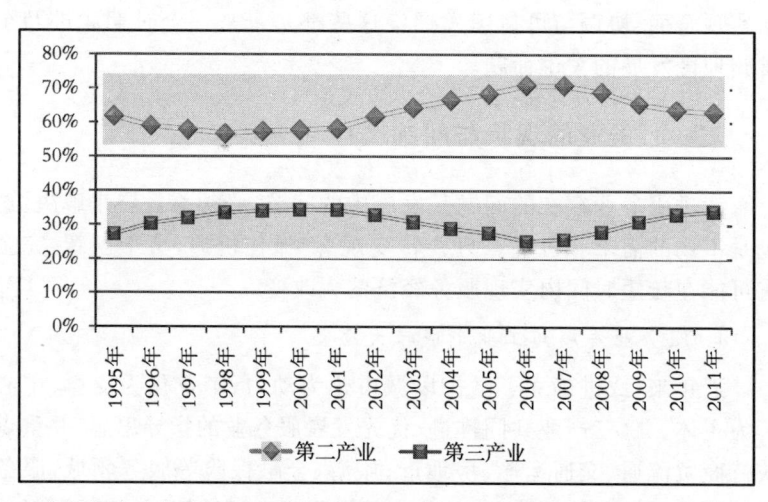

资料来源:《武进统计年鉴》,武进区统计局(历年);中国统计信息网:http://www.tjcn.org/。

图10-2 近年来武进二、三产业比重时间变动序列比较

第十章 武进：探索服务业的新苏南模式

同时，与苏南地区经济发达的县市相比，武进的服务业成长无论是规模和发展速度都有较大差距。武进服务业与工业发展状况的巨大反差，充分说明了在今后一个时期，应该加大力度发展服务业，以期能达到并超过其他县市的发展水平。

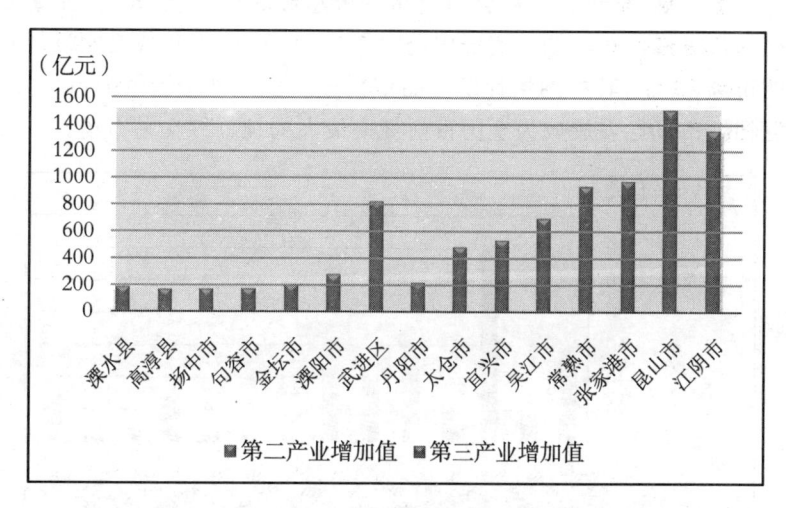

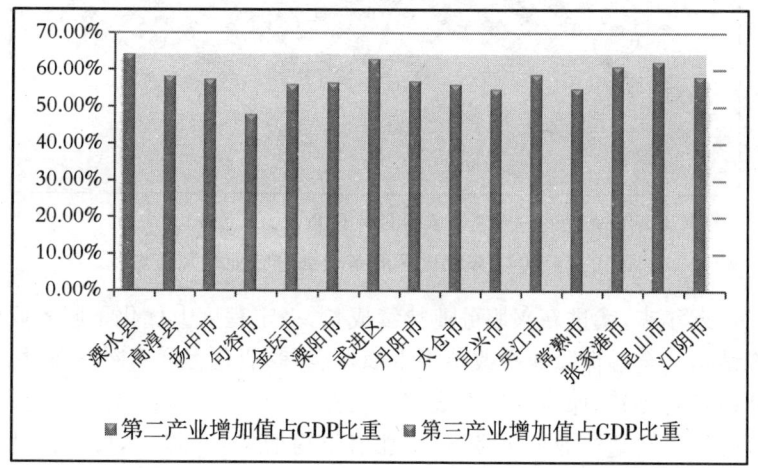

资料来源：中国统计信息网：http://www.tjcn.org/数据整理。

图10-3 2011年苏南主要县市区服务业、工业增加值及占比

2011年，我国服务业对经济增长的贡献率达到51.6%，已经进入需要加快服务业发展的阶段。相比之下，武进服务业对经济增长的贡献率为40.9%，与国家平均水平相比相差超过20个百分点。

2. 服务业内部结构仍然不尽合理

2011年，武进批零贸易餐饮业、交通运输仓储业实现增加值占服务业增加值的44%，已成为全区的支柱产业，连锁超市网点实现了有效发展，全年实现社会消费品零售总额313.27亿元，亿元商品交易市场和汽车市场共实现成交额789.91亿元，有年成交额过亿元的市场22个，其中湖塘针纺织品市场连续多年列全国百强市场，湖塘棉纱市场已发展成为全国目前规模最大的纯棉纱交易市场。

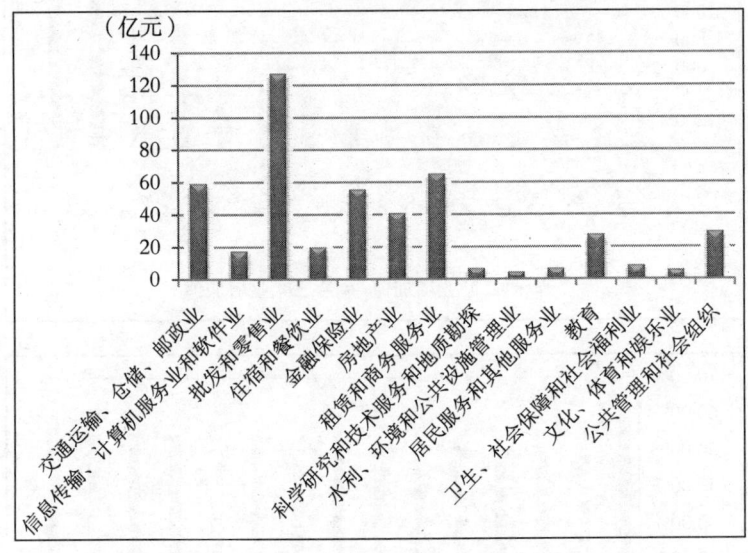

资料来源：《武进统计年鉴》，武进区统计局(2011年版)。

图 10-4　2011年武进区服务业细分行业增加值结构

近年来，武进新兴服务业持续成长，一定程度上优化了服务业内部结构。金融保险业在改革中平稳发展，商业化程度不断提高，组织体系日趋完善，保险市场形成多家经营的竞争格局，证券市场发展态势良好。房地产业繁荣发展，增加值年均增长6%以上，成为拉动武进经济发展的重要增长点。生态旅游取得长足发展，建成了新天地公园、文慧园、武进假日酒店、长兴森林公园酒店等旅游设施和景点，淹城遗址公园、西太湖风景旅游区和农业观光区按规划已分别进入实质性开发，部分景区景点开始接待游客。会计、审计、律师、资产评估等智力型中介服务行业和机构日趋活跃，武进中心区已拥有各类中介服务机构30多家。另外，近年的教育、文化、体育、广播电视事业也得到一定发展。

总体来看,服务业内部结构仍不尽合理。批零贸易餐饮业、交通运输仓储业等传统产业占服务业的比重达到了44%,新兴服务业虽然近年来发展加快,但只有房地产业一枝独秀,2011年末,武进区服务业增加值为469.19亿元,除批发零售业占较大比重以外,仅有房地产、交通运输、金融、公共管理和社会组织等行业增加值在10亿以上,整体上尚未形成产业规模和发展优势,对全区服务业发展的辐射和龙头带动作用不够强,难以起到支撑作用,不仅制约了服务业发展结构的优化和竞争力的提升,远不能满足众多工业企业以及全区人民的需求。

3. 巨大的市场需求面临分流和区域瓜分

武进经济综合实力强,工业部门齐全,企业数量达12964家,全区城乡人均收入水平不断快速增长。2011年,武进GDP达1376.96亿元,比上年增长12.0%,丰富的制造业种类引致多样化的生产性服务需求。城镇居民收入31003元,农民纯收入16373元,处于全国前列,即期消费能力强。政府财政收入315.56亿元,具有很强的政府购买能力。2010年末常住人口156万,流动人口超过60万,在全市总流动人口中占40%,具有强大的潜在消费力。武进面临着常州市区、周边市镇、苏南、乃至超大规模市场——上海的潜在服务需求。这些外部需求势必形成了潜在的服务消费腹地,武进应积极接轨上海,并注重与周边的互补合作,及时推动产业结构升级,大力发展服务业,承接来自整个长三角地区的巨大服务需求。

随着社会经济的不断发展,武进将面临社会经济生产和生活方式的转变,这将带来巨大的服务需求和影响,旅游、房地产、休闲娱乐、金融、设计创意等产业都面临着巨大的发展空间。然而,由于长期"市县同城",而且本地整体服务业基础设施和功能配套不足,制约了服务业的发展。公共交通、电力供应、商业网点等人居环境不尽如人意,消费种类不齐、层次不高、消费选择余地较小,使区域人气集聚规模不足,武进城乡居民习惯于在常州市区消费,严重分流了武进本地区的服务消费,很多商务服务则被上海、南京等大城市分流。此外,苏南四小龙等周边城市纷纷发展金融、物流、商贸、创意产业等现代服务业,加剧了资源和市场的分流和竞争。

4. 区位优势呈现弱化而竞争同质化较重

武进地处苏南，依托沪宁，南拥两湖，毗邻无锡、苏州市区等经济重镇，接受首位城市的直接辐射，是上海和南京经济发展"溢出效应"的直接受益者，也是长三角地区制造业发展的核心区域。然而，伴随着长三角高速交通网络的建设和一批跨江通道的建成，长三角城市的空间通达性趋同，历史上由于交通原因而形成的苏南和浙北地区的交通区位优势将渐趋弱化，临近上海的区位优势不再由苏南和浙北独享，从而改变了长三角城市之间的竞合关系。目前，浙南和苏北地区城市的快速发展已经初见端倪。

表 10-2 长三角城市服务业具体行业竞争表

竞争产业	竞争地区
商务服务业	上海、南京、苏州、无锡、常州、杭州、宁波等
物流业	上海、苏州、无锡、南京、镇江、南通、泰州、扬州等
商贸业	上海、无锡（多个亿元市场）、苏州及其下属各县市多个专业化市场、南通、常州武进、嘉兴、杭州等
旅游业	无锡（太湖）、苏州（周庄、同里、拙政园、虞山尚湖）、南京（秦淮河、夫子庙）、常州武进

目前长三角发达地区的经济发展路径具相似性，城市之间资源同质化程度高，产业选择过于笼统，细分定位意识不足，经济腹地相互重叠，未能充分发挥各地的比较优势和协同作用，因此需要将常武地区服务业的发展规划纳入到长三角的尺度上，突出特色，错位发展。

5. 产业规模、集聚和布局有待进一步优化和提高

集聚是联系密切的产业在空间上的集中并由此带来范围经济和规模经济的机构的集合。服务业集聚会对区域经济以及服务业自身发展产生一系列的溢出效应，比如服务业集聚发展有利于信息的获取与创新、享受到"技术外溢"带来的好处，服务业集聚发展拥有极强的成本优势，服务业集聚发展更易于找到合适的人才等等。

武进服务业集聚主要体现在专业市场领域，已经形成湖塘纺织城、横林地板、邹区灯具城、夏溪花木市场、凌家塘农副产品批发市场农产品市场等全国知名市场，规模效益较强。但从全区来看，服务业

空间分布尚不尽合理,日常生活性服务业布局分散且整体层次较低,生产性服务业发展严重滞后,区域性物流中心地位不够突出,市场集聚力和辐射力不强。市场建设和运用市场机制发展社会事业的力度不大,企业融资环境仍不宽松,创业扶持体系有待进一步建立健全。尤其严峻的问题是,除科教城外,武进缺乏对常州全市具有重大意义的城市功能单体,大大削弱了服务能力和辐射范围。现代市场服务体系的发育不全,将影响城市服务功能的发挥,而发达的城市服务功能正是武进做大做强的一个必要条件。

6. 地方政府重视发展服务业,但是政策体系和促进措施尚待完善

服务业的发展在需要大力推进市场化的同时,政府的政策支持和引导也是不容或缺的。一方面,政府应不断激励各服务企业进行技术创新与人才更新,并将此作为一项长期的政策来实施;另一方面,政府还应考虑对具有战略意义或处于幼稚期的服务业实施适当的保护性的产业政策,保障服务业健康、有序、快速地朝前发展。

武进政府高度重视服务业发展,出台了相关的政策文本,但是对加快服务业发展重要性的认识仍需进一步提高,从上到下尚未形成像抓制造业和高新技术产业发展那样的工作力度和协调机制,现有的相关规划不尽科学完备,执行中也缺乏规划的权威性和严肃性。由于传统上武进通过不断加快的工业化推进地区经济发展,工业发展惯性较强,政府对于工业的政策体系较为完整,而服务业发展时间较短,相关政策体系有待于进一步完善。另外,一些基层服务业统计工作尚未达到标准化、规范化和制度化,影响统计质量。

第二节 核心问题:武进服务业发展的三大制约因素

武进经济处于转型的重要时期,服务业发展却面临着不容忽视的制约,主要在于武进的服务业存在以下三个方面的核心问题。

一、三重锁定

首先,社会(发展)观念锁定。武进现代服务业的发展受到工业文化等传统观念的约束。不良的城市心理印象和消极的发展预期,

使得投资者、消费者对于武进现代服务业的发展信心不足,针对现代服务业发展的技术创新和体制创新并不活跃,缺乏对都市文化和消费的鼓励和引导。

其次,市场消费锁定。"常城武乡"的郊区心理定势和既有观念依然根深蒂固,这种心理阴影的造成与城南的生活环境、历史因素、经济环境等有着较大的关系,制约着人们的消费趋向,导致武进消费市场受到市中心和周边城市的阴影覆盖。就常州来说,很多高级的生产和生活服务还被上海和南京甚至苏州、无锡分流。

第三,政策资源锁定:武进面临着新北区的"先发"挑战,几乎所有大的市政项目,像体育馆、大剧院等都放到了新北区,武进则缺少高水平、国际化、能够辐射全常州市的功能设施,特别是加速发展现代服务业所需的高层次的会展、休闲、文化、体育、商务等基础设施供给相对不足。

如何解开"三把大锁"是一个重大课题。武进应审时度势,充分发掘自身优势,分析周边地区的发展条件和方向,知己知彼,侧重错位发展,别具一格,尤其要考虑与常州市区及新北区的相互融合和差异化定位,提升城市地位和品质,打造"武进服务",提高辐射能力,扩大辐射范围。

二、发展不均

首先,区域发展缺乏内在的增长级。首先,中心城区凝聚力和辐射力不够强。武进由市改区,多次变建制后目前有14个镇,其间消耗了大量元气,诸多城镇普遍对武进城区缺乏认同感和归属感,发展多以自我为中心,彼此处在相对独立、相互竞争的状态,分离性的市域空间发展格局导致了城镇群体的内耗,削弱了整体的发展实力。加之武进中心城区脱胎于武进湖塘镇,先天不足,其城市规划管理、硬件设施和开发受到一定限制,大量武进干部职工选择居住在常州市区,乘班车上下班,出现了"钟摆交通",使新城区缺乏人气,削弱了应有的集聚力和辐射力。

其次,空间联系松散,城镇建设缓慢。武进空间范围相对较广,城镇布局相对较为松散,空间联系较为薄弱。经过新一轮区划调整,武进目前下辖镇由原来的56个减少至14个,虽然在一定程度上整合了相对松散的城镇布局,但并未从根本上得到整合,城镇彼此之间联系还相当薄弱,专业化程度不明确。划定的几大片区也只是地域上的邻接关系,经济上的联系并不明显。同时,武进区原有镇城镇化建设和改造较为缓慢,各镇的规模、建设、设施发展不均衡,镇、村、组的行政建制还未向街、社、居转化,二元结构较为明显,制约了地区城市化,进而影响社区服务业的发展,而社区发展缓慢则进一步影响武进城市形象,不利于新城建设。

第三,"二元"结构下的社会文化发展不均。快速城市化难以在短期内改变长期二元经济下社会文化发展不均的问题,人口素质较差、城市管理水平不高等不利因素在相当长一段时间内都将存在。目前的武进中心区由湖塘镇发展而来,整体上都处于城市化的快速发展过程中,相当一部分当地居民面临着由"农村人"向"城市人"快速转换的疑惑和焦虑,人口素质相对于其他周边市区来说略显偏低,有待指导和提升。此外,目前武进城市管理距周边先进城市的标准还有较大差距,需要不断提高管理水平和质量,不断改善城区软环境。

三、人才不济

制造业企业的优势取决于其"产品配套体系",服务业则取决于"人才配套体系",人才的结构短缺是武进发展现代服务业的劣势之一。武进依托常州科教城,以面向工业生产进行专业人才培养,但是中、高端管理人才和大量低端服务业从业人员仍然较为欠缺。

高质量的人力资源及投入可以使城市产业获得资源和产品的竞争优势,而武进人力资源质量有待提高。武进在高职教育方面拥有优势,然而现代服务业发展需要拥有先进意识和国际视野的高端人才引领,武进目前也较为缺乏。而且高素质人才的引进还会提升城市品位,引致出更高层面的服务业需求,以服务业带动服务业。

第三节 自身发展拥有的六大优势

一、雄厚的科教资源

人才和先进技术是地区经济可持续发展不可或缺的因素,是发展创新型社会的要求,也是实现由"武进制造"到"武进创造"这一转变过程的重要保障。

武进区拥有全国知名的常州科教城,是六大版块中重要的部分之一,其体量和规模在苏南地区首屈一指。常州科教城(高职教育园区)是全国第一个以高等职业教育为显著特色的大学城,其崛起必将进一步增强武进服务业的发展后劲。大学城不仅培养了诸多高级专门人才和高素质应用型人才,同时又是常州产学研结合、高科技产业发展、科技自主创新的先导区。科教城近年来积极与国内外高科技研发机构和服务机构合作,在科教城兴建了一批科研中心和机构,有力地促进了先进技术成果迅速产业化和推广,为武进乃至常州地区企业提供了重要的研发平台和创新基地。

常州科教城每年还培养了大批职业技术人才,为武进地区企业发展提供了大量合格的技术劳动力,有效缓解了武进地区企业的技术员工的人力资源紧缺状况,有力地支撑了本地企业的发展。但也应该注意,科教城多培养的是生产制造型人才,理工科基础较强,而人文不足,企业需求的管理型人才、复合型人才和创新型人才较为紧缺。

武进工业多年发展积累了大量的人才与技术储备。这些要素最终表现为一种知识资产。武进积累的宝贵的工业设计、技术研发、教育培训和技术人才是提升武进创新能力的重要基础,也必将成为推进服务业稳步发展的重要动力。

二、强大的需求潜力

需求是一个地区经济发展的重要内生推动力,而旺盛的内需也是服务业得以快速发展的关键因素。武进既拥有生产服务业方面的强大需求,同时也拥有生活服务业方面的强大需求。

武进是苏南地区知名的制造业大区,不仅规模庞大,同时门类齐全,结构完整,既有传统的纺织、机械等行业,又有现代的生物医药、节能环保、新材料、电子技术等行业。武进企业众多,截至2010年,全区有工业企业14750家,其中高新技术企业1056家,年销售收入500万元以上的规模企业3342家,年销售收入超亿元企业367家,其中10亿元—50亿元的企业23家,50亿元—100亿元的企业4家,100亿元以上企业3家,在机械制造、电子通信、化工原料和纺织产业方面拥有独特优势。

这些传统优势产业多由本土企业聚集发展而来，以国企和民资参与为主，依托于本地优势、人际网络和地方文化，具有很强的经济根植性。这些企业的总部、研发中心、销售中心等核心部门都设在武进，同本地的人文环境密切相连，拥有特定的地脉、文脉和人脉，在本地形成了密切联络的生产网络和社会网络，这是武进垄断性优势之一，为发展生产性服务业奠定了雄厚的基础。众多规模型企业总部云集武进，有利于武进发展总部经济，为科研、金融、物流、咨询、会计、法律等为代表的高端生产性服务业发展提供巨大市场，也有利于武进发展商务办公区，促进企业集聚。

表 10-3　2010 年武进区重点企业一览（亿元）

武进区重点企业	工业总产值	武进区重点企业	工业总产值
中天钢铁集团有限公司	426.05	常州市盛洲铜业有限公司	60.42
亚邦投资控股集团有限公司	201	瑞声声学科技控股有限公司	33.3
江苏常发实业集团有限公司	80	江苏武进不锈钢管厂集团有限公司	15.39
江苏江南实业集团有限公司	56.52	今创集团有限公司	40.23
新科电子集团有限公司	35.08	东华纺织集团有限公司	13.39

另一方面众多的企业提供了诸多就业岗位，除本地人外，有大量外来劳动力涌入武进区工作。此外，大学城聚集了众多具有类似消费需求习惯和特征的年轻群体。大规模的劳动力和流动人口对武进消费性服务业产生了巨大需求，商贸、餐饮、住宿、房地产、休闲等生活性服务业发展潜力巨大。相关生活性服务业的发展会提升居民的生活质量，为武进可持续发展提供良好的环境。

三、突出的空间优势

一是临近。武进毗邻常州市中心城区，距钟楼区、天宁、戚墅堰区仅 7—10 公里。常州中心城区是一个大规模的市场区，城区路网与常州主城区的衔接非常便捷，为武进吸纳人气、集聚商气提供了良好的基础条件。

二是通达。交通是城市的动脉，更是城乡经济结合部以及郊区发展带的生命线。武进内外通达，沪宁铁路、沪宁高速公路、312 国道、京杭大运河,以及新长铁路、沿江高速公路、锡宜高速公路等,构成了武进畅通便捷的立体交通网络。2010年,将基本建成中心城区"八纵八横"路网,进一步完善综合交通运输体系,初步实现"十纵十横"路网骨架和"一纵三横"高速公路网络。

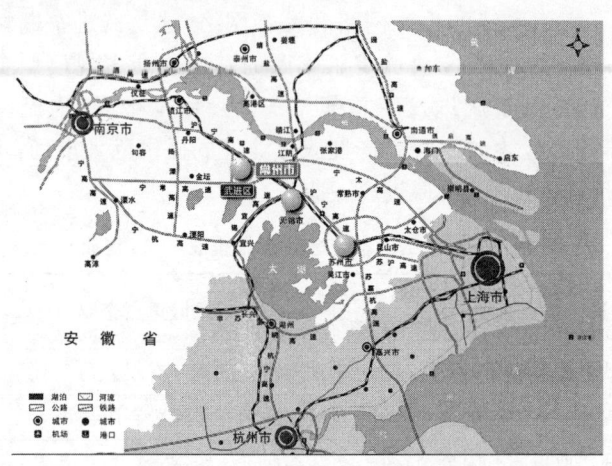

图 10-5　长三角交通路网示意图

三是居中。从地理位置上来看,武进位于常州地区、苏南地区乃至整个长三角区域的"几何中心"上,有机会成为金坛、溧阳、宜兴以及无锡的重要连接点,为有效地扩大经济腹地范围提供了可能性,同时为打造长三角的"流通门户"提供了可能性,通过发展商务服务、旅游休闲服务等特色服务经济,将"几何中心"优势转化为"经济中心"优势,顺应区域一体化优势,将是武进未来经济发展新的增长点。

四是广阔。目前常州老城区面积较小,仅为280平方公里,随着长期的发展现今土地资源紧张,空间受限,人口密度过高,城市发展重心有待调整。常州中心城区北部新北区紧靠长江,产业和空间发展格局基本已定,进一步开发空间有限。而作为常州面积最大的武进区,面积为1246.6平方公里,远大于前两者,尚有发展空间,腹地较为广阔,易于发展新兴行业和相关服务业。随着常州"一体两翼"战略的实施,武进和新北区这两翼将得到快速发展,成为城市的两极,有利于武进提升层次,为现代服务业发展提供广阔市场。

从宏观区域看,武进区位于以上海和南京为首的两大都市圈之间,是联系两大都市圈的重要节点,有成为新的高等级中心地的潜在机会,进而可以扩大服务范围,发展相对高端的现代服务业,实现服务业规模发展。

四、渊远流长的文化优势

武进地区历史悠久,儒风蔚然,文脉彰显,人才辈出。古代有南朝齐高帝萧道成、梁武帝萧衍,清代常州画派代表人物恽南田,出过1546位武进籍的进士,为全国县级市之最。现代有中共早期领导人和革命活动家瞿秋白、张太雷、恽代英和中共早期革命活动家董亦湘,抗日救国"七君子"中的李公朴、史良,东北抗日联军著名将领冯仲云,著名外交活动家章汉夫、冯铉和谢启美,中国科学院院士秦仁昌、吴阶平、许学彦等。这些精英群星闪耀,为武进城市增添了浓重的文化色彩,是发展文化产业的重要精神和物质依托。

迄今拥有将近三千年的历史的淹城,是我国目前西周到春秋时期保存下来最古老、最完整的地面古城池,历史积淀深厚,环境优美,是武进乃至常州的文脉所在。当前,大学城与淹城旅游风景区的建设和开发必将提升常州城南的人文环境,深厚的历史人文和生态的环境建设提升了区域的居住品位,武进只要抓住区域的核心竞争价值——将人文价值与历史沉淀注入城市环境发展中,区域发展的根基要比城北更为深厚。

地区社会文化因素对一个地区的经济和社会发展起着重要的影响作用。武进历史上社会经济发达,文化艺术纷呈,传统工艺精美,完全可以依托深厚的文化底蕴,积极进取的创业与创新精神,提升文化"软实力",助推经济"硬实力"。

五、多元多层次的品牌优势

品牌资源是城市发展的重要名片,也是城市形象的重要依托。武进拥有一系列城市品牌、商贸品牌、旅游品牌、产业品牌、企业品牌,具有多元化、多层次的品牌优势。

从城市品牌来看,武进连续三年被评为全国百强县的第八位,先后获得"全国科技工作先进县(市)"、"全国首届科技实力百强县(市)"、"全国特殊教育先进县(市)"、"全国文化先进县(市)"、"全国体育先进县(市)"、"全国民政工作先进县(市)"、"全国双拥模范县(市)"等称号,民主法制建设和精神文明建设不断加强。武进2006

年已达到了全面小康的目标,被评为全国生态示范区、全省社会治安最安全地区和平安法制创建先进单位。更为可喜的是,2007年武进被评为"国际花园城市",知名度迅速提高。

从产业和企业品牌来看,武进作为苏南制造业重镇,拥有大量制造业企业集团,总部云集,实力雄厚。2010年末武进区工业主要有机械、冶金、纺织、化工、电子、金属制品、电气机械及器材制造、地板等骨干行业。新增省级企业技术中心6家、市级企业技术中心12家。全区工业产品拥有江苏名牌产品87个、常州市名牌产品183个;中国驰名商标13个、江苏省著名商标101个、常州市知名商标236个。众多知名企业会聚,享有很高的知名度和美誉度。

六、优美的环境优势

良好的自然生态环境是宜居、宜商必备的首要特征。作为"国际花园城市"的武进坐拥宝贵的历史文化遗产和自然风景名胜,环境优势十分突出。武进有着100余平方公里水面的西太湖,自然风光原始,生态环境优良,而7公里长的太湖湾岸线,更是风光无限。西太湖环境良好,太湖湾可以达到国家AAAA级标准,形成一种亲水的、恬静的、怡人的休闲旅游度假居住空间和圣地。

武进拥有有全国重点文物保护单位淹城遗址,省级文物保护单位阖闾城遗址、寺墩遗址等4处,市级文物保护单位大林寺、白龙庙等11处,国家AA级旅游景点横山白龙观、夏溪艺林苑2处,非常适合现代生态办公的高层次要求。同时随着全力建设"绿色武进"目标的确立,一批高水平的绿色大道、绿色走廊、绿色广场工程指日可待,武进的绿化率将进一步提高,增强武进投资环境的吸引力。

武进城区新增绿地面积176万平方米,绿地总面积达440万平方米,人均公共绿地面积超过了18平方米,城区绿化覆盖率达到30.25%,城市核心区达到了44.19%。武进先后建成了文慧园、市民广场、新天地等一批开放式公园和一大批街头小型广场。依托丰富的景观资源,武进形成了"新八景"。这些景观绿化工程,使武进城市面貌得到极大改观,呈现出一幅幅人与自然和谐共处的美好画卷。

第四节　发展愿景、目标、战略与空间布局

一、发展愿景与目标

1. 未来愿景

武进区要借鉴发达国家和地区的成功经验,从大半径的资源环境中获取最活跃、最先进的生产要素,带动一批服务业产业群进入武进这个新兴的经济增长中心,确保武进的综合服务水平和功能与发达国家相似区域"无差异",并用十年左右的时间,建设成为长江三角洲的现代服务高地,常州南翼的商务中心、流通门户、宜居新城。这是武进区所在的常州以及苏南地区这个发展中世界级城市区域的必然要求,是未来服务经济实现科学发展、创新发展、和谐发展的总体方向。

"商务中心"强调良好的现代商务服务功能,为武进具有强大根植性的本地企业和跨国企业提供一流的生产性服务,促进商务与科教、生态、旅游的良性互动。

"流通门户"未来将依托常州南北大容量交通和长三角城际轻轨,建立人流、商流、信息流、资金流等大进大出的流通门户,构筑全面、协调、高效的商贸流通体系,确保"全时全位",即全时段全方位的便利、快捷的流通服务。

"宜居新城"注重挖掘武进文化渊源,以自然生态为主题,使武进成为最适宜于生活的地区,为居民、投资者、创业者、度假者创造以"和"为核心的区域价值和人居理念,实现武进的人与人、人与自然的宜居和谐。

2. 发展目标

面向 21 世纪,充分发挥身处长三角苏南地区的地缘优势,整合优势资源,推动服务业成长为武进的经济支柱,加快构筑融集聚、创新、辐射、引领功能为一体的现代服务平台,发展与武进成长的规模、等级和职能相匹配的服务业,形成与新型工业化和城市化进程相协调的增值率高、辐射面广、开放度高的综合服务体系,通过"五个显著",实现经济服务化、区域一体化、运筹国际化、产业高值化的新格局。

(1) 经济发展显著转型

服务业在武进国民经济中的比重持续提升,产业规模持续壮大,经济形态实现由产品经济到服务经济的根本性转变,形成具有强大服务经济实力和活力,以及对外辐射、凝聚和服务功能的经济区域,具有多元文化和价值的开放区域。

(2) 产业结构显著优化

积极拓展现代服务功能,着力优化服务业内部结构、优先发展商贸流通、现代物流、旅游休闲等主导性服务业,大力发展金融服务、信息服务、科技服务、文化创意以及会展等潜导性服务业,加快发展公共服务、社区服务等基础性服务业。

(3) 地区品质显著提高

以服务增进武进生活品质和地区品质,促进社会和谐进步,谋求服务业成为提高人民生活质量的平台,在城市与乡村构筑一体化的服务体系,以服务业创造就业机会,促进经济和社会协调、稳定、和谐发展。

(4) 空间布局显著优化

以加快产业融合、完善产业集群为重点,促进生产性服务业集聚化、消费性服务业均衡化,进一步完善武进核心中心城区的综合服务功能,发挥服务业功能区的辐射带动作用,形成武进中南、东部和西部互动协同的服务业空间架构。

(5) 持续发展能力显著增强

强化友好的人文生态,努力实现节约和集约利用水资源、能源以及土地资源的新的发展路径,有效保护武进太湖湾、西太湖以及相应的河流、湿地等生态敏感区域,持续提升武进生态服务功能,积极发展环境和技术主导的新兴服务业,促进人与自然协调发展,实现生态、商务、休闲良性互动。

二、发展战略

1. 基本思路

武进要以一种战略性的眼光来看待自身在服务业发展中的主导产业创新的地位,努力推动服务资源配置市场化、服务内涵知识化、服务标准国际化、服务功能总部化,将武进服务业发展的生态做好、人文做深、市场做透、产品做精、服务做细、产业做强、品牌做响,打造专业化、敏捷化、轻型化、休闲化、国际化的产业综合体系,加快构建与武进发展相适应的新经济体系,通过服务业的大发展,实现区域经济的"三个根本转变"。

一是经济形态实现由"产品经济"向"服务经济"、"实物经济"向"虚拟经济"、"资源经济"向"知识经济"的根本转变;

二是经济发展动力实现由"投资拉动型"向"创新驱动型"的根本转变;

三是经济增长方式实现由"高投入、高消耗、高排放"向"生态友好型"和"资源节约型"的根本转变。

武进要按照"统筹协调、扶持高端,科教引领、创新驱动,融合发展、业态调整,分业指导、提升水平"的思路,面向市场需求,目标导向和问题导向相结合,针对武进服务经济中的投资者、居民和旅游者三类主体,在夯实公共服务和社区服务业的基础上,通过实施"科教引领"、"产业融合"、"集聚成长"、"地方营销"、"制度创新"、"板块联动"等六大战略,促进生产要素的重新组合与合理配置,实现双向互动的区域经济发展和社会进步。

2. 六大战略

(1) 以提升产业附加价值为目标的"科教引领"战略

科教引领,核心是创新、关键在教育,重点在发挥武进本地科教研发优势资源,科学精神和人文精神相互结合,在现代服务业的创新发展中,使武进由"工业经济模式"向"知识经济模式"转变。

随着全球市场竞争加剧,技术创新和技术标准在价值创造和实现中作用的加强,武进要积极把握当前产业升级的战略机遇,发挥本地优势,加强区域创新体系建设,优先发展教育培训、研发设计、科技服务、专利事务、产权交易、人才中介等价值增值的高端环节,形成区域性的教育基地、设计中心、研发总部和科技网络,在产业链分工的"微笑曲线"中抢占有利位置,打造若干优势生产性服务产业链,形成一批服务产业集群。

(2) 以二、三产业互动协调为目标的"产业融合"战略

警惕超越经济发展阶段的"服务化陷阱",通过鼓励武进制造业的内生型和外延型的服务化,促进生产性服务业和流通性服务业的发展,在现代服务业的科学发展中,使武进由"强县经济模式"向"都

市经济模式"转变。

武进处于工业社会中后期发展阶段,第二产业与第三产业的融合推动着经济的服务化程度逐步提高,但在目前的发展阶段,并非经济的服务化程度越高越好,应该特别警惕超越经济发展阶段的"服务化陷阱"。因此,要通过鼓励武进制造业的内生型和外延型的服务化,促进生产性服务业和流通性服务业的发展,而不是鼓励第三产业优先发展的政策取向,在提升第二产业竞争力的同时,促进第二产业与第三产业的协调发展。

(3) 以强化功能集中、优化空间配置为目标的集聚成长战略

通过产业与人口的双向选择,提升城市品质,借助增长极驱动的产业集聚机制谋求城市的"精明增长",实现商流、物流、信息流、资金流在武进的高度集聚,完成各类经济要素的有效配置。

在实现武进服务业与人口的有效集聚过程中,要秉持"核心在市、关键在化、聚人为市、化市为城"的发展理念,通过产业与人口的双向选择,引导商贸流通、商务服务、科教文化等现代服务业产业群在武进中心城区集聚发展;引导金融保险、物流以及知识型服务业等高级生产性服务业产业群在武进各类开发区集聚发展;引导生态办公、度假休闲、文化创意等产业在太湖湾、西太湖地区以及高新区、经发区集聚发展;引导生态旅游、乡村度假在武进西部的夏溪、嘉泽以及西太湖周边等生态涵养区集聚发展。

(4) 以提升区域服务品牌为目标的地方营销战略

建立服务导向和营销导向的理念,内蓄做强品牌,外张做响品牌,积极向常州市区以及长三角展开推介、介绍和行销,增进地区美誉度,推进以提升区域服务品牌为目标的地方营销战略。

武进必须要有国际视角和长远眼光,跳出生产导向和产品导向的传统思维方式,建立服务导向和营销导向的理念,展示武进发展愿景,积极向常州市区进行营销宣传,对接区域需求,整合区域资源,主动利用"近水楼台"的资源和要素的临近优势,实现区域资源优化配置,分享常州以及苏南地区消费、技术、信息、知识等的外溢效应,努力挖掘本地资源,突显地方个性,为企业、居民和政府等各类消费者创造高品质的区域价值和利益,实现服务业的整体跨越。

(5) 以提高统筹协调程度为目的的制度创新战略

面向市场需求,深化体制改革,破除体制与机制障碍,发挥政府

的宏观调控和引导作用,加大统筹协调力度,从根本上有力地推动服务业的全面发展。

进一步转变政府职能,加快和谐社会建设,加强规划引导,规范市场秩序,加大城乡统筹力度,关注居民生活质量的提升、就业岗位的增加,引导城市服务业向农村延伸覆盖,优先建设覆盖城乡基层的服务网络,保障弱势群体基本的服务需求,构建不同层级、合理分工、良性互动的服务业体系,为服务业营造良好的发展环境,并且充分发挥市场配置资源的基础性作用和企业的主体作用,提升武进服务业的整体竞争力。

(6) 既突出特色又融合发展的板块联动战略

大力发展六大板块的特色产业,同时注重各大板块间的相互作用,形成资源共享、功能互补以及区域共同发展的良好局面。

充分发挥核心区、西太湖、南田三勤、科教城、经发区、高新区各个板块的资源优势,大力发展各自的优势产业,避免区域内的过度竞争,合理有效的利用区域内部资源。同时,更要注重六大板块之间的促进作用,整合板块内部资源,协调互动,形成产业、技术、教育、休闲、商务等多方位立体化的发展格局。

三、空间布局

1. 空间发展思路

围绕"西进东拓、南延北引",做好区域特色品牌。抓住未来的重要发展机遇,按照"产业集聚、布局集中、资源集约"的原则,坚持"有所为,有所不为"的方针,根据宏观环境转变和总体发展目标,结合武进区域资源禀赋条件,通过产业、土地、财政、金融以及投资等相关政策的引动,围绕"西进东拓、南延北引",做好区域特色品牌文章。

常州襟长江而枕太湖,其常州市域城镇布局形成"一城七片"的结构形态,主城区空间发展方向为"拓展南北,提升中心",主城区形成"一体两翼八组团"的空间结构形态。因此,常州市域的空间发展呈"江湖"指向,特别是一体两翼提出,强化了武进在整个常州地区的"两湖"战略地位。当前武进区发展有三个方向,即西向、南向和东向,因此要围绕"西进东拓、南延北引",实现常州城市中心——区级中心——中心镇三级体系的空间架构和区域布局。

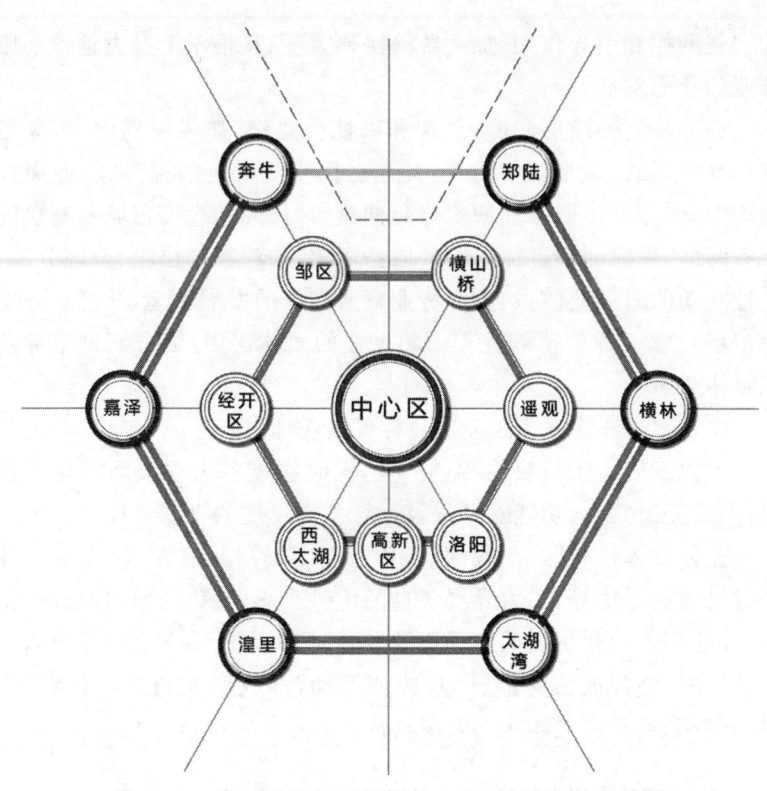

图 10-6　武进服务业重要节点六边形空间结构概念图

由武进区政府延政路向西是常州的标志性景观淹城和西太湖，自然环境优美，交通便利，是常州和武进的文脉所在，也接近武进新城的商贸娱乐区。因此，在发展时序上要率先发展西部，进行武进"西部大开发"战略，在淹城一带发展商务办公区，促进武进地区企业总部在此集聚，带动对现代服务业的需求，联动金融、咨询、物流、法律和会计等高端生产性服务业进驻办公区，从而打造武进总部基地，实现生产服务业集聚发展。

西太湖作为苏南地区的第二大湖，一直是武进乃至常州生态保护的核心地区，以农业为发展方向，现状用地建设较少，拥有毗邻中心区的广阔土地，开发成本低，是武进新城下一步大规模开发的广阔空间。随着区域一体化的趋势明确，区域要素流动日益灵活，加之常州市总体规划对其基础设施投入的力度加大，西太湖的区位条件将大大改善，尤其是北部和东部将面临黄金发展机遇，利用其良好的自然生态，引进资金和人才，抓住契机，合理规划，有效整合环境资本和区域资本，充分挖掘其生态价值、商务价值、居住价值以及休闲价值等，将其作为武进产业升级的一个基地。

向南发展主要指中心区以南的大学城、高新区、环太湖地区。武进高新技术产业开发区西临西太湖，北依常州科教城，与沪宁高速、锡宜高速、312国道、京杭大运河、沪宁铁路、新长铁路等交通干线紧密相连，沿江高速、常泰高速穿区而过，地理位置优越，交通十分便捷，是江苏省重点临江开发区之一，已成为武进区和常州市最具活力的产业集聚区和经济增长点，也是控制、辐射和影响常州南翼无锡地区的前沿。环太湖地区以低山丘陵为主，大气环境达到国家一级标准，植物生长茂盛，沿湖岸线长约7公里，临湖有7个山湾、19座山头，"山不高而清秀，水不深而旷远"，是发展武进、常州乃至吸引整个长三角旅游、休闲及高端疗养的理想地域。另外，还要加强同南部宜兴的合作，打通城市南向发展轴，发展联通浙江的物流体系。

东向地区交通较为便利，常澄高速、沪宁高速和312国道纷纷穿过，适宜于发展相关物流园和交通敏感型产业，如专业化市场等。然而，东部总体条件较之前两者较差，土地资源条块分割，缺乏完整地块，基础设施较差。因此，要在前两地区实现发展同时，对武进东部实施"城镇再造"工程，在挖掘和提升南田文化村和三勤生态园的同时，逐步发展专业化市场和物流园区，向东对接无锡江阴，尝试利用无锡国际机场落户江阴的机遇，通过优惠政策和减少物流繁琐审批流程，带动武进产业升级。

总之，武进要全面壮大经济发展的多个关键点和增长极，在现有的"三城、三区一中心"的基础上，逐步形成全区服务业六边形的空间结构，积极向北面常州市区展示营销，吸引人气、集聚商气，大力实施"西进东拓、南延北引"的战略布局，推进三大板块联动开发，实现区域整体崛起，力争苏南起新的商业中心地，促进制造业和服务业两轮驱动的经济格局。

2. "138"总体布局

空间布局的总体构想是：提升一个中央核心，培育三大产业发展带，营建八大服务集聚区。武进要按照"产业集聚、布局集中、资源集约"的原则，根据武进发展愿景和目标，重点构建"一心、三带、八区"的服务业空间发展格局，带动空间布局优化，并以此点轴支撑的空间网络系统引导产业向优势区位集中发展,形成一个高效、完善的服务业分工体系。

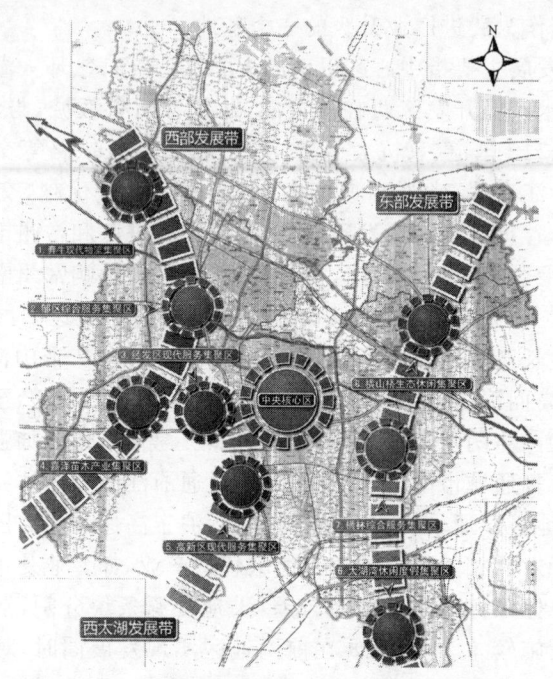

图 10-7 武进服务业发展总体空间布局示意图

(1) 提升中央核心区

加强武进主城区综合中心的服务功能优化、产业提升和环境美化,突出发展以武进为核心的空间增长极,充分发挥"核心"在产业集聚中的关键作用,促使其成为服务本地、走向常州南翼的城市服务职能中心。围绕中央核心区,形成一体化的"三角形"空间布局方案,即商业中心区、商务中心区、知识商业区、服务拓展区。

(2) 培育三大服务发展带

通过"优化核心、强化周边",形成特色突出、分工明确、发展均衡的三大服务发展带,即东部发展带、西部发展带和环西太湖发展带。

首先,扮靓环西太湖发展带。以经发区、高新区作为商务服务、创意研发、休闲娱乐产业发展的重要节点,是整个常州的"后花园",笑迎八方游客,广泛吸引海内外的投资者和创业者,一方面突显生态办公、创意经济、商务服务以及专业发展,带动武进区域形象和生产性服务业的全面提升;另一方面休闲经济、夜晚经济、假日经济三位一体,推出休闲精品,营造区域魅力。

功能定位	突出生态商务、研发创意和休闲娱乐服务功能,兼具发达的现代化商业设施和休闲房地产业。
发展策略	安排大项目、打造新磁场、吸引高投资、提升经济总量。

其次,做强西部发展带。以奔牛、邹区为核心,卜弋、夏溪、嘉泽一带以及西太湖西岸为基础,以物流产业为龙头带动专业市场、商贸流通以及都市工农业各产业综合发展,是解决武进经济不平衡的关键着力点。

功能定位	现代物流、道口经济、商贸流通及专业市场发展的重心,能够提升武进整体经济发展水平,扩大辐射力、影响力。
发展策略	统筹规划、分步实施,城区以调整升级为主,港城地区应以大手笔开发推进。

第三,推进东部发展带。横山桥、横林、太湖湾组成的东部发展带,其资源深入挖掘与整体开发不仅受南部休闲经济一体化进程的影响,也取决于中部横林服务区的崛起。该区域要以适宜的生态容量约束为前提,大力推进各种服务资源,积极发展专业物流、商贸业、旅游业以及都市工农业服务业等,全面优化三次产业,形成特色服务经济格局。

功能定位	商业发达,消费兴旺,流通便捷,积极发展专业市场、旅游休闲以及会展业。
发展策略	要以特色的主题服务为切入,每个镇确定一个服务经济的主导方向,同时积极推进生活性服务业和公共服务业的均衡发展。

(3) 营建八大服务集聚区

抓住武进产业特色,促进产业集聚,集中力量在武进布局和建设八大集聚区,形成业态集聚、生态协调、功能突出、具有特色和影响力的现代服务业集聚区,并使之成为常州全市服务业总量增长、投资拉动和财税增收的重点产业功能区。

表 10-4　武进八个服务业集聚区

奔牛现代物流集聚区	邹区综合服务集聚区
嘉泽苗木产业集聚区	经发区现代服务集聚区
高新区现代服务集聚区	横山桥生态休闲集聚区
横林专业市场集聚区	太湖湾休闲度假集聚区

其中,科教城创新服务集聚区以及南田三勤文化生态集聚区由于地域上相对集中,是中央核心区的重要组成部分。

3. 核心区"钻石"结构

围绕中央核心区,形成四位一体的"钻石"空间布局方案

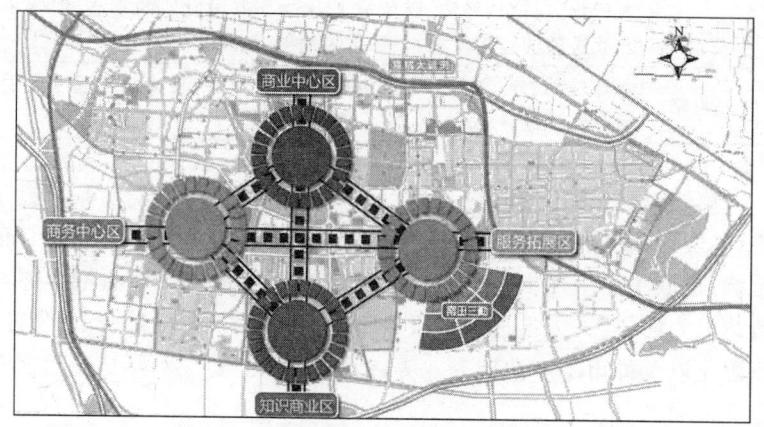

图 10-8　武进服务业核心区空间布局方案

围绕服务业的全面发展,率先加速开发和建设纵以常武大道、横向以长虹路和延政路为发展轴的服务经济,逐步形成武进核心主轴的空间结构,积极构筑核心服务产业,加强基础设施和公共服务设施建设,增强综合承载功能。

(1) 商务中心区(CBD)

以延政路为发展主轴,武宜路和常武路之间的延政路周边地段,规划面积约 1—2 平方公里区域,主要承担总部经济功能,包括:标志性写字楼宇、金融区、配套商业区、酒店和配套公寓、花园式公共空间、步行街、娱乐区等,是未来地区商务活动、营运总部和专业化生产服务的核心区域,并以办公、银行、保险、基金、证券、信息服务、会展、专业服务等为重点,引进企业总部的营运中心、销售中心、结算中心、

配送中心,形成武进都市区的经济、交通、信息、服务、管理、文化等社会活动的交汇区。

(2) 商业中心区(CCD)

以武进电视塔为核心,构筑武进区面向常州的品牌商品集聚地、人流、物流汇聚地、购物目的地,集商贸、餐饮、娱乐、休闲、旅游、服务为一体的具有现代商业气息的城市中央商业区,核心营业点为购物中心、高级时装店、大型游乐场所、各类专业服务店等,构建娱乐、休闲、文化、旅游等若干商业群落,形成商业面貌繁华、文化气息浓郁、生态景观优美、商业服务完善,既引导、满足消费,又创新、扩大消费的国际化商业文化中心。

鼓励设置:特色百货店(现有的百货店改造,体现中、高档化,强调差别化经营)、专业店、专卖店、精品店,以及大、中型文化娱乐设施,设置业态强调传统性、精品化、中、高档化。

适度设置:大、中型购物中心、大型综合超市、特色百货店、大型专业店、自动售货机。

限制设置:各类市场、仓储式商场。

(3) 知识商业区(KBD)

以武进科教城为核心,充分发挥武进众多教育、科研院所的科研、教育和文化优势,使其成为武进区在常州重要的南北轴线上的"战略重地"和"服务窗口",并以研发机构、高科技的服务企业、知识的传播单位,以及商务服务、商业和休闲娱乐以及中、高住宅集聚为特征的知识商业中心区。

鼓励设置:专业店、专卖店、超市、便利店、特色餐饮网点、中、小型文化娱乐设施以及中介机构。

适度设置:特色百货店、大型专业店、自动售货机、大型综合超市、中、小型购物中心。

限制设置:仓储式商场、各类市场。

(4) 服务拓展区

拓展区一部分以延政路东路为核心,对该地区实施整体升级转型计划,打造以武进优势产业资源和产品展示与流通为核心,集汽车文化、会展服务、现代物流、价格信息、采购代理等现代流通服务功能为一体的,连接区域内外部资源供应商和采购商的传统优势产业综合商贸服务平台,并且将研发、设计与行销等高附加价值的营运活动引驻，包括产品交易区、商务区、技术研发区、金融服务区、高端生活服务区以及现代体育中心等功能区。拓展区另一部分以南田文化村与三勤生态园为主体，重点打造生态休闲、体验农业、餐饮服务功能。

4. 区域布局

明确区域功能划分，加快形成中心主城区、滨湖新城区、东部物流区、南部产业区、西部生态区、各镇工业区联动发展的区域发展格局。

（1）中心主城区

以湖塘镇、牛塘镇为主要载体，进一步完善文化、行政和商业等核心功能，加快完善配套公共与基础设施，对现有老镇区、工业区进行改造，改造优化景观体系。引导城市中心向西延伸，加强与滨湖新城区的联动发展，全力塑造国际高品质精致城区。

（2）滨湖新城区

依托西太湖滨湖资源优势，突出生态环境保护和生态资源共享，重点发展商务办公、运动休闲、现代商业、创意研发等产业，并注重与中心主城区的互动衔接，全力打造立足常州市、面向长三角的滨湖新城区。

（3）东部物流区

依托东部水运、陆路交通优势和现有制造业基础，积极整合周边港口、市场和物流园区等资源，重点建设沿运河钢材物流板块、夏城路市场物流集聚区；积极引进第三方物流，完善区域物流体系，全力打造立足常州市、服务长三角的现代化物流基地。

（4）南部产业区

以高新区、科教城为主要载体，逐步向南拓展，促进产业集聚程度的提高和科技研发能力的提升，完善高新区、科教城和前黄镇的互动机制，建设以先进制造业和现代服务业为支撑的产业发展高地，全力打造对接长三角、参与全球化产业分工的产业战略发展区域。

（5）西部生态区

积极整合经发区、嘉泽镇（农博园）板块，充分发挥生态资源优势，全面融入西太湖开发战略。大力发展绿色经济、循环经济，打造集休闲观光、生态旅游、清洁生产等于一体的现代都市生态区。

第十章 武进：探索服务业的新苏南模式

（6）各镇特色区

在全区范围内科学统筹规划各镇工业集中区，明确各镇工业集中区的发展重点和发展方向，推进各镇工业集中区的差异化竞争，积极引导工业企业向工业集中区有序集聚，加快提升工业集中区产业集聚水平，全力打造独具产业特色的工业集中区。

四、产业部署

1. 重点产业选择

（1）明确主导方向

现代区域经济的发展，首先是区域主导产业的成长。主导产业是发展速度快、在产业结构系统中起引导带动作用，对国民经济增长贡献大的产业，决定着一个城市和区域产业结构未来发展的方向和模式，决定着整个区域经济体系的形成与演化。就武进而言，生活性服务业特别是居住房地产业在服务业中占据了主导地位，生产性服务业相对缺乏且不成规模，公共性服务业与武进经济发展还不相适应。因此，要加快形成生产性服务业和生活性服务业两轮驱动、公共性服务业作为基础和支撑的产业发展格局。

（2）产业发展构想

根据武进地区的性质、功能定位和资源禀赋，着眼于消费结构升级和发展潜力，结合我市服务业发展基础和产业技术条件，进一步提高服务业的比重和发展水平，从重要性、迫切性两个角度，考虑市场需求、经济效益、发展速度、比较优势、产业关联、产业规模、技术进步，并且坚持以下原则：

一是坚持"有所为，有所不为"，二是强调战略性与前瞻性，三是更多地着眼于与常州市区及其他地域之间的产业分工协作关系，四是注意协调与长三角经济圈等高一级地区产业发展战略之间的关系，五是重视区域社会经济以及生态环境的可持续发展。

依照做强战略产业，夯实基础服务，培育新兴领域等构想，形成以下产业发展框架：

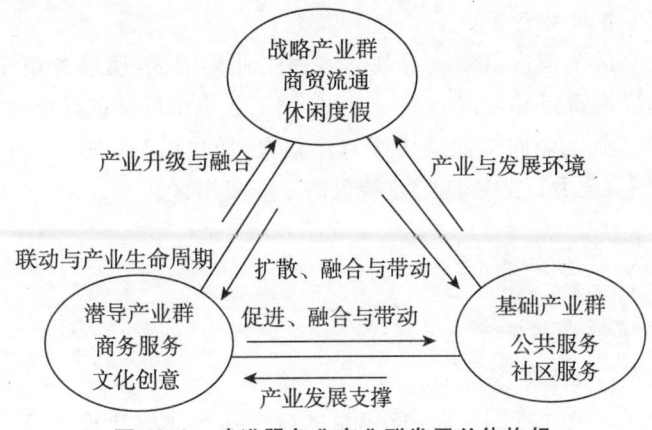

图 10-9 武进服务业产业群发展总体构想

2. 发展时序安排

为集中力量发展重点,根据武进国民经济的发展趋势、各服务行业的需求和技术特性以及服务业发展的周边环境,在近期、中期、中远期分别明确最重要、重要和一般产业,进而给予不同程度的支持。

表 10-5 武进分阶段产业发展重点

近期 2009—2011	商贸服务、旅游休闲、商务服务 ★★★★
	物流服务、教育、医疗、文化创意 ★★★
	社区服务、体育 ★★
中期 2012—2015	商务服务、旅游休闲、物流服务 ★★★★
	社区服务、商贸服务、文化创意 ★★★
	教育、医疗、体育 ★★
中远期 2015—2020	专业服务、科技服务、金融保险 ★★★★
	旅游休闲、文化创意 ★★★
	商贸流通、教育、社区服务 ★★

第五节 重点领域与主要任务

一、商业服务业

（一）总体目标

依托武进独特的区位、交通、产业等综合优势，构筑主题明确、层次清晰、功能完善、布局合理、具有时代特征和地域特色的现代商贸服务业体系，将武进打造成为长三角地区既具有深厚的文教底蕴又兼备现代发展活力的区域商业中心地。

建成国际化的"购物天堂"。以人为本，与城镇体系相衔接，形成布局合理、结构优化、业态先进、辐射力强、市场繁荣、商业经营服务功能完善，既引导、满足消费，又创造、扩大消费的贸易流通交易地、流行商品的发祥地、著名品牌的集聚地。

建成网络化的流通体系。以产业为依托，与交通网络相衔，构建高能级、远辐射的现代服务业集聚区、大型商品交易市场和物流基地，形成支撑武进先进制造业、商务服务业、文化创意产业发展的国际一流的商贸流通体系。

建成信息化的现代商业。体现武进的科教人文精神，实现先进商业科技手段、田园式生态环境和绿色营销一体化联动发展，使武进现代商业成为软、硬件设施水平高端，交易和服务方式新颖，科技、管理、人才、资金等优势资源充分集中的现代化的、具有较强竞争力的支柱产业之一。

（二）布局重点

全面推进各级商业中心、居住区商业、郊区城镇商业、商业专业特色街以及各类专业市场建设。根据优化商业布局的需要，推进商业布局的战略调整，形成各具特色的商业网络，充分发挥各地区、各层次商业的协同效应。

1. 联结"长三角"的商贸发展走廊

以无锡、南京等为"横向"发展主线，以泰州、宜兴等为"纵向"发展主线，串联现代商贸服务业各个产业层次，构成一体化发展商贸轴线，成为联结"长三角"的商贸发展走廊。

2. 塑造苏南地区商业门户形象

以现代服务业集聚区为载体，辐射常州、苏南，以及长三角地区，形成常州现代服务业集聚区的示范地之一，展现新世纪武进区新形象。以独具特色的现代休闲风情区为载体，以休闲商业为发展动力，打造户外活动产业基地，成为长三角地区商务休闲度假中心之一。

3. 构筑郊区商业服务新高地

以武进区域内各类园区为产业基础，集聚较大规模和影响力企业，针对产业类别提供专业服务及配套服务，承担武进区及周边地区商务服务功能。

4. 发挥商品贸易辐射集聚功能

以现有的交通优势和特色产业为依托，发展高能级、远辐射的现代化的大型商品交易市场群，提高流通效率、优化资源配置，逐步成为常州大宗商品主要贸易中心之一。

5. 引导消费需求提升生活品质

以中心城区、科教城以及西太湖和太湖湾的建设为契机，建设与现代居住环境、当地居民的需求相一致的城镇生活中心，切实提升居民生活品质。

（三）主要任务和领域

武进商贸业的战略重点是以中心商业区和知识商业副中心为支架，以淹城恐龙园、太湖湾休闲娱乐商业区和滆湖（西太湖）数字娱乐商业区为发展极点，以各具特色的专业市场商业组团为骨干层次，以镇级商业中心为主体框架，以分布于全市高度组织化的中小商业设施为基础，形成武进商业服务的基础层次，以涵盖全市的电子商务网络为支持系统，形成武进虚拟商业服务网络。按照面向武进地区、常州地区和周边地区的目标市场的发展脉络，充分考虑各种需求，以需求为导向，与常州市交相呼应，构成的互动互补、协调发展的商业服务体系。

1. 优化商业服务功能

以需求为导向，重点推进商业中心建设，在提高商业集聚度的同时,完善武进商业服务功能,增强繁荣繁华气息,实现差异化、特色化发展。

(1) 重点推进都市商业中心建设

首先,以广电路、花园街为主轴,涵盖人民路、武宜路、定安路、常武路等重要商业干道,提升现有的商业业态,整合商业发展的资源,科学规划商业未来发展。其次,花园街以多层次和多样化经营为特色,发展购物中心、主题商厦、专业店、专卖店、万国餐饮等,进一步突显现代化的综合经营服务功能,并与南田文化城联动,进一步扩大经营内涵,形成购物、餐饮、娱乐、商务等功能于一体的纵向商业主轴;广电路以品牌专卖和大众化消费为主,突显购物、娱乐、餐饮功能,进一步突出商业、旅游、文化功能三位一体的特色,成为商旅结合、联动发展的横向商业主轴;安定路以精品经营、品牌专卖、特色餐饮、休闲娱乐等时尚化、个性化消费为特征的现代零售业和高档次服务行业,为突显高雅和引领时尚消费的特色;常武大道以发展餐饮、观光、文化、展示、购物、娱乐、休闲等综合经营功能为特色。

(2) 加快各城镇商业发展

首先,重点商业镇及其他中心镇的商业建设,应根据其产业主导型、交通枢纽型、旅游主导型、现代居住型的不同特点,形成各自的经营结构、业态结构和布局结构。其次,邹区商业镇应积极发挥专业市场的特点,以及312国道穿过的交通优势,积极发展产业主导型及交通主导型的商业中心建设;湟里商业中心应充分考虑武进区西侧的花木绿色生态优势,以及西临金坛、东依西太湖的区位特点,大力发展产业主导型及旅游主导型的商业中心建设;潘家镇则为太湖湾的后备仓库,是太湖湾发展现代休闲旅游业的腹地保障,可以重点建设旅游主导型和现代居住型的商业镇。做大做强奔牛镇、洛阳镇、横山桥镇、前黄镇以及高新区商业中心。

(3) 积极推动专业市场建设

首先,发挥各个区域的历史文化、人文环境、产业基础、商业特色的优势,进一步引导和开发信息、通讯、花卉、宠物、妇女用品、男士用品、儿童玩具、家用电器等适合现代消费趋势的专业市场。重点支持发展势头良好、发展前景广阔的专业市场。其次,遵照"适应性、协调性、经济性、战略性"的原则选址,采用坚持政府扶持、市场化运作、企业化管理的经营模式管理,同时注重专业市场的营销和可持续发展。

2. 繁荣商业服务业态

首先，与提高商业整体竞争力相结合，与繁荣繁华城市相结合，与方便群众消费相结合，进一步完善零售业态结构，使零售商业成为体现城市形象的亮点之一。其次，武进的批发零售业业态发展不均衡，一方面专业市场发达但零售业相对落后，另一方面在规划上，新天地、又一城、恒茂广场等高档综合性百货商场林立但中档性的专业店、专门店等业态种类较少、体量较小。武进应合理规划，控制大型商业设施建设，优化资源配置。即根据城市、经济、人口发展，控制大型商业盲目发展。规划目标以城镇人口10万人建一至二个1万平方米左右商场为宜。第三，批发零售商业业态包括百货店、超级市场、大型综合超市、便利店、专业市场（主题商城）、专卖店、购物中心和仓储式商场8种形式。武进有六大专业市场，也有乐购等超级市场，也有规划建设的众多购物中心，但是整体来看，武进的批发零售业发展难以满足各个层次的需求，业态的布局发展应着眼于当下的市场需求，也应高度重视未来的发展趋势。武进商业发展的主要任务主要有以下方面：一是提倡百货零售企业错位经营、差别化经营和主题化经营。同时，促进现有百货店功能的提升，进行差异化经营，向风格各异的融购物、休闲、娱乐、餐饮、文化等功能于一体的现代化购物中心转化，适当控制传统业态规模，形成以优势品牌百货店为龙头的大型百货业连锁集团，提高组织化与规模化程度。二是引导中小型百货商场进行经营业态调整，逐步向专业店、专卖店等方向转变。鼓励开办主题百货店，突出特色经营，形成以经营某一类或一系列产品或专门服务于某一类目标市场为主的组合式新业态，并做大做强。大力推进以品牌和管理技术为核心的特许加盟和连锁经营，不断提高零售贸易业现代化水平。三是提升现有专业市场的档次，整合现有专业市场的布局，发挥集聚效应。促使市场和生产进一步联动发展，形成以市带厂，以厂促市的良好的互动发展格局。政府应在政策上给予专业市场发展提供更优惠的条件，在管理上更加规范专业市场的发展，同时遵循市场本身的发展规律，因势利导。四是完善便利店的社区商业网络。每3000人或300米为半径配置一个便利店，经营面积为50—80平方米，营业时间18—24个小时，主要经营日常生活用品、应急性食品等。推进便利店的规范化、规模化建设，扩大连锁经营规模，建设社区商业的先进业态。

3. 加快发展四类商业

以构建"宜商、宜居"、发展服务经济为契机,加快推进旅游、度假、休闲以及文化、康体等多种商业的发展,提供多样性的商业服务。

(1) 积极发展科技文化商业

首先,借助科教城优势,以高新技术为主体,高起点地发展具有国际水准的新型知识商业,大力发展电子商务,力争使知识商业区成为展示常州商业国际水平的窗口和电子商务的先行示范区。通过调整和改造,使科教城和高新区的商业结构和功能满足各层次消费者的消费需求。其次,积极发展高新技术商品专业市场,鼓励发展经营高新技术商品的专业店、专业街。选址在有需求潜力,交通便利的区域,积极发展科技文化商业,包括各类高科技电子产品的批发零售市场,也包括适合不同年龄段的科普商品市场等。

(2) 大力发展旅游休闲商业

首先,有效利用旅游业和市民日常休闲活动所带来的商机,不失时机的促进商贸业、餐饮娱乐业与旅游休闲经济的结合。尤其是要与各个旅游度假地发展相结合,与各个乡镇特色的本地经济相结合,如开发前黄的葡萄采摘节,水蜜桃园小驻等主题形式的与旅游项目结合的商贸新形式等。其次,在中心城区一带,积极扶持发展各种特色旅游休闲商业,进一步向多功能、现代化的方向发展,使之成为武进旅游商业的龙头。淹城要形成以满足中高档旅游消费和海外观光客旅游为主的文化旅游商业区。同时,进一步规划发展几个具有民族特色和突出传统文化的旅游商业区,满足旅游发展的需要。第三,在西太湖、太湖湾以及三勤等农业生态观光地区,要因地制宜,合理规划,鼓励发展多种类型的餐饮、旅馆等旅游休闲商业服务业,尤其要鼓励发展中小型汽车旅馆、家庭旅馆等,完善商业服务设施和功能,逐步形成以大型多功能购物中心为骨干,以主要旅游景点配套商业为主体的郊区旅游休闲商业体系,满足市内外旅游者的需要。最后,充分利用武进地区旅游资源,结合苏南地区特点,大力开发具有地方特色的旅游商品,增加品种,提高质量,建立适应市场需要的旅游商品设计、生产、销售网络。

(3) 积极发展绿色生态商业

首先,积极推行绿色营销,限制不符合城市环境要求的营销方式。积极培育、创造绿色市场,逐步建立绿色商品销售网络,倡导绿色消费,促进绿色生态商业持续发展。其次,重点在夏岩、夏溪、嘉泽、湟里、郑陆、横山桥镇等地区发展绿色生态商业,包括绿色酒店、绿色空间、绿色食品等以自然、健康为主旋律的生态商业。第三,积极进行再生资源的回收利用工作,鼓励社区发展再生资源回收点,在回收、集散、加工、交易等方面进行一条龙建设,力争在长三角率先建立具有现代化水平的再生资源回收体系。

(4) 积极发展服务会展商业

首先,适应经济、社会发展的需要,支持商务服务、会议服务、拍卖、租赁、典当、咨询、展览、展示等服务业的发展。其次,在中心区或者特色产业区,积极开发利用各类会展资源,鼓励批发商业和中介组织举办综合性、专业性、季节性等多种类型的展销会、博览会、交易会。第三,在武中分区东部拓展区等地,完善与会展活动配套的服务功能和设施的建设,建立新商品展销推介机构和场所,积极引进国内外的新型商品,丰富武进以及常州市场。

4. 实现商业品牌驱动

以打造"特色、精致、优质"的武进商业品牌为导向,加快精品商业群和商业环境的建设,加强武进的商业号召力。

(1) 打造一批商业品牌

首先,在武进打造一批明星品牌商业群、品牌商业街、品牌商业企业、品牌商品、明星商业人物等,在整个武进商业内推进"品牌商业",以品牌提升武进商业层次,塑造武进商业新亮点,打造现代化的城市商业新形象。其次,近期可逐步打造和宣传如下商业品牌:CCD商业地标品牌、武进商厦企业品牌、武进专业市场品牌、武进百安居、沃尔玛、芙蓉鲜螺品牌、黄天荡"金爪玉脐"蟹、太湖"三白"、洛阳珍珠等一批武进特色的商业精品名牌。第三,明星商业品牌行动意味着武进商贸业不宜走"大而全"的路,而应该坚持精品战略,多发展特色精品店、精品商业街,体现时尚精品的特色,同时以标准化和个性化的服务来体现现代商贸城市风范,以内在品质优良而胜出。最后,通过特色商业街的规划和发展,形成武进的城市名片,突显武进市的形象和城市个性,同时帮助街内商贸企业找准经营定位,实现品牌经营、特色经营。

(2) 营造商业环境魅力

一是在空间上,特色商业街应合理分布于重点商业中心和商业组团中,功能上各具一格,同时促进商业活动在空间上的集聚和优化。同时特别注意在中央商业区预留一定空间以备产业升级、新兴业态进入。二是在功能上,特色商业街应该体现综合化的发展趋势,为商业活动配套娱乐、餐饮、影院、咖啡店等文娱场所的建设,增加休闲文化的氛围,延长消费者的驻足时间。同时,配套充足的商业设施停车位,为顾客群体提供一个优雅舒适的购物、休闲环境以及便利的交通。三是在景观上,要强调商业环境景点化,在设计上体现环境美、建筑美、商业美和文化美,具有陈列布置个性化和功能分区人性化的特点。四是在氛围上,特色商业街要营造"在商不言商"的环境魅力,吸收、融合、生动再现武进的文化灵魂,婉约而不粗犷、清雅而不豪放、精巧而不敦厚、活泼而不朴拙,与武进、周边城市以及常州市中心等地的商业中心进行差别化营销。五是在管理上,应尽量避免开发商只卖商铺不管经营的开发方式,政府应出台一些向经营商倾斜的政策,鼓励统一管理、持续管理。特色商业街应该设置绿色门槛,对于品位低、不利于商业街的商号,不应该让它跨过绿色门槛。

5. 重视专业市场开发

首先,围绕把武进建成区域贸易中心的目标,大力发展新型批发业和专业市场,进一步增强武进商业的集聚辐射能力,发挥好流通的驱动力作用。其次,开拓国内市场,带动批发业的发展。以国内零售市场的拓展带动武进批发商业的发展。把握我国加入WTO的新机遇,进一步推进批发商业的体制创新、科技创新、管理创新,加快传统批发企业的重组改造,发展各种形式的联合,构建全国批发销售网络。广泛有效地利用科技、管理、人才、资金等有效资源,积极培育批发市场体系。第三,鼓励发展商品批发代理业务,努力培育一批多元投资、专业经营的大型批发代理商。大力推动工商、农商联合,以及与外地产销企业的联合,构建全国名特优新商品的批发代理经销网络。创造条件,形成批发贸易商务区,吸引外地有实力、有影响的代理商进驻武进,使武进成为长三角商品批发代理中心。最后,按照增强市场辐射能力,提升交易方式的原则,调整现有专业市场布局,严格控制初级市场的建设,重点发展规范化的大型专业批发市场,建设形成5个左右上规模、示范性的批发市场。大力改革批发交易方式,推广竞买制和拍卖制的交易方式,推进批发交易市场的电脑化管理。培育以商品流通验证为核心的中介机构,规范市场交易行为。

6. 加强基础设施建设

首先,加大商业基础设施建设的力度,进一步增强商业"后台"的实力,把发展现代商业物流配送业作为未来商业发展的战略重点之一,有步骤地扎实推进。其次,整合商业物流资源,加快发展第三方物流。充分发挥武进的区位、交通条件和网络的优势,多渠道筹集资金,多方协作联动,通过资产联合重组和专业化改造,充分利用和发挥商业现有物流资源的效用,结合批发企业和储运企业的改造,加快建设发展现代化的面向全社会的第三方物流,形成一批具有现代技术支撑、辐射半径超过500公里的第三方物流企业。第三,推进商品配送中心体系建设。重点推进大型连锁企业的配送中心和产加销一体化经营企业的社会化、专业化配送中心建设,并结合拓展国内市场,各方联合投资,建设市外商品配送中心,基本形成辐射市内外的、信息系统电子化、物流管理条码化、仓储运输机械化的商品配送体系。最后,以加快商品配送中心建设为契机,实现连锁经营发展的由"推动型"战略向"拉动型"战略转变。坚持发展连锁经营,加强后勤保障体系建设,进一步发展连锁经营规模,规范连锁经营管理,保持武进连锁经营的领先水平。

7. 扩大商业服务领域

努力适应武进综合消费的需要,加快构建以生活服务业为主体的社会服务业体系,形成高效规范、配套齐全的社会综合服务网络,推动社会服务业的全方位发展。

首先,大力改造发展传统的洗染、维修、家政、美容美发、沐浴、照相、旅馆、誊印等生活服务业。服务方式推陈出新,经营形式连锁规范,结合居民住宅区和社区商业的发展,加快建设和配置生活服务业网点。近期重点培育30家连锁化、品牌化、规范化的生活服务业企业,远期基本形成生活服务业的网络体系。其次,积极推动拍卖业、租赁业、典当业有序发展。进一步拓宽拍卖领域,重点扶持专业性的新型拍卖企业。鼓励发展现代生活用品租赁业,扩大汽车、房屋、儿童用品和日常耐用生活资料的租赁业务,推动租赁业与金融业联姻,促进融资性租赁业发展。加强对典当业准入资质的审核,促进典当企业数量和分布的合理化,典当商品从金银饰品为主,逐步发展到汽车、房屋、生活用品、生产资料等多品种并进的格局。第三,鼓励发展咨询、广告、认证、评估、展览等中介服务业。按照 WTO 规则,推动中介服务业与国际市场接轨。按照市场经济发展的需要,鼓励发展多种经济成分的中介服务业。加强对中介服务规范运作的引导和管理,提高中介服务业的发展水平。引导中介服务企业走品牌化、连锁化发展道路,不断扩大中介服务业经营规模。最后,积极推进物资循环利用事业发展。以推动扩大新品消费和满足多层次需求为目标,鼓励发展规范经营的二手货流通市场,促进社会闲置资源再利用。整顿废旧物资回收市场,重建废旧物资回收网络体系,促进经济可持续发展。

(四) 重大项目

1. 都市商业中心计划

(1) 空间位置:广电路、花园街为主轴的武进都市商业中心

(2) 功能定位:打造现代商业高地,积极发展面向民生的商业服务业,建设成为武进的品牌商品集聚地,人流、物流汇聚地,购物目的地,休闲、美食、娱乐新天地。发展百货店、超级市场、大型综合超市、主题专卖店等商业业态,引进顶尖的商业品牌,以及品牌折扣店(OUTLETS)等现代化商业形态,成为武进的现代购物商业高地。

2. 知识商业区打造计划

(1) 空间位置:科教城、高新区

(2) 功能定位:科教城知识商业高地是面向生产的商业服务业,应大力发展适应现代科技发展需要的国际一流水准商业,以 21 世纪的商业区水平为目标,塑造最新商业形象。协同高新区的科技产业优势,重视津通工业园的理念和模式,努力实现科技商品流通无障碍,打造技术的贸易平台,为实物产品与技术提供所有权转换、中介咨询、信息传输等服务,满足生产性实体,尤其是研发、创新等核心环节的知识商业需求。

面向国内外学者、学生,大力发展教育用品商业、科研用品商业、文化休闲商业、学术会务商业,全力营造国际化的知识与创新交流环境,打造成为"长三角大学商业中心区"。

3. 特色商业打造计划

特色商业街,是城市和地区的窗口和代言,具有巨大的商业价

值,对于城市的振兴和发展具有推动作用。它是城市商业的缩影,更是城市人文的体现。武进应该在商业发展的良好态势基础上结合武进人文景观,饮食文化需求建设特色商业街,完善武进的城市商业功能,提升武进商业知名度,增强武进商业竞争力和辐射力,为武进市民、投资者、旅游者提供更好的休闲、娱乐、购物环境。充分发掘武进的特色商业形态,如:特色餐饮、特色风情、特色风味等特色商业街。培育新的经济增长点,实现服务业发展新的跨越。

4. 主题商圈行动计划

包括:汽车主题商圈、亲子主题商圈、体育主题商圈、奥特莱斯国际精品主题商业街等主题商圈行动计划。

5. 休闲旅游娱乐商业中心计划

(1) 淹城野生动物园旅游商业中心

以春秋淹城历史文化为基础,以野生动物园新奇情趣为支撑,不断挖掘旅游资源中的商业机遇,对淹城的商业餐饮中心前期应给予一些良好的优惠政策以利于市场的培养。

(2) 太湖湾休闲商业中心

一是拟修建一座具有标志性建筑性质的购物休闲娱乐中心,建设凝聚前卫时尚理念,大胆空间布局的特色建筑。以娱乐休闲为主,突出时尚个性,集合各种现代流行的体验型游戏娱乐项目,使太湖湾成为新的旅游消费热点。二是参考杭州西湖和北京后海模式,在太湖湾岸堤周围建立现代、时尚、个性的符合现代年轻人品味的酒吧一条街,或具有历史文化韵味和江南水乡特色的茶馆、戏苑、古琴馆等茶馆一条街。将前卫、时尚和古朴、雅致有机结合。充分满足武进居民休闲娱乐的需求。形成又一个区别于区内中心商业区的一个错位经营、定位高档、时尚前卫的休闲、娱乐的好去处。一方面吸引本地市民,另一方面吸引常州及周边的无锡、武进居民来此消费。成为既面向常州本地市场、又面向长三角地区的"休闲娱乐不夜城",打造"时尚武进"、"魅力武进"的武进城市新形象。

(3) 西太湖数字娱乐商业中心

与动漫数字娱乐园相切合,一方面在园区内半径 300 米内应配置一个小型商品便利店和小吃店,充分发挥商业对旅游业的辅助作用;另一方面考虑建立一个大型的动漫产品专业店一条街,以利用旅游业对商业的促进作用,同时可以为动漫产业园提供一个展示和对外交流的窗口。

6. 镇级商业中心计划

(1) 空间定位:奔牛镇、邹区镇、湟里镇、横山桥镇、洛阳镇、前黄镇、潘家镇以及高新区重点区域。

(2) 发展定位:逐渐减小城乡差异,营造更好的生活环境,实现武进商业的整体繁荣。

(3) 业态规划:距离市级、镇级商业中心 1 公里以外的居民区,原则上居住人口 2—3 万应有一个综合性的商业中心,营业面积总规模一般应为 5000—15000 平方米,在每个镇中心配置以一家经营食品、日常生活用品为主的大中型综合超市和以一家经营蔬菜、肉类、水果等鲜活商品、摊商集中的社区菜市场,同时发展餐饮、美发、洗染、修理、回收、代办等各类小型生活服务及金融、邮政服务等的配套网点。

二、物流服务业

(一) 发展目标

1. 发展定位

立足武进,辐射常州,联系长三角,发展国内和国际物流,打造长三角联系两大都市圈的重要物流节点。

2. 发展思路

坚持以服务本地制造业、商贸业以及新型农业等相关产业需求为基础,逐渐向周边地区扩展,发挥物流业的支撑作用,推动武进制造业稳步发展,带动武进商贸业实现跨越式发展,促进新型农业快速发展,形成三大产业协调发展,共同推进经济发展的格局,从而实现武进经济稳步增长。

坚持发展物流产业集群,结合武进现有制造业基础,大力引导和发展物流产业上下游相关产业,完善物流产业链的配套,从而实现物流产业集群式发展。

坚持以公路物流为主体,发展多元化物流。鼓励公路、铁路、水路、航空等方式物流全面发展,结合武进现状,着力发展时效性、敏捷化的公路物流和铁路物流，利用机遇发展高附加值航空物流业，结合大运河发展大宗散货水路物流。

坚持引入现代化的技术和管理体系，发展真正意义上的"现代物流"。以亚邦物流等发展比较成熟的物流机构为引领，逐渐整合改造传统模式，提升武进现有物流产业的层次和服务能力。

坚持发展专业化物流，推进物流产业专业化程度，同周边地区差异化发展，实现突破发展。大力发展第三方物流，鼓励和引导第三方物流企业发展，引导武进相关企业实现物流外包，提升武进物流产业的服务水平。

(二) 布局重点

完善武进本地物流节点的空间布局，构建合理的物流网络，加强武进物流外部走廊建设，营造促进地区物流发展的共同平台。

积极发展奔牛物流基地，充分利用京杭运河、沪宁铁路、沿江高速、绕城公路、奔牛机场等水、陆、空运输条件，发展多种物流。

发展四大物流园区。在武进南部高新区和出口加工区靠近312国道地区建设高新区物流园区，发展高新技术出口物流。在菱港地区发展现有物流园区，服务于钢材等专业化市场。在沿江高速和沪宁高速交汇处附近建设横林物流园区。在遥观镇沿江公路和312国道交汇处附近设立物流园区，为制造业企业提供物流服务。

发展三大专业化物流中心和配送中心。重点支持312国道和新京杭大运河附近的亚邦物流的发展，在邹区灯具城靠近312国道附近地区建设灯具物流中心，在凌家塘建设专业化的农产品物流中心。

(三) 主要任务与重大项目

1. 建设完善的物流层次体系

(1) 加快奔牛物流基地建设

首先，围绕沪宁铁路的奔牛站和京杭运河在此的港口，发展以木材、煤炭为主的大宗散货物流园区。大力提升园区作业水平，加强对于大宗散货的存储力度和快速处理能力，为全市的企业进行优质和快速配送。其次，利用周边便利的公路路网条件，在奔牛镇东部建设快速物流园，一方面为北部奔牛机场服务，特别是为奔牛机场附近的临空型经济服务；另一方面提升物流园区等级，拓展覆盖范围，力争建成覆盖武进东部地区的物流最高节点,成为物流运输、仓储和中转基地,为周边的邹区、凌家塘、夏溪等地提供综合物流服务。

(2) 巩固四大物流园区

首先,重点发展高新区物流园区。结合武进南部出口加工区和高新区,大力发展外向型高附加值产业。在武进高新区南区靠近沿江高速公路地区建设高新区物流园区,设置海关、商检、税务、工商等机构,鼓励和促进相关航空货代、银行、保险机构在园区集聚,为高新区企业以及津通工业园区内企业提供便利服务,节约时间,提升物流整体运作效率。必要时考虑建设专用快速路,联系常州未来的绕城高速公路,提升运输效率。同时在附近的经发区预留土地,为以后发展相关物流节点做准备。其次,大力发展东港物流园区。结合常州市大力建设东港区的有利条件,在京杭运河武进区和天宁区相邻的东港或菱港一带设置物流园区,主要为京杭运河武进段港口附近的大宗货物市场提供物流服务,以及为附近的纺织工业园和遥观镇北部地区企业提供物流服务。利用现有的钢材市场和建材市场发展钢材物流和矿建物流,一方面为本地的中天钢铁为代表的钢铁企业和相关矿建材料市场服务,解决其物流配送问题,另一方面,积极服务于钢材市场,为本地企业的钢材需求服务,促进钢材市场的发展。在建设时可以考虑将物流园区化成不同分区的形式,根据物流服务产品的不同建设相应的物流仓储设施。一部分区域专门为大宗钢材市场、建材市场提供物流服务,应注意此部分区域的仓库和作业场站的设计应适用于大宗货物进出和保管的方便。而为纺织工业企业服务的部分园区则应另行设计和建设,满足不同产品对于物流硬件服务的需求。第三,重点发展横山桥(横林)物流园区,在沿江高速和沪宁高速交汇处附近建设园区。定位于服务横林地板城和横林工业园区,利用京杭运河、312国道、沪宁高速公路、常澄高速公路、沪宁铁路贯穿全镇的优势,发展时效性物流。横山桥物流园区进行功能分区,分为专门为地板市场物流服务区和为横山工业企业服务区两部分,有利于货物集中处理、储存和理货,也有利于物流车辆的统筹安排,两部分在区域内各司其职,功能上避免互相干扰,从而保证物流作业的高效、准确。最后,在遥观镇沿江公路和312国道交汇处附近设立物流园区,定位于为周边工业强镇制造业发展提供专业化物流服务。引入有实力的工业地产商兴建现代化和专业化物流园区,为园区所在地周边的遥观、湖塘、洛阳等"经济重镇"的工业企业提供全方位物流服务。建设相应的专业化仓库,为中小制造业企业提供专业化仓储服务,降低中小企业库存成本。园区积极发展信息化技术,形成相关物流信息发布平台,为周边制造业企业提供物流信息服务。同时,积极鼓励园区拓展服务范围,吸引戚墅堰区制造业企业接受物流园区服务。

(3) 发展三大专业化物流中心和配送中心

重点支持亚邦物流的发展壮大,保持其在药品、饮片医疗器械批发交易及药品、保健食品领域的物流服务优势,发挥其电子商务系统,电子数据交换、条形码、射频技术、电子标签、管理与信息等国内最先进的购销、仓储、配送等现代物流的设施优势,鼓励亚邦物流对武进物流服务的引领作用。

首先,在邹区灯具城靠近312国道附近地区建设灯具物流中心,利用现有形成的专业化灯具物流优势,促进企业设备升级改造,拓展服务范围,扩展邹区灯具城的市场辐射范围。重点发展交叉理货、加工包装、配送配载服务。其次,在凌家塘建设专业化的农产品物流配送中心,为凌家塘农产品市场提供专业化物流服务。大力发展配送功能。加强仓储设施建设和物流设备投入,保证农产品仓储新鲜程度。提高物流作业效率,促进本地专业农产品运输车辆投入运作。大力开拓上海等周边城市农产品市场,确保武进农产品按时、保质运抵目的地。重点发展信息化和电子商务,提供加工出口和代办一关三检(一关三检服务是指在向海关申报前,首先要申请商品检验、动植物检验和卫生检验)等服务。

(4) 建立一系列物流节点

在目前的主要镇区建设物流节点,如分装理货节点、仓储物流节点等,为各镇区工业制造业企业采购原材料、储存半成品提供专业化服务,减轻企业物流成本和仓储成本,提升企业核心竞争力,物流节点还承担着转运分发配送中心货物的作用。将配送中心的货物运至各节点,通过节点再次分发,配送到各镇的居民社区和商业单位。

在邹区附近促进亚邦医药物流节点发展,予以相应的土地预留。对于亚邦专业化物流发展予以扶持,促进医药类相关物流在武进做大做强。

在嘉泽夏溪建立专业化林木花卉物流节点,立足于现有信息系统，大力发展数字物流，同奔牛地区的物流基地密切合作，组织运输、搜集信息，为夏溪地区的林木花卉提供专业化物流服务，降低从外部地区引入车辆的成本。

在湖塘纺织城附近建设物流节点，重点发展中转、发运、集散批发等服务的物流服务，为湖塘纺织城的相关商户提供及时、安全和多样的物流配套服务。

专栏 10-1　现代物流枢纽和交叉理货

现代物流的枢纽包括三个方面的基本内容。即现代化的仓库、交叉理货的平台和信息枢纽。现代物流的大环境是经济全球化，至少是地区经济一体化。现代化、高科技的仓库设施，不同于一般的仓库。比如摩托罗拉、爱立信、三星这些跨国公司，其产品的零配件非常多，存零配件的仓库一定是对生产线形成高效、快速反应的环境，不会只为送一车螺丝钉而在中美之间跑一趟，或者把半年后才用得上的零件现在就存在仓库里。这需要在仓库里面做大量的高效运作，包括可能的一些增值的服务。

第二是良好的交叉理货的平台。在未来，许多规模很大的制造企业，比如中国的海尔、长虹、科龙和那些跨国公司，为了提升核心竞争力，不会自己来操办物流，而是会选择第三方物流公司来服务。因此，现代物流的仓库也不会仅为一家物流企业服务，很可能会由十几个物流公司共同使用，而不需要每一家花几千万元自建一个仓库。假设摩托罗拉的产品，每天在销售地北京和产地天津之间往返几十辆车，但绝大部分是不满的，那是一个很大的浪费。通过跨越交叉的概念，是先运到天津的枢纽，进行拼货和理货，然后统一发到北京，在北京做地区性的配送。这就是未来通行的解决方案。

第三就是要有一个信息的枢纽。信息枢纽实现所有的不同企业之间的信息交互，比如信息枢纽可以跟海关有一个连接，也跟所有社会公众所需要的基础信息网络进行连接。依靠这个信息平台使物流真正高效地运转起来。

总之，枢纽就是提供一个物流的环境，让第三方物流公司在这里为企业更好地服务。核心是节省货物在流通中的费用，目前这部分费用日益递增，现代物流发展大有可为。

2. 完善物流产业同金融产业的合作

在企业发展融资问题上，政府应积极构建金融机构同物流企业合作平台，确保物流产业发展的资金供应。

首先，应在全区范围内开展物流企业资格认证，确定武进本地有实力的物流企业名录。对于信用好、发展潜力大的物流企业,可对其向银行进行融资贷款适度进行担保,解决中小物流企业融资难的问题,降低企业融资成本,实现银企合作。其次,积极鼓励多种金融业态发展,鼓励金融租赁、典当等多种融资企业在武进发展,同武进物流企业合作。借鉴上海等地金融租赁经验和浙江发展典当业的经验,开辟物流企业多种融资渠道,便利中小物流企业融资发展。

3. 加快相对独立路网体系建设

加快交通建设力度,建设物流专用道,绕开现有通过常州市区和武进中心区的主干路网,缓解市区交通压力,确保物流的时效性。加快建设武进同周边地区联系的快速干道,重视建设武进同东西方向交通的连接路网体系,积极建设武进同无锡环城公路联系的快速干道,切实发挥物流时效性。注重对现有和规划的物流节点地区的交通道路干线建设,保障物流通畅。

积极同无锡国际机场对接,利用常州绕城高速公路的兴建并与无锡西部绕城高速相连的契机,积极建设高新区物流园区连接常州东部绕城高速公路的快速通道,使高新区物流能够通过常州绕城和无锡绕城高速路快速抵达无锡国际机场,发展临空型产业和物流,确保时效性,有利于高新区产业的提升。

4. 组建物流业协会等民间合作组织

积极引导和扶持物流业企业发展物流业协会。鼓励物流业协会发展多项职能,联系企业,沟通政府,服务行业。

首先,学习广州等地物流协会等模式,大力招纳人才,积极吸纳物流企业加入,建设协会网站,可以考虑依托武进物流信息平台建设,使之成为武进物流综合资讯的门户网。其次,定期聘请物流专家来武进宣传物流知识,提升本地企业的物流意识,推进本地物流由企业自营向第三方运营转变。鼓励协会同上海、南京等地物流协会合作,在武进进行物流职业技能培训和资格认证,培养武进本地的物流人才,推广武进物流企业内部员工培训,提升员工的劳动生产率和职业技能。同时也可鼓励协会同人才市场合作,在协会网站设立物流人才求职招聘专栏,为常州地区物流人才求职提供专业化平台。第三,推进物流协会出面同相关认证机构合作,对武进的相关物流企业和周边地区物流企业进行资质认证,在协会网站或是物流信息网定期进行信用公示,降低企业交易风险,推进武进物流稳步发展。最后,同时引导协会主动走出去,增强服务意识,为武进的物流企业搜集物流资讯、最新设备资讯,武进本地专业化市场的物流信息和周边地区专业化市场、制造业企业的物流信息,周边物流业会展信息等,开拓企业视野,提升物流企业的市场反应能力和市场开拓能力。物流发展,信息先行。

三、商务服务产业

(一) 发展目标

1. 总体定位

紧紧依托长三角地区巨大的制造业市场,以完善生产性服务功能、提升商务服务品质为突破,以"研发、金融、专业服务、信息服务"四大产业为支撑,以"服务民营企业、推进技术创新"为特色,打造功能完善、结构合理、品质高端、能满足国际化商务需求的现代生产性服务体系。率先成为"苏南生产性服务中心",成为呼应上海、南京的商务服务高地。

(1) 完善服务功能

深入研究武进及周边地区的生产性服务需求,了解武进当地的资源条件和现实状况,不断完善和壮大武进的服务功能。对已经发展起来的生产服务功能,进一步给予支持,选择有发展潜力的生产服务企业重点培育,使其成为武进的主导产业之一;对于规模尚小,但潜力巨大的生产性服务行业,要大力给予资金、土地等相关政策的支持,扶持其发展壮大;对于武进尚没有的、但需求较大的行业,要不断加大吸引力度,促进新的生产性服务行业的形成。通过不断培育和完善服务功能,来完善武进的服务产业,提升武进的城市品位,使"武进制造"不断向"武进服务"迈进。

(2) 提升商务品质

全面提高武进商务服务的档次,不断提升武进服务的质量,塑造武进服务的品牌。一是加强对高端生产性服务企业的吸引和扶持力度,占据产业链的高端。二是要加强对知名生产性服务企业的吸引,尤其要加大对海外生产性服务企业的吸引,引领武进服务走向世界。三是要不断推动服务管理、经营的标准化、精品化,不断规范服务行为，确保能够提供优质的服务。四是要不断加强对服务企业的监管力度，保证整个"武进服务"健康、高效地发展。

(3) 培育四大主导产业

随着竞争的日趋激烈，单个行业难以参与市场竞争，产业发展的形态也在不断从分散到集聚，再从集聚到集群。一个行业往往要通过相关行业共同构成一个产业集群，才能构筑强有力的核心竞争力。另外，产业的发展有主有次，抓住关键的产业能够带动其他相关产业的相继发展。根据武进所在区域的特点以及地区的优势，发展研发、金融、专业服务、信息服务四大主导产业将有利于推动武进整个生产性服务业的发展。

在知识经济的时代，谁最先占据了技术的高端，谁就将赢得市场发展的主动权，技术专利和技术标准将使得先进技术获得持续的超额利润。发展研发产业是武进乃至长三角地区未来产业转变的一个重点，大力发展研发产业有利于武进经济可持续的发展。金融、专业服务是产业赖以生存和持续发展的土壤，先进的产业必然要有一个良好的商务环境，而这个商务环境离不开金融和专业服务的发展和完善。发展金融和专业服务是武进经济发展的必然要求。信息服务业是时代发展的需要，没有发达的信息服务业，就没有现代产业的气息——效率和速度！另外，信息服务业也是国际软件外包服务发展的一个重点，具有巨大的市场需求。

(4) 打造两种特色：服务民企、鼓励创新

武进是"苏南模式"的发源地之一，是中国民营经济的一个典型缩影，武进也应该成为"服务民企"的一个典范。依托苏南，依托长三角，依托庞大的民营企业市场，完善民营企业发展促进体系，营造更加良好的民营企业发展环境，构建便捷畅通的资本、人才、信息等生产要素的流通网络，为民营企业的发展壮大创造一个更好的发展空间。

另外，要紧紧抓住时代发展的潮流，抓住附加值高的研发环节，不断促进武进产业之间的融合，推动制造产业服务化。一方面，要加大吸引大企业的研发中心、设计中心、技术中心等到武进来落户。针对武进的大型企业，鼓励其建立研发中心、技术中心。针对中小企业，要加大公共研发设施的构建，满足它们提升技术的需求。另一方面，要完善政府的创新服务体系，加大政策资金、科技中介、公共平台

等多种配套设施的建设,走科学发展之路。

(5) 率先成为苏南服务高地

苏南是一个以制造业为主的经济发达地区,是中国产业发展最密集的地区之一,也是最需要而又最缺乏生产性服务的地区之一。强大的制造业市场蕴含着巨大的生产服务需求,是发展服务业的首选之地。近些年,苏南地区正逐步重视服务业的发展,尤其是随着昆山花桥商务城等商务服务基地的建设,苏南乃至长三角地区的生产性服务业的竞争也日趋激烈。谁先抓住机遇,形成服务业特色和规模,谁就能在庞大长三角服务市场中形成竞争力。武进要紧紧把握长三角产业转型的机遇,利用良好的区位条件,产业基础,加大投入,加快发展速度,率先成为苏南的服务高地,变"苏南模式"的先行者为"苏南服务"的先导者。通过发展,成为苏南地区最主要的生产性服务基地之一,成为呼应南京和上海的商务服务高地。

(6) 成为武进主导产业之一

目前,武进的主导产业为工业(八大行业)。随着武进服务业的发展,到规划期末,生产性服务业要成为主导产业之一,与"八大行业"并列,甚至超越某些行业。

2. 阶段目标

表 10-6　商务服务业增加值预期性目标

年份	2006 年	2010 年	2020 年
商务服务增加值(亿元)	24	65	800
商务服务占服务业增加值比重(%)	16.6	20	40
商务服务占 GDP 比重(%)	4.2	5.8	23.2

未来一段时期,大力推动商务服务业跨越式发展,实现商务服务年均增长 28.5%,不断提升商务服务的比重和地位。

(二) 布局重点

按照"集约资源、集聚发展"的原则,大力推动商务服务产业集群在空间上集中发展,形成增长合力,以点带面最终促进武进商务服务业的快速发展。根据武进现有产业资源和服务业发展条件,主要发展以延政路中央商务区(CBD)、西太湖生态商务区、高新区国际商务区为集聚的"商务金三角",以及主要镇区的商务服务中心。

1. 延政路中央商务区(CBD,Central Business District)

延政路中央商务区是武进最高等级的商务服务集聚区,商务服务功能完备,服务设施齐全,辐射覆盖范围宽广,是全武进商务服务的核心。延政路商务区要以国际化的视野来建设,以国际化的标准来发展,以满足生产性服务需求为核心,大力构筑一个现代化、国际化的综合商务中心。主要吸引制造业总部、区域金融机构总部、营运中心、研发中心、营销中心、专业服务企业、高档酒店、娱乐休闲企业等产业,主要发展研发、金融、保险、证券、咨询、设计、法律、会计、广告、信息、人才、娱乐、休闲等服务功能,实现"全面满足区域商务服务需求"和"基本满足国际商务需求"的目标。

2. 西太湖生态商务区(EBD,Ecological Business District)

西太湖是武进及常州的后花园,是喧嚣城市中难得的一片净土,拥有难得的滨湖亲水的生态资源,是发展环境依赖型商务服务的理想之地。抓住西太湖环境治理的契机,依托发展中的良好环境,大力发展生态办公、创意研发、高级会议等功能的生态商务服务。西太湖生态商务区主要服务于高端生产性服务市场,以人性化环境、精品化服务来构筑发展特色,最终形成武进商务服务的重要支撑点。

3. 高新区国际商务区(IBD,International Business District)

高新技术产业园区是武进改革开放的窗口和阵地,也是武进现代制造业的基地,是连接武进和世界的重要桥梁和纽带。走国际化的发展道路、与世界接轨是武进商务服务高级化发展的必要选择,也是武进商务服务的重要组成部分。依托高新区良好的产业基础、政策优势,大力发展高新区商务服务,推动武进商务服务的国际化。主要以津通工业园为基础,以服务国际企业、进出口贸易企业为重点,大力发展对外贸易服务中心、海外学子中心、高级商务中心、海外信息咨询中心、产品展示中心、国际交流中心等功能,为推动武进商务服务的国际化发挥重要的作用。

4. 镇级商务中心

镇级商务中心主要以重点镇区为核心,以服务镇支柱产业为重点,以满足区域性商务服务为目标,推动武进商务服务的网络化。主要发展的镇级商务中心有:奔牛镇商务中心、邹区镇商务中心、夏溪镇商务中心、横林镇商务中心、湖塘镇商务中心,其他各镇根据自身发展需要逐步完善商务服务功能。

奔牛镇商务中心:以配合奔牛物流园区发展为重点,逐步完善保险、会计、财务、租赁、标准为核心的服务功能。

邹区镇商务中心:以服务邹区灯具产业发展为重点,逐步发展灯具研发、设计、鉴定、技工培训、灯具展览、营销、广告、贸易为核心的服务功能。

夏溪镇商务中心:以服务花木苗圃产业为重点,逐步发展花木研发、设计、鉴定、包装、展览、营销、广告、贸易为核心的服务功能。

横林镇商务中心:以地板产业为重点,逐步发展地板研发、设计、鉴定、展览、营销、广告、贸易为核心的服务功能。

湖塘镇商务中心:以服务纺织产业为重点,逐步发展纺织研发、设计、鉴定、展览、营销、广告、贸易为核心的服务功能。

(三) 主要任务和领域

1. 信息服务业

信息化是当今世界科技、经济和社会发展的重要趋势。信息技术以其强大的渗透性和信息资源应用的广泛性,已经引发全球性的产业革命,正在推动世界从传统的工业社会向现代信息社会转变。信息化关系到经济、社会、文化、政治和国家安全的全局,已成为未来发展的战略制高点;信息化水平是衡量一个国家和地区的竞争力、现代化、综合实力的主要标志。不断提升武进的信息化,发展信息服务业是武进城市和产业升级的必要选择。

武进信息服务业的发展,主要包括:加强信息基础设施和数据的建设,推动政府办公、企业办公的自动化、政府公共服务的自动化、交易活动的信息化,利用信息化来提升武进的工业化,大力发展信息外包服务——软件产业,最后要加强信息安全建设。

(1) 夯实信息化基础:硬件设施和基础数据

完善信息化基础设施建设:提高武进的信息化水平,首先要完善城市的信息基础设施建设。不断提高电话、有线电视和手机通信的普及率,加强电信网和广电网的建设,增强武进信息服务能力。在加强传统通信基础设施的基础上,不断推进新信息技术的推广和使用。加快移动通信网建设,推进第三代移动通信系统的应用。大力发展多媒体业务,推广数字电视、手机电视、网络电视、可视电话等先进通信技术,推动武进在信息化的道路上处于领先地位。加强城市管理的信息设施建设,加快城市交通监控、公安安全监控等设施建设,推进武进城市管理的信息化。

加快专业信息数据库建设：积极推进政府、企业、社会公众信息资源的开发和利用,重点抓好一批实用性强、应用范围广、信息量大、社会需求迫切的数据库建设,鼓励各类信息内容业的发展,形成完备的网络化、数字化信息资源体系。信息数据是整个武进信息的根本,加强信息数据的构建是武进信息化的关键一步。构建基础信息数据,要加大信息的收集、整理,要形成制度,形成电子档案,并不断保持信息数据的及时更新,加强信息数据的共享。主要完善政策法规数据库、社会安全数据库、工业企业数据库、商品价格数据库、社区服务数据库、农业系统数据库、城市管理数据库、社会保障数据库、科技信息数据库、文化教育数据库、综合经济数据库、人才信息数据库、金融数据库、土地管理数据库、档案数据库、图书数据库等。

(2) 实现办公和服务自动化：政府、企业、公共服务

政务信息化：统一标准,统一平台,推动政府各部门的办公信息化,提高政府服务效率。要实现各个业务系统的互联互通、资源共享,实现网上办公无障碍。在不断完善区政府网上办公的基础上,建立连接各职能部门、各镇、各行业协会、高新区、开发区、大学城等之间的专用政务网络平台,包括政务内网和外网的建设。加快业务部门的专业办公网络建设,完善宏观经济管理、金财、金盾、金审、社会保障、金农、金质、金水、交通、工商、外经贸、教育、科技等业务部门的办公信息化。

企业管理信息化：坚持"量力而行、循序渐进、不断发展"的方针,大力推进企业管理信息化。引导和促进企业充分利用计算机网络、通信及相应的应用软件等现代信息技术,快捷、准确地获取市场、技术、金融、人才以及政策法规等方面的信息。通过推进中天钢铁、江南百兴、新科电子、亚邦化工、江南实业、常发实业等重点企业和企业集团的信息化示范工程,建立企业内部单一的、可拓展的公共基础网络,增强网络的智能服务功能,确保各软件之间的兼容以及管理系统的相互对接和有效集成。加快应用产品数据管理(PDM)、办公自动化系统(OA),推广应用企业资源计划管理(ERP)、产品数据管理

(PDM)、供应链管理(SCM)、客户关系管理(CRM)、决策支持系统(DSS),将信息技术与现代管理技术及制造技术相结合,应用于企业开发、生产、销售和服务的全过程,通过信息集成、过程优化及资源优化配置,实现物流、信息流和资金流的集成和优化,从根本上提升企业的管理水平和生产技术水平,提高企业市场应变能力和市场竞争能力。采用先进、高效的方式,将企业内联网与外联网包括互联网连接。运用先进的数据库技术等,实现数据全面整合和信息共享。

公共服务信息化:在"中国武进"、"武进农林信息网"、"武进教育信息网"、"武进行政服务中心"、"武进投资促进服务中心"的基础上,大力开展对企业和公众服务的信息化,完善"武进档案信息网"、"武进企业信息网"、"武进建设信息网"等公共服务网络的建设,逐步增加服务内容、扩大服务范围、提高服务质量,促进政务公开、行政审批、社会保障、教育文化、环境保护、行业信息、政策措施等公共服务的开展。

推进环保、气象、医疗卫生、市政、旅游、文化娱乐等社会公共部门的信息化,充分利用现有的计算机网络和信息数据库,开发常规公众信息上网;加快建设社区服务网,加强对社区的管理和服务,提供教育、娱乐、购物、旅游、医疗、纳税、水电、电话费自动化管理等多种信息服务,方便居民生活。与企业一道,共同搭建行业及企业间公用信息资源共享、共性及关键技术共用,中小企业信息化服务达到新的水平。

(3) 实现交易信息化:电子商务

依托武进雄厚工业经济基础,搭建一个满足企业需求的电子商务平台,实现便捷交易,尤其是降低中小企业的经营交易成本,拓宽武进专业市场的交易边界,形成一个服务广大企业的电子交易平台,实现 B2B、B2G、B2C 等交易无障碍。全面整合武进的交易网络资源,汇集机械、冶金、电子、轻工、纺织、化医、建材、食品饲料等主要行业的交易信息,形成一个武进商务交易的门户网站按照建立信息交流、开展商务谈判、实施电子商务的三步骤,循序渐进地推进企业信息化向电子商务发展。开展电子商务试点,实施示范工程,鼓励采取多种方式解决电子支付、货物配送等问题。

积极推动传统商贸行业的网络化,稳步发展商业信息技术和网络技术,开发电子订货系统和电子销售系统,建立商贸领域的电子商务平台,鼓励传统商业企业和电子商务网站及配送机构结合。推进重点企业物流系统信息化进程,用电子商务技术改造企业物流系统和产品采购、销售系统,建立现代物流系统,营造方便、快捷、高质量的流通环境,在全社会发展由运输、储存、配送、包装、装卸、搬运、流通加工和信息处理等多项功能构成的、适应信息化、市场化竞争需求的现代物流系统。充分整合"武进农林信息网",积极促进农产品流通、提高农产品市场竞争力,构建农产品营销的电子商务平台。建立和完善市场主导下的政府、企业、市场和农民互动的电子商务模式。加快推动物流产业的信息化,建立较为完善的物流公共信息平台。建设国际经济贸易电子数据交换网络(EDI),提高武进外贸交易的信息化。加快在金融、铁路、公路、民航、邮政、新闻出版、教育、卫生等领域信息化发展的步伐,推动服务业交易的信息化。

(4) 信息化提升工业化:信息技术改造传统制造

企业的信息化不仅在于管理的信息化,还要不断推动企业生产的信息化和自动化。积极推动传统工业企业利用信息技术改造自身的工艺流程、工艺装备、生产条件,提升产品核心技术,提高企业的自动化、智能化、数字化、网络化水平,推动传统产业结构调整和技术升级。大力推动用信息技术来改造传统产业,用信息化、自动化的设备来取代传统的生产设备,用信息化的人才来更新传统的制造工人,通过企业生产的信息化,大力推动传统生产企业的现代化,提升企业的竞争力。大力引导和推动制造企业将计算机辅助设计(CAD)、计算机辅助测试(CAT)、计算机辅助工艺设计(CAPP)等技术在技术创新、技术引进和技术改造中广泛应用。积极推行计算机辅助制造(CAM)、柔性制造系统(FMS)、离散控制系统(DCS)、现场总线控制系统(FCS)等加工制造自动化技术,提高生产效率和产品质量。大力推动国家和省级企业技术中心使用计算机辅助设计(CAD)系统;机械行业采用数控机床和加工中心,大量推广计算机辅助设计(CAD);纺织行业推广使用电脑分色、电脑印花等技术;冶金、建材、医药等行业推广采用计算机辅助生产过程控制;机械、轻工等行业推广采用嵌入式软件、模糊控制、变频节能、网络等新技术。新闻出版行业推广使用电脑分色、电脑照排、电子传版等新技术。

(5) 探索发展信息外包服务

顺应当前国际服务外包快速增长的趋势,在现有数字动漫园的基础上，构建一个面向国际，集研发、设计、培训、测试功能于一体的现代软件服务基地。规划期内基本达到技术领先、功能完善，能够独立承担国际重大软件服务外包的能力，在长三角地区软件外包市场中占有重要地位。创造有利条件，加快培育武进现有的软件开发企业上规模、出品牌。提供优惠政策，鼓励软件企业到武进区落户。重点开发印染企业信息管理系统、汉字部件结构字库、生产与安全监测系统、试题库系统和财务管理软件等应用软件，形成一批具有自主知识产权、在国内市场占有一定份额的软件产品。

（6）加强信息化安全建设：确保信息安全

在全面信息化的今天，信息安全是信息工作的重要保障。没有了信息安全，一切工作将没有了安全保障而不能正常运行。要根据国家有关政策和标准，研究制定信息安全标准规范和信息安全检测、评估认证体系。加快武进信息安全产品产业化、规模化步伐，逐步形成完善的信息安全体系。信息网络建设项目要充分考虑安全建设，纳入项目总投资，同步规划、同步建设。项目实行政府采购招标，并对项目安全进行监理和验收。建立电子政务认证体系，建立应急支援中心和数据备份中心。

2. 技术服务业

在知识经济时代，谁掌握了技术，谁就掌握了市场的主动权，谁就能获得垄断利润。武进是一个以传统工业为主的区域，企业的技术创新能力相对较弱，需要进行产业的升级和高级化。从国家层面来看，科学发展是中国经济发展的要求，响应科学发展观，不断加大技术服务业的发展，将适应整体经济发展的环境。一方面可以推动地区产业升级、转型，提高产业链的附加值。另一方面也能满足企业的技术维护、设备更新、服务外包的需求。发展技术服务业，要不断推动企业自主创新、提升政府技术服务能力、完善技术中介服务体系、加强人才引进和培训。

（1）推动企业技术创新和改造

企业是创新的主体，推动企业自主创新和技术升级，是提升区域整体竞争力的根本。要加大创新宣传，树立企业自主创新的意识。要转变以政府、学校为主的创新体制，完善企业参与技术研发的条件和机制。加大对重点企业、关键技术的扶持力度，对满足条件的企业给予资金、政策、土地等政策的优惠。设立重点行业、关键技术的创新发展基金,扶持一大批有前瞻性、创新性、增值性的关键技术。大力推进企业进行技术改造,促进企业运用新技术改造传统生产,鼓励企业采用先进设备替代旧设备,不断提高企业的生产效率。推动建立一批国家级和省级技术中心,提高企业的自主创新能力。

表 10-7　重点企业技术中心建设表

	技术中心	初期	中期	规划期末
1	中天钢铁技术中心	国家级	国家级	国家级
2	亚邦化工技术中心	国家级	国家级	国家级
3	新科电子技术中心	国家级	国家级	国家级
4	常发实业技术中心	国家级	国家级	国家级
5	铁本钢铁技术中心	国家级	国家级	国家级
6	新华昌技术中心	国家级	国家级	国家级
7	江南实业技术中心	国家级	国家级	国家级
8	常州轨道牵引技术中心	国家级	国家级	国家级
9	纺织品技术中心	国家级	国家级	国家级
10	灯具技术中心	国家级	国家级	国家级
11	花卉苗木技术中心	国家级	国家级	国家级
12	地板技术中心	国家级	国家级	国家级
13	远宇电子技术中心	省级	国家级	国家级
14	东华纺织技术中心	省级	国家级	国家级
15	鸿联灯饰技术中心	省级	国家级	国家级
16	金鼎电动工具技术中心	省级	国家级	国家级
17	世纪不锈钢技术中心	省级	国家级	国家级
18	金牛线缆技术中心	省级	国家级	国家级
19	兰陵化工技术中心	省级	国家级	国家级
20	卓群纳米技术中心	省级	国家级	国家级
21	华威电子技术中心	省级	国家级	国家级
22	剑湖轨道技术中心	省级	国家级	国家级
23	裕成电子技术中心	省级	国家级	国家级
24	远宇电子技术中心	省级	国家级	国家级

续表

	技术中心	初期	中期	规划期末
25	正大粮油技术中心	省级	国家级	国家级
26	中东集团技术中心	市级	省级	国家级
27	新科制冷技术中心	市级	省级	国家级
28	金创集团技术中心	市级	省级	国家级
29	金鼎电器技术中心	市级	省级	国家级
30	鑫瑞铸钢技术中心	市级	省级	国家级
31	旷达集团技术中心	市级	省级	国家级
32	武进不锈钢技术中心	市级	省级	国家级
33	牛塘化工技术中心	市级	省级	国家级
34	武进南方轴承技术中心	市级	省级	国家级
35	智思机械技术中心	市级	省级	国家级

(2) 提升政府创新服务能力

政府是技术创新体系中不可缺少的重要力量。要不断完善体制机制，加大知识产权保护力度，完善相关制度，打造一个满足企业创新发展的良好环境。不断加大政府的科技公共服务能力，增强科技服务功能，建设科技资讯平台、科技数据库、知识产权数据库、公共实验服务平台、技术转让平台、企业技术创新投融资平台、风险投资平台、科技协会等多种满足企业创新服务的功能，进一步推动企业技术中心的建设，加大对研发中心的吸引力度。

表10-8 重点技术平台建设表

	技术平台	初期	中期	规划期末
1	公共实验平台	★	★	★
2	海外学人中心	★	★	★
3	博士后流动站	★	★	★
4	知识产权信息库		★	★
5	技术标准信息库		★	★
6	风险投资平台		★	★

续表

	技术平台	初期	中期	规划期末
7	技术投融资平台		★	★
8	技术转让平台		★	★
9	科技协会		★	★

(3) 完善技术中介服务体系

根据科技发展要求，积极搭建武进的生产力促进中心、科技服务中心、创业孵化器、信息服务机构、科技融资机构、科技评估中心、知识产权事务中心、技术产权交易中心、公共科技信息平台等科技中介服务机构，创造一个适合于企业创新的产业环境。积极引导社会资金参与企业创新，不断推进企业孵化器建设，大力发展科技咨询机构，加速科技成果转化。建立多元化科技投融资体系，不断完善武进高新技术担保公司、专利事务所等科技中介机构，实现科技服务的产业化、社会化。围绕机械、冶金、电子、轻工、纺织、化医、建材、食品饲料等主导产业，加大与上海、江苏科研院所的合作，加快产学研一体化和科技创新步伐。

表 10-9 重点技术中介建设表

	技术中介	初期	中期	规划期末
1	生产力促进中心	★	★	★
2	科技孵化器	★	★	★
3	科技担保公司	★	★	★
4	专利事务所	★	★	★
5	技术产权交易中心		★	★
6	科技信息服务中心		★	★
7	财务资金公司		★	★
8	科技评估中心		★	★
9	技术咨询公司		★	★

(4) 加强技术人才引进和培训

积极创造条件，提供优惠政策，积极吸引高素质管理人才、创业人才、科技人才到武进来工作。不断加强与上海、江苏等地的高等院校合作,通过联合培养人才、提供实训基地等方式,积极推动"产学研"创新机制一体化,形成产业与高校的互动和共赢。不断推动博士后工作站、留学人员创业产业园、海外学人中心等机构的建设,完善高素质人才吸引机制。争取与国内外知名的高校合作,建立试验基地、培训基地,增强武进科技人才的培养能力。

(5) 实施知识产权战略

全球化竞争集中体现在自主知识产权数量和质量的竞争上。知识产权战略从区一级来说就是鼓励和帮助企业以获得专利、标准为目标的技术创新发展战略,从企业一级来说就是要以专利、标准来占据市场的垄断权,获取超额利润。

因此区一级的知识产权战略主要从以下四方面入手:一是加大知识产权的宣传和培训,迅速提升区域知识产权意识。二是建立、健全知识产权保护制度,构建武进知识产权举报中心,严厉打击不遵守知识产权制度的行为。三是加快专利预警体系的完善。四是帮助提供科技信息、专利信息、标准信息,为企业正确实施知识产权战略奠定基础。

从企业方面,重点企业应加大关键技术的研发支持,积极吸收、改造先进技术,进行原创技术创新,并及时申请知识产权。

专栏 10-2 专利预警体系

是指在对专利申请授权申请信息、专利纠纷信息以及国家科技、贸易、投资等活动中的重大专利信息进行采集和分析的基础上,对可能发生的重大专利争端和可能产生的危害及其程度等情况,向有关部门、行业组织、企事业单位发出预警预报的系统。

专利预警机制是指实现上述专利预警的整个管理体制和运作程序。

3. 专业服务业

专业服务是衡量一个地区生产性服务发展的重要标志,大力发展专业服务业是提升武进商务服务氛围的重要举措和必然选择。武进及周边地区拥有庞大的制造业,而产业总是希望能够就近获得满意的服务,因此武进蕴含着巨大的专业服务需求。

发展武进专业服务,首先要完善其专业服务功能、提升其专业服务品质,尤其要培育几个具有竞争力的专业服务企业,形成武进的专业服务优势。同时,也要按照国际化、现代化的要求,推动专业服务的集聚发展,形成专业服务集聚。另外,也要突出发展重点,完善行业协会(或商会)在专业服务中的作用。

(1) 完善专业服务功能

相对来说,武进的专业服务业尚不完善,甚至有些专业服务还没有开展。大力发展专业服务业,要加大对专业服务业的招商引资力度,不断完善法律、会计、广告、咨询、问卷调查、策划、设计、会务、人力资源(猎头)、工程管理与咨询、建筑规划等多种专业服务功能。努力吸引几家国内外知名的专业服务企业落户武进,加大力度快速提升武进的专业服务能力。

表 10-10 重点完善的专业服务功能表

	专业服务功能	初期	中期	规划期末
1	技术服务	★	★	★
2	工程管理与咨询	★	★	★
3	法律	★	★	★
4	会计	★	★	★
5	设计	★	★	★
6	贸易	★	★	★
7	人力资源	★	★	★
8	营销		★	★
9	市场调查		★	★
10	广告		★	★
11	财务管理		★	★
12	管理咨询		★	★
13	会议展览		★	★

(2) 提升专业服务品质

武进不仅要能提供服务,而且要提供好的专业服务;不仅要能满足周边地区企业的专业服务需求,还要让它们成为武进专业服务的长期客户,让它们口口相传,增强武进专业服务的美誉度。要提高武进专业服务的影响力,关键在提升武进专业服务的质量和品质。要不断提升武进专业服务业的对外服务能力,逐步形成武进一个重要的对外输出行业。要不断促进专业服务企业运用国际标准、国家标准和行业标准,推动专业服务的规范化、标准化和高品质化。逐步实现专业服务从服务本地,向服务苏南、服务长三角转变,向提供国际化服务转变。

(3) 突出专业服务重点

行业的发展有主有次,有先有后,所有的专业服务不可能都成为武进发展的重点。要根据地区产业发展的需要,重点扶持几类需求较大、发展潜力突出的专业行业,技术人才服务、教育培训、工业管理咨询(发展战略、财务战略、人才战略等)、工业地产、工程技术咨询、工业设计等服务,形成武进专业服务业的独特优势和特点。

表 10-11　重点支持的专业服务项目

	支持项目	初期	中期	规划期末
1	人力资源	★	★	★
2	工业技术服务和咨询	★	★	★
3	工业地产	★	★	★
4	进出口贸易服务	★	★	★
5	地板设计	★	★	★
6	灯具设计	★	★	★
7	花卉苗木产品设计	★	★	★

(4) 推动专业服务集聚

企业需要的专业服务往往不只是一种,而会涉及较多的专业服务功能。推动专业服务集聚发展,不仅可以满足企业集中购买服务的需求,也能形成节约资源、形成综合影响力的集聚效应。推动专业服务业的集聚发展,是快速提升武进服务品质的重要举措。

(5) 形成专业服务平台:行业协会

行业协会是"铁三角"(政府、企业、协会)的重要一员。行业协会的发展一方面可以使分散的企业形成一种合力,可以规范行业行为,关注整个行业的发展,研究行业长远发展战略,提供共性问题的研究和探讨,对保证整个行业的健康发展具有重要的作用。对于武进这样民营企业占很大比重的区域,行业协会更是行业的最集中代表,可以为整个行业提供一个专业服务平台,集中提供采购、物流、贸易、谈判、定价等行业共同服务功能。这一方面可以减轻单个企业专业发展这些功能的成本。另一方面也可以不断发挥行业协会的影响力,尤其可以大大减轻中小企业的商务服务成本。

表 10-12 重点行业协会建设

	行业协会	初期	中期	规划期末
1	地板业协会	★	★	★
2	灯具业协会	★	★	★
3	生态农业协会	★	★	★
4	纺织业协会	★	★	★
5	装备制造业协会	★	★	★
6	化工业协会		★	★
7	电子业协会		★	★
8	轻工业协会		★	★
9	建材业协会		★	★
10	冶金业协会		★	★

4. 金融服务业

金融服务是连接投资者和资金需求者的重要纽带,一个发达的经济区域必定要有发达的金融服务业,甚至在一些全球城市,金融服务业成为控制全球经济的重要行业。工业发达的武进更需要发达的金融服务业,来支撑和推动地区企业的发展,甚至可以通过金融服务业来影响或控制苏南、甚至长三角地区经济的发展。

金融服务业的发展,首先要根据需求健全武进金融服务的功能体系、完善金融服务的功能布局,然后不断推动武进金融服务的提升和创新。在发展过程中,不断注重加大对民营企业和科技创新的支持力度,力争成为苏南地区的区域金融中心。

(1) 完善一个金融服务体系

根据产业发展的需要,大力完善银行、保险、证券、基金、投资银行、信托、拍卖、典当、财务公司、租赁等各类金融职能,形成一个全面开放、监管有力、交易便利、竞争有序的多层次金融市场体系。加大金融服务业的吸引力度,吸引国内重要银行的区域分行、外资银行分支机构落户武进,拓宽武进融资渠道,完善金融服务产品,提升整体金融服务能力。

不断完善金融中介机构。为满足金融服务业发展的需求,政府要大力推动和鼓励金融中介机构的发展。大力发展与金融服务密切相关的金融会计、法律、评估、证券投资顾问咨询、风险投资中介、信用调查征集、资信评级等金融中介,营造一个良性金融发展环境。

不断丰富金融服务产品。长三家地区经济发达,居民的收入也相对较高,具有较多的盈余资金相对较多。企业和居民都具有较强的投资需求。大力发展和推广股票、债券、基金、证券、期权、期货、结构化金融产品、汽车金融、房地产金融等金融产品,大胆创新,不断拓展企业和居民的投融资,促进形成一个繁荣的金融服务市场。

大力发展风险投资。美国的高新技术企业之所以能够迅猛的发展,一个非常重要的动力就是源于新型的投资机制——风险投资,为技术创新的连续性提供了保障。可以说,风险投资造就了美国在高新技术领域的领先地位。要大力推动武进技术研发产业以及高新技术企业的发展,光靠政策扶持和企业自身资金还远远不够,尤其对于武进这样一个中小企业云集的地区。学习国内外先进经验,大力发展风险投资,为提升武进的技术创新能力提供坚实的保障。

推动金融服务规范化。一是鼓励金融企业运用服务标准,尤其是国际服务标准。二是推动金融服务企业进行 ISO9000 管理体系认证。三是加大对外资银行的吸引力度,通过外资银行的模范作用,来促进武进金融服务的提高。四是大力引进和培养高素质的金融业服务人才,推动武进金融从业人员资格认证。

(2) 形成两种金融服务特色:服务民企、服务创新

上海是长三角地区的金融中心,也是全国的金融中心。处在上海和南京之间的武进要在长三角金融服务中占据一席之地,必然进行差异化错位发展,培育自身独特的竞争优势。而根据武进所在区域的特点,打造"服务民企、服务创新"两大特色,有望成为武进金融

服务的竞争优势。

服务民企：民营企业不仅是武进经济的重要支柱，同时也是整个长三角地区的经济主体。推动民营企业的发展和转型，将大大促进地区的经济发展，增强地区影响力。相对来说，苏南地区的大多数民营企业单个规模虽小，但其总体规模庞大，蕴藏着巨大的市场需求。大部分民营企业的特点就是规模小、资金不足、信用度相对较低，但发展活力强、经济贡献能力强。在中国目前金融体制还不完善的条件下，民营企业难以通过正常渠道获得足够的发展资金。资金成为很多民营企业成长的瓶颈。推动"服务民企"金融特色，不仅有利于发挥武进资源和条件优势，对区域经济、甚至全国经济的发展都有一定的贡献。要打破"服务民企"的困局，关键在于实现"分散融资、分散信用"向"集合融资、集合信用"转变，在于不断发挥政府的引导和协调作用，大力发展信用评估、共同担保、风险基金等创新金融形式，力争实现为民营企业提供一个畅通的投融资环境。

服务创新：创新是世界潮流，也是我国未来经济发展的主旋律，也是长三角地区产业转型升级的必要选择。可以说，创新是中国未来经济发展的重点，也是武进经济发展的主要方向，具有较大的资金需求。技术创新的特点就是高风险、高回报，研发的前期资金投入大，但在技术产业化后则会带来巨额的回报。然而，创新本身就是对未知领域的探索和挑战，一旦失败，前期资金投入将血本无归。因此，很多金融机构难以承受如此巨大的风险，但技术创新需要风险投资。政府要充分发挥其信用好、资金足的特点，大力引导金融机构、大型企业等参与到风险投资的构建中来，促进武进形成一个良好的风险投资环境。

(3) 健全三个金融服务网络：企业投融资、居民投资、电子金融

搭建金融服务网络的核心在于方便为客户提供服务，就是搭建一个便捷的金融服务体系。这个体系主要包括以下三个网络：

企业服务网络：合理布局经营网点。民营企业的另一特点就是相对分散，这就要求金融服务要适应地区企业的需求，合理布局，努力构建一个便捷的、高效的企业投融资网络。除了在武进核心布局金融服务企业外，可根据需要在重点镇、企业聚集区设立主要金融服务的分支机构，满足企业就近的金融服务需求。畅通企业投融资渠道。逐步放宽对民营企业的投融资限制，在适当政策条件下，要加大

对重点行业的融资支持。放宽对民营企业的贷款种类,鼓励银行在风险可控的前提下发放信用贷款,同时引入信用证、票据承兑等各类授信业务。在放宽贷款种类的同时,扩展银行业务范围,从贷款扩大到所有授信业务;扩展授信小企业范围,增加各类从事经营活动的法人组织。在一定的担保体系下,尽量简化服务程序,减少企业金融服务的时间。对于重点企业可以开设绿色服务通道,满足其个性化的金融服务需求。

居民服务网络:满足居民多元化投资需求。随着经济的发展,居民的投资意识越来越强。特别是随着最近几年的全民炒股热的兴起,投资已经成为居民生活的一部分,尤其对于经济发达的苏南地区,居民的投资意识和投资能力更强。积极引导居民的投资需求,大力发展股票投资、基金投资、保险、债券、期货、期权等众多金融产品。不断加强金融产品的营销意识,加大金融产品的宣传和推广,真正实现金融服务成为武进居民日常生活中的重要一部分。大力完善个人信用评级制度,完善个人贷款制度,鼓励个人创业。大力推广个人理财服务。满足居民现代化消费需求。金融服务本身就是一种现代化的体现,现代化的生活方式需求有现代化的金融服务。一是大力推动银行卡业务,推广信用消费服务,完善自动存取款机的网点设置,使得居民的大部分消费可以通过刷卡来完成。二是拓展银行便民服务内容,增强日常电话费、水电费、交通罚款等服务功能,实现城市"一卡通"服务。三是完善大宗商品消费的金融服务。推动汽车金融、房地产金融的发展。

电子金融网络:大力推动金融服务的信息化,以信息化带动金融服务的发展。一是大力完善金融服务企业自身的信息化,推动银行在柜台业务处理、金融机构内部管理、资金清算、金融信息搜集处理发布等方面全面应用电子信息技术。二是推动金融企业之间的信息共享,推动银行间电子数据的交换和共享。三是为企业提供电子金融服务,鼓励武进企业建立与客户之间的电子交易系统,使得企业与客户实现直接交易。四是推广个人网上银行、电话银行,发挥信息网络的作用,满足居民网上支付的需求,使得居民足不出户就可以完成交易。

(4) 推动金融服务集聚发展

集聚发展是现代产业发展的一个趋势,是提升行业竞争力的重要选择。相对分散而言,集聚有利于加强企业之间的信息沟通,有利于共享政府的公共服务设施,有利于营造一种行业品牌,更容易增强行业的影响力。对武进来说,也需要一个金融集聚区来打造武进金融的品牌,来集中提供公共设施,推动整个行业的整体提升。

通过土地、资金、税收等政策,引导银行、证券公司、基金公司等金融机构的地区总部到武进集聚,形成一条现代化的"金融街"。在金融服务集聚的同时,积极推动与金融服务相关的中介机构围绕金融街布局,形成一个以金融服务为特色的产业集群。

(四) 重大项目

表10-13 武进商务服务业行动计划一览表

信息服务业	1. 电子政务工程
	2. 电子商务工程
	3. 软件园工程
	4. 公共服务信息化工程
技术服务业	5. 公共实验平台工程
	6. 西太湖湾研发产业园工程
专业服务业	7. 武进CBD工程
	8. 西太湖生态办公区工程
金融服务业	9. 创新发展基金工程
	10. 应急互助基金工程
	11. 信贷担保工程
	12. 企业信用评级工程
	13. 金融街工程
	14. 金融便民服务工程

1. 电子政务工程

完善政府外网体系,建立以"中国武进"为武进第一门户网络的外网信息、办公、导航体系。不断加强各职能部门、镇区与"中国武进"门户网络的紧密连接,不断充实、完善、更新网络内容,加强与企业网络的联络,加强公开性信息资源的查询和链接。推进政府内部网络办公,基本实现政府办公的无纸化,能够实现公文的网络传输、领导审阅、共同讨论、公文处理状态查询等多种常用功能。基本实现区政府与上级政府、各部门之间的沟通无障碍。

2. 电子商务工程

构建"武进商务网",全面整合武进企业资源,整合"武进农林信息网"、"武进企业信息信息网",完善机械、冶金、电子、轻工、纺织、化医、建材、食品饲料各行业的信息网,加大灯具、纺织、地板、花木等专业市场的信息化,形成一个集交易信息、政策信息、行业信息、宏观经济信息等为一体的综合交易门户。选择有行业代表性的企业作为电子商务试点,通过给予财政支持、政策扶持等手段,来推进企业商务的信息化。

3. 软件园工程

充分挖掘西太湖的环境优势,不断提升软件服务的质量和水平,打造苏南最好的软件产业基地之一。紧紧抓住软件服务外包发展的机遇,依托动漫产业园建设的契机,大力推动武进软件产业园的发展。

软件产业园要高标准建设,软件服务的水平和质量要与国际接轨,从立项到测试、售后服务都要有严格的程序和要求,达到服务质量的国际一流水准。武进软件园可以在一般软件服务的基础上增强产业特色,不断提高机械、冶金等八大特色产业的软件研发和应用水平。不断推动嵌入式软件的高级化,发展专业的财务、销售、金融、结算、采购、物流等软件的开发和外包,逐步适应国际软件服务的要求。

4. 公共服务信息化工程

整合"武进行政服务中心"的资源,在完善武进行政许可、审批等政府服务功能外,增强政务信息公开、居民反馈、公共信息、居民在线参与等多种公共服务手段。居民通过公共服务信息化工程,可以实现获取信息、办理行政事项、行政监督、投票参与等多种功能,基本实现许可、审批、告知、预报、查询、举报等公共服务的信息化。

启动面向社区、家庭的"家庭上网工程",让网络技术切实给老百姓的生活、学习、工作带来便捷。通过信息技术向市民提供教育、娱乐、购物、旅游、医疗、纳税、水电、电话费用自动化管理等多种信息服务。推进数字电视建设,在试点的基础上,逐步建设武进数字电视平台和数据业务平台。积极探索综合运用信息化手段,实现居民对住宅内生活设施的智能化控制。积极完善家庭上网政策环境,开放驻地网建设,让宽带进入家庭,降低上网成本,强化网上服务内容。

推进社区信息化示范工程建设,提供数字音像、直播电视、视频点播等服务内容。建设社区服务网,提供教育、娱乐、购物、旅游、医疗、纳税、水电、电话费用自动化管理等多种信息服,增强社区的管理和服务功能。稳步推进家庭上网工程。在全区重要公共活动场所、宾馆酒店、旅游景点等地逐步建设电子触摸屏或电子显示屏,发布公众信息,满足人们了解武进、查询信息的需要。要充分利用信息技术,全面提高城市规划,建设和管理水平,逐步推进城市信息化建设,以地理信息系统、卫星遥感和卫星定位技术为基础,对城市的规划、建筑、管线、电力、供水、治安、交通等进行统一、高效和现代化管理。

5. 公共实验平台工程

武进是一个民营企业发达的区域,大部分企业的规模和实力难以实现独立进行创新和研发,尤其是难以购买昂贵的实验设备。然而,如果在同一行业能够搭建一个公共实验平台,共用实验设备、场地,可以大大减少企业研发的成本,更加集约利用公共资源。根据八大行业发展的需要,按照"政府投资为主,企业参与为辅"的原则,搭建几个公共实验平台,满足企业研发的需要。

按照高新技术产业发展方向和重点,以为新兴战略性产业发展和传统产业优化升级提供技术来源和项目储备为目标,通过自主开发和引进消化创新,重点围绕电子信息、机电一体化、新材料、新能源与节能四大高新技术领域,重点发展新型电子元器件、平板显示器、信息家电、精密机械、交通车辆关键零部件、新型纺织材料、新型复合材料、新能源与节能产品等八大高新技术领域,利用公共实验平台,组织实施重大科技联合攻关项目,培植新的经济增长点,增强产业发展的后劲。推动创新技术成果的产业化,形成武进独特的科技竞争优势。

6. 西太湖湾研发产业园工程

抓住西太湖环境治理的契机,依托其未来良好的环境,大力发展研发产业园,满足高端产业研发需求。西太湖湾研发产业园主要发展高端技术的研发,与武进高新区、经发区以及其他大型企业集团形成互动,吸引大型企业的研发中心进驻,形成武进高端产业的研发高地。

研发产业园主要以满足研发机构的需求来建设和布局,以写字楼宇、标准实验厂房等建筑为主,大力营造生态型、人性化、现代化的环境,形成独特的产业发展环境。主要发展高档生态办公区、研发大楼、科技会馆、科技信息中心、会议交流中心、科技展厅、时尚咖啡馆、酒店、公寓、娱乐中心等满足研发和生活需求的多种设施。

研发产业园主要以满足高技术企业、外资企业研发的需求为主,抓住关键技术、龙头企业的研发为目标,营造良好的环境,使之成为武进的技术研发中心。研发产业园可与软件园、动漫产业园集聚在一起,形成一片创意设计、技术研发的经济功能区。

7. 武进CBD工程

位于以延政路东段为核心的区域,规划面积约1平方公里,主要承担武进最主要的商务服务功能,包括:标志性写字楼宇、金融区、配套商业区、酒店和配套公寓、花园式公共空间、步行街、娱乐区等,是未来武进商务活动、营运总部和专业化生产服务的核心区域,以办公、银行、保险、基金、证券、信息服务、会展、专业服务等为重点,安排大项目、打造新磁场、吸引高投资、提升经济总量,形成武进大都市区的经济、交通、信息、服务、管理、文化等社会活动的交汇区。

大力推动武进大型企业总部到CBD集聚,形成总部经济发展。依托CBD的商务服务资源,大力引进企业总部的营运中心、销售中心、结算中心、配送中心、研发中心,形成CBD中的总部集聚区。

8. 西太湖生态办公区工程

规划依托西太湖未来良好的生态环境,满足现代企业追求生态办公的需求,打造一块武进生态办公区(Ecological Office District, EOD)。规划面积1平方公里,包括低密度别墅式高档办公区、企业总部区、酒店、高档娱乐餐饮、时尚专卖店区等。发展以人为本、环境友好、高端精致的新型办公场所。生态办公区远离大城市"水泥森林"的压抑,融自然与生活于一体,聚休闲与工作于一处,为商者提供激发灵感、清新自然的办公环境。在办公区的带动下,积极配套发展会计、法律、咨询、策划、广告等生产性服务功能,协同发展餐饮、娱乐、休闲活动、商贸等生活性服务功能。

9. 创新发展基金工程

由武进科技局牵头,以区财政为主,大力吸引金融机构、企业和个人资金,创设"创新发展基金"。基金旨在推动武进区民营企业的研发、高新技术企业的创新,促进科技成果产业化,推动技术创新的投融资机制及体系建设,培育新的经济增长点。

科技局作为基金的主管部门,负责组织项目的审定,区财政局是科技基金的监管部门,负责基金的监督使用。受基金资助的项目必须至少满足两个要求:一是确属技术创新项目,二是满足武进未来经济发展的需求。根据资助目标的不同,创新基金采用三种资助方式:无偿资助、贷款贴息和有偿资助。(1)对于小型项目或者国家级、省级重点科技项目,可采用无偿资助的方式。(2)对于规模较大企业的技术创新,可以采用银行贴息贷款的方式,但一般要设定一个贴息额度。(3)对部分起点高、具有较广创新内涵、较高创新水平并有后续创新潜力、预计投产后具有较大市场需求、有望形成新兴产业的项目,可以鼓励风险公司予以投资。

10. 应急互助基金工程

民营企业,尤其规模较小的民营企业,资金的不足一方面体现在发展资金的不足,另一方面也体现在应对风险的能力不足。为了保障民营企业的健康发展,有效地应对外部市场风险,成立"应急互助基金"。基金的资金来源主要来自政府财政和会员企业,并根据会员企业交付给基金的数额,按比例确定其在资金发生困难时可申请的最高金额。一般来说,基金不得以盈利为目的,实行封闭管理和运行。当没有资金困难发生时,基金将按会员企业的出资比例按年度支付给会员企业一定的基金收益。

11. 信贷担保工程

以中小企业信用等级评定为基础,借鉴武进区高新技术风险担保有限公司的发展经验,整合资源,推动以互助担保和商业担保为主的中小企业信用担保体系发展,加强行业监管,形成规范化、多元化的信用担保体系,成立"武进信用担保有限公司"。企业以一定的金额起点入股,可获得股本金5倍的贷款额度,一旦贷款出现问题,银行在处置不良贷款时,不足部分将由担保公司承担80%,并按比例分摊至每个股东,20%由贷款银行承担。

中小企业信用担保体系是未来武进中小企业金融服务体系的重要组成部分,通过金融担保体系的建立和完善,为中小企业提供融资担保服务,以化解中小企业融资需求和金融机构贷款风险之间的矛盾。以政府引导,行业协会牵头成立中小企业信用评估专门机构,建立中小企业信用档案,成为金融机构提供融资服务和信用担保机构提供担保服务的依据和基础。

着力调动民间资金等其他资金投入担保的积极性,发展互助担保和商业担保机构,拓宽担保业务,形成中小企业信用担保体系的多样化发展格局,从而能够为不同性质、不同产业、不同层次、不同需求的中小企业提供全面的融资担保服务。担保机构自身要建立严格的风险防范机制。以政府资助资金为触发,以工商联、行业协会及私营企业为依托,以招收企业会员为主要方式,吸收会员企业资金,发展互助担保服务。积极寻求商业担保盈利机制和发展模式,吸引民间资本和外国资本进入商业担保领域。同时,推广担保投资(信用担保+风险投资)、贷款信用保险等多种担保方式,推动信用担保方式的创新,政府投入启动信用投资基金,为互助担保机构和商业性担保机构提供必要的再担保,带动民间担保机构的积极性。同时,加强担保机构的联系,加强合作或进行联营。加强对本地信用担保机构的监管和担保机构风险控制。

12. 企业信用评级工程

为降低银企之间的信息不对称、破解中小企业融资难的困局,成立武进"企业信用评估中心",设立中小企业信用档案,在对武进企业基本信息、企业遵纪守法信息、企业主要经营信息、企业财务信息等进行普查的基础上,对企业信用等级进行评估,并对相关信息和信用等级进行动态更新。保持良好的信用记录是企业获得银行贷款的先决条件。企业信用评级可以帮助银行和其他企业更全面、准确地了解企业,进而为企业的融资和其他经济交易提供便利,也可以从当信誉抵押品,减轻企业在融资中实物资产抵押、担保的压力。

"企业信用评估中心"初期发展应以政府或政府与人民银行、主要金融机构联合建立，利用政府机构的公信力和公共权利完成信息收集和等级评定。条件成熟时，逐渐将其推向市场，以非营利组织方式运作，政府机构主要承担监督职能。

13. 武进金融街工程

为促进金融服务业的集聚，形成武进金融服务的影响力，努力推进金融街建设。金融街将成为武进地方经济发展的金融中枢，发展商业银行、保险、基金、证券、投资公司、金融中介等多种形式的金融服务，成为地方企业融资、政府融资、储蓄、保险、投资等业务的中心。针对搬入金融街的金融机构，给予直接的资金支持，并在税收减免和土地使用（或租金）上给予一定的优惠。

金融街的建设要按国际化高标准进行设计和建设，预留公共空间、生态空间、停车空间，注重交通的完善和管理。地点选择有两个方案：一是改造人民中路，或借花园街改造的机遇，把老商业区的一条街改造成金融街。其优点在于周边金融机构较多，已经形成了一定的金融服务氛围。但缺点是拆迁成本较大，投入较多，周边区域环境相对杂乱。二是打造一条全新的金融街，在新的商务中心区（规划建设）形成金融服务一条街。

14. 武进金融便民服务工程

以"提升服务质量，增强金融影响"为目标，从细节做起，大力推进便民金融服务工程，使武进金融服务深入民心。一是推动金融服务敏捷化。简化手续，合理安排时序，适当增加网点和员工，尽量减少居民在办理金融业务时的等候时间。推广信用卡、银行卡消费，畅通居民消费渠道。大力发展网上银行，推动电子化交易。二是增强金融服务的人性化。进一步推进柜台交易的微笑服务，改善交易场所的环境建设，安排合理的网点设置。针对重点客户，还可提供个性化的服务。三是增强金融服务的可视化。大力推动金融产品的营销，增强金融服务的影响力。四是推动市民"一卡通"服务。通过运用信息技术，逐步实现市民能用一张卡就能进行购物、餐饮、住宿、医疗、保险、缴费等多种日常活动，便利百姓生活。

四、旅游休闲产业

(一) 发展目标

1. 总体目标

围绕"走进绿色旅游、感受生态文明"的主题,以培育太湖湾山水风光游、西太湖生态休闲游、淹城历史文化游、三勤民俗民风游、新天地现代都市游等"五朵金花"为抓手,高起点规划,高品位开发,把武进建设成为:苏南地区重要的旅游城市之一,长三角的会展商务休闲度假名城之一,长三角重要的生态旅游名城之一,长三角家居装修购物旅游名城,常州科技教育旅游基地,努力构建武进以现代观光旅游为基础、休闲度假为主导、特色生态旅游为辅助的现代旅游产品体系,大幅度提升武进的旅游竞争力,逐步确立"花都水城·浪漫武进"的旅游目的地形象。

2. 功能定位

以休闲旅游、生态旅游、科教旅游为主导,以春秋文化、太湖湾风景、西太湖生态风光、西部花卉苗木、东部农业观光、科教城等为特色,开拓旅游市场,立足于服务本地,放眼于服务长三角。

3. 品牌目标

打响西太湖生态休闲佳境品牌、太湖湾旅游休闲福地品牌、长三角花木休闲之都品牌、淹城春秋文化滥觞品牌和武进知识体验休闲品牌。培育武进旅游"五朵金花"品牌,树立"花都水城·浪漫武进"的旅游目的地形象。

(二) 布局重点

1. 西太湖生态休闲区

以西太湖为载体,充分利用西太湖的水体及生态环境,积极发展基于水体的帆板、皮划艇等户外体验运动,同时形成美食餐饮等配套服务业态,结合西太湖的科教时尚元素,使西太湖成为娱乐、释放、体验的都市消遣区,打造西太湖户外体验旅游区。

2. 太湖湾旅游休闲区

充分借助太湖湾风景区湖光山色的生态资源,依托太湖湾宁静致远的环境氛围,以近期满足武进企事业高管的会议、奖励、休闲、商务会友等为会奖商务旅游为目标,中长期致力于吸引周边县市乃至长三角的3H人群来太湖最宁静高雅的港湾休闲旅游。

3. 南田三勤生态文化区

以南田文化村与三勤生态园为主体,主打以"常州画派"和恽南田为代表的国画艺术,弘扬阳湖地区的文化品牌,并体现生态乡村特色风貌,重点打造生态休闲、体验农业、餐饮服务功能。

4. 郑陆农业休闲区

以郑陆镇的某家村农业观光园为样式,充分发挥郑陆镇的生态友好的环境优势,将花园般的生态科学的产业化,积极发展农业休闲旅游,面向长三角的环境挑剔型休闲需求市场,打造苏南最宁静自然的一片绿色空间。

5. 核心区体验休闲区

按照武中分区"东动西静"的发展愿景,将行政中心的东部片区精心打造为体验休闲区,结合现有的汽车4S店,武进汽车城等,发展具有国际品味的汽车综合体验区,包括汽车影院、汽车旅馆、小F1赛道、卡丁车沙龙等体验休闲项目。

6. 嘉泽花木休闲区

以夏溪花木市场为载体,以夏溪、嘉泽、郑陆等为基地,充分发挥武进"全国重点花卉市场"的发展优势,结合绿色、生态、健康、有氧等现代人所向往的生活环境,积极构建基于社区和酒店山庄的生态有氧旅游,开辟长三角稀缺的"自然零距离"生态旅游区,并结合盆景的设计、花卉打理方法以及家居花卉陈设技巧等知识服务做强做响夏溪嘉泽花木生态旅游区。

(三) 主要任务和领域

1. 重点发展商务旅游

武进以制造业著称全国,也是长三角企业集中的地区之一,同时又拥有五大专业市场,其庞大的商务队伍决定了庞大的会奖商务休闲旅游的需求,因此武进应积极发展商务旅游,在大力加强商务旅行社、商务酒店、商务旅游代理机构以及配套服务体系的同时,重点发展三大商务旅游项目：

（1）重点发展商务会展旅游

会展旅游注重的是会议展览和设施服务，以及高效的会议展览安排和接洽服务。因此武进应积极致力于会展旅游中心的建设，以及会展旅游中心的旅游景观、餐饮住宿、休闲娱乐等设施的建设，以秀丽的风景、高雅的设施、完全的配套，将武进塑造成"长三角的博鳌"。

（2）大力发展奖励旅游市场

武进奖励旅游的定位可为中端商务旅游服务，并且由近期的中低端服务向中高端服务挺进。奖励旅游组织者的目的在于激励销售商和员工的工作热情，以实现企业目标为目的。因此，武进应大力发展满足商务旅游消费者放松解脱和学习交流需求的奖励旅游，以周到的安排、优质的服务以及贵宾级的标准占领市场。

专栏10-3　高端、中端、低端

按旅游者的消费层次，可将商务旅游消费者分为高端、中端和低端三个层次。

高端商务旅游者一般指企业所有者、高级经理人、CEO、事业单位的负责人。他们的行为代表了市场的一种时尚，但不是市场普遍性的行为，不是主导的方向。此类商务旅游者最关注的是与其身份相适应的服务档次和贵宾级待遇，其次是服务的细致和效率。他们并不是商务旅游市场的主流客户。

中端商务旅游者指企事业的部门主管、分公司的经理、高级技术人员等。这类商务旅游者注重的是体现所在组织的形象，他们追求的是在既定费用下的高效率服务、便利的服务和惬意的感觉，因此，商务旅游过程中无缝隙的高校服务配合和完备的配套设施是他们最希望得到的，同时他们也是商务旅游市场的主体。

低端商务旅游者指企业的一般办事人员，这类商务旅游者的数量庞大，但是商务费用的限额较低，属商务旅游的低端市场，他们要求的服务内容比前两类型的商务旅游者要少，通常只追求商务旅游的经济性和高效性。

（3）开辟"培训旅游"服务市场

挖掘武进1万多家企业的培训服务需求，为企业的培训建立服务基地，主要提供的服务有：一是培训需要的教室、讲堂，二是培训需要的氛围环境，三是职业培训课余的素质拓展等活动项目，四是为授课的专家提供休闲旅游的服务。使培训旅游兼具提高职工技能和奖励职工的福利的作用。

表 10-14 商务旅游和观光旅游的比较

旅游类型	价格敏感度	涉及的旅游和其他产业要素	目的地选择	关键因素	在武进发展的竞争力
商务旅游	低	餐饮、住宿、交通、行业媒体、娱乐、观光、会展、教育、物流、摄影、公关、制造等	受旅游目的地自然资源影响较小,受目的地经济发展影响较大;对目的地基础设施要求较高,主要为经济发达地区,生态环境优美的度假胜地。	设施服务环境	较强
观光旅游	高	观光、餐饮、住宿、交通、购物、娱乐等	受目的地的资源影响大,大多是吸引游客、有着丰富人文和自然资源的地区。同时深受目的地的旅游景点名气影响,多是久负盛名的成熟景区。	景观名胜知名度	较弱

2. 大力发展体育旅游

体育与旅游的结合是一种时尚,"户外运动"是体育与旅游的结合,其不仅已经成为休闲度假的重要形式,更成为了"休闲"、"健康"、"时尚"的代名词。从攀岩、穿越、速降、野营、公路自行车等山地运动,到皮划艇、帆板、垂钓等水上运动,户外运动的形式也正在日趋多元化。

武进具有相当面积的水面,具有开展户外运动的条件。开展体育旅游的意义在于:一是可以极大地改善武进的客源结构,使年轻人成为旅游的主体;二是可以极大地改善武进的城市形象,使西太湖变得时尚而又活力四射;三是可以极大地提高人均旅游花费。户外运动的开展必然带动相关设备、产品的出售、租赁与维护等服务,这也将为武进提供新兴的产业门类,以及促进户外运动品的专卖的兴起。

武进应通过体育项目的开发与建设,积极开展攀岩、定向运动、野营、山地自行车等项目。此外,也应依托西太胡、太湖湾等水域开展帆板、垂钓、皮划艇等水上运动项目。武进也应积极承办各类户外运动比赛项目,通过赛事活动提高武进的知名度,提升目的地形象。

专栏 10-4　户外运动

户外活动是指以自然环境为场地的带有探险性质或体验探险性质的体育活动项目群。户外活动已经成为人类娱乐、休闲和提升生活质量的一种新的生活方式,其基本特点包括:

1. 以自然环境为运动场地,有回归自然,返璞归真的特征;
2. 户外活动无一例外地具有不同程度的挑战性和探险性;
3. 户外活动尤其强调团队精神;
4. 户外活动对身体、意志有全面的要求。

户外运动的分布包括:

空中项目:滑翔(有动力、无动力)、热气球、跳伞等;

水上项目:漂流、扎筏、泅渡等;

陆上项目:丛林穿越、登山、攀岩、溯溪、露营、探洞等;

综合项目:野外生存、野外拓展、探险挑战赛等。

自从1989年新西兰首次举办越野探险挑战赛以来,各种各样形式的户外活动和比赛在全世界如火如荼地开展起来。目前在欧洲每年都有众多的大型挑战赛举行。在美国,户外运动的参与人数和产值都位居所有体育运动的第三位。

在我国,最著名的户外运动基地是北京的白山和桂林的阳朔,素有"北白山,南阳朔"之称。苏锡常地区尚缺乏具有全国知名的户外运动基地。这为武进开展大规模户外运动提供了难得的机遇。

同时,丰富武进体育旅游的内涵。依托太湖湾等休闲地区,一是把握康体保健、体育旅游备受青睐的时尚,积极发展以高雅环境为依托的康体产业;二是要进一步吸引大型知名医疗机构和专业人员在武进建立养生康体精品,树立专业权威形象;三是要提升桑拿按摩、温泉洗浴等技术含量低的项目,积极开展运动健身、健康睡眠、心理治疗等高技术含量的养生康体项目;四是面向大都市的高管、白领阶层,适度发展一批高端的康体旅游项目,包括针对长期亚健康的医疗保健、心理按摩(Inse)等。

3. 突出发展购物旅游

(1) 发掘、整合、绘制出武进购物旅游网

依托武进邹区灯具、横林地板、湖塘纺织城三大家居生活性商品专业市场,发挥武进"夏溪花木"、"雪山草鸡"、"武育稻种"、"阳湖水蜜桃"、"春晖乳业"、"横山百业"、"江南银鱼"、"二花脸种猪"、"金氏无花果系列产品"和"尊龙系列产品"十大名牌农产品的优势,共同编织武进购物旅游的资源网,从灯具到地板,从床上用品到服装,从花果到海鲜,立足于以家居购物之旅和特色农产品采购之旅吸引客源,使武进发展成为长三角家庭型购物旅游的首选出行地。

(2) 大力打造武进花木市场旅游

武进是长三角地区最大的苗木花卉市场培育基地之一,武进夏溪花木市场亦是"全国重点花卉市场"、"全国花卉生产示范基地",有紫薇、红花继木、马蹄金等品种繁多的花木,有上规模花木的销售网络。应基于此大力发展花木观光休闲旅游业,着力打造武进花木信息平台,重点加强武进花木物流配送服务,提供观赏、选择、送货上门的一条龙服务和餐饮、住宿、休闲惬意的旅游休憩服务,以及对花木的打理、剪枝、饲养技巧的知识指导服务,使武进花木市场在市场份额占有量占优的同时,积极发展基于花木旅游的相关服务,打造真正的长三角绿色栖居地。

(3) 积极发展邹区、横林的购物旅游

"邹区灯具、璀璨中国"、"横林地板、您的首选",武进有华东地区首屈一指的灯具专业市场和地板专业市场,政府应加强两大专业市场建设管理的同时,扩大专业市场的职能,将交易与购物旅游相联系,将武进与家居装修购物相结合,开通家居装饰旅游购物专线,完善购物旅游的服务体系,加强相关购物旅游配套设施的建设,营销邹区灯具和横林地板,结合夏溪的花木共同构成家居装饰的"必游之地",增加专业市场的附加效益,形成武进购物旅游的高覆盖网络。

(4) 花园街商业中心之旅

随着花园街附近房地产、星级酒店、大型 Shopping Mall 的建设,花园街必将成为武进的商业中心,与行政中心和科教中心相呼应。应合理布局花园街商业中心,差异化发展商业业态,科学化建设人性化的商业中心,使花园街成为继五大专业市场之后的又一大购物旅游的中心,配合餐饮美食、特色购物、亲子之旅等发展理念,作响

花园街商业中心之旅。

4. 发展面向苏锡常的"第二居所"

休闲之旅是武进旅游发展的核心,房地产的大量兴起是武进发展的现状。"第二居所"可以算作为"居住旅游",恰恰是以休闲度假居住为目的,在本地或异地风景区购置的房产,主要形式包括景观公寓、山水别墅、共享产权式酒店等多种形式。武进要以行动促进他人对武进观念的转变,以优美的环境与高雅的居住条件吸引苏锡常的居民在武进置备"第二居所"。交通优势以及中高档房地产在武进的兴起将促使武进有可能、有条件发展"第二居所"。"第二居所"不仅仅是房地产行业的一个组成部门,更是休闲度假旅游的重要形式之一,对武进的发展也具有重要的意义。

专栏10-5　发展"第二居所"对武进的意义

一是可以提高重游率,锁定相当一批旅游者,使"到此一游"转变为"经常来游",高频度地到武进度假。

二是逐步优化客源结构,提高旅游消费。武进的旅游尚处于起步阶段,和具有强大竞争力的长三角市场相比捉襟见肘,而购置"第二居所"这一有效的市场细分机制,有利于武进聚焦于一批高收入、高消费的人群。这批高端旅游者的进入,将有效地扩大餐饮、娱乐、商业、电信、金融、交通、房地产、物业管理等部门的收入。对于扩大本地需求,拉动服务业发展具有重要意义。

三是引入高素质人群,改善城市人口素质。发展"第二居所",可以被视为一种市场化的、软性的人才引进机制,同时也是留住本地人才的一种有利因素。这批高素质人群所产生的溢出效应不容忽视,其对于促进城市产业结构的演进,提升城市形象与投资价值,都有不可小觑的意义。

"第二居所"是武进吸引高端旅游者,开发休闲度假旅游最可行的发展路径。武进可引导房地产商集中开发环境优美、容积率较低、形式多样的"第二居所",如联排别墅、叠加别墅、小户型公寓以及分时度假酒店公寓等。此外,"第二居所"的产品形式不仅仅是传统的公寓或别墅,共享产权式酒店也是"第二居所"的重要形式。在开发传统"第二居所"产品的同时,武进也应积极引入著名酒店管理集团,发展共享产权式酒店。

5. 生态之旅

表 10-15　生态旅游模式和传统旅游模式的比较

	生态旅游模式	传统旅游模式
发展理论	可持续发展理论	资源基础市场导向理论
目标体系	经济效益和生态效益合理化	经济效益最大化
运作方式	旅游资源本地调查评价和市场析 旅游环境容量评估 生态旅游产品开发 生态环境监督	旅游资源评价 市场分析 旅游资源开发与规划
生态功能	作用明显	无明显作用
受益对象	社区、旅游者、开发商、政府	旅游者、开发商、政府
发展前景	大势所趋,前景广阔	捉襟见肘,急需转型

(1) 重点开发淹城及野生动物园的生态景区

淹城是武进的"眼睛",也是春秋文脉之根,淹城不仅仅体现了易守难攻的古代城池,也留下了绿水碧水的城市绿洲。淹城不仅是武进行政中心的"右臂",而且在淹城周围有望发展成为武进的旅游商业中心区之一,淹城以其浓厚的文化内涵、绿色惬意的生态环境以及重要的中心位置必将成为商务人士、组织机构生态办公、生态会晤、生态休闲的伴侣,也将成为武进市民、常州市民,以及苏锡常地区感受春秋文化、呼吸新鲜空气的首选生态旅游地。

野生动物园是武进的新兴景区,与武进的亲子商业业态和亲子科技旅游的发展步伐相一致,武进的野生动物园成为武进生态之旅的重要节点,也要将其发展成为武进亲子之旅的重要节点。

(2) 鼎力发展西太湖生态旅游城

将西太湖定位于现代化服务业集聚区、休闲化产业高地,精心打造以"休闲"为主要特色的产业链,充分体现"现代化、生态性"的发展理念,鼎力打造西太湖生态旅游城,发展成为常州南部的副中心,打造休闲产业高地。

在武进市区向西太湖发展的同时,保持西太湖的生态友好优势,彰显武进"国际花园城市"的魅力,为西太湖现代服务业集聚区提供和谐的生态氛围,联合发展特色生态旅游基地、江南宜居基地,打造服务平台,逐步发展成为常州生态核心和苏南绿洲。

(3) 加快发展西带花木生态之旅

武进市区西部是生态环境保护非常完好的地区,也是武进花木的生产、培育、销售基地,武进的花木在长三角享有盛名,并且销售到全国的 20 多个省市,可谓是长三角稀缺的"花乡"。武进可以依托夏溪花木市场和嘉泽等花木生产培育基地,以及红月亮农家水庄、苏南枫泽山庄大酒店等配套服务设施,大力建设沐浴于花木树林之中的散步长廊、休憩茗社,推出花木观赏及自选超市,以及花木领养、投资的"绿色银行",配套送货上门及饲养技巧的全方位服务,突出生态旅游的生态景观功能和生态保健功能,尽快把武进西边打造成为基于农家社区、"绿色饭店"的园林式生态旅游休憩购物带。

专栏 10-6 绿色饭店

随着人们环保意识和生态意识在全球范围内的普遍觉醒,传统旅游业的发展模式受到越来越多的质疑和挑战,旅游业的生态化成为行业发展的趋势。1993 年由世界 11 家著名的国际饭店管理集团成立委员会召开"旅馆环境保护国际会议",着手改进经营和服务方式,极力塑造"绿色饭店"的企业形象,许多饭店纷纷效仿。

"绿色饭店"的"绿色"指环境保护、回归自然、珍爱生命,在积极招待好客人做好开源工作的同时,也在节能、降耗、减少开支等节流工作上下功夫。英文可翻译为:green hotel(绿色饭店)、ecoefficient hotel(生态效益型饭店)或 environmental-friendly hotel(环境友好型饭店)。总之,绿色饭店应做到:

1. 饭店的建设对环境的破坏最小。
2. 饭店设备的运行对环境的影响降到最小。
3. 饭店的物资消耗降到最低。
4. 饭店提供满足人体健康的产品。
5. 饭店积极参与社会的环保活动。

(4) 突出发展郑陆生态农业观光园

郑陆紧靠常州市区,并且是无锡通往常州直线上的必经之镇。其良好的生态氛围、花园环境是常州无锡的稀缺资源,具有区域性的不可替代性。作为水泥城市旁不可多得的自然休闲栖息地,郑陆应重视某家村农业生态观光园的发展,充分发挥农业生态优势,集观光、体验、采摘、种植、释怀于一体,打造与自然零距离的生态度假别墅、休闲长廊、绿色旷野。为逆城市化的发展趋势做好准备，为苏南打造一片最和谐、最生态、最健康、最乐活的花园式栖居地，做好农业生态这篇文章。

(5) 加快横山宗教文化生态旅游区的建设

横山桥距常州市区及新北区较近，横山风景区是武进最有潜力发展成生态文化功能旅游区的一块风水宝地，古寺名刹、山地风光和幽静的林间小路构成了横山风景区的独特风光。历来寺院必建在上风上水之地，横山有大林寺、白龙观，是武进宗教文化氛围最浓厚的地区，同时又有五一村、牟家村等经济发达的社会主义新农村，城镇建设水平很高，有条件并应该建设成为具有旅游接待服务功能的中心旅游城镇。武进应加快横山宗教文化生态旅游区的建设，以生态旅游的运作模式和发展理念，将其建设成为"山中寻幽、幽中现寺、寺中修身、世外桃源"的宗教文化生态旅游区。

6. 科技之旅

(1) 重点加强知识商业的载体建设

依据武进发展科教引领的重大战略，以及武进旅游差异化发展的指导思路，充分发挥科教城的影响作用，加强武进知识商业载体的建设，填补常州尚没有市级科技宫的空白，在武进鼎力建造常州科技宫，设在中心区政府所在地的东面，与科教城遥相呼应，与春秋淹城两翼齐飞。科技宫的内涵可包括春秋文化、前沿科学、成果展示、科普商场、幻象影院等功能区。同时可考虑建设常州少年宫、图书城等知识商业载体。

(2) 科学促进科教与旅游的产业融合

将科技与教育相融合，树立"科教武进"的区域形象。将科教与旅游相融合，积极发展科教旅游。借鉴国外基于科教发展旅游业的成功经验，发挥常州科教城的品牌优势，打造与武进行政中心、商务中心并重的科教中心，大力发展武进科教旅游。

(3) 进一步加强常州科教城的开放化

常州科教城是武进的特色亮点，她不仅为武进制造业的发展提供人才和技术保障，而且也为整个区域提供了科教文化的底蕴。科教城应进一步加强开放化，提供参观线路，开设新技术展区，以及六大学院之间的资源共享、合作共赢。促进科教城的大型活动的开展，比如科教节、文化节、制作节、技能节、会展节、饮食节等，使科教城成为武进非景点性旅游吸引物,让常州了解科教城,让长三角了解科教城、让全国了解科教城、让世界了解科教城。

(4) 努力开发具有高科技含量的体验项目

武进应努力开发具有高科技含量的体验旅游项目,如滑翔伞,在滑翔伞的休闲滑翔、竞技滑翔和特技滑翔三个领域中,武进可以尝试发展休闲滑翔,其新奇、刺激而且又没有太大的体力限制,并且可以在高空中一览淹城三水环城的奇特景观。开发具有技术含量的体验型旅游项目是旅游发展的一种趋势,不需要大规模和高投入的旅游设施和基础设施,但要求有专业的组织和丰富知识的导游以及一定的交通服务设施。此类旅游是武进旅游发展过程中值得考虑的一个领域,基于现代技术的冒险体验旅游具有广阔的发展前景。

(四) 重大项目

1. 环球动漫嬉戏谷

环球动漫嬉戏谷位于太湖湾旅游度假区内城湾山北部,是以动漫艺术和游戏文化为主题、结合虚实互动体验特色的大型主题乐园,拥有各主题体验区、动漫游戏实景体验区等200多种动漫游戏游艺项目

2. 花都水城

室内造景生态温泉水城——三勤花都水城,是一个集生态水疗、温泉、养生保健、商务休闲及专业SPA为一体的主题型"水世界"。水源来自地热温泉,水温高达55℃,水质清澈透明,富含锂、锶、锌、偏硅酸等多种保健矿物质。一层设有热带雨林戏水区、会员区、露天凤昌温泉区,会员区帝王汤庭是花都水城中的精华板块;二层有多功能演艺厅和二十四节气长廊,多功能演艺大厅集会议接待、3D影院、演艺酒吧于一体。

3. 淹城春秋乐园

淹城春秋乐园立足于"小淹城、大春秋"的规划定位,取材于春秋时期政治、军事、经济、文化等,集静态观赏、互动演艺和体验游乐于一体,使游客充分品味浓郁厚重的春秋历史文化韵味。

4. 春秋淹城旅游区创建成国家AAAA级景区

春秋淹城旅游区位于武进区中心城区,2010年正式通过国家旅

游局评定,确立淹城春秋乐园、春秋淹国古城遗址、春秋文化休闲区、淹城野生动物园、淹城仿古商业街区、春秋文化旅游地产区六大功能区。

5. 揽月湾

揽月湾位于西太湖生态休闲区的核心区,包含东西两侧商业地块、揽月湾广场、生态公园、星形建筑。其中,揽月湾广场采用敞开式设计,以月亮为主题,依托滨湖岸线,挖掘文化内涵,结合下沉式广场舞台、亲水平台、音乐景观喷泉、观光塔、鹊桥等人造景观,形成西太湖核心区的标志景区,为游客提供一个集度假、休闲、娱乐于一体的湖滨广场。

6. 大型实景水影秀——"烟雨春秋"

淹城春秋乐园推出了大型实景水影秀"烟雨春秋",表现春秋时期诸侯纷争的残酷场面与江南水墨画卷,给人以视觉震撼。

五、落实四大配套服务保障

(一) 健全旅游服务体系

首先,构筑一个综合旅游服务广场,内设社区级商业业态、餐厅、影院、旅店等休闲功能设施,作为武进游客的接待中心,为游客提供各类城市旅游信息咨询地点。设在武进规划馆附近,该地区位于武进核心区,具有良好的交通设施、通讯网络、信息、建筑以及区域缩影展望等良好的基础条件,同时临近行政中心和商务中心,并且距科教中心和商业中心不远,是武进旅游的调度基地。其次,建设三个次级服务中心。利用目前的基础设施,在西太湖建设一个游客服务中心,使之成为西太湖休闲旅游景区以及夏溪嘉泽花木旅游基地的游客中心,为广大游客提供信息、住宿等服务。对于高端度假旅游区,在太湖湾地区建设一个游客服务中心,并且配备双语餐厅。另外,在邹区地区建立一个相应的购物游客服务中心。第三,发展一批景区游客服务中心,各景区游客服务中心可以建在武进各景区的入口处,或者售票处附近即可。主要功能是:交通枢纽,游客集散地;设立游客服务配套设施;提供信息服务;成为景区的形象标志。

(二) 完善武进旅游信息化体系

首先,把旅游信息基础设施建设作为武进区旅游业的工作重点之一,把武进建成全国一流的旅游信息化建设模范城市。逐步建设涵盖全区的旅游信息网,构建完善的旅游信息咨询系统、旅游电子商务系统、旅游管理信息系统,并且响应国家"金旅工程"全面实现旅游业的信息化建设的号召,使旅游信息及其管理系统高效地服务于全区旅游业的发展;在旅游产品设计开发和旅游市场营销等方面积极运用"数字地球"和"虚拟现实"技术,全面提高武进旅游信息基础设施建设水平,并且改善和增加英文版面、日文版面以其他语言版面的建设,使其进入国内先进行列。其次,建设旅游行政管理部门内部办公自动化系统和旅游市场监督管理系统,利用现代化信息技术手段管理旅游业,实现政府旅游管理电子化。另外,积极推广旅游一卡通系统、数字旅游信息亭工程、旅游目的地营销系统等,通过建立客户关系管理系统(CRM)和旅游企业信息化门户(EIP)实现旅游企业业务流程的信息化,通过建立电子门票系统、景区监控系统、虚拟网上景区、电子导游系统等实现景区管理信息化。第三,大力建设旅游目的地营销系统(Destination Marketing System,DMS),又称旅游目的地信息系统,以互联网为平台,集合数据库技术、多媒体技术和网络营销技术,把基于互联网的高效旅游宣传营销和本地的旅游咨询有机地结合在一起,为游客提供全程的周到服务,从而极大地提升旅游目的地武进的城市形象和旅游业的整体服务水平。

(三) 优化酒店层次和布局

优化武进旅游酒店以及规划建设的旅游酒店的规模与布局,实现旅游住宿餐饮业供需平衡、布局优化、层次合理,重点推进度假型酒店、商务型酒店以及会务、休闲等专业性酒店建设。同时,优化产业组织,引导、推动旅游饭店的集团化,全面提升管理质量,引导、推动旅游饭店的特色化、品牌化、生态化。

首先,重点建设主题酒店。在武进中心区、西太湖、太湖湾、各开发区以及重点镇域,重点建设以外商和国内商务客源为主的商务智能型酒店。通过高科技投入,设计满足商务客人需求的"设备自动化、消防自动化、保安自动化、办公自动化、通信自动化"商务智能型酒店,同时针对商务会议市场的需求,开发商务会展等专业型酒店,培育武进本地企业家、外商企业的商务会议市场,并且拓展上海、常州市区和镇江、无锡等周边商务会议客源市场。塑造武进与国际接轨的一流高星级酒店形象。其次,培育、引进连锁酒店,鼓励武进当地成熟的旅游饭店企业走连锁化道路和集团化道路,扶植其成长为具有一定示范效应的旅游企业名牌。同时,引进长三角有规模有档次的酒店进武进开设连锁店,积极引入国际或国内知名的饭店管理公司进行管理。通过委托管理的模式,利用饭店管理公司雄厚的资金实力、良好的品牌效应、规范的管理机制以及连锁的客源市场,提升旅游饭店业的整体竞争力,同时推动先进经验与理念的推广,加强行业管理。第三,开展生态绿色行动。在武进区的酒店内,大力推行"绿色酒店"行动,运用先进的绿色酒店经营理念,通过5R步骤,即Rsearch(研究)、Reduce(减少)、Recyle(循环)Replace(替代)和Reserve(保持),实现酒店业的可持续发展,也为武进的酒店服务、旅游服务贴上生态绿色的标签。

(四)培养引进优秀的旅游职业人才

首先,要逐步培养和引进具有全球观念的高素质的旅游管理、经营、营销人才,以实现高效率的政府管理和服务,提升旅游企业的经营管理能力,以及营销活动的专业化和国际化水准;培养和引进一批了解武进区地方历史与文化的人才;培养和引进项目管理与融资、环境保护、高水平的策划等领域的专业化人才;积极建立起一支精通外语、了解国际旅游市场需求、熟悉国际旅游业运作与管理、具有丰富国际工作经验的国际化人才队伍。其次,逐步建立完善的旅游教育培训工作的组织体系,完善教育培训内容,开拓教育培训渠道,丰富教育培训方式,构建全面的旅游教育培训体系,促进武进旅游教育培训规范化,标准化。同时,采取各种措施,积极引进较高层次的旅游研究和旅游管理人才,占领旅游业的制高点。积极与国外的旅游管理机构、饭店接待业集团、会展公司以及相关咨询公司合作,在合作中锻炼自己的队伍,形成具有较高水准的武进旅游服务队伍。

六、实施四大战略原则

（一）培育特色，个性化发展

武进应依照差异化发展的思路，找准市场定位和产品定位，利用旅游和科教资源优势，形成自己的特色产品，挖掘客源，培育市场，优化产品，树立品牌，占有市场。特色是城市的魅力，也是城市旅游业立足的法宝，武进虽然有淹城、野生动物园、西太湖以及太湖湾等旅游景点性资源，但是开发较晚、名声不响，所以欲尽快提升武进旅游并且持续发展必须培育武进的特色旅游，比如邹区灯具城、横林地板城、夏溪花木市场，以及科教城、科技宫等非自然景观型旅游吸引物，重点发展基于此的家居购物旅游，家庭型亲子旅游和商务休闲旅游等。

（二）融入苏锡常，开放化发展

武进应转变旅游发展观念，倡导社会化服务，积极与苏锡常区域内县市合作。大力整合自身资源，成为苏锡常旅游圈中的一个重要节点，以特色化立足，以开放化发展。在服务范围上，一方面服务本地，满足本地3H人群、家庭型休闲人群、商务会奖休闲人群的休闲旅游需求，使武进的五大旅游区成为吸引外来人员的定居和置备"第二居所"的重要动因；另一方面，逐步建设成为高档次、高配置、高品位的休闲度假硬件设施，结合春秋文化、科教引领的城市魅力，不断扩大武进旅游的服务区域，以开放的姿态融入苏锡常的旅游发展圈之中。

在发展维度上秉持合作共赢，在政府层面上保持合作友好，并且争取与武进周边各城市建立定期磋商的圆桌会议机制，及时解决合作过程中出现的问题和危机，并协调各地资源进行整体运作，共同组建的旅游联合体，倡导成立江南旅游开发论坛，使之成为苏南各城市旅游合作开发及市场营销的协作平台。

（三）创新旅游发展体制

旅游业是依附性行业，客观上对农业、建设、园林、文保、交通等众多行业具有很大的依赖性。因此在现有资源以及景区发展现状的基础上，尊重历史事实，尊重利益相关人的合法利益，推进制度创新，研究协调、补救和共赢机制。

首先，建立"武进旅游促进委员会"，委员会由主管区长直接领导、发改局等多家单位参加，发挥综合协调和指导作用，实施政府主导型发展战略，形成党政齐抓共管、部门配合联动、社会协同参与的大旅游格局，主要职能设置主要体现在四个方面。一是把握全区旅游业的发展方向、发展战略，组织制定全区旅游业发展的重大方针政策；二是在发展全区旅游业过程中做好政府各职能部门之间的协调工作，实现资源的有效整合和优化组合，真正使旅游业发展成为"大旅游，大产业"；三是为政府、企业、金融机构与投资者、学术机构、新闻媒体、社会组织与民众之间的合作与互动提供公共平台，实现"政企学民媒"的良性互动；四是向上争取资源支持和政策扶持，对外进行旅游产业的招商引资和推介宣传。

同时，创新旅游企业经营体制，要稳妥、适度、有效地推进武进各景区所有权与经营权的分离；积极推动旅游企业改制，完善现代企业法人治理结构；以资本运作为纽带，实行企业重组、并购以实现规模快速扩张。

（四）进一步加强生态环境保护

环境是旅游业发展的基础，对于以优美的太湖湾、淹城和西太湖以及城区西部绿色生态旅游为主要卖点的武进而言，环境的重要性更加明显。

首先，该部分的工作重点要集中在太湖湾、西太湖以及城市水系的污染治理和生态修复方面，在湿地保护区范围内应严格控制开发建设，防止建设性破坏的再度发生。对不同地区的建筑物高度和面积也应有严格的控制标准，禁绝破坏生态景观的建筑。其次，淹城、横山及夏溪嘉泽花木带为武进生态层次的重要一级，构成绿容量最高的绿色景观。该地区生态建设的重点是保护现有丰富的植被资源，并逐步提高其生态功能和景观效益，逐步增加彩色林木。应严禁上马破坏生态植被的项目，严格控制旅游设施的格调和规模。最后，要进一步加强环境治理，加强公共场所的绿化和景观建设，加强旅游厕所的建设，加强旅游垃圾处理等。

第十一章

溧阳：解锁 M 型发展结构

第一节 溧阳服务业的历程与问题

溧阳位于江苏省南部，地处长江三角洲，属上海经济区。距上海、杭州 200 公里，距南京、苏州、张家港百余公里，距南京禄口国际机场 80 公里，距常州机场 60 多公里，与周边大中城市全程高速公路贯通。全市总面积 1535 平方公里，有 78 万常住人口，2011 年，名列全国百强县（市）第 40 位[①]。

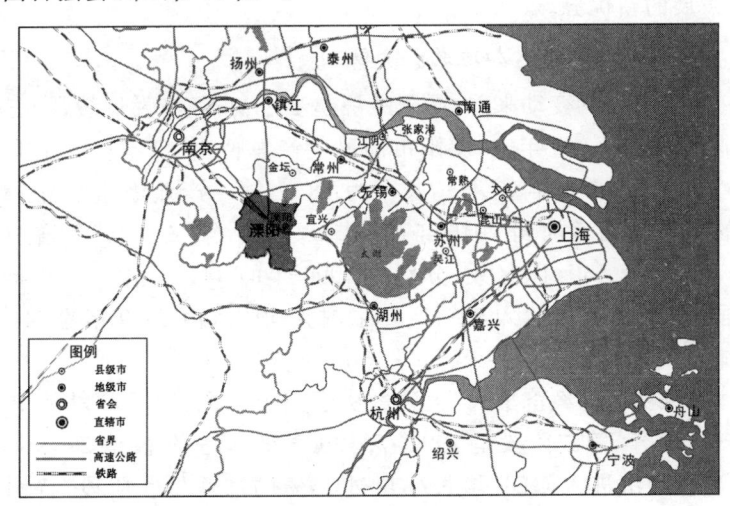

图 11-1 溧阳在长三角的区位示意图

---

① 资料来源：溧阳市人民政府公众信息网，http://www.liyang.gov.cn/node/zjly-01-01/。

一、溧阳发展现状和问题

1. 溧阳发展取得的成就

改革开放以前，溧阳是有着"老区、边区、山区、穷区"之称的农业县。改革开放以来，溧阳坚持以经济建设为中心，经济发展和社会事业取得了令人瞩目的成就，县域相对富裕程度稳步提高，竞争力逐步增强。天目湖科技园、开发区创业中心、正平公共技术服务平台迅速崛起，各镇区工业集中区的建设日新月异，为招商引资、筑巢引凤和全市工业的新一轮发展奠定了坚实的基础。溧阳围绕"坚持全民创业，加速两个率先"的新目标，坚持"提升综合经济实力，提升经济发展环境"，加快工业化、服务化、现代化的进程。

近年来，随着"天目湖"旅游品牌的叫响及南山竹海的成功开发，旅游业成为溧阳市经济快速增长的一大支撑。此外，溧阳还逐步发展独具特色的庄园经济，全市共有225个农庄分布在山区、湖边、竹海。农庄已成为客人休闲、农民致富、庄园主实现自身价值和政府壮大旅游经济的新兴综合体，成为全市旅游行业的独特风景，成为助推全市旅游业不断向高峰攀登的巨大力量，并且正在不断孕育"一村一品"发展的新优势。

2. 溧阳经济进入加速成长阶段

从经济结构变动来看，溧阳经济起步之初，经济发展缓慢，三次产业比例落后。近年来，溧阳市国民生产总值由12.5亿元上升到424.66亿元，平均年GDP增长率为18%，第一产业增加值由1990年的4.5亿元增加到2010年的30.18亿元，第二、三产业增加值244.03亿元、150.45亿元，分别为1990年的44、63倍。2010年城镇居民人均可支配收入22912元，农村人均收入由1990年的741元增加到11368元。

回顾溧阳的经济增长，大致经历了三个阶段：第一阶段是1978年—1990年，第二阶段是1991年—2003年，第三阶段是2003年以后，整体经济进入GDP增长率超过15%的加速增长阶段，特别是2005年以后形成了增长率在20%以上的"工业驱动"的发展格局。随着宏观经济的变化和中国进入后WTO时代，溧阳经济发展日益多元化，环境、创业和服务"三驾马车"将成为溧阳经济发展互动协同的突出体现。2010年溧阳人均GDP超过8000美元,溧阳未来的发展处于人均GDP从5000美元向10000美元迈进的阶段,整个经济呈现加速成长的良好态势。

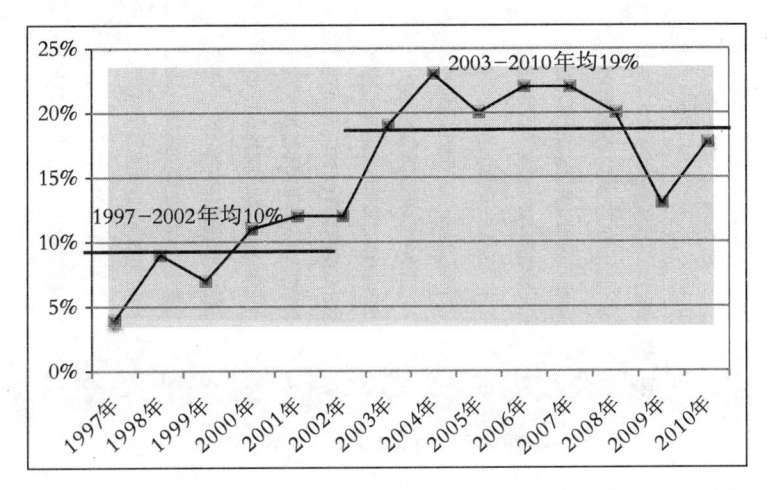

资料来源:《溧阳统计年鉴》,江苏:溧阳市统计局(历年);中国统计信息网:http://www.tjcn.org/。

图11-2 近年来溧阳市GDP增长率动态趋势

3. 溧阳产业结构亟待升级

近年来,溧阳市三次产业结构趋于稳定,2010年三次产业增加值占GDP比重分别为7.1%、57.5%、35.4%。溧阳产业结构存在农业贡献率偏低、重工业比重偏高、工业产品科技含量低、服务业增加值比重和贡献率偏低等问题,亟待优化升级。

一是农业贡献率不足,农业产业化需要加快。近年来溧阳农业产业化发展步伐加快,农业增加值增长率逐步提高,但仍低于工业和服务业的发展步伐,表现为农业增加值占GDP比重缓慢下滑,2008年和2009年分别为5.5%、6.8%,2010年达到6.7%,农业贡献率平稳发展。农业劳动力占全部劳动力比重偏高,约为19%。须加快农业高效化、规模化、标准化和机械化生产。

二是重工业比重偏高,工业产品科技含量低。溧阳市工业是当前拉动经济增长的主要力量。全市第二产业劳动力比重为51.6%,二产增加值占GDP比例为57.5%,贡献率达57%。2010年实现工业增加值218.73亿元,占全市GDP比重的51.5%,重工业总产值占全部工业总产值比重高达76.2%,高于江苏省平均水平,资源环境压力较大。工业技术水平较低,自主创新能力不强,工业产品增加值较低,缺乏竞争优势,未来可持续发展后劲不足。

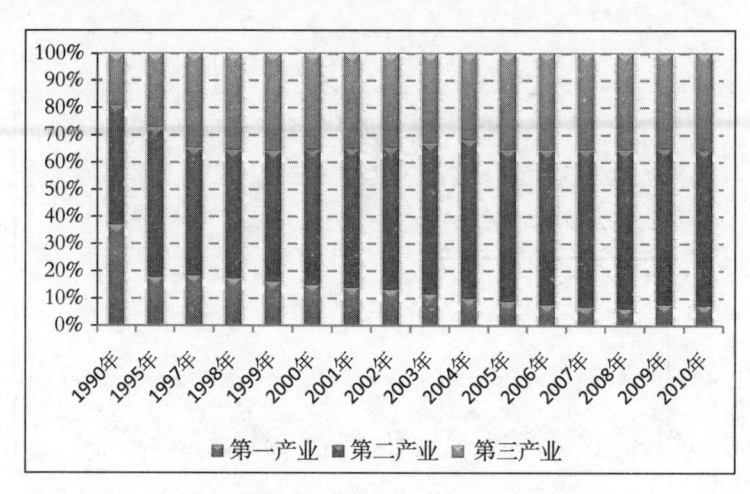

资料来源:《溧阳统计年鉴》,江苏:溧阳市统计局(历年)。

图11-3　近年来溧阳市三次产业结构动态

三是服务业比重偏低,内部结构有待改善。溧阳市服务业劳动力占比为29.5%,服务业增加值占比为35.4%,贡献率为45%。服务业增加值占GDP比重较低,与江苏全省的43.1%相比尚有很大差距。

二、服务业的现状与问题

1. 战略地位不够突出,产业发展的要素环境不够完善

由于工业化水平较低,溧阳长期以来存在着"重二产、轻三产"的观念,对服务业发展的战略地位还缺乏深刻的认识,服务业的发展思路尚不够清晰,具体表现在发展环境上缺乏适于产业发展的要素:一是基础设施建设整体滞后,融资手段主要通过各级财政和银行贷款而过于单一。二是政策扶持力度不够,财政、金融、税收、土地、水电费等政策不配套甚至存在歧视,在一定程度上制约了服务业的发展。三是相关法律法规还在不断修编中,服务业的市场秩序和长效发展机制还有待进一步完善和建立。四是缺乏人才培养和产、学、研关联互动机制,产业创新缓慢。五是区域内外服务业资源缺乏有效整合,

与发达地区特别是苏南发达地区的服务业合作较少,与区域对接的合作渠道仍然较少。

2. 发展水平与地区经济所处的发展阶段尚不匹配

溧阳市目前整体上仍处在工业化中期阶段。这一阶段的产品技术和价值的低端性导致社会对生产性服务业的低需求,以及居民的消费水平较低,因而服务经济生产效率低、专业化程度低,主要表现在:一是绝对规模偏小。尽管自改革开放以来规模不断扩大,但总体而言产业总量仍然较低,限额以上法人企业数量、批发零售法人数量、星级住宿限额以上法人数量等主要指标在苏南地区的比重较小,难以完全满足国内外旅游者、投资者和居民的需求。二是基础设施陈旧,装备简陋,管理水平低。尽管溧阳近年来加快各项商贸流通设施建设,但大多较陈旧,技术装备较落后。交通运输、批零贸易、餐饮、住宿等传统行业占服务业绝对比重,且多数商贸流通市场设施老化,交易条件难以满足现实需求。以连锁经营、物流配送和电子商务为主要内容的现代流通业部分发育不足。三是有效供需不足。虽然全市交通基础设施网络已基本形成,但在硬件设施和通达度上仍然难以满足经济发展的要求,货物运输渠道不畅,导致货物流动的规模总量较小,物流供给与需求都很有限,直接限制了与周边地区的商贸合作,不利于全市外向型经济的发展。

(1) 与其他城市相比,绝对规模差距悬殊

与苏南地区经济发达的县市相比,溧阳的服务业成长无论是规模还是发展速度都有较大差距。溧阳服务业与工业发展状况的巨大反差,充分说明了在今后一个时期,应该加大力度发展服务业,使其能达到甚至超过其他县市的发展水平。并且,其工业发展状况,也说明溧阳具备发展现代服务业的潜力和驱动力。

(2) 与其他城市相比,服务业就业结构差距十分明显

在服务业绝对规模和相对比例上,溧阳市的服务业在苏南处于中等偏下水平。

制造业企业的发展取决于其"产品配套体系",服务业则取决于"人才配套体系"。现代服务业是一个知识密集和人才密集的产业,一个城市的现代服务业能否得到良好发展,很大程度上取决于它对现代服务专业人才的吸引、积累和利用。从现实情况来看,由于受到首位城市强烈的吸收作用,溧阳现代服务业的人才积累较少。溧阳

除了职业技术学校并没有其他高等教育机构。在苏南县市中,每万人科技人员数前3名是昆山市2296人,吴江市1007人,江阴市914人。近邻宜兴为717人,金坛市620人,溧阳为573人,溧阳在人力资源方面呈现明显的比较劣势。

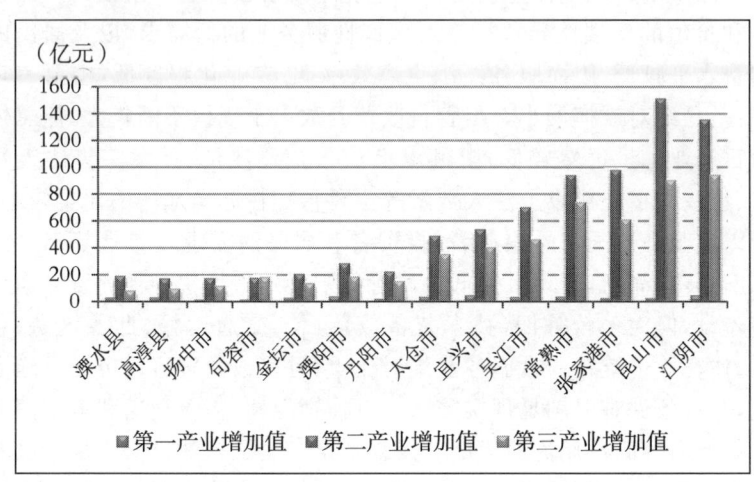

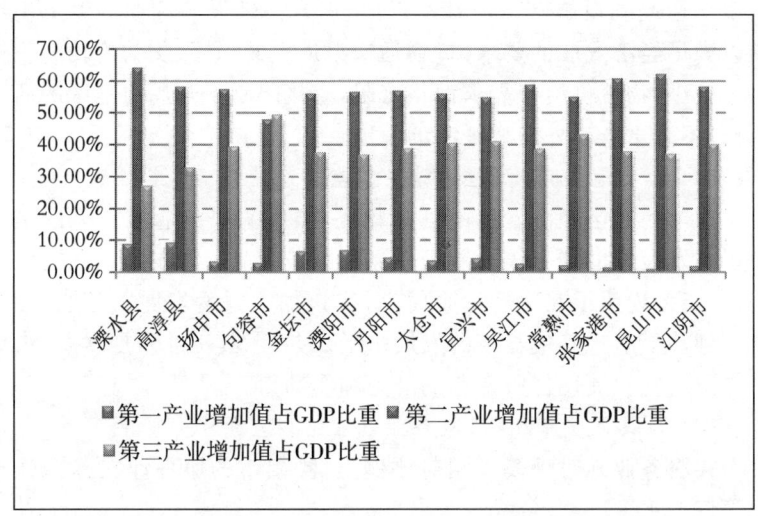

资料来源:中国统计信息网:http://www.tjcn.org/数据整理。

图11-4 2011年苏南主要县市区三次产业增加值及占比

3. 行业内部结构不能适应溧阳快速发展的需要

近年来,溧阳新兴服务业的持续成长,一定程度上优化了服务业内部结构。金融保险业在改革中平稳发展,商业化程度不断提高,组织体系日趋完善,保险市场形成多家经营的竞争格局,证券市场发展态势良好;房地产业繁荣发展,成为拉动溧阳经济发展的重要增长点;生态旅游取得长足发展,建成了一批乡村旅游区;会计、审计、律师、资产评估等智力型中介服务行业和机构日趋活跃。另外,教育、文化、体育、广播电视事业也得到了一定的发展。

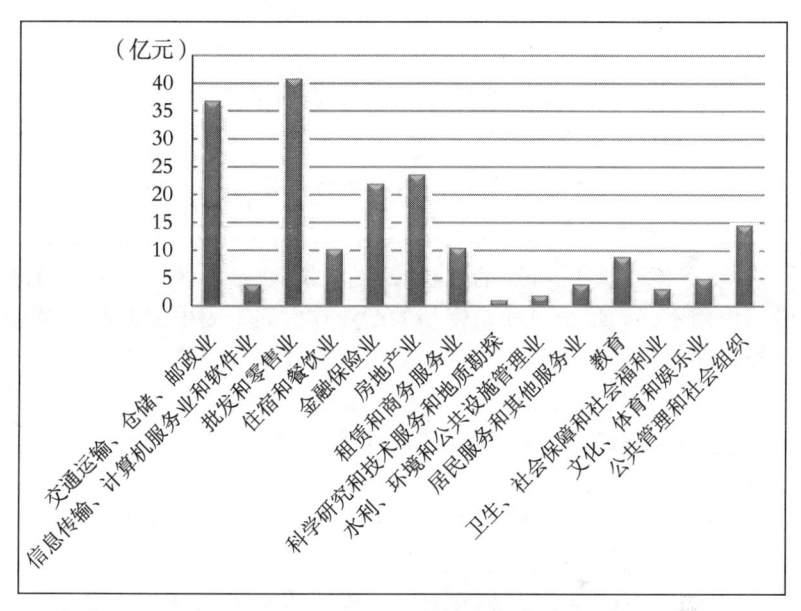

资料来源:《溧阳统计年鉴2011》,江苏:溧阳市统计局(2011年版)。

图 11-5 2011年溧阳服务业内部增加值结构

然而,溧阳服务业内部结构仍不尽合理,升级缓慢。传统服务业较为发达,现代服务业明显落后。2011年,溧阳批零贸易餐饮业和交通运输仓储业实现增加值占全市GDP的38.09%,传统服务业仍占较大比重。新兴服务业虽发展加快,但商务和信息服务业所占比重却不高,整体上尚未形成产业规模和发展优势,对工业、农业的支持促进作用不够明显,难以起到支撑作用。这不仅制约了服务业发展结构的优化和竞争力的提升,也远不能满足众多工业企业及溧阳人民的需求。

4. 地区服务设施和服务水平相对滞后,机制体制适应速度慢

虽然溧阳服务业从时间序列来看保持了较好的发展速度,但横向比较上,则显得较慢。一是机制体制改革、开放步伐仍显缓慢,产

业发展方式仍然比较传统。现代服务业发育不足，难以满足社会需要。例如，全市的物流企业大多是从传统的仓储、运输企业转型而来，主要从事简单的仓库保管和货物运输，对于库存管理、物流方案设计乃至物流全过程供应链管理等物流附加值服务没有开展或尚未完全开展。二是现代服务业必须包括咨询、研究、信息交流、技术服务等一系列相关服务性产业的同步发展，然而全市服务业仍以交通运输、批零贸易、餐饮、住宿等传统行业为绝对主导，缺乏相关服务性产业的支持，难以从传统的商业、运输业走向真正的现代服务业，很大程度上制约了产业的发展。

5. 服务产业缺乏规模经济，集聚能力与辐射作用不强

溧阳市服务业总体上仍处于"专业市场有但不强，传统百货不大不强，现代流通既小又散"的现状，缺乏集聚效应，对区域经济的辐射带动作用不强。集聚是联系密切的产业在空间上集中并由此带来范围经济和规模经济的集合。服务业集聚会对区域经济及服务业自身发展产生一系列的溢出效应，如有利于信息的获取与创新、享受"技术外溢"带来的好处、拥有极强的成本优势以及更易找到合适的人才等等。

目前，溧阳服务业集聚主要体现在旅游和专业市场领域，已形成天目湖旅游度假区和苏浙皖边界市场。但从全市来看，服务业空间分布尚不尽合理，日常生活性服务业布局分散且整体层次较低，超市、百货等又过度集中。仅平陵中路 2 公里范围内在短期内就将有三四家大型超市同时进驻。外资的不断进入，将会给溧阳的经济和发展带来活力，但由于超市所经营产品的需求弹性较小，同一商圈内的重复建设，将会导致恶性竞争和社会资源浪费。

另外，溧阳区域性物流中心地位不够突出，市场集聚力和辐射力不强。市场建设和运用市场机制发展社会事业的力度不大，企业融资环境仍不宽松，创业扶持体系有待进一步建立健全。尤其严峻的是，溧阳缺乏对周边区域具有重大意义的服务功能单体，大大削弱了服务能力和辐射范围。现代市场服务体系的发育不全，将影响城市服务功能的发挥，而发达的城市服务功能正是溧阳市做大做强的一个必要条件。

6. 本地拥有积极开拓的企业家精神，但服务经济观念有待加强

地区社会文化因素对一个地区的经济和社会发展具有重要的影

响。优秀的人文环境以及企业文化对经济和社会的发展发挥着积极的作用。"敢于开拓、勇于创新"是溧阳人的精神,也是溧阳发展最重要的动力。然而,近年来与发达地区相比,溧阳服务业在发展速度和质量上存在较大差距,根本在于思想观念滞后,缺少发展理念的创新。首先,政府重视工业、轻视服务业的问题普遍存在。其次,企业重视投资、轻视开发的现象普遍存在。第三,产业发展重视个别企业的成长、轻视产业体系建设的现象比较严重。

第二节 核心问题:溧阳服务业"短"在何处?

溧阳社会经济有的方面发展太快,城市建设日新月异;有的方面又发展太慢,结构、空间、时间和制度存在的多重锁定导致溧阳服务经济呈现低水平均衡,必须抓住问题的本质,依靠发展来解决矛盾,实现跨越。

一、结构锁定:社会经济结构决定了溧阳服务业的有效供需不足

近年来,溧阳市经济实现了持续快速的增长,产业结构发生了重大变化,工业在国内生产总值中的比重仍占主导地位,机械设备、输变电、金属冶炼及加工、新型建材等规模不断提升,形成了一部分超大规模的企业单体。2010年全市纳税销售收入亿元以上企业84家,其中,超200亿元企业1家,超50亿元企业3家,超10亿元企业8家。华朋集团、上上电缆、申特钢铁、金峰水泥进入"中国民营企业500强"。亿元以上企业合计纳税销售收入594.97亿元,占全部工业纳税销售收入的81.5%,其中申特集团、上上电缆、华朋集团三家企业实现纳税销售收入268.7亿元,占全部纳税销售收入的36.8%。

溧阳的经济结构中存在两种缺失:一是缺乏中小企业群体;二是缺乏中等收入的消费阶层。首先,本地少量的超大规模企业的生产性服务需求存在非本地化趋势。这些企业往往通过上海、南京甚至全国范围来寻求在金融、研发、信息、技术、审计、咨询等方面的服务支持。溧阳本地的商业等中低端生活性服务需求也难以满足这些企

业的拥有者本身的消费性服务需求,而且这些少量富豪的边际消费倾向下降,消费趋于饱和。其次,溧阳本地存在大量的月收入2000—3000元的企业职工和农民,低收入导致消费性服务需求不足。因此,巨大的收入差距遏制了溧阳服务业的发展,使其维系在一个较低水平的消费水平上,导致本地有效服务供给的缺失,这是整个社会生活性服务消费低迷、发展缓慢的关键因素。这种贫富差距悬殊、中等收入阶层缺失的M型社会结构,一方面使得溧阳缺乏引领消费、引领时尚的消费群体,另一方面也致使外来消费体现出低水平均衡——在以天目湖为代表的旅游消费呈现显著的"4低"特征,即以"低"品质观光产品满足"低"端市场的需求,导致相对较"低"的经济效益和目的地形象的"低"评价和预期。

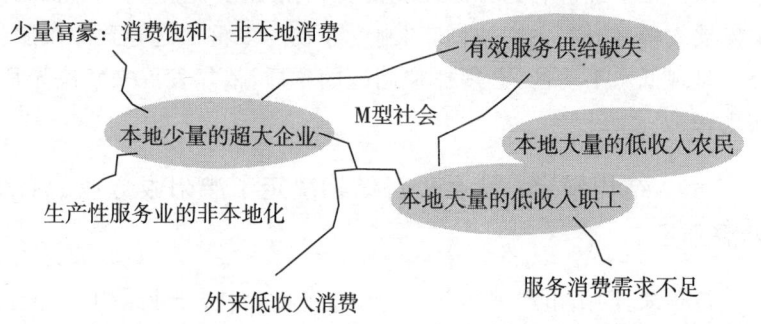

少量富豪:消费饱和、非本地消费　　有效服务供给缺失
M型社会
本地少量的超大企业　　本地大量的低收入农民
生产性服务业的非本地化　　本地大量的低收入职工
外来低收入消费　　服务消费需求不足

图 11-6　有效需求与有效供给双重不足下的溧阳服务经济低水平均衡

另外,溧阳的大型企业还存在求大求全的倾向,专业化分工、外化剥离以及服务外包的程度不高,仍保留了大量非核心的业务,绝大多数生产性服务业务在企业内部消化,在一定程度上制约了全市现代服务业的快速发展。

二、阶段锁定:溧阳工业化中期的发展阶段制约了服务业的升级发展

溧阳当前尚处于工业化中期,制造业发展的需求强劲。在政府优先发展制造业的驱使下,社会资源特别是政府主导的资源过多倾向于制造业,用于改善服务业的基础设施、创造新的服务业领域的资源则相对要少。值得注意的是,近年来溧阳各项指标的飞跃很大程度上是由于固定资产投资高强度的投入,这与全市工业化进程相对滞后有关,随着今后逐步进入工业化中后期,溧阳继续依靠大投入来

推进快发展的现实作用将日益减缓,如何提高产业的规模、质量和水平,将是溧阳发展面对的重大课题。

表 11-1　溧阳市三次产业劳动力构成(%)

年份	农业劳动力比重	工业劳动力比重	服务业劳动力比重
2000	45.9	31.9	22.2
2001	40.5	34.8	24.7
2002	43.0	32.4	24.6
2003	33.9	37.3	28.8
2004	26.3	46.2	27.5
2005	22.6	49.9	27.5
2006	21.3	50.8	27.9
2007	19.8	52.2	28.0
2008	18.9	51.6	29.5

当前,我国已经进入以住房、汽车等10万元级消费拉动的新一轮重化工业阶段,面对这一战略机遇期,溧阳难以放弃重化工业快速发展的传统优势,在相当长的一段时间仍然需要工业支撑经济的快速发展。一个地区工业化早期和中期的工业生产的产品技术和价值的低端性决定了社会对生产性服务业的低需求,而劳动力的低收入水平阶段,居民收入的增加也主要是用于物质生活水平的改善和提高。

三、制度锁定:机制、体制和政策尚难以确保服务业的创新发展

首先,溧阳市有关服务业的政策法规尚不能适应形势发展的需要,对服务业项目投资的扶持政策明显低于工业项目,特别是土地价格、建设规费减免方面,与工业差距过大。其次,对镇(区)目标管理考核中产业指标考核设置分数差距较大,其中工业类考核指标占总分的31分,而服务业占约10分,在一定程度上影响了全市各镇(区)对服务业发展的重视度。第三,溧阳市服务行业的多头管理和交叉管理比较普遍,综合统筹与协调的难度较大。第四,财税改革不利于服务业的发展。在服务业中,只有零售业实行营业税,其他行业都实行增值税,这在一定程度上制约了其他服务业特别是现代服务业的

发展，也包括从制造业中剥离的相关服务业的政策。第五，行政级别低给溧阳发展服务业带来一系列的制度障碍，使得一些本应落户溧阳的服务项目被迫截流。最后，我国部分服务行业存在限制进入和垄断经营的现象。目前金融、保险、电信、航运、公共事业、教育、文化、广电等行业垄断经营、管制经营、限制经营现象比较普遍，市场准入条件高。

四、空间锁定：不远不近的区位在一定程度上限制了服务业的快速发展

首先，尽管溧阳坐守太湖之西，衔接江苏与浙江，但在空间区位上可以说"前不着村、后不着店"，距上海、杭州200公里，距南京、苏州、张家港百余公里，四面八方距离大都市都在100公里以上，而且宁杭、扬溧等高速也刚通车不久，即便宁杭铁路开通后，溧阳通上了城际铁路，宜兴立体化交通运输优势仍是溧阳短期无法比拟的。从综合区位优势的各个项目看，溧阳的区位优势并不明显。

其次，溧阳与常州相距66公里，现两地之间通行仅靠省道239线，该线路设计车速每小时100公里，但在实际运行过程中，由于沿线村镇多、岔路多、车辆多，致使交通事故频发，全线最高限速每小时80公里，局部路段限速每小时40—50公里，部分路段通行能力低下，车行两地一般需一个半小时甚至更长，这与长三角地区发达的高速公路网是不适应的。当然，这一状况将随着常溧高速的修建而改善。

第三，溧阳自身人口规模和消费水平有限，与同处长三角地区又毗邻一个超大规模消费市场的太仓、昆山相比，"不远不近"的距离在很大程度上限制了生活性和生产性服务业的快速发展。人们通勤和购物的心理距离往往在1小时都市圈之内，而且越近越好，况且溧阳距离最新的大都市南京自身的发展仍处于发展要素不断极化的过程中，这也制约了溧阳现代服务部门的发展。

第三节 自身发展的优势和机遇

一、自身优势

"旅游"是溧阳城市的最大特色，工贸是溧阳产业的突出表现，

"活力"是溧阳的主要象征,山水是溧阳的自然条件,充分用好溧阳拥有的比较优势,对于服务经济发展具有战略意义。

1. 丰富的资源优势

溧阳发展服务业,具备以下几个要素优势:一是可开发的旅游资源,包括生态旅游、文化旅游、红色旅游、水乡旅游、农庄旅游等;二是历史文化资源,包括瓦屋山及佛教文化;三是近水楼台的智力资源,身处长三角、特别是南京——江苏省的政治、经济、文化、科技中心,高校和科研单位荟萃;四是土地资源,与其他苏南发达的县市相比,溧阳尚有一定土地和空间可供高起点规划、高标准建设、高质量运营;五是水资源优势,滨水亲湖、河道广布,为旅游、休闲、运输、水产等提供便利。当然,溧阳还拥有遍及全国的溧阳建安业——社会网络资源和企业家精神。

一个城市经济发展最根本的是要挖掘城市独有的精神文化特质,凸显城市个性特征。"敢于开拓、勇于创新"是溧阳人精神的精髓,也是溧阳发展最重要的动力。溧阳完全可以依托深厚的文化底蕴,积极进取的创业与创新精神,提升文化"软实力",助推经济"硬实力"。

2. 优美的山水生态优势

良好的自然生态环境是宜居、宜商必备的首要特征。溧阳亲山、亲水、亲绿、亲阳光,平原向山区的过渡,是天然的生态屏障,为建设山水城市,提供生态服务提供了天然的基础。

溧阳山清水秀,生态优美,人文荟萃,有"山水绝佳天目湖,感恩信义溧阳城"之美名。溧阳地处长江三角洲中部,位于苏浙皖三省交界处,有"三省通衢"之美誉,是久负盛名的"鱼米之乡、茶乡和茧丝绸之乡"。溧阳境内地貌由低山、丘陵和平原构成,素有"三山一水六分田"之称。三面环山,地形起伏,河网密布,湖泊和水库众多,自然条件得天独厚。独特的地形地貌,是"上苍"赋予溧阳人民的宝贵财富。丘陵与圩区共枕,青山与秀水相绕。宜农、宜林、宜养、宜憩、宜居,是发展"三品"的风水宝地。

溧阳全市大气环境质量良好天数始终保持在全年天数的93%以上,天目湖的水质一直保持在Ⅱ类,整个城乡面貌比以前更清洁、更漂亮。天目湖湖水清冽,水质纯清。群山环抱,峰峦绵亘。湖边岸线环弯曲绕,蜿蜒伸向茫茫苍山之中。泛舟湖中,彩帆点点,山环水复,波光粼粼。远眺流水飞瀑,悬崖披绿,松涛竹海,禽飞兽走,景色天成。无数事实说明,山水兼备的地方是人们的心灵神往的精神家园,为发展旅游提供了大好条件和优势。

3. 突出的品牌优势

品牌资源是城市发展的重要名片,也是城市形象的重要依托。溧阳已连续4年荣获《福布斯》中国大陆最佳商业城市,拥有一系列的城市品牌、商贸品牌、旅游品牌、产业品牌、企业品牌,具有多元化、多层次的品牌优势。

从城市品牌来看,溧阳拥有十大名片:一是政治名片,即新四军江南指挥部;二是经济名片,即生态循环经济;三是文化名片,即孟郊与《游子吟》;四是历史名片,即人类发祥地;五是民俗名片,即跳幡神;六是人物名片,即史贞女与伍子胥;七是美食名片,即天目湖砂锅鱼头;八是观光名片,即天目湖、南山竹海和瓦屋山;九是物产名片,即天目湖绿色食品;十是地域名片,即苏浙皖三省通衢。目前,天目湖品牌的旗舰作用已经显现,激发出连锁效应,在溧阳经济发展中的地位可谓"一柱擎天"。"国家卫生城市、国家环保模范城市、中国优秀旅游城市、全国生态示范区、全国科技进步先进市、中国特色魅力城市"等荣誉称号都已印上溧阳的靓丽名片。

农业方面,溧阳是著名的"鱼米之乡",素有"丝府茶城"之誉,先后被列为全国"商品粮基地县(市)"、"油菜子生产百强县(市)"、"全国丘陵山区开发示范县(市)"。天目湖白茶被人民大会堂选为特供茶,天目湖砂锅鱼头通过国家原产地标记注册。2005年溧阳白芹作为地方特色蔬菜被选为国宴菜肴,2006年又获得中华人民共和国原产地证明商标。南山寿眉、前峰雪莲、沙河桂茗、水西翠柏、太湖白云等一批名茶,集溧阳茶叶精华,融传统手工和现代技术于一体,成为中国茶中珍品。近年来先后有100多种茶叶在省级以上名特优茶评比中获奖。溧阳被评为"全国无公害茶生产示范基地县(市)",获"中国茶叶发展政府贡献奖"。迄今溧阳已成功举办了十届"中国溧阳茶叶节"。

工业方面,溧阳拥有国家级高新技术企业8家,省级高新技术企业26家,高新技术产品161只。溧阳拥有中国名牌产品3只,江苏省名牌产品15只,国家免检产品11只,中国驰名商标3只,江苏省著名商标 11 只。溧阳市也是江苏省政府首批命名的"建筑之乡",建筑安装业历史悠久,高大工程、设备安装、电梯安装、锅炉安装、煤气安装等技术力量雄厚,素有"吊装之乡"的美称。

这些丰富的品牌资源一旦得到良好的整合,将对溧阳发展服务经济起到巨大的推动作用,增加溧阳的城市美誉度,提升人们对溧阳的发展预期,使溧阳建成辐射面广、聚集力强、美誉度高的"品牌城市"。

4. 显著的地缘优势

溧阳地处中国经济增长最快、人口最密集、工业基础最雄厚、科教事业最发达的长江三角洲的几何中心,地处上海、苏锡常和南京三大经济圈的交汇处,又地处苏浙皖交界处,素有"鸡鸣醒三省"之说。

以溧阳为圆心 200 公里半径范围内覆盖了上海、南京、杭州、合肥、苏州、无锡、常州等 150 多个城市,有近 2 亿人口,聚集了全国最庞大的、最有消费能力的群体。将溧阳苏浙皖"几何中心"优势转化为"经济中心"优势,顺应区域一体化优势,将是溧阳未来经济发展新的增长点。

从宏观区域看,溧阳位于以南京、杭州为首的两大都市圈之间,是联系两大都市圈的重要节点,有成为新的高等级中心地的潜在机会,进而可以扩大服务范围,发展相对高端的现代服务业,实现服务业规模发展。预计沿线的溧阳、宜兴和湖州等地将加速发展壮大,进一步接轨上海,组成继沪宁沿线之后又一条放大上海能量的节点式宁杭城市发展带,这将进一步突显溧阳的枢纽地位,扩大溧阳的潜在腹地。

5. 潜在的后发优势

改革开放以来,苏南地区社会经济发展虽取得了长足的进步,但近年来也面临着很多严峻的问题和挑战,突出表现为"四大压力"。一是人口压力,过量的外来人口给城市基础设施和公共服务带来巨大压力;二是环境压力,目前一些地区水、大气环境已处于临界状态,给经济发展和生态环境带来巨大压力;三是资源压力,当前的计划用地越来越少,发展空间捉襟见肘,加上水、电、气等能源供应日趋紧张,给经济可持续发展带来巨大压力;四是社会压力,剧增的人口,增加了影响治安的消极因素,给社会治安和社会发展带来巨大压力。

相对而言,溧阳的"四大压力"要轻一些,并尚有较多宝贵的土地资源、自然环境资源、乡村生态资源,很多方面并未完全受到大规模工业化的涤荡,这为发展别具特色的现代服务业创造了条件。同时,现有工业优势、农业优势,也有利于三次产业融合发展,使溧阳在长三角发展升级的新一轮竞争中拥有后发优势,实现经济全面、协调可持续发展。

二、重大机遇

溧阳的发展面临着"宁杭城市群"崛起以及地区城市化和工业化加速带来的两大独特机遇。

1."宁杭城市带"的崛起

长三角以沪为主、宁杭为辅形成了沪宁、沪杭、宁杭三大城市发展轴,由于沪宁、沪杭两轴上基础设施完善,城市化和现代化水平较高,空间上凸显出"之"字形格局。随着其土地资源约束的日趋明显,宁杭高铁的建设成为空间广阔、资源丰富、可持续发展潜力巨大的"宁杭城市带"崛起的强大动力,从而使长三角形的空间格局由"之"字形向网络化转变。

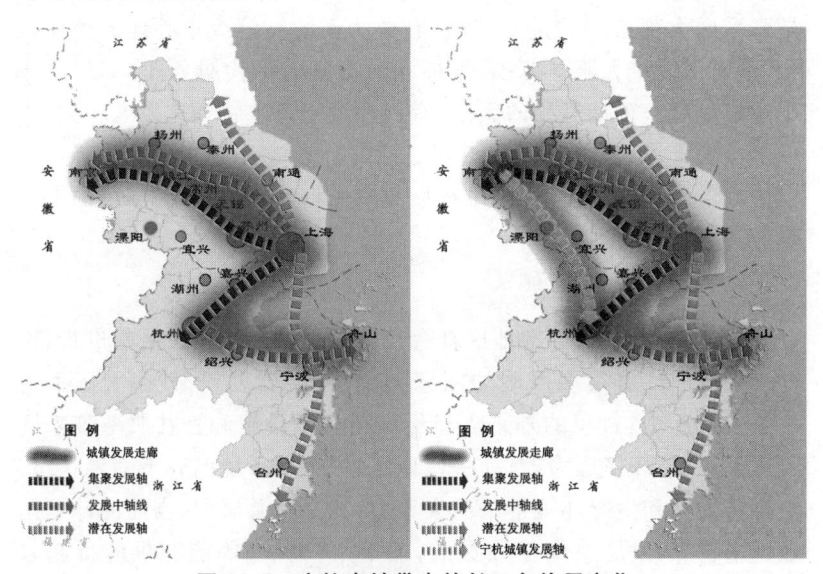

图 11-7 宁杭高铁带来的长三角格局变化

"宁杭城市带"的崛起将为浙江民间资本的北上、南京科技力量的南下,打开新的通道。二者的融合,必将提高民间资本的技术创新能力和高新技术产业的投资比重,这既是"宁杭城市带"发展的一大特色,也是"宁杭城市带"崛起的根本动力之一。

"宁杭城市带"现有城市有南京、句容、溧水、高淳、溧阳、宜兴、长兴、安吉、湖州、德清和杭州。"宁杭城市带"发展的战略目标是要建立"以两个超特大城市为主导,九个大中城市为主体,一大批小城市为基础,大中小城市协调发展"的现代化城市带。这九个大中城市构成"宁杭城市带"的主体。宁杭沿线区域重点中心镇要发展成为品牌突出、个性鲜明、功能独特、经济发达的小城市,这些小城市上接大中城市,下联广阔农村,覆盖整个宁杭线区域,为宁杭城市带发展奠定坚实基础。

表 11-2 溧阳及周边县市的资源特点比较

城市	资源特点	上层次规划中的定位	规划远期 2020 年	
			城市性质	城市规模
溧阳市	以山水旅游资源为特色,包括天目湖度假区、南山竹海等著名风景区,农业以水产养殖、山区生态农业为特色	苏锡常都市圈重要的生态开敞空间和休闲度假区,发展跨省贸易的主要区域	长三角具有山水特色的生态旅游城市,苏浙皖边界地区商贸城市	40 万人
金坛市	以盐矿、桑蚕、长荡湖水产养殖等矿产资源和农业资源及茅山道教文化和山水旅游为特色	苏锡常都市圈城镇发展的生态开敞空间	江苏省服装名城,以高新技术为导向、以资源为依托的新兴工业城市	24 万人
宜兴市	生态环境优势,濒临太湖的旅游资源优势和三省交界处的边贸优势	苏锡常都市圈重要的生态开敞空间,与溧阳城市发展相协调,形成一个具有跨省域影响的城市功能组团	我国著名陶都、长江三角洲生态旅游城市,苏浙皖三省交界地区重要的工业和商贸城市	60 万人

续表

城市	资源特点	上层次规划中的定位	规划远期2020年	
			城市性质	城市规模
句容市	以茅山独特的自然风景和传统道教文化为基础,发展自然风光旅游和宗教文化旅游	南京至句容并延伸到苏锡常都市圈环太湖地区旅游通道重要组成部分,南京都市圈休闲旅游和生态旅游重要旅游目的地	以轻工业为主导,旅游服务业为特色的现代化中等城市	28万人
溧水县	百里秦淮之源头,境内山清水秀,历史古迹较多,旅游资源丰富。具有发展都市型农业和接受南京主城辐射的优势条件	南京南北向发展轴上的新城、南京外向经济中新的聚集区	南京市南部新城,重要的制造业基地,以秦淮之源风光旅游为特色的新兴城市	20万人

资料来源:周海、戴军、曹建丰:《宁杭高速公路沿线城市前景发展研究——以溧阳市为例》,《江苏城市规划》2006年第2期第19页,总第135期。

宁杭沿线生态环境优势明显,是长三角地区重要的生态环境资源。因此,宁杭城市带的建设会脱离高密度、连成片的城市带,而是强调以集中发展中心城区为主,控制城镇沿宁杭线蔓延,防止对生态环境的破坏。因此,宁杭城市"带"是以生态屏障和城市相互间隔而形成的"串"状空间形态。随着经济的发展和人民生活水平的逐步提高,旅游度假休闲将成为增长最快的消费热点。

作为宁杭城市带的第二大城市,宁杭高铁上的重要节点,南京、苏锡常和杭州三大都市圈的交汇点。首先,空间格局的变革和宁杭城市带的崛起,使溧阳摆脱了被沪宁、沪杭两大发展轴及新一轮沿海化发展而边缘化的不均衡局面,成为长三角核心区与泛长三角区域联系的重要门户和民间资本投资创新的重要节点。其次,溧阳地处苏浙皖三省交界,连贯东西,拥有广大的经济腹地。这些对于溧阳实现从腹地向门户的转化意义重大。第三,溧阳作为整个苏南地区生态环境保护最好的地区,这一优势将会伴随旅游度假休闲的发展而不断凸现。

2. 城市化与工业化带来的机遇

近年来,溧阳显示出了后发地区强劲的爆发力。2005—2008年,溧阳GDP增速都高于丹阳、宜兴10个百分点以上,地方一般预算收入增速高于丹阳、宜兴19个百分点,全社会固定资产投资增速高于丹阳、宜兴38个百分点,这些都直接导致了溧阳在诸多指标上位次的前移,呈现出城市化与工业化快速发展的强劲势头。

首先,城市化加速人口集聚,消费潜力将大大提升。一是"十二五"期间将完成建设的宁杭高铁等大型区域性交通基础设施的建设,将促进溧阳发展成为苏浙皖三省交界的商贸中心和具有山水特色的旅游城市,从而扩大溧阳的经济腹地。二是溧阳的发展要协调与周边的金坛、宜兴、溧水、高淳及安徽省邻近地区的各城市间发展关系,为宁杭都市圈的崛起扩大辐射面。三是随着居民收入水平的不断增加,溧阳的城乡居民消费水平也将不断提高,为溧阳的商贸流通业开发市场需求拓宽了新的空间。

其次,工业化夯实产业发展基础,使生产和生活性的商贸服务都面临巨大需求。未来溧阳将努力提升和壮大支柱产业,向可持续工业道路发展;加快农业结构调整,推进农业产业化经营和现代化进程;发挥苏浙皖三省交界的区位优势和旅游资源优势,大力发展规模化商贸企业、专业市场和休闲度假旅游业等,提高服务业整体发展水平;加大基础设施、城市规划的投入和建设,将改变人们对于溧阳的发展预期,从而为城市化与工业化带来重大机遇。

第四节 发展思路、战略、框架与空间布局

一、发展思路

1. 围绕"长三角的山水乐园、苏浙皖的财智新城"这个愿景

溧阳必须要有国际视角和长远眼光,站在长三角和上海建设国际城市发展战略的高度,跳出资源导向的传统思维方式,建立市场导向和战略导向的理念,发展以效率为导向的城市企业主义,追求经济增长和财富积累的"快经济",和以品质为导向的福利主义,追求全民

福祉与城市品质提高的"慢经济",坚持生产性、生活性服务产业并举的发展方向,为企业、居民和政府等各类消费者创造世界级的区域价值和利益,实现服务业的整体跨越。

2. 紧紧抓住"创业富民、服务现代化"两条主线

溧阳服务业的发展要从需求和供给两个方面着手,打破供需的低水平均衡,从贫困的恶性循环中升级出来。以"创业富民"作为增加人民收入,扩大需求的突破口,以"服务现代化"作为提高服务业供给水准,促进消费的途径。溧阳的服务业发展的瓶颈在于有效需求不足。培育本地有效需求的重要途径之一就是"创业富民",大力发展本地的中小企业,壮大中产阶级群体,逐步形成"藏富于民,消费本地"的态势。同时提高溧阳的服务业现代化程度,促进溧阳服务品质的提升,亦可带动旅游群体的消费升级,重点培育本地和外来的有效消费需求。

3. 弘扬"创业与创新、生态与休闲、低碳与田园"三种文化

文化是一个地区持续发展的动力,它对于地区的发展有导向效应、激励效应和凝聚效应,溧阳需要适应时代要求、体现时代精神、引领时代潮流的先进文化来推动新思维的酝酿和新事物的诞生,从而引导社会经济向着创新、生态、低碳等方向发展。溧阳未来以创业与创新文化拉动经济,以生态与休闲文化打响城市品牌,以低碳与田园文化创造宜居家园,弘扬三种文化,达成各界共识,激发创造热情,增强社会凝聚力,最终实现溧阳服务业及社会经济的更好更快发展。

4. 重点面向"创业者、投资者、旅游者、居住者"四个服务群体

长三角的大部分城市在工业化的开放开发过程中消耗了其城市的生态价值,溧阳的发展可以通过实施以提升城市品质为目标的生态经济战略,打造长三角的山水乐园,吸引创业投资、休闲旅游的外来人士,同时为本地居民提供生态的宜居服务。通过为创业者、投资者、旅游者提供有品质的服务来吸引投资消费群体,通过创立宜居的生态服务环境来留住高端人士,从长远发展战略上打造重点面向"创业者、投资者、旅游者、居住者"四个群体的优质服务平台。

二、积极实施五大战略

合作共赢、理性增长、和谐发展是今天发展的主旋律。要加快构

建与溧阳市发展相适应的服务经济体系,通过实施以旅游休闲等产业群为基础的"集聚发展"战略,以做强物流和专业市场为主的"流通先导"战略,以人才、科技、知识为依托的"创新引领"战略,以扶植本地中小企业为主的"需求培育"战略,以区域化与中心化联动并举的"城市营销"战略等五大战略,促进第三产业要素的重新组合与合理配置,实现双向互动的区域经济发展和社会进步。

1. 以旅游休闲等产业群为基础的"集聚发展"战略

溧阳要以现有的旅游休闲等优势产业群为基础,通过政府引导、市场调节,实现各类要素的有效集聚、优化配置、联动发展,逐步建立天目湖休闲度假区、天目湖生态商务区、瓦屋山旅游观光区、长荡湖综合服务区、溧阳古城服务集聚区、溧阳文化体验集聚区、城西商务服务区、苏浙皖边界市场、燕山创业创新服务区、苏浙皖物流中心、宁杭高铁高速枢纽经济区等服务业集聚区,实现溧阳服务业发展的规模经济、空间集聚和理性成长。

2. 以做强专业市场和物流为主的"流通先导"战略

现代流通已经成为经济运行的先导,市场经济越发达,流通的地位越重要。流通生产力的发展,在开拓本地市场,扩大区域市场份额中发挥着先导性的作用,带动着地区的产业结构、产品结构,企业治理结构以及组织化形式的不断调整、优化和升级。对于溧阳来说,以做强专业市场和物流为主的"流通先导"战略是扩大有效需求,实现商品货物向溧阳的集聚和对外的辐射,推动经济又好又快发展的关键。

3. 以人才、科技和知识为依托的"创新引领"战略

创新引领是国家战略,亦是一个区域的经济高速健康发展的永续动力,创新的关键是人才,创新的基础在科技,重点挖掘溧阳的科技优势资源,科学精神和人文精神相互结合,加强区域创新体系建设,优先发展研发设计、科技服务、专利事务、产权交易、人才中介、教育培训等价值增值的高端环节,鼓励技术创新和管理创新,在产业链分工的"微笑曲线"中抢占有利位置,打造若干优势生产性服务产业链,形成一批服务产业集群。

4. 以扶植本地中小企业为主的"需求培育"战略

发展服务业需要规模经济和强大的本地和外地需求。溧阳要在

培育有效需求上做大文章，下大工夫，特别是在未来一段时期。培育本地有效需求的重要途径之一就是建设创业型城市，大力发展本地的中小企业，壮大消费群体，吸引外部中高收入人群到溧阳消费和投资。通过鼓励民营企业家来溧阳投资创业，扶植具有根植性的中小企业的快速发展，大型专业市场的建立，以及大企业的再投资于本地等途径，不断增强更多数溧阳人的购买力，并促进溧阳服务品质的提升。

5. 以区域化与中心化联动并举的"城市营销"战略

溧阳经济发展不可能长期建立在劳动和自然资源投入增加的基础上，现代经济发展已经进入了以品牌创建和品牌营销为核心的发展阶段。溧阳必须要有国际视角和长远眼光，跳出生产导向和产品导向的传统思维方式，建立服务导向和营销导向的理念，展示溧阳未来发展愿景，内蓄做强品牌，外张做响品牌，通过高层次、大事件、大活动、多渠道，主动地营销城市特色，构筑溧阳区域品牌，增进地区美誉度，实现区域资源优化配置，分享常州以及苏南地区消费、技术、信息、知识等的外溢效应，努力挖掘本地资源，突显地方个性，为企业、居民和政府等各类消费者创造高品质的区域价值和利益，实现服务业的整体跨越。

三、产业总体部署

1. 明确主导方向

现代区域经济的发展，首先是区域主导产业的成长。主导产业是发展速度快、在产业结构系统中起引导带动作用，对国民经济增长贡献大的产业，决定着一个城市和区域产业结构未来发展的方向和模式，决定着整个区域经济体系的形成与演化。就溧阳市而言，生产性服务业相对缺乏且不成规模，公共性服务业与溧阳经济发展还不相适应。因此，要加快形成生产性服务业和生活性服务业两轮驱动、公共性服务业作为基础和支撑的产业发展格局。

2. 产业发展构想

根据溧阳市的性质、功能定位和资源禀赋，着眼于消费结构升级和发展潜力，结合全市服务业发展基础和产业技术条件，进一步提高服务业的比重和发展水平，从重要性、迫切性两个角度，考虑市场需求、经济效益、发展速度、比较优势、产业关联、产业规模、技术进步,着眼于与上海市、苏州市区及其他地域之间的产业分工协作关系,注意协调与长三角经济圈等高一级地区产业发展战略之间的关系,重视区域社会经济以及生态环境的可持续发展,依照做强战略产业,夯实基础服务,培育新兴领域等构想,形成四大服务产业集群:

旅游与文化产业群:以现有的"两山两湖"旅游产业规模和溧阳文化产业为基础,树立"大旅游、大产业"的观念,继续做大做强旅游与文化产业群,提升旅游产品的品质,挖掘文化产业的价值,扩大旅游市场的范围,重视文化内涵建设,成就溧阳为具有区域竞争力的旅游强市。

商贸与流通服务产业群:提升商业业态,完善商业体系,合理优化布局,重点发展专业市场,培育特色商业的发展。尝试逐步剥离物流业实现专业化发展,引进第三方物流,发展专业化、信息化、体系化、网络化的物流服务,加强商贸与流通服务产业群的发展。

创业、创新与商务服务产业群:通过扶植中小企业的发展,吸引企业家、科技人才来溧阳投资创业,鼓励创新型产业发展等途径,发展壮大溧阳创业与创新服务产业群。发展科技服务、研发服务、信息服务、会展服务、总部服务等产业,打造溧阳成为能集聚创新要素的城市。

民生与公共服务产业群:在关乎民生问题的教育、医疗、居住、就业、交通和群众体育等方面加大投入,统筹城乡公共资源分布,为打造国际化宜居城市提供民生与公共服务保障。

四、空间布局导向

抓住未来的重要发展机遇,按照"产业集聚、布局集中、资源集约"的原则,坚持"有所为,有所不为"的方针,根据宏观环境转变和总体发展目标,结合溧阳区域资源禀赋条件,通过产业、土地、财政、金融以及投资等相关政策的引导,吸引人气、集聚商气,大力实施"南进北拓、东西延伸"的战略布局,全市从总体上实施"两条主轴、三个核心、四大区域和一个网络"的总体空间布局,实现区域整体崛起,促进制造业和服务业两轮驱动的经济格局。

1. 立足两大服务业发展主轴

未来溧阳城市的发展将呈现两大特征:一是即将建成通车的宁

杭高铁与正在使用的宁杭高速一起构成城市发展的重要区域；二是按照土地资源和城市的发展趋势，中心城区必将向南发展，逐步与天目湖融为一体。

通过"强化主轴、点轴发展"，形成特色突出、分工明确、发展均衡的两大服务发展主轴，即以宁杭高速和宁杭高铁一线为横轴，以常溧高速，经西大街至天目湖一线为纵轴，这两条主轴线构成了未来溧阳服务经济的空间脊梁。

2. 三大引领城市发展的核心组团

加强溧阳服务功能优化、产业提升和环境美化，突出发展以组团发展为重点的策略，充分发挥"核心"在产业集聚中的关键作用，促使其成为服务本地、走向苏浙皖的城市服务职能中心。

团城组团是溧阳的历史文化中心和商业贸易中心区域，燕山组团是溧阳新城建设和创业创新发展的中心区域，天目湖组团是现代休闲与商务服务业发展的核心区域，此三个组团共同构成引领溧阳服务业发展的核心区域。

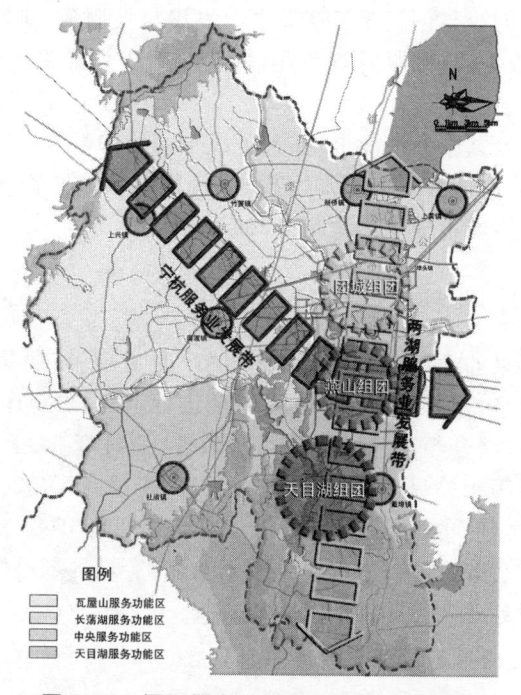

图 11-8　溧阳服务业发展总体布局示意图

3. 四个承载产业发展的功能区域

充分发挥溧阳各区域在全市服务业总体发展中承载的不同功能，发挥各自的比较优势，避免盲目发展、无序竞争所造成的资源浪费和效能抵消，加强对各区域服务经济发展的分类指导，促进城市总体功能的优化和溧阳经济社会的可持续发展，遵循"产业集聚、布局集中、资源集约"的原则，将溧阳全市服务经济从总体上划分为四大功能区域。

中央服务功能区：以溧城镇为重点，承载都市各项服务功能，是溧阳发展的核心区域。

天目湖服务功能区：天目湖镇、戴埠镇、社渚镇。承载旅游休闲产业、现代服务业和未来城市发展预留空间的功能。

长荡湖服务功能区：上黄镇、埭头镇、别桥镇。承载生态经济功能，围绕长荡湖水体，科学发展体验休闲、水产市场等产业。

瓦屋山服务功能区：上兴镇、竹箦镇、南渡镇。围绕宁杭高铁和宁杭高速的出口以及104国道和禄口机场等大的交通设施，发展道口经济，规划物流中心；围绕瓦屋山的开发，发展旅游度假服务产业。

4. 一个服务网络体系

在四大功能区的空间发展平台上，进一步研究各区的发展基础和外部条件，突出未来溧阳空间拓展的重点和趋势，最终构筑"多点轴"的网络关联均衡发展空间体系，形成由城市功能与产业集聚区、轴带、圈层、廊道所构成的空间网络，既承接核心功能区的辐射扩散效应，又承担功能与产业在空间上的相对集聚效应以及区域网络的互动关联作用，以实现服务区域上的相对均衡发展。

第五节　重点领域与主要任务

一、旅游与文化产业

（一）发展思路

溧阳文化与旅游业要从强调以效率为导向的"快经济"向强调以品质为导向的"慢经济"转型，打造"慢城、静界"，追求发展品质，通过转型增效、文旅协同、极核推进、体制驱动等战略途径，全面提升旅游与文化产业集群的产业结构、产品结构和空间结构,优化市场发展环境。

1. 转型增效

溧阳旅游的发展史主要是天目湖的旅游发展史。1992年以来,天目湖从一个名不见经传的"沙河水库"摇身转变为中国著名的旅游目的地,实现了从水库库区向旅游区"第一次转型"。其成功的关键,在于以江苏天目湖旅游股份有限公司为代表的溧阳旅游企业围绕渠道开发获取核心竞争优势。这在市场发展的特定阶段具有历史进步性,获得了巨大的成功。但是,当前这种"重视渠道建设,忽视产品转型与品质提升"开发模式的局限性逐渐显露,呈现比较显著的"4低"特征,即以"低"品质观光产品满足"低"端市场的需求,导致相对较"低"的经济效益和目的地形象的"低"评价。

溧阳旅游发展,出现了以"4低"开发模式为代表的"锁定效应",不断复制天目湖经验重复着的"昨天的故事",试图利用渠道优势,以复制第二个、第三个天目湖为目标,从南山竹海到瓦屋山和长荡湖,持续不断地开发新兴观光型景区,即使像御水温泉这样的休闲度假产品也被"观光式开发"了。近年来,随着上海、南京、杭州等外部领先市场需求的转变,随着休闲度假需求、商务会议需求、奖励旅游需求的兴起,随着市场对产品品质要求的提升,这种曾经为溧阳旅游带来辉煌的发展模式反而成为了产业升级的障碍。因此,溧阳旅游转型势在必行,转型需要痛下决心。溧阳必须坚定不移地打响"第二次战役",以建设中高端的山地湖泊休闲度假与会议旅游目的地为目标,努力实现第二次华丽转身。

"转型增效"意味着溧阳要从追求旅游接待规模向追求产品品质和综合经济效益转变,要从"以观光为主的模式"向"以会议与休闲度假为主、观光旅游为辅的模式"转变,要从以中低端观光市场为主的市场定位向以外部市场的领先需求为目标的市场定位转变。努力推动旅游产业的结构转型,内引外联,积极鼓励、调动各类资源向代表未来发展方向的旅游产业领域集聚。

"转型增效"意味着溧阳要重视城市形象管理,要以凸显地方文化和新时代的价值观为目标,通过城市CI导入、议题策划、事件策划、城市软硬环境提升等种种方式来吸引旅游者的关注,并以旅游者、媒体为传播媒介,塑造和传播一个具有高品质特征的山地湖泊旅游度假地的新形象。

2. 文旅协同

文化产业发展的本质就是赋予传统产业以特殊的符号价值,增值传统产品与服务,同时也在客观上提升了地区的品质。正如营销大师科特勒所言,产品本质上是满足消费者需求的核心利益。一个高明的商家、一个先进的地区,其向消费者或旅游者出售的是文化,而非简单的负载于物质产品之上的功能。因此,文化才是真正的产品。一旦传统产业被"文化化",旅游业、商业,乃至农业等也就变成为了文化产业。要认识到,溧阳文化产业发展的重中之重在于文化旅游,而区域旅游发展的持续竞争力则来源于地方文化。"文旅协同"要求溧阳积极推动文化产业与旅游业的协同进步,以文化支撑旅游,以旅游拉动文化,通过文化与旅游良性的、动态的、交互的作用,实现二者的共同发展。

"文旅协同"意味着"旅游及相关产业文化化"。溧阳发展文化产业绝非简单地发展表演、艺术等狭隘的文化事业,而是要积极推进多种产业的融合。旅游业是一个食、住、行、游、购、娱协同发展的产业群,文化与旅游的融合,需要向农业、商业、餐饮业等与溧阳旅游密切联系的相关产业融入文化元素,以文化改造传统产业,从而有效提升产品附加值。

"文旅协同"意味着溧阳应充分挖掘本地文化资源,包括茶文化、生态文化、古琴文化、长寿文化等,为旅游业及相关产业获取基于本土文化的差异化竞争优势。

"文旅协同"意味着溧阳应主动响应人类价值观的新变化以及文化发展的新趋势,积极发展生态文化、时尚文化,积极引进能满足会议与度假旅游者需求的高端文化产业业态,积极承接具有全球影响力的会议与论坛。

3. 极核推进

极核推进要求溧阳选择发展潜力大、市场前景好、带动力强的内部细分旅游目的地进行相对集中投入,培育内部增长极核,以保障旅游资源配置,带动整体旅游的发展。

在极核的选择上,溧阳必须坚定不移地聚焦天目湖,要充分发挥天目湖作为全市旅游发展极核的带动作用。溧阳当前提出的"两山两湖"的旅游发展思路,即在天目湖山水园和南山竹海景区开发的基础上,重点推进瓦屋山和长荡湖的开发。这是典型的观光型目的地的发展路径。区域经济发展的理论和实践都表明,一个大型度假地在成长过程中就如同一个巨大的水泵,需要大规模集聚各类生产要素。当前分散开发的模式不利于天目湖进一步成长为一个度假型旅游目的地。天目湖旅游发展的层次将决定溧阳旅游的发展层次,天目湖旅游发展受限也意味着溧阳旅游发展受限。

因此,当前溧阳旅游发展在空间战略上应积极响应旅游产业结构转型的趋势,重点推进天目湖休闲度假与会议奖励旅游的开发,在未来一段时期将天目湖旅游度假区作为重中之重加以推进,努力将其打造成"东方科莫湖"。瓦屋山和长荡湖在发展观光旅游的同时,要将其中的重要地块作为溧阳未来休闲度假旅游后续发展的战略储备空间。

4. 体制驱动

一个地区的发展活力源于不同生产要素的有效配置与组合,而体制创新的任务就是要为其创造激励基础。体制创新为溧阳旅游的发展带来了巨大的活力。尽管产权变革的过程存在争议,但江苏天目湖旅游股份有限公司对溧阳旅游的促进作用不可忽视;而溧阳旅游的另一个亮点——乡村旅游的兴起在很大程度上得益于"反租倒包"模式的成功应用,这直接促使了产业资本、农村土地和劳动力的结合,为溧阳产业资本回流本地、流向旅游业和反哺农业创造了可能。未来一段时期,溧阳旅游业的发展需要文化产业的支持,需要外部力量的介入,这些都需要溧阳在制度创新上秉承优势,开拓创新,勇于实践,为文化产业的发展和外部资源的介入创造条件。

体制驱动意味着溧阳为旅游与文化产业的发展创造竞争性市场环境。资源的独占性决定了旅游业常常处于垄断开发的状态,政府应有意识地引入多元化的开发主体,避免一家独大状态的形成。这在天目湖周边地区的旅游开发上尤为重要。

体制驱动意味着深化体制改革,突出市场地位。溧阳要努力在广电、宣传、文化等领域推进体制改革。文化企业要逐渐取代文化事业单位成为文化市场主体,探索建立多种所有制形式共同发展的现代文化产业格局,进一步增强文化产业的发展动力。

体制驱动意味着溧阳积极建立"官产学民媒互动的伙伴关系"。

大市场、大社会的模式有利于溧阳引入外部发展力量,溧阳应积极与大型旅游地产开发商、酒店管理集团、会展公司合作,如华侨城集团、安博思集团等,以实现协作共赢。政府应鼓励创业,通过有效搭建公共服务平台提供技术指导、金融支持与信息服务,积极鼓励在旅游营销等领域建立各种形式的产业合作体。政府应以引入市场竞争主体、培育市场竞争主体和藏富于民为己任。

体制驱动意味着溧阳积极发展基于社区的旅游。"文化就在巷子里",非物质文化遗产存在于社区中,点子创意存在于老百姓的脑子里,以文化改造旅游及相关产业需要发展基于社区的旅游。溧阳可积极尝试以农庄旅游带动乡村社区旅游的模式。

(二)总体目标

未来溧阳旅游在发展方向上有两个选择:第一,向高端观光旅游地转变,其榜样就是杭州西湖;第二,向高端休闲度假和会议奖励旅游地转变,其榜样就是中欧论坛的举办地——意大利的科莫湖、达沃斯论坛的举办地——瑞士的达沃斯。杭州作为一个世界级的旅游目的地,其成功很大程度上源于西湖深厚的历史文化底蕴,而这正是溧阳所不及的。显然,第一条路径不适合溧阳的发展。因此向高端的休闲度假和会议奖励旅游地转变是溧阳的合理选择。

以溧阳山水城市为依托,以中欧论坛的举办为契机,以文旅协同进步为目标,面向长江三角洲地区的领先需求,通过"东方科莫湖"的品牌打造,将溧阳建设成为以会议奖励旅游、休闲度假、商务交流为核心方向,以观光旅游、农庄休闲、红色旅游为重要支持的多元化和品质化的山地湖泊型旅游度假地、长江三角洲地区重要的度假型会议重镇,以及生态文化、休闲文化、民俗文化相交融的特色文化名城。

(三)空间布局导向

溧阳旅游与文化产业的发展应积极构建"1141"空间发展格局,即一个发展极核、一个旅游交通枢纽、四大旅游区以及一张乡村旅游网络。

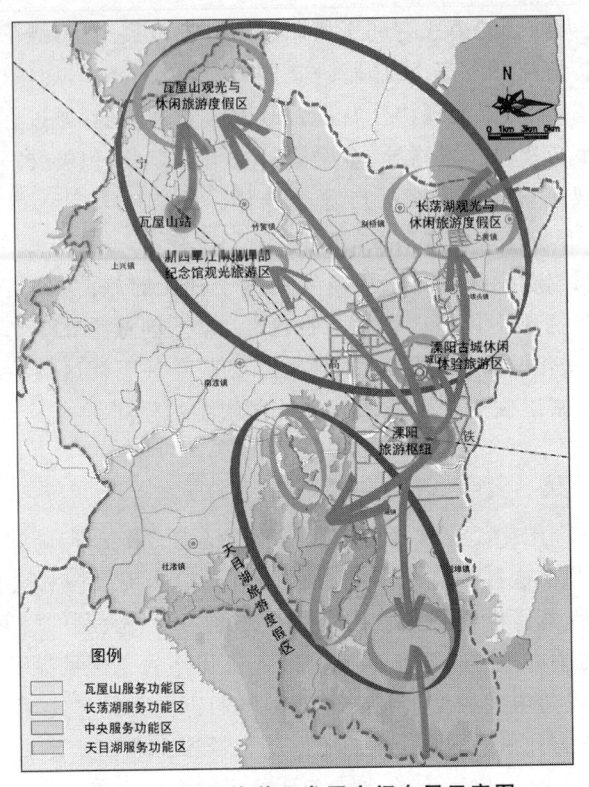

图 11-9　溧阳旅游业发展空间布局示意图

1. 着重发展天目湖休闲度假旅游

天目湖在休闲旅游的开发上,应着重坚持两大方向:第一,新产品开发,重点发展户外游憩、第二居所、温泉度假、休闲购物等4S产品;第二,新空间拓展,充分结合天目湖新镇开发,有序启动天目二湖(大溪水库)的旅游开发。

(1) "4S"休闲度假产品

"4S"休闲度假旅游即"Sport"——户外游憩、"Second House"——第二居所、"Spring"——温泉度假、"Shopping"——休闲购物。打造天目湖"4S"休闲度假旅游品牌,是对长江三角洲地区休闲度假旅游需求的领先适应,势必加快溧阳旅游业新一轮的增长,促进旅游产业结构升级,进一步提升城市品质。天目湖观光旅游的发展为"4S"休闲度假旅游发展建立了通达的渠道网络,打下了良好的市场基础。因此,溧阳旅游未来发展,应在保持观光旅游稳步增长的条件下,重点拓展"4S"休闲度假旅游,以新产品开拓传统市场,开创溧阳旅游新局面。

"Sport"——户外游憩。天目湖周边山地以丘陵为主,环境优美,户外空间广阔。长三角地区的领先需求为溧阳开展户外游憩与休闲运动提供了重要的市场条件。基于水源地保护的考虑,天目湖应严格限制水上运动,重点发展山地休闲运动,以充分展现溧阳旅游动感时尚的形象。在山地运动的开发上,应积极建设如环湖自行车道、自驾车营地、拓展运动营地、动力伞等山地游憩与休闲运动基础设施,为开展户外游憩活动提供保障,并开展相应的体育赛事,以增强目的地吸引力,提高知名度,努力将天目湖打造为户外游憩与山地休闲运动中心。

"Second House"——第二居所。发展第二居所,有助于创造城市新的亮点,引进高端消费群体,推动城市品质提升。在不影响水源保护和景观格局的条件下,可在天目湖适当开发环境优美、容积率较低、形式多样的第二居所,如联排别墅、叠加别墅、小户型公寓以及分时度假酒店公寓等。

"Spring"——温泉度假。在现有"御水温泉"的基础上,建设金山温泉 SPA 村,打造溧阳温泉旅游新品牌,力争成为长三角温泉旅游的首选目的地。

"Shopping"——休闲购物。休闲购物的发展应积极体现"三化"方向。一是业态多样化。以天目湖新镇为依托,引进折扣店、文艺片剧院、精品店、酒吧、咖啡馆、特色餐饮、主题酒店等新业态,营造多种业态交织的休闲商业氛围,形成商业、旅游业、文化产业等多产业联动发展的局面。二是传统农业和手工业制品的商品化。充分利用土特产资源,实现土特产资源商品化开发,如自制自酿产品、手工艺品等,以凸显精工细作的"慢文化"个性。三是休闲旅游商品的时尚化。充分挖掘当地文化特色,对传统产品进行时尚化包装,实现现代与传统的完美融合。

(2)新空间的拓展

未来一段时期,应积极拓展休闲旅游发展的新空间,充分结合天目湖新镇的开发,有序启动天目二湖(大溪水库)的开发。新空间拓展的重点包括:一是大溪水库与十里长山间约 10 平方公里的区域。可考虑引进大型品牌旅游开发商,结合高品质的生态环境,建设以低碳化、休闲化为特征的主题公园及度假村。二是金山温泉。三是天目湖新镇。结合新城镇建设,围绕会议与奖励旅游、休闲度假旅游重点配套会议、住宿、休闲娱乐、特色餐饮、旅游购物等设施。

2. 积极发展生态农庄休闲游

步入后工业时代,具有"乡土性"的农庄日益受到休闲旅游市场的青睐。溧阳农庄旅游要积极响应国家"低碳"发展的号召,通过时尚包装、主题演绎以及协作发展,创造旅游发展新契机。

(1) 低碳化发展

实现旅游业节能环保目标,促进旅游业持续健康发展,溧阳农庄旅游未来发展应导入低碳化发展模式。大力发展有机农场,实施低碳耕作,不仅为农业发展创造新机遇,也为旅游业发展打造新亮点。建设低碳民居,实践低碳生活方式,努力建成一批国家低碳旅游示范区,成为行业模范。

(2) 时尚化发展

时尚化是对高端市场领先需求的响应,是区域旅游产品获取差异化竞争优势的重要来源。国外发达国家或地区的实践表明,在工业化与城市化不断推进的条件下,农庄的"乡村性"和"生态化"是旅游产品时尚化发展的重要基础。例如日本的富田农场,通过种植时尚花卉,制作时尚化商品,借助影视传媒等成功地成为时尚浪漫的象征。时尚化是溧阳农庄旅游品质提升的新引擎,具体措施包括:

将时尚元素融入农庄旅游的餐饮环节:其一,餐饮时尚化——将时尚元素融入餐饮,提高传统餐饮附加值。其二,土菜精品化。打造溧阳土菜的品牌,培育更多如"天目湖砂锅鱼头"等土菜精品。其三,中餐西式化。开发诸如抹茶蛋糕、农庄奶茶、田园沙拉等餐饮产品,引进西餐自助模式,满足旅游者多样化的需求。其四,餐饮景观化。餐厅设计与选址应充分体现与自然相融合的原则实现餐饮景观化。

将时尚元素融入农庄旅游的购物环节:其一,积极研制开发自制香水精油、自酿蜂蜜、自酿葡萄酒、干燥花香包及室内装饰品等,为旅游者提供丰富的时尚化、情感化的旅游商品。其二,推动农场购物环境的时尚化改造,可考虑将某些商品的制作加工过程展示给旅游者,让旅游者亲手参与制作过程(DIY体验),增加购物趣味。

策划相关活动,传播农庄时尚形象:积极策划各类活动,把农庄打造为溧阳时尚新地标,如在农庄举办时尚新品发布会、DIY创意大赛、集体婚礼等。与各类文化企业积极合作，通过合作建设婚纱摄影基地、美术写生基地、影视外景地等方式，实现农庄功能的多元化、时尚化。

(3) 主题化发展

主题化是时尚化的落脚点，是形象树立的核心，是差异化的重要途径。因此，充分的主题演绎是溧阳乡村旅游成功的关键因素之一。主题演绎首先要强调个性。凸显农庄个性，需遵循"一村一品"的发展理念，深刻挖掘当地的文化、产业要素与环境特色，积极规避农庄间的同质化倾向以及在价格上的低水平竞争，形成一批各具魅力的生态农庄。为凸显个性，每个农庄应确立独立的、专属化的主题，通过主题演绎，将其贯穿于食、住、行、游、购、娱的各个环节。主题演绎应在细节上下工夫，应在演绎手段上做文章。结合时尚化发展要求，积极引进现代技术进行全方位的演绎。

(4) 协作化发展

乡村旅游的协作化发展就是要协调好农庄与农庄、农庄与政府、农庄与农村社区，以及农庄与其他旅游企业之间的关系，通过彼此协作，实现合作共赢。

首先，农庄与政府之间的协作包括：发挥公共职能，对乡村旅游的发展进行政策扶持和技术指导，为溧阳农庄间以及溧阳农庄与国内外其他农庄间搭建起交流平台。其次，农庄与农庄之间的协作包括：建立乡村旅游行业协会。行业协会的主要功能是搭建公共服务平台，协调各方利益，避免同质化竞争。同时，建立行业统一的营销网站——中国乡村旅游网，实施整体营销与规模化经营。第三，农庄与社区居民之间的协作：鼓励农庄支持和帮助周边农村社区开展农家乐等基于社区的旅游，这也是溧阳创业富民战略的重要承载之一。第四，农庄与溧阳其他旅游企业间的协作：与溧阳的主要景区、旅行社等开展合作，共享客源，共同开发旅游线路，丰富溧阳旅游产品

3. 大力发展会议与奖励旅游（MICE）

会议与奖励旅游经济效益高，能有效地带动地区商务活动的发展，也是提升地区知名度和美誉度的重要途径，代表了未来旅游发展的重要方向。溧阳天目湖具有发展会议与奖励旅游的资源与环境条件，同时长江三角洲地区经济的高速增长也为溧阳创造了巨大的会议与奖励旅游市场。因此，溧阳应充分运用各种营销与公关手段，积

极争取承办具有影响力的会议与论坛,吸引上海、南京企事业单位等组织在天目湖举办具有奖励性质的会议与旅游活动。

首先,培育、引进专业的会展服务公司。通过政策引导,积极培育或引进专业的会展服务公司,使之成为市场运作的主体,开辟溧阳发展会议与奖励旅游的新渠道。其次,发展多元化的会议与奖励旅游产品。溧阳已成功举办"中欧经济论坛"、第五届国际"一村一品"研讨会等大型国际会议。在此基础上,未来溧阳发展会议与奖励旅游应重点着眼于:一是聚焦国家乃至全球发展热点,主动联系各类国际组织、地区组织及国家相关部门,积极承办各类会议与论坛,如"中国低碳经济论坛"、"中国中学校长论坛"、"长三角地区合作发展联席会议"等,并努力使溧阳成为部分重要会议的永久举办地。二是充分挖掘本地文化,策划举办如"淳化阁帖国际书法论坛"、"中国古琴发展研讨会"等各类体现地方文化特色的会议与论坛。三是积极建立多元化渠道,通过与会展公司、旅行社等中介合作,开发上海、南京、苏州、杭州等地企事业单位的会议与奖励旅游市场。第三,更新与建设一批会议与奖励旅游设施。支持多元化的会议与奖励旅游产品的蓬勃发展,必须加快更新与建设一批会议与奖励旅游设施。基础设施的更新与建设需要重点抓好:一是空间集中。集中在天目湖新城区和环沙河水库空间区域内,更新与建设一批会议与奖励旅游设施,为会议与奖励旅游产业的规模化发展奠定基础。二是整体开发。在更新与建设过程中引进大开发商进行统一规划,整体开发。做"减法",减去那些不和谐的建筑,更新陈旧设施,营造优美和谐的环境;做"加法",新建一批高品质的酒店、会议中心、文化广场等设施,为会议与奖励旅游活动的开展提供基础设施。三是规范管理。在设施的管理与运营上引进品牌管理公司,实施规范化管理和市场化运营,实现设施收益最大化。

4. 推进发展文化产业五大板块

积极推进发展文化旅游、会议节庆、现代传媒、文娱演艺和艺术培训、创意印刷等溧阳五大文化产业。

首先,大力发展文化旅游。以溧阳的山水景观及历史文化积淀为依托,着力发展休闲度假旅游,有序推进观光旅游,积极弘扬具有溧阳特色的休闲文化、民俗文化及生态文化(具体参见"旅游业主要任务"部分)。其次,积极推进会议节庆。大力发展会议与奖励旅游

(MICE)，培育、引进专业的会展服务公司，发展多元化的会议与奖励旅游产品，更新与建设一批会议与奖励旅游设施（具体参见"旅游业主要任务"部分）。第三，探索发展现代传媒。一是扩大和完善广播影视的传播覆盖，积极打造有一定影响力的品牌广播电视频道。大力提升影视剧、动漫画、非新闻类电视节目制作和影响能力，力争一批影视作品走向市场。二是积极推动覆盖城乡的电影院线建设，扩大电影在市民文化消费中的地位。针对外部消费者，建立汽车影院、文艺片剧院等特色放映设施。三是以数字内容产品开发为核心，大力发展数字电视、网络视听、手机报等新媒体，努力打造有线无线覆盖的现代传播体系。第四，完善文娱演艺和艺术培训。一是加快溧阳市歌剧团（锡剧团）的体制改革，积极利用外部创作资源、市场推广资源，加强艺术创新和市场开拓能力。二是以杭州、桂林等地先期开发的大型实景文艺演出为参照，邀请一流制作班底，为溧阳度身打造一台具有文化生命力、艺术感染力的视听盛宴——"琴瑟溧阳"，实现演艺业与旅游业的融合发展。三是利用溧阳作为"全国少儿书法之乡"、"中国民族器乐协会培训基地"的品牌优势，在市文化馆和青少年培训中心的基础上建设"中国儿童文化创意基地"，将其打造为儿童艺术的培训基地、儿童艺术表演的舞台、儿童艺术的展示馆，推动艺术培训向市场化、规模化、品牌化发展。最后，创意印刷文化产业。目前，以节能、节水、节材、节地等集约发展为理念的无污染、低能耗、绿色环保型印刷业越来越受世界追捧。溧阳也有一定的发展基础，要将集聚环保印刷、智能标签印刷、防伪印刷、印刷数字化、广告设计和创意等产业作为文化产业发展的重点板块之一，大力发展创意印刷产业。

二、商贸流通领域

（一）商业领域

发挥流通集聚功能，增强城市商贸辐射带动作用，形成"1371"的空间格局，即推动1条南北贯穿的燕山路商业发展带，突出团城、燕山、天目湖3个商圈，完善上黄、上兴、社渚、戴埠等7个乡镇商业中心，形成1个遍布溧阳城乡的服务社区和乡镇的商业网络。

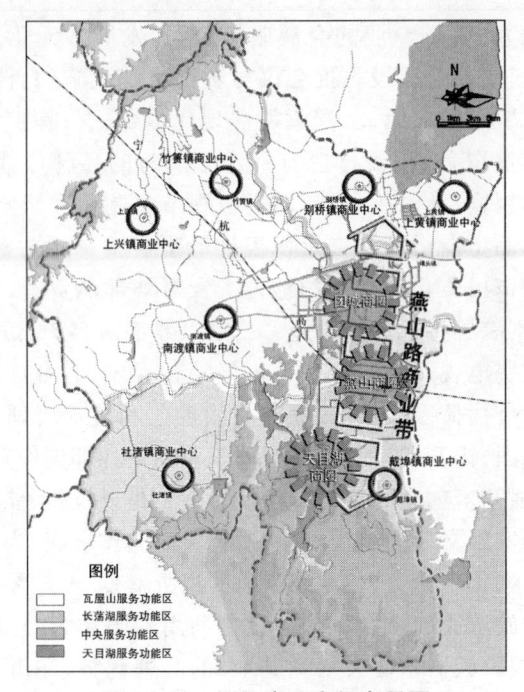

图 11-10 溧阳商业空间布局图

1. 适度发展城区商业,形成消费拉动经济增长机制

一是优化商业功能,实现服务现代化、综合化。以需求为导向,优化城区商业服务功能,实现商业服务的现代化、综合化、休闲化和差异化。推进燕山路沿线中心城区商业服务业的综合、协调发展,以满足多层次、多样化需求为基础,优化布局结构,形成集购物、休闲、娱乐、餐饮、商务于一体的综合性商业纵轴线,逐步构建以服务经济为主的产业结构。提高其他区域商业服务业的产业比重,加强商业基础设施建设,繁荣活跃消费品市场,促进城市产业结构调整。二是创新服务业态,规范市场准入机制。以解决目前面临的业态单一、需求饱和等问题为着力点,在巩固和优化传统商业的基础上,积极创新服务业态,满足多样化、个性化的消费偏好,以高品质、高品位的商业供给提升市民消费层次,倡导零售企业错位经营、主体化经营和差别化经营,实现城区商业综合化、多元化、品牌化、敏捷化的发展目标,总体提高溧阳商业的竞争力。同时,规范市场准入机制,依据人口分布状况和居民需求,以政策引导现有大型百货、超级市场升级业态、合理布局和适度发展,鼓励向风格各异的综合性购物中心、专业店、折扣店、特色产品店等业态方向转换,提升商品零售业的现代化程度和服务水平。三是发掘新型消费热点,营造浓郁的商业氛围。充分发挥商业引导生产、带动消费的先导性作用,把握溧阳城市化水平不断提高、城市人口结构不断变化的特点,抓住溧阳人均GDP达到6000美元消费结构升级的新机遇,围绕汽车、住房、家电、计算机、手机、婚庆等新兴消费热点,开展各种形式的主题营销活动。倡导和树立科学的消费观,开拓创新消费方式,提高服务消费的质量和水平。扩大居民旅游和服务消费,促进文化、体育健身消费。拓展信贷消费的领域与规模,推动多种形式的信用消费、租赁消费。切实普及现代支付、结算和交割方式,推广"刷卡"结算,逐步提高溧阳刷卡消费占零售额的比重。

2. 提升流通规模和效率,推动产业服务型商贸发展

一是构建商贸流通配送网络,增强对工业经济的服务能力。适应溧阳优势产业发展和城市功能转换的需要,大力发展适应新型工业化的现代物流。整合商业批发、物资储运、商品配送等流通资源,加强物流基础设施建设,推广现代物流和供应链管理技术,加快建立和完善辐射长三角、连接国内外市场的大宗生产资料物流平台和区域性配送中心,形成大型物流园区、综合物流配送中心和专业物流配送企业等多层次的商品物流体系。提高物流的集约化、规模化、社会化程度,促进商业流通与港口航运中心、港区物流园区的产业融合和渗透,增强对老工业基地发展先进装备制造业和高加工度原材料工业的产业链配套服务能力。二是培育品牌型批发市场,带动工业产业集群的发展。以苏浙皖边界市场为基础,以改革管理体制、改变交易方式、改善服务功能、改进经营档次为目标,大力发展信息化、品牌化、公司化管理、跨区域流通的新型批发市场。强化批发市场的商品交易、展览展示、信息服务、经销代理、期货交易、物流配送等多种功能,使传统批发市场逐步向产品研发设计中心、批发采购中心、融资货代中心、加工制造中心等现代经营模式转变。促进生产资料流通向集约化、高效化、低成本的方向转变,带动大宗生产资料的直达供货和规模化集中采购。三是建设专业产品展销街区,开辟工业品流通新渠道。抓住溧阳近年来加大实施产业结构调整、城市土地置换等政策的有利契机,加快建设和培育专业化、品牌化、特色化的生产

资料、工业品街区,发展会员制销售与"现购自运式"连锁商场,积极鼓励并探索建立"工业品超市"。带动大宗工业品和生产资料的直达供货、集中采购、规模经营,促进批发企业、连锁企业、专业店铺与省内外加工业、制造业和生产厂家在产业链、供应链上的相互渗透融合。建立以资产、品牌、信誉为纽带的产销联合体和采购分销网络,形成以总经销、总代理、佣金代理为主的经营模式,通过专业街区的品牌效应、集聚效应,带动加工制造业的发展。四是培育区域性国际会展中心,放大工业都市经济效应。围绕溧阳会展业国际性、都市性两大特征以及产业支撑、市场需求、软硬件设施三大要素,积极挖掘展览资源,改善会展服务,优化展场设施,开发具有独特优势和良好市场前景的新型展会,培育一批面向国内外市场的专业性商品展会,引导和促进会展经济向市场化、专业化、品牌化、国际化方向发展。积极举办溧阳重点工业产业等专业展会。建议举办"溧阳输变电制造业博览会"、"溧阳生物医药交流会"等主题展会。

(二)专业市场领域

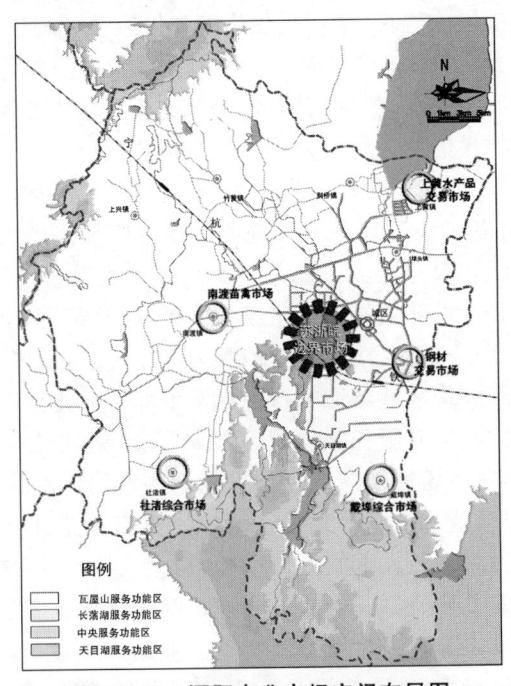

图 11-11　溧阳专业市场空间布局图

大型专业市场多布局在城市中心区周边的交通可达性良好的地区，考虑到溧阳城市未来空间上主要向天目湖方向发展，主城区与城西片区将在空间上趋于一体，而苏浙皖边界市场正处于两片区的连接点，这样不利于苏浙皖专业市场的规范升级，也不利于中心城区的总体发展。因此，要把苏浙皖边界市场规范升级并搬迁至104国道以南、奥体大道延伸段以西更适宜发展的区位，并将现有用地转变为与中心城区相匹配的现代商业或居住用地。

1. 建成溧阳多层次的专业市场体系

一是围绕苏浙皖边界市场，整合"江苏·苏浙皖"市场品牌与资源，以构建大型、现代化的批发市场为主，并建设农副产品、"一村一品"展销、建材、机电、轻纺等功能中心，经营范围辐射长三角地区以及华东地区，打造具有核心竞争力的省级专业市场集聚区。二是围绕特色专业市场，建设汽车城、汽摩配市场、再生资源回收市场等专业市场，并以各乡镇特色明显、优势突出的农产品、消费品或工农业生产资料为主要贸易对象，以拓展周边市场为主要发展方向，在做大产品规模、延伸产业链条的同时尤其注重品牌营销，使专业市场成为拉动溧阳经济增长、扩大地方知名度的特色市场。三是围绕乡镇市场，以标准化的农贸市场为主，以农产品的批发贸易为增长点，适度发展日用消费品和农业生产资料批发市场。提高农贸市场的标准化程度，以安全的产品、有序的交易满足广大乡村的生活需求。以农产品和日用品的批发贸易为市场建设的主要增长点和乡镇发展的突破口，有重点地兴建服务于各个乡镇的农产品生产，方便农民交售、集中交易与集散的产地型批发市场。

2. 推进市场与产业联动发展

一是引导市场与地方产业协同发展，完善专业市场与上游产业之间的产业链条。引导当地的轻工产业、生态农业和旅游业支撑专业市场的可持续发展，鼓励轻工产业生产低成本、差异化的产品，为溧阳专业市场提供源源不断的商品货源。发挥专业市场为中小企业提供共享销售渠道的信息优势，带动当地农业和轻工产业的进一步繁荣，构建"小产业、大集群，小企业、大市场"的发展格局。二是培育物流、加工、包装、广告、会展、金融、IT、咨询、餐饮等配套产业。重点推广现代物流，改变传统交易手段，重塑信息传递方式，提高市场流通效率;深化农副产品加工,提高产品附加价值;引进并培植工艺包装、创意设计、广告宣传、商贸会展等文化创意企业;逐步发展金融、咨询等生产服务业,规范餐饮、住宿等生活服务业,提升专业市场的整体竞争能力。三是完善信息服务、物流仓储等公共服务设施。新增、改造信息化服务、检验检测等公共服务平台,配套冷链物流和仓储设备,完善各项发展所需的软硬件环境。

3. 优化资源配置,鼓励集聚成长

一是发挥综合性专业市场的集聚优势,推动苏浙皖边界市场和汽车城等市场的集聚成长。重点扶持产品辐射苏浙皖地区的龙头市场,优化南片区的市场资源配置,整合江苏"苏浙皖"市场品牌,打造专业市场集聚区。把资源、政策向苏浙皖边界市场倾斜,完善市场配套设施,降低租金、税收等经营成本,吸引商户往边界市场集聚。适度支持以满足本地消费需求为主的其他综合性专业市场。二是强化专业性市场的产品特色和专业优势,推动钢材交易市场、轻工业品市场、特色农副产品市场的集聚成长。做大钢材交易市场,发挥其在大宗生产资料转运、储藏方面的水陆交通优势,扩大市场规模,延伸市场腹地。培育以工业消费品、五金机电、水产、苗禽、风鹅为特色产品的专业化市场,满足本地消费需求,辐射周边乡镇和苏浙皖地区。三是扶植壮大企业单体的规模。集聚成长离不开企业的规模扩张,然而批发企业规模小、组织化程度低的特点已经成为批发业进一步发展的阻碍。因此,要提高规模以上批发企业在流通主体中的比重。重点鼓励小企业扩大规模,不断提高批发企业的组织化程度;并扶持一批年销售额在 2000 万元、职工人数在 20 人以上的批发企业。鼓励大型批发企业将产业链条延伸到产品供应、加工、配送和销售领域,降低市场交易的成本。

(三) 物流领域

一是重点建设一个苏浙皖物流中心,以服务于钢材等大宗生产资料的转运和仓储需求为主。二是布局三大物流园:发展边界市场物流园,满足农副产品的冷链物流需求和轻工业品的批发物流需求;新建经济开发区物流园,实现和开发区内产业的联动发展;新建上兴物流园,服务于上兴镇工业园的物流需求和全市的临空物流需求。三是布局戴埠、别桥、南渡、社渚等多个物流节点,并初步形成覆盖城乡的配送网络。

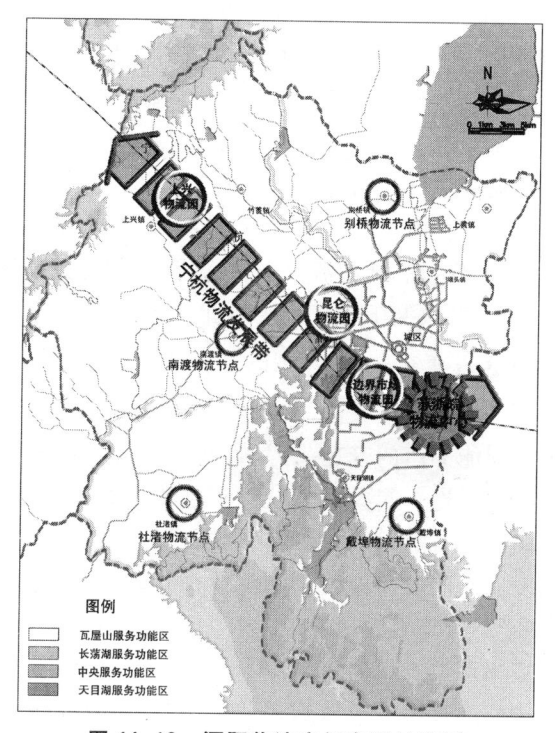

图 11-12　溧阳物流空间布局示意图

1. 完善物流产业体系建设，促进物流产业协调发展

现阶段，溧阳物流产业的结构调整面临良好的机遇——边界市场等各类传统批发市场陆续改造物流功能，连锁零售企业正在重构物流系统，新兴的电子商务、网上购物、期货交割等业态越来越依赖于第三方物流企业。因此，抓住经济转型的有利条件，充分发挥物流产业的导向作用，打造物流产业链集群，从而实现溧阳物流产业体系化发展。

溧阳市在发展现代物流产业群的过程中，需要重点培育的企业类型包括：高技术水平的仓储企业，综合化、网络化和信息化的并且具有高技术水平和管理水平的现代运输企业，支持电子商务并且具有现代化服务能力的高效配送企业，具有综合物流管理能力的物流管理企业，货代、船代企业等物流产业链上的企业。

重点发展位于核心部分的核心业务，在促进配送、运输、包装和仓储等环节标准化、信息化的同时,加速推进物流信息处理能力,建设安全的、便于接入的、中小企业负担得起的公共信息平台。在水平方向上,延伸价值链,做好物流核心业务的上游基础产业,吸纳和扶持物流包装材料制造企业、物流装备制造企业和物流仓储设备提供商投资溧阳。加大对下游物流服务产业的服务力度,结合溧阳的机械制造、冶金、水泥建材、生态农业、水产养殖和轻工食品提供专业化物流服务。在垂直方向上,完善相关支持配套产业,特别是金融机构和相关船代、货代公司进驻物流中心和物流园,积极鼓励物流技术咨询企业落户溧阳,形成溧阳物流产业集群。

2. 完善物流政策体系建设,保障物流产业健康发展

物流产业作为现代服务业,产业活动内容除了物流本身之外,还涉及多个政府职能部门的管理范畴,如海关、工商、税务、财政、交通、消防、卫生检疫、土地、城管等委办局,审批环节繁杂,税费多样,物流企业申报过程长,降低了运作效率,影响物流企业投资热情,进而阻碍物流产业发展。同时政府对于物流业扶持政策不完善,政策体系不配套,不利于物流产业健康发展。

尽快打造物流业发展的政策体系,包括支持性政策、引导性政策和发展性政策。通过出台税收优惠政策、引导工商企业剥离物流业务等一系列措施和手段,营造便捷宽松的投资环境、开放公平的市场环境、重视人才的发展环境。

3. 建设物流基础设施平台,实现公水联运无缝对接

一是建设畅通、完备的物流基础设施平台。以"物流通畅,服务周全,客户满意"为宗旨,盘活存量资产,改造现有设施,建设高标准的物流基础设施平台。①以物流中心作为溧阳市核心物流企业发展的硬件依托,对于港口、码头及相关物流中心(节点)给予基础设施建设方面的优先考虑;②充分利用现有的仓储设施,结合国有企业改革,盘活存量资产;③对于铁路、公路,重点通道附属设施建设充分发挥已有设施的潜力,充分利用现有的资源;④通过对货运通道、配送道路体系的使用权的分配和调整,支持物流核心企业的经营规模和市场分担率,以此作为配送业发展的行业管理依托。二是发展公水联运,实现物流无缝对接。推进苏浙皖物流中心、经济开发区物流园、上兴物流园和其他有条件的物流节点的"公水联运"设施建设,完

善集公路、水路、铁路、航空于一体的综合运输网络布局,建设溧阳市的"水上高速公路"。

公水联运以其高效、便捷、安全的特点正在逐步成为现代化物流的重要形式。发展公水联运的前提是河道的通航能力大大提高,使水路的运输能力和公路的运输能力匹配。因此,要拓宽丹金溧漕河、芜太运河等主要河道的通航等级。同时,加强新建公路、港口转运设施的统一规划和建设,重点规划建设与公路有效衔接的大吨位、集装箱码头,完善集疏运网络,防止产生新的分割和不衔接。

4. 建设物流信息系统,实现商品流通高效敏捷

一是优先构筑溧阳市公共物流信息系统和网络,推动政府相关系统及企业信息系统的接入策略。构筑与税务、公安、港口、铁路、公路、航运、银行等部门相互连通的信息平台,将相互分割的物流企业和职能部门逐步纳入统一的网络体系。二是以企业需求为导向,以物流信息标准为要求,设计合理的入网运作模式;通过示范工程,引进EDI(电子数据交换)系统,再造企业经营流程,提高企业经营绩效,从而以点带面、逐步推广。三是建立公平的法规和技术认证体系,加速物流信息技术提高与发展的进程。加强政府在物流信息技术的研究及人才培训工作。加快溧阳市物流信息共享协议的编制工作,尽快与长三角地区的其他信息系统对接。

三、创业、创新与商务服务业

(一) 发展思路

增加中小企业的数量,进而增加中小企业生产性服务需求,以"服务中小企业、推进创业创新"为特色,打造功能完善、结构合理、品质高端,能满足创业者、投资者商务需求的现代生产性服务体系和区域创新体系。

1. 服务中小企业、鼓励创业创新

鼓励全民创业,发展乡镇经济,形成促进以创业带动就业的组织领导、政策扶持、创业培训、创业服务和目标考核五大体系,全力构建创业服务、创业载体、创业融资三大平台,形成崇尚创业、支持创业、促进创业的良好环境;实现劳动者创业人数和通过创业带动就业人

数在新增就业中的比例大幅增加,力争使创办企业的成功率和稳定率大幅提高;形成以中小型创业企业为主体,个体经济组织共同发展的新型创业格局。

2. 实现"规模、扎堆、溢出"三种效应

深入挖掘溧阳的生产性服务需求,通过科学规划、功能分区,提供制造业运营流程所需的认证、外贸、咨询、法律、会计、设计、广告、信息、物流、仓储、通讯、金融、培训、人力资源、租赁、会展、税务、环境、科技等领域的集成和集聚,形成"规模效应"、"扎堆效应"和"溢出效应",引导溧阳制造业实现规模经济、技术升级和自主创新。

3. 突出地方服务特色

围绕溧阳经济特征,扩展服务业产业门类,实现商务服务、管理咨询服务的突破性发展,壮大技术中介服务、人力资源中介服务,推进金融服务业,扩展信息服务业的广度和深度,通过在溧阳建立若干小型的特色商务区,加快中小企业服务专业化,发展专业服务、信息服务、科技服务、金融服务四个行业,将有利于推动溧阳整个生产性服务业的发展。

(二) 发展目标

立足苏南,融入长三角,紧紧围绕产业转移规律和本地产业优势,通过建立和经营溧阳创业、创新服务集聚区,以现代服务、集成服务促进制造业发展为机制,以"研发创新、金融保险、专业服务、信息服务"四大产业为支撑,有效引进一批商务、信息、科技和金融服务的国内外企业、服务型专业人才,完善创业和中小企业发展促进体系,营造更加良好的创业创新发展环境,构建便捷畅通的资本、人才、信息等生产要素的流通网络。

1. 打造长三角地区创业型城市典范

通过创业创新,打造长三角地区创业型城市典范。一是要通过创建活动,使溧阳创业政策和体制环境不断改善;二是创业机会增多,创业活动比较活跃;三是通过创新创业产生比较好的效果,提高对溧阳经济发展、消费需求和就业的贡献率。

2. 构筑溧阳特色化商务服务产业群

形成多层次融资体系和融资渠道,建立基于企业信用等级评定的企业信用担保体系,同时推动企业保险服务创新,加快中小企业服务专业化,完善专业服务门类,构筑服装设计、技术中介服务、人力资源咨询中介和管理咨询服务四大专业服务产业群,形成专业服务外包市场。

3. 发展信息服务,构筑"数字溧阳"

以溧阳服务业现代化为目标,以数字政府建设为龙头,以信息技术应用为主导,以提高溧阳乡镇效率和信息服务水平为核心,努力构筑"一个综合服务平台,保障和资源两个基础,政府服务、企业服务和居民服务三大体系"。

(三)空间布局导向

按照"集约资源、集聚发展"的原则,大力推动创业、创新与商务服务产业集群在空间上集中发展,形成增长合力,以点带面最终促进溧阳创业、创新与商务服务业的快速发展。根据溧阳现有产业资源和服务业发展条件,主要发展天目湖生态商务区、燕山创业创新科技园和昆仑小型商务区。

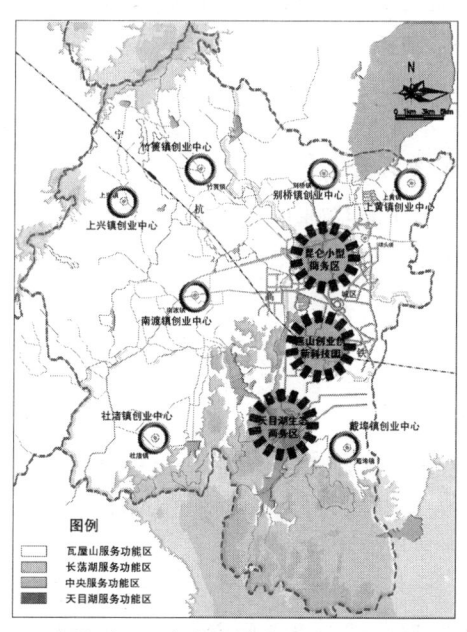

图 11-13 溧阳创业、创新与商务服务业空间布局示意图

1. 天目湖生态商务区

天目湖群山环抱,湖水清冽,拥有难得的滨湖亲水的生态资源,是发展环境依赖型商务服务的理想之地。依托天目湖既有的品牌优势,寻求差异化发展战略,满足大都市商务办公、软件开发等渴望自然、生态办公环境的需求,大力发展生态办公、创意研发、高级会议等功能的生态商务服务。

2. 燕山创业创新科技园

以位处燕山附近的天目湖工业园为基础,按照"政府引导、企业主体、市场运作"的模式,充分考虑溧阳本地经济发展的现实需求,结合本地区多方面的资源,围绕集聚区,建立科技园、商务园和金融园等功能区域。

3. 昆仑小型商务区

依托昆仑开发区良好的产业基础、政策优势,探索小型商务区的发展模式,大力发展服务本区企业的小型商务服务企业,主要吸引制造业地区总部、区域营运中心、研发中心、营销中心、专业服务企业等产业,主要发展研发、金融、保险、证券、咨询、设计、法律、会计、广告、信息、人才等服务功能。

(四)重大项目

1. 创业型城市行动计划

在溧阳已有工作的基础上,扎实推进创业型城市"五大体系"建设,包括创业的组织领导体系、政策支持体系、创业培训体系、创业服务体系和工作考核体系,积极探索完善创业扶持政策,落实税费减免、政策性补贴、小额贷款、创业培训、场地安排等优惠政策,简化行政审批程序,降低市场准入门槛,最大限度地发挥政策扶持创业的作用。

一是扩大创业培训规模,将有创业愿望和创业条件的登记失业人员、进城求职农村劳动者,纳入创业培训对象范围,对社会各类创业人员特别是高校毕业生、返乡农民工和军队退役人员,积极开展针对性创业培训。二是着力构建溧阳创业服务体系,成立创业服务指导中心,在全市基层劳动保障工作机构设立创业服务指导站,形成覆盖市、乡镇(街道)、行政村(社区)的三级创业服务体系。三是提高创业培训补贴标准,提高小额(担保)贷款额度,放宽二次小额(担保)贷款,加大担保基金补助力度,提高自主创业补助资金,提供孵化基地补助资金,创新创业小额贷款模式,组建溧阳创业投资公司。

2."中小企业发展扶持"计划

一是成立溧阳中小企业发展促进会,由溧阳市发改委牵头,全面协调和服务于溧阳中小企业发展。为切实解决中小企业内源式融资限制企业发展、外源式融资难的问题,成立专门为中小企业提供融资服务的综合性服务窗口——溧阳"中小企业融资服务中心",由主要银行机构的中小企业贷款部门和融资担保机构合署办公,为全市中小企业提供融资咨询、融资申办、融资担保一条龙服务。同时,开通"溧阳中小企业融资网",进一步补充有关融资的政策法规、服务内涵、融资申请等方面的信息。二是为鼓励中小企业技术改造和技术创新,实施"中小企业创新基金"计划。建议成立溧阳市产业投资基金公司,采取股份制方式,以政府为主导,积极引进海外风险投资基金、国内外大型银行和民间资本入股,联合保险机构科技保险服务,形成一套先进的风险基金管理和运营体系。主要为解决溧阳中小企业研发成本高、研发资金积累不足问题,促进中小企业的快速发展,以风险管理的方式经营,为中小企业提供中短期研发资金支撑,收取资金的回报。

3. 溧阳创业、创新与商务服务集聚区计划

(1)天目湖生态商务区

树立"生态和谐、环境友好"的生态商务区发展理念,将生态环境因素纳入到经济发展系统中,保持基地和外包产业高效、稳定、协调和可持续发展。通过建设生态商务区,不仅实现园区企业从高能耗、低效率的传统办公方式向低能耗、高效率、更舒适的环境友好办公方式的全面转变,同时还在确保生态环境保护的同时实现园区企业与自然景观的和谐发展。

依托天目湖良好的生态环境,满足现代企业追求生态办公的需求,打造一块溧阳生态办公区(Ecological Office District,EOD)。规划面积1平方公里,主要服务于高端生产性服务市场,大力营造生态型、人性化、现代化的环境,包括低密度别墅式高档办公区、研发大楼、科技会馆、科技信息中心、国际交流中心、产品展示中心、高级商

务中心、研发创意中心、科技展厅、大学教师 SOHO 以及时尚咖啡馆、酒店、公寓、娱乐中心和时尚专卖店等满足研发、商务和生活需求的多种设施，促进生态友好型现代服务业的集聚成长。

天目湖生态商务区要以园区大容量快速网络基础设施为基础，与数据、传媒、检索、邮政、通信以及知识产权、技术标准搜索平台等专业机构和企业建立合作关系，充分利用高速畅通的互联网络，有效搭建信息共享技术支持平台，帮助企业挖掘国内外前沿需求，跟踪最新市场动态。

(2) 燕山创业创新科技园

以天目湖工业园为基础，在燕山附近规划面积约 1 平方公里的园区，主要承担溧阳最主要的创业创新与商务服务功能，是未来溧阳研发创新、商务活动、营运总部和专业化生产服务的核心区域，也是溧阳的经济、交通、信息、服务、管理、文化等社会活动的交汇区。

科技园。以正平公共技术平台为基础，重点引入提供技术研发、检测实验、技术成果转化、科技信息、技术咨询、技术交易、科技项目申报、商标注册、专利申请等有关科技服务的现代服务型企业和机构。争取南京、上海、江苏高等院校到溧阳设立产学研基地或设立分院，吸纳研究中心、工程中心、重点实验室、技术转移机构等到溧阳来，共同构建溧阳创业创新科技园，促使产学研一体化，加快科技成果转化速度。

商务园。重点引入三类服务业企业和机构入驻：一是人力资源服务公司。包括人力资源派遣公司、专业教育培训机构等，为制造型企业提供学历教育、在职教育、高级技工教育等；二是法律财税服务企业。引进精通经济法律法规的律师机构为出口和投资提供支撑。引进财务外包公司和税务事务所，为制造型企业的财务外包和税务外包提供专业化、高效率的财税服务；三是会展广告企业。引入广告公司、设计公司、市场策划机构和会展服务机构，作为溧阳制造型企业营销职能的第三方补充，提高并改善制造型企业的资源利用效率和市场开拓效果。

金融园。重点引入为企业提供丰富金融中间产品的银行机构，为本地及苏浙皖边界地区创业型企业、成长型企业提供"种子基金"（"天使基金"）、"发展基金"的创投、风投公司，提供各类财产保险的保险公司，为企业提供包括设备、场所、设施等在内的融资租赁和经营租赁服务机构,为企业融资上市服务的国内外证券公司等。

(3) 城西商务区

依托昆仑开发区良好的产业基础、政策优势,发挥临近效应,探索小型商务区的发展模式,大力发展服务开发区的小型商务服务企业,主要吸引制造业地区总部、区域营运中心、研发中心、营销中心、专业服务企业等产业,主要发展研发、金融、保险、证券、咨询、设计、法律、会计、广告、信息、人才等服务功能,引导社会资金投资建设科技成果孵化器。

4. 创新发展基金工程

由溧阳科技局牵头,以市财政为主,大力吸引金融机构、企业和个人资金,创设"创新发展基金"。基金旨在推动溧阳市民营企业、高新技术企业的创新,促进科技成果产业化,推动技术创新的投融资机制及体系的建设,培育新的经济增长点。

科技局作为基金的主管部门,负责组织项目的审定,区财政局是科技基金的监管部门,负责基金的监督使用。受基金资助的项目必须至少满足两个要求:一是确属技术创新项目;二是满足溧阳未来经济发展的需求。根据资助目标的不同,创新基金采用三种资助方式:分别是无偿资助、贷款贴息和有偿资助。(1)对于小型项目或者国家级、省级重点科技项目,可采用无偿资助的方式。(2)对于规模较大企业的技术创新,可以采用银行贴息贷款的方式,但一般要设定一个贴息额度。(3)对部分起点高、具有较广创新内涵、较高创新水平并有后续创新潜力、预计投产后具有较大市场需求、有望形成新兴产业的项目,可以鼓励风险公司予以投资。

5. 应急互助与信贷担保工程

溧阳的民营企业,尤其规模较小的民营企业,资金的不足一方面体现在发展资金的不足,另一方面也体现在应对风险的资金不足。为了保障民营企业的健康发展,有效地应对外部市场风险,应成立"应急互助基金"。基金的资金来源主要来自政府财政和会员企业,并根据会员企业交付给基金的数额,按比例确定其在资金发生困难时可申请的最高金额。一般来说,基金不得以盈利为目的,实行封闭管理和运行。当没有资金困难发生时,基金将按会员企业的出资比例按年度支付给会员企业一定的基金收益。

中小企业信用担保体系是未来溧阳中小企业金融服务体系的重要组成部分,通过金融担保体系的建立和完善,为中小企业提供融资担保服务,以化解中小企业融资需求和金融机构贷款风险之间的矛盾。以政府引导、行业协会牵头成立溧阳中小企业信用评估专门机构,建立中小企业信用档案,使其成为金融机构提供融资服务和信用担保机构提供担保服务的依据和基础。

以政府资助资金为触发,以工商联、行业协会及私营企业为依托,以招收企业会员为主要方式,吸收会员企业资金,发展互助担保服务。积极寻求商业担保盈利机制和发展模式,吸引民间资本和外国资本进入商业担保领域。同时,推广担保投资(信用担保+风险投资)、贷款信用保险等多种担保方式,推动信用担保方式的创新,政府投入启动信用投资基金,为互助担保机构和商业性担保机构提供必要的再担保,带动民间担保机构的积极性。同时,加强担保机构的联系,加强合作或进行联营,加强对本地信用担保机构的监管和担保机构的风险控制。

为降低银企之间的信息不对称、破解中小企业融资难的困局,成立溧阳"企业信用评估中心",设立中小企业信用档案,在对溧阳企业基本信息、企业遵纪守法信息、企业主要经营信息、企业财务信息等进行普查的基础上,对企业信用等级进行评估,并对相关信息和信用等级进行动态更新。保持良好的信用记录是企业获得银行贷款的先决条件。企业信用评级可以帮助银行和其他企业更全面、准确地了解企业,进而为企业的融资和其他经济交易提供便利,也可以充当信誉抵押品,减轻企业在融资中实物资产抵押、担保的压力。

"企业信用评估中心"初期发展应以政府或政府与人民银行、主要金融机构联合建立,利用政府机构的公信力和公共权利完成信息收集和等级评定。条件成熟时,逐渐将其推向市场,以非营利组织方式运作,政府机构主要承担监督职能。

6. 溧阳农业"接二连三"行动

探索溧阳"产业农业、生态农业、观光农业"富民强市新路,就要实施"接二连三"行动,关键是要构筑现代农业的产业链,通过"接二连三",实现产业联动和融合,进行深度开发和挖掘。

"接二"就是加大流转土地招商力度,积极引进工商资本投入农业,着力培育和引进各类现代化农业生产经营主体,并要充分利用农产品加工销售企业的资金、技术、信息和人才优势,培养专业创意开发团队,从项目策划、价值分析、市场定位、设计建造、招商营运等方面,实现农业的产供销一条龙和农工贸一体化。可以利用生物科技手段改变农产品形状、色彩和口味;可以融入溧阳地方文化元素,赋予其新的创意;可以依托传统农产品,挖掘其多重价值;可以利用农业废弃物制作成工艺品,比如秸秆编织、贝壳画、竹根雕等,发展密集的手工业,实现创业富民。

"连三"就是要与溧阳的农庄旅游、乡村休闲旅游业结合起来,拓展农业的生态、旅游、休闲、文化、教育等功能,积极发展集特色产业与生态旅游、休闲观光、文化传承于一体的新型业态,设计出具有区域文化特色的创意农耕活动,提高农业资源的附加值,促进农业单一功能向多功能转型。可以从两方面入手,一是利用溧阳的农业节庆活动,以民间文化来吸引消费者;二是通过创意农业产业形态,如品牌农庄、观光农园、休闲农场、教育农园、农业主题公园、"开心农场"等,以体验来吸引消费者。

7. 溧阳"都市农业"深加工行动

都市农业是以生态绿色农业、观光休闲农业、市场创汇农业、高科技现代农业为标志,以农业高科技武装的园艺化、设施化、工厂化生产为主要手段,以大都市市场需求为导向,融生产性、生活性和生态性于一体,高质高效和可持续发展相结合的现代农业。对内为现代化都市经济发展提供服务功能,对外为整个农业和农村经济的现代化发挥示范带头作用。

近年来溧阳市推进"都市农业"的开发力度不断加大,农民开发的积极性不断提高,民资、外资、工商资本的投入不断增加,涌现出了一批像天目湖农业生态示范园、玉枝特种园艺茶果场、陶峰山庄等规模大、品种多、示范效应好的企业,出现了一批特色明显、带动能力强的"一村一品"专业村、专业户。各类农产品加工企业相继建成,既有天目湖啤酒、德盛食品等本省行业的龙头老大,也有像万得福这样贸工农一体化、企业+基地+农户的产业化经营企业,传统的农业经济正在向都市农业转型,需要进一步加强的是:

一要以燕山创业创新科技园为基础,组建农产品深度开发的研发中心或实验基地。逐步建立政府牵头、企业为主体、科研院校为依托、质监局现有检测中心为基础的研发平台,整合科技资源,实行开放式研发，采取多种形式，形成产学研、科工贸的一体化，实现农产品深度开发与加工。二要加大人才引进与培育力度，形成人才资源支撑体系。制定优惠政策，吸引高学历、高素质的国内外农产品深度加工的科技领军人才来创业，加强对农产品加工企业经营管理人员的选拔培养，加大对职工的教育培训力度，每年对企业经营管理人员进行新技术发展趋势、产品市场变化趋势及现代深加工企业经营管理的讲座。三要大力发展农产品经纪人营销队伍，实行"企业＋基地＋农户"运作模式。尽快成立溧阳市农产品协会，将溧阳市农产品推向大型超市、大型物流配送中心，参照其他地区做法，可在大型超市设立溧阳市农产品专柜，大型物流配送中心实行溧阳市农产品总代理。鼓励龙头企业实行企业＋基地＋农户，贸工农一条龙的运作模式，进一步完善企业与农户、企业与经纪人、基地与农户的利益联结机制，提高和带动农民的致富能力。四要切实落实农产品深度开发龙头企业的优惠政策，建立农产品深度开发专项基金，使企业对农产品进行深度开发与加工。改变目前上级项目资金天女散花的状况，重点向深度开发与加工的企业倾斜，建议建立300万元的专项基金，并逐年有所增长。五要引导农副产品企业走商标发展之路，通力打造天目湖系列品牌农产品。参照天目湖牌白茶的做法，协会运作，可将溧阳市各类农产品加工品冠名为天目湖系列，并且严格把握农产品市场准入制度，加快农产品标准化建设，确保农产品的质量安全。

第十二章

金坛：跳出低水平三角陷阱

第一节 金坛服务业的发展历程与问题

金坛市地处江苏省南部，常州市西部，为沪宁杭三角地带之中枢。境内水陆交通便捷，东与常州市武进区相连；西界茅山，与句容市接壤；南濒洮湖，与溧阳、宜兴市依水相望；北与丹阳市、镇江丹徒区毗邻。金坛距上海、杭州约220公里，距南京、苏州百余公里，距上海虹桥交通枢纽约200公里，距南京禄口国际机场约70公里，距常州机场40公里。全市总面积975.46平方公里，其中陆地面积781.27平方公里，水域面积194.22平方公里，下辖7个镇、1个省级经济开发区。截至2010年，全市常住人口55万人①。

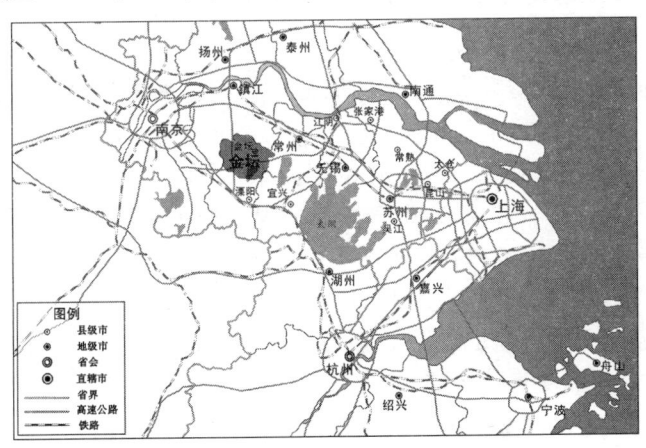

图 12-1 金坛在长三角的区位示意图

---

① 资料来源：金坛市人民政府门户网站，http://www.jsjt.gov.cn/zgjt/zjjt/。

一、金坛经济发展与成就

1. 经济持续成长,综合实力不断增强

近年来金坛经济保持平稳较快增长,综合经济实力不断增强。2010年全市地区生产总值308.3亿元,是2005年末149亿元的2倍以上,年均增长达到15.7%,人均地区生产总值5.6万元。全社会固定资产投资累计完成695亿元,其中工业投入553亿元,分别是2005年末200亿元、136亿元的3.5倍和4.1倍;五年累计实际到账注册外资12.3亿美元,是2005年末3.9亿美元的3.2倍。

经济增长的同时,金坛产业结构不断优化。在"坚持转变发展方式、加快优化经济结构"思想的指导下,促进产业转型升级,三次产业比例更趋协调,2011年末三次产业比重由上年的7.1:56.4:36.5调整为6.6:55.9:37.5,第三产业比重上升了1个百分点,对经济增长的贡献率达43.1%。产业水平加快提升,以亿晶光电、华盛天龙为代表的光伏产业迅速壮大,成为全市工业经济的重要支撑。现代农业加快发展,高效农业、品牌农业及休闲观光农业发展迅速。现代服务业加快发展,茅山旅游资源开发强势推进。高新技术产业加快发展,2011年末高新技术产业产值占规模工业的比重达44.15%,比上年提高了17.5%,成为首批江苏省创新型试点城市。

2. 产业转型升级,现代服务业加速发展

(1) 金坛服务业总体态势喜人

随着经济转型升级,金坛的服务业得到快速的发展。2011年,金坛完成服务业增加值137.09亿元,比上年增长21.9%,占地区生产总值的比重达到37.55%,比上年提高1.0%,实现社会消费品零售总额132亿元,比上年增长15%。现代服务业各个领域稳步推进,为服务业快速发展打下了扎实的基础。其中,茅山板块有东方盐湖城、宝盛园、紫云湖金沙湾乡村俱乐部等重量级旅游项目开工建设,建成总投资达到120亿元;长荡湖板块有长荡湖水街、长荡水庄、长荡湖水产品交易市场等;开发区板块有万和奥特莱斯、钢材市场、天誉物流;老城区板块的中大国际商贸城、八佰伴百货店、金城商业广场等一批重点市场项目以及尧塘的花木市场提升扩建和薛埠镇江南茶都扩建等。金融服务进一步增强,有效信贷投入持续加大,四年

累计新增人民币贷款133.6亿元,年均递增23.5%;制定实施了《现代服务业集聚区建设三年行动计划》,力争创成1—2个省级现代服务业集聚区。服务业税收占地方财政比重不断增大,2011年金坛累计地方税收收入19.4亿元,比上年增长44.03%,其中服务业税收为10.6亿元,比上年增长83.45%,服务业税收占地方税收的54.73%,比上年提高了11.76%。

(2) 新兴服务业开始崛起,传统服务业转型提升

近年来,金坛服务业内部结构不断调整,现代服务业比重不断提高。2011年末金融业增加值占服务业增加值比重近7%,传统服务业的比重正呈下降趋势,而产业结构随着调整得到逐步提升。目前,金坛基本形成了以大统华为主的商业中心,以旺朝大酒店为主的美食中心,以中大国际商贸城为主的市场交易中心。

目前,长三角区域服务功能分区尚不明确,而常州内部各个辖市区往往根据需要独立发展,因此缺乏整体的协调,区域中心在服务业发展所需的资金、人才、技术、信息等方面的集聚和辐射功能不强,难以形成系统优势。常州辖市区服务业发展水平差异很大,区域分布并不平衡。金坛服务业纵向比较获得可喜的成绩,但是横向比较,与其他辖市区仍然差距较大,形势不容乐观。

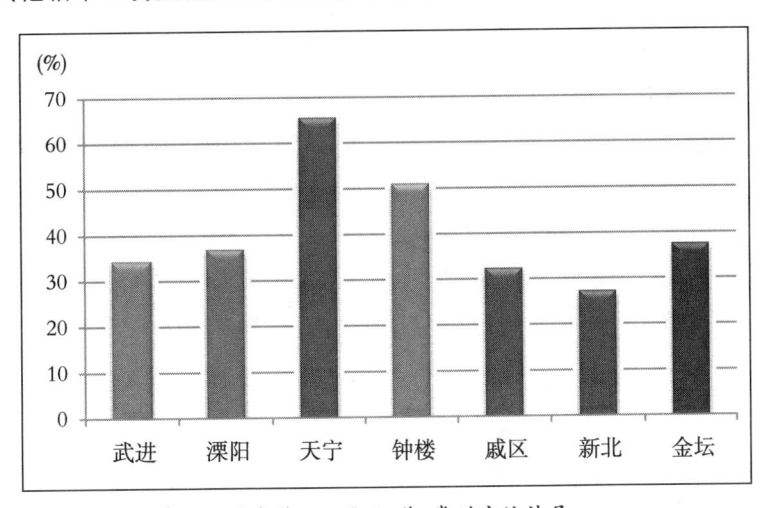

资料来源:《常州统计年鉴2011》,江苏:常州市统计局。

图12-2 2011年常州辖市区服务业增加值比较

加快转变经济发展方式,推进产业结构调整和升级,加速发展现

代服务业是金坛未来一段时期的重要方向。当前,以创新升级为动力,金坛正在加快旅游休闲、现代物流、科技服务、金融服务以及服务外包等现代服务业的发展步伐,初步形成了与经济社会发展相匹配,适应制造业发展、满足城市现代化生活需求的现代服务业体系。

(3) 生产性服务业蓬勃发展

一是现代物流业加快发展。近年来,金坛初步形成了以国省干线公路为骨干、县乡公路为主体、农村公路为补充的公路网络,交通设施不断完善,综合运输能力不断提升,物流市场日趋繁荣。市交通局、发改局等部门对促进现代物流企业发展的若干政策操作办法进行细化,加快物流产业转型升级,通过资源整合,调动了人才引进、业务开拓、管理进阶的积极性,也整体推动金坛物流业向现代化的高平台发展。截止2011年底,金坛公路总里程达到1988公里,公路网密度203.8公里/百平方公里。天誉物流园区是于2009年10月由金坛市天誉物流有限公司成立运营,该园区将在一定程度上促进物流业转型升级。由中盐金坛盐化公司组建的江苏盐道物流股份有限公司也正在向现代物流转型升级。截至2011年底,金坛拥有物流配载市场1家,物流运输企业47家。

二是金融服务功能不断提升。加强金融机构与高新技术产业、环保产业、资源综合利用企业等提供低息贷款及免征营业税,缓解中小企业贷款难融资难的问题,降低中小企业信用担保机构的认证门槛,加大对农村小额贷款组织的支持力度,降低金融机构的贷款风险,积极发挥工商职能,创新服务内容,拓宽融资渠道。2011年末全市金融机构人民币各项存款余额335.65亿元,比年初增加40.18亿元,增长13.6%,其中居民储蓄存款余额196.81亿元,比年初增加17.82亿元,增长9.9%;人民币各项贷款余额227.81亿元,比年初增加5.38亿元,增长17.65%,其中各项短期贷款122.07亿元,比年初增长13.3%,中长期贷款101.77亿元,比年初增长28.4%。全年新引进1家商业银行——华夏银行金坛支行,组建1家小额贷款公司——金坛市盛源农村小额贷款股份有限公司。

三是科技服务得到跨越发展。近年来,金坛科技服务业发展迅速,已经形成门类齐全、公共机构与民间组织、民营企业互补发展的格局,初步培育了一批骨干行业,科技孵化、科技研发、科技推广、科技中介、科技咨询、科技金融等新兴科技服务业呈现加速发展态势,产业化初具规模,初步形成多种业态共同发展的格局。截至2011年,全市新增高新技术企业9家,累计达36家,新增省创新型企业4家,省民营科技企业88家,复合高新技术企业8家,新增国家重点新产品3只,省重点新产品10个,省高新技术产品30只,常州高新技术产品108个。天龙光电在上海设立研发中心,并建成全市首家国家级"硅材料加工设备国家地方联合工程研究中心","江苏省高校技术转移金坛基地"正式揭牌。

(4)民生与公共服务体系建设日趋完善

一是商业服务体系日趋完善。市场总量显著增加、规模不断扩大,经营能力逐步提升,城乡消费稳步增长,新型业态多元发展。2011年金坛实现社会消费品零售总额136.67亿元,比上年增长17.6%,其中批发零售业实现零售额123.58亿元、住宿餐饮业实现零售额13.09亿元,分别增长17.3%、20.9%。全市限额以上企业68家,其中批发零售单位48家,实现销售额26.1亿元,同比增长25.5%,销售额在亿元以上企业5家,突显批发零售、住宿餐饮行业发展强劲。

二是教育事业健康发展。近年来,金坛教育质量不断提高,教育投入逐年增加,教师素质能力不断提升,职业教育优化发展。2011年末全市共有各类学校58所,在校学生63987人,专任教师4332人,义务教育持续均衡优质发展,实行小学和就近初中对接的入学模式,试点小班化教育和实施集团化办学模式,高中教育质量稳步提升,继续执行"教育救助"政策,全年累计发放助学金近600万元,惠及学生3500余人次。

三是文化活动精彩纷呈。成功举办了金坛市第五届文化艺术节,组织开展"欢乐金沙——广场文艺月月演"镇(区)大型专场文艺演出8场,成功举办"诗情画意写金坛"——李岚清书法作品展,电视人物传记片《华罗庚》在央视热播并赢得广泛赞誉,再次被文化部命名为2011—2013年度"中国民间文化艺术之乡"(金坛刻纸)。

四是医疗体系不断完善。2011年末全市共有各类医疗卫生机构176个,其中医院、卫生院16个,市人民医院被确定为江苏省15家公立医院改革试点医院之一,市二院、城东卫生院合并移址新建工程开工奠基,实施"医院信息系统、区域电子病历和区域影像系统"三大核心系统建设。全面推进国家基本药物制度,农村医疗稳步推进,完成朱林卫生院、水北中心卫生院移址新建工程,新创省级卫生村15个。

五是体育事业蓬勃发展。金坛体育全民化进程加快,成功举办了新春系列体育健身竞赛活动、"丰登杯"金坛茅山登山越野锦标赛、首届新市民羽毛球乒乓球比赛、"巾帼杯"中国象棋比赛、全民健身日等活动。拟定了《金坛市全民健身实施计划(2011—2015年)》,实现了全民健身工作"三纳入"。体育产业化不断提升,竞技体育保持领先,加大输送力度,向省运动队输送优秀运动员14人,在2011年全省人才输送县(市、区)排名中位列第一,男篮甲组代表常州参加省年度比赛获第一名。体育产业市场不断开拓,全年完成体彩门头更新114家,完成站点内部规范建设69家,全市体彩站点达122家,完成销售额6951万元,比上年增长47.8%。

第二节 核心问题:低水平三角陷阱

金坛服务经济存在的问题是发展中的问题,只要转变观念,抓住机遇,勇于创新,金坛完全有可能在较短时间内改变服务业"低、慢、旧、弱、缺"的局面,实现服务经济的大发展。当前,市场需求的缺乏无法吸引高端服务业产业的进入,导致了金坛服务业产业结构低端化,进而形成了"低品质弱形象"的发展状态;"低品质弱形象"的服务业发展现状反过来又进一步将高端市场阻挡在外,加剧市场需求流失。三大因素共同作用带来的弱反馈效应形成了金坛服务业发展的"低水平三角陷阱"。

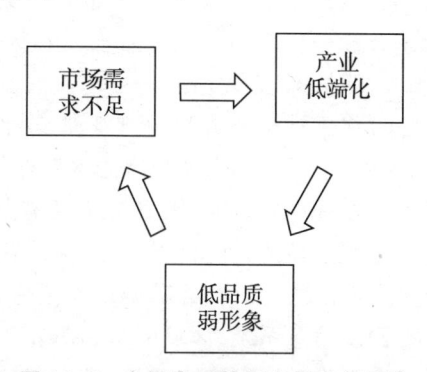

图12-3 金坛发展的低水平三角陷阱

一、市场需求不足

1. 区域中心集聚功能弱,外部需求不足

金坛地处苏锡常和南京城市网络,是南京、无锡、常州等城市的市场腹地,服务业需求容易遭到周边城市的抢夺。位于两大都市圈的交界处,金坛同时又是城市网络的边缘地带,对外部市场的辐射能力较弱,缺乏市场集聚力。

2. 本地经济总量和人口规模小,内部需求有限

2010年,金坛常住人口仅为54.9万人,地区生产总值308.3亿元,远低于武进区和溧阳市的发展水平。本地人口规模小、经济发展水平不高直接导致了金坛服务业发展的内部需求有限。

市场容量决定专业化分工,有分工才有服务业。服务经济一定是城市经济,其发展必须依托于足够大的市场,市场需求不足成为金坛服务业发展的重要阻碍。

二、服务业产业结构低端化

受长三角地区第一次产业分工的影响,金坛大力发展机械电子、盐化工、光伏和纺织服装等制造业,服务业发展相对滞后。2010年,金坛服务业产值为112.6亿元,占地区生产总值的比例仅为36.5%。

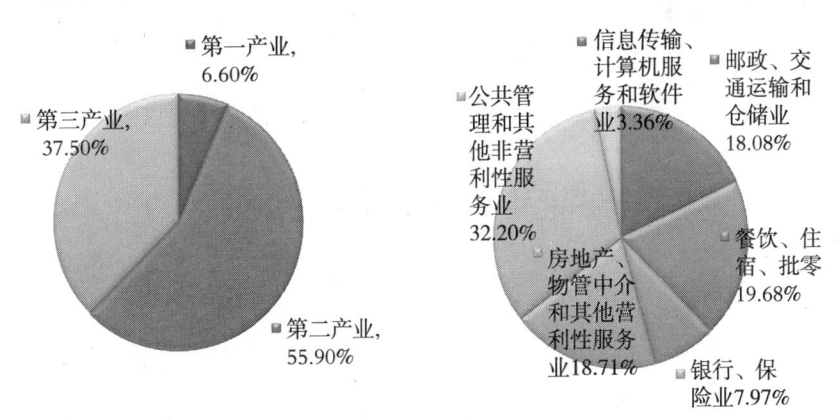

资料来源:《金坛统计年鉴2011》,江苏:金坛市统计局。

图12-4　2011年金坛三大产业占比和服务业产业结构

以制造业为主的产业结构主打低成本战略,缺乏对高品质城市服务的需求，金坛服务业呈现低端化的发展结构。服务业产业领域以交通运输、批发零售、公共服务等传统服务业为主，金融、信息服务、休闲度假等现代服务业领域相对缺乏。服务业业态以百货公司、低端品牌连锁店等传统业态为主，缺乏时尚品牌连锁、一体化度假区等代表现代服务业发展方向的新业态。

三、服务业呈现"低品质弱形象"发展状态

金坛服务业总体呈现"低品质弱形象"的发展状态。"低品质"是指金坛城市服务和服务业产品的低端化。"弱形象"则意味着金坛服务业发展进程中缺乏对城市历史文化底蕴的深度挖掘和对时代精神和传统价值观的系统表达，服务业发展所依托的外部旅游者、投资者和高素质人才等群体对金坛服务业形象的认识是模糊的。

"低品质弱形象"的发展状态集中表现为城市形象模糊、城市环境和公共卫生等基础结构低端化、高等教育和专业化人才培养相对缺乏、城市标识系统不完善、城市营销意识不足等问题。"低品质弱形象"的发展路线导致金坛缺乏对外部产业的吸引力，服务业发展无法实现与产业的有效对接。

四、主要领域发展存在的问题剖析

1. 旅游业发展存在的问题

一是有资源缺特色。金坛虽有丰富的旅游资源且毗邻长三角近距离旅游市场，但是与周边县市具有很大的类似性，在长江三角洲旅游市场中并不具备明显的比较优势，突出表现在没有鲜明的旅游形象和没有深刻印象的旅游宣传口号。二是有项目缺龙头。目前金坛旅游项目数量不少，但体量不大、质量不高，无法撬动旅游发展的杠杆，至今没有形成类似"恐龙园"、"天目湖"等能代表一个地方的旅游品牌和城市形象的龙头型旅游项目。同时，近年来金坛周边县市着力引进大项目形成高端旅游产品，导致金坛传统旅游市场被瓜分，地域影响力不断下降。三是有产品缺产业。"只有吃没有住，只有住没有玩，只有玩没有吃"成了金坛旅游景区点的鲜明写照。没有形成完整的旅游产业链，各个景区点产业功能单一，成为阻碍金坛旅游业实现内增长的最大障碍。四是有岗位缺人才。金坛旅游缺乏高水平酒

店管理团队、旅游产品策划、营销团队以及高级厨师、高级导游等高级旅游专业人才、管理团队稀缺，使得金坛旅游企业发展竞争力不足，缺乏后劲。

金坛旅游业受保守的发展观念、资源投入不足、管理机制落后等诸多因素的制约，迫切需要转变局面、打开缺口、提升定位、搭建平台、树立形象，争取政策支持，依托大项目的聚集，以金坛茅山在未来一段时间成为全省乃至华东地区的旅游热点为契机，充分发挥龙头项目的带动作用，借此良机培育完整的旅游产业链，树立金坛旅游形象，进而提升全市旅游业的发展水平。

2. 信息化建设存在不足

一是服务业信息化观念落后。服务业从业人员缺乏对信息技术的清醒认识，还持有保守态度，没有意识到信息化对提升服务业竞争力的重要性。二是行业信息化水平差异明显。金融服务等一系列金字工程领域信息化水平较高，其他领域则由于服务模式复杂且不统一，涉及不同贸易规则及协商调解机制等原因，发展水平严重滞后。三是信息资源开发利用落后。由于金坛服务业规模参差不齐，缺乏有效的行业沟通，信息化建设各自为政，无法实现资源共享，造成信息资源的极大浪费。

3. 商贸流通领域发展迟缓

一是发展不足。总体增幅偏低，商贸流通业发展速度明显低于溧阳及其他区县，新型商贸业发展迟缓，发展质量不高，不能形成集聚效应和品牌效应，消费资金外流现象突出。二是布局散乱。没有考虑原城市商贸网点布局的总体格局，不能体现现代化商业网点布局的发展趋势，也没有出台具有较高可操作性的"商业网点规划"（商务局目前正在筹备，已进入规划论证阶段）依据。发展目标没有达到"总量平衡、布局合理、业态先进、结构适当"，商业网点体系仍存在零、散、乱现象，以街为市、以路为市现象也仍存在。

4. 物流业发展起色不大

目前物流业经过几年的快速发展，虽有起色，但是大多还是经营传统功能型物流，很少有大型综合物流。物流在提升运输产业水平、推动经济发展和增加经济效益方面作用认识还不足，专业化服务程度较低，自营物流比例过大，专业物流代理服务得不到充分利用，致使生产制造业的物流业务不能从主营业务中剥离出来,且业务裙带关系较重,效益不高,市场秩序欠佳。同时受条块分割、部门分割的传统物流管理体制影响,企业大多从自身角度出发,规划缺乏统筹考虑,衔接渠道不畅,物流效率低下,已突显制约地方经济发展的迹象。

总之,立足服务业发展现状,正视服务业发展的结构问题,充分发挥自身优势、把握外部发展机遇,新时期金坛服务业的发展必须以导入外部需求为切入点,全力推进服务业产业结构升级和功能完善,实现服务业的跨越式发展。首先,立足服务业发展现状,正视服务业发展的结构问题,充分发挥自身优势、把握外部发展机遇,新时期金坛服务业的发展必须依托"地方营销",以导入外部需求为切入点,全力推进服务业产业结构升级和功能完善,实现服务业的跨越式发展。其次,金坛要积极融入城市网络,着眼城市领先需求,大力推进休闲度假、文化创意、商务办公、信息服务外包等产业领域的发展,开创金坛服务业发展新局面。第三,金坛要进一步完善城市道路交通网络和基础设施建设,加大人才培养和引进力度,为承接长三角地区的服务业产业转移和多中心差异化发展奠定基础,做好准备。

第三节 自身拥有的四大优势

一、比较优势之一:优美的自然景观与深厚的人文积淀

金坛素有"鱼米之乡、江南福地"之美誉,西有道教"第八洞天"之茅山,山势秀丽、峰峦叠嶂;东南洮湖(长荡湖),长空一碧、岸芷汀兰、景致殊绝;丹金溧漕河穿城而过,金沙八景如星罗棋布,构成了"山、水、城"融为一体的独特的吴地风情。优异的自然生态资源孕育了丰富的物产,茅山青峰和长荡湖"八鲜"品质优异,金坛因此享有"中国绿茶之乡"和"中华绒蟹之乡"的美誉。

优美的自然生态环境历来是一个城市增强吸引力的重要优势,也是城市人文底蕴得以发展的重要环境。悠远的历史造就了深厚的人文积淀,茅山道教文化,封缸酒、绿茶等饮食文化,金坛刻纸等民俗文化在此碰撞交织,极大地丰富了金坛的历史文化底蕴。金坛地灵人杰,更是国际数学大师华罗庚的故乡。

近年来,金坛致力于突出山水、绿色、生态,做到自然资源、人文

优势与环境保护并重。茅山呈现林木葱郁、洞天福地的美景,长荡湖展现碧波荡漾、蟹壮鱼肥的奇观。金坛被国家文化部命名为中国民间艺术之乡(刻纸),是江苏省体育先进县(市),并被国家卫生部列为全国卫生工作重点县(市)、全国人人享有卫生保健的试点县(市)。自然与人文资源的优势组合营造出金坛优越的投资与消费环境,为服务业的大发展奠定基础。

二、比较优势之二:有利于产业层次提升的后发优势

金坛服务业发展起步较晚,产业结构存在巨大转型升级空间,这意味着金坛在服务业实现大发展的初期就能立足高远,以满足城市市场的领先需求和高端需求为目标,利用充足的产业发展空间大力导入休闲度假、商务办公、文化创意、创新创业等高附加值服务业产业。后发优势的存在有利于实现金坛服务业产业层次的快速有效提升。

三、比较优势之三:不断巩固的特色制造业地方集聚

特色制造业地方集聚不断巩固,引致本地服务业需求潜力日益增强。经过多年的培养,金坛已具备以光伏新能源、纺织服装、机械电子、盐化工为支柱的传统产业体系,并加快发展高端装备制造、新材料、生物医药、节能环保等一批高科技新兴产业。随着制造业的增长,亟须发展研发设计、商务服务、现代物流等生产性服务业,这为金坛发展总部经济创造了需求条件。

四、比较优势之四:相对便利的空间区位

金坛位于常州市西南部,距离常州主城区仅50公里,239省道、240省道、241省道和340省道使其与常州市区、武进区和溧阳市紧密相连。地处沿江高速和扬溧高速的交叉处,发达的高速公路体系使金坛能够便捷联系南京、上海、杭州、苏州等区域枢纽中心。沪宁线经过常州,距金坛仅30公里,连接东西南北铁路网,以及未来一段时期即将规划实施沪宁城际铁路,在金坛设站;上海浦东国际机场、南京禄口国际机场、上海虹桥机场、杭州萧山机场、常州奔牛机场、无锡硕放机场六大机场环绕金坛,距上海浦东国际机场3小时车程,距

南京禄口国际机场仅40分钟车程;通过丹金溧漕河运河系统,金坛可连通长江,到达上海港(200公里)和洋山深水港(230公里)。

四通八达的交通网络意味着金坛能与外部经济发达城市实现快速沟通与市场对接,有助于金坛发挥交通枢纽优势,加速要素流动,促进产业集聚,发展优势传统产业、高科技新兴产业,也有利于城市高端服务业需求的导入,加快发展物流等现代服务业,成为长三角大都市圈的重要节点城市。

第四节 发展愿景、战略、目标和空间布局

一、发展愿景

综合分析服务业发展现状和结构性问题,发挥优势,把握机遇,努力把金坛建设成为"沪宁杭服务新节点,长三角度假新天堂"。

沪宁杭:金坛地处上海、南京、杭州三大核心城市构建的三角地带,上海都市圈、杭州都市圈、南京都市圈和苏锡常都市圈在此共振,沿江高速、扬溧高速和规划建设中的沿江城际铁路使金坛与四大都市圈紧密连接。突出的区位优势使金坛能够充分享受四大都市圈的人才、知识和技术溢出,更为金坛服务业的发展提供了广阔的市场。金坛服务业的发展应瞄准周边城市市场,优先满足大城市的领先需求。

新节点:长三角地区服务业发展呈现清晰的等级体系,即"枢纽—节点—腹地"体系。枢纽是全局系统的中心环节,节点则是网络中的连接点与汇合点,是局部系统的核心。"新节点"意味着金坛应抓住长三角地区即将到来的第二次产业转移契机,通过服务周边地区占据长三角服务业发展格局中的重要节点。

长三角:长三角凸显了金坛的地区市场环境,意味着金坛的服务业临近大规模市场,应以长三角经济发达地区为主要市场腹地,应立足长三角、面向全国,以服务业产品的国际化、品质化为发展方向。"长三角"还指出了金坛的资源禀赋特征,意味着其服务业的发展应凸显江南自然环境和地域文化特色。

新天堂:天堂是人类心目中的幸福家园,在工业化时代,天堂被赋予了新的含义,当代的天堂是充满历史文化底蕴并寄托着时代精

神的乐土,是现代科技文明与自然环境和谐统一的家园,是产业高效运作与"慢生活"的空间。"新天堂"意味着金坛应以休闲度假和文化创意产业为先导,依托丰富的自然生态资源和深厚的历史文化积淀,打造生态宜居、底蕴深厚的休闲天堂。

二、发展战略

依托文旅先导、集聚成长、营销推动三大发展战略,努力推进金坛服务业产业结构转型升级。

1."文旅先导"战略

文旅先导意味着金坛服务业的发展应着重推进文化创意产业和旅游业的优先发展、融合发展。

金融、新闻传播、高等教育等服务业产业领域容易受到较严格的政府管制,往往在北京、上海等枢纽城市形成产业集聚,如陆家嘴金融贸易区等,在金坛不具备大规模发展的条件。文化创意产业和旅游业以自然环境和历史文化为资源基础,能充分凸显本地的差异化竞争优势,应作为金坛服务业发展的主导产业优先发展。

文化是旅游的灵魂,就严格意义而言,旅游业也是文化产业,只有文旅融合发展才能真正实现旅游业的差异化竞争优势。传统产业的文化化是文化产业发展的重要方向之一,旅游业所涉及的食、住、行、游、购、娱等产业部门正是传统产业文化化的重要突破点。

依托优势资源,优先发展休闲度假和文化创意产业,积极促进旅游产业和文化创意产业的融合发展,努力实现两大主导产业的互动式增长。依托文旅先导带动相关产业的发展,逐步构建起金坛特色鲜明、多领域协同发展的现代服务业产业体系。

2."集聚成长"战略

集聚成长意味着服务业发展应实现空间上的集聚,集中要素供给,动员各方力量,利用各种资源,有序推进核心板块的增长。

服务经济是城市化经济,上下游产业与相关产业的集群式发展是服务业发展的重要模式,这意味着相关产业应实现"手拉手"式的共同成长。长三角城市区域"一损俱损,一荣共荣"的发展特点意味着资本、土地、人才等生产要素应集中供给某一产业发展方向及其空间载体,以短期的不平衡增长带动最终的全面增长。

立足现有产业格局,以老城区、滨湖新城、茅山旅游度假区、长荡湖旅游度假区等几大板块为载体,充分利用规模经济和集聚优势,形成板块内部高度集聚的服务业发展格局。明确发展时序,在未来一段时期率先推进滨湖新城、茅山旅游度假区和漕河休闲旅游综合体三大板块的开发。通过不断完善道路交通、旅游接待的基础设施建设,夯实长荡湖旅游度假区的发展基础。

3. "营销推动"战略

营销推动意味着在金坛应把城市营销提升到与招商引资同等的地位,使其成为推动服务业发展的核心手段。服务业的发展特征与工业有所不同,工业以低成本为竞争优势,服务业则在考虑低成本的同时更要面向差异化竞争策略。城市营销正是改变受众认知、实现差异化竞争的重要手段。

充分调动"官产学民媒"各方力量,整合多种传播渠道,通过节事活动、公共关系、议题管理等手段全方位推进金坛城市形象的互动式营销。不断完善城市标识系统、城市环境、基础设施等城市公共服务,导入目的地识别系统,积极树立金坛"道韵悠悠养生地,长水荡荡休闲乡"的城市形象。

三、发展目标

1. 全力推进休闲度假产业

以休闲度假为发展方向,着力培育茅山旅游度假区、长荡湖旅游度假区、滨湖新城和漕河滨水休闲商业区四大旅游板块。大力导入旅游综合体、主题酒店和主题餐饮、公司加农户模式、中小旅游企业集聚发展等新型业态。不断完善旅游基础设施和标识系统,健全旅游服务体系。强化营销意识,注重全方位整合营销,积极树立金坛"道韵悠悠养生地,长水荡荡休闲乡"的旅游目的地形象。

面向旅游发展,推进文旅融合发展,重点发展道教文化、民间艺术、茶文化、民俗文化四大主题文化领域。深入推进文化体制改革,明确文化资源开发主体。不断创新文化产业开发模式,依托前店后场、旅游综合体、社区参与开发、传统产业文化化和演绎展示等开发模式提升文化产业层次。全力推进文化产业政策支持、刻纸产业化开发、文化产品品牌价值提升、文化传承与保护、传统产业提升、文化走出去等"六大工程"建设。

2. 前瞻发展信息服务外包产业

进一步完善华罗庚科技园等产业园区的基础设施建设,加大人才培养和引进力度,不断强化与浦东软件园、昆山软件园等高新技术园区的跨区域合作,积极承接长三角地区信息服务外包产业转移。

兼顾国内外市场,推进区域合作,重点发展信息服务外包产业。聚焦原创,大力发展文化、艺术、动漫、游戏娱乐等领域的内容产业。突出研发与创新创业,着力推进企业孵化器建设。培育及引进共享服务中心,提升市场竞争力。面向应用,打造"智慧旅游"、"智慧农业"等示范项目。大力推进电子商务后台建设。

3. 辅助式发展总部经济、商贸流通和金融服务

在两大产业主导格局下,辅助式发展总部经济、商贸流通、金融服务等产业领域,不断完善金坛的现代服务业体系。

依托差异化战略,以优越的自然人文环境和个性化、高端化的服务挖掘总部经济的新增长点。立足制造业产业基础,推进商贸中心和物流网络建设,不断完善金融服务,强化"以二带三"的产业互动式发展模式。审时度势,抓住未来可能出现的发展机遇,实现辅助性产业的跨越式发展。

四、空间布局

1. "两片一核两网"空间发展格局

(1) 两片:茅山旅游度假区和长荡湖旅游度假区

"片"即片区,是从整体系统中分离出来的特定服务业发展载体。片区在特定资源基础上加以构建,突出发挥休闲度假这一核心功能。片区内部强调生态宜居的自然环境,产业布局相对分散,集聚程度相对于"核"较低。

以茅山旅游度假区为依托,集中优势资源,重点发展茅山旅游度假区、国家级养生度假区,打造健康产业,突出休闲度假、养生康体、文化体验、运动娱乐、农业生态观光等核心功能。

以长荡湖旅游度假区为核心,构建融休闲度假、美食体验、农业观光等领域于一体的滨湖旅游体系。努力构建金坛"一山一水"交相辉映的两大旅游产业片区。

以"一山一水一城一河"的特色资源为基础,打造金坛"两片一核两网"的服务业空间发展格局。

(2) 一核:老城区与滨湖新城服务业发展核

"核"即核心,是服务业发展的中心功能区。"核"是提供综合型服务的载体,应在"核"内积极导入休闲度假、会议会展、商务办公、金融服务等多元化现代服务业产业形态,完善其城市功能。"核"在空间布局上呈集聚形态,应集中对服务业功能区进行组织布局,突显中心集聚功能。

金坛应以"一河一城"为基础,打造服务业发展核心。以沿丹金溧漕河老街为纽带构建城市休闲综合体,以滨湖新城为载体凸显公共服务、会议会展、商务办公等功能,以华罗庚科技园为依托承接服务外包、创新创业、电子商务后台等服务,打造"与历史对话,与未来沟通"的金坛服务业发展核心。

(3) 两网:社区服务网络和物流网络

"网"即网络,是将区域内各节点紧密联系起来的服务业功能体系。网络以最大限度服务社区、促进各节点间便利沟通与资源流动为发展目标。网络总体覆盖范围广,但在空间上多呈现较为分散的多点式布局。

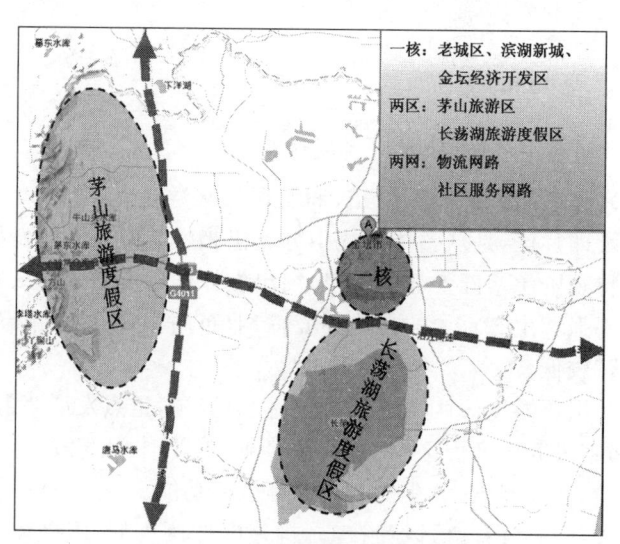

图 12-5 金坛服务业发展空间格局示意图

以服务社区、提升居民福利和生活品质为目标,不断完善社区商业、医疗卫生、文体事业、教育、金融服务等多元功能体系,构建覆盖全市的社区服务网络。以沿江高速和扬溧高速为轴线,以朱林镇和尧塘镇为两大核心节点,构建服务全市、辐射整个长三角的现代物流网络。

2. 功能分区定位

在"两片一核两网"的空间格局主导下,经济开发区和七大乡镇应结合自身发展条件和特色,明确服务业发展定位,形成主次分明、多点联动的市域服务业发展体系。

经济开发区:依托汽车4S城等项目载体,发展汽车贸易服务。不断完善社区商业和服务配套,为未来服务业转型预留充足发展空间。

金城镇:以纺织服装产业为基础,全力推进金坛国际服装中心等项目的规划建设,打造综合型服装贸易中心。

尧塘镇:依托紧邻沿江高速、密切联系武进经济开发区的交通区位优势,大力发展现代物流产业,建设成为金坛与外部市场畅通连接的"东大门"。

薛埠镇:立足茅山生态资源优势和道教文化传统,依托东方盐湖城、紫云湖、金沙湾、宝盛园等项目载体,重点完善休闲度假、养生康体、文化体验、运动娱乐、农业生态观光等旅游和文化创意产业功能,打造金坛西部的休闲度假枢纽。

朱林镇:充分发挥位于沿江高速和扬溧高速交叉处的高速道口优势,推进金西物流园等园区载体建设,着力发展现代物流产业,构建金坛商贸流通新枢纽。

儒林镇:立足长荡湖、大涪山、水乡八卦等资源基础,依托交通区位优势,推进等项目建设,重点发展休闲度假、美食体验、农业观光等产业领域,建设滨湖旅游新镇。

直溪镇:依托董永村等资源基础,全力构建以"一中心六景区"为主体的旅游框架,重点推进以"福孝文化"为主题的特色文化旅游建设,打造江南文化旅游特色名镇。

指前镇:发挥东临长荡湖的滨湖水乡优势,大力发展农业生态观光和乡村旅游,打造生态旅游观光名镇。

第五节 重点领域与发展对策

一、战略服务业

(一)大力推进休闲度假产业发展

以休闲度假为发展方向,决战茅山,以茅山风景旅游度假区(力争成为国家级养生度假区)为突破,以东方盐湖城等重大项目为抓手,着力培育旅游发展的四大空间板块。明确发展时序,在未来一段时期,着力推进茅山度假区、漕河滨水休闲商业区两大板块的开发,强化滨湖新城的旅游功能,夯实长荡湖休闲度假区的发展基础。推进旅游综合体、主题酒店和主题餐饮、产业集聚、公司加农户等四种业态的发展,进一步发挥旅游局在引导行业发展上的作用,努力把金坛打造为"道韵悠悠养生地,长水荡荡休闲乡"。

1. 着力培育四大空间板块

(1)茅山风景旅游度假区

"自然咬合的山水格局、平缓起伏的低山丘陵、生态良好的灌木植被、幽静怡人的乡野田园"是茅山的天赋条件,金坛未来一段时期应该把发展重心放在茅山板块。以"养生文化"为茅山旅游和国家级养生度假区的发展主题,围绕这一主题进行项目配置、设施配套及景观塑造,着力打造景区的"双核四区":两个生态核心区为茅山水库和新浮水库,四区为养生运动区、养生度假区、养生休闲区和养生生态区,营造在长三角甚至整个中国具有市场影响力的养生文化旅游区。

服务体系建设:建设以高星级酒店、精品酒店、主题酒店的酒店集群为核心的休闲服家服务体系,打造多元度假产品。

酒店集群:积极推进高星级酒店集群建设,引进建筑风格各异、主题不一的高星级酒店,以高星级酒店提升旅游形象,加强旅游品质,吸引高品质客源。强调文旅互动,大力打造以主题酒店为基础的文旅互动的多元化度假产品,如以万亩茶园为主题的茶文化酒店、与乡村俱乐部结合的休闲酒店等。在四个居民安置点、盐湖城项目中,积极引进外部地区的文化人为业主,发展具有文化意蕴的小型奢侈精品酒店,扩大酒店集群,以丰富、独特的文化内涵,提供高品质的休闲度假空间。

图12-6　金坛四大旅游休闲空间板块布局示意图

酒店主题化：借鉴国际主题酒店的发展经验，推进酒店产品的主题化。如东方盐湖城在道文化主题基础上，积极开拓盐文化产品，增加盐浴、水疗等体验性产品；赋予紫云湖以独特的主题及功能，建议以中华中草药养生文化为线索，积极拓展休闲度假产品；结合茶文化的品茗、茶艺观赏，打造茶文化主题酒店等。

产品度假化：参考国外知名度假酒店特有元素，营造有特色的酒店度假产品，如设计玻璃幕墙，面向最美好的风景；浴室设计脱离传统"暗室"方式的制约，将沐浴与观景结合，创造室内外观景沐浴方式等。

管理品牌化：鉴于世界顶级酒店管理公司具有的规模优势、品牌优势、集团化优势以及企业文化优势，有利于多渠道争取稳定客源，且最大化获得顾客的忠诚度，建议引入世界顶级酒店管理公司，对金坛的酒店集群进行管理。

游客中心。建设集信息咨询、旅游购物为一体的茅山游客服务中心，其主要功能是：设立游客服务配套设施；提供信息服务；提供以生态农产品为主的旅游购物。

大力发展旅游购物：首先打造茅山原产地品牌。依托传统乡土文化产品，如茶叶、盐艺术品、茅山山泉，打造具有原产地标识的"茅山三宝"旅游购物品牌产品。挖掘茅山文化，积极策划，全方位营销，提升"茅山三宝"的品牌价值。其次打造茅山旅游购物形象。结合游客中心、酒店商务中心建设以"茅山三宝"为品牌形象的地方产品的特许专卖,借鉴北京把旅游纪念品、工艺品、特色食品、地方品牌工艺品浓缩为"北京礼物"的主题概念以及开设"北京礼物"专卖店的做法,进一步完善产品包装,建立原产地标识系统,打造茅山旅游购物形象。第三完善旅游购物的载体建设。借鉴国内外先进理念,利用区位优势,整合资源,发展旅游购物,构筑集购物、餐饮、休闲、娱乐四大功能于一体的景观购物中心,完善重点项目的购物功能。最后推进第二居所的发展。积极茅山开发环境优美、容积率低的第二居所,如连排别墅、叠加别墅、小户型公寓以及分时度假酒店公寓等,使金坛成为南京、苏锡常居民的第二居所,积极优化金坛旅游客源结构,提高旅游消费,引入高素质人群、高消费人群,改善城市人口素质,推动城市品质的提升。

茅山青峰	推行生态种植、低密度种植,提升茅山茶叶品质,高定位高定价,建立茅山茶叶高档形象,以茅山青峰为第一宝。
金坛封缸酒	保护封缸酒酿造技艺和民间传统酿造人才,挖掘金坛封缸酒历史,打出"贡酒"、"国酒"名号,以茅山山泉和"标米"所酿的金坛封缸酒为第二宝。
盐雕艺术品	结合茅山盐矿资源,邀请艺术名家设计,打造一批精品盐雕艺术品,以此为茅山第三宝。

基础设施建设:保障重点项目基础设施配套。积极推进东方盐湖城等重点项目,保障重点项目基础设施配套,政府协助完成基础设施建设。

促进通讯网络的整体覆盖。紧跟茅山重点项目建设,完善通讯网络对茅山的整体覆盖,为游客提供可靠的安全保障。可考虑政府引导通信企业对茅山地区进行通信网络的规划与普查,调查现有基站配置、现网无线利用率、现网话务量、现网拥塞率、预测话务量、载频扩容规模等诸多方面,积极推动覆盖距离远、吸收话务能力强的基站建设,促进通讯网络的整体覆盖,为茅山发展提供有力的通信支撑。

完善自驾车服务体系。一是结合自驾车游线设计,完善茅山的道路交通系统,确保道路通畅,进一步加强旅游的标识系统的完善,促进道路标志牌的规范化与清晰化,确保自驾车旅游者的安全,营造良好的汽车自驾游环境;二是完善自驾车服务体系,积极建设自驾车营地所需基础设施,参考《汽车自驾游基地建设及服务规范》标准,逐步完善住宿、露营、越野、休闲、餐饮、娱乐、汽车保养与维护、汽车租赁、度假、户外运动、信息服务、医疗与救援等功能;三是加强汽车自驾游基地的规范化管理,提高汽车自驾游基地的经营管理与服务水平,力争为汽车自驾游车主创造"安心的汽车自驾游环境,安全的汽车自驾游过程,放心的汽车自驾游消费,舒心的汽车自驾游服务"。

光伏产业的展示与应用。注重光伏产业的展示与应用,建设环保生态的绿色基础设施,如在东方盐湖城的建设中,把光伏产业的节能元素融入到开发中,将生态的现代结构融入建筑物的古朴风格中。

"小火车"项目建设。依托茅山风景旅游度假区,结合其他项目建设,借鉴台湾阿里山旅游风景区的经验,积极建设"小火车"项目,引进复古式的小火车,配套相关设施,在承担运载游客的功能的同时,增加游客体验度,同时也可以将茅山各个主要景点串联起来,更大地提升茅山风景旅游度假区的吸引力,打之造成的一道亮丽的风景线。

- 空间管制和高标准招商

鉴于土地资源的稀缺性,应遵循可持续发展原则,为未来发展留足空间;茅山是金坛未来旅游发展不可多得的重要资源基础之所在,休闲度假旅游的开发要求低密度利用土地资源,这也对茅山旅游开发提出了空间管制的要求;空间管制也有利于充分享受重点旅游项目开发带来的土地增值。这就意味着金坛需要进行空间管制和高标准招商,积极为未来旅游业发展储备必要的发展空间。

空间管制。强化空间管制,有序推进土地入市,充分储备未来发展空间,充分享受大型项目开发带来的溢出效应;充分利用市场化运作手段,开拓茅山旅游发展空间,积极培育大企业大市场,通过企业兼并、土地租赁的方式,鼓励企业对茅山进行一体化开发;以金坛为茅山开发总部,力争将句容的茅山也纳入本地企业开发范围之中。

环境管制。明确茅山产业发展的方向,坚持以旅游业为地区发展的主导产业,对环境有负面影响的企业应在法律许可的范围内予以"关停并转",努力在茅山地区实现"退二进三"的目标。

高标准招商。综合考虑对目的地形象的提升,综合考虑对区域经济的拉动作用，优先引进创新创意能力强、企业品牌形象佳的旅游企业。坚持宁缺毋滥的原则，有选择、高标准地进行招商。

(2) 大力拓展长荡湖板块

统一品牌，整合开发长荡湖，打好生态、美食、健康运动"三张牌"，结合服务体系、基础设施、农产品品牌的建设，把长荡湖打造为基于滨水资源，融合地方文化、餐饮、现代度假元素的高水准滨水旅游度假区，形成文化旅游产业集聚群，培育以生产之美、生活之美、生命之美、生态之美的"唯美长荡"为核心的旅游增长极，做大做强长荡湖品牌。

- 打好"三张牌"：

"生态牌"。坚持可持续发展的原则，以生态环境为保障，着力发展长荡湖的生态农业、休闲旅游等产业，在推动长荡湖地区经济增长的同时，积极处理好农业、旅游发展与湖水生态系统平衡的问题，推动"退田还湖"，确保湖面面积；加强整治力度，引导长荡湖养殖业有序发展；强化监管职能，着重处理水上餐饮业的污染问题，向社会展现出一个环境优美、物产丰富、产业发达的长荡湖生态旅游度假区。

"美食牌"。一是依托长荡湖"八鲜"等美食资源及节庆文化等，主力打造三大"平台"，宣传长荡湖美食文化。同时，积极丰富菜肴种类，打造美食精品，做大做强美食品牌。二是依托长荡湖，打造"主平台"。立足长荡湖，依托长荡湖滨水旅游的发展，举办"长荡湖大闸蟹文化节"等美食节，以节庆造气势，奏响长荡湖美食文化主旋律。三是促进内外合作，打造"大平台"。着眼大市场，积极谋求与江苏餐饮行业协会合作，举办"江苏国际餐饮博览会"，以长荡湖"八鲜"美食为基础，整合全市美食餐饮资源，向全国乃至全世界展现金坛美食风采。四是鼓励全民参与，打造"全平台"。举办大型美食比赛，并积极鼓励全市酒店、餐饮公司参与竞争，打造一批融合本地食材的美食精品，巩固强化金坛美食品牌竞争力。五是整合美食资源，丰富美食文化季节性内涵。利用长荡湖"八鲜"美食品牌，整合儒林镇以山羊肉为食材的美食菜肴，形成"春天鱼，夏天虾，秋天蟹，冬天羊"的美食文化季节性内涵。六是打造龙头企业，构建竞争主体。依托长荡湖美食及其他休闲旅游资源，成立国有控股的长荡湖美食集团，以美食加工生产及销售为经营核心，积极向酒店连锁经营业务拓展，推动旅游产业集聚，做大做强长荡湖品牌。

"健康运动牌"。依托长荡湖环境与资源,积极推动运动康乐项目建设,引入水上游憩乐园,整合"水八卦"、"蟹文化"等特色文化内容,打造长荡湖康乐旅游的一大亮点;以"绿道"项目为切入点,建设环湖运动带,打造运动休闲大空间。

服务体系建设:以龙头项目为带动大力招商引资,引入一家有实力的企业对长荡湖进行整合式的统一开发,观光先导,休闲度假为主,积极建设一体化度假区。大力推进水八卦重建项目,使之成为金坛乃至常州的龙头项目。积极建设长荡湖湿地公园,融合大培山的文化要素。努力推进美食街的建设。

基础设施建设:一是抓好土地整治,确保土地供给。抓好土地整治,积极推动"退田还湖",在确保湖面面积的基础上,推进堆泥场的建设;加强土地规划,在城市规划的基础上,适当增加商业用地和旅游房产用地的规划面积,确保土地供给;加强对大项目的招商引资力度,力争大项目的入驻,以大项目启动上级支持,争取土地指标。二是发展旅游购物。以大闸蟹为长荡湖水产主打产品,大力发展旅游购物;积极配套冷链物流配送中心,建设集加工、配送、信息网络、质量检测、运输、销售为一体的冷链物流中心,积极解决冰鲜保存与物流运输的问题,服务长荡湖水街旅游。

特色农产品品牌化建设:推进特色农产品品牌化建设有助于优化农业结构、提升农产品附加值,也是提升长荡湖旅游目的地品牌形象的重要途径。以长荡湖大闸蟹为示范,在养殖业和种植业领域大力实施农业标准化、产业化、有机化建设,加快发展无公害农产品、绿色食品和有机农产品。鼓励农产品注册原产地标识,积极组织名牌农产品评选认定工作,积极搭建农产品推介的营销平台,提高农产品品牌上市率,培育、做强、做大一批特色鲜明、质量稳定、信誉良好、市场占有率高的名牌农产品,促进农业品牌化工作的持续健康发展。积极推广公司加农户模式,发挥龙头企业的引导作用,发挥长荡湖农业合作组织、行业协会的协调作用。鼓励组建长荡湖大闸蟹行业协会,发挥企业与社会团体在推动地区产业发展中的积极作用。

(3) 滨湖新城板块

围绕钱资湖,以滨湖游憩为主题,把滨湖新城打造成为一个集商务洽谈、旅游休闲等为一体的大型特色旅游商贸中心。

打造城市游憩中心:一是大力建设滨湖游憩设施。高标准完成户外游憩设施、商业配套设施和商务会展等支持性商务活动设施建设，在功能完善的基础上注重设施的景观化和标志化，注重融入地方文化特色，为乐游宜商的环境塑造奠定基础。强化湖岸的景观设计，修建环湖自行车道、亲水平台、湖边绿地、钱资湖水幕电影等多样化游憩设施，创造生动滨水空间，促进行人和水滨互动。将景观建设与商业建设结合，注重环湖建筑界面的设计，形成进退有序、错落有致的建筑轮廓线，形成自然与人文交融的滨湖景观风貌，使滨湖新城成为金坛居民高端生活的样板。二是引进高端餐饮、购物、娱乐商家。瞄准高端，积极导入先进游憩管理运营模式，大力引进知名餐饮、购物、娱乐等休闲商业企业，努力推动管理型、营销型、设计型等企业总部向滨湖新城集聚，促进滨湖新城游憩中心功能形成。可考虑大力引进精品餐饮商家、品牌购物商家，修建一座具有标的性建筑性质的购物休闲娱乐中心，建设凝聚前卫时尚理念、大胆空间布局的特色建筑。以娱乐休闲为主，突出时尚个性，集合各种现代流行的体验型游戏娱乐项目，吸纳城市居民消费力、整体提升金坛城市引力，使滨湖新城成为新的旅游消费热点、成为一站式满足顾客消费需求的"城市客厅"。三是积极策划游憩娱乐项目。导入营销理念，善于策划品牌型商业商务活动，积极打造丰富多彩的游憩娱乐项目，持续凝聚人气，不断增强活力，推动滨湖新城成为金坛市标志性的城市游憩中心。

商务旅游和会议奖励旅游：面向金坛未来发展方向，以高智人群、知识群体、商务人群为主要服务对象，大力发展商务旅游和会议奖励旅游。首先，引进国际高端酒店，建设酒店会议一体化经营的会议中心。加快推动酒店建设，积极引进星级酒店入驻滨湖新城，不断提升接待水平，将滨湖新城打造成为金坛最具竞争力和最有魅力的商务旅游首选地，积极建设与度假型酒店一体化经营的会议中心；积极引进专业旅游地产开发商，以及国内外知名的酒店管理集团，以拓展会议与度假旅游的市场渠道，提升旅游地形象，并确保服务水平的专业化；引入一批具有国际性会议会展接待经验的高层次人次和服务人才，加强对本地服务人员的素质培训，提高服务质量。其次，完善会议会展设施，建设国际会展中心。建设国际会展中心，承接大型全国性展会、移植到江苏的国际品牌展会等。引进专业 MICE 团队，实施规范化管理和市场化运营，实现设施收益最大化。提供会议产业相关的奖励扶持政策,推动企业进入 MICE 经营,提高整体旅游产值。通过政策引导,积极培育或引进专业的会展服务公司,使之成为市场运作的主体,开辟金坛发展会议奖励旅游的新渠道。

(4)漕河滨水休闲商业区

以"点亮河岸景观,做活沿河商业,开拓城市公共空间,恢复历史景观"为目标,积极恢复古运河风貌,打造集历史风貌和现代生活有机空间为一体的河岸景观,挖掘地方文脉,塑造城市慢生活空间。

专栏 12-1　丹金溧漕河——开启今日金坛与昨日金坛的时光隧道

丹金溧漕河是金坛的文脉所在,河边旅游景点聚集,历史文化景点集中,文化底蕴丰厚,是金坛文化的集中体现。其厚重的历史沧桑感所留下的痕迹,使之成为过去金坛的历史所依托的地方,漕河滨水休闲商业区是最能体现金坛特色,能成为金坛旅游品牌的区域。作为四大板块的重点,打造金坛的文化之脉,与历史的金坛对话,与未来沟通。

恢复运河风貌,打造河岸景观:以保护金坛漕运河文化遗产的真实性和完整性为前提,恢复和保留原有文化的多元性,积极恢复运河风貌,打造河岸景观:

首先,恢复运河原有功能。保持运河现有水位:丹金溧漕河现在"河在堤下"的水位状况既能满足漕运河运输功能的发挥,又具有漕运河独有的特色元素,满足旅游开发需要。金坛继续保持运河现有水位,是恢复运河风貌的重要步骤。积极恢复运河码头:着眼于长远利益,维护生态、保护资源、保护运河风貌、传承运河文明,积极恢复传统运河重要元素,恢复运河码头。在保护运河的基础上进行科学利用,重现码头历史功用的同时,将部分码头改造为游艇码头。其次,挖掘老字号。深入挖掘老字号,启动挖掘老字号企业资源项目:充分挖掘金坛漕运河深厚的民俗历史文化底蕴,结合丰富的旅游资源,深入挖掘金坛历史上的老字号;成立老字号企业协会,收集建立"金坛老字号"企业档案信息和各行各业的特色知名品牌资源,为保护、传承、发展"金坛老字号"品牌资源提供服务和营造良好环境;政府主导,启动挖掘老字号企业资源项目,收集、开发金坛市老字号企业资源,重点挖掘如"开一天"之类的百年老店、传统商铺,弘扬传统文化,振兴老字号;引导投资者恢复古建筑风貌,再现漕运河古代繁荣景象,繁荣漕运河岸商业经济。积极倡导弘扬老字号的金字招牌,开发原创性民族品牌;围绕漕运河全面振兴和繁荣第三产业,鼓励老字号组团发展,在漕河两岸区域内形成老字号集群效应,促进建立品牌战略合作联盟;积极拓展社区市场及国内市场,以中华美食老字号品牌为班底,集结各大菜系优势品牌,整合中华武术、书画、养生、茶道等文化休验项目,以资本化建立品牌联盟,以标准化改造传统工艺,以组团式组合各类业态,创设中华老字号国际化孵化基地,采用集团军的形式开拓海外市场,开发原创性民族品牌。三是,复建传统街区风貌。复建古建筑:集中展示运河两岸民风民俗,增加人文旅游内涵,可参考金坛历史上具有独特风格的精致的古建筑,遵循"尊重历史"、"有机更新"、"整体统一"的理念,融合金坛漕运文化特色,将传统建筑的设计风格与现代建筑手法相结合,复建河岸古建筑,对历史遗留建筑进行翻新、升级和转型,打造历史风貌街区;加大沿街建筑和植物的保护力度,如河边的菜地,存续街道生活氛围。实施灯光工程:将漕河两岸规划成为反映城市空间特色的重要灯光景观线,实施灯光工程,丰富漕河夜景形象。可以各复古建筑照明为点,以河岸线照明为线,以漕河区域夜景照明为面来营造。同时结合广告、绿地、雕塑、喷泉、市政设施、水景等载体的照明,以显现出漕河的建筑特色和历史文化内涵。增加绿化与城市建筑小品:在河岸零散地块,合理利用园林小品、置石、造型植物及鲜花等园林造景元素,同时配置观赏价值高、具有金坛地方特色的植物,增加与周围环境相协调的绿化小品。积极营造主题氛围,植物配置在突出每个地块主题植物的基础上,体现植物的多样性、景观的丰富性和生态的多重性,并协调好植物的空间层次、树形组合、色彩搭配和季相变化的关系,实现四季有景。

引入城市商业,打造多元业态组合的现代滨水休闲综合体:积极创造丰富而有特点的空间环境,增加新的尺度适宜的广场和公共空间,借鉴上海新天地全新阐释旧上海文化的理念,积极引入酒吧等城市的有机生活空间,以现代的生活方式阐释金坛历史,反映传统文化与金坛文脉。

一是打造精品街区。运河两岸是传统的金坛市经济中心,商铺众多,商气旺盛,也是运河核心景区的主要地段。改造提升运河两岸街区,是发掘历史文化、整合优质资源,打造产业载体、促进产业升级、提升城市品位、彰显城市风貌的重大举措。以打造金坛高品质滨水开放空间与商贸地,金坛市重要的历史文化旅游节点、"精品"街区为定位,充分利用现有场地特征进行空间组织,根据空间与水、人与水的关系,积极打造亲水空间、韵水空间、乐水空间,力争把该街区打造成为城市建设的新景观、运河开发的新典范、产业发展的新高地。二是引入新型业态。漕河滨水休闲商业区不仅是文化展示区,也是高端产业聚集区。积极实施"精品化"策略,定位于高端,引入"名牌"产品,通过对街区的改造,塑造"多样"水体景观、弘扬运河水文化、恢复城市滨水空间,打造成漕运河岸高档商贸街区。全面调整漕运河两岸现有经营业态,凸显金坛文化内涵与特色商业,围绕国内外品牌精品、中外精美饮食、高档休闲娱乐、特色宾馆酒吧等领域多方招商引资,力争把这一区域打造成精品化、品牌化、特色化的休闲商业旅游核心区。三是促进传统业态现代化。以金坛刻纸等为依托,开发特色旅游商品。树立政府引导、社会参与、市场开发的思想,紧密联系旅游商品的开发设计、生产与销售三大环节,充分挖掘金坛地方特色商品资源,促进民间工艺商品化、市场化,如将金坛刻纸工坊整体搬迁,形成"前店后坊"式的集观光与购物为一体的旅游景点。积极开发金坛特色农产品,采取自身培育、引进国内外知名品牌、特色商品等办法,形成品牌商品、工艺品、土特产品、风味食品、旅游纪念品等系列商品。

- 完善博物馆群建设,提升城市文化品位

一是建设漕运博物馆。依托愚池公园现有建筑,以功能置换的形式建设漕运博物馆。扣紧运河的漕运文化主题,实施品牌战略,努力把文化优势转化为发展优势,展示漕运文化以及由漕运文化衍生出的金坛商业文化和市井文化,可以按板块分别展示漕运河的历史发展、劳动场景、节日庆典等内容。结合龙山风景区,与现有博物馆形成群落,重现金坛文化之脉。二是修建文字博览园。依托段玉裁《说文解字》的知名度,修建一个文字博览园,将其打造成为集旅游、休闲、餐饮于一体的文化公园;增加具有文化底蕴的亲子游项目,如修建文字迷宫,展示文字发展历史,寓教于乐。整合分散的具有金坛特色的旅游元素,将文字主题公园打造成为代表地方文化的强势品牌,从而形成整体文化推动合力。

2. 丰富产业发展业态

在传统业态的基础上,推动业态创新,积极导入新的发展模式,着重发展四种业态:

(1) 营建旅游综合体

旅游综合体涉及旅游、文化、商业、酒店、房地产等多个产业,可由旅游景区、高星级酒店、酒店式公寓、高尚居住社区、中高档购物中心、游乐场、休闲娱乐街区、市民广场、剧院和一系列交通、市政配套设施组成。这种项目集商务、文化、娱乐、休闲于一体,对于集约土地资源,集聚城市产业,提升土地价值,打造特色新地标,营造充满活力和人气积聚的市民文化休闲活动中心区具有重要作用。它是一种全新的、开放的、生态的、环保的、地标性的综合性城市结构体系,是多功能、复合性的第三产业集群,是旅游经济的龙头,也是城市活力的源泉。

打造旅游综合体,需加大招商引资力度,重点引进大型旅游度假项目,以旅游为中心产业脉络和链条,以旅游资源与土地为基础、以旅游休闲功能为主导、以土地综合开发为手段、以休闲地产产品为核心、以较高品质服务为保障,形成一整套的产业布局。使游客旅游度假期间娱乐、休闲、锻炼、购物、商业等活动得到一站式解决。

(2) 打造主题酒店和主题餐饮

文化的内涵决定着旅游产品的价值和品位,是旅游业增强吸引力、竞争力、影响力的关键所在,是支撑旅游业可持续发展的核心资源。从产业发展的角度看,只有将旅游产业和文化产业相互融合,才能逐步提升旅游品位,促进旅游业转型升级。

当前金坛促进文化产业和旅游产业融合发展,需以文化为主题,创新发展各类主题酒店和主题餐饮,并努力提高该类旅游项目档次。可考虑引进外部高素质的文化人才,导入外部人才的文化创意和底蕴,结合金坛本地资源,实现生产要素重新组合;在治理方面,考虑通过本地的制度创新,实现制度突破,将"企业是否具有文化内涵"作为政策倾斜优先考虑对象,在支持大项目大投资的同时,对有文化经营意识的中小企业业主予以更多支持,进而整合区域资源,谋求综合性旅游发展,成为金坛经济发展新的增长极。

(3) 推动公司加农户发展模式

积极在长荡湖水街推动金坛"龙头"企业与农户结成紧密的贸工

农一体化生产体系,推进公司加农户制度。"龙头"企业与农户签订契约,为农户提供营销方面的指导。通过合同契约、股份合作制等多种利益结合机制,带动农户从事专业生产,将生产、加工、销售有机结合,实施一体化经营。

(4) 促进中小旅游企业的集群式发展

中小旅游企业的集群式发展,可产生一定的规模经济和外部经济效应,有利于各旅游企业降低成本费用,降低经营风险;中小旅游企业的集群式发展,意味着旅游企业在地域上的接近,便于分工协作,产生"小狗经济"效应,众多小企业抱团与市场上的"庞然大物"抗衡;此外,集群式发展还有利于创新技术和经营管理上的相互吸收和采纳,弥补技术、人才和管理上的缺陷,提高赢利水平,并最终实现规模化发展。

当前,金坛应在长荡湖和漕河大力推动中小企业的集群式发展。针对长荡湖边上的水街,可考虑由政府统一规划,加大各中小企业以及个体商户在产业链条上的分工与协作,围绕核心项目,如将长荡湖大闸蟹重新包装,走品牌化和高端化路线,以此作为核心项目,进行集群式发展。针对丹金溧漕河两岸,可考虑参考上海新天地将石库门改造成的国际化休闲、文化、娱乐中心的经验,在政府统一规划恢复运河两岸传统风貌后,以"只租不卖"的方式引入中小企业集群对漕河两岸商铺进行经营管理,将漕河两岸打造成为集餐饮、商业、娱乐、文化于一身的旅游综合体。

3. 着力推进目的地营销

(1) 加强宣传,强化营销意识

在旅游市场化的条件下,目的地营销也日渐凸显其重要性。目的地营销的获益者不仅仅是某个部门或企业,而是整个地区。这需要金坛上上下下、方方面面重视营销理论学习,树立营销意识,借鉴先进的经验,结合自身实际,制定一套切实可行的目的地营销策略,在发挥政府主导作用的前提下积极动员各方力量,着力改变金坛城市营销不足、旅游目的地形象模糊的问题。

(2) 构建目的地形象识别系统(DIS)

旅游目的地的形象识别系统,简称为DIS(Destination Identity System),是指对一个地区或城市,通过塑造具有典型个性和特色的形象,使社会公众对其旅游产品和服务产生一致的认同感和知名度,从而达到树立良好旅游形象、扩大旅游市场份额的目标。它是推动社会经济发展目的的一种经营管理战略。

旅游目的地的形象识别系统(DIS)主要包括：理念识别(MI)、行为识别(BI)及视觉识别(VI)三个层面。金坛旅游目的地形象识别系统的构建必须要体现这三个层面。

- 理念识别(Mind Identity)

理念识别(MI)，是目的地形象识别系统的核心，属于战略策略层面。它主要包括塑造地方文化与价值观，定位目的地形象，确立发展目标等内容。

设计理念识别，需要从地区的文脉和地脉中寻找理念识别的主题。所谓文脉，是指一个地区的社会文化氛围和社会文化脉承；地脉是指一个地区的自然地理条件。文脉和地脉分析，就是对旅游目的地的区域文化背景、社会文化环境和自然地理环境进行分析。相比地脉，文化是凸显一个地区特殊性的更为根本的因素，也是目的地营销中更需要着重关注的主题线索。通过对金坛区域文化背景和社会文化环境进行梳理和分析，可以发现，"道"和"水乡"是金坛两条核心的文脉。

目前，金坛的旅游宣传口号是"生态山水，养生福地"，这一形象定位不能体现金坛区域文化与地理环境的特质，缺乏对具备垄断性竞争优势的目的地信息的传达，无法与金坛建立必然的联系。

综合上述分析，可考虑两个新的方案：

方案一："道韵悠悠养生地，长水荡荡休闲乡"

金坛文脉线索之一：道家文化。道家文化是金坛文脉第一条线索。"道韵悠悠"，体现出道家文化的悠远深长。深受道家文化影响的金坛人，尊道贵德，无为谦下；而且注重生活的价值，修心健身，逍遥至乐。而"养生地"更照应了金坛福地的美誉，显现出金坛环境怡人的特征。同时，"道韵悠悠养生地"也描绘了一幅山深林幽、仙云缭绕的景象，符合金坛地脉中的"山"。

金坛文脉线索之二：水乡文化。水乡文化是金坛文脉的第二条线索。"长水荡荡"，体现出水乡文化的柔性灵气。"长水"，孕育了金坛丰富的物产，标糯米、大闸蟹、红香芋声名远扬；培育了独特的文化，水八卦、漕运文化等远近皆知。生活这里的人恬静、安逸，又充满了不断改变旧我的活力和渴望进取的激情。"休闲乡"是水乡恬适生活的写照,也凸显了金坛欢乐自在的生活气息。同时,"长水荡荡休闲乡"也勾勒出一幅波光粼粼、水草摇摆的图景,符合金坛地脉中的"水"。

方案二:"山水与共,福地金坛"

"山水与共",不仅仅是对金坛地理环境的一种描述,更体现了"道法自然,天人合一"的道家世界观。"福地金坛",则体现了金坛茅山作为"第八洞天"、"第一福地"的特殊地位。

- 行为识别(Behavior Identity)

行为识别(BI),是目的地形象识别系统的载体,属于战略的执行层面。它涉及旅游目的地各个层面人员及其社区居民的行为规范和行为准则。

行为是价值理念的载体,它可以直接作为媒介,向旅游消费者传递信息,影响或者促使旅游消费者对目的地的认知或感知的形成。因此,旅游目的地各个层面人员及其社区居民的行为,都必须以目的地价值理念为基准,符合当地的社会制度和准则。

具体从以下三点着手:一是强化重要的行为。不断强化可以体现地方价值,提高地方形象的行为。尤其在公共规范和服务规范方面,要着重强化。二是进行语言、着装培训。服务部门要对职工进行服务标准用语、语言技巧及礼貌用语的培训,提升服务人员的语言艺术。同时,通过培训提升服务人员的着装意识,使其衣着符合当地形象体现的价值理念。对于某些部门还应统一服饰,体现统一美。三是注重营销礼仪。积极提倡"微笑服务",服务人员在提供咨询或服务时,要符合态度和仪态的审美要求。

- 视觉识别(Visual Identity)

视觉识别(VI),是目的地形象识别系统中最具有传播力和感染力的层面,属于战略的展开层面。它是旅游形象理念在视觉上的表达和扩展,能够给受众最直观的信息,是目的地形象的最重要的信息载体。

首先是视觉识别的设计。标志是视觉识别中最主要的部分。一个设计比较好的标志,可以为受众提供一个清晰的目的地形象,能够促进受众与目的地精神、文化的交流。

一是体现出地方文化脉络。标志是地方文化的载体,金坛的目的地标志应包涵金坛刻纸的艺术元素。这也是对地方文化的敬仰。

二是鼓励全民参与,提高市民的目的地形象意识。形象标志的设计必须以旅游消费者为导向,广泛调研分析,要集思广益,向社会征求形象设计意见,并通过公众投票确定最终标志。三是视觉识别设计与理念识别必须匹配,避免失真。

其次是视觉识别的应用。视觉识别的应用范围包括:纪念物、标语、宣传手册、政府及企业名片、高速公路标识、服装、旅游汽车、标志性建筑、旅游标识系统等。

(3) 开拓多种传播渠道,全方位推广旅游形象

形象传播渠道是沟通目标市场和目的地不可或缺的"桥梁",它将目的地完整的形象信息通过有效的途径传递给受众,影响最大量的潜在公众,使其变成知晓公众和行动公众。因此,要注重整合各种形象传播方式,全方位的推广旅游目的地形象。

• 公共关系

公共关系,是一种通过塑造和宣传组织的形象来增强组织内部的凝聚力和组织外部公众的吸引力的软性经营管理艺术,是现代营销理论中的重要内容。同样,在目的地形象传播中,公共关系可以改善目的地与社会公众的关系,促进公众对目的地的认识、理解及支持,提升目的地的形象。可见,公共关系可以作为一种传播渠道,推广目的地的形象。

因此,要建立和完善金坛目的地公共关系机制,广泛开辟公共关系途径,营造各种交流平台,与媒体、大众、旅游者、本地社区形成长期互动关系网络,实现实时沟通与持续交流,构筑旅游形象连续传播的有效机制。

从地方实际出发,并参考成功经验,通过策划公关活动实现目的地营销。例如召开新闻发布会,聘请形象代言人,邀请社会名流访问或缔结姊妹友好城市等。

• 网络传播渠道

以互联网为主要组成的新兴传播渠道,越来越显示出其独特的优势,尤其是诸如微博这样的网络新媒体的产生,正在改变着人们的生活。而手机、GPS等移动终端则是在互联网的基础上发展起来的,其信息传输的时效性和便携性尤为突出,进一步强化了传播的效果。互联网的迅猛发展,给网络营销带来了很大的机遇,改变了形象传播的方式。

紧跟信息时代步伐,利用网络传播优势,建立健全、有效的目的地形象营销的网络传播系统:一是建设官方网站。建设金坛旅游网,全面导入DIS系统,并植入在线咨询服务功能,提供实时、权威的服务信息。二是进行微博营销。积极推进官方微博的建设,鼓励民间微博的开通,并结合其他社交网站和论坛等,利用蕴含金坛元素的故事、笑话、图片、微电影或短片等信息载体进行目的地形象传播。三是以网络虚拟店为主体,实体店为补充,强化形象传播。充分利用电子商务发展契机,开设淘宝形象旗舰店,专营或授权经营旅游目的地的主打产品。同时还要在一线城市的中心地段,开设形象实体店,提高品牌形象的影响力。通过以虚为主虚实结合的方式,实现旅游目的地的形象的推广和强化。

- 议题管理

在目的地营销中,议题管理就是一种行动管理职能,它的目标是找出潜在的或正在出现的、可能对目的地构成影响的问题,然后动用并协调目的地的资源去对这些问题的发展施加战略影响。议题具有公共性和争议性特征,而现在社会很多议题通过媒介放大作用,成为影响公共关系环境一个很重要的问题。

对目的地而言,议题管理的最重要的作用是,构建了交流平台,促进了社会公众对目的地的认识,并提升目的地的形象。因此,应该从与目的地密切相关、公众关切且有争议的问题出发,策划议题管理,并纳入到目的地形象传播管理中来,完善旅游目的地形象传播渠道。这里,可以以金坛为人熟知的茅山茶叶和长荡湖大闸蟹为素材,设定议题,实施议题管理战略。必须注意的是:一是按照议题的生命周期,制定完善的议题行动计划。二是积极和媒体展开对话,加强议题传播。三是定期举办公开辩论活动,借助专家等第三方力量,强化议题管理的效果。

- 其他传播渠道

随着人们对传播渠道的认识的深入,越来越多的媒介进入营销的传播渠道中,并发挥着不可忽视的作用,其中户外媒体广告是最突出的一类。

作为外部环境的一个组成部分,户外媒体广告始终发挥着持续不断的影响力。其覆盖面广,涵盖了楼宇、广告牌、地铁、巴士、电梯等多种形式,有着显著的品牌识别;受到受众规模难以测量及环境限制等因素,其局限性也很明显,但是这并不阻碍这种传播渠道形式受到普遍认同和欢迎。在目的地形象传播中,户外媒体也被广泛应用,而且不乏成功的范例,如无锡户外广告牌:"无锡是个好地方"。

一是有效利用户外广告传媒,增强旅游目的地形象的认知程度。在公交站台、高速公路、地铁及楼宇和电梯间等区位,借助平面和移动视频广告传媒,传播旅游目的地形象,扩大受众规模,增强目的地形象的认知度,使旅游目的地的形象广泛地传播。二是不断挖掘和利用其他传播渠道。例如,影片、纪录片、书籍等文学艺术作品,它们与目的地的形象传播有密切的关系,其中,最突出的例子就是影视作品《非诚勿扰2》提升了亚龙湾的形象。

(4) 推动"全面营销",坚持"长期营销"

目的地营销需要统筹各方资源,团结一切力量,从各个层面一起进行。因此必须发挥政府的主导作用,并与企业、社区合作做好营销工作。

第一,由政府主导构建目的地形象识别系统,搭建形象传播渠道。目的地形象体系的构建涉及地方的精神文化的提炼和挖掘。这就要求,必须从全局考虑,把握文化脉络,塑造出最具文化代表性的形象。同时目的地形象传播渠道的搭建,不是单个企业或社区所能做到的,必须由政府来统筹规划,具体实施。第二,启动"官产学民媒"工程,建立全员公关营销体系。目的地营销需要当地社会全员参与。政府起到主导作用,但当地各个组织和个人应该是营销的主力。政府应该鼓励社会全员参与目的地营销当中,形成良性的营销氛围,共同塑造目的地的形象。第三,重视目的地形象维护工作。目的地营销是一项持久的任务。这需要不断发现市场需求的变化,并根据自身情况作出调整。因此,应该建立完善的目的地形象维护系统,并将责任落实到具体部门和个人,切实的抓好形象维护工作。

值得注意的是,博物馆内被打破的路灯、市区不完善的公交系统等等,都给旅游目的地形象带来不良影响。目的地营销任重而道远。

5. 旅游项目与目的地营销策划

(1) 东方盐湖城

在世界一流规划的引领下,集中力量,大力推进东方盐湖城项目的建设,以打造世界遗产级山地旅游小镇和国家级旅游度假区为目标,将东方盐湖城项目建设成为以文化观光、休闲度假、山水养生为内容的大型旅游综合体。

以文化为特色核心竞争力,整合提炼茅山道、山、水、盐、泉、茶六大文化,造法自然山地湖滨,彰显道法自然、天人合一的山水情怀。以文化引领、旅游支撑、度假主导三位一体的规划开发主旨为指导,结合地形地势,形成功能各有侧重的"一核三区"功能结构,以茅山温泉小镇为核心,形成道养生休闲公园、茅东风情小镇、山地运动公园四大板块区域,开启"文化游乐+养生休闲"的全新旅游时代。

(2) 金沙湾乡村俱乐部

以体育场馆、会议中心、五星级酒店、休闲度假中心、多功能俱乐部、住宅等项目的建设为工作重心,步步为营,逐步推进金沙湾乡村俱乐部项目。

在生态学理论的指导下,结合"以人为本,与自然共存"的设计理念,充分利用金坛薛埠镇茅东水库北侧部分山地、荒地、行洪低洼地、部分村庄及村民自留地、部分耕地,将树木、草地、水面等组成观赏性、娱乐性为一体的整体生态系统,建造一个集运动、休闲、养生、娱乐于一体的现代化旅游度假中心。

(3) 宝盛园盆景文化旅游基地

以筹办第七届世界盆景友好联盟(2013年)大会为发展契机,以"产业为本、文化为魂"为办园精神,大力推进宝盛园项目,建设大型文化产业园区。

依托茅山独特的资源优势,建设国内首家盆景园林艺术博物馆;盆栽、书画、雕塑、生物标本等艺术品的设计、制作、培训、展示、交易平台;国内首家文化展示表演中心;国内首家国学应用研究基地;国内首家文化艺术品(书画、雕塑等)交易中心,集中国传统文化的展示、表演、创意、培训、制作、销售和会所为一体,同时融合世界文化艺术精华,为常州市及周边省市提供一个文化休闲的场所。

(4) 紫云湖旅游休闲中心

以"生态游憩、休闲度假、文化体验"为功能定位,以山水交融为特色,积极推进紫云湖旅游休闲中心项目建设。

以规划区内的酒店建设为基础,配合以适量的公共服务设施、游赏设施与基础设施等,丰富紫云湖旅游休闲中心的环保、游憩、休闲度假、会议娱乐、业务培训交流功能,将之打造为以高尚人群为目标消费群体,以绿色生态景观营造与保护为主,突出山水森林文化主题与人本情怀,集多种功能于一体的休闲旅游度假区。

(5) 滨水地区

"以人为本"的价值观对城市的经济发展、环境改善提出新的要求,需要创造一个环境优美、便于公众活动的城市游憩空间。这意味着原有的并不承担城市重要功能的滨水地区,需要从头开始,创造出一个满足现代城市功能、市民生活需要的滨水地区。滨水地区在城市中的作用需要重新定位,对其进行改造、再开发,通过改善滨水地带环境,提升景观品质,创造更吸引人的城市环境面貌以为城市的各项功能服务。

亲水空间:创造亲水的公共活动空间,亲水的活动内容(包括水上活动),同时设置亲水设施,营造亲水的视觉感受。

(6) 英语村

仿照韩国首尔英语村的设计,在长荡湖建设金坛英语村。依托长荡湖优美的自然风光,建造具有欧美风情的建筑,吸引外国人入住,创造具有真实的英语语言环境的英语村。严格遵守"No English, no service"的原则,模拟创建包括出入境办事处、银行、机场、海关、商场、娱乐场所在内的若干日常生活场景,让游客用英语切身体验"国外"的日常生活,体验西方教学模式及风俗习惯。

(7) 江南传统文化遗产公园

创新发展展示方法,借鉴台湾宜兰的国立艺术中心的经验,将水八卦、大培山的文化元素融入金坛文化遗产创意园建筑的和旅游内容的设计建设中,将动态展示与静态展示结合展示文化信息,充分利用市场运作,将文化创意产业的力量和旅游资源打造相结合,"文化产业化,产业文化化",深化游客文化体验,打造晋南传统文化遗产公园。

(8) 文字博览园

依托段玉裁《说文解字》的知名度,修建一个文字博览园,将其打造成为集旅游、休闲、餐饮于一体的文化公园;增加具有文化底蕴的亲子游项目,如修建文字迷宫,展示文字发展历史,寓教于乐。

(9) 中草药养生项目

积极依托现有百盛园等项目,开展中草药养生之旅,实现目的地差异化。和中药企业、南京上海等地的中医院形成战略联盟,共同开发中草药产品;政府牵头,定期举办名中医讲座,邀请游客品尝药膳、认识中草药、参观中草药制作过程,体验中医养生保健治疗。

(10) 盐雕艺术馆

依托茅山的盐矿资源,邀请艺术名家设计,打造一批精品盐雕艺术品,开设盐雕艺术馆。积极促进盐雕艺术品商品化、市场化,形成"前店后坊"式的集观光与购物为一体的旅游景点。

(11) 茅山三宝品牌策划

结合游客中心、酒店商务中心建设以"茅山三宝"为品牌形象的地方产品的特许专卖,借鉴北京把旅游纪念品、工艺品、特色食品、地方品牌工艺品浓缩为"北京礼物"的主题概念以及开设"北京礼物"专卖店的做法,进一步完善产品包装,在金坛各游客中心、酒店商务中心开设茅山三宝专卖店。

(12) 漕运博物馆

扣紧丹金溧漕河的漕运文化主题,实施品牌战略,新建漕运博物馆,展示漕运文化以及由漕运文化衍生出的金坛商业文化和市井文化,结合现有的龙山风景区,分别展示漕运河的历史文化文明、劳动场景、节日庆典等内容,重现金坛城市之脉。

(13) 茅山青峰茶庄园

庄园式发展,推进茶产业一体化发展

导入世界葡萄酒庄园的经营理念,采用庄园式发展模式,打造集种植、生产、加工、销售、旅游体验于一体的茅山绿茶庄园,推进茶产业一体化发展。依托茅山茅麓万亩茶园,加强招商引资,吸引大项目进入茅山,承接茅山绿茶庄园的开发、建设与经营管理。突出生态环保,精细化种植;以传统文化、品质结合现代工艺,标准化生产;搭建销售平台,实行统一销售,以实现茶产业一体化发展。

联动旅游业,推进茶旅结合式发展

依托茅麓万亩茶园,联动旅游业,推进茶旅结合,建设"六个一"项目,初步构建茅山绿茶庄园的框架:

一个茶园	茅麓万亩茶园
一个庄园	以茅麓万亩茶园为基地,以茶文化为主题,建设大型庄园式酒店,通过庄园度假旅游发展,将茅山绿茶与其文化内涵传播到全国乃至世界。同时,通过联动旅游业,以更好的传承和保护茅山茶文化

一个茶坊	突出了生态环保的特点,并与周边环境融合为一体;传统文化与现代工艺结合,标准化生产
一个博物馆	茅山茶博园
一种生活方式	积极迎合需求结构的转型升级,主动出击,倡导"温泉 spa + 茶 + 瑜伽"的生活方式,吸引更多的高端旅游者
一个营销平台	构建一个网络营销平台

- 创新营销方式,打造茅山茶品牌

茅山绿茶享誉中外,拥有"中国绿茶之乡"的称号,因此,充分利用茅山茶的声誉,打造多重系列的茅山绿茶产品,构建专门的网络销售平台。同时,与金坛刻纸艺术结合,打造一批精美的茶礼品、旅游纪念品。

庄园模式多采用会员制度,因此,可以依托茶庄园,建立会员制度,进行"会员俱乐部"式的营销方式,以提升茶庄园的品质和声誉。

金坛茶艺包括文士茶茶艺、金坛雀舌茶艺、茅山白茶茶艺、农家茶茶艺、新娘茶茶艺、禅茶茶艺、功夫茶茶艺。依托金坛精湛的茶艺,邀请中日著名茶艺大师,举办茶艺交流会,通过茶艺交流会大势营销茅山茶。

专栏 12-2　柏联普洱庄园——世界第一个普洱庄园

柏联普洱以一种新观念、新模式进入中国茶叶行业。我们建立了百年老茶博物馆,浮现了普洱茶的悠久文化。同时柏联普洱借鉴世界葡萄酒庄园的经营理念,从种植、生产、加工、销售、旅游实现了一体化,实现"从茶园到茶杯的标准化"。柏联普洱茶道成为中国茶道文化交流的使者,是普洱茶的布道者。从古老茶山上的庄园到时尚商圈的旗舰店,柏联普洱使普洱茶的内在品质到外在形象完成了一次蜕变。优质、时尚、靓丽的柏联普洱正在成为一个从中国走向国际市场的大品牌。

庄园模式必将是产业的发展趋势。庄园模式是集:种植、加工、储藏、文化、旅游为一体的全新产业模式。这种模式不但能够最大程度保证产品原料的地道性,与此同时,文化是庄园的灵魂,庄园模式能最大程度传承和保护当地的茶文化习俗,通过庄园度假旅游的发展,将普洱茶与其文化内涵传播到全国乃至全世界,发展当地茶文化的旅游业,将全面提升当地经济发展水平和拉动百姓收入。

因此,从恒久魅力、文化内涵、发展前景来看,柏联普洱茶庄园,不是一般意义上的茶庄、茶园、茶山,它为普洱茶产业和旅游文化产业找到了结合点,为传承和传播普洱茶文化找到了一个坚实的载体。

柏联景迈山普洱茶庄园概念：柏联景迈山山茶庄园是中国茶产业发展中创新模式。它推介普洱茶文化,将创造并引领一种新的普洱茶生活方式。

定位：它是一个高端的集茶叶种植业、加工业、仓储业、旅游业、销售业和文化产业为一体的既传统又有超前现代意识的联合体。它拥有普洱茶的顶级原料基地,创造普洱茶大品牌,生产高端的普洱茶产品。它有高科技艺术化的仓储设施,超六星级的旅游休闲度假区,高级商务会所和"会员俱乐部"的营销方式。

(14) 目的地公关营销

- 项目意义

公关策划是目的地的形象的营销中重要的内容,其意义在于：

第一,加强与社会公众的交流,和公众建立良性的关系。公关策划,强调与社会公众的交流,目的地需要向社会公众宣传本地区的精神和价值,使社会公众认同和理解。

第二,塑造和维护目的地的形象。这是公关策划的目标,也是公关策划最重要的意义。

- 项目策划

具体策划四个项目：

一是邀请三个"一百"访金坛。在未来五年时间里,邀请一百位在外金坛名人、一百位关心金坛发展的记者、一百位知名的艺术家(包括画家、书法家、作家、摄影家)参加"走进金坛"访问活动。包括：利用电视、网络等媒体,实时报道,借此宣传金坛的形象；通过访问活动,加强与各界精英的交流,了解他们对金坛的感受,并促进一些项目的达成；赠与访问者能够体现金坛文化、突出金坛特色的纪念品或特产,如刻纸、封坛酒、茶叶等。二是缔结姊妹友好城市。以核心的境外市场为目标,积极和日本、韩国的部分城市结为姊妹友好城市,促进文化交流,提升城市形象,推动旅游发展。三是选聘金坛形象代言人。聘请公共形象好,知誉度高的名人做金坛的城市代言人。制作宣传片和广告,由代言人担任主演,利用电视、网络、报刊及户外媒体等,大力宣传。四是选聘金坛会议大使。积极选聘金坛籍知名人士、关心金坛发展人士作为会议大使,力争大力拓展会议市场。

(15) 目的地病毒式营销

• 项目意义

高效（病毒）营销是一种基于口碑传播的网络营销方式。对目的地营销来讲，策划病毒营销具有重大的意义：第一，高效传播，高效营销。病毒营销是自发的、扩张性的信息推广。借助网络的力量，载有目的地形象识别的信息很快得到传播，使受众对目的地产生认知和认同。第二，低成本运作，低营销费用。病毒营销利用了受众或目标消费者的热情，使目标消费者自愿参与到后续的传播，而无需渠道使用费。

• 项目策划

实施病毒营销策略，必须借鉴成功的营销案例，根据金坛资源和产品特征，制定切实可行的营销计划。

首先，寻找易感人群。易感人群对新产品具有高度的敏感性，是病毒营销的核心受众，也是病毒营销中的意见领袖。以易感人群为目标市场，了解其需求与行为模式，针对易感人群设计病毒营销文本，还可以聘用有影响力的论坛或网络社区管理员，推动营销信息的传播。其次，设计具有较高传播性的信息载体。吸引力是营销信息能够迅速扩散的最主要原因。因此，可以创作一些吸引人并包含金坛形象信息的载体，如微电影、图片、笑话或故事等，上传至网络社区、微博、论坛等。第三，关注传播细节，实时更新信息。必须经常关注与营销信息的传播情况，评估传播效果，并及时的作出调整。

(16) 目的地议题营销

• 项目意义

议题管理是目的地营销的重要手段，它的重要意义在于：

第一，促进地区旅游资源的挖掘和整合。议题管理，要求目的地对地区的资源状况有深入的了解，认识自身的优势和劣势，这样才能发现议题，制定行动战略；第二，加强信息的交流。议题管理，强调以社会和公众为中心，突出信息的双向沟通与管理，强化目的地与公众、媒体等的关系；第三，提升目的地的形象。议题管理，促进了目的地形象信息的传播和社会公众对目的地的认识，能够达到提升目的地形象的效果。

• 项目策划

综合考虑议题的公共性和争议性两大特征，并从金坛地方实际

出发,具体策划两大议题:

一是"长荡湖是大闸蟹的故乡"。阳澄湖通常被认为是大闸蟹的故乡,但长荡湖生产同样鲜美的大闸蟹,而且远销海外。因此,以"长荡湖是大闸蟹的故乡"为议题,制定议题行动计划,进行议题管理。二是"金坛是中国绿茶的故乡"。中国茶文化历史悠久,内容丰富。策划"金坛是中国绿茶的故乡",可以引起公众的注意,加强对绿茶文化的传播。同时,作为"中国绿茶之乡"的金坛也会获得更多人的认知和认同。

具体可通过以下三种方式:第一,和媒体展开对话,通过各种媒体公布议题,引发公众讨论;第二,分阶段定期举办新闻谈话类节目,并邀请专家加入讨论;第三,及时评估议题效果,作出相应调整。

(17) 目的地事件营销

• 项目意义

节事、事件策划是地方营销的主要手段,它的重要意义在于:

第一,吸引旅游者,刺激旅游消费。节事、事件最直接的效果就是能够吸引更多的旅游者出游,与此同时也促进旅游者在旅游目的地的消费,拉动地方经济发展;第二,提升区域或城市形象。举办旅游节事、事件活动,能够提高地区或城市的知名度,有助于地方形象的塑造;第三,促进招商引资。地方形象的提升,也会吸引大量企业的进入,从而完善地方产业结构,促进经济发展;第四,完善基础设施,优化地区环境。举办节事、事件活动,能够极大地促进旅游地的交通、通讯、城建、绿化等基础设施建设的步伐,优化地区的城市环境。

• 项目策划

结合金坛地方实际,从本地文化、资源及区位等优势出发,以主打大型节事、事件为主,锻造标志性节事、事件活动品牌,形成巨大营销"拉力",并策划特色鲜明、文化层次高的小型节事、事件,丰富活动内容,全面提升金坛旅游目的地形象。

具体节事、事件策划如下:

一是策划"中国茅山祈福旅游节"和"长荡湖大闸蟹文化节"。以金坛独特并易成规模的道教文化、蟹文化为依托,全力打造"中国茅山祈福旅游节"和"长荡湖大闸蟹文化节",塑造金坛节事活动品牌。二是策划小型节事、事件。结合当地优美的自然风景、浓厚的人文风采以及丰富的民俗资源等,策划"江南风情摄影大赛"、"中韩围棋高峰对决"、"华庚杯颁奖典礼常驻地"及"中华非物质遗产展会"等事件活动。同时,还可以以教育和养生为核心主题,举办"数学夏令营"、"山林瑜伽"等活动,丰富金坛节事活动。

具体方式可包括以下三种:第一,利用电视、网络等媒体,直播重要节事、事件,加大宣传力度,可请明星进行开幕表演,带动气氛;积极和公众互动,以抽取幸运观众的形式,鼓励观众积极参与,如幸运观众可以得到"金坛两日游"的奖励;融入金坛元素,设计比赛活动的奖品。

(二)积极推进文化资源产业化发展

深刻认识文化产业的重要地位和作用,以推进区域经济转型升级为方向,推动金坛文化大发展大繁荣。以"市场运作"、"产业融合"为发展战略,明确金坛文化产业发展门类,重点发展刻纸文化、茶文化、民俗文化和道家文化四大领域。以"文旅互动"为手段,不断推进文化产业与旅游业等相关产业的融合发展,逐步形成领域多元、业态丰富、主题鲜明的文化产业发展新局面。

1. 明确文化产业发展门类

(1)重点打造四大主题文化领域

道教文化:金坛的茅山是道教上清派的发源地,被道家称为"上清宗坛"。借助东方盐湖城,以大项目带动文化产业的市场化开发。不断深化文化体制改革,创新文化产业管理机制,引进有实力的演艺公司,引导有实力的艺术团改造创作道教礼仪、道教养生相关的大型演艺产品,打造以道家文化为主题的大型演艺节目。

民间艺术:金坛民间工艺主要是指金坛刻纸。着力推出一批工艺大师,培育一批工艺小师,推出一批工艺作品,以强化金坛刻纸的传承与创新。加快文化产业体制改革,引入市场化机制,将金坛的刻纸文化推向中国,推向世界。

茶文化:金坛是中国绿茶之乡。以庄园模式开发拓展金坛茶产业链条,推进茶产业与其他产业的融合。注入文化内涵,做活茶产业,打造具有原产地标识的品牌,提升附加值。

民俗文化:金坛民俗文化主要包括封缸酒文化、抬阁文化、漕运文化等。强化酒文化的挖掘、保护与传承,打造有金坛原产地标识的酒品牌,提升附加值。加大对抬阁文化的保护力度,引入市场运作机制,引进一个经纪公司,经过经营和包装,增强其演艺功能和旅游互动功能。漕运文化是依托运河而兴起的市井商业文化,应依托丹金溧漕河,恢复漕河码头景观和功能,发展漕运旅游综合体。以金坛盐矿为依托,东方盐湖城大项目带动,进一步丰富和拓展盐文化的内涵,开发具有"中国死海"美誉的盐湖,一体化开发,提升旅游项目的文化品位。

（2）文化产业发展门类

分类依据原则是依据活态/非活态和可交易性/不可交易性两个维度,对金坛文化资源进行分类,展开分类管理。主要文化资源类型是根据活态/非活态和可交易性/不可交易性两个维度,将金坛文化资源分为五大门类(见图24)：

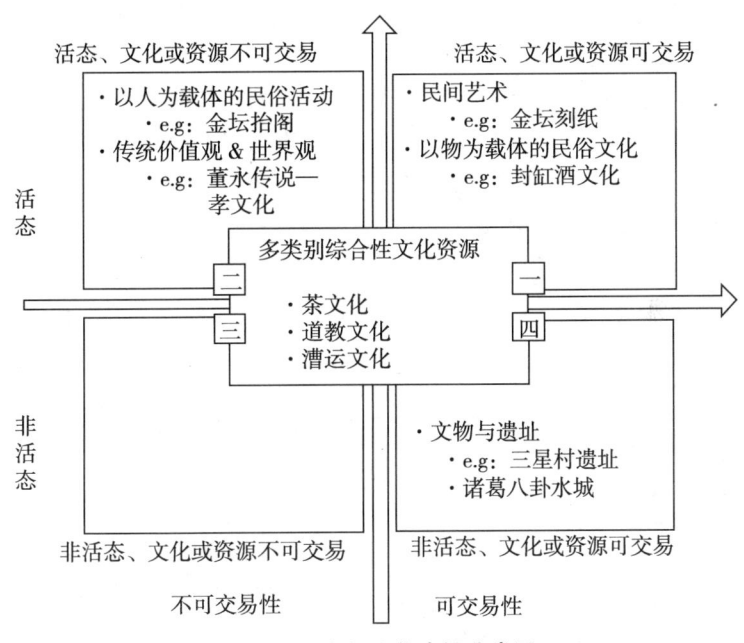

图 12-7 金坛文化资源分类图

第一,活态、可交易性强的文化资源,主要包括节事活动、民间艺术和以物为载体的民俗文化等;第二,活态、可交易性弱的文化资源,主要包括价值观与世界观、以人为载体的民俗活动等;第三,非活态、可交易性弱的文化资源,主要是指那些已经消失或废弃了的文化物品、文化传统等,不属于文化资源产业化的开发对象;第四,非活态、可交易性强的文化资源,主要包括文物与遗址等;第五,综合性文化资源,主要包括茶文化资源、道教文化资源及酒文化资源,其中茶文化资源可以划分为活态、可交易性强的茶主题节事活动,活态、可交易性弱的茶文化故事等;道教文化资源同样可以划分为活态、可交易性强的以物为载体的道教文化艺术和活态、可交易性弱的道教仪式;酒文化可以划分为活态、可交易性强的酒类展示活动,活态、可交易性弱的酒文化故事等。

2. 积极导入文化产业发展模式

根据金坛文化资源的活态和可交易性质,充分导入适合各门类文化资源发展的模式(见表12-1)。利用活态文化资源开发参与式文化产品,能够丰富文化产品牌类型,同时,可交易性文化资源易于进行市场化开发,因此可重点开发第一象限中活态、可交易性强的节事活动、民间艺术及以物为载体的民俗文化资源;而针对第二象限中活态、可交易性弱的以人为载体的民俗活动、世界观价值观等文化资源,采取与旅游业联合的灵活性的开发模式;对于第四象限中非活态、可交易性强的文物与遗迹等文化资源,主要采取保护性开发的博物馆发展模式,通过博物馆模式,实现保护中开发,以更好保护和传承;对于茶文化、道教文化等综合性文化资源而言,采用多元模式开发,全面开发。

表 12-1 文化资源分类开发模式

文化产业门类	文化资源代表	开发模式
活态、文化或资源不可交易类	金坛抬阁、董永传说	社区参与模式
活态、文化或资源可交易	金坛刻纸、封缸酒文化	前店后场模式
非活态、文化或资源可交易	三星村遗迹、八卦水城	演绎与展示模式(传承与保护作用)
多类别综合性文化资源	茶文化、道教文化、漕运文化	旅游综合体开发模式

(1) 前店后场模式

创新刻纸产业管理机制:金坛刻纸作为"中国剪纸"项目的组成

部分入选"人类非物质文化遗产代表作名录",相对应的保护单位为金坛刻纸研究所。但是,刻纸的研究开发长期处于半停滞的状态。因此,急需改变现有的刻纸产业管理机制,理顺文化行政部门与文化企事业单位之间的关系,做好市场监管、政策调节等行政服务;积极推进刻纸产业管理机制的创新和改革,进一步推进刻纸产业的文化单位转企改制,逐步实现市场化发展。

积极完善刻纸产业链条:第一,以目前刻纸产业的发展状况为基础,吸引管理总部和销售部门的入驻,不断完善与加强刻纸产业工业化生产模式。第二,面向原创端,引进知名刻纸大师的同时,积极利用市场机制培育有前途的刻纸艺人,强化金坛刻纸艺术家队伍;第三,面向渠道端,引进专业刻纸销售公司及会展企业,大力发展会展经济,提升产业链附加值;第四,积极鼓励刻纸艺人开设个人工作室。

健全刻纸艺人培训机制:结合现有的剪刻纸培训基地及常州市"名师带高徒"刻纸艺术培训制度,将培训的受众面扩大至常州市,推出一批刻纸工艺大师,培育一批工艺小师,强化刻纸艺术的传承;对于培训的刻纸艺人,不仅在政策上给予支持,同时在生活设施上诸如教育、医疗、商业、住房等方面给予支持。同时,支持和鼓励民间有基础的大师开办刻纸作坊或店铺,招募刻师和学徒,重振金坛刻纸的发展。

推进"文旅互动"式发展:首先,面向刻纸研究所,实现刻纸研究所的功能再定位。对现有的徽派风格刻纸研究所项目进行功能再定位,采用前店后厂式发展模式,强化刻纸作品展示与交易功能。其次,着力推进刻纸产业与旅游产业的双向融合。充分利用金坛刻纸产业的基础,加大旅游纪念品及相关配套产品的设计、研发力度,打造不断创新的金坛旅游纪念品及旅游用品供应体系,把刻纸文化商品作为重要的旅游纪念品向旅游者推介。以金坛刻纸研究所为基地,建设刻纸文化商品特色街区,进一步实现刻纸展等展示销售平台与旅游业的对接,丰富金坛的旅游产品,强化旅游业与刻纸产业的融合。

培育文化创意产业集聚区:重点发展以刻纸研究所为核心的文化产业,积极推进刻纸研究所转企改制,并以其为龙头,充分发挥其带动作用,同时,导入外部资本,对文化产业发展实施优惠政策,吸引外部创意文化人才进驻,推进中小型企业集群式发展,打造刻纸文创意园。

(2) 旅游综合体开发模式

旅游综合体开发模式，以主题文化为线索、以整合多形态文化资源为基础，以观光度假为开发方向，以综合性旅游度假区为空间载体的服务业集聚区。金坛应着重三大旅游综合体，围绕道教文化，以东方盐湖城为引领项目，发展以道教文化为主题的旅游综合体；围绕漕河文化，恢复漕河码头功能，建设沿漕河的旅游商贸综合体；围绕茶文化，依托茅麓万亩茶园，建设茅山青峰茶庄园。

(3) 社区参与模式

针对以人为载体的民俗活动、世界观价值观等文化资源，采用"文旅互动"式开发，推进文化产业与旅游业的融合发展。

以参与式产品为开发方向，是综合考虑资源特性和市场需求之后的决策。以人为载体的民俗活动的活态性与动态性以及旅游者追求文化体验的需求都要求该类资源向参与式产品转换。参与式产品的开发应当以文化内涵为核心，以满足文化体验需求为目标，开发出趣味性强、文化特色鲜明的产品。以人为载体的民俗活动，如金坛抬阁，其资源主要依附于人的表演，因此该类资源产业化开发的成功必须依赖于社区的配合，通过政府引导社区参与式开发，增强其演艺功能和旅游互动功能，推进与旅游业的联动发展。

(4) 传统产业文化化发展

食、住、行、游、购、娱等产业部门是传统产业文化化的重要突破点。

将文化注入传统餐饮业，增加餐饮产品的附加值和品牌影响力，提升餐饮品位。以道教养生文化为核心，开发具有金坛特色的养生菜系；改良"八鲜宴"，提高长荡湖餐饮产品的附加值，从而满足现代人日益升级的饮食需求，并实现餐饮业经济效益的提升。

依托东方盐湖城，充分挖掘道教文化，提升东方盐湖城住宿业的文化内涵，建设道教文化主题酒店。

(5) 演绎与展示模式

表演项目：深入挖掘道教文化，吸引大型演艺公司进入，结合文化体验及参与性特征，策划打造大型道教文化的演艺节目。同时，对乾元观道教音乐、谈庄秧歌灯、巨村舞龙等常州市非物质文化遗产实施抢救、保护和扶持工程，策划打造舞台艺术精品。

博物馆：针对非活态、可交易性强的文物与遗迹等文化资源，主要采取保护性开发的方式，在开发中强化传承和保护。以愚池公园为基础，深入挖掘名人、文化景观、遗址遗迹等文化资源，建立金坛博物馆群。

观光型景区：充分挖掘利用漕运文化，建设漕运博物馆，展示漕运文化以及由漕运文化衍生出的金坛商业文化和市井文化，结合现有的龙山风景区，发展文化观光旅游。以漕运历史文化为核心，复原丹金溧漕河漕运码头等功能，以文化提升城市的观光体验。

3. 明确文化资源开发主体

（1）文化体制改革

在充分发挥政府引导的前提下，拓展多元发展主题，推动文化产业的市场化与社会化发展。

推进市场化：目前，应该由政府主导的公益性文化事业长期投入不足，且维护力度不够，而应该由市场主导的经营性文化产业长期依赖政府，束缚了文化事业和文化产业发展。因此，对于公益性文化事业，需要以政府为主导，以公共财政为支撑，来发展"文化民生"工程及"文化惠民"工程，逐步形成覆盖金坛城乡的比较完备的公共文化服务体系；对于经营性的文化产业，由市场主导发展，同时加强政府的宏观调控，不断扩大文化产业规模，调整文化产业结构。针对节事活动和民间艺术应由政府参与式市场化运作，其核心是要确定政府和企业在文化资源开发中的分工，涉及社会利益的部分应由政府通过行政手段来解决，涉及经济利益的部分应由企业通过市场机制来运作，从而实现市场机制与宏观调配的良性互动。

第一，对于节事活动，政府起主导作用。金坛节事活动主要包括"金坛文化艺术节"、"金坛乡村旅游节"以及文化庙会等。节事活动的举办是为了弘扬地方文化，提升地方知名度，是地方营销的重要手段之一。节事活动举办，政府是主导，主要承担策划、组织和协调职能。第二，对于会展活动而言，政府搭台，企业承办。会展活动是宣传本地产业特色，推介地方企业，促进产业交流和贸易的重要手段之一。因此展会一般由政府和企业一起策划组织。第三，对于民间艺术，则强调市场化运作，政府发挥宏观调控和传承保护的作用。金坛民间艺术主要为刻纸，应以市场需求为导向进行产品开发创新，推动刻纸工艺品在保持手工性、乡土性的基础上向精品化、现代化、特色化和多样化发展,提升民间艺术资源的市场价值。

促进社会化:社区参与是指在一个事物或一个过程中社区担当一个角色,以一种形式或者多种形式发挥作用。针对节事活动、民间工艺、价值观世界观以及以人为载体的民俗活动等文化资源,社区是主体,是重要的参与者和利益相关者,这意味着社区参与式开发是该类别文化资源开发的重要途径之一。社区是开展群众性文化活动的重要阵地,需要政府和企业来组织开展。这意味着政府和企业在社区文化资源开发中要发挥组织者的作用。针对公益性等社会效益较大的文化活动,应由政府主导,而经济效益较大的文化活动,应由企业通过市场来运作。

因此,文化体制改革,需要政府充分发挥引导作用,让社区参与文化资源开发,实现新的文化产业发展模式——社区参与式发展,让民间智慧走向市场。同时,小型企业是文化产业发展的主体,要鼓励居民建立小型企业,如作坊等,推进文化产业的市场化。

(2) 明确开发主体

大力发挥市场对资源配置的基础性作用和政府对市场的宏观调配作用,根据金坛文化资源的竞争性与排他性,明确不同文化资源的开发主体。

表 12-2 文化资源开发主体

文化产业门类	文化资源代表	开发模式	开发主体
活态、文化或资源不可交易类	金坛抬阁、董永传说	社区参与模式	政府主导下市场开发
活态、文化或资源可交易	金坛刻纸、封缸酒文化	前店后场模式	企业主导
非活态、文化或资源可交易	三星村遗迹、八卦水城	演绎与展示模式	政府主导
多类别综合性文化资源	茶文化、道教文化、漕运文化	旅游综合体开发模式	企业主导

企业主导开发竞争、排他性文化资源:文物与遗址是可交易性强的文化资源,资源的消费具有竞争性和排他性,可以由企业对资源进行市场化开发与运作。但是,文化遗址的所有权属于国家,因此首先需要政府把开发权和经营权出让给企业,然后由企业实施市场化运

作,并且还需要政府对资源开发进行监督。以物为载体的民俗文化是可交易性强的文化资源,资源的消费具有竞争性和排他性,可以通过市场机制实现有效配置,因此该类文化资源的开发主体是企业。

政府和市场共同开发非竞争、排他性文化资源节事活动是可交易性强的文化资源,因为活动主办权具有排他性,可以进行交易。但是,节事活动的消费具有非竞争性,并且节事活动的举办有助于提升举办地的知名度和美誉度,因此,需要政府大力支持,并强调市场对资源配置的基础性作用,以提高办节的效率和效益。民间工艺是可交易性强的文化资源,因为技艺可以传授。但是,民间工艺的开发面临着传统手工作业方式的低效率和低技术壁垒带来的竞争劣势。然而,现代人日益增加的怀旧与重视精神消费的心理使得传统民间工艺的消费市场逐渐扩大。因此,民间工艺具有市场开发前景,但需要政府和企业合作通过知识产权保护和品牌化策略来提升资源的排他性,发挥市场对资源配置的基础性作用,实现经济效益。

"官产学民媒"联动开发非竞争、非排他性文化资源:价值观与世界观以及以人为载体的民俗活动都是可交易性弱的文化资源,因为资源与社区不可分离,产权难以交易。而且,因为资源的消费具有非竞争性,所以单靠市场不能实现资源的有效配置,需要通过官(政府)、产(企业)、学(学校科研机构)、民(社会公众)、媒(媒体)之间的良性互动才能实现。其中,政府承担着协调多元利益主体关系的职责,社区居民是资源开发的利益相关者和重要参与者,企业承担资源的市场化开发与经营任务,学校科研机构和媒体可以作为第四方组织,承担资源价值的评估和传播等责任。

4. 大力实施"六大工程"

(1) 文化产业的政策支持工程

政府机构调整:文化是旅游的灵魂,旅游是文化的重要载体。对现行政府机构进行调整,文化局与旅游局合并,成立文化旅游局,能加强文化和旅游的深度结合,实现对文化资源的保护与开发兼具,推进文化产业发展,促进旅游产业转型升级。从促进文化产业发展角度,文化局与旅游局合并,能更好地协调现行文化局和旅游局的职能,能充分利用旅游业的发展带动文化产业的发展。从促进旅游业发展的角度,文化局与旅游局的合并,可以更好地实现对文化资源的融合开发,更好地利用文化资源,开发文化旅游产品,提升旅游产品的文化内涵。

完善相关政策：完善文化产业资金引导政策，为文化产业发展提供财政支持，开辟绿灯，以税收优惠和补贴等形式引导文化产业快速发展。设立专项资金，建立文化产业发展专项基金，支持创新创业和创意工作室的发展。同时，成立文化产业投资公司，培育文化产业载体。文化产业发展离不开完善的针对文化产业的法律法规和行业标准体系。建立完善的法律法规，确保产业有序发展。加强知识产权保护，维护相关企业利益与创新积极性。积极引导建立本地文化产业各门类行业协会，如刻纸行业协会等，协调产业内部资源。

引入外部创意人力资本：全面提升基于前店后厂模式的工艺品设计、加工和销售环节，吸引外部创意人才建立工作室，吸引创意设计店铺入驻，打造金坛的文化创意氛围。制定相关优惠政策，对优秀人才进行住房和生活补贴，大力引进金坛文化产业发展急需人才和领军人物，以人才创造精品，以人才提高文化产业的竞争力，通过人才进驻，打造文化创意积聚区。对于开设工作室的创新创意人才予以租金和税收优惠，同时，集中建设人才公寓，优化配套环境，完善周边商业、娱乐、基础服务、医疗和教育配套设施，提升引进人才生活质量，降低生活成本，努力吸引高端、紧缺型人才长期定居。

(2) 刻纸产业化开发工程

刻纸文化是金坛的文化名片之一，而目前金坛刻纸在全国的知名度不是很高。刻纸文化产业化开发，是为了弘扬金坛刻纸文化，以更好的传承和保护刻纸文化，同时，产业化发展，可以获取经济效益。推进刻纸文化产业化，需要培养一批刻纸艺术人才，建立一个完善的培训、传承机制，引进一种新的开发模式，打造一批刻纸文化产品，强化多元化宣传和营销手段。精选一批刻纸文化产品作为金坛政府指定礼品，通过政府高层馈赠打响刻纸文化品牌。

(3) 文化产品品牌价值提升工程

抓住金坛文化特色，重点打造茅山茶叶、金坛封缸酒、金坛刻纸三大品牌。

文化产品品牌价值提升要求建立地方原产地标识，树立地方形象，树立企业形象，提高产品附加值。树立原产地标识就是强化监管部门对茶叶、封缸酒等物产的监督，以确保产品质量的可靠性；要将金坛的茶、封缸酒、刻纸等,通过包装及营销,增加文化内涵升级转化为文化产品,打造具有金坛地方标识的高附加值的文化产品。

茶产品品牌价值提升工程:应结合庄园式发展模式,提升茶叶产品的文化内涵、进行融合现代性的二次开发,增加茶叶产品附加值。同时增强茅山茶产业的产业链控制力,提高茅山茶产业的市场集中度,实现种植、加工、销售一体化,实现集约化经营。提升茅山茶产业的文化内涵,就是要学会"讲故事",包括茶叶原产地的故事、茶叶生产的故事、茶叶品牌的故事等等。由于故事属于非竞争、非排他性质的文化资源,因此政府和行业协会应当发挥主导作用,对相关的故事资源进行开发和演绎。对于企业而言,可以根据文化故事内容进行整合,并将其融入茶叶产品中,以故事为系列维度开发多系列的高附加值的茶叶产品。融入现代性的二次开发,要求企业开发产品必须多样化和精品化。多样化是以顾客多样性偏好为基础,开发更多的满足现代人需求的茶叶产品;而精品化是在保证产品质量的基础上,对不同故事系列产品融入多元文化故事的包装,例如利用刻纸技术开发多重系列的茶叶礼品盒。

封缸酒品牌价值提升:通过控制封缸酒产业上游,进行融入现代性的二次开发,开发多样化封缸酒种类,以满足市场的多样化需求;通过控制下游渠道,通过注入文化内涵,提升封缸酒的文化属性,提升附加值。因此,通过对上游和下游的控制,多元化营销,打造具有金坛地方标识的封缸酒品牌。

纸品牌价值提升:包装、推出刻制工艺大师。由金坛州政府主导,联合金坛刻纸研究中心等机构,举办刻纸大师评选活动;由金坛政府推荐,组织参与全省、全国及世界性的工艺大师评比活动,奖励并宣传优秀刻纸艺术人才。积极鼓励刻纸大师举办个人作品展,组织金坛刻纸精英参加各类博览会或剪刻纸交流活动等,提高刻纸产品在全国知名度。建立刻纸工艺大师工作室,鼓励刻纸工艺大师积极进行研发、创作,积极联动旅游业发展,发挥工作室的创作展销功能,提升刻纸的知名度。

(4) 文化传承与保护工程

文化博物馆:以愚池公园为核心,充分挖掘金坛历史文化和自然文化精品,建设文化博物馆群,繁荣金坛文化博物馆事业和文化产业。开拓思路,利用现代高科技手段,突出展示,开发建设刻纸博物馆;联动旅游业,充分挖掘文字资源,建设文字博物馆或文字公园。同时,充分利用博物馆形式,开展文物保护、研究与传播,以有效的保护和传承金坛地方文化。强化博物馆与社区居民、旅游者的互动,定期举办社区型文化展示活动、专题性讲座和培训活动等,推进社区文化事业的发展。同时,充分利用博物馆资源,开发旅游纪念品。

地方文化的保护与传承:金坛有着丰富的名人故居、历史遗迹、名胜古迹,从茅山长荡湖山水文化、段玉裁、华罗庚等名人文化,到董永村孝文化,再到道教文化等,都是金坛文化的重要组成部分,是金坛文化产业发展的基础。因此,应充分坚持以"保护先行,合理利用"的原则,保护性地对段玉裁、华罗庚等名人故居、三星村遗址等历史遗迹进行开发利用。充分挖掘整理本地历史文化和民俗文化,建立专业性博物馆,以博物馆展示强化保护和传承力度。建立切实可行的非物质文化遗产传承机制,创办刻纸艺术学校、协会等,完善培训机制,确立传承人,以更好传承民间非物质文化遗产。同时,积极发展依托文化遗产的旅游及相关产业,促进文化遗产资源在产业融合发展中实现传承和可持续发展。

(5) 传统产业提升工程

传统产业主要是以物为载体,而以物为载体的文化资源属于活态、可交易性强的文化资源,进一步开发的重点在于提高产品附加值,而融入现代性的二次开发正是提高产品附加值的有效途径,因此对餐饮产业、服装产业、旅游产业等传统产业可采用融入现代性的二次开发策略,提升传统产业附加值。

服装产业时尚化:针对金坛服装产业,融入现代性的服装产品的开发要求金坛服装企业向上游延伸,提升原创设计份额,提升附加值。应强化对服装设计的研究,力求在造型、色彩、功能搭配上不断突破;结合软件开发产业,开发适用于纺织、服装设计的软件,向服装产业上有注入现代高科技技术。融入现代性的服装产品的开发要求服装产业向下游延伸,加强对外交流与协作。积极策划举办时装表演、服装博览会,吸引外来设计元素,不断向时尚产业过度转型。

餐饮业的文化化:融入现代性的餐饮文化资源的开发,意味着对传统老字号餐饮品牌进行现代化改造。针对金坛老字号——"开一天"等餐饮店,以现代性为方向,推动传统老字号餐饮向精致化、现代化和品牌化发展,从而提高传统餐饮的产品附加值。

旅游业的主题化:积极推进文化与旅游业的融合,以旅游业发展带动文化发展,以文化发展促进旅游业的发展,逐步使文化品牌走向产业,使旅游业发展走向主题化。与旅游业互动式发展,以促进旅游业繁荣,又推进金坛文化的传播,提升金坛文化的知名度,使得文化产业与旅游业形成良性互动发展。依托金坛道教文化、茶文化、民俗文化等,积极开发基于金坛文化资源的旅游项目,推进文化旅游产品的开发,提升旅游产品的体验性,以更好地促进金坛文化资源的开发与传承;以东方盐湖城为载体,充分挖掘道教养生文化,打造高端、时尚、优雅与质朴的文化旅游产品;依托刻纸产业、茶产业、封缸酒产业,积极打造一批具有金坛特色的旅游纪念品,促进金坛文化的传播。推进旅游与影视产业的融合。依托茅山道教宫观道院及身后的文化资源,借助茅山和长荡湖优美的自然景观,吸引影视公司在此拍摄影片,建设影视基地。同时,借助影片拍摄,发展影视旅游项目,突破影视基地的单一格局,形成集观光、美食、休闲、文化娱乐于一体发展格局。

(6) 文化"走出去"工程

主动出击,不断拓展传播渠道。组织参与全省、全国及世界性的刻纸工艺大师评比活动,奖励并宣传优秀刻纸艺术人才,同时,鼓励刻纸大师举办个人作品展,组织金坛刻纸精英参加各类博览会或剪刻纸交流活动等,提高刻纸大师知名度;组织金坛茶商参与全国性、国际性的茶叶展销会,以提升金坛茶叶的知名度。"走出去"与"请进来"结合,强化对外文化和学术交流,增强金坛文化在全国乃至全世界的影响力。依托金坛丰厚的文化资源,组织开展艺术表演等对外交流活动,举办各类大型文化产品展销活动,同时在各地进行文化推介和产品展示,将金坛文化艺术不断推向全国、全世界。同时,主动举办或承办各类全国性乃至世界性的文化活动,邀请高层次的专家学者等来金坛演出、讲学,不断提升金坛的文化品位。

二、生产性服务业

（一）构建创新体系，融合发展科技服务业

以华罗庚科技园为依托，构建科技创新服务体系。以科技研发推动金坛产业的创新升级，以产业孵化实现科技成果转化，以科技咨询、科技信息、专利服务等专业科技中介服务为支撑，促进本地新能源、新材料、生物医药等高科技产业突破关键技术，形成一批自主知识产权及富有竞争力的高端产品。同时，形成一定辐射能力，在特色优势产业上，为周边地区提供科技中介、科技贸易、科技培训等服务，使得科技服务业成为金坛经济的重要增长点。

1. 打造华罗庚科技园，构建创新服务体系

华罗庚科技园是金坛发展科技服务业的主要载体，是金坛"十二五"规划确定的重大目标任务，也是建设江苏省首批创新型试点城市的关键载体。

按常州"510"行动计划中规划的"一园四组团四中心"格局，华罗庚科技园包括产业孵化、商务办公、教育培训、公共配套四大组团，以及研发中心、孵化中心、教育培训中心、综合服务中心四个中心，将构建起完善的创新服务体系，包括以下科技服务平台：

（1）科技研发平台

科技研发平台主要由两类科技研发机构组成，一是独立引进的科技研发企业，以市场主体的身份提供科技服务，二是非独立性的科技服务机构，主要为企业内部科技研发中心。强调同一产业的科技研发机构在空间上形成集聚，共享基础设施及支撑性的科技中介服务，如检测试验设备、专利服务等。

（2）科技成果转化平台

创业中心与孵化园为科技创新和成果转化提供了有效的平台，通过政策、资金及体制的建设，为企业发展提供资金、人力资源、信息服务，使得科技企业能够成长。创业中心与孵化园的建设要注重设施规模化、服务产业化、投资主体多元化、资源网络化、运作规范化。

（3）科技中介平台

大力发展面向市场，引进科技咨询、科技评估、科技培训、信息服

务、专利服务、无形资产评估等特色业务的科技中介机构,为企业创新创业提供专业技术支撑,为科技创新活动提供配套服务。

(4) 统一管理服务平台

政府在科技创新体系中起引导作用,通过建立统一的管理服务平台,作为统一创新管理主体,并进行统一创新体系建设。管理科技研发项目、科技产业扶持、科技企业培育等活动,协调政府相关部门、企业、高校等方面的资源,在科技立项、研究开发、推广应用方面,制定成体系的资金、税收和奖励的优惠,激励创新主体开展创新活动,构建完备的物质和信息、资金和法律等保障服务系统,包括科技产业基地体系、科技融资体系、科技中介服务体系、科技人才引进和培养体系、产学研联盟体系、科技成果转化体系、知识产权保护等标准体系等。

2. 鼓励新兴产业及生态高效农业科技创新

鼓励企业自主创新,重点针对金坛未来发展的新能源、高端装备制造、新材料、生物医药、节能环保五大新兴产业,强加科技研发力度,突破一批核心关键技术、创建自主知识产权,从而培养一批规模企业集团和优势企业,形成具有竞争力的高科技产业基地。通过加强生态高效农业创新与科技服务,为金坛优势特色农产品产业化发展提供强大的支撑。

(1) 培育创新型企业和技术先进型企业

通过税收、扶持资金等优惠政策,以及完善的科技服务硬件软件支撑,激励企业不断进行研发创新和技术进步。引导和支持企业建立符合市场经济发展规律的企业内部技术创新运行机制,把技术创新活动的着眼点更多地放在自主知识产权的研究和产品生产上,增加科技投入、引进科技人才,建立和完善企业技术研发机构,尽快形成较强的自主创新能力和市场竞争能力。

(2) 打造研发创新型大企业,鼓励中小企业创新意识

推动以大企业为主体组建产业技术联盟,引导大企业充分利用品牌、技术等优势,开展兼并活动,推动企业的规模化、国际化发展,大力实施品牌带动战略,鼓励和引导企业自创品牌。引导和扶持企业积极参与国际标准、国家标准和行业标准的制定,采用国外先进标准组织生产,加快培育一批具有国际影响力的创新型大企业。积极

鼓励中小企业建立创新研发机构,鼓励金坛企业技术中心向中小企业开放,并提供技术支持服务。鼓励中小企业培育创新的企业文化,以文化推动企业的技术创新。

(3) 重视生态高效农业科技创新

继续大力推动金坛生态高效养蟹、高温食用菌种植及茶叶品种改良等农业科研的进步,鼓励新技术、新品种的开发;及时组织实施重大农业技术的推广应用,继续开展科技入户工程,完善相应的推广示范机制;加大创新发展政策扶持力度,确保推广示范专项资金落实到位,积极发挥政府职能部门的协调和组织作用,为开拓区际市场提供综合协调服务;抓好科技人才的培育和引进,提高农业科技创新能力,加强对农业经营者的技术和经营管理的培训。

3. 大力创新科技金融,强化科技支撑

(1) 对有发展潜力的科技企业提供补偿、补贴等优惠政策

发挥财政补偿激励杠杆作用,对技术含量高、市场前景广、信用记录好的科技企业,给予一定贷款贴息和中介费补贴,鼓励企业向银行融资。对科技贷款增长显著的银行,安排一定风险补偿和奖励,引导银行增加贷款支持。制定鼓励创投、担保行业发展的优惠政策,扩大创投资金和融资担保对科技企业的支持。

(2) 加强科技企业信用体系建设,提高信贷审查效率

提高金融机构对科技企业的信用评估与额度核定审批效率。鼓励银行等金融机构引进专业科技人才,加强对科技创新规律的把握,保证对具备成长潜力的科技企业和科技项目的信贷支持。地方政府支持人民银行进一步完善企业信用信息系统,协调相关部门参与信用体系建设,完善充实企业非银行信用信息,健全科技型企业信用档案。

(3) 成立政府主导的专业化科技担保公司

为科技企业提供担保,便利科技企业融资。发展科技金融专业组织,发展具备创业投资、小额信贷、融资担保等多种服务功能的科技金融服务公司,形成对集团化服务优势。吸引民间资本,探索设立科技小额贷款公司,专业服务科技型企业。完善专业化服务机制,创新信贷融资模式,如贷投结合支持模式、动产权利质押融资、知识产权质押融资等,加强银险、银保合作,推动科技担保、再担保公司和保

险公司加强与银行的合作。

(4) 搭建科技金融信息交流平台

政府职能部门和金融系统应加强政策对接,建立信息交流与融资联动机制,及时沟通科技创新政策、货币信贷政策,形成企业、项目、人才等科技信息以及科技金融产品信息库,为科技成果的转化创造融资条件。

4. 营造科技服务良好成长环境,加强科技服务保障

为实现以华罗庚科技园为重点的科技创新服务体系构建,增强企业自主创新能力,加强高效生态农业的科技研发,形成适应未来服务业结构转变需要的高附加值、高辐射力的科技服务产业,从而大大增强金坛现代服务业的发展潜力和能力,需要为金坛的科技创新服务业营造良好的成长环境,加强科技服务保障。

(1) 加大政府科技投入

随着金坛整体经济的发展,政府不仅要不断提高科技三项费和科学事业费的绝对数额,还要不断提高这些费用在财政支出中的比例,为科技服务业的发展注入强大动力。加大对金坛农业科技和农技推广的投入,优先支持主要产业领域内关键品种的研发、适用农业新技术的引进、示范和推广现代信息技术在农业生产及经营管理中的应用;加强无公害、绿色、有机农产品生产的适用技术、标准和检测以及农技推广服务等体系的建设。

(2) 制定科技服务业促进政策

积极制定促进科技服务发展的产业,在金坛地方财力的允许下,积极为企业争取江苏省或国家科技项目资金,在税收政策、土地政策、能源供应等方面予以更多的优惠和照顾。完善风险投资环境和创业环境,不断推进科技服务产业增长。

(3) 加大知识产权保护力度

要增强政府、企业、居民三大主体的知识产权保护意识,严厉打击知识产权违法行为。要鼓励企业申请专利、标准,在当今市场竞争中,专利、标准是一道门槛,也往往是企业形成竞争力的重要源泉,掌握了专利、标准,就意味着掌握了市场的垄断权和收益权。要简化专利申请的程序,缩短专利审批时间,加快专利成果转化的速度。

(4) 加强科技人才保障

加快推进金坛人才发展战略,创新金坛现代人才资源开发与管理体制,加强人力资源能力建设。坚持以公平、平等、竞争、择优为导向,建立科学的选人用人机制。坚持以能力和业绩为导向,建立科学化、社会化的人才评价和选拔任用机制。不断完善人才引进、培养、使用的有效机制,制定和实施对各类人才具有吸引力的政策。大力吸引国内外优秀人才到金坛创业,重点引进学科和技术带头人,吸引懂技术、会管理、勇于创业的复合型人才。不断加强与南京、上海等地的高等院校合作,通过联合培养人才、提供实训基地等方式,积极推动"产学研"创新机制一体化,形成产业与高校的互动和共赢。不断推动博士后工作站、海外学人中心等机构的建设,完善高素质人才吸引机制。争取与国内外知名的高校合作,建立试验基地、培训基地,增强金坛自身科技人才的培养能力。

(二) 建设软硬设施,加快服务外包业起步

融入江苏省建设国际服务外包产业集聚带的发展大潮,加快金坛服务外包产业起步和追赶,着力构建服务外包载体和平台,采取集聚策略,建设服务外包产业区,引进优质服务外包企业,为企业提供知识产权保护体系、公共信息平台、人力资源保障和优良的公共基础设施,不仅大力承接金坛本地产业信息技术外包业务及业务流程业务,且实现突破性发展,面向长三角,逐渐形成一定的辐射能力,积极抓住机遇承接跨国公司的离岸外包业务。

1. 构建服务外包载体,发展特色服务外包

以华罗庚科技园、开发区为重点,加快金坛的服务外包功能载体建设。整合科技园和开发区服务资源,完善一站式、全方位、专业化服务,努力打造具有金坛特色的发展服务外包产业的特色园区。

以软件和信息服务外包起步,凭借滨湖新城良好的商务环境,积极引进有实力的企业,打响金坛服务外包品牌,逐渐凭借华罗庚科技园集聚的科技创新平台,发展以科技研发测试为主、创意设计为辅的知识流程外包,努力引导服务外包产业向知识流程端转移,实现服务外包的高附加值,实现科技服务业与外包服务业的相互促进。

2. 引进优质外企,培育本土企业

(1) 引进优质国内外金融外包、软件外包企业

大力引进一批从事软件定制和网络化服务、软件测试、IT基础设施服务的软件信息服务外包关键项目和旗舰企业,形成一批上规模、竞争力强的ITO企业群。以对台服务为突破口,大力推进软件和信息服务外包,加快发展软件信息系统集成、软件定制及网络化服务、软件测试服务等外包业务。

专栏 12-3　服务外包

一、信息技术外包服务(ITO)
1. 软件研发及外包

类别	适用范围
软件研发及开发服务	用于金融、政府、教育、制造业、零售、服务、能源、物流和交通、媒体、电信、公共事业和医疗卫生等行业,为用户的运营/生产/供应链/客户关系/人力资源和财务管理、计算机辅助设计/工程等业务进行软件开发,定制软件开发、嵌入式软件、套装软件开发,系统软件开发软件测试等
软件技术服务	软件咨询、维护、培训、测试等技术性服务

2. 信息技术研发服务外包

类别	适用范围
集成电路设计	集成电路产品设计以及相关技术支持服务等
提供电子商务平台	为电子贸易服务提供信息平台等
测试平台	为软件和集成电路的开发运用提供测试平台

3. 信息系统运营维护外包

类别	适用范围
信息系统运营和维护服务	客户内部信息系统集成、网络管理、桌面管理与维护服务;信息工程、地理信息系统、远程维护等信息系统应用服务
基础信息技术服务	基础信息技术管理平台整合等基础信息技术服务(IT基础设施管理、数据中心、托管中心、安全服务、通讯服务等)

二、技术性业务流程外包服务（BPO）

类别	适用范围
企业业务流程设计服务	为客户企业提供内部管理、业务运作等流程设计服务
企业内部管理数据库服务	为客户企业提供后台管理、人力资源管理、财务、审计与税务管理，金融支付服务、医疗数据及其他内部管理业务的数据分析、数据挖掘、数据管理、数据使用的服务；承接客户专业数据处理、分析和整合服务
企业运营数据库服务	为客户企业提供技术研发服务、为企业经营、销售、产品售后服务提供的应用客户分析、数据库管理等服务。主要包括金融服务业务、政务与教育业务、制造业务和生命科学、零售和批发与运输业务、卫生保健业务、通讯与公共事业业务、呼叫中心等
企业供应链管理数据库服务	为客户提供采购、物流的整体方案设计及数据库服务

三、技术性知识流程外包（KPO）

适用范围

知识产权研究、医药和生物技术研发和测试、产品技术研发、工业设计、分析学和数据挖掘、动漫及网游设计研发、教育课件研发、工程设计等领域

（2）鼓励本土企业的由小做大，由大做强

一是支持和鼓励本地企业以现代网络技术为基础，以高层次人才为支撑，从小型外包项目开始做起，坚持差异化的服务定位，并逐渐扩充至各个技能领域和行业领域。二是促进本地企业更多地利用网络和信息技术打造"电子出海口"，降低交易成本，以技术密集的劳务产品开拓国际市场，增强竞争优势。三是促进本地外包企业与国际外包企业的合作，逐步学习和积累风险管理、金融分析、研发等高技术等高附加值的服务技能。

（3）鼓励本土企业走"国内创办，海外拓展"的主动竞争型发展模式

鼓励本土外包团队通过互联网、电话等通信工具与国际客户无障碍沟通，或者出海洽谈、积极争取离岸外包合同。对本土服务外包

企业给予税收政策优惠和金融支持。建立面向本土企业的风险投资基金,培养种子企业,发挥示范效应,努力培养本土企业品牌。

(三) 优化物流网络系统,壮大现代物流业

在物流领域,要形成"空间布局优化合理、产业体系基本健全、政策保障合理到位、空港陆联运有效衔接、管理运营便捷高效、区域物流联动发展"的格局,使金坛市的物流产业体系、技术支撑体系和政策保障体系得以协同推进,"第三利润源泉"得以充分挖掘,物流产业达到现代物流的标准和要求,力争将金坛市建设成为苏锡常地区重要的物流枢纽城市。

金坛的物流产业发展,要坚持物流体系化、信息化、网络化、专业化四化建设,多种物流方式共同发展,物流内部产业推进和外部环境建设并举,实现金坛物流产业快速稳步发展,形成中心城区、茅山、长荡湖三个组团协同发展的空间格局。

1. 加快发展第三方物流,优化物流网络空间布局

抓住当前推进产业集聚、资源集约利用的有利时机,加强物流资源整合,加快发展第三方物流,培育壮大一批有竞争力的物流企业集团。全市的物流服务功能进一步从工商企业中剥离。同时,培育出一批第三方物流企业品牌。

在空间布局上,首先,依托常溧、扬溧(朱林)高速公路道口和经济开发区、金东工业园和金西工业园等重点区域,大力发展综合物流中心、专业物流中心和配送中心,推进现代物流基地建设。其次,丹金溧漕河等主要河道的通航能力大幅度提高,水路交通网络四通八达。公水联运实现无缝对接,促使全市的物流成本进一步降低。三是,加强金坛物流产业与常州、无锡、南京、上海等城市形成联动发展,融入常州"综合交通运输"网络的整体格局,成为苏锡常物流枢纽城市群中的一个重要物流节点。物流网络的空间布局进一步优化,物流中心、物流园、物流节点和配送网络之间分工有序,协同发展。

2. 推进物流企业的现代化和社会化,促成业态升级

培育品牌企业,提升现代化水平。金坛的物流企业尚处"完全竞争"状态,全社会物流运行效率偏低,"大而全"、"小而全"的企业物流运作模式还相当普遍。需要通过培育品牌物流企业,实现规模和管

理水平的双重突破；并以品牌企业为示范，带动中小物流企业向现代形态全面提升。鼓励一批物流企业实行强强联合，实现物流资源的有效整合。适度引进中远物流、联邦快递等一批国内外知名物流企业，鼓励其在金坛设立分支机构或与金坛货代企业组建合资企业，提高金坛现代物流的整体管理水平。鼓励和引导品牌物流企业完善服务功能，提升服务水平，利用资本市场，做大做强做优，努力成为全市物流业发展的中坚力量。

推进物流企业的社会化水平。受相关行业政策和经济发展阶段的制约，金坛社会化物流需求不足和专业化物流供给能力不足的问题同时存在，物流业务难以从工贸企业中剥离。鼓励制造和商贸企业整合物流资源，优化物流流程，大力推进制造企业物流服务外包，促进企业物流社会化和专业化，提高核心竞争力。大力发展第三方物流，推动物流企业与生产、商贸企业互动发展，促进供应链各环节有机结合。鼓励现有运输、仓储、货代、联运、快递企业的功能整合和服务延伸，加快向现代物流企业转型。加强运输与物流服务的融合，为物流一体化运作与管理提供条件。

专栏12-4　发达国家现代物流业发展模式

一、美国模式：整体化的物流管理系统

美国物流模式强调"整体化的物流管理系统"，是一种以整体利益为重，冲破按部门分管的体制，从整体进行统一规划管理的方式。美国的全国物流体系各组成部分均居世界领先地位，而其中尤以配送中心、速递、第三方物流等最为突出。美国的第三方物流，不仅承担仓储或运输的单项业务，而且负责配货、送货、库存管理、收货验货以及调货分装等综合性客户物流业务。

二、日本模式：政府主导的物流系统

日本政府主要通过规划优先、加大投入、出台政策三大手段加强对物流产业的引导。首先是规划优先，按照"流通据点集中化"战略，在大中城市的郊区、港口、主要公路枢纽等区域规划建设物流园地。同时倡导发展"城市内最佳配送系统"，围绕某个标准轴心，将城市内无规则发生的各种方向、数量、时间的货运需求加以汇总，实现混载配送，提高配送效率。其次是政府加大物流基础的资金投入和建设。在科学规划的基础上，日本政府于1997年制定了《综合物流施政大纲》，对主要的物流基础设施，包括铁路、公路、机场、港口、中心基地建设，提供强大的资金支持。第三是出台相关政策，鼓励现代物流产业发展。在完善道路设施、改善城市内河运输条件、缓解城市道路阻塞、发展货物联运等方面，日本政府出台了许多如放松政府管制、建立政府部门协调促进机构、提供政府援助等可行的鼓励政策。

3. 加强商贸物流建设，发展特色产业的供应链体系

把金坛定位为苏南地区"物流平台"、长三角地区的重要枢纽，形成面向上海大都市圈、南京都市圈、苏锡常都市圈及整个长三角区域的物流网络，大力发展现代化物流及相关配套，吸引辐射区域的货物在金坛集散中转、对外贸易。构建与区域内物流产业紧密配套的物流联动保障体系，共同培育统一开放、通畅高效的商贸现代物流市场体系。

针对金坛自身和周边城市的不同区域经济发展特点和产业特色，新能源、高端装备制造、新材料、生物医药、节能环保产品等重点领域物流发展，加快发展区域物流。实施物流产业特色发展的战略，加快发展光伏、机械电子、纺织服装、盐化工、农副产品等统一配送体系，提高物流配送效率。加强农产品物流标准体系建设，发展农产品冷链物流。加强钢材、建材、水泥以及重要矿产品等物流设施建设，建立能源和原材料物流体系。加快推进应急物流体系建设，建立专业物流配送中心，提高应对战争、灾害、重大疫情等突发性事件的能力，确保社会稳定和人民群众的生命、财产安全。

（四）实现业态升级，努力提升商贸服务业

金坛应坚持"高端、高效、高辐射力"的商业发展方向，促进现代商业与传统商贸相结合、生活服务与产业服务相结合、商业外贸与内贸相结合，着力推动整个金坛资源配置市场化、商业服务敏捷化、服务标准国际化、发展环境法治化，加快商贸的业态升级和产业融合发展，通过发展商贸系统、完善商业网络，积极发展金坛的商贸服务业，努力实现商业的旅游休闲、生活服务、生产服务和贸易集散四大功能的整体转变和完善。

1. 商业领域

加快建设发挥金坛流通优势的商业经济带、带动开放创新的城际铁路轨道交通站域国际商业先导区、打造区域特色的滨湖新城版块和华罗庚科技园商业产业基地，重点加强旅游特色商业和乡镇商业的发展。

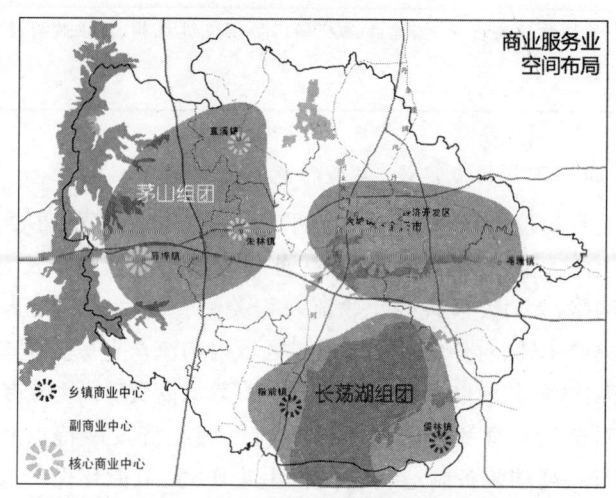

图 12-8　金坛商贸流通产业空间布局示意图

发挥流通集聚功能，增强城市商贸辐射带动作用，形成"一主二副四特三组团"的空间格局，推进滨湖新城、老城区南北两城、开发区和金城镇商业发展核心区，突出尧塘镇和薛埠镇2个商业发展副中心，完善朱林镇、儒林镇、直溪镇、指前镇4个乡镇商业发展中心，形成中心组团、茅山组团、长荡湖组团3个综合性商业功能区，打造成为遍布金坛城乡的服务社区和乡镇的商业网络。

2. 专业市场领域

顺应商贸流通产业蓬勃发展的良好态势，把握当地产业特色和整个长三角区域的市场需求，以经营农副产品和轻工业品为发展专业市场的突破口，通过"联动发展、集聚成长、提升档次、规范经营"，推进市场与产业联动的发展格局，形成综合性市场集聚成长、各类特色市场专业化发展、本地开放型市场分级分批推进、规范有序经营的专业市场集群。

建设现代物流园、华罗庚科技园和产品交易市场3个集聚区，3个服务业集聚区营业收入突破200亿元。大力推进建设全市的产品交易市场集聚区，建成钢材交易市场、汽配城、中大国际商贸城、金城建材市场、时代家具城、茅山茶叶市场、花木园艺市场等专业市场。

培育3—5户大型批发企业，完善包装、冷链、仓储等物流基础设施，形成对外物流网络和城乡配送网络，增加区域的可达性，降低流通的成本，提高金坛的区域竞争力。